U0517410

新时代"一带一路"古文明文献萃编

杨共乐　主编

古代印度波斯文明文献萃编

周启迪　沃淑萍◎编译

华夏出版社
HUAXIA PUBLISHING HOUSE

图书在版编目（CIP）数据

古代印度波斯文明文献萃编 / 周启迪 , 沃淑萍编译 . -- 北京 : 华夏出版社有限公司 , 2023.4

（新时代 "一带一路" 古文明文献萃编 / 杨共乐主编）

ISBN 978-7-5222-0389-8

Ⅰ . ①古… Ⅱ . ①周… ②沃… Ⅲ . ①文化史－文献－汇编－印度－古代②文化史－文献－汇编－波斯帝国－古代 Ⅳ . ① K351.203 ② K124.4

中国版本图书馆 CIP 数据核字 (2022) 第 155303 号

古代印度波斯文明文献萃编

编 译	周启迪　沃淑萍	
选题策划	潘　平	
责任编辑	蔡姗姗	
责任印制	周　然	
美术设计	殷丽云	

出版发行　华夏出版社有限公司

经　销　新华书店

印　装　北京汇林印务有限公司

版　次　2023 年 4 月北京第 1 版　2023 年 4 月北京第 1 次印刷

开　本　710 × 1000　1/16

印　张　35.75

字　数　545 千字

定　价　148.00 元

华夏出版社有限公司　地址：北京市东直门外香河园北里 4 号　邮编：100028
网址：www.hxph.com.cn　电话：（010）64663331（转）

若发现本版图书有印装质量问题，请与我社营销中心联系调换。

总　序

2013 年秋天，中国国家主席习近平在出访哈萨克斯坦和印度尼西亚期间，先后提出共建丝绸之路经济带（The Silk Road Economic Belt）和 21 世纪海上丝绸之路（The 21st Century Maritime Silk Road），简称"一带一路"倡议（The Belt and Road Initiative）。"一带一路"倡议的主旨是：世界各参与国，通过全方位的交流合作，携手打造政治互信、经济互惠、文化包容的利益共同体、命运共同体和责任共同体。这一由中国发起的倡议得到了国际社会的高度重视。经过近十年的努力，至今已有一百多个国家和国际组织参与了"一带一路"建设。相关的建设项目也从无到有，由小而大，取得令世人羡慕的成绩。"一带一路"倡议始于中国，但惠及世界，必将有力促进人类文明事业的发展。

"一带一路"倡议有深厚的历史渊源和人文基础。早在两千多年前，我们的先人就开通了陆上和海上丝绸之路。丝绸之路把尼罗河流域、底格里斯河和幼发拉底河流域、印度河和恒河流域、黄河和长江流域连接起来，将埃及文明、两河流域文明、印度文明和中华文明的发祥地连接起来。世界不同的文明经过丝绸之路交流互鉴、紧密相连。通过丝绸之路，中国的丝、漆、瓷器、铁器以及它们的制作技术被传到西方，西方的苜蓿、胡椒和葡萄等也传到了中国。通过丝绸之路，拜占廷的金币、波斯的器皿及阿拉伯的医学等传入中国，中国的造纸术、印刷术、火药和指南针等重大发明也由此传向世界并对世界产生重大影响。[①] 通过丝绸之路，源自印度的佛教、大秦的景教等传入中国。源自中国的儒家文化，也被推介到西方，受到德国莱布尼茨和法国伏尔泰等思想

---

① 参阅杨共乐："人类文明进程中的中华文明"，《光明日报》，2021 年 12 月 31 日。

家的赞赏。他们推崇儒家的道德与伦理并以此来丰富自己的思想学说。

当今中国首创的"一带一路",既承继历史传统,又立足世界未来,应时代之需,顺全球发展之势,赋丝路以全新之内涵,为人类进步提供极具价值的中国智慧。

当然,要通过"一带一路"与世界建立"互联互通",我们还需加强对世界上主要古文明进行的更为深入的研究。因为产生这些文明的几大古国大多分布于"一带一路"沿线,其文化对后世的影响既广泛又深远。从源头上厘清各文明的发展特点,有助于我们更好地认识"和平发展""开放包容"和"文明互鉴"的重要意义,有助于我们更深刻地理解"一带一路"倡议的重大价值。为此,从 2013 年年末开始,我们专门组织专家学者编纂了一套《"一带一路"古文明书系》(六卷七册),试图回答下述系列问题:(1)世界古代的文明成果主要体现在哪些方面?(2)多源产生的文明有何特点?(3)各文明区所创造的成果对后世有何影响?(4)各文明古国的国家治理体系如何构建?政治治理如何运行?(5)国家的经济保障主要体现在哪些方面?居民的等级特点与国家政权之间的关系如何?(6)在古代埃及、两河流域有没有像公元前 8—前 3 世纪的中国、印度和希腊那样出现过精神觉醒的时代?(7)各文明古国所实行的文化政策有何特点?其对居民有何影响?(8)古代文明兴起的具体原因以及个别文明消亡的关键因素是什么?(9)中华文明连续不中断的原因究竟在哪里?等等。[①]《"一带一路"古文明书系》得到北京师范大学出版社的大力支持,已由 2018 年 11 月出版。出版后,社会反响良好,至今已连续重印两三次。

与此同时,我们又组织相关学者集中精力,协同攻关,对世界上主要文明地区留下的文献资料进行精选、翻译。经过近八年的努力,我们又完成了《"一带一路"古文明书系》的姊妹篇——《新时代"一带一路"古文明文献萃编》(七卷十册)的编译工作。

《新时代"一带一路"古文明文献萃编》以"一带一路"沿途所经且在历

[①] 参见杨共乐总主编:《"一带一路"古文明书系》总序,北京:北京师范大学出版社,2018 年版。

史上有重要影响的古文明文献为萃编、译注对象，以中国人特有的视角选择文献资料，展示人类文明的内涵与特色。让文献说话，让文献在当代发挥作用，是我们这套丛书的显著特色。《新时代"一带一路"古文明文献萃编》共七卷十册，分别是《古代美索不达米亚文明文献萃编》《古代埃及文明文献萃编（上、下册）》《古代印度波斯文明文献萃编》《古代希腊文明文献萃编》《古代罗马文明文献萃编（上、下册）》《古代中国文明文献萃编（上、下册）》和《古代丝绸之路文明文献萃编》。范围涉及北非、西亚、南亚、东亚和南欧五大区。我们衷心希望《新时代"一带一路"古文明文献萃编》能为学界提供一种新的、认识古代世界的视角，为我国的"一带一路"建设贡献微薄的力量。

杨共乐

北京师范大学史学理论与史学史研究中心

2022 年 2 月 15 日

目　录

古代印度文明文献萃编

一、古代印度文明简况

（一）哈拉巴文化时代/005

（二）早期吠陀时代/006

（三）晚期吠陀时代/007

（四）列国时代/010

（五）孔雀王朝时代/011

（六）大月氏人的贵霜帝国时代/012

二、古代印度文明的基本特征

三、古代印度文明的文献概貌

（一）玄奘笔下的印度/019

（二）阿里安笔下的印度/026

四、古代研究古代印度文明的史料

（一）早期吠陀时代——种姓制度的萌芽/033

（二）晚期吠陀时代/037

（三）列国时代/043

（四）孔雀王朝时代/209

（五）贵霜帝国/232

（六）古代印度的土地关系/237

（七）古代印度的奴隶制度/241

（八）古代印度的婚姻状况、妇女的地位/245

（九）古代印度的文学/263

（十）古代中国和印度的经济文化交往/288

古代波斯文明文献萃编

一、古波斯帝国文明史概述

（一）古波斯帝国文明史简况/301

（二）古波斯帝国文明的基本特征/311

（三）古波斯文明文献概貌/312

二、研究古波斯帝国的历史资料

（一）有关古波斯帝国形成时期的文献（包括有
关居鲁士、波斯建国、冈比西斯二世和巴
尔迪亚的资料）/315

（二）大流士统治时期的文献资料/372

（三）古波斯帝国的社会经济/397

（四）希腊波斯战争/479

（五）希波战争之后的希波关系/510

（六）小居鲁士叛乱/514

（七）亚历山大东征和波斯帝国的灭亡/536

资料集后记

古代印度文明文献萃编

一、古代印度文明简况

古代印度文明是世界五大文明（即古代美索不达米亚文明、古代埃及文明、古代中国文明、古代希腊文明和古代印度文明）之一。

古代印度文明经历了如下几个阶段：哈拉巴文化时代、早期吠陀时代、晚期吠陀时代、列国时代、孔雀王朝时代、后孔雀王朝时代（包括巽伽王朝、甘婆王朝、贵霜帝国时期等，其间还有大夏希腊人、安息人和斯基泰人等的入侵）等。

（一）哈拉巴文化时代

哈拉巴文明（公元前 2500—前 1750 年）是印度的早期文明，创造这个文明的是什么人现在还不清楚。从早期吠陀时代起，印度文明就是雅利安人所创造的（当然，除了上述那些外来入侵者外）。

古代印度文明开始于哈拉巴文化时代。关于哈拉巴文明起始的时间，因为没有文献记载，所以并不是很清楚，现在关于它的开始时间也说法不一。如，有人说是开始于公元前 2700 年前，有人说是开始于公元前 2500 年，还有人说它开始于公元前 2300 年等。其结束的时间大约是公元前 1750 年，这是比较一致的看法。

哈拉巴文明存在的地区基本上是在印度西北部的印度河流域，所以也称印度河流域文明。

哈拉巴文明的创造者是谁？其说法不一：有人说是达罗毗荼人，有人说是雅利安人，有人说是几个种族的人联合创造的。

哈拉巴文明时代已经有了文字，所以，可以肯定，这个时代已经进入文明时代。哈拉巴时代的文字虽然经过人们的努力，但至今仍然未能释读成功。哈拉巴文明的文字基本上都是刻在印章上面的，所以被称为印章文字。

哈拉巴文明时代有相当发达的农业、手工业和商业贸易。考古发掘的资料表明，其商业贸易不仅在哈拉巴文明内部，而且海外贸易也相当发达，特别是同巴比伦尼亚地区的交往十分频繁。

哈拉巴文明时代，是以城市为中心的。当时的重要城市有摩亨佐·达罗、哈拉巴、卡利班根、洛塔尔等。其城市建筑很具特色。可以说，哈拉巴文明是城市文明。

哈拉巴文明在公元前1750年左右突然消失了，原因是什么？其说法不一：有说是雅利安人入侵的结果，有说是自然灾害（如地震、水灾等）的结果。至今没有一个肯定的结论。

哈拉巴文明虽然突然消失，原因也说不清道不白，但它对以后印度文明的影响是不可忽视的。

（二）早期吠陀时代

早期吠陀时代（公元前1500—前900年）是雅利安人侵入印度和雅利安人的军事民主制时期。这个时期之所以称之为早期吠陀时期，是因为研究这个时期历史的主要资料是《吠陀经》中最早的一部经典《梨俱吠陀》，所以，这个时期也称为《梨俱吠陀》时期。

雅利安人是从南俄罗斯草原一带迁徙来的。他们离开南俄罗斯后分成了两支，一支进入了伊朗高原，并定居在了那里（他们又分成了两个部分，一部分定居在伊朗高原的西北部，在那里建立了后来的米底王国；另一部分定居在了伊朗高原的西南部，他们原先臣属于米底人，后来他们从米底人的统治下独立了出来，建立了波斯国家，即后来的波斯帝国），另外一支进入了印度河流域，在那里，他们创造了后来的印度文明。雅利安人是这些入侵者的自称。"雅利安人"的意思是"高贵者"。他们带着战车、畜群和神龛等，一股一股地涌进印度河流域。他们自称为"雅利安人",而称那些原来的土著居民为"达萨"。他们和达萨进行了不断的战争。

早期吠陀时代,雅利安人基本上生活在印度河流域地区。这时的雅利安人毁灭了原来印度河文明的城市,原来的城市已经不复存在,而且,原来在印度河流域相当发达的农业也不复存在。雅利安人的主要经济是畜牧业,只是到这个时代的后期,他们才学会了农业。

他们初到印度河流域的时候,还过着氏族部落的生活,不过其氏族部落组织已经开始解体。每个部落包括若干个村落(称为哥罗摩,村长叫哥罗摩尼),每个村落由许多父权制大家庭组成。氏族部落有种种会议,其中最古老的一种叫作"维达塔"。这种会议在早期吠陀时代很盛行,到晚期吠陀时期就衰落了。早期吠陀时代还有两种会议,一种是"萨巴"(即长老会议,由部落的长老们,即部落中的少数上层分子组成),另一种是"萨米提"(是部落的民众会议,由部落的成年男子组成)。这两种会议和军事首领"罗阇"构成军事民主制时期的主要权力机构。

早期吠陀时代萌芽了古代印度的等级制度——瓦尔那制度。当时只有两个瓦尔那,即雅利安瓦尔那和达萨瓦尔那。

(三)晚期吠陀时代

晚期吠陀时代(公元前900—前600年)是雅利安人的国家的形成时代、瓦尔那制度的形成时代、婆罗门教的形成时代。

这时,雅利安人开始从印度河流域向恒河流域迁徙,进到了恒河的中下游地区。其迁徙路线是沿着喜马拉雅山脉南麓向东。

这时,印度进入了铁器时代。随着铁制工具的出现,南亚次大陆的耕地面积迅速扩大,原先无人居住的森林地区和沼泽地区皆被大量开垦。农业在经济中已居主要地位。耕地使用重犁,往往用好几头牛牵引。播种也按不同的季节分期进行。农作物除麦、豆类外,又增添了水稻和棉花等品种。

雅利安人的主要经济已经从畜牧业转向了农业。当然,畜牧业依然占有重要的地位，同时手工业也逐渐发展起来。随着农业和手工业的发展，商业贸易也发展起来。城市出现了，据佛经的资料，最早的城市有瞻波城、迦尸城、波罗奈城，其次是王舍城等。城市是行政中心，也是商业贸易的中心。由于当时战争很多，所以，这些城市都应当建有围墙。

手工业已较以前有了发展，如采矿，冶金，纺织，陶器、竹木器制作等，出现了许多专门从事某一行业的工匠，如铁工、木工、织工、金工、陶工、石工等。据希腊史料记载，波斯王大流士一世于公元前518年占领印度河以西的大片土地后，每年向其居民勒索赋税360塔兰特（1塔兰特等于26千克）金沙。若没有相当规模的开采能力，就很难交出如此多的金沙。

这时，由于战争很多，再加上社会经济的发展，所以阶级分化日益严重，奴隶制发展起来。原来的达萨变成了奴隶，此外还有因为赌博而变成奴隶的，因为债务而变成奴隶的。阶级和等级形成了，国家也由此而生。这时的国家应当都是小国寡民的，即国家不大，人口也不多。就政体而言，有共和国，也有君主国，可能还是君主国居多。因为，在晚后的列国时代，是君主国居多的。

这时作为等级制度的瓦尔那制度形成并定型了。瓦尔那的原意是颜色、品质。因为，雅利安人是白色人种，而被征服的被称为达萨的是黑色人种；同时，雅利安人认为自己是高贵的，而被征服者是低贱的。这时有四个瓦尔那，即婆罗门瓦尔那、刹帝利瓦尔那、吠舍瓦尔那和首陀罗瓦尔那。其中，前三个是由于雅利安人的社会分工和经济分化造成的，而第四个瓦尔那，即首陀罗瓦尔那是由原来的达萨瓦尔那转变来的。

婆罗门教说，四个瓦尔那是因为众神分割普鲁沙的结果：普鲁沙的口变成了婆罗门、普鲁沙的手变成了刹帝利、普鲁沙的腿变成为吠舍，普鲁沙的脚变成了首陀罗。佛教认为，四个瓦尔那的形成与神没有任何关系，而是社会分工的结果。佛教的说法虽然批判了婆罗门教的神创说，但它并没有说明瓦尔那形成的根本原因。实际上，瓦尔那的形成在最初的时候可能有社会分工的因素，但最终却是当时印度社会阶级分化的结果。因为，各瓦尔那的不同是和他们的等级阶级分化有关系的。

瓦尔那制度是古代印度的一种严格的等级制度。各瓦尔那的出身不同，社会地位不同，职业也不同。婆罗门是第一等级，其职业是充任祭司，从事祭祀活动，其生活来源是接受布施和赠礼；刹帝利是第二等级，其职责是进行统治，掌控国家的军事、行政大权，惩罚罪犯，并进行战争，其生活来源是征收的赋税和战争虏获品；吠舍是第三等级，从事农业、手工业、畜牧业和商业，他们必须缴纳赋税；第四等级是首陀罗，他们的职业是为前三个等级服务，其中一些人是奴隶，但不是所有人都是奴隶。

在这四个等级之外还有一些人被称为"旃荼罗"，即不可接触者、贱民。

前三个等级的人是雅利安人，有宗教祭祀的权利，按婆罗门教的说法，他们死后可以再生为人，因此被称为再生族；第四个等级的人不属于雅利安人，没有宗教祭祀的权利，死后不能再生为人，因此，被称为一生族。

玄奘的《大唐西域记》说："印度种姓族类群分，而婆罗门特为清贵，从其雅称，传以成俗，无云经界之别，总谓婆罗门国焉。"说明婆罗门在印度的影响之深之大。

瓦尔那制度作为一个等级制度在印度长期存在，严重阻碍了印度社会的发展。

列国时代是雅利安人的国家的形成时期，但没有这个时期国家形成的具体的资料，不过，从稍后的列国时代的佛经的资料中，我们大致可以了解雅利安人国家形成时期的情况：随着私有制的出现，产生了阶级矛盾，为了解决这些矛盾，于是出现了代表有产阶级利益的王，出现了法庭、官吏以及养活这些官吏的赋税等。与此同时，还形成了古代印度特有的等级制度——瓦尔那制度。

这时形成的是小国寡民的国家，这和埃及、两河流域最初形成的国家大都是一样的。在印度的这些小国中，有共和国，因为，从佛经的资料我们看到，当时国家的王是推举出来的，佛教的创始人释迦牟尼就出生在一个共和国——释迦国；但从列国时代的资料中我们知道，当时有许多国家是君主国，而且是以君主国居多。

晚期吠陀时期，还形成了婆罗门教。原来雅利安人的信仰是多神崇拜。而婆罗门教不仅保留了多神崇拜，还给诸神赋予了新的内容。如，原来的天神梵伦那成了司法之神，雷电之神成了国王、贵族的保护神。此外，还创造了新的神婆罗摩，即大梵天。这个大梵天被认为是宇宙的创造者和最高主宰，世界万事万物皆为其所创造，只有它是实在的，其他一切都是虚幻的。婆罗门教还把原始的万物有灵论和灵魂转移论加以改造，创造出了"业力轮回"的理论。婆罗门教的最高理想是"梵我一致"。婆罗门教认为，人的行动会产生后果，即造业，有了业，必有果报，有了果报就会产生轮回。

（四）列国时代

列国时代（公元前6—前4世纪）是南亚次大陆雅利安人的国家由小国寡民逐渐走向统一的时代，又因为佛教产生于这个时代，所以也称为"早期佛教时代"。这时，雅利安人已经进入恒河流域的下游。由于铁器的广泛使用，次大陆的社会经济得到很大发展。

随着社会经济的迅速发展，商品货币关系也迅速发展起来。在佛经中关于这个时期的商人、货币的资料很多，作为经济文化中心的城市更多兴起，如华氏城、呾叉始罗等。这时，中国与印度之间已经有了商业贸易往来，邛竹、蜀布，甚至中国的丝绸都可能已经到了印度。

列国时代是大国争霸的时代。据佛经的资料显示，这时有十六个大国，它们为了争夺领土、劳动力、财富等而时常发生战争。在这时的佛经中，关于这方面的资料不少。

列国时代也是百家争鸣的时代，由于社会经济的发展，阶级分化十分激烈，反映这些阶级、阶层利益的思想也发展起来，当时不仅各国的言论颇为自由，而且各种学说可以在各国之间流传，一些思想家可以在各国自由往来，传播自己的思想和学说。从而形成了百家争鸣的局面，如出现了耆那教、佛教、顺世论等，犹如中国的春秋战国时代和希腊的古典时代。佛经中把佛教以外的那些学派叫作"外道"或"异学"。当时有六师六十二见、九十六种外道。它们中有唯物主义，也有唯心主义。它们之间彼此观点不同，时有争论，但它们也有一个共同点，那就是反对婆罗门教和婆罗门的特权地位。

在这众多学派中，著名的唯物主义派别是顺世论，而影响最大的是耆那教和佛教。后面这两个教派都是唯心主义的。

佛教的创立者是释迦牟尼，他是伽毗罗卫（在今尼泊尔境内）的一个王子，其父是净饭王。佛教的基本教义是四谛，即苦、集、灭、道四个真理。佛教认为，人的一生都是苦，要消灭苦的唯一方法是学习佛教的理论，靠个人修行，而不是靠神。早期佛教不承认有神存在，也不拜偶像。但释迦牟尼在世时没有留下文字的经典，所以，他死以后，他的信徒们对他的教义产生了分歧，还有一些其他的原因，佛教逐渐地分成了不同的宗派。公元 1 世纪时最后形成了小乘佛教和大乘佛教两大派。大乘佛教经过中亚传到中国，再经过中国传到朝鲜和日本；而小乘佛教则经过锡兰，传到东南亚一带。

（五）孔雀王朝时代

在列国时代的众多国家中，公元前 5—前 4 世纪时，北部印度的希苏那伽王朝和难陀王朝统治时期，摩揭陀逐渐强大，成为一个霸国，逐渐统一了北部印度。国王的权力也更为加强，逐渐形成为君主专制。

公元前 4 世纪后期，希腊的亚历山大远征波斯帝国，在灭亡波斯帝国后占领了印度河流域一带。当时印度正处于难陀王朝统治时期。旃陀罗笈多在憍底利耶的辅佐下建立了孔雀王朝，赶走了在印度河流域统治的希腊人，推翻了难陀王朝的统治，从而几乎统治了整个北部印度，建立起君主专制的统治。相传，憍底利耶还著有《政事论》，规划了帝国的政治、经济、军事等，成为古代印度历史上影响最大的政治著作。

在孔雀王朝历史上，旃陀罗笈多的孙子阿育王的建树是最大的，虽然在他统治初期，他曾经是一个非常残暴的国王，但后来他"改恶从善"，皈依了佛教。他多次平定了地方上反对孔雀王朝的起义；征服了强敌羯陵伽，使孔雀王朝几乎统治了除半岛南端的一部分外的整个印度半岛，成为印度历史上统治地区最广大的一个王朝；他传播佛教，召开了佛教史上的第三次结集；注意发展经济，他的一系列诏令对孔雀王朝在政治经济文化等方面的发展起了重要作用。不过，据说他的晚年很悲惨，被人夺了权。

阿育王以后，孔雀王朝就瓦解了，而孔雀王朝瓦解后，印度就陷入了分崩离析的状态。公元前 2 世纪以后，印度先后遭到大夏希腊人、安息人和斯基泰人、大月氏人的入侵。公元前 128 年，大月氏人在阿姆河北部地区建立国家。

（六）大月氏人的贵霜帝国时代

大月氏人是从中国甘肃一带迁徙来的。贵霜帝国统治了北部印度和中亚一带地区，是与古代的罗马帝国、亚历山大帝国、中国并列的四个帝国之一。在丝绸之路的形成和发展上，起过重要作用。

公元 1—2 世纪，在丘就却和阎膏珍统治时期，贵霜帝国以大夏为中心逐渐向外扩张，兼并了从康居到克什米尔和旁遮普，其版图最大时包括了中亚和北部印度的广大地区，其首都原在中亚，后迁至富楼沙（今巴基斯坦的白沙瓦）。公元 2 世纪以后，在迦腻色迦及其后继者统治时期，贵霜继续向东扩张，从北部的帕米尔以西扩张到了印度南部的文底耶山。

古代印度是古代世界的一个重要文明古国，对界文明做出了重要贡献。哲学方面，有唯物主义的顺世论；唯心论方面有婆罗门教、耆那教和佛教的宗教哲学；在数学方面，闻名世界的是发明了零（即 0）这个数字；在艺术方面，人们只要看一看犍陀罗艺术和阿旃陀石窟艺术的圆雕、浮雕和绘画等方面的成就就一目了然了……起源于印度的佛教在东方各国的文化发展方面的影响作用也是十分巨大的。而且，作为丝绸之路上的一站，印度在东西交通方面的作用也功不可没。

二、古代印度文明的基本特征

印度是世界文明古国之一，就其文明开始的时间而言，还略早于中国和希腊。其文明的文化内涵也非常丰富，对世界文化做出了重要的贡献，特别是它处在丝绸之路的交通要道上，其在东西方经济文化交流中所起的作用是显而易见的。

　　古代印度文明的基本特征是：

　　第一，它的文明起源虽早，但却没有一以贯之地传承下来，其早期文明——哈拉巴文明不明不白地就灭亡了，它与后来的雅利安印度文明没有直接明显的继承关系。

　　第二，它的文明虽早，但研究其文明的历史资料在哈拉巴文明时期只有考古资料而没有可以利用的文献资料，因此很难说清楚；后来的雅利安印度文明虽有大量的文献资料，却很少有铭文资料（只有憍底利耶的《政事论》有一些以阿育王的名义颁布的诏令铭文）。研究古代印度历史的主要资料是宗教文献，而这些宗教文献既没有写作的时间，也没有明确地说明所说的事件的时间，所以人们说，古代印度人没有时间概念。确定古代印度历史年代的主要资料来自古代希腊和中国。

　　第三，古代印度社会经济十分发达，商品货币关系十分发达，商人可以在印度各地经商，这本来是有利于政治上的统一的，但古代的印度在政治上却从来没有完全统一过，即使是在阿育王时期占领了大半个印度半岛，其时间也是很短暂的，而且没有完全统一整个南亚次大陆。在《佛本生经》中虽然说到菩萨当过转轮圣王，当了南瞻部洲的国王，但那不过是一种虚幻的说法，而不是实际统一过，佛陀也从来没有当过统一印度的国王。

三、古代印度文明的文献概貌

早期哈拉巴文化时期的古代印度文明的资料基本上是依靠考古发掘的，虽然那时已经有了文字，但因为这种文字尚未释读成功，因此，基本上没有用；而后来雅利安人入侵后的历史，则基本上是依靠文献资料，包括印度本身的文献资料（如史诗等），也包括印度以外的国家的资料，特别是中国和希腊的资料，如中国的二十四史，希腊的希罗多德的《历史》、阿里安的《亚历山大远征记》以及斯特拉波的《地理学》等。

早期吠陀时代的主要文献是古代印度的两部史诗:《摩诃婆罗多》和《罗摩衍那》以及四部吠陀经中的《梨俱吠陀》。它反映的是公元前1500—前900年时期的历史，这是雅利安人侵入印度河流域上游时期。晚期吠陀时代（公元前900—前600年）历史的主要文献是四部吠陀中的后三部吠陀（《娑摩吠陀》《耶柔吠陀》和《阿闼婆吠陀》）以及解释这几部吠陀的梵书、森林书、奥义书等，还有佛经中的若干内容。

（一）玄奘笔下的印度

《大唐西域记》是唐朝玄奘访印的见闻录。下面摘录的是该书中的第二卷《印度总述》①：

名称 详夫天竺之称，异议纠纷，旧云身毒，或曰贤豆，今从正

---

① （唐）玄奘:《大唐西域记》，章巽校点，上海：上海人民出版社，1977年版，第31—42页。

音，宜云印度。印度之人，随地称国，殊方异俗，遥举总名，语其所美，谓之印度。印度者，唐言"月"。月有多名，斯其一称。言诸群生轮回不息，无明长夜莫有司晨，其犹白日既隐，宵烛斯继，虽有星光之照，岂如朗月之明。苟缘斯致，因而譬月。良以其土圣贤继轨，导凡御物，如月照临。由是义故，谓之印度。印度种姓族类群分，而婆罗门特为清贵，从其雅称，传以成俗，无云经界之别，总谓婆罗门国焉。

疆域　若其封疆之域，可得而言。五印度之境，周九万余里。三垂大海，北背雪山。北广南狭，形如半月。画野区分，七十余国。时特暑热，地多泉湿。北乃山阜隐轸，丘陵舄卤；东则川野沃润，畴陇膏腴；南方草木荣茂；西方土地硗确。斯大概也，可略言焉。

数量　夫数量之称，谓踰缮那。旧曰由旬，又曰踰阇那，又曰由延，皆讹略也。踰缮那者，自古圣王一日行军也。旧传一踰缮那四十里矣；印度国俗乃三十里；圣教所载惟十六里。穷微之数，分一踰缮那为八拘卢舍。拘卢舍者，谓大牛鸣声所极闻，称拘卢舍。分一拘卢舍为五百弓，分一弓为四肘，分一肘为二十四指，分一指节为七宿麦，乃至虱、虮、隙尘、牛毛、羊毛、兔毫、铜、水，次第七分，以至细尘，细尘七分，为极细尘。极细尘者，不可复析，析即归空，故曰极微也。

岁时　若乃阴阳历运，日月次舍，称谓虽殊，时候无异，随其星建，以标月名。时极短者，谓刹那也。百二十刹那为一呾刹那，六十呾刹那为一腊缚，三十腊缚为一牟呼栗多，五牟呼栗多为一时，六时合成一日一夜，昼三夜三。居俗日夜分为八时。昼四夜四，于一一时各有四分。月盈至满谓之白分，月亏至晦谓之黑分，黑分或十四日、十五日，月有小大故也。黑前白后，合为一月。六月合为一行。日游在内，北行也；日游在外，南行也。总此二行，合为一岁。又分一岁以为六时：正月十六日至三月十五日，渐热也；三月十六日至五月十五日，盛热也；五月十六日至七月十五日，雨时也；七月十六日至

九月十五日，茂时也；九月十六日至十一月十五日，渐寒也；十一月
十六日至正月十五日，盛寒也……或为四时，春、夏、秋、冬也。春
三月谓制呾逻月、吠舍佉月、逝瑟吒月，当此从正月十六日至四月
十五日；夏三月谓頞沙荼月、室罗伐拏月、婆达罗钵陀月，当此从四
月十六日至七月十五日；秋三月谓頞湿缚庚阇月、迦剌底迦月、末迦
始罗月，当此从七月十六日至十月十五日；冬三月谓报沙月、磨祛
月、颇勒窭拏月，当此从十月十六日至正月十五日。故印度僧徒依佛
圣教坐雨安居，或前三月，或后三月。前三月当此从五月十六日至八
月十五日，后三月当此从六月十六日至九月十五日。前代译经律者，
或云坐夏，或云坐腊，斯皆边裔殊俗，不达中国正音，或方言未融，
而传译有谬。又推如来入胎、初生、出家、成佛、涅槃日月，皆有参
差，语在后记。

宫室　若夫邑里间阎，方城广峙；街衢巷陌，曲径盘迂。阛阓当
涂，旗亭夹路。屠、钓、倡、优、魁脍、除粪，旌厥宅居，斥之邑外，
行里往来，僻于路左。至于宅居之制，垣郭之作，地势卑湿，城多垒
砖，暨诸墙壁，或编竹木，室宇台观，板屋平头，泥以石灰，覆以砖
墼。诸异崇构，制同中夏。苫茅苫草，或砖或板，壁以石灰为饰，地
涂牛粪为净，时花散布，斯其异也。诸僧伽蓝，颇极奇制，隅楼四起，
重阁三层，榱桷栋梁，奇形雕镂，户牖垣墙，图画众彩。黎庶之居，
内侈外俭，隩室中堂，高广有异，层台重阁，形制不拘。门辟东户，
朝座东面。至于坐止，咸用绳床，王族、大人、士、庶、豪右，庄饰
有殊，规矩无异。君王朝座。弥复高广，珠玑间错，谓师子床，敷以
细氎。蹈以宝几。凡百庶僚，随其所好，刻雕异类，莹饰奇珍。

衣饰　衣裳服玩，无所裁制，贵鲜白，轻杂彩，男则绕腰络腋，
横巾右袒，女乃襜衣下垂，通肩总覆。顶为小髻，余发垂下。或有剪
髭，别为诡俗。首冠花鬘，身佩璎珞。其所服者，谓憍奢耶衣及氎布
等。憍奢耶者，野蚕丝也；蒭摩衣，麻之类也；顾钵罗衣，织细羊毛
也；褐剌缡衣，织野兽毛也。兽毛细软，可得绩绩，故以见珍，而充

服用。其北印度，风土寒烈，短制褊衣，颇同胡服。外道服饰，纷杂异制，或衣孔雀羽尾，或饰髑髅璎珞，或无服露形，或草板掩体，或拔发断髭，或蓬鬓椎髻，裳衣无定，赤白不恒。沙门法服，惟有三衣及僧却崎、泥缚些那。三衣裁制，部执不同，或缘有宽狭，或叶有大小。僧却崎唐言掩腋。旧曰僧祇支，讹也。覆左肩，掩两腋，左开右合，长裁过腰。泥缚些那唐言裙。旧曰涅槃僧，讹也。既无带襻，其将服也，集衣为褶，束带以絛，褶则诸部各异，色乃黄赤不同。刹帝利、婆罗门清素居简，洁白俭约。国王、大臣服玩良异，花鬘宝冠以为首饰，环钏璎珞而作身佩。其有富商、大贾，唯钏而已。人多徒跣，少有所履。染其牙齿，或赤或黑，齐发穿耳，修鼻大眼，斯其貌也。

馔食 夫其洁清自守，非矫其志。凡有馔食，必先盥洗，残宿不再，食器不传，瓦木之器，经用必弃，金、银、铜、铁，每加摩莹。馔食既讫，嚼杨枝而为净。澡漱未终，无相执触。每有溲溺，必事澡灌。身涂诸香，所谓旃檀、郁金也。君王将浴，鼓奏弦歌。祭祀拜祠，沐浴盥洗。

文字 详其文字，梵天所制，原始垂则，四十七言。寓物合成，随事转用，流演枝派，其源浸广，因地随人，微有改变。语其大较，未异本源。而中印度特为详正，辞调和雅，与天同音，气韵清亮，为人轨则。邻境异国，习谬成训，竞趋浇俗，莫守淳风。

至于记言书事，各有司存，史诰总称，谓尼罗蔽茶，唐言青藏。善恶具举，灾祥备著。

教育 而开蒙诱进，先导十二章。七岁之后，渐授五明大论：一曰声明，释诂训字，诠目疏别。二工巧明，伎术机关，阴阳历数。三医方明，禁咒闲邪，药石针艾。四曰因明，考定正邪，研核真伪。五曰内明，究畅五乘因果妙理。

其婆罗门学四吠陀论旧曰毗陀，讹也。一曰寿，谓养生缮性。二曰祠，谓享祭祈祷。三曰平，谓礼仪、占卜、兵法、军阵。四曰术，谓异能、伎数、禁咒、医方。

师必博究精微，贯穷玄奥，示之大义，导以微言，提撕善诱，雕朽励薄。若乃识量通敏，志怀逋逸，则拘絷反关，业成后已。

年方三十，志立学成，既居禄位，先酬师德。其有博古好雅，肥遁居贞，沈浮物外，逍遥事表，宠辱不惊，声闻已远，君王雅尚，莫能屈迹。然而国重聪睿，俗贵高明，褒赞既隆，礼命亦重。故能强志为学，忘疲游艺，访道依仁，不远千里，家虽豪富，志均羁旅，口腹之资，巡丐以济，有贵知道，无耻匮财。娱游、惰业、偷食、靡衣，既无令德，又非时习，耻辱俱至，丑声载扬。

佛教 如来理教，随类得解，去圣悠远，正法醇醨，任其见解之心，俱获闻知之悟。部执峰峙，诤论波腾，异学专门，殊途同致。十有八部，各擅锋锐；大小二乘，居止区别。其有宴默思惟，经行住立，定慧悠隔，諠静良殊，随其众居，各制科防。无云律、论、绲是佛经，讲宣一部，乃免僧知事；二部，加上房资具；三部，差侍者祗承；四部，给净人役使；五部，则行乘象舆；六部，又导从周卫。道德既高，旌命亦异。时集讲论，考其优劣，彰别善恶，黜陟幽明。其有商榷微言，抑扬妙理，雅辞赡美，妙辩敏捷，于是驭乘宝象，导从如林。至乃义门虚辟，辞锋挫锐，理寡而辞繁，义乖而言顺，遂即面涂赭垩，身坌尘土，斥之旷野，弃之沟壑。既旌淑慝，亦表贤愚。人知乐道，家勤志学。出家归俗，从其所好。罹咎犯律，僧中科罚，轻则众命诃责，次又众不与语，重乃众不共住。不共住者，斥摈不齿，出一住处，措身无所，羁旅艰辛，或返初服。

族姓 若夫族姓殊者，有四流焉：一曰婆罗门，净行也，守道居贞，洁白其操。二曰刹帝利，王种也，旧曰刹利，略也。奕世君临，仁恕为志。三曰吠奢，旧曰毗舍，讹也。商贾也，贸迁有无，逐利远近。四曰戍陀罗，旧曰首陀，讹也。农人也，肆力畴陇，勤身稼穑。凡兹四姓，清浊殊流，婚娶通亲，飞伏异路，内外宗枝，姻媾不杂。妇人一嫁，终无再醮。自余杂姓，实繁种族，各随类聚，难以详载。

兵术 君王奕世，惟刹帝利。篡弑时起，异姓称尊。国之战士，骁雄毕选，子父传业，遂穷兵术。居则宫庐周卫，征则奋旅前锋。凡有四兵，步、马、车、象。象则被以坚甲，牙施利距，一将安乘，授其节度，两卒左右，为之驾驭。车乃驾以驷马，兵帅居乘，列卒周卫，扶轮挟毂。马军散御，逐北奔命。步军轻捍，敢勇充选，负大橹，执长戟，或持刀剑，前奋行阵。凡诸戎器，莫不锋锐，所谓矛、楯、弓、矢、刀、剑、铖、斧、戈、殳、长稍、轮索之属，皆世习矣。

刑法 夫其俗也，性虽狷急，志甚贞质，于财无苟得，于义有余让，惧冥运之罪，轻生事之业，诡谲不行，盟誓为信，政教尚质，风俗犹和。凶悖群小时亏国宪，谋危君上，事迹彰明，则常幽图圄，无所刑戮，任其生死，不齿人伦。犯伤礼义，悖逆忠孝，则劓鼻、截耳、断手、刖足，或驱出国，或放荒裔。自余咎犯，输财赎罪。理狱占辞，不加荆朴，随问款对，据事平科。拒违所犯，耻过饰非，欲究情实，事须案者，凡有四条：水、火、称、毒。水则罪人与石，盛以连囊，沈之深流，校其真伪，人沈石浮则有犯，人浮石沈则无隐。火乃烧铁，罪人蹈上，复使足蹈，既遣掌案，又令舌舐，虚无所损，实有所伤；懦弱之人不堪炎炽，捧未开花，散之向焰，虚则花发，实则花焦。称则人石平衡，轻重取验，虚则人低石举，实则石重人轻。毒则以一羖羊，剖其右髀，随被讼人所食之分，杂诸毒药置剖髀中，实则毒发而死，虚则毒歇而苏。举四条之例，防百非之路。

致敬 致敬之式，其仪九等：一、发言慰问，二、俯首示敬，三、举手高揖，四、合掌平拱，五、屈膝，六、长跪，七、手膝踞地，八、五轮俱屈，九、五体投地。凡斯九等，极惟一拜。跪而赞德，谓之尽敬。远则稽颡拜手，近则舐足摩踵。凡其致辞受命，褰裳长跪。尊贤受拜，必有慰辞，或摩其顶，或拊其背，善言诲导，以示亲厚。出家沙门既受敬礼，惟加善愿，不止跪拜。随所宗事，多有旋绕，或唯一周，或复三匝，宿心别请，数则从欲。

病死 凡遭疾病，绝粒七日。期限之中，多有痊愈；必未瘳差，方乃饵药。药之性类，名种不同；医之工伎，占候有异。终没临丧，哀号相泣，裂裳、拔发、拍额、椎胸。服制无闻，丧期无数。送终殡葬，其仪有三：一曰火葬，积薪焚燎。二曰水葬，沈流漂散。三曰野葬，弃林饲兽。国王殂落，先立嗣君，以主丧祭，以定上下。生立德号，死无议谥。丧祸之家，人莫就食；殡葬之后，复常无讳。诸有送死，以为不洁，咸于郭外，浴而后入。至于年耆寿耄，死期将至，婴累沈痾，生涯恐极，厌离尘俗，愿弃人间，轻鄙生死，希远世路，于是亲故知友，奏乐饯会，泛舟鼓棹，济殑伽河，中流自溺，谓得生天。十有其一，未尽鄙见。出家僧众，制无号哭，父母亡丧，诵念酬恩，追远慎终，实资冥福。

赋税 政教既宽，机务亦简，户不籍书，人无徭课。王田之内，大分为四：一充国用，祭祀粢盛；二以封建辅佐宰臣；三赏聪睿硕学高才；四树福田，给诸异道。所以赋敛轻薄，徭税俭省，各安世业。俱佃口分。假种王田，六税其一。商贾逐利，来往贸迁，津路关防，轻税后过。国家营建，不虚劳役，据其成功，酬之价直。镇戍征行，官庐宿卫，量事招募，悬赏待人。宰牧，辅臣、庶官、僚佐，各有分地，自食封邑。

物产 风壤既别，地利亦殊，花草果木，杂种异名。所谓菴没罗果、菴弭罗果、末杜迦果、跋达罗果、劫比他果、阿末罗果、镇杜迦果、乌昙跋罗果、茂遮果、那利蓟罗果、般橠娑果，凡厥此类，难以备载，见珍人世者，略举言焉。至于枣、栗、椑、柿，印度无闻；梨、柰、桃、杏、蒲萄等果，迦湿弥罗国已来，往往间植；石榴、甘橘，诸国皆树。

垦田务农，稼穑耕耘，播植随时，各从劳逸。土宜所出，稻、麦尤多。

蔬菜则有姜、芥、瓜、瓠、荤陀菜等，葱、蒜虽少，啖食亦希，家有食者，驱令出郭。

至于乳、酪、膏、酥、沙糖、石蜜、芥子油、诸饼麨，常所膳也。鱼、羊、獐、鹿，时荐肴馔。牛、驴、象、马、豕、犬、狐、狼、师子、

猴、猿，凡此毛群，例无味啖，啖者鄙耻，众所秽恶，屏居郭外，希迹
人间。

若其酒醴之差，滋味流别：蒲萄、甘蔗，刹帝利饮也；麹糵醇醪，
吠奢等饮也；沙门、婆罗门饮蒲萄、甘蔗浆，非酒醴之谓也。杂姓卑
族，无所流别。

然其资用之器，功质有殊；什物之具，随时无阙，虽釜镂斯用，
而炊甑莫知。多器坯土，少用赤铜。食以一器，众味相调，手指斟
酌，略无匕箸，至于病患，乃用铜匙。

若其金、银、鍮石、白玉、火珠。风土所产，弥复盈积；奇珍杂
宝，异类殊名，出自海隅，易以求贸。然其货用，交迁有无，金钱、
银钱、具珠、小珠。

印度之境，疆界具举，风壤之差，大略斯在，同条共贯，粗陈梗
概，异政殊俗，据国而叙。

（二）阿里安笔下的印度 [1]

VI.……印度人与埃西屋庇亚人的外貌也并非完全不同。因为，南
印度人比较相似于埃西屋庇亚人，他们的容貌是黑的，头发也是黑
的，只不过他们不像埃西屋庇亚人那样短鼻子、卷头发；而和这些人
比较起来，北印度人的外貌则更像埃及人。

VII.麦伽斯蒂尼说，印度部族共计有一百八十个。印度部族很多，
这一点我是同意麦伽斯蒂尼的；但是我不能理解，他如何能确切地知
道并指出这个数字，因为他只在印度人的一小部分土地上居住过，而
在当时，并不是在一切部落之间都有着相互的交往。在古代，印度人
本是游牧人，他们不像西徐亚农人，而像那些带着自己的车子游荡的

---

① 北京师范大学历史系和吉林师范大学历史系编：《世界古代史史料选辑》，刘家和译，北京：北京师
范大学 1959 年版，第 254—258 页。

西徐亚农人，他们从西徐亚农的一个地方转移到另一个地方，不居住在城市里，也不崇敬神庙。所以，在印度人那里，既无城市，也没有为神建筑的庙。他们穿着自己所打到的牲畜的兽皮，吃树的皮，用印度的话说，这些树被称为塔拉。

X.他又说到印度人不为死者立纪念碑，但是他们认为，正是男人们的忠勇以及他们所唱的歌，已足够纪念死者了。至于印度城市的数目，由于其太多，无法统计。近河或近海的城市以木头建成，因为砖筑城市由于大雨和洪水而不能耐久，这种洪水在附近河流泛滥时就会注满平原。但是，那些建于比较高与高而突出的地方的城市还是用砖和土建成的。印度的最大城市名叫巴里姆勃特拉，位于埃兰诺布亚河与恒河汇合处的普拉西人的土地上。恒河是（印度）最大的河流。埃兰诺布亚河虽然是印度的第三条大河，但是比较其他地方的河水来说，还是大的。不过，埃兰诺布亚河逊于恒河，因为它的水注于恒河。麦伽斯蒂尼说到城市每一边的长度，其最长者，长达八十斯塔德；阔则达十五斯塔德；环城水沟阔为六普列特拉，深为三十肘；在城墙上有着五百七十个塔，六十四个门。在印度土地上的奇迹是：全部印度人都是自由人，没有一个印度人是奴隶。

XI.印度人主要分为七个等级。第一个等级是智者，他们人数比其他等级少得多，但是却享受尊敬和荣誉。因为，他们既不需参加任何体力劳动，也不需从他们所得之中取出任何东西给予公社。实际上，除了为印度人的公社向神献祭之外，智者没有其他任何义务。如果有任何一个人以私人的方式献祭，那么就要有一个智者作为祭品的导引者，因为否则他的祭品将不能使神满意。他们也是印度人中唯一善于孟提卡（即占卜）的人，并且除了智者男子以外，其余人也是不许做任何预言的。他们预言一切关于季节的事以及公社可能遭受到的任何灾祸；至于个别人的私人问题，他们照例不做预言；因为孟提卡不能俯就于较小的事，或者是因为在这些事上不值得劳累他。当一个人的预言错达三次时，他也不受任何其他损害，但是他应从此永远沉默不语。并且没有一个人来迫使这样被责成不说话的人去说一句话。这些智者们裸体地生活，冬天住在露天里日光下，夏天烈日炎炎，就住在草地与沼泽地的大树下面。尼亚尔库说，这种大树的影子周围达到五普列特拉，一棵树的影子下可以荫避万人；这些树是如此之大。他们吃的是果实和树皮，其甜美与滋养，不亚于椰枣。

次于智者之第二等级为农民，他们在印度人中占最多数。他们没有武器，也不关心战争事务，但耕作土地，并把赋税交给国王或自治城市。如果在印度人中发生了战争，他们也不能触及这些土地上的劳动者，并且也不能践踏这种土地。一些人在互相战争杀戮，另一些就在附近的人则和平地耕着地，或者收集葡萄，或者摘下水果，或者就是在收割。

印度人的第三个等级为牧人，牧羊人和牧牛人。这些人既不住于城市，也不住于村庄，他们是游牧人，居住于山上。他们从牲畜中带来赋税，同时他们也在全国各地猎取鸟和野兽。

XII. 第四个等级是手工业者和商人。这些人各依自己的职业来履行义务与纳税，只是制造武器的人除外。因为武器是由公社缴纳的。列入这一等级的还有造船匠与沿河航行的水手。

印度人的第五个等级是军人，他们为数之多，仅次于农民；他们享有最大的自由和愉快。他们只操练军事。武器是别人给他们做的，马也是别人送来的，在军营中还有别人伺候，这些人帮他们照料马匹、擦亮武器、管理大象、整顿战车并驾驶战车。当需要作战的时候，他们就自己去作战，但和平到来的时候，他们就享乐；并且他们从国库所得报酬是如此之多，以致他们能够很容易地用它来养活别人。

印度人的第六等级是所谓监督人。这些人监视着在乡村或城市中发生的每一件事。在印度人臣服于国王政权治下的地方，他们就把这些报告给国王；在印度人自治的地方，他们就把这些报告地方当局。他们不得报告任何假事，并且从来也没有一个印度人因其作伪而被控告。

第七等级是那些和国王在一起议论公事的人；或者在自治的城市中，这就是和城市当局一起议论公事的人。这个等级的人数是不多的，但是智慧与公正却高过一切人。长官和一切诺玛尔赫、希帕尔赫、宝物保管者、军事长官、那瓦尔赫、司军官以及农业工作的监督官，都是从这个等级里选拔出来的。

他们从其他等级中娶妻，例如农民从手工业者方面娶妻或者与此相反，都是不可以的。同一个人从事两种手工业，或者从一个等级转入另一个等级，例如从畜牧业等级转入农业等级，或者由手工业等级转入畜牧业等级，也都是不许可的。许可人们的只有一点，即从任何都可变成智者，因为智者的生活不是娇柔的，而是最穷困的。

XVI. 如尼亚尔库所说，印度人穿亚麻布的衣裳，而亚麻是从树上得来的。关于这种树，我在前面已经说过。这种亚麻也许是颜色比其他任何亚麻都洁白，也许是因为印度人本身颜色黑，所以看起来比较白净。印度人也有长小腿一半的亚麻袍，披肩一部分披在肩上，一部分则包在颈的周围。很富有的印度人还戴有象牙耳环；并非所有的印度人都戴它们。尼亚尔库说，印度人的胡子也涂上各种颜色。例如，一些人要让它看起来是白的，就涂成最白的颜色，而另一些则又涂成黑的；有一些人还把胡子涂成紫红色的；又有很多人则涂成绛红色的，另一些人则涂成浅绿色的。他又说到，显贵的印度人在夏天都带着伞。凉鞋用白皮做成，并且上面还有丰富的装饰。印度人的凉鞋的鞋底是画有彩画，并且是高的，为的是使穿的人看起来更高一些。

印度人没有同一形式的武器，他们的步兵有弓，弓长与持弓人相等。他们把弓向下安置在地上，并用自己的脚支住它，就这样来射击，同时把弓弦尽可能地向后拉开，因为他们的箭长近三肘。印度射手所射出的箭，没有任何东西能经受得住，不管是盾牌、胸甲或者即使是更为坚固的任何（盔甲）。在他们的左手里拿的是用未加工的皮革制的庇尔特，它比我们的盾窄，而长度则相差不多。有些人则以标枪代替弓。所有的人带有宽阔的剑，其长度不少于三肘；而当白刃战开始的时候——印度人不容易遇到这样的战斗——他们就双手举起这种剑来击刺，以使击刺得更为有力。印度人的骑兵则有两个类似矛的投枪，而盾牌则较步兵的盾牌为小。

XVII. 印度人的体型瘦而高，在行动上比其他人轻便得多。大多数的印度人的交通工具是骆驼、马、驴子，而富人的交通工具则是象。因为象在印度人那里乃是国王的坐骑；荣誉次于象而为第二等的是四马驾的车；第三等则是骆驼；骑一匹马是不光彩的……

印度人，至少是那些不住在山地的印度人，都吃粮食，并从事农业；山地人则吃野兽的肉。

四、古代研究古代印度文明的史料

（一）早期吠陀时代——种姓制度的萌芽

> 唯布路沙，诸神祭祀，用为牺牲……唯布路沙，既被切割，多少部分，如何切割？其口为何？两手何用？尚有两腿、两脚何名？其口转化，为婆罗门，两手制成，拉阇尼亚；尚有两腿，是为吠舍；至于两脚，作首陀罗。[①]

早期吠陀时代是印度雅利安人的军事民主制时代，一个重要的标志就是，在《梨俱吠陀》中，战神因陀罗被雅利安人崇拜，有《因陀罗赞歌》，赞歌中说：

> 生气勃勃的主神刚一出生，
> 即成为诸神的保护者，威力无穷；
> 在他的呼吸前面，因他勇猛力大，
> 两个世界（即指天与地）颤动。
> 众人啊！他就是因陀罗。[②]

赞歌还赞颂他"夺取敌人的财富"，他"杀死达休"（按：达休和达萨被雅

---

① 林志纯主编：《世界通史资料选辑（上古部分）》，北京：商务印书馆，1962 年版，第 195—197 页。
② 见崔连仲等选译：《古印度吠陀时代和列国时代史料选辑》，北京:商务印书馆,1998年版,第2—3页。

利安人看作是土著居民、敌人，也是奴隶）。

在早期吠陀时代，在雅利安人刚进入印度次大陆时，他们还是以畜牧业为主，驯养的牲畜有牛、马、羊。《梨俱吠陀》的普鲁沙赞歌中说：

> 由它（指完备的大祭）生出了马，
> 以及所有两排牙齿的畜牲；
> 由它生出了牛，
> 山羊和绵羊也由它产生。[①]

在雅利安人进入印度并定居以后，他们又从当地居民那里学会了农业。《梨俱吠陀》的《田主神赞歌》中也说到了犁耕农业：

> 我们藉（借）助田主，如同依靠朋友，
> 得以饲养我们的母牛和骏马，
> ……
> 我们的公牛和人儿愉快地劳动，
> 愿耕犁轻快地开垄。
> 愉快地系紧挽绳，
> ……[②]

这时，雅利安人已经有了赌博的习惯。《赌博者之歌》说：

> 这些滚动的东西（指骰子），生长在多风高地的高树上（指其坚果可制作骰子的维毗达树）；
> 当它们在桌上翻转时，使我欢喜若狂。

---

① 《古印度吠陀时代和列国时代史料选辑》，第 14 页。
② 《古印度吠陀时代和列国时代史料选辑》，第 6 页。

我迷恋这从不睡眠的骰子，

胜过畅饮穆阇梵（穆阇梵是山名）的苏摩酒浆。

她从未使我恼火，也未对我生气；

她对我的朋友和我，总是谦恭和蔼。

只因为骰子的一个么点决定败局，

我的忠实的妻子与我分开。

我的妻子远离我，她的母亲憎恶我；

可怜的人儿找不到安慰。

……

我找不到赌徒的任何益处。

别人拥抱他的妻子，

骰子垂涎他的财富，就像飞快的猎狗。

当谈到他时，父母兄弟都说：

我们不认识他，你把他绑起来带走（指以人身自由打赌失败后被家人遗弃）。

当我决意不再同这些人赌博时，

我的朋友们走开，孤单单地留下了我。

当褐色的骰子掷到桌上发出格格声时，

我就像多情的女郎，去找相会的处所。

赌博者找到赌场，甚为惊慌。

他的全身如火燃烧，不知运气将会怎样！

骰子仍在激发他的渴望，

面对他的对手，把他的收益押上。

骰子确实带有刺棒和驱兽钩（指管象和驭象者所使用的工具）。

欺骗，烦扰，令人伤悲。

它们给人以不牢靠的礼物后又毁灭获胜者，

它们显然是用蜂蜜来迷惑赌博之辈。

……

赌博者的遗妻悲苦绝望，

母亲也为四方漂流的浪子忧伤。

经常恐惧、负债、追求财富（指偷盗或抢劫财富），

夜间他走到别人家的住房。

赌博者看到人家的主妇和整齐的宅院时，

不胜哀叹。

早晨他驾上褐色的马（指骰子，此句是说开始掷骰子），

当火熄时已沦为流浪汉。

我向你们的强大部队的伟大首领（指所有骰子中点子最多的骰子），

群中之王，最高领袖，

伸出我的十个指头（此句意即表明一无所有），

说实话，我没有把钱财保留。

别掷骰子了，快耕种你的田地；

享受你获得的财富，应知它足够所需；

赌博者啊！那儿有你的牛和妻子；

仁慈的萨维特尔神（此神是太阳神，有金眼、金手、金舌，乘着马拉的车，其光辉照耀天地空三界）这样向我启迪。

让我们做朋友吧，给我们一点仁慈，

不要凶残地攻击我们；

平息你们的恶意和怒火吧，

让那褐色的骰子陷害其他着迷的人。①

---

① 《古印度吠陀时代和列国时代史料选辑》，第9—12页。

（二）晚期吠陀时代

1. 国家的形成

《长阿含经》卷第二十二第四分《世记经》《世本缘品》第十二[①]：

  ……佛告比丘："劫初众生，食地味已，久住于世。其食多者，颜色粗悴；其食少者，颜色光润。然后乃知众生颜色形貌优劣，互相是非，言我胜汝，汝不如我。以其心存彼我，怀诤竞故，地味销竭。又地皮生，状如薄饼，色味香洁。尔时众生，聚集一处，懊恼悲泣，拊胸而言：'咄哉为祸，今者地味，忽不复现。'犹如今人得盛美味，称言美善，后复失之，以为忧恼，彼亦如是，忧恼悔恨。后食地皮，渐得其味。其食多者，颜色粗悴；其食少者，颜色润泽。然后乃知众生颜色形貌优劣，互相是非，言我胜汝，汝不如我。以其心存彼我，怀诤竞故，地皮销竭。其后复有地肤出，转更粗厚，色如天华，软若天衣，其味如蜜。时诸众生，复取共食，久住于世。食之多者，颜色转损；食鲜少者，颜色光泽。然后乃知众生颜色形貌优劣，互相是非，言我胜汝，汝不如我。以其心存彼我，怀诤竞故，地肤销竭。其后复有自然粳米，无有糠糟，不加调和，备众美味。尔时众生，聚集而言：'咄哉为祸，今者地肤，忽不复现。'犹如今人遭祸逢难，称言苦哉。尔时众生，亦复如是，懊恼悲叹。其后众生，便共取粳米食之，其身粗丑，有男女形，互相瞻视，遂生欲想，共在屏处，为不净行。余众生见言，咄此为非。云何众生共生，有如是事。彼行不净男子者见他呵责，即自悔过，言：'我所为非。'即身投地。其彼女人，见其男子以身投地，悔过不起，女人即便送食。余众生见，问女人言：'汝持此食，欲以与谁？'答曰：'彼悔过众生，堕不善行者，我送食与之。'因此言故，世间便有不善夫主之名。以送饭与夫，因名为

---

 ① 本书所引《大藏经》，均录自河北佛教协会 2005 年影印日本《大正新修大藏经》。

妻。其后众生，遂为淫泆，不善法增，为自障蔽，遂造屋舍，以此因缘，故始有舍名。其后众生，淫泆转增，遂成夫妻。有余众生，寿行福尽，从光音天命终来生此间，在母胎中，因此世间有处胎名。尔时先造瞻婆城，次造迦尸、波罗奈城，其次造王舍城。日出时造，即日出时成。以此因缘，世间便有城郭、郡邑，王所治名。尔时众生，初食自然粳米时，朝刈暮熟，暮刈朝熟，刈后随复，无有茎秆。时有众生，默自念言：'日日刈获，疲劳我为，今当并取，以供数日。'即时并获，积数日粮。余人于后语此人言：'今可相与共取粳米。'此人答曰：'我已先积，不须更取。汝欲取者，自随意去。'后人复自念言：'前者能取二日余粮，我岂不能取三日粮耶？'此人即积三日余粮。复有余人语言：'共取粮去来。'此人答曰：'我已取三日余粮，汝欲取者，自随汝意。'此人念言：'彼人能取三日粮，我岂不能取五日粮耶？'即取五日粮已。时众生竞积余粮。故是时粳米便生糠糩，刈已不生，有枯秆现。尔时众生集在一处，懊恼悲泣，拊胸而言：'咄此为祸哉。'自悼责言：'我等本皆化生，以念为食，身光自照，神足飞空，安乐无碍。其后地味始生，色味具足。时我等食此地味，久住于世，其食多者，颜色转粗，其食少者，色犹光泽。于是众生心怀彼我，生骄慢心，言我色胜，汝色不如，诤色骄慢，故地肤消灭。……更生自然粳米，色香味具，我等时复共取食之，朝获暮熟，暮获朝熟，刈以随生，无有载刈，由我尔时，竞共积聚，故米生糠糩，刈以不生，现有根秆。我等今者宁可各封田宅，以分疆畔。'时即共分田，以异疆畔，计有彼我，其后遂自藏己米，盗他田谷。余众生见已，语言：'汝所为非，汝所为非。云何自藏己物，盗他财物。'即呵责言：'汝后勿复为盗。'如是不已，犹复为盗。余人复呵言：'汝所为非，何故不休。'即便以手杖打将诣众中，告众人言：'此人自藏粳米，盗他田谷。'盗者复言：'彼人打我。'众人闻已，懊恼涕泣，拊胸而言：'世间转恶，乃是恶法生耶。遂生忧结，热恼苦报，此是生老病死之原，遂堕恶趣，因有田宅，疆畔别异，故生诤讼，以致怨仇，无能决者。我等今者宁可立一平等主，善护人民，赏善罚恶。我等众人，各共减割，以供给之。'时彼众中，有一人形质长大，容貌端正，甚有威德，众人语言：'我等今欲立汝为主，善护人民，赏善罚恶，当共减割，以相供给。'其人闻之，即受为主，应赏者赏，应罚者罚。于是始有民主之名。"

律藏《根本说一切有部毗奈耶破僧事》卷第一中有关国家形成的论述：

……此之世界初成之时，尔时大地为一海水，由风鼓激，和合一类，犹如熟乳。既其冷已，有凝结生。其海水上，亦复如是。上有地味，色香美味，悉皆具足。此界成时，一类有情，福命俱尽，从光音天殁，而来生此。诸根具足，身有光耀，乘空往来，喜乐为食，长寿而住。时此世界，无有日月星辰、昼夜时节，亦莫能辩男女贵贱，但相唤言："萨埵萨埵。"

是时众中有一有情，禀性耽嗜。忽以指端，尝彼地味。随尝之时，情生爱著。随爱著故，段食是资，尔时方名，初受段食。诸余有情，见此食时，即相学食。既食味已，身渐坚重，光明隐没，悉皆幽暗。由此食量，不调停故，形色损减……彼光悦者恃形色故，遂生骄慢，起不善根，缘不善故，地味遂灭。

地味灭已，是诸有情，共相聚集，互生怨叹，悲啼愁恼，作如是语："奇哉美味，奇哉美味！"如今世人，曾食美食，后常忆念，先时香味，便作是言："奇哉美味，奇哉美味！"虽作是言，然犹不识其义好恶。缘何故说地味灭没？

有情业故，地饼即现，色香美味，悉皆具足，如金色花，如新熟蜜，食此地饼，长寿而住。若少食者，身有光明，因相轻慢，广如前说。乃至地饼皆没。时诸有情，共集一处，愁恼相视，作如是语："苦哉苦哉！我昔曾经遭如是恶事。"是诸有情，地饼没时，亦复如是，然不知此所诠何义。仁等当知，地饼没已。

时诸有情，由福力故，有林藤出，色香具足，如雍菜花，如新熟蜜，食此林藤，长寿而住。若少食者，身有光明，因相轻慢，广如前说，乃至林藤没故。时诸有情，共集一处，忧愁相视，作如是语："汝离我前，汝离我前。"犹如有人，极相嗔恨，不许当前。广如上说，林藤没已。时诸有情，有妙香稻，不种自生，无糠秽，长四指，旦暮收刈，苗即随生，至暮旦时，米便成熟，虽复数取，而无异状，以此充食，长寿而住。

时彼有情，由段食故，滓秽在身，为欲蠲除，便成二道。由斯遂有男女根生，便相染著。生染著故，遂相亲近，因造非法。诸余有情，见此事时，竞以粪扫瓦石而弃掷之，作如是语："汝是可恶有情，作此非法。咄哉！汝今何故污辱有情。"始从一宿，乃至七宿，不共同居，摈于众外。犹如今日，初为嫁娶，皆以香花杂物而散掷之，愿言常得安乐。仁等当知，昔时非法，今时为法；昔时非律，今时为律；昔时嫌贱，今为美妙。由彼时人驱摈出故，乐行恶者，遂共聚集，造立房舍，覆蔽其身，而作非法。此为最初营立家宅，便有家室。诸仁当知，昔因贪淫，故造立屋舍……

彼诸有情，若日暮时，若日朝时，由饥取稻，每日充足，不令余残。有一有情，为慵懒故，旦起取稻，遂乃兼将暮时稻来。至其暮时，有一同伴，唤共取稻。此人报曰："汝自取去，我旦来取稻，已兼两时粮讫，汝应自去，我不烦去。"

时彼同伴，闻斯语已，心便赞曰："此亦大好。我今取时，亦兼二日粮稻来耳。"

尔时别有一伴，闻此语已，复言："我取三日稻来。"复有一伴，闻此语已，复言："我取七日稻来。"即将七日稻归。

复有一伴，来唤其人，共相取稻。其人报曰："我先已取七日稻讫，无烦更去。"彼人闻已，心复欢喜，唱言："此是好便。我今日去取若半月或一月稻来。"

如是渐渐倍于前数。由此贪心日增盛故，遂令稻中生诸糠秽。先初之时，朝刈暮生，暮刈朝生，其实尚好。以贪爱故，一刈之后，更不再生。设生之时，实渐小恶。于是诸人，竞来收采。或有遗余，渐渐小恶。

时诸有情，复集一处，更相悲叹曰："我等昔时身体光悦，飞腾自在，端严具足，欢喜充食。后以地味为食，犹得香好。为食地味多故，我等诸人，身即坚重，光明遂灭，神通便谢。因遇种种暗损之事。诸人悲泣感生，日月星辰，广如上说。食多之者，身色转暗，食少之者，身犹光悦。此二食故，遂成二种颜状。由此二种颜状故，递相轻贱曰：'我是端正，汝是丑陋。'因此诸人，互相轻毁。展转生不善心故，尔时地味并皆灭尽。诸人悲叹，后生地饼，色香美味，悉皆具足。我等食之，长寿而住。食多之者，身光转暗，食少之者，身犹光悦。由此二种颜状，遂成二种好恶之类，乃至递相轻毁。由轻毁故，展转各生不善心故，地饼尽灭。我等悲恼。如是缘故，复生林藤，色香美味，亦皆具足。我等食之，年寿长远，而住于世。食多之者，身光损暗，食少之者，身犹光悦。乃至林藤灭故。复生稻谷，不种自生，无诸糠秽，如四指大，香味具足。我等食之，身体充盛。食此稻者，年寿长远，久住于世。以贪心积聚故，其稻小恶。糠秽转盛，其稻无力，采收不生，或有遗余。"诸人见已，更相告曰："我等分取地界。"尔时封量地段疆界，各各分之。此是汝地，此是我地。因此义故，世间田地始为耕种，遂立疆畔。

又一有情，虽自有田，私盗他谷。一有情见而告之曰："汝今何故取他稻谷？此一度盗，后更勿为。"

然其有情，盗意不息。于第二日及第三日，亦复盗将。众人见之而复告曰："汝前三度私盗，频劝不休。"有诸有情，便行推捉，往诣众中，具陈上事。众共告曰："汝自有田，何以三度盗他田谷？"劝此语已，便即放之。其盗稻者，告大众曰："此有情等，为少稻谷，今故搔我，对于大众，毁辱于我。"大众复告："何以为少稻谷，捉有情搔毁，对众辱之？后不应然。"因此盗故，递相毁辱。由此缘故，大众共集，递相告曰："汝等具见此事，为盗他谷，对众递相毁辱。不知二人，是谁有罪。我等意欲众中简一有情，颜色端正，形容具足，智慧通达，立为地主。有过者治罚，无过者养育，我等众人所种之田，各各依法，六分之中，与其一分。"尔时众中拣得如上具足德人，便即立为地主。

尔时众人告地主言："众中若有犯者，请如法治罚；若无犯者，应当养育。我等众人所种之田，各各依法，六分之中，与其一分。"由此因缘，立为地主。

尔时地主，见彼诸人，若有过者，如法治罚。若无犯者，如法养育。尔时众人所种之田，各各依法，六分之中，与其一分。众既同意，立为地主。故得大同意名。能拥护劣弱，故得刹帝利名。如法治国，能令一切众生欢喜，戒行智慧，故号为大同意王。

2. 种姓制度（瓦尔那制度）

佛教认为，瓦尔那制度四个等级的形成与社会分工有关。《长阿含经》卷第六第二分初《小缘经》第一：

"'……由有田地，至此诤讼。今者宁可立一人为主，以治理之，可护者护，可责者责。众共减米，以供给之，使理争讼。'时彼众中，自选一人，形体长大，颜貌端正，有威德者，而语之言：'汝今为我等作平等主，应护者护，应责者责，应遣者遣。当共集米，以相供给。'时彼一人，闻众人言，即与为主，断理争讼。众人即共集米供给。时彼一人，复以善言，慰劳众人。众人闻已，皆大欢喜，皆共称言：'善哉大王，善哉大王。'于是世间便有王名，以正法治民，故名刹利。于是世间始有刹利名生。时彼众中，独有一人，作如是念：'家为大患，家为毒刺。我今宁可舍此居家，独在山林，闲静修道。'即舍居家，入于山林，寂默思惟，至时持器，入村乞食。众人见已，皆乐供养，欢喜称赞：'善哉此人，能舍家居，独处山林，静默修道，舍离众恶。'于是世间始有婆罗门名生。彼婆罗门中，有不乐闲静坐禅思惟者，便入人间，诵习为业，又自称言：'我是不禅人。'于是世人称不禅婆罗门。由入人间故，名为人间婆罗门。于是世间有婆罗门种。彼众生中，有人好营居业，多积财宝，因是众人名为居士。彼众生中，有多机巧，多所造作，于是世间始有首陀罗工巧之名……"

（三）列国时代

1. 商品货币关系

（1）商业活动

《根本说一切有部毗奈耶药事》卷二和卷三说到在一个名叫输波罗迦的城市，有一个名叫自在的长者有四个儿子，前三个儿子是一个娘生的（他们的名字分别是安乐、守护和欢喜）。后来，他的这个妻子因为自在长者生病而抛弃了他，此自在由一个婢子照顾。自在的病好了以后，感恩于此婢子，本想让此婢子从良，自己去嫁人。但此婢子说，她即使是从良了，也还是被人瞧不起，所以她愿意嫁给自在，做自在的妻子。自在同意了。他们又有了一个孩子，取名为圆满。长者自在让他的三个大儿子出海经商，而让第四子就在本地经商。三个大儿子海外经商发了大财，小儿子虽在本地经商，也赚了钱，后来又同其他人一起至海外经商，赚得了更多的钱，成为大富翁。这个故事特别说到圆满虽为一个婢子所生，但在经商时既聪明又诚实，为佛陀所眷顾。后来出家为佛陀亲自"默然许之"，"圆满即时须发自落，犹如七日先剃发者，僧伽低衣自然著身，执持瓶钵，威仪具足"。

尔时佛在室罗伐城，给孤独园。是时输波罗迦城有一长者，名曰自在，豪族富贵，多饶财宝，货财丰足，多诸眷属……于彼城中，更有同类豪族长者。唯有一女，端正姝好。时自在长者遂娉为妇，以为欢乐。其后不久，妇便有娠，由此有情于胎而住。九月满足，而诞一男。既生子已，于三七日，欢娱受乐。过三七日，即集亲族，为子立名。时彼长者问诸亲族，当与此子立何等名。而诸亲族告长者曰，既是自在之子，应名安乐。后时长者于其家内，与妇交欢，又生一子，名曰守护。于后更生一子，与名欢喜。乃至如自在长者有病，寝卧床席，由其患苦，性多暴急，恶骂亲眷，是以妻子并弃而去，竟不供给。时彼长者先有一婢，心甚慈悲，念此长者，是我曹主，常以资财养活于我，今既患重，岂可不看。妻儿虽不供给，我当毕命，而供养之。作是念已，往医人处而问之曰："贤首，识彼自在长者不？"医人报曰："我先相识。何事须问？"其婢报曰："现患困笃，妻子弃之，愿为处方。"医人报曰："女子，妻子既弃，何人看侍？"婢便报曰："贤首，我独看之，既无亲属，资财乏少，易得之药，愿为求觅。"时彼医人，即为处方，于妻子所，窃取少物并减自料，将去买药，为之看养。于后不久，病便得差。然此长者既得差已，而作是念："我之妻子，弃我不看，唯此婢子，存活我命，今得出差。此子恩德，我当报之。"作是念已，告彼婢曰："我之妻子，咸弃我去，唯汝独看，因汝恩惠，我命得全，汝于今者，欲求何愿？"时婢白言："大家当知，我无所愿，若许我者，幸请为妻。"长者告曰："何用为去？今可与汝五亿之钱，赐姓而去。"彼婢报曰："圣子，虽与我钱，赐姓而去，设于余处，不免婢名。若我为妻，绝斯贱称。"尔时长者知婢决意，遂便许之。复告婢曰："汝月期将至，当自沐浴，可来见我。"婢知期至，沐浴而往，长者见已，遂共交欢，即便有娠。既怀胎已，所有库藏，悉皆充溢。月满生男，容貌端正……集诸亲族，共为立号。诸亲共议，可名圆满……由此因缘，速便长大……既长大已，教令习学书算印法，及以券记，分别财物，相诸衣服，珍宝好丑，并令分别木之善恶，象马优劣，童男童女，贵贱等相，此之八种，并令诵习，而得同利。既了达已，复能转教余人。时彼长者先有三子，并皆娉妇，共为游戏，深著欲乐，所有家业，咸悉废失。时彼长者以手支颊，忧怀而住。三子见已，问其父曰："何故怀愁，支颊而住？"长者告曰："汝今知不？我于往昔，盈金十万，尔乃娶妻，至于今日，以自存活，汝今各已娶妻，耽著欲乐，所有家业，悉告破散。我身死后，何由存济。如斯之事，曾不筹量？"……各取货物，涉海货易。是时长者第四小子，名曰圆满，而白父言，我今亦欲度海货易。长者告曰："汝今幼小，不堪涉海。可于市肆之中，专且检校。"小子尔时即依父命，在铺而住。后诸子等从海而还，多获财宝，安隐而至。既至疲息，而白父曰："我之财贿，愿父观察。"

尔时其父取彼三子所得之物，一一各有十万金直。其最小子来至父所，顶礼父足，白父言曰："我于市肆之中，所得财物，亦愿观察。"父告子曰："汝不远涉广为求觅，所得之物，何足观察？"子又白言："我虽在近，愿父哀怜。赐为捡阅。"父随子意，遂观小子所有财货。凡有经营，曾无欺诳。算其本利，遂倍诸子。自在长者既见是已，甚大欢喜，称其本心，不胜欣庆。作是念曰："今我小子有大福德，曾不远行，而能获此如许财宝。"后于异时，自在长者忽然染疾。因斯念言："我若亡后，然诸子等必当分析。我今应当预画方便。"告诸子曰："汝等兄弟，可将柴来。"子闻父命，各执取柴，遂成大积。父便告曰："可共烧之。"其火既盛。父告子曰："汝等可共分此火柴。"咸令相去。彼诸子等即依父命，竞分柴火。于是彼火被分还灭。父告子曰："汝见此不？"咸言已见。长者于是说伽他曰："众火相因成光焰，若其分散光便灭。兄弟同居亦如此，若辄分析还当灭。"尔时长者说是颂已，复告子曰："汝等当知，我没之后，不应取汝妻子之语。"说伽他曰："若用妻语家便破，醒人闻叫必心摧。破国皆犹于恶臣，由多贪故断恩爱。"尔时长者说是语已，令余三子并出门外，留太子住，而告之曰："我之死后，最小之子，常当共居，莫有离别。所有财物，容可弃之。此之小子，不得遗弃。所以然者，此之小子，是大福德之人。"说此语已，说伽他曰："积聚皆消散，崇高必堕落。合会终别离，有命咸归死。"

　　说此颂已，遂便命终。长者诸子，严饰葬具……送至尸林……以火焚之。还至家中，修其孝行，共相谓曰："父之在日，所有衣食，皆由父力，得自存活。父今已死，应当勠力，各求财物，以家资货，并将出息。"其小弟曰："兄若出外驰求，我亦须去。"其大兄曰："汝既欲行，不须远去，可于当处，货卖而住。我等诸人远方货易。"作此语已，分散而去。各将财物远方兴易，其最小弟于家而住。所有家业，一切皆知。兄既出行，妻子并在，遂令婢使于小郎处，求索所须饮食之具……后于异时，兄弟三人并还到舍，远涉诸国，从海而归，多得财宝……其二三弟便欲分离……往至兄处而告曰："我等今者若不分析，皆不存活。"……以其所有，分为三分。在家之物及以庄田为一分；库藏之物，并兴易物，分为第二分；圆满为第三分。其兄报曰："何故但为三分？其圆满弟岂无分耶？"二弟答曰："圆满既是婢子，如何有分？然我已于家资之数，以为一分。兄若爱之，任兄分取。"时兄思念："我父临终，有如是语，应当守护，勿遗弃之。资财之物，尚容弃舍，此之小弟，汝应当收。"作是念已，即便报曰："如汝所言，我今应当收取圆满。"……时诸儿子，患饥啼泣，其嫂告圆满曰："儿饥啼泣，可与小食。"圆满报曰："可与我钱。"嫂曰："仁以亿金，随时兴易，岂容儿子无小食钱。"圆满答曰："我岂先知遭此分散，家业破耶？若我预知者，无量亿金，藏举余处。女人之性，多于衣角，结以恶钱。"是时大嫂即以衣裹恶钱解付其叔，令买饮食。叔得钱已，即往街巷，以求饮食。遂逢一人负薪将卖。其所卖薪，乃是海中浮木牛头旃檀。其卖木者时属严寒，饥战而住。圆满见已，遂问之曰："汝今何故如斯战掉？"其人答曰："我今不知所以然也，学负此薪，所以寒战。"圆满善识诸木，遂即看之。乃见束中有牛头旃檀，即便问曰："汝今卖木，须得几钱？"彼人答曰："须得五百。"圆满报曰："我当与汝五百之钱。"作是语已。遂于柴束，抽取旃檀，往至市里，截为四分，锯木之末，卖得千钱，将其五百，以付薪主。令其送薪至嫂之处。乃遣报言：

"圆满令送。"其人将薪，至其嫂所，而告之曰："圆满使我送此薪来。"其嫂见已，便即捶胸，作如是语："彼之圆满，一何恍惚，财物既被分散，智慧因何亦无？遣求熟食，乃送生薪。亦复无物可煮。"①

尔时输波勒迦国王乃患热病，极重迷闷。有医人处方，宜用牛头旃檀末涂身，敕大臣等速为求觅牛头旃檀。彼大臣等到圆满处，而问之曰："今须牛头旃檀，汝今有不？"圆满答曰："我今少有。"问曰："可须几钱？"答曰："须得千钱。"时彼大臣既与钱已，得少檀末，将至王所，研涂王身。寻得除愈。尔时彼王作如是念："若王藏库中，无牛头旃檀，岂是王耶？"即问大臣："汝所将来旃檀之木何处得耶？"大臣答曰："于圆满处得。"时王即遣唤圆满来。使者往彼告之曰："王今唤汝。"圆满念言："何故见唤？岂非预测旃檀之木，而唤我耶？"即持三段旃檀，裹著怀中，一段手持而去。王既见已，而问之曰："圆满，汝今有此旃檀木耶？"圆满即便以木示之。王问："此木可直几钱？"答言："此木价值一亿两金。"王复问言："汝更有不？"圆满答曰："我今更有。"乃持三段，以出示王。时王即告大臣言："可与圆满四亿两金。"圆满白王："其三段者，取王价值，以其一段，将奉上王。"其王即与三亿两金，而告之曰："我今于汝，甚大欢喜。汝今于我，欲求何愿，皆悉当与。"圆满答曰："王若欢喜与我愿者，愿住王国，不被欺凌。"时王即便告大臣曰："至今已后，宁可制约诸王子等，不应制约此之圆满。"圆满辞王出已，时彼城中，有诸商人，闻有五百商客，从海而来，至输波勒迦城。诸商人等共为议曰："此商客至，我等诸人须共交易，不得于中独为货卖。"其中商人报曰："圆满亦须唤议。"亦有言曰："圆满今者贫匮无物，何须唤耶？"

尔时圆满出城游行，闻有五百商客从海而来，安隐至此。闻已即便往商客处，问曰："汝等今者将何货来？"彼客答曰："我今所将如是如是等物，今并在此。"圆满报曰："若干等物，其价如何？"商客答

① 《根本说一切有部毗奈耶药事》卷第二。

曰："商主，汝今何须更问此之价值？应自知之。"圆满报曰："虽知如此，我今自买不应自为其价。任汝作价，我当买之。"彼诸商客所有货物，总自断直十八亿两金。圆满报曰："汝今且取三亿两金，物总属我。余欠之金，货了方付。"商客许之。即将王处所得三亿两金，而以付之。所有财物，即自封印，舍之而去。时彼城中诸商人等，遣人往问："有何货物？"彼商客曰："我今所有如是如是等物。"彼使报言："如是之物，我等库藏皆属圆满。"商客答曰："随汝库藏，物之多少，我今此物，先已卖讫。"彼使问曰："先卖与谁？"商客答曰："卖与圆满。"彼使报言："汝与圆满，应多得直。"商客答曰："圆满所留，定价之物，今在我所。我今设欲准彼定物，以为其价，总卖与汝。我今观汝，亦不能办。"彼使问曰："于圆满所，先得何物？"商客答曰："得三亿两金。"彼使答曰："圆满极偷兄弟之物。"作是语已，归还入城，告商主曰："彼之货物，先已卖讫。"商主问曰："彼卖与谁？"使者答曰："卖与圆满。"商主报言："彼与圆满，应多得物。"彼使答曰："圆满所留，定价之物，准彼定物，总卖与汝，亦不能办。"商主问曰："圆满所留，是何等物？"彼使答曰："留三亿两金。"商主报曰："彼应极盗兄弟之物。"时诸商主使人唤之，圆满来已，而告之言："我等先共立制，不令独往货卖，要令众共作价，然后分之。因何汝今辄违众制，而独买之？"圆满答曰："汝共立制，因何不报我兄弟耶？汝等应当坚护其制，非预我事。"是时商主不察其理，责而罚之，征其六十迦利沙波拏。于时圆满未及输钱，遂曝圆满于炎景中。是时国王遣人伺察，遇见圆满被曝日中，因以白王。王敕使人唤其商主，并圆满至，而问之曰："汝今何故以其圆满曝于日中？"彼商主曰："大王当知，商主立制，要共交易，不许辄买。今者圆满以违众制，是故罚之。"圆满白言："大王请问商主，立制之日，报我知不？并唤兄不？"商主答言："不报。"王告诸人圆满善说，遂放而去。乃至尔时输波勒迦王须诸货物，唤商主等，而与之言："我今当须如是如是等物，汝今与我。"彼商主曰："大王所须，圆满处有。"王言："圆满我先有敕，施其安乐，为此今者不从彼索。汝等今者可于圆满处，求买将来。"时彼商主，遣人唤圆满来。圆满报曰："我不能去。"使还报已，是诸商主集圆满处。至其门外。时守门者报圆满曰："诸商主等并集门外，暂欲相见。"圆满高慢，数日方出。商主见已，而告之曰："大商主，我今欲求如是如是等物，幸依本价，可以与我？"圆满报曰："我是商主，本为求利，若依本价，岂是商主？"彼人答曰："大商主，我今当与一倍之利，可以与我？"圆满念言："此诸商客并来至此，应当敬重。已得倍价，应可与之。"作此念已，寻即与之。于货物中，但卖十五亿两金之物，以还余债。自外之物，留在库中。作是思念："犹如晨露，岂能盈瓮？当入大海，已求珍宝。"尔时商主圆满即便遣人，诣输波罗迦城，击鼓集众，而唱是言："汝等城中诸商人等，今者当知，圆满商主欲往大海，以求珍宝。谁欲去者，共圆满去。所往之处，不须买道，津济之处，不酬价值，得渡大海。诸乐去者，入海之物，可将来此。"如是唱已，五百商人应入海物，并将来至。时彼圆满商主共诸商人，发吉祥愿已，五百商人围绕圆满，而入大海。多获财宝，安隐而还。如是六度入海，皆悉安隐……①

我闻如是，一时佛涅槃后不久，众多上尊名德比丘游波罗利子城，住在鸡园，是时第十居士八城持多妙货，往至波罗利子城，治生贩卖。于是第十居士八城彼多妙货，货卖速售，大得财利，欢喜踊跃。②

(2) 商人之间的竞争

《佛本生经·真理本生》：

古时候，当梵授王在迦尸国波罗奈城治理国家的时候，菩萨转

---

① 《根本说一切有部毗奈耶药事》卷第三。
② 《中阿含经》卷第六十《例品》第四《八城经》第六。

生在一个商队长家中，长大成人后，带着五百辆车，从东到西，从西到东，四处经商。在波罗奈城，另外有个商队长的儿子，生性愚蠢，缺乏智谋。一次，菩萨从波罗奈采办了许多贵重商品，装满五百辆车，准备出发。那愚蠢的商队长的儿子也装满了五百辆车，准备出发。菩萨心想："如果这傻小子跟我一起出发，一千辆车同时在一条路上行进，这条路承受不了，人的柴火、饮水以及牛的草料等等也难以解决，因此，一定要他先走，或者我先走。"于是，菩萨将那人召来，向他说明情况，然后问道："朋友，我们两个不能一起走，你愿意先走，还是后走？"那人寻思道："我先走好处多：车可以走没被破坏的道路，牛可以吃没被啃过的草，人可以享受新鲜的咖喱叶和干净的水，我还可以任意标价卖掉货物。"于是，他回答道："朋友，我先走。"菩萨却认为后走好处多，他是这么想的："先走的车队压平坎坷的道路，我的车队就能在平坦的道路上行走；先走的牛群吃掉又硬又涩的老草，我的牛群就能吃到又嫩又甜的新草；先走的人采去老咖喱叶，我的人就能享受鲜嫩的新咖喱叶；在没有水的地方，他们会挖井找水，我们就能在他们挖好的井眼里打水；商品的卖价最伤脑筋，我后去，就能按照他们的定价卖掉货物。"菩萨想到这种种好处，说道："朋友，你先走吧！"

这位愚蠢的商队长的儿子说了声"好吧，朋友！"就驾车出发了。渐渐地，他们越过了有人烟的地方，来到险境的入口。所谓险境，共有五种：强盗险境、猛兽险境、干旱险境、恶魔险境和饥馑险境。强盗当道，谓之强盗险境；狮虎当道，谓之猛兽险境；无水沐浴和饮用，谓之干旱险境；恶魔当道，谓之恶魔险境；缺乏根茎等食物，谓之饥馑险境。眼前遇到的是五种险境中的干旱险境和恶魔险境。这位商队长的儿子在车上安置一些特大的水罐，里面装满了水，驱车进入这六十由旬（由旬，长度名，究竟多长，说法不一，大致在十公里上下）长的险境。

当他到达险境中心时，住在那里的夜叉（按：夜叉，也译药叉，在印度教神话中，是一种半神的小神灵，财神俱毗罗的随从；而在佛教中，常常是吃人的魔鬼）寻思道："我要让他们倒掉带来的水，使他们身体虚弱，然后把他们统统吃掉。"于是，夜叉幻化出一辆漂亮的车子，套上雪白健壮的公牛，带上一二十个手持雕弓、箭袋、盾牌、刀剑的随从，自己坐在车上，俨然像个君王，头戴青莲、白莲，头发和衣服湿漉漉的，车轮粘着泥浆，从相反方向驶来。他的随从前前后后簇拥着他，头发和衣服也是湿漉漉的。他们头戴青莲、白莲花环，手捧红莲、白莲花束，嘴里嚼着藕块，身上淌着泥水，随车走来。商队在旅途中，凡遇逆风，商队长就由随从围绕保护，走在车队前面，以免吃车队扬起的尘土；同样的道理，凡遇顺风，就走在车队后面。此时，正刮逆风，商队长走在前面。夜叉见他走来，将自己的车让到道旁，热情地招呼道："你们上哪儿？"商队长的儿子也把自己的车让到道旁，腾出车道，站在一旁，向夜叉说道："朋友，我们从波罗奈来。你们头戴青莲、白莲，手捧红莲、白莲，嘴里嚼着藕块，身上淌着泥水，是不是你们在路上遇见大雨，遇见长满各色莲花的池子？"夜叉听了他的话，说道："朋友，这还用问吗？前面就能看见一片苍翠的树林，再往前，整个森林里全是水，那里经常下雨。坑坑洼洼积满雨水，到处都有长满莲花的池子。"商队的车辆依次前进时，夜叉又问道："你带着这些车辆到哪儿去？"商队长的儿子回答说去某地。"这些车上装的什么货？"商队长的儿子回答说装了这种、那种货。"后面这辆车好像很沉，装的什么货？""全是水。""你们在过来的这段路上，带着水，是对的，再往前走，就不必带水了。前面有的是水，你们砸破罐子，放掉水，走起来就轻松多了。"接着，又说道，"走吧！我们耽搁了不少时间了。"夜叉走了一程，走出商队的视野，返回自己的夜叉城。

这愚蠢的商队长的儿子确实愚蠢，他听信了夜叉的话，便砸碎水罐，放掉所有的水，然后驱车前进。结果，前面路上一滴水也没有，大家喝不到水，焦渴难忍。他们硬撑着走到太阳落山，才卸下车，围成车阵，将牛拴在车轮上。牛没有水喝，人没有粥吃。精疲力竭的人们东倒西歪躺在地上。午夜时分，夜叉们从夜叉城出来，杀死所有的人和牛，吃光了肉，扔下了骨头走了。就这样，由于一个愚蠢的商队长，整个商队遭到毁灭，尸骨遍地，五百辆装满货物的车子依旧停在那里。

在这愚蠢的商队长的儿子走后一个半月，菩萨才带着五百辆车，离城出发。不久，他们也到达这险境入口处。菩萨灌满水罐，带足用水。他在宿营地击鼓召集众人，宣布道："未经我的同意，你们不准动用一滴水。这一带有许多毒树，凡是你们过去未曾吃过的树叶花果，未经我的许可，谁也不准随便食用。"他这样告诫众人后，带着五百辆车，进入险境。当他们到达险境中心，夜叉又故技重演，出现在菩萨迎面的路上。菩萨一看到他，心中就有数："这一带没有水，才叫作干旱险境。这家伙面无惧色，两眼通红，没有影子，不用说，那个先走的愚蠢的商队长的儿子倒掉所有的水，结果焦渴难忍，精疲力竭，连同他的伙伴一起被夜叉吃掉了。我想，这夜叉不知道我是个有智谋的人。"于是，他对夜叉说道："你们走吧！我们是商人，不亲眼见到水，我们绝不会倒掉带来的水。只有亲眼看到了水，我们才会倒掉带来的水轻装前进。"夜叉走了一程，走出商队的视野，返回自己的夜叉城。夜叉走后，众人对菩萨说道："尊者啊！那些人说：'前面就能望见一片苍翠的树林，再往前，雨水不断。'他们头戴青莲、白莲花环，手捧红莲、白莲花束，嘴里嚼着藕块，衣服和头发都湿漉漉地淌着泥水。我们把水倒了，轻装前进吧。"菩萨听了这些话，吩咐停车，将众人召集在一起，问道："你们当中，有谁听说过这一带有水塘或莲花池？""尊者，没有听说过。这一带叫作干旱险境。""刚才那些人说：'前面就能望见一片苍翠的树林，再往前，雨水不断。'你们说，带雨的风能吹多远？""一由旬，尊者！""带雨的风吹到你们哪位身上了吗？""没有，尊者！""能望见多远的云彩？""一由旬，尊者！""你们有望见云彩了吗？""没有，尊者！""能望见多远的闪电？""四五由旬，尊者！""你们有谁望见了闪电？""没有，尊者！""能听见多远的雷声？""一二由旬，尊者！""你们有谁听见了雷声？""没有，尊者！""那些家伙不是人，而是夜叉。他们到这儿来，是要哄骗我们倒掉水，使我们精疲力竭，然后吃掉我们。先走的那个愚蠢的商队长的儿子缺乏智谋，肯定倒掉了水，结果焦渴疲乏，被夜叉吃掉了。那五百辆装满货物的车子肯定依旧停在那里，今天我们就会看到。你们一滴水也不能倒掉，快上路吧！"菩萨吩咐众人继续前进。走着走着，果然看到了五百辆盛满货物的车子和遍地狼藉的牛骨和人骨。菩萨吩咐卸下车辆，围成宿营地，让众人和牛群吃饱晚餐，让牛群躺在人群中间，而他自己带着众头领，手持刀剑，彻夜警戒，直至天明。

次日清晨，他们整理行装，喂饱牛群，挑选结实的车辆，剔除损坏的车辆，装上贵重的货物，舍弃廉价的货物。到达目的地之后，菩萨以两三倍的价钱卖掉货物，然后带着众人，返回波罗奈城。[①]

(3) 海外贸易

我闻如是，一时佛游舍卫国，在胜林给孤独园，尔时世尊告诸比丘，乃往昔时阎浮洲中诸商人等皆共集会，在贾客堂，而作是念："我等宁可乘海装船，入大海中，取财宝来，以供家用。"复作是念："诸贤入海，不可豫知安隐不安隐，我等宁可各各备办浮海之具，谓殺羊皮囊，大瓠押筏。"彼于后时，各各备办浮海之具，殺羊皮囊，大瓠押筏，便入大海。彼在海中，为摩竭鱼王破坏其船，彼商人等各各自乘浮海之具，殺羊皮囊，大瓠押筏，浮向诸方。尔时海东大风卒起，吹诸商人至海西岸。彼中逢见诸女人辈，极妙端正，一切严具，以饰其身。彼女见已，便作是语："善来诸贤，快来诸贤，此间极乐，最妙好处，园观浴池，坐卧处所，林木蓊郁，多有钱财，金银水精、琉璃

---

① 郭良鋆、黄宝生译：《佛本生故事选》，北京：人民文学出版社，1985 年版，第1—5 页。

摩尼、真珠碧玉、白珂车渠、珊瑚琥珀、玛瑙璃瑝、赤石旋珠，尽与诸贤，当与我等共相娱乐，莫令阎浮洲商人南行。"乃至于梦彼商人等皆与妇人共相娱乐。彼商人等因共妇人合会，生男或复生女。彼于后时，阎浮洲有一智慧商人，独住静处，而作是念："以何等故，此妇人辈制于我等，不令南行耶？我宁可伺共妇人知彼眠已，安徐而起，当窃南行。"彼阎浮洲一智慧商人，则于后伺其居妇人知彼眠已，安徐而起，即窃南行。彼阎浮洲一智慧商人既南行已，遥闻大音高声唤叫，众多人声啼哭懊恼，唤父呼母，呼唤妻子及诸爱念亲亲朋友好，阎浮洲安隐快乐，不复得见。彼商人闻已，极大恐怖，身毛皆竖，莫令人及非人触娆我者。于是阎浮洲一智慧商人自制恐怖，复进南行。彼阎浮洲一智慧商人进行南已，忽见东边有大铁城，见已遍观，不见其门，乃至可容猫子出处。彼阎浮洲一智慧商人见铁城北有大丛树，即往至彼大丛树所，安徐缘上。上已，问彼大众人曰："诸贤，汝等何故啼哭懊恼，唤父呼母，呼唤妻子及诸爱念亲亲朋友好，阎浮洲安隐快乐，不复得见耶？"时大众人便答彼曰："贤者，我等是阎浮洲诸商人也，皆共集会在贾客堂而作是念：'我等宁可乘海装船，入大海中，取财宝求，以供家用。'贤者，我等复作是念：'诸贤我等入海，不可豫知安隐不安隐，我等宁可各各备办浮海之具，谓杀羊皮囊，大瓠押筏。'贤者，我于后时各各备办浮海之具，谓杀羊皮囊，大瓠押筏，便入大海。贤者，我等在海中为摩竭鱼王破坏其船。贤者，我等商人各各自乘浮海之具，杀羊皮囊，大瓠押筏，浮向诸方。尔时海东大风卒起，吹我等商人至海西岸，彼中逢见诸女人辈，极妙端正，一切严具以饰其身。彼女见已，便作是语：'善来诸贤，快来诸贤，此间极乐，最妙好处。园观浴池，坐卧处所，林木蓊郁，多有钱财。金银水精、琉璃摩尼、真珠碧玉、白珂车渠、珊瑚琥珀、玛瑙璃瑝、赤石旋珠，尽与诸贤，当与我等共相娱乐。'"……①

---

① 《中阿含经》卷第三十四《大品》第一《商人求财经》第二十。

乃往古昔，菩萨尔时在不定聚，于大海中，作一龟王。复于后时，有五百商人，乘船入海，乃被海兽打破船舶。其龟取五百商人，置于背上，渡出海中。尔时商人皆悉安隐，全其身命。①

(4) 善于抓住商机

《佛本生经·小商主本生》：

古时候，当梵授王在波罗奈治理国家的时候，菩萨转生在一个商主家里，长大成人后也成为商主，得名"小商主"。他聪明睿智，懂得各种预兆。一天，他去侍奉国王，在路上看见一只死老鼠。他立即卜算了一下星相，说道："哪个青年有眼力，捡起这只老鼠，他就能获得妻子，开创事业。"

有个家道中落的青年，恰巧听到小商主的话，心想："这个人不会无缘无故说这番话。"于是，他捡起这只老鼠，送给一家店铺喂猫，得到一枚小钱。他用这枚小钱买了一点糖浆，又用一只水罐盛满一罐水。他看见一群制作花环的花匠从树林里采花回来，便用勺子盛水给花匠们喝，每勺里搁一点糖浆。花匠们喝后，每人送给他一束花。他卖掉这些鲜花，第二天又带着糖浆和水罐到花圃去。这天，花匠们临走时，把只掐了一半花朵的花丛送给他。他用这样的方法，不久就积聚了八个铜币。

有一天，风雨交加，御花园里满地都是狂风吹落的枯枝败叶，园丁不知该怎么清除它们。这青年走到那里，对园丁说："如果这些断枝落叶全归我，我可以把它们打扫干净。"园丁同意道："先生，你都拿走吧！"这青年走到一群玩耍的儿童中间，分给他们糖果，顷刻之间，他们帮他把所有的断枝落叶捡拾一空，堆在御花园门口。这时，皇家陶工为了烧制皇家餐具，正在寻找柴火，看到御花园门口这堆柴火，就从青年手里买下运走。这天，青年通过卖柴火得到十六个铜币

---

① 《根本说一切有部毗奈耶药事》卷第十五。

和水罐等五样餐具。

他现在已经有了二十四个铜币了，心中又想出一个主意。他在离城门不远的地方，设置了一个水缸，供应五百个割草工的饮水。这些割草工说道："朋友，你待我们太好了，我们能为你做点什么呢？""等我需要的时候，再请你们帮忙吧！"他四处游荡，结识了一个陆路商人和一个水路商人。陆路商人告诉他："明天有个马贩子带五百匹马进城来。"听了陆路商人的话，他对割草工们说道："今天请你们每人给我一捆草，而且，在我的草没有卖掉之前，你们不要卖自己的草，行吗？"他们同意道："行！"随即拿出五百捆草，送到他家里。马贩子来后，走遍全城，找不到马料，只得出一千铜币买下这个青年的五百捆草。

几天后，水路商人朋友告诉他："有条大船进港了。"他又想出一个主意。他花了八个铜币，临时雇了一辆备有侍从的车子，冠冕堂皇地来到港口，以他的指环印做抵押，订下全船货物，然后在附近搭个帐篷，坐在两边，吩咐侍从道："当商人们前来求见时，你们要通报三次。"大约有一百个波罗奈商人听说商船抵达，前来购货，但得到的回答是："没有你们的份了，全船货物都包给一个大商人了。"听了这话，商人们就到青年那儿去。侍从按照事先的吩咐，通报三次，才让商人们进入帐篷。一百个商人每人给这青年一千元，取得船上货物的分享权。然后又每人给他一千元，取得全部货物的所有权。

青年拿了二十二万元钱，回到波罗奈。他觉得应该报答恩人，就拿了十万元到小商主那里。小商主问道："兄弟，你怎么得到这么多钱？""我遵照你说的去做，在四个月里得到的。"他把死老鼠和别的事从头至尾说了一遍。小商主听完他的叙述，心想："这样的青年不能落到别人手里。"于是把自己成年的女儿嫁给他，让他继承全部家产。小商主死后，这青年成了这城里的商主。①

---

① 《佛本生故事选》，第5—7页。

(5) 奸诈的商人

《佛本生经·狮子皮本生》：

古时候，当梵授王在波罗奈治理国家的时候，菩萨转生在农夫家里，长大成人后，以耕作为生。当时，有个商人用驴子驮了货，到各地做生意。每到一处，他就从驴背上卸下货，给驴蒙上狮子皮，放它到稻子、麦子田里去。守田人看见了，以为是狮子，不敢走近它。

后来有一天，这个商人在一个村口住下。他一边做早饭，一边给驴蒙上狮子皮，放它到麦田里去。守田人以为是狮子，不敢走近它，回家报告去了。全村居民手持武器，吹起螺号，敲响锣鼓，闹闹嚷嚷来到田边。这头驴怕死，发出驴的叫喊声。于是，菩萨知道了这是一头驴，念了第一首偈颂：

不是狮子吼，亦非虎豹哮，

这是头蠢驴，蒙着狮皮叫。

村民们知道了这是一头驴，就打断它的脊梁，取走它的狮子皮。商人来到田里，看到这头遇难的驴子，念了第二首偈颂：

身披狮子皮，长期吃麦苗，

只因一声叫，露馅命报销。

商人这么说时，这头驴就在那儿死了。商人丢下它离开了那儿。[①]

(6) 勾心斗角的商人

……乃往古昔，有一大城，于此城中，有二商主，善能兴易。缚持舶已，为求宝故，入于海际，因顺风力，至其宝洲。一筹量载宝，一不筹量贪心满舶。

[①] 《佛本生故事选》，第110—111页。

后入海内，不筹量者，其舶欲没，告伴商主言："愿仁救济，容我上舶。"其人斟酌，随力量宝，安于舶内。牵取其手，令使在舶。

其溺舶者，作如是念："我与共彼，同至宝洲，我所采者，舶没皆失。岂容其人将宝归家？穿舶为孔，令宝散失。"

作是念已，窃在一边，持杖穿舶。商主遂见，告言："仁者，勿为是事，非但财宝散失，我等俱亡。"彼内怀嫉，妒心炽盛，竟不纳谏，同前欲穿。

其伴商主，见不从谏，即持利枪，刺之令死。①

《佛本生经·奸商本生》：

古时候，当梵授王在波罗奈治理国家的时候，菩萨转生在大臣家里，长大后，成为法官。

那时，有两个商人结为朋友；其中一个是乡村商人，另一个是城市商人。乡村商人将五百个犁头寄存在城市商人那里。城市商人将五百个犁头变卖后，在存放犁头的地方撒了些耗子屎。不久，乡村商人回来，说道："给我犁头。"那奸商指着耗子屎回答道："你的犁头让耗子吃掉了。"乡村商人说道："那就算了吧！让耗子吃了，能有什么办法呢？"说完，他出去洗澡，带走奸商的儿子，送到一个朋友家里，说道："别让孩子跑了。"他让朋友将孩子藏在里屋，自己去洗了澡，回到奸商家里。奸商问道："我的儿子在哪里？""朋友啊！我把你的孩子放在岸上，我自己下水洗澡。这时，飞来一只老鹰，用爪子抓住你的孩子，飞上天空。我拼命拍水叫喊，也没能救下你的孩子。""你撒谎！老鹰抓不走小孩的！""是啊，朋友！不该发生的事情居然发生了，我有什么办法呢？你的孩子确实是让老鹰抓走了。"奸商威胁他，说道："你这强盗，刽子手！我要拉你去见法官。"说

① 《根本说一切有部毗奈耶药事》卷第十八。

罢，走上前来拉他。"只要你高兴，随你的便！"他就与奸商一起前往衙门。

奸商向菩萨诉说："大人啊！这家伙带着我的儿子去洗澡，回来后，我问他：'我的儿子在哪里？'他说：'给老鹰抓走了。'请大人为我做主！"菩萨审问乡村商人，说道："如实讲来！""是的，大人，我是带了他的儿子去的，而他的儿子真的被老鹰抓走了，大人！""但是，在这世上，哪里有过老鹰抓走小孩的事呢？""大人啊！那我要问你，如果老鹰不能把小孩抓上天，那么，耗子怎么能吃掉犁头？""此话怎讲？""大人啊！我将五百个犁头存放在他那里，他告诉我说：'犁头给耗子吃掉了。'还指给我看耗子在那里拉的屎。大人，如果耗子能吃掉犁头，那么，老鹰也能抓走孩子；如果耗子不能吃掉犁头，那么，老鹰也不能抓走孩子。他说犁头给耗子吃掉了，你说能不能吃掉？请大人为我做主！"菩萨意识到这人是在用以毒攻毒的方法制伏对方，于是赞叹道："好计谋！"并念了如下两首偈颂：

> 以毒攻毒好计谋，其人之道还其身；
> 倘若耗子能吃犁，老鹰也能抓童蒙。
> 以眼还眼牙还牙，强中自有强中手；
> 失犁者还人儿子，失子者还人犁头！

这样，失子者又得到了儿子，失犁者得到犁头。以后，两人都按其业死去。①

佛经的资料表明，在列国时代，商品货币关系相当发达。佛经中经常说到商人们结伴出海经商：

我念往昔，此阎浮提内，五百商人。是商人中，有一商主，名曰慈者，最为导首。时诸商人，皆共集会，各相议言："我等今可

---

① 《佛本生故事选》，第131—132页。

办具资粮入海之具，诣彼大海，为求财故，必应当获种种珍宝来还其家……"尔时彼等五百商人，具办所需入海，货物有三千万。持一千万，拟道路中资用粮食。又一千万，与彼商人，以为本货。第三千万，拟治舟船及船师价……①

闻如是，一时佛游舍卫祇树给孤独园，与大比丘千二百五十人俱。有一清信士，有子聪明，智慧辩才，在在所兴，无所不博，能自竖立，而无懈怠，明了殊绝。又晓家业，买卖之利，多获财宝，供养父母。②

佛经中讲到一个家道中落的青年，靠善于经营，了解行情和信息，在经商过程中，由一个本小利微的小人物，很快就发展成拥有 20 万钱财的大商人。佛经中还有一个故事说，一个名叫伽拔吒的商人，开始时很富，但后来破产了，"遂至贫穷，其宗亲眷属，尽皆轻慢，不以为人"。后来他"遂弃家去，共诸伴党，至大秦国，大得财宝，还归本国。时诸宗亲，闻是事己，各设饮食、香华妓乐，于路往迎"③。这个故事既讲了在商品货币关系发展的情况下的世态炎凉，也讲了在这种情况下贫富涨落的急速。

2. 列国时代的阶级矛盾

(1) 奴隶与奴隶主的矛盾

……昔时有居士妇，名鞞陀提，极大富乐，多有钱财，畜牧产业

---

① 《佛本行集经》第五十卷《说法仪式品》下。第四十九卷《五百比丘因缘品》第五十中也有相似的记载。

② 《生经》第五卷《佛说清信士阿夷扇持父子经》第五十三。

③ 《大庄严论经》卷第十五（八九）。

不可称计，封户食邑，米谷丰饶，及若干种诸生活具。尔时居士妇鞞陀提如是大有名称，流布诸方。居士妇鞞陀提忍辱堪耐，温和善制，善定善息。尔时居士妇鞞陀提有婢名黑本侍者，有妙善言，少多行善。彼黑婢作是念："我大家居士妇鞞陀提如是有大名称，流布诸方，居士妇鞞陀提忍辱堪耐，温和善制，善定善息。我今宁可试大家居士妇鞞陀提为实瞋、为实不瞋耶？"于是黑婢卧不早起。夫人呼曰："黑婢何不早起耶？"黑婢闻已，便作是念："我大家居士鞞陀提，实瞋非不瞋也。但因我善能料理家业，善经营，善持故，令我大家居士妇鞞陀提如是有极大名称，流布诸方，居士妇鞞陀提忍辱堪耐，温和善制，善定善息。我今宁可复更大试大家居士妇鞞陀提为实瞋、实不瞋耶？"……于是黑婢卧至晡时乃起。夫人呼曰："黑婢，何以乃至晡时起，既不自作，亦不教作。此黑婢不随我教。此黑婢轻慢于我。"便大瞋恚，而生憎嫉，额三脉起，皱面，自往闭户下关，手执大杖，以打其头，头破血流。于是黑婢头破血流，便出语比邻，讼声纷纭，多所道说："尊等见是忍辱行人堪耐，温和善制，善定善息行耶？骂我曰：'黑婢何以乃至晡时起，既不自作，亦不教作。此黑婢不随我教，此黑婢轻慢于我。'便大瞋恚，而生憎嫉，额三脉起，皱面，自来闭户下关，手执大杖，以打我头，头破血流。"尔时居士妇鞞陀提如是便有极大恶名，流布诸方。①

《佛本生经·枣椰本生》：

古时候，当梵授王在波罗奈治理国家的时候……那时，波罗奈商主有个女儿，人称"刁娘"。她生性暴戾，经常打骂奴仆。一天，奴仆们带她到恒河去玩耍，一直玩到太阳落山，乌云升起。游客们一见

① 《中阿含经》卷五十《大品》第二《牟犁破群那经》第二。

乌云，都赶紧回家了。刁娘的奴仆们说道："今天，让我们看看这个女人的下场！"便把刁娘推进深水，撇下她走了。大雨降临，太阳沉没，夜幕笼罩。商主见奴仆们没有带女儿回家，问道："我女儿哪儿去了？""她从恒河里上来后，我们不知道她跑哪儿去了。"家里人到处寻找，也不见踪影。

刁娘被水流席卷而下……①

《佛本生经·箴言本生》：

古时候，梵授王在波罗奈治理国家。他的儿子得名"恶少"。他像受惊的毒蛇一样凶狠残暴，对谁都是开口就骂，动手就打。里里外外的人都怕他，厌恶他，把他视为眼中的沙粒、吃人的魔鬼。

一天，他想玩水，带了一帮随从来到河边。这时，乌云升起，大地昏暗。他对奴仆们说道："嗨！来吧，带我到河心去，替我洗澡，再把我带回来。"他们把他带到河心，然后一起商议道："不管国王怎么处置我们，我们还是趁此机会把恶人结果了吧！"于是，他们把他推入水中，说道："去你的吧，黑耳朵！"他们回到岸上，陪臣问道："王子在哪儿？"他们回答道："我们没有看见王子。也许他看见乌云升起，自己上岸，先回去了。"陪臣回到国王那里。国王问道："我的儿子在哪儿？""大王啊！我们不知道。乌云升起，我们以为他先回来了，于是，我们也回来了。"国王吩咐打开城门，亲自来到河边，下令寻找王子，但找遍各处，不见王子踪影。王子在乌云密布、大雨飘泼之时，已被河水卷走，后来遇见一截树木，便趴在上面，顺流而下，因害怕淹死而哀声呼号……②

---

① 《佛本生故事选》，第51页。
② 《佛本生故事选》，第57—58页。

(2) 盗贼

佛经中常常说到盗贼，这应当是社会分化和阶级矛盾的一种反映。

《佛本生经·鼓声本生》：

> 古时候，当梵授王在波罗奈治理国家的时候，菩萨转生为鼓手，住在乡村。听说波罗奈正在举行喜庆活动，他想："在喜庆集会上击鼓助兴，我可以赚些钱。"于是，他带了儿子到那里去击鼓助兴，赚了许多钱。他带着钱回村，路过一个住着强盗的树林。他见儿子不停地敲鼓，便劝阻道："孩子，不要不停地敲，要有间歇，听起来像是官府大人出巡的鼓声。"虽然父亲这样劝阻儿子，但儿子说："只要敲鼓，就能吓跑强盗。"依然不停地敲。强盗们开始听时，以为是官府大人的鼓声，都逃散了，但在远处细听，这鼓声接连不断地在敲，便怀疑这不是官府大人的鼓声。他们跑回来察看，发现原来是这么两个人，便把他们打翻在地，抢劫一空。菩萨说道："哎，就因为你不停地敲鼓，把我们辛辛苦苦挣来的钱都敲丢了！"说罢，念了这首偈颂：切莫乱敲鼓，乱敲讨罪受；敲鼓能赚钱，乱敲化乌有。[1]

《佛本生经·夹竹桃本生》：

> 古时候，当梵授王在波罗奈治理国家的时候，菩萨转生在迦尸国一个村庄的长者家里。由于出生那天贼星高照，所以，他长大后，以偷窃为生。他力大如象，成为举世闻名的大盗，谁也无法抓住他。
>
> 一天，他闯入一位商主家，窃走许多钱财。市民来到国王那里，报告道："国王啊！有个大盗在城里抢劫，请你下令捉拿！"国王下令城防官捉拿大盗。晚上，城防官在各处设下一队队伏兵，连人带赃抓住了大盗。城防官禀报国王，国王下令道："将他斩首！"于是，城

---

[1] 《佛本生故事选》，第46页。

防官将大盗反剪双手，紧紧捆住，在他的脖子上挂了一个红夹竹桃花环，头上撒满砖灰，鼓声咚咚，押往刑场，每经过一个十字路口，就用鞭子抽打他。全城居民奔走相告："大盗抓住了！"……①

3. 村落

从佛经的资料看，古代印度有各种各样的村落，这可能说明所谓的农村公社已经不复存在。

《佛本生经·宽心本生》中说到有一个木匠村：

> 古时候，当梵授王在波罗奈治理国家的时候，离波罗奈城不远处，有个木匠村，那里住着五百个木匠。他们划船逆水而上，到树林里采伐盖房用的木材……所有的木料，从木柱开始，都标明记号，运到岸边，装上船。然后，他们顺水而下，来到城里，按照人们的要求盖房。取得报酬后，他们再去森林采伐木材。他们就是这样维持生计的。②

《佛本生经·木匠猪本生》故事说：

> 古时候，当梵授王在波罗奈治理国家的时候，菩萨转生为森林里的树神。那时，波罗奈城附近有一个木匠村。③

《佛本生经·双重失败本生》说道：

> 古时候，当梵授王在波罗奈治理国家的时候，菩萨转生为树神。

---

① 《佛本生故事选》，第191—192页。
② 《佛本生故事选》，第97页。
③ 《佛本生故事选》，第172页。

那时，那里有一个渔村。①

《佛本生经·稻田本生》说城东北有个婆罗门村庄，名叫萨林底耶。②

《佛本生经·芒果本生》说：

> 古时候，当梵授王在波罗奈治理国家的时候，他的祭司全家死于蛇风病（可能是指由毒蛇的鼻息引起的疾病），只有一个儿子破墙而出，得以幸存。他去呾叉始罗，向一位闻名四方的老师学习知识和技艺，学成以后，辞别老师，周游各地，到达一个边境城镇。城镇附近，有个很大的旃陀罗村子（旃陀罗是古代印度等级制度——瓦尔那制度中最低下的一个等级，也叫贱民、不可接触者）。③

4. 等级之间的矛盾——婆罗门和旃陀罗之间的矛盾

《佛本生经·摩登伽本生》：

> 古时候，当梵授王在波罗奈治理国家的时候，大士转生在城外一个旃陀罗家庭，取名摩登伽。他长大后，聪明懂事，获得摩登伽智者的美名。那时，波罗奈商主的女儿，名叫见吉。她每隔一两个月，便要带着随从去花园游玩。一天，大士进城办事，走进城门，看见见吉，便闪到一旁，站着不动。见吉从帘子后面看到了他，问道："那个人是谁？""是个旃陀罗，小姐。""哎呀，我们看了看不得的东西了！"她用香水洗了洗眼睛，就转身回家去了。跟她出来的随从朝着大士吼道："你这可恶的旃陀罗！就是你，毁了我们今天的一顿美酒佳肴。"他们

---

① 《佛本生故事选》，第 84 页。
② 《佛本生故事选》，第 315 页。
③ 《佛本生故事选》，第 292 页。

火冒三丈，拳打脚踢，把摩登伽打得不省人事，然后扬长而去。过了一会，摩登伽恢复了知觉，心想："见吉的随从不分青红皂白，把我这个无辜的人打了一顿。我要躺在地上，得到见吉才起来；得不到她，决不起来。"他下定这个决心，便走到见吉父亲家门口，躺在那里。人们问道："你为何躺在这里？"他回答说："不为别的，就是为了得到见吉。"一天过去了，两天、三天、四天、五天、六天也过去了。菩萨的意志起了作用，第七天，他们把见吉送出来，交给他。见吉对他说道："起来吧，夫君！我们上你家去吧。""亲爱的，你的随从给我一顿好打，我浑身无力。你扶我起来，背我走吧！"见吉照他的话，当着市民的面，背着大士出城，前往旃陀罗村。

　　大士让见吉住在他家，没有做逾越种姓界限的事。几天后，他想："我要赐给她最高的荣誉和享受，但我只有出家才能做到这一点，别无他路。"于是，他对见吉说道："亲爱的，我若不到森林里去采点什么，我们就无法活下去。我要到森林去了。你等着我回来，别担心。"说罢，又叮嘱家里人："别怠慢了她。"然后，他去森林，出家过沙门生活。他兢兢业业，第七天就获得八定和五神通。他想："现在，我可以保护见吉了。"他施展神力，降落在旃陀罗村口，走到见吉房门口。见吉听到他回来了，走出来，啼哭道："夫君，你干吗丢下我，出家去了。""亲爱的！别这样想。我现在要给你比过去大得多的荣誉。你敢当着众人的面说：'我的丈夫是摩登伽，我的丈夫是大梵天吗？'""敢的，夫君！""那么，人们会问：'你的丈夫现在在哪里？'你就回答说：'在梵界。'人们又会问你：'他什么时候回来？'你就回答说：'七天以后，在月圆之夜，他将从月亮里出来，降落在此地。'"说罢，他到喜马拉雅山去了……①

---

① 《佛本生故事选》，第330—331页。

《佛本生经·白幢本生》：

古时候，当梵授王在波罗奈治理国家的时候，菩萨是波罗奈闻名四方的老师，向五百学生传授经典。最年长的一个学生名叫白幢，出生在一个西北地区的婆罗门家族。他因为自己的出身而骄傲自大。

一天，他与别的学生一道出城，回城时，看见一个旃陀罗，便问道："你是谁？""我是一个旃陀罗。"他怕吹过旃陀罗身上的风会沾着自己身体，便喊道："滚开，黑耳朵旃陀罗！跑到下风去！"说罢，他迅速跑往上风，而旃陀罗以更快的速度跑到上风站着。白幢厉声咒骂道："滚开，黑耳朵！"旃陀罗问道："你是谁？""我是婆罗门学生。""既然你是婆罗门，你应该回答我提出的问题。""当然能！""如果你不能，我要你钻裤裆。"白幢自信地说道："行！"旃陀罗要求周围的人记住白幢的话，然后提问道："婆罗门学生，何谓方？""方就是以东为首的四方。""我问的不是这个方。你连这么点知识都没有，还讨厌从我身上吹过去的风哩！"说罢，按住白幢的双肩，让他弯腰，从自己胯下钻过去。

学生们把此事报告老师。老师问道："孩子，白幢！你真的钻了旃陀罗的裤裆？""是的，老师！这奴隶养的旃陀罗说我连方都不知道，让我钻他的裤裆。现在，我想要知道怎么对付他！"他怒气冲冲地骂那个旃陀罗。老师告诫他说："孩子，白幢！别生他的气了。这个旃陀罗孩子是聪明的。他问的不是这个方，而是另一个方。你看到、听到和学到的远远不及你尚未看到、听到和学到的多。"说着，念了两首偈颂：

> 孩子白幢别生气，你的见闻不够广；
>
> 父母可以称作方，老师美称也是方。
>
> 家主供给衣食住，称之为方名实副；
>
> 家主至高无上者，痛苦靠它变幸福。

这样，大士向婆罗门学生解说了方。白幢心想："我是钻过旃陀罗

裤裆的。"于是，他离开这里，前往呾叉始罗，在一位闻名四方的老师身边学会一切技艺……①

5. 十六个大国

《长阿含经》卷第五第一分《阇尼沙经》第四说到的十六个大国是：

> 鸯伽国、摩竭国、迦尸国、居萨罗国、拔祇国、末罗国、支提国、拔沙国、居楼国、般阇罗国、颇漯波国、阿般提国、婆蹉国、苏罗婆国、乾陀罗国、剑洴沙国。彼十六大国有命终者，佛悉记之。

《中阿含经》卷五十五《晡利多品·持斋经》第一中，也说到有此十六个大国：

> ……有十六大国，谓一者鸯迦、二者摩竭陀、三者迦尸、四者拘萨罗、五者拘楼、六者般阇罗、七者阿摄贝、八者阿和檀提、九者枝提、十者跋耆、十一者跋蹉、十二跋罗、十三苏摩、十四苏罗吒、十五喻尼、十六剑浮。

6. 列国时代的国内状况

> ……乃往古昔，于般遮罗国，有二王：一在北界，一在南界。其北界王名曰财，城名龙阁。其王以法化世，人民炽盛，丰乐安稳，无诸诈伪，贼盗疾疫，牛羊稻蔗，在处充满。其王以法治国。城侧有一大池，乌钵罗花等，弥覆其上，复有种种众鸟。池中有一龙子，名曰妙生，时往兴云，以降甘雨，令田丰熟，多足粮贮，皆行布施。其南界王，性行险恶凶粗，非法治国，常以枷禁打棒百姓。天不下雨，人

---

① 《佛本生故事选》，第 222—223 页。

并惊忙，舍投北界龙阁城中，以求活命。其南界王因出城游猎，乃见村舍空闲，神庙破坏，闻群臣曰："村中人物，今并何之？"诸臣答曰："比为饥俭，人皆饥急，投北界王。大王施我无畏，即具说因缘。"王言："恣汝无畏。"臣等答言："北界有王，名曰财，以法持国，以法化世，人民炽盛，安稳丰乐。无诸诈伪，贼盗疾疫，牛羊稻蔗，在处充满。常好布施于诸沙门婆罗门，饮食资具，受用丰足。大王性行粗恶，枷禁打棒，百姓惶怖，走投北界龙阁城中。"王曰："作何方计，令彼却来，聚落居住？"群臣答曰："若大王如彼财王，行于慈悯，饶益众生，不久诸人皆悉奔此城邑聚落。"臣复白王："彼城更有好妙胜事，城侧有池，池中莲花，弥复其上，有好诸鸟。复有龙子，名曰妙生，依时降雨，令得丰熟。为斯彼国，人民快乐。"其王复告群臣曰："作何方计，令彼龙子，来此居止？"臣曰："若有持咒之人，即可来至。"时王即命群臣，击鼓宣令："若有能持明咒，令北界龙阁城中妙生龙子，来于我处者，赏金一笼，复大供给。"于时有一咒师，名曰咒蛇，来诣臣所。白言："若定与我此金笼者，我能咒唤妙生龙子，来于此处。"时群臣等即与金笼。咒师曰："待我咒龙至此，然后受之。"是时咒师即往龙阁城中，于池四面，观察池内。知龙住处，却来告诸群臣曰："我于第七日，龙子必来。汝等可作祭祀之法。"是时龙子知彼咒蛇咒师来此，至第七日，将诣彼国，作何计免其离父母亲里眷属，欲投何处，得免斯事？去池不远，有二猎师居住。一名婆啰迦，二名颇啰迦，以求活计，池边居止，网捕水陆。其婆啰迦不久身死。龙子作念："颇啰迦猎师，今见命存，我须投彼。"

尔时龙子变为人形，诣猎师所，告曰："汝知此城，由谁而得如是人民炽盛，丰乐安稳，无诸诈伪、贼盗疾疫，牛羊稻蔗，在处充满？"猎师答曰："我知此事，皆由大王心行慈悯，饶益一切，养活百姓。"龙子告曰："如汝所言，要然由王，更缘别事。"答曰："更有，为此池中，有一龙子，依时降雨。缘此人民炽盛，欢乐丰熟，多饶饮食。"龙子告曰："若彼龙子，被人将去，离父母眷属，汝见彼人，能作何事？"答曰："我能害之。"龙子告曰："汝识妙生龙子不？"答曰："我比不识。"报言："我是妙生龙子。今为南方般遮罗国师，名曰咒蛇，欲来取我将去。今作祭祀结界之法，却后七日，来此之时，钉竭地罗木橛，种种色线，绕池四边，作法必将我去。汝可且于一处藏匿，遥见作此搅水之时，即须射箭咒师要处，速来彼令摄咒，不然砍令头落，必须先遣解咒，然后杀之。不尔我常被咒缚，至死不脱。"时猎师告龙子曰："若独令汝利益，犹故作之，况令王城人众皆得利益，我何不作？愿无忧虑。"是时龙子即将猎师，视其藏隐僻处。猎师至第七日，彼彼藏处，其咒蛇师，即来作坛，祭祀结界……尔时猎师拔刀告曰："我国之内，妙生龙子，汝欲将去，若不速解咒法，刀砍汝头，令堕于地。"时咒蛇师于此苦痛，恐惧畏死，即解摄咒。解已，猎师断彼命根。龙子得脱，出池抱彼猎师，白言："仁者，是我父母，为来相救。我今免难离父母眷属之苦，仁可相随，向我宫中。"即共相逐，入龙子宫，施设种种妙好饮食，与上宝珠……①

(1) 佛经中说到的佞臣
挑拨老国王和新国王的关系：

昔优陀美王，住卢留城，聪明解达，有大智慧。其一夫人，名曰有相，姿容奇特，兼有德行。王甚爱敬，情最宠厚。时彼国法，诸为王者，不自弹琴。尔时夫人恃己爱宠，而白王言："愿为弹琴，我为王舞。"

王不免意，取琴而弹。夫人即举手而舞。王素善相，见夫人舞，睹其死相，寻即舍琴，惨然长叹。夫人即白王言："如我今者，受王恩宠，敢于曲室，求王弹琴，我自起舞，用共为乐，有何不适，放琴而叹？愿王莫隐，而见告语。"

时王答言："我之长叹，非尔妇人之所可闻。"

---

① 《根本说一切有部毗奈耶药事》卷第十三。

夫人白言："我今奉王，至诚无二。若有不理，宜应告敕，殷勤不已。"

王以实答："我之于尔，岂容有异。尔向起舞，死相外现。计其余命，不过七日。由是之故，舍琴而叹。"

夫人闻已，甚怀忧惧，即白王言："如王所说，命不云远。我闻石室比丘尼说：若能信心出家一日，必得生天，由是之故，我欲出家，愿王听许，得及道次。"

时王情重，恩爱不息，语夫人言："至六日头，乃当听尔出家入道，不相免意。"

遂至六日，王语夫人："尔有善心，求欲出家，若得生天，必来见我。我乃听尔，得使出家。"

作是誓已，夫人许可，便得出家，受八戒斋，即于其日，多饮石蜜浆，腹中绞结，至其日晨，即便命终，乘是善缘，得生天上，即生三念：一念忆本为是何身，二念本缘修何功德，三念现今定是天身。

作是念已，具知本缘，并与王誓。以先誓故，来诣王所。尔时光明遍满王宫。时王问言："今此光瑞，为是谁耶？愿见告示。"

时天答言："我是王妇，有相夫人。"

王闻是语，愿来就坐。天答之言："如我今者，观王臭秽，不可亲近。我以先誓，故来见王。"

王闻是以，心即开悟，而作是言："今彼天者，本是我妇。由有善心，求索入道，出家一日，寻即命终。由是功德，而得生天。神志高远，而见鄙贱。我今何故，而不出家？我曾闻说，天一爪甲，直阎浮提，况我一国，何足贪惜？"

作是语已，立子王军，用嗣王位，出家学道，得阿罗汉。

尔时王军王，统临国已，信用谗佞，不恤国事。优陀美王，悯念其子，并及国人，欲来教化，劝令修善。

时王军王，闻父将至，踊跃无量，欲敕一切，于路往迎。时诸佞臣，畏惧被遣，即白王言："如王今者，首戴天冠，坐师子座，师子之座，法无再坐，若迎父王，还复王位，必杀于王。王若立者，须害父王。"

时王军王，心怀忧愕，疑惑转生，劝谏不已，遂作恶意，募旃陀罗，往杀其父。时旃陀罗既受募已，到父王所，头面顶礼，而白之言："我之昔来，亦受恩遇，于父王所，实无逆心。而今被遣，来杀父王，若不加害，必受诛罚。"

父王答曰："我今来者，欲化尔王，岂可爱身，使尔被诛？"

便引项令长十余丈，语旃陀罗："随尔斫截。"

时旃陀罗极力斫之，刀不能伤。父王悯故，而借神力。语旃陀罗："尔今为我往语尔王：'尔今杀父，复害罗汉，作二逆罪，好加忏悔，可得轻罪。'"

时旃陀罗既受敕已，举刀复斫，斩父王首，赍向其国。时王军王见父头已，颜色不变，知父得道，不贪王位，悔情既生，心怀懊恼，啼哭闷绝，良久乃苏。问旃陀罗父王所说。时旃陀罗以父王敕而白于王："尔既杀父，复害罗汉，作是二逆，须好忏悔。"

闻是语已，倍增断绝，而作是言："今我父王，得罗汉道，有何贪国，而使我杀父？"

时彼佞臣，惧王加害，而白王言："世界之中，何有罗汉？王信空语，用自苦恼？"

时王答言："今我父头，死来多日，颜色不变。自非得道，何由有是？又我父时，大臣婆咥师、优婆咥师，普皆出家，得罗汉道，种种神变。我等所见，于此涅槃，收骨造塔。如今现在，云何道无？"

佞臣答言："世幻咒术，及以药力，亦能神变。彼二臣者，非是罗汉，比更数日，示王证验。"作是语已，便于塔所，造作二孔，各置一猫，于塔养食。

唤言咥师出。猫出食肉，语令还去。还入于孔。如是教之，猫便调伏，而白王言："今王欲见咥师等耶？愿往共看。"

王即命驾，往至塔所。时彼佞人，便唤咥师出来。猫即出孔。语令还去，猫便入孔。王既见已，迷心遂盛，任意所作，不信罪福。时王出军，游戏回还，于其路次，而见尊者迦旃延，端坐静处，坐禅入定。时王见之，便生恶心，手自把土，用坌尊者，语左右言："尔等为我各各以土坌迦旃延。"

于时土聚，遂没尊者。有一大臣，信心三宝，于后而至，闻见斯事，极大懊恼，即为尊者除去其土，复语诸人："有念我者，而除此土。"

尔时尊者，坐琉璃宝窟，神仪鲜泽，无污坌色。大臣欢喜，头面礼足，白尊者言："今王无道，作是恶逆。善恶必报，何得无患？"

尊者答言："却后七日，天当雨土，满其城内，积为土山，王及人民，尽皆覆灭。"

大臣闻已，心怀忧恼，即以白王，又自设计，造作地道，出向城外。七日既满，天雨香华，珍宝衣服，于其城内，无不欢喜。佞臣白王："而今之瑞，皆由王德。无智之人，反生诽谤，云当雨土，而获珍宝。如此诳惑，前后非一，恶缘之后，闻有善瑞，皆来云集。"

时城四门，冥缘力故，尽下铁关，逃隐无地。天便雨土，满城山积。而彼大臣共有心者，地道而出，向尊者所，而白之言："感惟此城一日覆灭，雨土成山，君民并命，先有何缘，同受此害？"

尔时尊者，语大臣言："谛听谛听，当为尔说：乃往过去若干劫时，于其国内，有长者女，住于楼上，清朝洒扫，除弃扫粪，置比丘头，不知忏悔，会得好夫。尔时诸女，而问女言：'尔作何缘，得此良匹？'时女答言：'更无异事，由我扫楼，坌比丘头，由是之故，值遇好婿。'诸女闻已，谓如其言，竞共聚土，用坌比丘。由是业缘，普受斯报。"作是语已，共功德天，向花氏城。自昔以来，卢留城而与彼城，迭互盛衰。此国既灭，彼城复盛。由是之故，而尊者等向花氏城，好音声长者于其界首，供养尊者。尔时长者素自殷富。尊者到家，财宝丰溢，殊胜于前。既至城已，尊者迦旃延而白佛言："好音声长者有何因缘，有好音声，巨富无量，财宝盈溢？"

佛言："乃往过去，有一长者，日日遣人请五百辟支佛就家设食，而彼使人，常将狗往，会有事缘，不得往请。狗依时节，独诣僧坊，向僧而吠。时辟支佛等，而作是言：'俗内多事，脱能过忘，向狗来吠，以唤我等。'即便相将，诣长者家。尔时长者甚大欢喜，如法供养。尔时长者，我身是也；尔时使人，阿那律是；尔时狗者，好音长者是。由是之故，世世好声，而多财宝。是故智者，应于福田所勤力供养。"①

（2）暴虐无道的国王

《佛本生经·大褐王本生》：

古时候，大褐王在波罗奈治理国家，暴虐无道。他随心所欲，无恶不作，滥收赋税，还实行杖笞、截肢、凌迟等酷刑，压榨百姓犹如制糖作坊里压榨甘蔗一般。他是个粗暴、残忍、野蛮的人，不仅对待百姓毫无恻隐之心，就是对待家里的妻妾儿女以及大臣、婆罗门、长者等也冷酷无情。他成了众人眼中沙、饭中石和脚底刺。

那时，菩萨转生为大褐王的儿子。大褐王长期统治王国后，终于死去。死讯一传开，波罗奈全城居民兴高采烈，笑语喧天。他们拉了一千车木材焚烧大褐王的尸体，又用几千罐水浇灭火葬堆的余烬。然后，他们为菩萨灌顶，立他为王，欢呼道："我们有依法治国的国王了！"全城敲起喜庆鼓乐，升起各色彩旗。全城装饰一新，各个城门口搭起华丽的天篷，天篷下面是缀满花朵的平台，人们坐在那里又吃又喝。菩萨坐在富丽堂皇的高台上，宝座上面撑着华盖，无比庄严。大臣、婆罗门、长者、市民、卫士等簇拥在他的周围。

但是，有一个卫士站在不远处哀叹哭泣。菩萨看到后，问道："朋友，卫士！我的父亲死了，所有人都兴高采烈，欢呼庆祝，你却站在这里哭泣。难道我的父亲对你恩宠厚爱？"随即念了第一首偈颂：

---

① 《杂宝藏经》卷第十，一一六《优陀美王缘》。

> 大褐王残害百姓，他一死皆大欢喜；
>
> 难道他待你仁慈，你为何伤心哭泣？

听了他的话，卫士回答道："我不是为大褐王死去伤心哭泣。他一死，我的脑袋就舒服了，因为大褐王出入宫殿，总要在我脑袋上揍八拳头，像铁匠的锤子那样厉害。我是想，他到了阴间，也会像揍我的脑袋那样，揍地狱看守阎摩的脑袋。这样，阴曹地府里的人也会叫喊道：'他对我们太残忍了！'于是，把他送回这里，这样，我的脑袋又要挨揍了。我是出于这种害怕才哭泣的。"他说明这个缘由，念了第二首偈颂：

> 并非他待我仁慈，我怕他重返人间；
>
> 他去地府揍阎王，必定被逐出阴间。

菩萨安慰他说："人们已经用一千车木柴焚烧大褐王，又用几千罐水浇灭葬堆的余烬，四周围还掘了沟渠。通常，一个人到了阴间，除非转世再生，决不会恢复原形回来的。你别害怕！"随即念了这首偈颂：

> 焚烧千车柴，泼洒万罐水。
>
> 周围掘沟渠，休怕大褐回。

从此，这卫士心情舒坦。菩萨依法治国，广行布施，做了许多善事，按其业死去。[①]

在般遮罗国，由于婆罗门挑拨离间，使得国王和王子之间发生矛盾。后来国王悔悟，与太子和解：

……乃往古昔，于般遮罗国，有二王：一在北界，一在南界。其北界王名曰财，城名龙阁。其王以法化世，人民炽盛，丰乐安稳，无诸诈伪，贼盗疾疫，牛羊稻蔗，在处充满。其王以法治国……其城大

---

① 《佛本生故事选》，第142—143页。

王，共妃戏游，久不怀妊，既无男女，以手拓颊，谛自思惟："我有无量财宝、库藏，我今无子，断息种族。诸人如知无子，建立别王。"作思惟时，王诸眷属，及沙门婆罗门等，皆怪大王生此愁恼，白言："思惟何事？"王具广说。又白王言："须求天神，当即有子。"其王为求子故，即求……诸天善神等，愿当有子……时有贤劫菩萨，遂于国大夫人腹内受胎……既知得胎，欢喜白王："我今怀妊，在左腋边，必知是男。"大王闻已，甚大欢喜……至妃月满，便诞一子，形貌端严，人所乐见……又施放大赦，作诸欢乐。复为太子，作生日福，始从一七日，乃至三七，置立名号。群臣共议，欲立何名。众人议曰："王既名财，王子今可立号善财。"……是时太子，日渐长大，如莲在水，不久长成，即令入学。学诸文字、弓射、王法、算计，识别珍宝、人象马等，工巧术法，种种技艺，六十四能，解缚能读，聪明了达。父王为置三时宫殿，谓春、夏、冬。三种园苑，各依三际。善财独在宫中阁上，吹笛作乐游戏……复于后时，有二婆罗门，从逝多林来至龙阁城中。一于王边，依止王住，请婆罗门，尊以为师，多赐资具；一于善财太子所，依止而住。太子惠赐资具。是时婆罗门告太子善财言："若得大王立汝为王，得王位时，于我如何？"时善财告曰："如我父王立彼为门师，诸婆罗门中尊，我亦如是，立汝为尊。"

其大王门师闻已，生大瞋恚，便作思念："我今作计，不令太子得位。况彼婆罗门得为尊者。"复于后时，别有一国起逆，发兵往伐，却被怨害。如是七度，令军领兵往彼，皆被打退军回。臣等白王："贼军增盛，我国有损。须集勇健之人。"时王国师便作是念："今正是时，令太子征伐外境，乃令便死。"即白王言："他军强盛，无能敌者。"大王答言："今我自去。"婆罗门言："太子少年盛力，令作大将。往彼共敌，必当克获。"王命善财，告言："汝为大将，可往旷野国中，共怨对敌。"善财白父王曰："诚如所言。"便入宫中，见悦意夫人，忘父王教。父王复敕善财："汝早往彼，与怨抗敌。"善财受敕，还入宫中，见悦意已，便忘父教敕。时王国师还来白王："善财太子，贪欲染著悦意，愿大王令诸兵众，皆来集会，便敕太子，于王前发。"时王唤善财，领四兵众，往彼抗敌。其善财白父王言："暂见悦意即去。"王言："即发。今非是看悦意时。"复白父王："我辞母去。"王言："辞去。"善财即往悦意夫人处，取其髻宝，往诣母边，长跪白母曰："此之髻宝，当好防护，莫与悦意。若大苦恼，逼迫至死，当即与之。"母既受已，绕母三匝，作诸伎乐，即往征伐。去成不远，树下暂居。时薛室罗末拏天王，领诸无量眷属，因过其所，遂不能动，心大怪愕："我亦曾经处处游历，未曾有此。"遂乃遥见善财童子在于树下。"是贤劫菩萨，自受疲劳，往彼斗敌，我须佐助。可往降怨，不令损害。"时薛室罗末拏天王，即敕第五药叉："汝可速往旷野城中，为善财降彼怨毕，亦莫令损。"是时药叉奉王敕已，即变四军兵众，人形高大，如多罗树，象高如大山，马大如象，作诸器仗，种种变现，吹击大鼓，令大恐怖，现大威力。至彼怨所，如是示现。其城四面墙壁，被药叉威力一时俱到。人民皆怪怕惧。问曰："从何处来？"天兵答曰："汝等早开门户，善财即来，往可迎取。若更迟滞，汝等总死，无有残余。"城人答曰："我等于王不逆，亦不逆于善财。比被王使逼迫闭门。"众人开城，以诸香花，作诸音乐，出迎善财。来入城中，押领平定，置立押官。善财归国，其夜父王梦见鸦鸟，取王肠肚，绕城四面，王身入宝室中。其王睡觉，心大怕怖，身毛皆竖。从眠起已，以手拓颊，住于怨思："我定被夺王位，必当至死。"明旦即集婆罗门等，说斯梦意。其王门师，便作是念："善财决定斗战得胜，降得外国，我须恶解。"其婆罗门即白大王："此是恶梦，决失王位，定当身死。要然于婆罗门咒法中，有禳方法，可免斯厄。"王又问曰："有何方法？"告曰："于王园苑之中，当作一池，严饰端正。白土泥之，令其精细。杀诸恶兽，取血满池。置四街道，从一面入，向一面出。已令四上，婆罗门解四明者，以舌舐王足下。用紧那罗脂烧香，如是禳禳。王久住位，长命无灾。"是时王曰："诸事可办。紧那罗脂，云何可得？"婆罗门白王："然易得者，却道难得。"王复问曰："云何易得？"婆罗门曰："大王儿妇，名悦意者，是紧那罗女。"王即告言："莫作是言。我子共彼，以命相连。"答曰："大王可未闻书教：'舍一为诸眷，为村舍眷属。舍村取城邑，为身弃大地。王须自牢护，及以童子身。后乃能护他，须害彼悦意。'大王，为爱命故，无所不作。"于时大王，闻此语已，即依所说穿池，白土泥饰。杀诸恶兽，取血满池。其善财宫内诸宫人等，闻此事已，皆生欢喜。互相谓言："我并少年，端政容美，善财若来至，我当承事。"……①

尔时善财童子，平定外国怨已，却还那布罗城。是时善财，才息定已，即拜父王，对面而坐。父王便已爱念之语安慰善财。善财答曰："以父王威力，得安稳归。伐彼怨军，悉皆平定，仍将宝子，置立押官，依法输科。"父王告言："我子有功，所作皆了。"其善财童子，辞父王曰："欲归宫内。"父王告曰："且住共食。"白父王："我久不见悦意，今欲往看。"王曰："今日且住，明当往看。"又白父王："我要今日须看悦意。"父王默然不对。是时童子即归本宫。乃见宫中，无有光彩，不见悦意。东西驰觅，作声唤曰："悦意悦意，汝今何在？"诸宫共集，欲乱善财。然而身心如被箭射，专向悦意。频更重问："悦意何在？"其时宫人，具说如上。善财童子闻已，甚大愁苦。宫人白言："今此宫中，更有胜者，幸除忧恼。"于时善财，念知父王作无恩事，即往母边，礼足长跪。白言："阿孃，我今不见悦意，然而悦意，形貌端严，具多福德。今若不见，迷乱烧心。随彼处方，我当求觅。若无悦意，生大苦恼。"母曰："当为悦意遭命难苦？我令放去。"问曰："此事云何？"其母具说。善财知彼父王无恩。复问阿母："何方而去？"母曰："悦意今向此山仙人法王住处。"于时善财，为离悦意，苦恼啼泣。不觉唱言："悦意！"母又告曰："我此宫中，更有胜彼。何故忧恼。"善财答曰："阿孃，此之宫人，我不爱乐。"母以善言慰诱，烦恼更加。速起寻访，东西驰走，而作是念："可于得处更寻问。"即往诣猎师所。问曰："汝先何处得悦意耶？"猎师答曰："于彼山中，有仙人住。其处有池。悦意每来池中洗浴。我依仙人言教，系捉得来。"

---

① 《根本说一切有部毗奈耶药事》卷第十三。

时善财却回宫内。又作是念："今可往仙人所，取其消息。"父王亦闻童子离别悦意，极大愁恼，欲往山中仙人之所。父王告曰："善财何为迷恋至此？我今为汝，更置最胜宫人。"善财闻已，白言："我无悦意，不能在官而住。"尔时大王，即出严敕，令四衢道诸城门所，但有要路，皆令捉搦，莫放童子出城。善财为性，夜即省睡……于时童子作是思惟："我若从门而出，父母必罪守门之人。"作是念已，即取花鬘，置于幢上，无人守护门关之处，从此而去。至于城外，月初出时，善财向月啼泣，思想悦意……

次至仙人住处，赞仙人曰："身披树皮衣，常飡最上根。我今顶礼大仙师，幸请速报悦意处。"是时仙人以安稳言告善财："且坐，先言我见……访觅不难，必无疑虑。"说是语已，复告善财曰："然悦意去时，遗言相嘱：'留此指环，善财若来觅我，可与指环。'作是语已，复说险路，可报善财童子，道径极险难行，当须回去。若决不回，当视道路。"……尔时仙人复告善财："汝独一身，无有伴侣，何须苦觅悦意耶？定当舍命。"善财白言："我决须觅。"……尔时善财依悦意说，以诸药草咒法，过诸山河险滩之处，直至紧那罗王城……悦意往诣父王边，长跪白言："阿爷，若见善财，欲作何事？"父王答曰："斩为百段，分为四聚。此既是人，何所堪用？"悦意复白王言："若当是人，如何能到于此？"时父王闻已，瞋遂止息。王作是言："若童子来至，可与一切庄严之具，多与财宝及千紧那罗女，并其汝身，悉皆奉与。"于时悦意闻此语已，心大欢悦。喜乐遍身，即令善财严饰衣服，来见父王。尔时紧那罗王遥见善财，人相具足，形貌端严，人所喜见，心生怪愕，欲试伎艺，置大金柱，高七多罗树，又置七鼓，并七玄高。其善财童子，身是菩萨。若是菩萨，诸伎工巧，无不解者。凡有所作，天亦助之。不为障碍。即于王前，设大供养，吹笛、擘箜篌、弹箜篌，作种种音乐，并诸伎艺。空中诸天，亦皆助作。时善财童子，手执大刀，色如青莲，光彩晃耀。其王殿前，有多罗柱。王令善财，以刀截柱。如截怯多唎叶，碎如油麻。以箭射彼金柱，七鼓、七玄高，皆悉穿过。身若须弥，不动不摇。空中诸天，及紧那罗等，皆大吼叫。尔时紧那罗王，见闻如此希异之事，心大惊愕，即令庄严一千紧那罗女，姿质面貌，一如悦意。王告善财曰："汝知何者是悦意耶？"于是善财即发实言，说伽他曰："悦意是树女，我今极爱意。实言当速疾，徐步向前行。"是时悦意不觉前行一步，紧那罗众白大王言："此之善财有人威力，精勤超越，具有形貌，共悦意相应，何须苦逼，不与悦意将。"尔时紧那罗众，次第白王："令与悦意。"其王即敕，依紧那罗法，左手执女，右手执金瓶，告言："童子，此之爱女，并千紧那罗女，侍从围绕，以赏为妻。"王曰："人当无恩，必莫弃舍，亦不得更娶妇人。"时善财闻王教已，即共悦意，同归本官，而为游戏，欢娱作乐。善财复于后时，思忆家眷，离别父母，愁忧苦恼，即共悦意，平论斯事，君欲如何悦意，即为启父王知。王曰："任汝共善财，相随而去，莫行错误，人多诈诳。"是时父王作诫敕已，即与金银真珠等种种杂宝，而为资遣。是时善财以紧那罗力速疾还诣那布罗城。当入城时，由紧那罗作种种香气，遍满城内。父王闻善财来，敕令作诸鼓乐，扫洒城邑，除瓦石砂砾，皆令鲜洁，作诸音乐，悬缯幡盖，烧众名香，散诸妙花。善财共诸百千眷属围绕，入那布罗城。止息已，持诸珍宝，往诣父王所。礼足已，面前而坐。向紧那罗事，具如上说。

尔时父王，知其威力第一超越，即与灌顶，建立王位。[①]

7. 大国与小国的关系

(1) 附属国

列国时代的一些大国可能有若干个小国依附于自己，大国国王可能经常巡视小国，以显示自己对这些小国的权威。在大国的国王对小国进行巡视时，小国要向大国进贡。

---

① 《根本说一切有部毗奈耶药事》卷第十四。

……时转轮圣王即召四兵，向金轮宝偏露右臂，右膝著地，复以右手摩扪金轮语言："汝向东方，如法而转，勿违常则。"轮即东转。时王即将四兵，随从其后……尔时东方诸小国王见大王至，以金钵盛银粟，银钵盛金粟，来趣王所，拜首白言："善来大王，今此东方土地丰乐，人民炽盛，志性仁和，慈孝忠顺。惟愿圣王于此治正。我等当给使左右，承受所当。"时转轮大王语小王言："止止诸贤，汝等则为供养我已，但当以正法治，勿使偏枉。无令国内有非法行，此即名曰我之所治。"时诸小王闻此教已，即从大王巡行诸国至东海表……随轮所至，其诸国王，各献国土，亦如东方诸小国。比时转轮王既随金轮周行四海，以道开化，安慰民庶，已还本国。①

时转轮王即将四兵，随其后行。金轮宝前有四神导，轮所住处，王即止驾。尔时东方诸小国王见大王至，以金钵盛银粟，银钵盛金粟，来诣王所，拜首白言："善哉大王，今此东方，土地丰乐，多诸珍宝，人民炽盛，志性仁和，慈孝忠顺，唯愿圣王于此治政，我等当给使左右，承受所当。"时转轮王语小王言："止止诸贤，汝等则为供养我已，但当以正法治化，勿使偏枉，无令国内有非法行，身不杀生，教人不杀生、偷盗、邪淫、两舌、恶口、妄言、绮语、贪取、嫉妒、邪见之人。此即名为我之所治。"……随轮所至，其诸国王各献国土，亦如东方诸小王……②

(2) 弱国给强国送人质

尔时北方有一国王，送二童子与胜光王，以为国信。一名驮索

---

① 《长阿含经》卷第六第二分《转轮圣王修行经》第二。
② 《长阿含经》卷第十八第四分《世记经》《转轮圣王品》第三。

迦，一名波洛迦。其驮索迦能作饮食；波洛迦解敷床坐。[①]

乃往古昔，于婆罗疡斯，有梵德王，正绍王位。去此不远，有尾提诃国起逆。其梵德王，常欲伐彼不臣，其梵德王，兵众强盛，其尾提诃国，虽兵马驱胜，而常心行慈悲于梵德王。其梵德王，贪爱其国，兴举四兵，往击尾提诃国。其王闻梵德王四兵欲来，即令扫洒城邑，无诸瓦石，悬缯幡花，办诸饮食。又敕诸臣等，令城内人民，出城预前二十五里，香花迎接，复作百种言词，赞美王德。其梵德王，闻此事已，瞋心乃息。便作是念："既逆善言，不相违逆，今可回军。"时尾提诃国群臣等赞梵德王曰："愿王过国，所有军众，广陈设会。"尾提诃王说伽他曰：

"大王受忏摩，我当亲奉敬。诸事随王作，幸赐为亲友。"

尔时二王，共为和合。其梵德王，即归本国。尾提诃国一切人民悉皆无畏。[②]

(3) 百家争鸣

列国时代是一个思想非常活跃的时代，出现了很多学派。他们各自代表着不同的阶级或阶层的利益，说出自己的观点，和中国春秋战国时代一样，形成百家争鸣的局面。当时印度有六师六十二见、九十六种外道。这些学派常常以宗教派别的形式表现出来。佛经中把佛教以外的那些学派叫作"外道"或"异学"。

列国时代除佛陀以外的六师是：1. 富兰那迦叶；2. 末伽黎瞿舍利；3. 阿耆多翅舍钦婆罗；4. 婆浮陀伽旃那；5. 散若夷毗罗梨沸；6. 尼乾子（或尼乾子若提子），即耆那教的始祖。据有的学者的说法，佛陀应当是六师的后辈。

---

① 《根本说一切有部毗奈耶杂事》卷第十四。
② 《根本说一切有部毗奈耶药事》卷第十五。

(4) 列国时代的六师

尔时王阿阇世韦提希子，以十五日月满时……命雨舍婆罗门而告之曰："今十五日月满时，其夜清明，与昼无异，当诣何等沙门婆罗门所，能开悟我心？"时雨舍白言："今夜清明，与昼无异，有不兰迦叶[①]于大众中，而为导者，多有知识，名称远闻，犹如大海，多所容受，众所供养。大王宜往诣彼问讯。王若见者，心或开悟。"

王又命雨舍弟须尼陀而告之曰："今夜清明，与昼无异，宜诣何等沙门婆罗门所，能开悟我心？"须尼陀白言："今夜清明，与昼无异，有末伽梨瞿舍利，于大众中而为导首，多有知识，名称远闻。犹如大海，无不容受，众所供养。大王宜往诣彼问讯。王若见者，心或开悟。"

王又命典作大臣而告之曰："今夜清明，与昼无异，当诣何等沙门婆罗门所，能开悟我心？"典作大臣白言："有阿耆多翅舍钦婆罗，于大众中而为导首，多有知识，名称远闻，犹如大海，无不容受，众所供养。大王宜往诣彼问讯。王若见者，心或开悟。"

王又命伽罗守门将而告之曰："今夜清明，与昼无异，当诣何等沙门婆罗门所，能开悟我心？"伽罗守门将白言："有婆浮陀伽旃那，于大众中而为导首，多所知识，名称远闻。犹如大海，无不容受。众所供养。大王宜往诣彼问讯。王若见者，心或开悟。"

王又命优陀夷漫提子而告之曰："今夜清明，与昼无异，当诣何等沙门婆罗门所，能开悟我心？"优陀夷白言："有散若夷毗罗梨沸，于大众中而为导首，多所知识，名称远闻。犹如大海，无不容受。众所供养。大王宜往诣彼问讯。王若见者，心或开悟。"

王又命弟无畏，而告之曰："今夜清明，与昼无异，当诣何等沙门婆罗门所，能开悟我心？"弟无畏白言："有尼乾子。于大众中而为导首，多所知识，名称远闻。犹如大海，无不容受。众所供养。大王宜

---

① 即富兰那迦叶。

往诣彼问讯。王若见者，心或开悟。"①

(5) 列国时代之一个门派

　　我闻如是，一时佛游王舍城，在竹林伽兰哆园与大比丘众俱千二百五十人而受夏坐。尔时世尊过夜平旦，著衣持钵，入王舍城，而行乞食，行乞食已……往至孔雀林异学园中……有一异学，名曰箭毛，名德宗主，众人所师，有大名誉，众所敬重，领大徒众，五百异学之所尊也。彼在大众喧闹娆乱放高大音声，说种种畜生之论，谓论王、论贼、论斗、论食、论衣服、论妇人、论童女、论淫女、论世间、论空野、论海中、论国人民。彼共集坐，论如是比畜生之论。②

当时，各国的言论颇为自由，佛经中说，梵志们在一处议论国家大事：

　　时诸梵志众聚一处，高声大论，俱说遮道浊乱之言，以此终日，或论国事，或论战斗兵杖之事，或论国家义和之事，或论大臣及庶民事，或论车马游园林事，或论坐席衣服饮食妇女之事，或论山海龟鳖之事，但说如是遮道之论，以此终日。③

8. 列国时代的战争和大国争霸

(1) 琉璃王征伐释迦

　　……闻如是。一时佛在波罗㮈仙人鹿野苑中。尔时如来成道未

---

① 《长阿含经》卷第十七第三分《沙门果经》第八。
② 《中阿含经》卷五十七《晡利多品》第三《箭毛经》第六。
③ 《长阿含经》卷八第二分《散陀那经》第四。

久，世人称之为大沙门。尔时波斯匿王新绍王位。是时波斯匿王便作是念："我今新绍王位，先应娶释家女，设与我者乃适我心，若不见与我今当以力往逼之。"尔时波斯匿王即告一臣曰："往至迦毗罗卫至释种家，持我名字告彼释种云：波斯匿王问讯起居轻利，致问无量；又语彼释，吾欲娶释种女，设与我者抱德永已，若见违者当以力相逼。"尔时大臣受王教敕，往至迦毗罗国。尔时迦毗罗卫释种五百人集在一处。是时大臣即往至五百释种所，持波斯匿王名字语彼释种言："波斯匿王问讯殷勤，起居轻利，致意无量，吾欲娶释种之女，设与吾者是其大幸，若不与者当以力相逼。"时诸释种闻此语已，极怀瞋恚，吾等大姓何缘当与婢子结亲。其众中或言当与，或言不可与。尔时有释集彼众中，名摩呵男，语众人言："诸贤勿共瞋恚，所以然者，波斯匿王为人暴恶，设当波斯匿王来者坏我国界，我今躬自当往与波斯匿王相见，说此事情。"时摩呵男家中婢生一女，面貌端正，世之希有。时摩呵男，沐浴此女，与著好衣，载宝羽车送与波斯匿王，又白王言："此是我女，可共成亲。"时波斯匿王得此女，极怀欢喜，即立此女为第一夫人。未经数日，而身怀妊，复经八九月，生一男儿，端正无双，世所殊特。时波斯匿王集诸相师，与此太子立字。时诸相师闻王语已，即白王言："大王当知，求夫人时，诸释共诤，或言当与，或言不可与，使彼此流离，今当立名，名曰毗流勒（毗流离）。"相师立号已，各从坐起而去。时波斯匿王，爱此流离太子，未曾离目前。然流离太子年向八岁，王告之曰："汝今已大，可诣迦毗罗卫学诸射术。"是时波斯匿王，给诸使人使乘大象，往诣释种家至摩呵男舍，语摩呵男言："波斯匿王使我至此学诸射术，唯愿祖父母事事教授。"时摩呵男报曰："欲学术者善可习之。"是时摩呵男释种集五百童子使共学术。时流离太子与五百童子共学射术。尔时迦毗罗卫城中新起一讲堂，天及人民魔若魔天在此讲堂中住。时诸释种各各自相谓言："今此讲堂成来未久，画彩已竟，犹如天宫，而无有异，我等先应请如来于中供养及比丘僧，令我等受福无穷。"是时释种即于堂上，敷种种坐具，悬缯幡盖，香汁洒地，烧众名香，复储好水，燃诸明灯。是时流离太子将五百童子，往至讲堂所，即升师子之座。时诸释种见之，极怀瞋恚，即前捉臂，逐出门外，各共骂之：此是婢子，诸天世人未有居中者，此婢生物敢入中坐。复捉流离太子，扑之著地。是时流离太子即从地起，长叹息而视后。是时有梵志子名曰好苦。是时流离太子语好苦梵志子曰："此释种取我毁辱乃至于斯，设我后绍王位时，汝当告我此事。"是时好苦梵志子报曰："如太子教。"时彼梵志子日三时白太子曰："忆释所辱。"便说此偈：一切归于尽，果熟亦当堕；合集必当散，有生必有死。

是时波斯匿王，随寿在世，后取命终，便立流离太子为王。是时好苦梵志至王所而作是说："王当忆本释所毁辱。"是时流离王报曰："善哉善哉，善忆本事。"是时流离王，便起瞋恚，告群臣曰："今人民主者为是何人？"群臣报曰："大王，今日之所统领。"流离王时曰："汝等速严驾，集四部兵，吾欲往征释种。"诸臣对曰："如是大王。"是时群臣受王教令，即运集四部之兵。是时流离王将四部之兵，往至迦毗罗越。尔时众多比丘闻流离王往征释种，至世尊所，头面礼足，在一面立，以此因缘具白世尊。是时世尊闻此语已，即往逆流离王，便在一枯树下，无有枝叶，于中结加趺坐。是时流离王遥见世尊在树下坐，即下车至世尊所，头面礼足，在一面立。尔时流离王白世尊言："更有好树，枝叶繁茂，尼拘留之等，何故此枯树下坐？"世尊告曰："亲族之荫，故胜外人。"是时流离王便作是念："今日世尊故为亲族，然我今日应还本国。不应往征迦毗罗越。"是时流离王即辞还退。是时好苦梵志复白王言："当忆本为释所辱。"是时流离王闻此语已，复兴瞋恚："汝等速严驾，集四部兵，吾欲远征迦毗罗越。"是时群臣即集四部之兵，出舍卫城，往诣迦毗罗越，征伐释种。是时众多比丘闻已，往白世尊："今流离王兴兵众，往攻释种。"尔时世尊闻此语已，即以神足往在道侧，在一树下坐。时流离王遥见世尊在树下坐，即下车至世尊所，头面礼足，在一面立。尔时流离王白世尊言："更有好树，不在彼坐，世尊今日何故在此枯树下坐？"世尊告曰："亲族之荫，胜外人也。"是时世尊便说此偈：亲族之荫凉，释种出于佛；尽是我枝叶，故坐斯树下。

是时流离王复作是念："世尊今日出于释种，吾不应往征，宜可齐此还归本土。"是时流离王即还舍卫城。是时好苦梵志复语王曰："王当忆本释种所辱。"是时流离王闻此语已，复集四种兵出舍卫城，诣迦毗罗越。是时大目乾连闻流离往征释种。闻已至世尊所，头面礼足，在一面立。尔时目连白世尊言："今日流离王集四种兵往攻释种，我今堪任使流离王及四部兵掷著他方世界。"世尊告曰："汝岂能取释种宿缘著他方世界乎。"时目连白佛言："实不堪任使宿命缘著他方世界。"尔时世尊语目连曰："汝还就坐。"目连复白佛言："我今堪任移此迦毗罗越著虚空中。"世尊告曰："汝今堪能移释种宿缘著虚空中乎？"目连报曰："不也世尊。"佛告目连："汝今还就本位。"尔时目连复白佛言："唯愿听许以铁笼疏覆迦毗罗越城上。"世尊告曰："云何目连能以铁笼疏覆宿缘乎。"目连白佛："不也世尊。"佛告目连："汝今还就本位，释种今日宿缘已熟，今当受报。"尔时世尊便说此偈：欲使空为地，复使地为空；本缘之所系，此缘不腐败。

是时流离王往诣迦毗罗越。时诸释种闻流离王将四部之兵来攻我等，复集四部之众一由旬中往逆流离王。是时诸释一由旬内遥射流离王，或射耳孔不伤其耳，或射头髻不伤其头，或射弓坏，或射弓弦不害其人，或射铠器不伤其人，或射床座不害其人，或射车轮坏不伤其人，或坏幢麾不害其人。是时流离王见此事已，便怀恐怖，告群臣曰："汝等观此箭为从何来。"群臣报曰："此诸释种，去此一由旬中射箭使来。"流离王报言："彼设发心欲害我者，普当死尽，宜可于中还归舍卫。"是时好苦梵志前白王言："大王勿惧，此诸释种皆持戒，虫尚不害，况害人乎，今宜前进，必坏释种。"是时流离王渐渐前进向彼释种。是时诸释退入城中。时流离王在城外而告之曰："汝等速开城门，若不尔者，尽当取汝杀之。"尔时迦毗罗越城有释童子，年向十五，名曰奢摩，闻流离王今在门外，即著铠持杖至城上，独与流离王共斗。是时奢摩童子多杀害兵众，各各驰散，并作是说："此是何人？为是天也？为是鬼神也？遥见如似小儿。"是时流离王便怀恐怖，即入地孔中而避之。时释种闻坏流离王众，是时诸释即呼奢摩童子而告之曰："汝年幼小，何故辱我等门户，岂不知诸释修行善法乎，我等尚不能害虫，况复人命乎？我等能坏此军众一人敌万人。然我等复作是念，然杀害众生不可称计，世尊亦作是说：夫人杀害人命，死入地狱；若生人中，寿命极短。汝速去，不复住此。"是时奢摩童子即出国去，更不入迦毗罗越。是时流离王复至门中语彼人曰："速开城门，不须稽留。"是时诸释自相谓言："可与开门，为不可乎。"尔时弊魔波旬在释众中，作一释形告诸释言："汝等速开城门，勿共受困于今日。"是时诸释即与开城门。是时流离王即告群臣曰："今此释众人民极多，非刀剑所能尽害，尽取埋脚地中，然后使暴象蹋杀。"尔时群臣受王教敕，即以象蹋杀之。时流离王敕群臣曰："汝等速选面手释女五百人。"时诸臣受王教令，即选五百端正女人将诣王所。是时摩呵男释，至流离王所，而作是说："当从我愿。"流离王言："欲何等愿？"摩呵男曰："我今没在水底，随我迟疾，使诸释种并得逃走，若我出水，随意杀之。"流离王曰："此事大佳。"是时摩呵男即入水底，以头发系树根而取命终。是时迦毗罗越城中诸释，从东门出，复从南门入，或从南门出，还从北门入，或从西门出而从北门入。是时流离王告群臣曰："摩呵男父何故隐入水中如今不出？"尔时群臣闻王教令，即入水中出摩呵男，已取命终。尔时流离王以见摩呵男命终，时王方生悔心："我今祖父已取命终。皆由爱亲族故。我先不知当取命终。设当知者，终不来攻伐此释。"是时流离王杀九千九百九十万人，流血成河。烧迦毗罗越城，往诣尼拘留园中。是时流离王语五百释女言："汝等慎莫愁忧。我是汝夫，汝是我妇，要当相接。"是时流离王便舒手捉一释女而欲弄之。时女问曰："大王欲何所为？"时王报曰言："欲与汝情通。"女报王曰："我今何故与婢生种情通？"是时流离王甚怀瞋恚，敕群臣曰："速去此女，兀其手足著深坑中。"及五百女人皆骂王言："谁持此身与婢生种共交通？"时王瞋恚，尽取五百释女，兀其手足著深坑中。是时流离王，悉坏迦毗罗越已，还诣舍卫城。①

律藏《弥沙塞部和醯五分律》中也记载了琉璃王征伐释迦族这件事：

尔时舍夷国犹遵旧典，不与一切异姓婚姻。波斯匿王贪其氏族自恃兵强，遣使告言："若不与我婚，当灭汝国。"

诸释共议："当设何方，免被凶虐，而不违我国之旧典？"

佥曰："正当简一好婢，有姿色者，极世庄严，号曰释种，而以与之。"

如议，即与波斯匿王，备礼娉迎。后生一男，颜貌殊绝。敕诸相师，依相立字。

诸相师言："王本以威而得其母。依义应当字曰：'琉璃。'"

至年八岁，王欲教学。作是念："诸艺之中，射为最胜。阎浮提界唯有释种。佛为菩萨，时射一由旬又一拘楼舍……当令吾子就外氏学。"即敕大臣子弟侍从太子，就释摩南，请受射法。

尔时诸释新造大堂，共作要誓，先供养佛及诸弟子，然后我等乃处其中。琉璃太子与其眷属辄入游戏，诸释见之，瞋恚骂言："下贱婢子，我不以汝为良福田，云何世尊未入中坐，而敢在先？"琉璃太子即大忿恨。敕一人言："汝忆在心，我为王时，便以白我。"即便出去。诸释于后掘去堂土，更为新地，然后请佛及僧于中设食，演说妙法。

琉璃太子知射法已，还舍卫城。少年之中便绍王位，先共学人，皆居要职。昔受教臣，便白王言："王忆某时诸释骂不？"

王言："我忆。"

---

① 《增一阿含经》卷第二十六《等见品》第三十四。

臣复白言：“今不报之，复欲何待？”

王闻其语，即严四种兵，往伐诸释。世尊闻之，即于路侧坐无荫舍夷树下。王遥见佛，下车步进，头面礼足，白佛言：“世尊，好树甚多，何故乃坐此无荫树下？”

世尊答言：“亲族荫乐。”王知佛意，悯念诸释，即回军还。如是再反。彼臣又复如前白王，王便严驾往伐诸释。佛知诸释宿对巨避，便止不出。诸释闻琉璃王来伐其国，亦严驾四兵，出相御逆。去一由旬，以箭射之。或从耳穿中过，或断其发铲发，令尽须眉无余，及诸战具，一时断坏，而不伤肉。

琉璃王问左右言：“诸释去此近远？”

答言：“去此一由旬。”王大怖言：“军锋未交，已尚如此，若当相接，吾军败矣。不如反国，图全为幸。”

时彼一臣白言：“释种皆持五戒，宁失身命，终不害物。王但进军，无忧丧败。”王即从之。敕军近前，释种还城，闭门自守。琉璃王遣使语言：“若即开门，当有免者。若吾攻得，不赦一人。”

时目连闻琉璃王欲攻舍夷，白佛言：“愿佛听我化作铁笼笼彼大城。”

佛告目连：“汝虽有神力，何能改此定报因缘？”佛以此义，即说偈言：夫业若黑白，终不有腐败。虽久要当至，还在现前受。非空非海中，非人山石间。莫能于是处，得免宿命殃。报应之所牵，无近远幽深。自然趣其中，随处无不定。

尔时诸释见彼军盛，或言闭门取全，或言以死固守，纷纭不定。便共行筹，以少从众。时魔波旬在开门众中，七反取筹，开门筹多，即便开之。琉璃王得城已，宣令三军：“一切释种，皆悉杀之，若非释种，慎勿有害。”

三亿释闻，皆捉芦出言：“我是持芦释。”屯门者信，放令得去。

于是释摩南到琉璃王所，琉璃王以为外家公，白言：“阿公，欲求何愿？”

答言：“愿莫复杀我诸亲。”

王言："此不可得，更求余愿。"

又言："愿从我没水至出。于其中间听诸释出，凡得出者，不复杀之。"

琉璃王作是念："水底须臾，何为不可？"即便许之。释摩南便解头沐没，以发系水中树根，遂不复出。

王怪其久，使人入水看之。见其已死，发系树根。以此白王。

王便叹言："乃能为亲不惜身命。"

即宣令三军："若复有杀释种者，军法罪之。"

时诸比丘，闻琉璃王诛杀舍夷国人，以是白佛。佛告诸比丘："琉璃王愚痴。却后七日，当受害学人罪。其眷属大小亦俱并命。"

琉璃王闻佛此教，心念："佛无空言，余苦尚可，唯畏火烧。"即与眷属乘船入阿夷河。七日期至，水忽暴涨，于是覆没，一时死尽……①

据《佛本生经·小羯陵伽王本生》说，当时的强国羯陵伽国的国王发兵攻打阿瑟国，但因骄傲自满而失败：

古时候，羯陵伽王在羯陵伽国檀德城治理国家，阿瑟格王在阿瑟格国波德利城治理国家。

羯陵伽王有一支强大的军队，自己也力大如象，所向无敌。他渴望打仗，与大臣们商议道："我想打仗，可是找不到对手，怎么办？"大臣们说道："大王啊！有一个办法。你的四个女儿美貌绝伦，让她们打扮打扮，坐在篷车里，由士兵护卫，漫游各国的乡村、城镇和京都。如果哪个国王企图把她们带进自己的宫中，你就与他们开战。"

羯陵伽王照此做了。但是，所到之处，由于那些国王害怕羯陵伽王，都不敢放她们进城，而是送给她们礼物，让她们住在城外。就这

---

① 《弥沙塞部和醯五分律》卷第二十一第三分之五《衣法》下。

样，她们走遍全赡部洲，最后来到阿瑟格波德利城。阿瑟格王吩咐关上城门，派人送给她们礼物。阿瑟格王有个足智多谋的大臣，名叫乐军。他思忖道："据说，这些公主走遍全赡部洲，没有遇上一个应战者。如果真是这样，赡部洲也就徒有虚名了。我要跟羯陵伽王交战。"于是，他走到城门口，吩咐卫兵打开城门，念了第一首偈颂：

请打开城门，让公主进城。我乃智慧狮，护国尽责任。

说罢，他打开城门，领着公主们去见阿瑟格王。他对国王说："你别害怕。如果挑起战争，我会有办法对付的。你让这些美貌绝伦的公主做你的王后吧。"然后，打发随行的侍从说："回去禀告你们的国王，公主们已经做了阿瑟格王的王后了。"他们回国禀报。羯陵伽王说道："难道他不知道我的威力吗？"于是，率领大军出发。乐军得知羯陵伽王领兵前来，便派人传话说："你在你的边界待着，不要进入我们的边界，战斗将在两国交界处进行。"羯陵伽王把军队驻扎在自己边境内，阿瑟格王也把军队驻扎在自己边境内。

那时，菩萨出家当苦行者，就住在两国交界处的一间树叶屋里。羯陵伽王思忖道："谁知道我们两国谁胜谁败？出家人无所不知。我要问问这个苦行者。"他来到菩萨跟前，行过礼，坐在一旁，说了几句问候话，然后问道："尊者！羯陵伽王和阿瑟格王在各自的边境屯兵，准备交战。你看他们两人谁胜谁败？""大德者啊！我不知道哪个会胜，哪个会败。不过，众神之王帝释天要来这里，我可以问问他。明天你来，我就告诉你。"

帝释天来到菩萨身边坐下。菩萨问他这个问题。帝释天回答说："尊者啊！羯陵伽王将获胜，阿瑟格王将失败。到时候能看见如此这般的预兆。"第二天，羯陵伽王来询问，菩萨就告诉了他。但是，羯陵伽王没有问一问能看见什么样的预兆，只想着我会获胜，就心满意足地走了。这个消息广为传播。阿瑟格王听到后，召来乐军，问道："听说羯陵伽王将获胜，我将失败，怎么办？"乐军回答说："大王啊！谁知道谁胜谁败？请不要费这心思！"他安慰了国王之后，来到菩萨跟前，行过礼，坐在一旁，问道："尊者！谁将获胜？谁将失败？""羯陵伽王将获胜，阿瑟格王将失败。""尊者，胜者的预兆是什么？败者的预兆是什么？""大德者啊！胜者的保护神是全白的公牛，败者的保护神是全黑的公牛。这两个保护神将会参战，决出胜败。"乐军听后，起身告辞。他带了一千名效忠国王的勇士，登上附近的山峰，问道："你们能为王上献身吗？""我们能。""那么，从这悬崖跳下！"他们刚要跳，乐军拦住说："行啦，别跳了！那么要效忠王上，奋勇作战！"勇士们一致允诺。

双方开始交战。羯陵伽王想着"我肯定得胜"，便漫不经心。他的将士也想着"我们肯定得胜"，也漫不经心。他们穿上盔甲，乱哄哄，闹嚷嚷，松松垮垮地出发了。到了冲锋陷阵的时刻，他们都不奋勇向前。

两位国王骑在马上，互相走近，准备交锋。两个保护神走在他们前面：羯陵伽王的保护神是全白的公牛，阿瑟格的保护神是全黑的公牛。这两个保护神越走越近，互相做出战斗的姿态。可是，除了两位国王，谁也看不见这两个保护神。乐军问阿瑟格王："大王啊！你看见保护神了吗？""看见了。""什么样的？""羯陵伽的保护神是全白公牛；我的保护神是全黑公牛，看上去疲惫无力。""大王啊，你别害怕！我们将获胜。羯陵伽王将失败。请你从这匹训练有素的宝马上下来，拿着这支矛，用左手按一下宝马的侧腹，与一千名勇士一起猛冲过去。你用矛将羯陵伽王的保护神打翻在地，然后，我们用一千支矛捅死它。羯陵伽王的保护神一死，他就会失败，我们就会获胜了。"

"好吧！"国王按照乐军的指示，持矛前去攻击全白公牛；众大臣也跟随他，用一千支矛攻击全白公牛。羯陵伽王的保护神当场丧命。羯陵伽王败下阵去。见此情景，一千个大臣高喊道："羯陵伽王逃跑了！"羯陵伽王怕死，一边逃跑，一边责备苦行者，念了第二首偈颂：

胜者羯陵伽王，败者阿瑟格王；这是你的预言，贤者不该撒谎！

他这样责备着苦行者，逃回自己城里，甚至不敢回头瞧一瞧。过了几天，帝释天来到苦行者那里。苦行者与他交谈，念了第三首偈颂：

真言无价宝，众神不说谎；请问帝释天，为何你说谎？

帝释天听后，念了第四首偈颂：

难道你未听说，众神不妒人能；自制沉着奋勇，阿瑟格王获胜。

羯陵伽王逃跑，阿瑟格王掠取战利品回城。乐军派人向羯陵伽王传话："请把四位公主嫁妆送来。如果不送来，我就要采取行动了。"羯陵伽王听后，吓得浑身颤抖，派人送去公主们的嫁妆。从此，大家和睦相处。[①]

(2) 大国与小国的关系

有的强国任意而为，因为自己强大，便倚强凌弱，四处打仗，征服弱小的国家。

过去世时，有转轮圣王，名曰顶生，以法治化……有千子，勇猛强壮，能降伏诸恶，统领四天下，不加刀杖……尔时顶生圣王便生此念："我今有此阎浮提地，人民炽盛，多诸珍宝，我亦曾从耆年长老边闻，西有瞿耶尼土，人民炽盛，多诸珍宝，我今当往统彼国土。"尔时，顶生圣王适生斯念，将四部兵从此阎浮提地没，便往至瞿耶尼土。尔时彼土人民见圣王来，皆悉前迎，礼跪问讯："善来大王，今此瞿耶尼国人民炽盛，唯愿圣王当于此治化诸人民，使从法教。"……圣王顶生即于瞿耶尼统领人民……是时圣王顶生复于余时，便生此念："我有阎浮提，人民炽盛，多诸珍宝……今亦复有此瞿耶尼，人民炽盛，多诸珍宝，我亦曾从长年许闻，复有弗于逮，人民炽盛，多诸

---

① 《佛本生故事选》，第178—181页。

珍宝，我今当往统彼国土，以法治化……"①

于是，他又将四部兵，从瞿耶尼往弗于逮，并征服之。他还想征服郁单，因为郁单也是人民炽盛，多诸珍宝，所为自由，无固守着者，但似乎没有结果。

9. 边疆城池建设

我闻如是，一时佛游舍卫国在胜林给孤独园。尔时世尊告诸比丘，如王边城七事具足，四食丰饶，易不难得，是故王城不为外敌破，唯除内自坏。云何王城七事具足，谓王边城造立楼橹，筑地，使坚不可毁坏，为内安稳，制外怨敌，是谓王城一事具足。复次如王边城掘凿池堑，极使深广，修备可依，为内安隐，制外怨敌，是谓王城二事具足。复次如王边城周匝通道，开除平博，为内安隐，制外怨敌，是谓王城三事具足。复次如王边城，集四种军力，象军、马军、车军、步军，为内安隐，制外怨敌，是谓王城四事具足。复次如王边城预备军器，弓矢鉾戟，为内安隐，制外怨敌，是谓王城五事具足。复次如王边城，立守门大将，明略智辩，勇杀奇谋，善则听入，不善则禁，为内安隐，制外怨敌，是谓王城六事具足。复次如王边城筑立高墙，令极牢固，泥涂垩洒，为内安隐，制外怨敌，是谓王城七事具足也。云何王城四事丰饶，易不难得。谓王边城水草樵木，资有预备，为内安隐，制外怨敌，是谓王城一食丰饶，易不难得。复次如王边城多收稻谷，及储畜麦，为内安隐，制外怨敌，是谓王城二食丰饶，易不难得。复次如王边城多积䵃豆，及大小豆，为内安隐，制外怨敌，是谓王城三食丰饶，易不难得。复次如王边城畜酥油蜜及甘蔗、糖、鱼、盐、脯肉，一切具足，为内安隐，制外怨敌，是谓王城

———

① 《增一阿含经》卷第八《安般品》第二。

四食丰饶，易不难得。如是王城七事具足，四食丰饶，易不难得，不为外敌破，唯除内自坏。[1]

10. 政体——君主国和共和国

列国时代，各国的政体并不一样，有的是共和国（如释迦牟尼的故乡迦毗罗卫就是一个共和国，另外，跋祇也是一个共和国），有的是王国。其中，王国居多。

摩揭陀国王阿阇世时，要征服邻国跋祇国。在战争前，阿阇世派遣婆罗门大臣禹舍到耆阇崛山，去问世尊的意见，看能不能打，能不能取胜。当时，跋祇国人数相集会，讲议政事。说明该国不是国王一个人说了算，不是王国，而是共和国：

如是我闻，一时佛在罗阅城耆阇崛山中与大比丘众千二百五十人俱，是时摩揭王阿阇世欲伐跋祇。王自念言："彼虽勇健，人众豪强，以我取彼，未足为有。"时阿阇世王命婆罗门大臣禹舍而告之曰："汝诣耆阇崛山，至世尊所，持我名字，礼世尊足，问讯世尊起居轻利，游步强耶？又白世尊，跋祇国人自恃勇健，民众豪强，不顺伏我，我欲伐之，不审世尊何所诫敕？若有教诫，汝善忆念，勿有遗漏。如所闻说，如来所言，终不虚妄。"大臣禹舍受王教已，即乘宝车诣耆阇崛山。到所止处，下车步进，至世尊所，问讯毕，一面坐，白世尊曰："摩竭王阿阇世稽首佛足，敬问殷勤，起居轻利，游步强耶？"又白世尊："跋祇国人自恃勇健，民众豪强，不顺伏我，我欲伐之，不审世尊何所诫敕？"尔时阿难在世尊后，执扇扇佛。佛告阿难："汝闻跋祇国人数相集会，讲议正事不？"答曰："闻之。"佛告阿难："若能尔者，长幼和顺，转更增盛，其国久安，无能侵损。阿难，汝闻跋祇

---

[1] 《中阿含经》卷第一《七品法》第一《城喻经》第三。

国人君臣和顺，上下相敬不？"答曰："闻之。""阿难，汝闻跋祇国人奉法晓忌，不违礼度不？"答曰："闻之。""阿难，若能尔者，长幼和顺，转更增盛，其国久安，无能侵损。阿难，汝闻跋祇国人孝事父母，敬顺师长不？"答曰："闻之。""阿难，若能尔者，长幼和顺，转更增盛，其国久安，无能侵损……阿难，汝闻跋祇国人闺门真正，洁净无秽，至于戏笑，言不及邪不？"答曰："闻之。""阿难，若能尔者，长幼和顺，转更增盛，其国久安，无能侵损。阿难，汝闻跋祇国人宗事沙门，敬持戒者，赡视护养，未尝懈倦不？"答曰："闻之。""阿难，若能尔者，长幼和顺，转更增盛，其国久安，无能侵损。"时大臣禹舍白佛言："彼国人民若行一法，犹不可图，况复具七，国事多故，今请辞还归。"佛言："可宜知。"是时禹舍即从座起，绕佛三匝，揖让而退。其去未久，佛告阿难："如敕罗阅祇左右诸比丘，尽集讲堂。"对曰："唯然。"即诣罗阅祇城，集诸比丘，尽会讲堂。白世尊曰："诸比丘已集，唯圣知时。"[1]

11. 列国时代的王权

《佛本生经·一把芝麻本生》：

古时候，当梵授王在波罗奈治理国家的时候，他的儿子名叫梵授童。古时候的国王，虽然自己城里有闻名四方的老师，但还是喜欢将自己的儿子送到外国去学习技艺，认为这样可以使儿子克服骄慢，适应寒暑，熟悉世界各地风俗。因此，梵授童年满十六，国王召见他，给他一双拖鞋、一把树叶阳伞和一千元钱，说道："孩子！你到呾叉始罗学习技艺去吧。"

王子遵命，辞别父母，来到呾叉始罗。他找到老师家，便脱下

---

[1] 《长阿含经》卷第二第一分《游行经》第二分之一。

拖鞋，收起阳伞，行礼致敬。老师见他疲惫不堪，知道他是新来的学生，表示热烈欢迎。王子吃过饭，休息片刻，然后走到老师跟前，行过礼，侍立一旁。老师问道："你从哪儿来？孩子！""从波罗奈来。""你是谁的儿子？""波罗奈王的儿子。""你来干什么？""我来学习技艺。""你是交学费，还是准备为我干活来抵偿学费？""我交学费。"说罢，将一千元钱放在老师脚下，行了个礼。那时，不交学费的学生白天为老师干活，晚上学习技艺，而交学费的学生，像老师家里的长子那样学习技艺。因此，这位老师总是在吉祥之日教授王子。

这样，王子跟随老师学习技艺。一天，他与老师同去沐浴。有个老妇人铺晒白芝麻，坐在旁边看守。王子看见白芝麻，心里想吃，就抓了一把。老妇人心想这家伙大概饿了，也就没说什么。第二天，在同一时间，王子又抓了一把芝麻，老妇人还是没说什么。第三天，王子依然如此。这次，老妇人举起双臂，哭喊道："这位举世闻名的老师教唆学生来偷东西！"老师转过身来，问道："怎么回事？老妈妈！""先生！我这儿晒着白芝麻，你的学生前天吃了一把，昨天吃了一把，今天又吃一把！这样吃下去，会把我的芝麻吃个精光！""老妈妈，别哭，我赔你钱。""先生！我不要你赔钱，只是请你教育你的学生不要再偷。"老师说道："那么，老妈妈，你看着！"他吩咐两个青年抓住王子的双臂，然后举起竹板，在王子手背上打了三下，训诫道："以后不准再干这种事！"王子恼恨老师，两眼冒火，从头到脚打量老师。老师也觉察到王子忿怒的眼神。此后，王子继续学习和操练技艺，而把怨恨藏在心底，准备有朝一日杀死老师。学习完毕，在离别时，他向老师行礼，说道："老师，等我在波罗奈继承王位，我会派人来接你。到时候，请老师赏光！"他装出诚恳的样子，许下这个诺言，走了。

他回到波罗奈，拜见父母，汇报技艺。国王心想："我活着看见儿子的技艺，我也要活着看见儿子的政绩。"于是，国王让他继承王位。他享受到帝王的荣耀，又记起自己的宿怨，怒火中烧，决意要杀死老师。他派遣使者召唤老师。老师不应召，心想："国王现在少年气盛，我无法说服他。"后来，国王进入中年，老师心想："现在我能说服他了。"他来到波罗奈，站在王宫门口，请人通报说："呾叉始罗老师来了。"国王心中大喜，召见这个婆罗门。他看见老师走近前来，积怨迸发，两眼冒火，向大臣们说道："瞧！这老师打过我，伤痕至今犹在。他今天来到这里，额头上带着死神的印戳。他的死期就在今天！"说罢，念了两首偈颂：

为了芝麻，拽我双臂，打我手背，可曾忘记？

抓我双手，猛击三记，今日还来，你不怕死？

这样，他以死威胁老师。老师听后，念了第三首偈颂：

请君息怒，此乃正道；贤者执杖，驯服不肖。

念罢，老师说道："因此，大王啊！你应该明白这个道理，不必为此生气。大王啊！如果当时我不教训你，你还会继续拿糕点、糖果或别的什么，养成偷窃的习惯。以后胆子会越来越大，就会凿墙，拦路，谋杀，无恶不作。你将成为触犯王法的强盗，在作案时被捕，送交国王。国王就会下令：'带走！按罪惩处！'落到那个地步，你必定会惊恐万状。要不是我，你哪能登上王位？哪来今天的荣华富贵？"老师用这番话说服国王侍立两旁的大臣。听了老师的这番话，大臣说道："对啊，大王！你能登上王位，应该归功于这位老师。"此刻，国王领悟到老师的功德，说道："老师啊！我授予你一切王权。请你收下这个王国！"老师谢绝道："大王啊！我不想要这个王国。"国王派人去呾叉始罗，接来老师的妻儿。他委老师以重任，封为王室祭司，以国父相待。他听从老师的训诫，广行布施，做了许多善事，死后升入天国。[①]

[①] 《佛本生故事选》，第150—153页。

《佛本生经·忍辱法本生》：

当迦尸国王羯罗浮在波罗奈治理国家的时候，菩萨转生在拥有八百万钱财的婆罗门家族，名叫贡达格童子。他长大成人后，在呾叉始罗学会一切技艺，回来成家立业。后来，父母去世，他望着成堆的钱财，心想："我的亲人积攒了这些钱财，死了带不走。难道我死了能带走吗？"于是，他选择了一些值得施舍的人，将所有钱财施舍给他们，自己出家到喜马拉雅山，靠吃野果维持生命。他在那里住了很长时间，为了乞讨盐和醋才下山。有一次，走着走着，走到波罗奈，住在御花园里……

一天，羯罗浮王喝得酩酊大醉，由舞伎们陪伴，浩浩荡荡地来到御花园。他在如意石板上铺开睡具，把头枕在一位爱妃腿上。那些能歌善舞的舞伎边歌边舞。他仿佛享受着众神之王帝释天的荣华富贵。不久，国王睡着了。那些舞伎议论道："我们为他献歌献舞，现在他睡着了，我们还唱什么，跳什么呀！"她们扔下琵琶和其他乐器，离开国王，到花园里欣赏花草果木，嬉戏玩耍。

……舞伎们东游西逛，发现了菩萨，便说道："来吧，小姐们！这棵树下坐着一位出家人。在国王醒来以前，我们就坐在他身旁，让他给我们说些什么听听吧！"她们上前行礼，围着他坐下，说道："给我们说些适合我们听的东西吧！"于是，菩萨向她们说法。

国王的爱妃挪动了一下腿，国王醒了，看见舞伎一个不在，问道："那些贱人哪儿去了？""大王啊！她们都去围坐在一个苦行者的身边。"国王怒不可遏，持刀飞步前往，说道："我要教训教训这个坏蛋苦行者！"舞伎们看见国王怒气冲冲，其中几个受宠爱的舞伎迎上前去，取下国王手中的刀，劝国王息怒。国王走上前来，站在菩萨身边问道："沙门！你说什么法？""我说忍辱法，大王！""何谓忍辱法？""挨打受骂不生气。"国王说道："现在，我要见识见识你的忍辱法。"说罢，召来刽子手。刽子手忠于职守，手持利斧和荆条，身穿黄衣，颈戴红花环，向国王行礼，问道："有何吩咐？""将这恶贼苦行者拖出去，按在地上，前后左右四边，用荆条抽打两千鞭。"刽子手遵令照办。菩萨皮开肉绽，鲜血直流。国王又问道："比丘！你说什么法？""忍辱法，大王！你以为我的忍辱法在皮肉里，其实它不在皮肉里，而在我的心里。你是见不着的，大王！"刽子手又问道："有何吩咐？""将这坏蛋苦行者的双手砍掉！"刽子手举起利斧，将菩萨的双手按在砧上砍了下来。国王又命令道："砍掉双脚！"刽子手又砍下菩萨的双脚。鲜血从手脚的断口流出，就像红漆从破罐中流出。国王又问道："你说什么法？""忍辱法，大王！你以为我的忍辱法在手脚里，其实它不在那里，而在我的内心深处。"国王命令道："割去他的耳鼻。"刽子手割去菩萨的耳鼻。菩萨全身滴淌着鲜血。国王又问道："你说什么法？""我说忍辱法。你别以为我的忍辱法在耳鼻里，它在我的心窝深处。"国王说道："坏蛋苦行者啊！你就躺在这儿，奉行你的忍辱法吧！"说着，用脚踹菩萨的心窝，然后离去。

国王走后，统帅擦去菩萨身上的鲜血，包扎好手、脚、耳、鼻的伤口，轻轻地将菩萨扶在椅上，向他行礼，然后坐在一旁，恳求道："尊者啊！如果你要怨恨，就怨恨残害你的国王，不要怨恨别人。"说着，念了第一首偈颂：

割你耳鼻，剁你手足，怨恨此人，莫毁此国。

菩萨听后，念了第二首偈颂：

剁我手足，割我耳鼻，愿王长寿，我无恨意。

国王离开花园，消失在菩萨的视线之外时，二百四十万由旬厚的大地迸裂，犹如厚实的上衣裂开。阿鼻地狱喷出火焰，吞噬国王，仿佛给他穿上一件红色的龙袍。这样，国王就在花园门口坠入地底，沉沦在阿鼻大地狱中。在这同一天，菩萨也死去。国王的臣仆以及市民手持熏香、花环和香料，前来为菩萨举行葬礼。有人说，菩萨又回到喜马拉雅山去了。但是，这种说法是不对的。[①]

(1) 国王可以免税

《佛本生经·欲望本生》：

　　古时候，波罗奈的梵授王有两个儿子。他立长子为副王，次子为将军。不久，梵授王死去，大臣们要为大王子灌顶。大王子说："我不要王国，把王国给我弟弟吧！"大臣们再三恳求，但无用，只得为小王子灌顶。大王子既然不要王位，所以也不愿担任副王之类的职务。大臣们说："那你就吃好喝好，住在这里吧！"他回答说："在这城里已经没有我的事了。"这样，他离开波罗奈，来到边疆，住在一个商主家里，靠自己的双手干活过日子。后来，他们知道了他是王子，就不让他干活，而是依照王子的待遇侍候他。

　　不久，朝廷官员来到这个村庄丈量土地。商主便向王子说道："主人啊！我们供养你。你写封信给你弟弟，让他免了我们的税吧！"王子同意道："好吧！"他发出一封信。信中写道："我现在住在某某商主家里，看在我的面子上，免了他家的税吧！"国王表示同意，免了商主家的税。接着，全村和附近乡下的居民都来到王子跟前，说道："我们把税交给你，免去我们交给国王的税吧！"王子为他们写了封信，免去了他们的赋税。从此，他们把赋税交给王子。这样，他的收入和声誉骤增，他的贪欲也随之膨胀。不久，他要求所有乡村的赋税，要求副王的位置，他的弟弟都给了他。他的贪欲继续膨胀，不满足于副王的地位，想占有整个王国。他率领乡民，来到波罗奈城外，发信给弟弟说："或是给我王国，或是开战。"他的弟弟心想："这个傻瓜过去

[①] 《佛本生故事选》，第184—186页。

不要王国，也不愿担任副王之类的职务，现在却说要靠战斗来夺取王国。如果我在战斗中杀死他，我会遭人唾骂，那样，这王国对我还有什么用呢？"于是，他回信道："不必开战，你把王国拿去吧！"这样，大王子取得王国，让他弟弟担任副王。从此，他统治王国，他的贪欲越来越厉害，不满足于统治一个王国，而要统治两个、三个王国。他的贪欲简直没有止境。

那时，众神之王帝释天俯视下界，考察世上哪些人在侍奉父母，哪些人乐善好施，哪些人贪得无厌。他发现这个国王贪得无厌，心里思忖道："这个傻瓜有了波罗奈王国还不满足，我要去教训教训他。"他乔装成一个青年，站在王宫门口，请人进去通报说："有个精明能干的青年站在王宫门口。"国王说道："让他进来！"他进入王宫，向国王行礼。国王问道："你来这里有什么事？""大王啊！我有要事相告，请允许我跟你私下密谈。"帝释天施展神力，众人顿时隐退。然后，他对国王说道："大王啊！我发现三个都城，物产丰富，人丁兴旺，兵强马壮。我要依靠自己的力量把这三个王国夺来送给你。你不要耽搁时间，赶快去占领！"出于贪婪，国王同意道："好吧！"帝释天施展神力，不让国王询问："你是谁？从哪儿来？你要夺取的是什么都城？"帝释天说完那些话，就回忉利天去了。

国王召集大臣，说道："有个青年答应把三个王国夺来送给我，你们去把他找来。全城击鼓，集合军队。不要耽搁时间，我要去占领这三个王国。"大臣们问道："大王啊！你可曾款待这位青年？可曾问他住在哪里？""我没有款待他，也没有问他住在哪里。你们去找吧！"他们四处寻找，找不见他，回来报告国王说："大王啊！我们找遍全城，也没找到这位青年。"国王听后，神情沮丧，心里反复寻思："三个都城的统治权落空了，我的烜赫名声也没指望了。这位青年准是因为我没有给他报酬，也没有留他住宿，生气走了。"贪婪之火在他的身体里燃烧，使他内脏沸腾，便血不止，吃下去什么，就拉出来什么。医生们治不了这病，国王痛苦不堪。他生病的消息传遍全城。①

……

(2) 国王有无生杀予夺的权力

《佛本生经·宝珠盗窃本生》：

古时候，当梵授王在波罗奈治理国家的时候，菩萨转生在波罗奈附近村庄的一位长者家里。长大成人后，家里为他娶了一位波罗奈城里的名门淑女。这位少女俊俏可爱，仙女般美丽，花蔓般优雅，小鸟般欢乐，名字叫妙生。她是一位贤妻，恪守妇道，尽心侍奉丈夫和公婆。菩萨对她十分钟爱，两人心心相印，和睦相处。

一天，妙生对菩萨说："我想去看望我的父母。""好啊，亲爱的！那就准备路上的食物吧。"菩萨让人制作各种干粮，然后将干粮和其他物品装在车上。菩萨坐在前面赶车，妻子坐在后面。到了波罗奈城边，他们卸下车辕，沐浴吃饭。然后，菩萨又套上车辕，坐在前面，妙生换上好衣服，打扮整齐，坐在后面。

车子进城时，波罗奈王正坐在装饰豪华的象背上绕城行右肩礼，在街上和他们相遇。这时，妙生已经下车，跟在车后步行。国王一见到她，就被她的美貌吸引，心迷神荡。他吩咐一个大臣说："你去打听一下，这女子有没有丈夫？"大臣去了，得知她是有丈夫的，便回来报告说："她是有丈夫的，大王！坐在车上的那人就是她丈夫。"国王不能摆脱邪念，欲火中烧，心中思忖道："我要施计杀死那男人，把女子夺到手。"他吩咐一个侍从说："伙计！拿着这个宝石，装作过路人，扔在那人车上，然后回来。"他边说边把宝石顶饰递给侍从。侍从接

---

① 《佛本生故事选》，第287—289页。

过宝石，说道："遵命！"他把宝石扔在那人车上后，回来报告国王说："大王，事情办妥了。"

国王立刻喊道："我的宝石顶饰丢了！"顿时，人声鼎沸。国王下令道："关闭所有城门，封锁一切路口，给我搜查窃贼！"卫兵们照此办理。全城一片混乱。那个侍从带着一帮人来到菩萨跟前，喊道："喂，停车！国王的宝石顶饰丢了，我们要检查你的车子。"说罢，他检查菩萨的车子，找到他自己扔在车上的宝石，把菩萨抓起来，骂道："窃宝贼！"他将菩萨拳打脚踢，然后反绑起来，送到国王那里，报告说："窃宝贼缉拿归案！"国王命令道："将他斩首！"卫士们在每个十字路口鞭打菩萨，从南门押解出城。

妙生丢下车子，伸出双臂，跟在菩萨后面，一边跑，一边哭喊："夫君啊！都是为了我，让你遭此不幸。"卫士们让菩萨仰在地，说道："我们要砍你的头了。"见此情景，妙生心想："我平时循规蹈矩，恪守戒律。看来，在这世界上，神灵也无法制止恶人伤害善人。"她哭着念了第一首偈颂：

神灵远在天边，世间无人保护，暴徒恣意妄为，有谁出来拦阻？

这位德行高超的女子如此哭诉，众神之王帝释天的宝座发热了。他思忖道："是谁想把我从天帝宝座上赶走？"他知道了事情缘由，心想："这波罗奈王做事太残忍，竟然如此折磨德行高超的妙生。现在，我得亲自走一趟。"于是，帝释天从天国下凡，凭借自己的神力，将坐在象背上的暴君拽下，使他仰卧在法场上；同时，扶起菩萨，给他装饰打扮，穿上王袍，让他坐在象背上。卫士们举斧砍头——砍的是国王的头。砍下后，他们才认出是国王的头。

众神之王帝释天显出形体，来到菩萨跟前，为菩萨灌顶，立菩萨为王，立妙生为王后。众位大臣、婆罗门、长者等看到众神之王帝释天，满心欢喜，说道："无道昏君死了。现在，我们得到帝释天赐予我们的圣明法王。"帝释天站在空中告诫道："这是帝释天赐给你们的国王。今后，他要依法治国。如果国王无道，那么，旱时无雨，涝时降雨，饥荒、瘟疫、兵祸都要接踵而至。"说罢，念了第二首偈颂：

旱时无雨，涝时降雨，昏君无道，理应伏诛。

帝释天这样告诫了大众之后，回到自己的天国。菩萨依法治国，死后升入天国。[①]

(3) 列国时代一些国家的内政

列国时代，一个名叫转轮圣王的国王去世，其子即位以后，不像以前的几代国王那样，以正法治国，而是：

自用治国，不承旧法，其政不平，天下怨诉，国土损减，人民凋落。时有一婆罗门大臣往白王言："大王当知，今者国土减损，人民凋落，转不如常王，今国内多有知识聪慧博达，明于古今，备知先王治政之法，何不命集，问其所知，彼自当答。"时王即召集群臣，问其先王治正之道。时诸智臣，具以事答。王闻其言，即行旧政，以法护世而由不能拯济孤老，施及下穷。时国人民转至贫困，遂相侵夺，盗贼滋甚。伺察所得，将诣王所，白言："此人为贼，愿王治之。"王即问言："汝实为贼耶？"答曰："实尔。我贫穷饥饿，不能自存，故为贼耳。"时王即出库物，以供给之。而告之曰："汝以此物供养父母，并恤亲族，自今已后，勿复为贼。"余人转闻："有作贼者，王给财宝。"于是复行劫盗他物。复为伺察所得，将诣王所，白言："此人为贼，愿王治之。"王复问言："汝实为贼耶？"答曰："实尔。我贫穷饥饿，不能自存，故为贼尔。"时王复出库财，以供给之。复告之曰："汝以此物供养父母亲族，自今以后，勿复为贼。"复有人闻有作贼者，王给财宝，于是复行劫盗他物……[②]

---

① 《佛本生故事选》，第115—117页。

② 《长阿含经》卷第六第二分《转轮圣王修行经》第二。

国王一看，这样不行，于是便抓起来杀头，老百姓一看不行了。于是便"为自防护，遂造兵杖、刀剑、弓矢，迭相残害，攻劫掠夺"。

（4）国王有权封地

《佛本生经·迦默尼詹特本生》：

古时候，当阇那圣特王在波罗奈治理国家的时候，菩萨投胎在王后腹中……在命名日，人们给他取名镜面王子。在七年之内，父亲安排他学习三吠陀和一切人生职责。他七岁时，父亲去世，大臣们为国王举行隆重的葬礼，供奉大量祭品。第七天，他们聚集在王宫庭院商议道："王子过于年幼，不宜灌顶为王。让我们先考验考验他，再给他灌顶。"……当菩萨灌顶为王时，阇那圣特王的老仆人迦默尼詹特寻思道："如果让与王子年龄相仿的人来侍奉王子，这个王国才会有光彩。我已年迈，不宜再侍奉这位年轻的王子。我要到乡下去务农为生。"他出城之后，走了三由旬，在一个村子里定居下来。但是，他没有耕牛。雨后的一天，他向一位朋友借了两头牛耕地。耕完后，他给这两头牛喂了草，送回朋友家。这时，他的朋友正与妻子坐在屋里吃饭。这两头牛熟练地进入屋里，那夫妻俩也照旧自顾自吃饭。迦默尼见此情景，心想："他们没有邀请我吃饭的意思。"于是，他没有跟朋友打招呼，就放下牛，回家去了。夜里，一伙小偷拆毁牛圈，偷走了这两头牛。第二天清晨，牛主人进入牛圈，发现两头牛不见了，知道是给小偷偷走了，但他心想："我要去找迦默尼算账。"于是，他来到迦默尼那里，喊道："喂！还我牛来！""牛不是送到你家了吗？""你交给我了吗？""没有。""那么，这是国王的传令，走吧！"据说，那时候的人，只要捡到一块石头或瓦片，说道："这是国王的传令，走吧！"如果谁不听从，就要受到国王惩处。因此，迦默尼一听说"传令"，便跟着走了。

这样，他俩一起前往国王公堂……国王坐在公堂上。牛主人拉着迦默尼走到国王跟前。国王一见迦默尼就认出来了，心想："这是我父亲的仆人，过去常常抱我玩。这些日子，他住在哪儿？"于是问道："迦默尼啊！好久不见。这些日子，你住在哪儿？你来有什么事？""是啊，大王！自从先王升天后，我到乡下种田去了。为了两头牛，这个人要跟我打官司，把我拉到你这里来了。"……

这样，迦默尼打赢了官司……然后，国王赐给迦默尼许多钱财，还把他居住的村子分封给他，让他回去……①

(5) 国王有权任命宰相

……诸贤当知，过去久远时世有王名曰地主，第一太子名曰慈悲，王有大臣名曰典尊，大臣有子名曰焰鬘，太子慈悲有朋友，其朋亦与六刹利大臣而为朋友。地主大王欲入深宫游戏娱乐时，即以国事委付典尊大臣，然后入宫作倡妓乐，五欲自娱。时典尊大臣欲理国事，先问其子，然后决断，有所处分，亦问其子。其后典尊忽然命终。时地主王闻其命终，悯念哀伤，抚膺而曰："咄哉！何辜失国良干？"太子慈悲，默自念言："王失典尊，以为忧苦，今我宜往谏于大王，无以彼丧而生忧苦。所以然者，典尊有子，名曰焰鬘，聪明多智，乃过其父，今可征召，以理国事。"时慈悲太子即诣王所，具以上事白其父王。王闻太子语已，即召焰鬘而告之曰："吾今以汝补卿父处，授汝相印。"彼时焰鬘受相印已，王欲入官，复付后事。时相焰鬘明于治理。先父所为，焰鬘亦知；父所不及，焰鬘亦知。其后名称流闻，海内天下咸称为大典尊。时大典尊后作是念："今王地主年已朽迈，余寿未几。若以太子绍王位者，未为难也。我今宁可先往语彼六刹利大臣，今王地主年已朽迈，余寿未几，若以太子绍王位者，未为难也。君等亦当别封王土。居位之日，勿相忘也。"时大典尊即往诣六刹利大臣而告之

___
① 《佛本生故事选》，第153—162页。

曰："诸君当知，今王地主年已朽迈，余寿未几。若以太子绍王位者，未为难也。汝等可往白太子此意。我等与尊生小知旧。尊苦我苦，尊乐我乐。今王衰老，年已朽迈，余寿未几。今者太子绍王位者，未为难也。尊设登位，当与我封。"时六刹利大臣闻其语已，即诣太子说如上事。太子报言："设吾登位，列土封国，当更与谁？"时王未久，忽然而崩。国中大臣寻拜太子补王正位。王居位已，默自思念："今立宰相，宜准先王。"复自思念："谁堪此举？正当即任大典尊位。"时王慈悲闻告大典尊："我今使汝即与相位，授以印信。汝当勤忧，综理国事。"时大典尊闻王教已，即受印信。王每入官，辄以后事付大典尊。大典尊复自念言："吾今宜往六刹利所，闻其宁忆昔所言不？"即寻往诣语刹利曰："汝今宁忆昔所言不？今者太子以登王位。隐处深官，五欲自娱。汝等今者可往问王：'王具天位，五欲自娱，宁复能忆昔所言不？'"时六刹利闻是语已，即诣王所，白大王言："王居大位，五欲自娱，宁复能忆昔所言不？列土封邑。谁应居之？"王曰："不忘昔言。列土封邑，非卿而谁？"王复自念："此阎浮提地，内广外狭，谁能分此以为七分？"复自念言："唯有大典尊乃能分耳。"即告之曰："汝可分此阎浮提地使作七分。"时大典尊即寻分之。王所治城、村、邑、郡国，皆悉部分。六刹利国，亦于分部。王自庆言："我愿已果。"时六刹利复自庆幸："我愿已果。得成此业，大典尊力也。"六刹利王复自思念："吾国初建，当须宰相辅，谁能堪任如大典尊？即当使之通领国事耳。"时六刹利王即命典尊而告之曰："吾国须相，卿当为吾通领国事。"于是六国各授相印，时大典尊受相印已，六王入官游观娱乐，时皆以国事付大典尊。大典尊理七国事，无不成办。[①]

(6) 国王有权列土封邑

《长阿含经》说：国王曾经封典尊为相。典尊死后，其子焰鬘又被封为相。

[①] 《长阿含经》卷第五第一分《典尊经》第三。

焰鬘聪明多智，其能力超过他的父亲典尊。他发现当时的国王年纪已经很大了，因此，他就说服一些大臣，让太子取代国王，其条件是，在同意当国王以后，要给拥立太子当国王的那些大臣（六刹利）好处。什么好处？列土封邑。太子答应了这个条件。于是他们拥立了太子做了国王。新国王也兑现了自己的承诺，对拥立他的那些大臣列土封邑："时，六刹利大臣……即诣太子，说如上事。太子报言：'设吾登位，列土封国，更当与谁？'"①

昔舍卫城中，有大长者，其家巨富，财宝无量，常于僧次而请沙门就家供养。尔时僧次，次舍利弗及摩诃罗，至长者家。长者见已，甚大欢喜。当于时日，入海估客，大获珍宝。安隐归家。时彼国王，分赐聚落，封与长者。②

(7) 列国时代的王权

《佛本生经·榕鹿本生》：

古时候，当梵授王在波罗奈治理国家的时候，菩萨投生为鹿。它一出娘胎，皮肤金黄，犄角银白，眼如珠宝，嘴如红毡，尾如拂尘，四蹄锃亮如虫漆，身躯魁伟如马驹。它住在森林里，名为榕鹿王，有五百只鹿相随。在离开那里不远的地方，住着另一只金鹿，名为枝鹿，也有五百只鹿相随。

那时，波罗奈王热衷打猎，是个每餐必吃肉的人。他停止国内一切行业，召集全体城乡居民，天天出外捕鹿。人们想："国王耽误了我们的工作。我们不如在御花园里布置鹿吃的食物和饮料，把鹿群赶进御花园，关上园门，交给他完事。"于是，他们在御花园里种草备水，

---

① 《长阿含经》卷第五第一分《典尊经》第三。

② 《杂宝藏经》卷第六，七十八《长者请舍利弗摩诃罗缘》。

加固园门，然后，率领全城居民，手持棍棒等各种武器，进入森林，寻找鹿群。"我们要捕捉树林中心的鹿。"他们圈了一由旬的地盘，围住了榕鹿和枝鹿的住处，继而挥舞弓箭刀枪，大声吆喝，把鹿群赶进御花园，关上园门，然后报告国王说："大王啊！天天打猎，耽误我们的工作，我们已经从森林里赶来了鹿群，关在你的御花园里。以后，请吃它们的肉吧。"说完，就走了。国王听了他们的话，来到御花园察看鹿群。他看到其中有两只金鹿，便赐这两只金鹿免死。此后，有时是国王亲自来射死一只鹿，把它带走；有时是他的厨师来射死一只鹿，把它带走……①

(8) 辅相

……佛言：

"过去之世，迦尸国中，有波罗榇城，有二辅相，一名斯那，二名恶意。斯那常顺法行，恶意恒作恶事，好为诡媾，而语王言：'斯那欲作逆事。王即收闭。'

"诸天善神，于虚空中出声而言：'如此贤人，实无过罪，云何拘系？'诸龙尔时亦作是语。群臣人民亦作是语。王便放之。

"第二恶意劫王库藏，著斯那舍。王亦不信，而语之言：'汝憎嫉于彼，横作此事。'

"王言：'捉此恶意，付与斯那，仰使断之。'

"斯那即教恶意，向王忏悔。恶意自知有罪，便走向毗提醯王所，作一宝篋，盛二恶蛇，见毒具足，令毗提醯王遣使送与彼国国王并及斯那二人共看，莫示余人。

"王见宝篋，极以严饰，心大欢喜，即唤斯那，欲共发看。斯那答言：'远来之物，不得自看；远来果食，不得即食。何以故？彼有恶人，

---

① 《佛本生故事选》，第8—9页。

或能以恶来见中伤。'

"王言:'我必欲看。殷勤三谏,王不用语。'

"复白王言:'不用臣语,王自看之。臣不能看。'

"王即发看,两眼盲冥,不见于物。斯那忧苦,愁悴欲死。遣人四出,遍历诸国,远觅良药。即得好药,以治王眼,平复如故。尔时王者,舍利弗是也;尔时斯那,我身是也;尔时恶意,提婆达多是。"①

昔有一人,居家贫穷,为人肆力,得麨六升,赍持归家,养育妻息。会于中路,见一道人,执钵捉锡,行求乞食。即生心念:"彼沙门者,形貌端政,威仪庠序,甚可恭敬。得施一食,不亦快乎!"

尔时道人,知其心念,随逐贫人,至一水边。贫人即便语道人言:"我今有麨,意欲相施,颇能食不?"

道人答言:"唯得而已。"

即于水边,为其敷衣,令道人坐。和一升麨,用为一团,而以与之。作是念言:"若此道人是净持戒得道人,使我现作一小国王。"

道人得麨,语贫人言:"何以极少?何以极小?"

此人谓此道人大食,复和一升,用作一团,与而愿言:"若此道人是净持戒得道之人,使我得作二小国王。"

道人复言:"何以极少?何以极小?"

贫人念言:"唯是道人,极似多食,与如许麨,犹嫌少小。然我已请事须供给。"复和二升麨,用为一团,而以与之。又作念言:"若此道人,是净持戒得道人者,使我得领四小国王。"

道人复言:"何以极少?何以极小?"

余有二升,尽和作团,以与道人。又作愿言:"今此道人,若是清持戒人者,使我得作波罗㮈国王,领四小国,获见谛道。"

道人得麨,故嫌少小。贫人白言:"唯愿且食,若不足者,当脱衣

---

① 《杂宝藏经》卷第三,三四《二辅相诡媾缘》。

裳贸取饮食，共相供给。"

道人即食，唯尽一升，余还归主。贫人问言："尊者先嫌麨极少小，如今云何食不令尽？"

道人答言："汝初与我一团麨时，正求作一小国王故，是以我言汝心愿少。第二团麨，正愿得作二小国王，是以我言汝愿少小。第三团麨，正求得作四小国王。是以我言汝心愿小。第四团麨，正求作波罗㮈国王，领四小国，使我后得见谛道果。是以我言汝愿少小，不以不足而嫌少小。"

尔时贫人自生疑念："使我现得王五国者，此事不小，恐无实耳。"又复思惟："能知我心，必是圣人，是大福田，不应诳我。"

道人知已，即掷弃钵，著虚空中，随后飞去，化作大身，满于虚空，又化作小，犹如微尘，以一身作无量身，以无量身合为一身。身上出水，身下出火。履水如地，履地如水。作十八变。语贫人言："好发大愿，莫有疑虑。"即隐身去。时此贫人向波罗㮈城，而于道中，见一辅相。辅相见已，谛视形相，而语之言："汝非某甲子耶？"

答言："我是。"

问言："何以褴褛，乃至尔也？"

答言："少失怙恃，居家丧尽，无人见看，是以困苦，褴褛如此。"

辅相即启波罗㮈王："王之所亲，某甲之子，今在门外，极为穷悴。"

王寻有敕，令使将前，问其委曲。知是所亲。

王即告言："好亲近我，慎莫远离。"

却后七日，王病命终。诸臣谋言："王无继嗣，唯此穷子，是王所亲，宜共推举作波罗㮈王，统领四国。"

然后虐暴。先彼道人，于虚空中当王殿前，结加趺坐，而语之言："汝昔发愿，求得见谛。今日云何乃造众恶，与本乖违？"

又复为王说种种法。王闻法已，悔先作恶。改过惭愧，精专行道。[①]

---

① 《杂宝藏经》卷第四，四十《贫人以麨团施现获报缘》。

佛在拘尸弥国，有辅相，婆罗门，为人狂暴，动不以道。其妇邪谄，亦复无异。夫敕妇言："瞿昙沙门在此国界。若其来者，闭门莫开。"

于一日中，如来忽然在其屋中。婆罗门妇见已默然，都不与语。

佛便说言："汝婆罗门。愚痴邪见，不信三宝。"

妇闻此语，极大瞋恚，自绝璎珞，著垢腻衣，在地而坐。夫从外来，问言："何以尔耶？"

答言："瞿昙沙门骂辱于我，作如是言：'汝婆罗门，邪见不信。'"

夫言："且待明日。明日开门，以待佛来。"

于后日中，佛现出其家。婆罗门即捉利剑而斫于佛，不能得著。见佛在虚空中，便自惭愧，五体投地，而白佛言："唯愿世尊来下受我忏悔。"佛即来下，受其忏悔，为说法要。

夫妇俱得须陀洹道。

时诸比丘，闻佛降化如是恶人，各作此言："世尊出世，甚奇甚特。"

佛告此丘言："非但今日，过去之时，亦曾调伏。"

比丘白言："不审过去调伏云何？"

佛言：

"昔迦尸国有王，名为恶受。极作非法，苦恼百姓，残贼无道。四远贾客，珍琦胜物，皆税夺取，不酬其直。由是之故，国中宝物，遂至大贵。诸人称传，恶名流布。尔时有鹦鹉王，在于林中，闻行路人说王之恶，即自思念：'我虽是鸟，尚知其非。今当诣彼，为说善道。彼王若闻我语，必作是言："彼鸟之王，犹有善言，奈何人王，为彼讥责？"傥能改修，寻即高飞。'至王园中，回翔下降，在一树上。值王夫人入园游观。于时鹦鹉，鼓翼嘤鸣，而语之言：'王今暴虐无道之甚，残害万民，毒及鸟兽，含气噭噭，人畜愤结。呼嗟之音，周闻天下。夫人荷克，与王无异。民之父母，岂应如是？'

"夫人闻已，瞋毒炽盛：'此何小鸟，骂我溢口。'遣人伺捕。尔时鹦鹉，不惊不畏，入捕者手。夫人得之，即用与王。

"王语鹦鹉：'何以骂我？'

"鹦鹉答言：'说王非法，乃欲相益，不敢骂也。'

"时王问言：'有何非法？'

"答言：'有七事非法，能危王身。'

"问言：'何等为七？'

"答言：'一者耽荒女色，不务真正；二者嗜酒醉乱，不恤国事；三者贪著棋博，不修礼教；四者游猎杀生，都无慈心；五者好出恶言，初无善语；六者赋役谪罚，倍加常则；七者不以义理，劫夺民财。有此七事，能危王身。又有三事，倾败王国。'

"王复问言：'何谓三事？'

"答言：'一者亲近邪佞谄恶之人；二者不附贤圣不受忠言；三者好伐他国不养人民。此三不除，倾败之期，非旦则夕。夫为王者，率土归仰。王当如桥，济渡万民；王当如秤，亲疏皆平；王当如道，不违圣躅。王者如日，普照世间；王者如月，与物清凉；王如父母，恩育慈矜；王者如天，覆盖一切；王者如地，载养万物；王者如火，为诸万民，烧除恶患；王者如水，润泽四方。应如过去转轮圣王，以十善道教化众生。'

"王闻其言，深自惭愧：'鹦鹉之言，至诚至款。我为人王，所行无道，请遵其教。奉以为师，受修正行。'

"尔时国内风教既行，恶名消灭。夫人臣佐，皆生忠敬。一切人民，无不欢喜。譬如牛王渡水，导者既正，从者亦正。尔时鹦鹉，我身是也。尔时迦尸国王恶受，今辅相是也。尔时夫人，辅相夫人是也。"[1]

佛在王舍城，频婆娑罗有大辅相，数共其王往至佛所，而听如来说离欲法。后于妇所，不大往返。妇生恶心，推求毒药，著饮食中，请佛欲与。夫觉其妇有怀恶意，从索饮食。妇不肯与，更与异食。佛已来至。夫白佛言："此食不可食。"

---

[1] 《杂宝藏经》卷第八，九五《拘尸弥国辅相夫妇恶心于佛，佛即化导得须陀洹缘》。

佛言："何以不可食？"

答言："有毒。"

佛言："世间有毒不过三毒，我尚消除，有何小毒能中伤我？"

佛即食其食，都无有异。时辅相妇，便生信心。佛为说法，夫妇二人得须陀洹道。

诸比丘等叹未曾有。佛言：

"非但今日，于过去世，亦曾化彼。昔迦尸国王，有一智臣，名比图醯，常以道法辅相国王及诸群臣，悉使修善。时有龙王，名曰明相，数数往来比图醯所，听受法言，亦于其妇往返希简。龙妇瞋恚，而作是言：'得比图醯心祀火，得血而饮。然后可活。'

"时有夜叉鬼，与此龙王并及其妇往返亲善，闻龙妇语，即便答言：'我能得之。'

"于龙妇边，担如意珠，现作贾客，往诣迦尸国，至于王边，共王樗蒲，赌如意珠。王以国土库藏、比图醯等，复作一分，以对其珠。夜叉得胜，求不用其国土库藏，单取比图醯。以珠与王。王问比图醯：'为欲去不？'

"答言：'欲去。'

"夜叉将去，比图醯问夜叉言：'索我来者，有何意故？'

"夜叉不答。如是殷勤，更问不已，便语之言：'龙王夫人欲得汝心以祀于火，欲得汝血而用饮之。'

"比图醯言：'若其杀我，担心血去，一切之人，心血一种，知是谁许？汝今莫杀我，为将我去。须我心者，欲得我智。须我血者，欲得我法。'

"闻此语已，夜叉心念：'实是智人。'

"即将至龙所，龙见欢喜。即为说法。龙王夫妇，及诸眷属，生敬信心，尽受五戒。并夜叉众，亦受五戒。尔时阎浮提龙与夜叉，大赍珍宝，送比图醯。比图醯得是珍宝，用上于王，并与人民。于是阎浮提人及龙鬼，受持五戒，修行十善。

"尔时比图醯者，我身是也；尔时明相龙王者，善见辅相是也；尔时龙妇者，辅相妇是也；尔时王者，舍利弗是也；尔时夜叉者，目连是也。"①

12. 佛教

(1) 释迦牟尼出家修行

尔时太子②闻诸妓女歌咏园林，华果茂盛，流泉清凉，太子忽便欲出游观。即遣妓女往白王言："在宫日久，乐欲暂出园林游戏。"王闻此语，心生欢喜，而自念言："太子当是不乐在宫行夫妇礼，所以求出园林去耳。"即便听之。敕诸群臣，整治园观，所经道路，皆令清净。太子即便往至王所，头面礼足，辞出而去。时王即便敕一旧臣，聪明智慧，善言辩者，令从太子。

尔时太子，与诸官属前后导从，出城东门。国中人民闻太子出，男女盈路，观者如云。时净居天，化作老人，头白背伛，拄杖羸步。太子即便问从者言："此为何人？"从者答言："此老人也。"太子又问："何谓为老？"答曰："此人昔日曾经婴儿、童子、少年，迁谢不住，遂至根熟、形变、色衰，饮食不消，气力虚微，坐起苦极，余命无几，故谓为老。"太子又问："唯此一人老，一切皆然？"从者答言："一切皆悉应当如此。"尔时太子闻是语已，生大苦恼，而自念言："日月流迈，时变岁移，老至如电，身安足恃。我虽富贵，岂独免邪？云何世人，而不怖畏。"太子从本以来，不乐处世，又闻此事，益生厌离。即回车还，愁思不乐。时王闻已，心怀煎忧。恐其学道，更增妓女，以时娱乐之。

尔时太子，复经少时，启王出游。王闻此言，心生忧虑，而自念

---

① 《杂宝藏经》卷第八，九五《辅相闻法离欲缘》。
② 即出家前的释迦牟尼。

言:"太子前出,逢见老人,忧愁不乐。今者云何,而复求出?"王爱太子,不忍违意,俛俛从之。即集诸臣,而共议言:"太子前者出城东门,逢见老人,还辄不乐,今者已复求出游观,吾不能免,遂复许之。"诸臣答言:"当更严敕外诸官属,修治道路,悬缯幡盖,散华烧香,皆使华丽,无令臭秽诸不洁净及以老疾在道侧也。"尔时迦毗罗鸡兜城,四门之外,各有一园,树木华果,浴池楼观,种种庄严,皆悉无异。……王又敕言:"太子前出,已从东门。今者可令从南门出。"尔时太子,百官导从,出城南门。时净居天,化作病人,身瘦腹大,喘息呻吟。骨消肉竭,颜貌痿黄。举身战掉,不能自持。两人扶腋,在于路侧。太子即问:"此为何人?"从者答言:"此病人也。"太子又问:"何谓为病?"答曰:"夫谓病者,皆由嗜欲,饮食无度,四大不调,转变为病。百节苦痛,气力虚微。饮食寡少,眠卧不安。虽有身手,不能自运。要假他力,然后坐起。"尔时太子以慈悲心,看彼病人,自生忧愁,又复问言:"此人独尔,余皆然耶?"答曰:"一切人民,无有贵贱,同有此病。"太子闻已,心自念言:"如此病苦,普应蒙之。云何世人,耽乐不畏?"作是念已,深生恐怖,身心战动。譬如月影,现波浪水。语从者言:"如此身者,是大苦聚。世人于中,横生欢乐。愚痴无识,不知觉悟。今者云何欲往彼园游观嬉戏?"即便回车,还入王宫。坐自思惟,愁忧不乐。王问从者:"太子今出,宁有乐不?"从者答言:"始出南门,逢见病人,以此不乐,即回车还。"王闻此语,心大愁忧,虑其出家……恐其学道,更增妓女,而悦其意。又复欲使于五欲中,生恋著心。

尔时有一婆罗门子,名忧陀夷,聪明智慧,极有辩才。时王即便请来入宫,而语之言:"太子今者不乐在世受于五欲,恐其不久出家学道,汝可与之共作朋友,具说世间五欲乐事,令其心动,不乐出家。"时忧陀夷即便答言:"太子聪明,无与等者。所知书论,皆悉渊博,并是我今所未曾闻。云何见使诱说之也?譬如藕丝,欲悬须弥,我亦如是,终不能回太子之心。大王既敕,令作朋友,要当自竭,我所知见。"时忧陀夷，受王敕已，随从太子。行住坐卧，不敢远离。时王又复选诸妓女，聪明智慧，颜容端正，善于歌舞，能惑人者，种种庄严，光丽悦目，皆悉遣往，给侍太子。

尔时太子，复经少时，启王出游。王闻此语，心自念言："彼忧陀夷，既与太子共为朋友，今若出游，成胜于前。无复厌俗，乐出家心。"作是念言，即便听许。时王又复集诸大臣，悉语之言："太子今者复求出游，我不忍违，已复听之。太子前出东南二门，已见老病，还辄愁忧。今者宜令从西门出。我心虑其还又不乐。忧陀夷是其良友，冀今出还，不复应尔。卿等好令修治道路，园林台观，皆使严整。香华幡盖，数倍于前。无令复有老病臭秽在道侧也。"……

尔时太子与忧陀夷，百官导从，烧香散华，作众妓乐，出城西门。时净居天，心自念言："先现老病，于二城门，举众皆见，令白净王，瞋责从者，并及外司。太子今出，王制严峻。我今现死，若皆见者，增王愤怒，必加罚戮，枉及无辜。我于今日所现之事，唯令太子及忧陀夷二人见耳，使余官属不受责也。"作此念已，即便来下，化为死人，四人舆举。以诸香华，布散尸上。室家大小，号哭送之。尔时太子与忧陀夷二人独见。太子问言："此为何人，而以香华庄严其上。复有人众，号哭相送？"时忧陀夷以王敕故，默然不答。如是三问，净居天王威神之力，使忧陀夷不觉答言："是死人也。"太子又问："何谓为死？"忧陀夷言："夫谓死者，刀风解形，神识去矣。四体诸根，无复所知。此人在世，贪诸五欲，爱惜钱财，辛苦经营，唯知积聚，不识无常。今者一旦舍之而死，又为父母亲戚属眷之所爱念。命终之后，犹如草木。恩情好恶，不复相关。如是死者，诚可哀也。"太子闻已，心大颤怖。又问忧陀夷言："唯此人死，余亦当然？"即复答言："一切世人，皆应如是。无有贵贱，而得免脱。"太子素性恬静难动，既闻此语，不能自安。即以微声语忧陀夷："世间乃复有此死苦，云何于中而行放逸，心如木石，不知怖畏？"即敕御者："可回车还。"御者答言："前出二门，未到园所，中路而返，致令大王深见瞋责。今者岂敢复如此也？"时忧陀夷与御者言："如汝所说，不应便归。"即复前行，至彼园中。香华幡盖，作众妓乐。众妓端正，犹如诸天婇女无异。于太子前，各竞歌舞，冀以姿态，悦动其意。太子心安，不可移转。即止园中，荫息树间。除其侍卫，端坐思惟。忆昔曾在阎浮树下，远离欲界，乃至得于第四禅定。尔时忧陀夷，到太子所，而作此言："大王见敕，令与太子共为朋友。脱有得失，互相开悟。朋友之法，其要有三：一者，见有过失，转相谏晓；二者，见有好事，深生随喜；三者，在于苦厄，不相弃舍。今献诚言，愿不见责。古昔诸王，及今现在，皆悉受于五欲之乐，然后出家。太子云何永绝不顾？又人生世，宜顺人行，无有弃国，而学道者。唯愿太子受于五欲，令有子息，不绝王嗣。"尔时太子而答之言："诚如所说，但我不以损国故尔，亦复不言五欲无乐……汝向所言，古昔诸王，先经五欲，然后出家，此诸王等，今在何许？以爱欲故，或在地狱，或在饿鬼，或在畜生，或在人天。以有如是轮转苦故，是以我欲离老病苦生死法耳。汝今云何令我受之？"时忧陀夷，虽竭辩才，劝奖太子，不能令回，即便退坐，归于所止。太子仍敕，严驾还宫。诸妓女众及忧陀夷，愁忧惨戚，颜貌顇瘁，如人新丧所爱亲属。太子到宫，恻怆倍常。时白净王呼忧陀夷，而问之言："太子今出，宁有乐不？"忧陀夷言："出城不远，逢见死人，亦不知其从何而来。太子与我同时见之。太子问言：'此为何人？'我亦不觉答是死人。"时王即复问诸从者："汝等皆见城西门外有死人不？"从者答言："我等不见。"王闻此语，神意豁然，而自念言："太子、忧陀夷二人独见，此是天力，非诸臣咎。必定当如阿私陀言。"作此念已，心大苦恼。复增妓女，以娱乐之。日日遣人慰诱太子，而语之言："国是汝有，何故愁忧而不乐也？"王又严敕诸妓女众，悦太子意，勿舍昼夜。时白净王虽知天力，非复人事，爱重太子，不能不言。心自思惟，太子前已出三城门，今者唯有北门未出，其必不久更求出游，当复庄严彼外园林，倍令光丽，勿使有诸不可意事。如所思惟，具敕诸臣。时王又复心自愿言："太子若出城北门时，唯愿诸天勿复现于不吉祥事，复令我子心生忧恼。"既心愿已，遂敕御者："太子若出，当令乘马，使得四望，见诸人民，光丽庄饰。"

是时太子启王出游，王不忍违，便与忧陀夷及余官属，前后导从，出城北门。到彼园所，太子下马，止息树下。除去侍卫，端坐思惟，念于世间老病死苦。时净居天，化作比丘，法服持钵，手执锡杖，视地而行，在于太子前。太子见已，即便问言："汝是何人？"比丘答言："我是比丘。"太子又问："何谓比丘？"答曰："能破结贼，不受后身，故曰比丘。世间皆悉，无常危脆。我所修学，无漏圣道。不著色声香味触法，永得无为，到解脱岸。"作是言已，于太子前，现神通力，腾虚而去。当尔之时，诸从官属，皆悉睹见。太子既已见此比丘，又闻广说出家功德，会其宿怀厌欲之情，便自唱言："善哉善哉，天人之中，唯此为胜。我当决定修学是道。"作是语已，即便索马，还归宫城。于时太子心生欢庆，而自念言："我先见有老病死苦，昼夜常恐为此所逼。今见比丘，开悟我情，示解脱路。"作此念已，即自思惟，方便求觅，出家因缘。

尔时白净王问忧陀夷言："太子今出，宁有乐不？"时忧陀夷即答王言："太子向出，所经道路，无诸不祥。既到园中，太子独自在于树下，遥见一人，剃除发须，著染色衣，来太子前，而共语言。语言既毕，腾虚而去，竟亦不知何所论说。太子因是严驾而归，当尔之时，颜容欢悦。还至宫中，方生忧愁。"时白净王，既闻此语，心生狐疑，亦复不知是何瑞相，深怀懊恼，而自念言："太子决定舍家学道，又纳其妃，久而无子。我今当敕耶输陀罗，当思方便，莫绝国嗣。复应警戒，勿使太子去而不知。"即作是念，如所思惟。即便敕于耶输陀罗。耶输陀罗闻王敕已，心怀惭愧，默然而住。行止坐卧，不离太子。时王复增诸妙妓女，以娱乐之。

尔时太子年至十九，心自思惟："我今正是出家之时。"而便往至于父王所……太子坐已，白父王言："恩爱集会，必有别离。唯愿听我出家学道。一切众生，爱别离苦，皆使解脱，愿必垂许，不见留难。"时白净王闻太子语，心大苦痛……啼泣流泪，歔欷哽咽。如是良久，微声而言："汝今宜应息出家意。所以者何？年既少壮，国未有嗣，而便委我曾不怀故，普耀经云。"太子白王："欲得四愿：一者不老，二者无病，三者不死，四者不别。假使父王与此四愿，不复出家。"王闻重悲，此四愿者，古今无获。尔时太子既见父王流泪不许，还归所止，思惟出家，愁忧不乐。

尔时迦毗罗施兜国，诸大相师并知，太子若不出家，过七日后得转轮王位，王四天下，七宝自至。各以所知，往白王言："释迦种姓于此方兴。"王闻是语，心生欢喜。即敕诸臣并释种子："汝闻相师如此言不？皆应日夜侍卫太子。可于四门，门各千人周匝，城外一踰阇那内，罗置人众而防护之，普耀经云。"明日即敕五百诸释，勇多力者，宿卫菩萨，令城四门，开闭之声闻四十里。复敕耶输陀罗，并诸内宫，倍加警戒。过于七日，勿使出家。时王又来至太子所……王语太子："我昔既闻阿私陀说，及众相师，并诸奇瑞，必定知汝不乐处世。国嗣既重，孰当相继？唯愿为我，生汝一子。然后绝俗，不复相违。"尔时太子闻王父言，心自思惟："大王所以苦留我者，正自为国无绍嗣耳。"作是念已……即以左手，指其妃腹。时耶输陀罗，便觉体异，自知有娠。王闻太子如敕之言，心大欢喜，当谓太子七日之内必未有儿。若过此期，转轮王位，自然而至，不复出家。尔时太子，心自念言："我年已至十九，今又是二月复七日，宜应方便，思求出家。所以者何？今正是时。又于父王所愿已满。"作此念已，身放光明，照四天王宫，乃至照于净居天宫，不令人间见此光明。尔时诸天见此光已，皆知太子出家时至，即便来下到太子所，头面礼足，合掌白言："无量劫来所修行愿，今者正见成熟之时。"于是太子答诸天言："如汝等语，今正是时。然父王敕内外官属，严见防卫，欲去无从。"诸天白言："我等自当设诸方便，令太子出，使无知者。"诸天即便以其神力，令诸官属，悉皆熟卧……至于后夜，净居天王极欲界诸天，充满

虚空，即共同声白太子言："内外眷属，皆悉昏卧，今者正是出家
之时。"……

太子于是从门而出，虚空诸天，赞叹随从。尔时太子又狮子吼：
"我若不断生老病死，忧悲苦恼，终不还宫；我若不得阿耨多罗三藐
三菩提，又复不能转于法轮，要不还与父王相见；若当不尽恩爱之
情，终不还见摩诃波阇波提，及耶输陀罗。"当于太子说此誓时，虚
空诸天赞言："善哉，思言必果。"至于天晓，所行道路，已三踰阇那。
时诸天众，既从太子至此处已，所为事毕，忽然不现……①

关于释迦牟尼出家的原因，据佛经说，一是释迦牟尼在出生时相师就说他
后来会出家；二是在一次出行时看见农民犁田，十分辛苦，而且许多小虫子被
犁出来，被鸟吃了，觉得难受。在《长阿含经》中更具体说到他出家的情况。

……于时菩萨欲出游观，告敕御者，严驾宝车，诣彼园林，巡行
游观。御者即便严驾讫已，还白："今正是时。"太子即乘宝车，诣彼
园观。于其中路，见一老人，头白齿落，面皱身偻，拄杖赢步，喘息
而行。太子顾问侍者："此为何人？"答曰："此是老人。"又问："何如
为老？"答曰："夫老者，生寿向尽，余命无几，故谓之老。"太子又
问："吾亦当尔，不免此患耶？"答曰："然！生必有老，无有豪贱。"
于是太子怅然不悦，即告侍者，回驾还宫。静默思惟，念此老苦，吾
亦当有……尔时父王问彼侍者："太子出游，欢乐不耶？"答曰："不
乐。"又问其故。答曰："道逢老人，是以不乐。"尔时父王默自思念：
"昔日相师，占相太子，言当出家。今者不悦，得无尔乎？当设方便，
使处深宫，五欲娱乐，以悦其心，令不出家。"即便严饰宫馆，简择
婇女，以娱乐之……
又于后时，太子复命御者，严驾出游。于其中路，逢一病人，身

---

① 《释迦谱》第二卷，《释迦降生释种成佛缘谱》第四之二《出因果经》。

羸腹大，面目黧黮黑，独卧粪除，无人瞻视，病甚苦毒，口不能言。顾问御者："此为何人？"答曰："此是病人。"问曰："何如为病？"答曰："病者众痛迫切，存亡无期。故曰病也。"又曰："吾亦当尔，未免此患耶？"答曰："然！生则有病，无有贵贱。"于是太子怅然不悦，即告御者，回车还宫。静默思惟："念此病苦，吾亦当尔。"……尔时父王复问御者："太子出游，欢乐不耶？"答曰："不乐。"又问其故：答曰："道逢病人，是以不乐。"于是父王默自思念："昔日相师占相太子，言当出家。今者不悦，得无尔乎？吾当更设方便，增诸伎乐，以悦其心，使不出家。"即复严饰宫馆，拣择婇女，以娱乐之……

又于异时，太子复敕御者，严驾出游。于其中路，逢一死人。杂色缯幡，前后导引，宗族亲里，悲号哭泣，送之出城。太子复问："此为何人？"答曰："此是死人。"问曰："何如为死？"答曰："死者尽也。风先火次，诸根坏败，存亡异趣，室家离别，故谓之死。"太子又问御者："吾亦当尔，不免此患耶？"答曰："然！生必有死，无有贵贱。"于是太子怅然不悦。即告御者，回车还宫。静默思惟："念此死苦，吾亦当然。"尔时父王复问御者："太子出游，欢乐不也？"答曰："不乐。"又问其故，答曰："道逢死人，是以不乐。"于是父王默自思念："昔日相师占相太子，言当出家。今者不悦，得无尔乎？吾当更设方便，增诸伎乐，以悦其心，使不出家。"即复严饰宫馆，拣择婇女，以娱乐之……

又于异时，复敕御者，严驾出游。于其中路，逢一沙门，法服持钵，视地而行。即问御者："此为何人？"御者答曰："此是沙门。"又问："何谓沙门？"答曰："沙门者，舍离恩爱，出家修道，摄御诸根，不染外欲，慈心一切，无所伤害，逢苦不戚，遇乐不欣，能忍如地，故号沙门。"太子曰："善哉！此道真正永绝尘累，微妙清虚，唯是为快。"即敕御者："回车就之。"尔时太子问沙门曰："剃除须发，法服持钵，何所志求？"沙门答曰："夫出家者，欲调伏心意，永离尘垢，慈育群生，无所侵娆，虚心静寞，唯道是务。"太子曰："善哉！此道最真。"寻敕御者："赍吾宝衣，并及乘舆。"还白大王："我即于此剃除须发，服三法衣，出家修道。所以然者，欲调伏心意，舍离尘垢，清净自居，以求道术。"于是御者即以太子所乘宝车及与衣服还归父王。太子于后即剃除须发，服三法衣，出家修道。①

在《根本说一切有部毗奈耶药事》卷第十一中，佛陀还就一条弶伽河的名字的由来说到人对生老病死的恐惧：

是时世尊渡弶伽河，左右顾视此河。时诸苾刍②请世尊曰："由何是故，顾视看河？"佛告诸苾刍："汝等乐闻此弶伽河缘起不？"白言："世尊，今正是时，善逝，今正说时，唯愿说之，我等乐闻。"佛告诸苾刍："乃往古昔，有王名曰实竹，以法化世，人民炽盛，丰乐安稳，甘雨应时，花果茂实，无诸诈伪，贼盗疾疫，常以法化。至于春月，王与宫媛，出游芳园，见一丈夫，发白面皱，年几朽迈，羸弱憔悴，诸根不明，倚杖而行。王见问曰：'是何丈夫，广说乃至，倚杖而行？'答言：'大王，少行亏尽，老苦来现。'王曰：'我亦如是，同此老法。'答言：'大王，一切皆然。'王遂忧愁，前进而去。复见一人，遍体疮溃，皮肤皱涩，腹胀如山，脓血流出，支节分离，以物缠裹，长嘘喘气，倚杖跛足，缓缓而行。王既见已，告诸群臣：'此何丈夫，广如上说，乃至跛足而行？'臣白王言：'此名病者。'王曰：'我亦同此？'答言：'大王，一切皆然。由于先身，作诸恶业，受斯业报。'王便作念：'若如是者，凡诸恶业，而不应为。'作是念已，前进而去。又见一舆，以青、黄、赤、白缯彩严饰，而用盖之。吹螺打鼓，男女大小，多诸人众，四人共舆，复持柴火，逆前而行，复多人众，随舆而后，悲啼号哭，唱言：'父父、兄兄、主主。'而作大声。王既见已，

---

① 《长阿含经》卷第一第一分初《大本经》第一。
② 苾刍，即比丘，男性出家人的通称。

告诸臣曰:'此是何物,广如上说,乃至而作大声?'诸臣答言:'大王,此名为死。'王曰:'我亦同此死法?'答言:'大王,一切皆然,非但独此。'时王见斯老、病、死事,深怀忧恼,回驾入官,住幽静处。于王境内,有一婆罗门,名曰应时,大贵豪族,多饶财宝,学超四典。时彼闻王见老病死,深怀忧恼,住幽静处。与无量婆罗门众围绕,乘白车,驾白马,执持金杖金瓶,来诣实竹王所,诸臣启王:'应时婆罗门来诣门首。'王便出官,升其御座。时婆罗门起居王已,就座而坐,白大王言:'大王,何故住于幽静之处?'王即为彼,广陈老病死缘。具如上说。应时白言:'大王,世间各各自食业果,勿为忧恼。自有有情,造诸善业。自有有情,作诸恶业。自有有情,造善恶业。大王,今是转轮圣王,常做善业,临命终时,必得生天。大王当知,是转轮圣王,超胜诸人,受诸安乐,得生天上,倍受安乐。然今大王应作施会,王告诸臣,卿等宜应击鼓宣令,大王作大无遮施会,境内诸人,有所须者,皆来受食取施。'诸臣受令已,严饰施场。须食者与食,须衣者与衣,涤米泔水,成大壕坑,泛涨流溢,名曰无热池。经于十二年中,米泔饭汁,共为凑聚,泛流成河。是故世人号为浆水河。"

(2) 基本教义——四谛

闻如是,一时佛在舍卫国祇树给孤独园。尔时世尊告诸比丘,当修行四谛之法。云何为四。所谓初苦谛,义不可尽,义不可穷,说法无尽;第二者苦习谛,义不可尽,义不可穷,说法无尽;第三者苦尽谛,义不可尽,义不可穷;第四者苦出要谛,义不可尽,义不可穷。彼云何名为苦谛?所谓苦谛者,生苦,老苦,痛苦,死苦,忧悲恼苦,怨憎会苦,恩爱别离苦,所欲不得苦。取要言之,五盛阴苦,是谓名为苦谛。彼云何名为苦习谛?所谓习谛者,爱与欲相应恒染者是谓名为苦习谛。彼云何名为苦尽谛?所谓尽谛者,欲爱永尽无余不复更造，是谓名为苦尽谛。彼云何名为苦出要谛？所谓苦出要谛者，谓贤圣八品道。所谓正见、正治、正语、正行、正命、正方便、正念，正三昧，是谓名为苦出要谛。如是比丘，有此四谛，实有不虚。世尊之所说，故名为谛。①

尔时世尊，与诸比丘，即从座起，趣于象村，菴婆罗村，阎浮提村，乃至到于善伽城。道彼城已，与诸比丘，前后围绕，在一处坐。于是世尊告诸比丘："有四圣谛，当勤观察。一者苦谛，二者集谛，三者灭谛，四者道谛。比丘，苦谛者，所谓八苦：一生苦、二老苦、三病苦、四死苦、五所求不得苦、六怨憎会苦、七爱别离苦、八五受阴苦。汝等当知，此八种苦，及有漏法，以逼迫故，谛实是苦。集谛者，无明及爱，能为八苦而作因本，当知此集谛是苦因。灭谛者，无明爱灭，绝于苦因，当知此灭谛实是灭。道谛者，八正道：一正见、二正念、三正思惟、四正业、五正精进、六正语、七正命、八正定。此八法者，谛是圣道，若人精勤，观此四法，速离生死，到解脱处。汝等比丘，若于此法，已究竟者，亦当精勤为他解说。我若灭后，汝等亦应勤思修习。"……②

(3) 佛教对于瓦尔那制度的态度

早期佛教对瓦尔那制度的态度是矛盾的：一方面它反对婆罗门瓦尔那的特权地位，认为四瓦尔那在自然上是平等的；另一方面，又并不彻底否定瓦尔那制度，而只求刹帝利高于婆罗门。

一时佛在舍卫国祇树给孤独园，时有五百比丘俱。舍卫城中有婆罗门五百人。五百人相将俱出城，自至其田庐，相与其坐讲议言："本

---

① 《增一阿含经》卷第十七《四谛品》第二十五之一。
② 《大般涅槃经》上卷。

初起地上人时，皆是我曹婆罗门种，第二种者刹利，第三种者田家，第四种者工师，我曹种最尊。初起地上作人时，皆是我曹种，初生时从口中出，今世人反从下出。在天下者，我曹种为最尊，我曹种皆是第七梵天子孙。佛反言天下一种耳。佛皆持我曹种与刹利、田家、工师种等。我曹种死，皆上梵天，佛反持我曹种与凡人等。"自相与议，谁能与佛共讲议分别是种者。

　　时有婆罗门，有一子，年十五六，字颓波罗延大圣，明工书，知方来之事。五百婆罗门中，无有能与等者，皆师事之……诸婆罗门自共议言："独颓波罗延能与佛共谈，我曹皆不能与佛共谈。"五百人共告颓波罗延言："佛以天下为一种。我曹种与刹利、田家、工师异，我曹种从梵天来下，生从口出，今世人生反从下出。佛言：'天下有四种，四种皆佳。'愿颓波罗延自屈，俱往与佛共讲。"……颓波罗延即起，与五百人俱到佛所祇树。阿难白佛："有婆罗门子字颓波罗延，年十五六，所从五百长老婆罗门来在外。"佛言："呼入。"阿难出请颓波罗延入。颓波罗延等五百人皆住，不为佛作礼。自说言："我有小事欲问佛。"佛言："可坐。"颓波罗延白佛："我欲有所问，宁可相答？"佛言："有所疑者便说之。"颓波罗延言："我曹种道说与刹利、田家、工师种异。言我曹种是梵天子孙。我曹先祖初生时皆从口出，死皆上天。"佛报言："我经不道说异种。若婆罗门娶刹利女，刹利女为生子；刹利娶田家女，田家女为生子；田家取工师女，工师女为生子。工师娶婆罗门女，婆罗门女生子。"佛言："我经中以施行文本。施行善者最为大种，其天下尊贵者皆施行善得耳，不以种得也。我先世无数劫时，亦作婆罗门子，亦作刹利子，亦作田家子，亦作工师子。自致为王子，今身为佛。"佛告颓波罗延："我问若一事，若如事说之。"佛言："若见世间人善家子为人作奴，奴反免为人作子不？"颓波罗延白佛言："我闻月支国中有是。"佛言："是何等故，善家子反作奴，奴反为人作子？是奴志意施行善，故人用作子；子作奴者，志意施行恶故，自卖为人作奴耳。若曹言人有种如是者，人种在何所？"佛言："若有婆罗门、刹利、田家、工师是四种，甚为憙杀、憙盗、憙淫、憙两舌、憙恶口、憙妄言、憙谗人、喜与痴人相随、喜瞋怒、喜祠祀。作是行者，宁堕地狱中不？"颊波罗延言："婆罗门种说：'虽有是恶，我种最尊，是梵天子孙，生从口出，死皆当上天。'"佛言："其有婆罗门、刹利、田家、工师种，无杀心、无盗心、无淫心、无两舌口、无恶口心，无妄言心，无憙谗人心，无憙随愚痴心，无憙瞋恚心、祠祀心，如是死者不升天耶？"颊波罗延言："如是皆生天上。"佛言："若说种类者在何所？"佛言："人种类皆从心意识出，心意识施行善者，生天上人间；心意识恶者，入虫兽畜生鬼神地狱道中。其有婆罗门刹利田家工师种施行恶者，同入三恶道中。如是者种在何所？婆罗门种施行亦有善恶，刹利种施行亦有善恶，田家种施行亦有善恶，工师种施行亦有善恶。若曹自说言有种，如是种为在何所？若婆罗门持意怨是虚空，刹利、田家、工师亦怨是虚空，不能中伤也，用意言等，但婆罗门持意自贡高世间耳。婆罗门种、刹利、田家、工师种，入大溪水中，各自浴垢堕水中，宁能别知是婆罗门垢、刹利垢、田家垢、工师垢不？"颊波罗延言："垢在大溪水中，当知在何所？""若尚不知人垢，反言我种在天上，本从口出，余人从下出，我种人最尊贵？"佛告颊波罗延："若国王闻某国某郡县某聚落，有婆罗门及子高明，有刹利及子高明，有田家及子高明，有工师及子高明，王即征召，俱为王臣。王岂问种类耶？其高才明达者，王即先与好郡国，王何以不问子种类？若曹言有种类者，为颊波罗延若戒在何所？从诸长老坐在长老上，是五百人，何以不责若种类若作师？其有婆罗门、刹利、田家、工师种及余种，寒时俱在大火边，火热不独至一种所，温热皆等耳。若有大船渡水，婆罗门、刹利、田家、工师种俱在一船上，渡船不独渡婆罗门种，亦不独渡余种。"佛问颊波罗延："若婆罗门、刹利、田家、工师种亦余种子在母腹中，时同十月有增减邪？"颊波罗延言："皆十月耳，无有增减也。""若曹何以说言我种梵天子孙，生从口

出？婆罗门种、刹利种、田家种、工师种亦余种，日月何以不独照若一种，何为并照余种？"……①

一时佛在舍卫国清信园林鹿母讲堂，与大比丘众千二百五十人俱。尔时有二婆罗门，以坚固信，往诣佛所，出家为道。一名婆悉吒，二名婆罗堕。尔时世尊于静室出，在讲堂上彷徉经行。时婆悉吒见佛经行，即寻速疾诣婆罗堕，而语之言："汝知不耶？如来今者出于静室，堂上经行。我等可共诣世尊所，倘闻如来有所言说。"时婆罗堕闻其语已，即共诣世尊所，头面礼足，随佛经行。尔时世尊告婆悉吒曰："汝等二人，出婆罗门种，以信坚固，于我法中，出家修道耶？"答曰："如是。"……佛言："彼以何事而嫌责汝？"寻白佛言："彼言：'我婆罗门种最为第一，余者卑劣。我种清白，余者黑冥。我婆罗门种出自梵天，从梵口生，于现法中，得清净解，后亦清净。汝等何故舍清静种，入彼瞿昙异法中耶？'世尊，彼见我于佛法中出家修道，以如此言而呵责我。"佛告婆悉吒："汝观诸人，愚冥无识，犹如禽兽，虚假自称：'婆罗门种最为第一，余者卑劣，我种清白，余者黑冥，我婆罗门种出自梵天，从梵口生，现得清净，后亦清净。'婆悉吒，今我无上正直道中，不须种姓，不恃吾我骄慢之心。俗法须此，我法不尔。若有沙门婆罗门，自恃种姓，怀骄慢心，于我法中终不得成无上证也。若能舍离种姓，除骄慢心，则于我法中得成道证，堪受正法。人恶下流，我法不尔。"佛告婆悉吒："有四姓种，善恶居之。智者所举，智者所责。何谓为四？一者刹利种，二者婆罗门种，三者居士种，四者首陀罗种。婆悉吒，汝听刹利种中，有杀生者、有盗窃者、有淫乱者、有欺妄者、有两舌者、有恶口者、有绮语者、有悭贪者、有嫉妒者、有邪见者。婆罗门种、居士种、首陀罗种，亦皆如是，杂十恶行。婆悉吒，夫不善行，有不善报。为黑冥行，则有黑

---

① 《梵志颇波罗延问种尊经》。

冥报。若使此报独在刹利居士首陀罗种，不在婆罗门种者，则婆罗门种应得自言：我婆罗门种最为第一，余者卑劣，我种清白，余者黑冥，我婆罗门种出自梵天，从梵口生，现得清净，后亦清净。若使行不善行有不善报，为黑冥行有黑冥报，必在婆罗门种刹利居士首陀罗种者，则婆罗门不得独称我种清净，最为第一。婆悉吒，若刹利种中有不杀者，有不盗、不淫、不妄语、不两舌、不恶口、不绮语、不悭贪、不嫉妒、不邪见，婆罗门种居士首陀罗种，亦皆如是，同修十善，夫行善法必有善报。行清白行必有白报。若使此报独在婆罗门不在刹利居士首陀罗者，则婆罗门种应得自言我种清净最为第一。若使四姓同有此报者，在婆罗门不得独称我种清净最为第一。"佛告婆悉吒："今者现见婆罗门种，嫁娶产生与世无异，而作诈称：'我是梵种，从梵口生，现得清净，后亦清净。'婆悉吒，汝今当知，今我弟子，种姓不同，所出各异，于我法中出家修道。若有人问，汝谁种姓，当答彼言：'我是沙门释种子也。'亦可自称我是婆罗门种，亲从口生，从法化生，现得清净，后亦清净……"[1]

一时佛游俱萨罗国，与大比丘众千二百五十人俱。至伊车能伽罗居萨罗婆罗门村，即于彼伊车林中止宿。时有沸伽罗娑罗婆罗门，止郁伽罗村。其村丰乐，人民炽盛。波斯匿王即封此村与沸伽罗娑罗婆罗门，以为梵分。……亦有五百摩纳弟子教授不废，与师无异。

时沸伽罗娑罗婆罗门，闻沙门瞿昙释种子出家成道，与大比丘众千二百五十人俱，至伊车能伽罗居萨罗婆罗门村，止伊车林中，有大名称，流闻天下……时婆罗门即命弟子阿摩昼，而告之曰："汝往观彼沙门瞿昙……"时阿摩昼受师教已，即严驾宝车，将五百摩纳弟子，清旦出村，往诣伊车林。到已下车，步进诣世尊所……摩纳白佛言："世有四姓：刹利、婆罗门、居士、首陀罗。其彼三姓，常尊重恭敬供

---

[1] 《长阿含经》卷第六第二分初《小缘经》第一。

养婆罗门。彼诸释子，义不应尔。彼释厮细，卑陋下劣，而不恭敬供养婆罗门。"尔时世尊，默自念言："此摩纳子，数数毁骂，言及厮细。我今宁可说其本源调伏之耶。"佛告摩纳："汝姓何等？"摩纳答言："我姓声王。"佛告摩纳："汝姓尔者，则为是释迦奴种。"……尔时世尊告阿摩昼："乃往过去久远世，有王名声摩。王有四子，一名面光，二名象食，三名路指，四名庄严。其王四子，少有所犯。王摈出国，到雪山南，住直树林中。其四子母及诸家属，皆追念之，即共集议，诣声摩王所，白言：'大王，当知我等与四子别久，欲往看视。'王即告曰：'欲往随意。'时母眷属闻王教已，即诣雪山南直树林中。到四子所，时诸母言：'我女与汝子，汝女与我子，即相匹配。'遂成夫妇。后生男子，容貌端正。时声摩王，闻其四子诸母与女共为夫妇，生子端正，王即欢喜，而发此言：'此真释子，真释童子，能自存立。'因此名释①，声摩王即释种先也。王有青衣，名曰方面，颜貌端正。与一婆罗门交通，遂便有娠。生一摩纳子，堕地能言。寻语父母：'当洗浴我，出诸秽恶。我年大已，自当报恩。'以其初生能言，故名声王。如今初生有能言者，人皆怖畏，名为可畏，彼亦如是。……从此已来，婆罗门种，遂以声王为姓。"又告摩纳："汝颇从先宿耆旧大婆罗门，问此种姓因缘已不？"时彼摩纳，默然不对。如是再问，又复不对。佛至三问，语摩纳言："吾问至三，汝宜速答。设不答者，密迹力士手执金杵在吾左右，即当破汝头为七分。"……摩纳仰观，见密迹力士手执金杵立虚空中，见已恐怖，衣毛为竖，即起移坐，附近世尊，依恃世尊，为救为护，白世尊言："世尊当问，我今当答。"佛即告摩纳："汝曾于先宿耆旧大婆罗门，闻说如是种姓缘不？"摩纳答言："我信曾闻，实有是事。"

时五百摩纳弟子，皆各举声，自相谓言："此阿摩昼，实是释迦奴种也。沙门瞿昙所说真实，我等无状怀轻慢心。"尔时世尊，便作是

---

① 释，秦言能，在直树林，故名释。释，秦言亦直言。

念:"此五百摩纳,后必怀慢,称彼为奴。今当方便,灭其奴名。"即告五百摩纳曰:"汝等诸人,慎勿称彼为奴种也。所以者何?彼先婆罗门是大仙人,有大威力,伐声摩王索女,王以畏故,即以女与。"由佛此言,得免奴名……①

……时释迦菩萨在兜率天宫,欲生人间,作五种观察。一观种姓,菩萨思惟:若婆罗门吠舍首陀,种姓非上,非我所生。若刹帝利,我即当生。以彼时人重富贵故,若生下姓,人所不重。今为摄化众生令彼归依,是故当生刹帝利家。……②

往昔久远时于罗阅祇。时大节日聚会。时国中有两姓力士,一姓刹帝利种,一姓婆罗门种,亦来在会。时两力士共相扑。婆罗门力士语刹帝利力士曰:"卿莫扑我,我当大与卿钱宝。"刹帝利便不尽力戏,令其屈伏也。二人俱得称,皆受王赏。婆罗门力士竟不报刹帝利力士所许。到后节日,复来聚会相扑。婆罗门力士复求刹帝利力士如前相许。刹帝利力士复饶不扑,得赏如上,复不相报。如是至三。后节复会,婆罗门力士重语刹帝利力士曰:"前后所许,当一时并报。"刹帝利力士心念曰:"此人数欺我。既不报我,又侵我分。我今日当使其消。"是刹帝利便干笑语曰:"卿诳我满三,今不复用卿物。"便右手捧项,左手捉裤腰。两手慼之,挫折其脊,如折甘蔗。擎之三旋,使众人见。然后扑地。堕地即死,王及群臣,皆大欢喜,赐金钱十万。佛语舍利弗:"汝知尔时刹帝利力士扑杀婆罗门力士者不?则我身是。……"③

佛陀认为,在佛教中,四个种姓是平等的:

---

① 《长阿含经》卷第十三第三分《阿摩昼经》第一。
② 《众许摩诃帝经》第二卷。
③ 《佛说兴起行经》之《佛说背痛宿缘经》第五。

如是目连，于我法中，四种姓：刹利、婆罗门、毗舍、首陀，以信坚固，从家舍家学道，灭本名，皆称为沙门释子。是谓目连，于我法中三奇特。[①]

佛经中有一些讽刺婆罗门的故事，例如：
《佛本生经·掷石本生》：

古时候，当梵授王在波罗奈治理国家的时候，菩萨是他的大臣。那时，国王的祭司是个饶舌的人，只要他一开口，别人就无法插嘴。国王心想："哪天能找个人来治治他的啰嗦病呢？"从此，国王出外巡游时，留心寻找这样的人。

这时，在波罗奈，有个瘸子精通掷石术。村童们把他搁在小车里，拉到波罗奈城门根，给他半枚铜钱，说道："做个象！做个马！"他接连不断掷石子，在榕树上掷出各种各样的形象。现在，所有的树叶充满裂缝和缺口。国王前往御花园，路过这里，孩童们出于害怕，纷纷逃跑，剩下瘸子一个人坐在那里。国王坐在车里，到达榕树下，看到破碎的树叶具有各种各样的形象，再仔细一看，所有的树叶全是那样，便问道："这是谁干的？""一个瘸子，大王！"国王心想："我可以依靠这个人治治婆罗门的啰嗦病了。"便问道："瘸子在哪里？"侍从们四下张望，看见瘸子坐在榕树气根中间，便报告道："这人在这里，大王！"国王把他召来，支开侍从，问道："我身边有个饶舌的婆罗门，你能治治他的啰嗦病吗？""只要有一筒羊粪，我就能办到，大王！"

国王把瘸子带回宫中。他吩咐挂一个帷幕，帷幕上挖一个孔，让瘸子坐在帷幕后面，正对着婆罗门的座位，同时在瘸子身边放上一筒羊粪。婆罗门前来侍奉国王。国王让他坐下，两个人开始交谈。婆罗门喋喋不休，不容别人插嘴。这时，瘸子从帷幕孔掷出一颗又一颗羊

---

① 《四分律》卷三十六。

粪，犹如一只只苍蝇，飞进婆罗门的嘴里。婆罗门将入口的羊粪一一咽下，像喝香油似的。一筒羊粪掷完，全部落入婆罗门肚中，足有半斤重。国王发现羊粪掷完，便说道："尊师啊！由于你饶舌，吞下了一筒羊粪，居然毫不察觉。这干羊粪你是无法消化的，快回去喝点吐药，清清肠胃，恢复健康吧！"

从此，这婆罗门的嘴巴像是上了门闩，与别人一起交谈，决不轻易开口。国王心想："现在我的耳根清净了，多亏那个瘸子帮忙。"于是，他赐给瘸子每年十万收益的东南西北四座村庄……①

《佛本生经·豺本生》：

古时候，当梵授王在波罗奈治理国家的时候……有一只豺，半夜从阴沟钻入城内，吃了鱼和肉，还喝了酒，然后钻进波那格树丛，一直睡到太阳升起。豺醒来一看，天已大亮，心想："现在我出不了城了。"于是，豺走到路边，趴在隐蔽的地方，盯住来往的行人，对谁也不吭一声。后来，豺看见一个婆罗门前往水池洗脸，心想："婆罗门都是贪财的。我可以用钱财引诱他，请他将我抱在怀中，藏在上衣里，带我出城。"于是，豺用人的语言喊道："婆罗门！"婆罗门转身问道："谁在叫我？""是我，婆罗门！""你有什么事？""婆罗门啊！我有两百金币，如果你将我抱在怀中，藏在上衣里，不让任何人看见，带我出城，我就告诉你金币在哪儿。"婆罗门贪财，同意道："好吧！"他依豺所说，将豺带出了城。走了一阵，豺问道："婆罗门啊！这是什么地方？""这是某某地方。""请再往前走！"这样反复问多次，到达了大坟场。豺说道："就在这里，把我放下吧！"婆罗门把豺放下。豺说道："婆罗门啊！将你的上衣铺在地上吧！"婆罗门贪财，把上衣铺在地上。"你就朝这树根底下挖吧！"趁婆罗门专心挖地，豺

---

① 《佛本生故事选》，第73—74页。

爬到婆罗门的上衣上，在四角和中央五处，拉上屎和尿，把上衣弄得又脏又湿，然后溜进坟场树林。菩萨站在树枝上，念了这首偈颂：

财迷心窍婆罗门，居然相信偷酒豺。

一百贝壳也没有，两百金币从何来？

菩萨念完这首偈颂，说道："婆罗门啊！快去洗洗衣服，洗洗澡，做你自己的事吧！"说罢，便消失了。婆罗门洗完衣服，洗完澡，想到自己受了骗，垂头丧气地离去。[①]

(4) 佛教对下层人民的态度

佛教一方面提出"众生平等"，各瓦尔那在自然上平等；另一方面又认为奴隶、犯罪者、负债人不能入教，表明其"众生平等"口号的局限性。

佛在王舍城……尔时诸比丘度负债人与受具足戒。受具足戒已，入王舍城乞食。债主见语言："汝负我债，谁听汝出家？"有言：应夺取衣钵，捉以付官。或有言：已入无畏城，应放使去。何以故？瓶沙王有令：若国内有毁辱比丘、比丘尼者，当与重罪。债主便讥诃言："此诸沙门，无有可度不可度者。云何度负债人？无沙门行，破沙门法。"诸长老比丘闻种种呵责，以是白佛。佛问诸比丘："汝等实尔不？"答言："实尔，世尊。"佛种种呵责已，告诸比丘："不应度负债人与受具足戒。度及受具足戒时，皆应先问：'汝负债不？'若言不负，应度应受。若言负，不应度，不应受。若度若受，皆突吉罗。若不问，亦如是。度奴亦如是。"[②]

(5) 佛教与王权的关系

列国时代的一些国王关心佛教和佛陀：

---

① 《佛本生故事选》，第75—76页。
② 《弥沙塞部和醯五分律》卷第十七第三分初《受戒法》下。

　　我闻如是，一时佛游鬱头随若在普棘剌林。尔时拘萨罗王波斯匿闻沙门瞿昙游鬱头随若在普棘剌林，拘萨罗王波斯匿闻已，告一人曰："汝往诣沙门瞿昙所，为我问讯圣体康强，安快无病，起居轻便，气力如常耶？"作如是语，拘萨罗王波斯匿问讯圣体康强，安快无病，起居轻便，气力如常耶？又复语曰："拘萨罗王波斯匿欲来相见。"彼人受教，往诣佛所，共相问讯，却坐一面，白曰："瞿昙，拘萨罗王波斯匿问询圣体康强，安快无病，起居轻便，气力如常耶？拘萨罗王波斯匿欲来相见。"世尊答曰："今拘萨罗王波斯匿安隐快乐，今天及人阿修罗捷塔和罗刹及余若干身安隐快乐。拘萨罗王波斯匿欲来者自可随意。"彼时使人闻佛所说，善受持诵，即从座起，绕三匝而去。尔时尊者阿难住世尊后，执拂侍佛，使人去后，于是世尊回顾告曰："阿难，汝来共诣东向大屋，开窗闭户，住彼密处。今日拘萨罗王波斯匿一心无乱，欲听受法。"阿难白曰："唯然。"于是世尊将阿难至彼东向大屋开窗闭户，密处布座，敷尼师檀，结跏趺坐。彼时使人还诣拘萨罗王波斯匿所，白曰："天王，我已通沙门瞿昙。沙门瞿昙今待天王，唯愿天王自当知时。"拘萨罗王波斯匿告御者曰："汝可严驾，我今欲往见沙门瞿昙。"御者受教，即便严驾。尔时贤及月姊妹与拘萨罗王波斯匿共坐食时，闻今日拘萨罗王波斯匿当往见佛，白曰："大王，若今往见世尊者，愿为我等稽首世尊，闻讯圣体康强，安快无病，起居轻便，气力如常耶？"作如是语，贤及月姊妹稽首世尊，闻讯圣体，康强安快无病，起居轻便，气力如常耶。拘萨罗王波斯匿及为贤及月姊妹默然而受。彼时御者严驾已讫，白曰："天王，严驾已办。随天王意。"时王闻已，即便乘车，从鬱头随若出，往至普棘剌林。尔时普棘剌林门外，众多比丘，露地经行，拘萨罗王波斯匿往诣比丘所，问曰："诸贤，沙门瞿昙今在何处？我欲往见。"诸比丘答曰："大王，彼东向大屋开窗闭户，世尊在中。大王欲见者，可诣彼屋，在外住已，声咳敲户，世尊闻者，必为开户。"拘萨罗王波斯匿即便下车，眷属围绕，步往至彼东向大屋，到已住外，声咳敲户，世尊闻已，即为开户，拘萨罗王波斯匿便入彼屋，前诣佛所，白曰："瞿昙，贤及月姊妹稽首世尊，问讯圣体康强，安快无病，起居轻便，气力如常耶？"世尊问："王贤及月姊妹更无人使耶？"拘萨罗王波斯匿白曰："瞿昙，当知今日贤及月姊妹我共坐食，闻我今当欲往见佛，便白曰：'大王若往见佛者，当为我等稽首世尊，问讯圣体康强，安快无病，起居轻便，气力如常耶？'故如是白世尊，贤及月姊妹稽首世尊，问讯圣体康强，安快无病，起居如常耶？瞿昙，彼贤及月姊妹稽首世尊，问讯圣体康强，安快无病，起居轻便，气力如常耶？"世尊答曰："大王，今贤及月姊妹安隐快乐，今天及人阿修罗捷塔和罗刹及余若干身安隐快乐。"于是，拘萨罗王波斯匿与佛共相问讯，却坐一面，白曰："瞿昙，我欲有所问听，乃敢陈。"世尊告曰："大王，欲问者恣意所问。"拘萨罗王波斯匿便问曰："……"①

一次，释迦牟尼病了，于是一些国王先后到佛陀病榻前去问候：

尔时王瓶沙，闻佛有患，与八万四千人俱，前后导从，诣世尊所，问讯世尊，头面礼足，却坐一面；时忧填王闻世尊患，亦将七万人俱；波罗殊提王与六万人俱；梵施王与五万人俱；波斯匿王与四万人俱……往世尊所，头面礼足，却住一面……问讯世尊。②

……所谓迦持利比丘是，诸王敬待，群臣所宗。③

我声闻中第一比丘尼久出家学，国王所敬，所谓大爱道瞿昙弥比丘尼是，智慧聪明……④

---

① 《中阿含经》卷第五十九《例品》第四《一切智经》第一。
② 《四分律》卷第四十《衣捷度》之二。
③ 《增一阿含经》卷第三《弟子品》第四之七。
④ 《增一阿含经》卷第三《比丘尼品》第五之一。

世尊为波斯匿王说法，波斯匿王邀请世尊接受三个月之请（即在雨季的三个月里，波斯匿王给了他一个安身立命之地，在那里去吃、住，不用在雨季乞食），世尊接受了邀请：

> 时王波斯匿……便退而去，还至舍卫城，敕诸群臣曰："吾欲饭佛及比丘僧三月供养给所须物，衣被饭食床卧具，病瘦医药，汝等亦当发欢喜心。"诸臣对曰："如是。"时王波斯匿即于宫门外作大讲堂，极为殊妙，悬缯幡盖，作倡妓乐，不可称计，施诸浴池，办诸油灯，种种饭食，味有百种。是时王波斯匿即白："时到，唯愿世尊临顾此处。"尔时世尊以见时到，著衣持钵，将诸比丘僧前后围绕，入舍卫城，至彼讲堂所，到已就座而坐，及比丘僧各随次而坐。是时王波斯匿将诸宫人手自行食，供给所须，乃至三月，无所短乏……①

世尊接受波斯匿王悔过：

> 尔时王波斯匿便怀恐惧，衣毛皆竖，悲泣交集，以手拭泪，头面礼世尊足，自陈过状："如愚如骏，无所觉知，唯愿世尊受我悔过，今五体投地，改已往之失，更不造此言教，唯愿世尊，受我悔过。"如是再三。世尊告曰："善哉善哉，大王，今于如来前悔其非法，改往修来，我今要受汝悔过，更莫复造。"②

摩揭陀国的影胜王以所有家资总为供养佛陀：

> 佛在摩揭陀国人间游行，至王舍城，住羯阑铎迦竹林园中，时影胜王闻佛游行，来到国界，闻已作是思惟："我愿先时，频供养佛，犹

---

①② 《增一阿含经》卷第十三《地主品》第二十三。

未曾请三月夏安居，以所有家资，总为供养。"作是念已，尽其所有，请佛及僧，三月安居供养，并遣时缚迦医王，供给所须，病瘦医药。时影胜王作是念已，将诸臣佐，前后围绕，从宫而出，往诣佛所，到已，稽首作礼，退坐一面。尔时世尊为王种种方便，说微妙法，示教利喜，默然而住。是时大王，从座而起，偏袒右肩，右膝著地，合掌向佛，白佛言："唯愿世尊受我三月夏安居请，于我宫内，所有资财、供身之物，悉持供养，并遣医王侍缚迦，疗诸病苦。"尔时世尊默然而许。时王殷重请世尊已，礼佛而去，还至宫中，办诸供具，于夏三月，而为供养。①

憍萨罗国王胜光大王给世尊送医送药:

尔时憍萨罗国胜光大王，闻影胜王请佛及僧，三月安居，种种供养，并大医王侍缚迦供给汤药，闻已，作是思惟："彼是大国王，能以家资及侍缚迦等，而为供养。我今亦是大国之主。世尊若来此国，我亦当以一切家资，及医人阿帝耶，而为供养。"乃至世尊住王舍城，三月安居。作衣已竟，执持衣钵，大众围绕，欲往室罗伐城，渐渐游行。遂到彼国给孤独园。时胜光王闻佛来至，住给孤独园，闻已往诣，到给孤独园，见世尊已，稽首作礼，退坐一面。尔时世尊为王种种方便，说微妙法，示教利喜已，默然而住。时胜光王从坐而起，偏袒右肩，双膝著地，合掌向佛，白言："世尊，唯愿世尊，及苾刍僧伽，受我三月安居请，总以一切资具，并医人阿帝耶，而为供养。"尔时世尊默然受请。时憍萨罗主胜光大王见佛许已，顶礼佛足，奉辞而去。还至宫中，办诸供具，并遣医人，于三月中供给所须，供养佛及苾刍僧伽。时胜光王为性慈愍，每于晨朝，至毗诃罗，亲礼佛足，

---

① 《根本说一切有部毗奈耶药事》卷第二。

闻讯起居。遍观大众，知其安不……①

但这个医王阿帝耶却因为自己是个外道，不信佛，所以也不给苾刍治病，还辱骂佛陀。所以，佛陀给他的处治是让他下了地狱，死得很惨。

尔时世尊游化居止摩竭陀国王舍城中，将诸弟子大阿罗汉一千二百五十人俱。时彼国王名洴沙王（疑与瓶沙王是一个人——编者），禀性仁贤，久植德本，已证初果，得不坏信。奉佛之心，倍加隆厚。常以妙上饮食、衣服、卧具、医药，供养如来及比丘众。②

《撰集百缘经》卷第二《频婆娑罗王请佛缘》说，频婆娑罗王曾经希望终身供养诸比丘，但佛陀没有答应。频婆娑罗王又说能否供养十二年，佛陀也没有答应。频婆娑罗王又说能否供养十二个月。佛陀也没有答应，最后，佛陀答应让频婆娑罗王每年供养三四个月：

佛在王舍城迦兰陀竹林，尔时频婆娑罗王，将十二亿那由他人，往诣佛所，前礼佛足，长跪请佛："唯愿世尊，大慈怜悯，将诸比丘，受我终身四事供养。"佛不许可。复白佛言："若不受我终身供养，当受十二年。"佛亦不许。复白佛言："若不受我十二年，当受十二月。"佛亦不许。复白佛言："若不受十二月，当受三月四事供养。"佛即然可。敕诸臣民，平治道路，除去瓦石污秽不净，建立幢幡悬诸宝铃，香水撒地，散诸妙花，安置床榻，卧具被褥，备办肴膳。将诸群臣，各各执盖。盖佛众僧，入王舍城……至于王宫，设诸肴膳百味饮食，供养佛僧，经于三月，受王供已，佛即为王种种说法。心怀喜悦，即

① 《根本说一切有部毗奈耶药事》卷第二。
② 《菩萨本生鬘论》卷第二《最胜神化缘起》第四。

以加尸育衣，施佛及僧……①

上述这些事实说明，当时佛教以及佛陀本人和当时印度一些国家的统治者的关系是很亲密的。

有一个胜光王：

> 诣世尊所，顶礼佛足，退坐一面，佛即为王，说微妙法，示教利喜。王闻法已，从坐而起，合掌恭敬，双膝著地，而白佛言："大德世尊，哀悯我故，与苾刍僧伽于三月日，受我衣食、汤药、卧具。"佛便默然，受王所请。王于月，每日营办百种微妙甘美香馔，一一苾刍，价直百千衣服……②

波斯匿王和阿难（佛陀的声闻弟子）讨论问题：

> 彼时尊者阿难将一比丘从舍卫出，往至东园鹿子母堂，所为事讫，将彼比丘还往至胜林给孤独园。尔时拘萨罗王波斯匿乘一奔陀利象，与尸利阿荼大臣俱出舍卫国。尊者阿难遥见拘萨罗王波斯匿来已，问伴比丘，彼是拘萨罗王波斯匿耶？答曰："是也。"尊者阿难便下道，避至一树下。拘萨罗王波斯匿遥见尊者阿难在于树间，问曰："尸利阿荼，彼是沙门阿难耶？"尸利阿荼答曰："是也。"拘萨罗王波斯匿告尸利阿荼大臣曰："汝御此象令至沙门阿难所。"尸利阿荼受王教已，即御此象令至尊者阿难所。于是拘萨罗王波斯匿问曰："阿难，从何处来？欲至何处？"尊者阿难答曰："大王，我从东园鹿子母堂来，欲至胜林给孤独园。"拘萨罗王波斯匿语曰："阿难，若于胜林无急事者，可共往至阿夷罗婆提河？"为慈悯故，尊者阿难为拘萨罗王

---

① 《撰集百缘经》卷第二《频婆娑罗王请佛缘》。
② 《根本说一切有部毗奈耶药事》卷第十二。

波斯匿默然而受。于是拘萨罗王波斯匿令尊者阿难在前，共至阿夷罗婆提河。到已下乘，取彼象荐，四叠敷地，请尊者阿难："阿难，可坐此座。"尊者阿难答曰："止止大王，但心靖足。"拘萨罗王波斯匿再三请尊者阿难，阿难可坐此座。尊者阿难亦再三语："止止，大王，但心靖足。我自有尼师檀。我今当坐。"于是尊者阿难敷尼师檀，结跏趺坐。拘萨罗波斯匿王与尊者阿难共相问讯，却坐一面。语曰："阿难，欲有所问，听我问耶？"尊者阿难答曰："大王，欲问便问，我闻已当思。"拘萨罗王波斯匿问曰："阿难，如来颇行如是身行，谓此身行为沙门梵志所憎恶耶？"尊者阿难答曰："大王，如来不行如是身行，谓此身行为沙门梵志聪明智慧及余世间所憎恶也。"拘萨罗王波斯匿闻已叹曰："善哉善哉。阿难，我所不及，若聪明智慧及余世间者，而阿难及之。阿难若有不善相悉而毁呰称誉者，我等不见彼真实也。阿难，若有善相悉而毁呰称誉者，我见彼真实也。阿难，如来颇行如是身行，为沙门梵志聪明智慧及余世间所憎恶耶？"尊者阿难答曰："大王，如来终不行如是身行，谓此身行为沙门梵志聪明智慧及余世间所憎恶也。"拘萨罗王波斯匿问曰："阿难，云何为身行耶？"尊者阿难答曰："大王，不善身行也。"拘萨罗王波斯匿问曰："阿难，云何不善身行耶？"尊者阿难答曰："大王，谓身行有罪。"拘萨罗王波斯匿问曰："阿难，云何身行有罪耶？"尊者阿难答曰："谓行身行智者所憎恶。"拘萨罗王波斯匿问曰："阿难，云何智者所憎恶耶？"尊者阿难答曰："大王谓行身行自害害彼，俱害灭智慧恶相助，不得涅槃，不趣智，不趣觉，不趣涅槃……"①

瓶沙王向佛陀征询意见：

尔时佛在罗阅城，时城中诸外道梵志，月三时集会，月八日十四

---

① 《中阿含经》卷第五十九《例品》第四《鞞诃提经》第三。

日十五日，众人大集，来往周旋，共为知友，给与饮食，极相爱念，经日供养。时瓶沙王正在阁堂上，遥见大众往诣梵志聚会处，即便问左右人言："今此诸人为欲何所至？"答言："王今知之。此城中梵志月三集会，八日十四日十五日，众人来往周旋，共为知友，给与饮食，极相爱念……"①

　　昔波斯匿王有一女，名曰善光，聪明端正，父母怜悯，举宫爱敬。父语女言："汝因我力，举宫爱敬。"

　　女答父言："我有业力，不因父王。"

　　如是再三问，答亦如前，王时瞋忿："今当试汝有自业力、无自业力。"约敕左右，于此城中，觅一最下贫穷人乞人。时举王教，寻便推觅，得一穷下，将来诣王。王即以女善光付与穷人。

　　王语女言："若汝自有业力，不假我者，从今以往，事验可知。"

　　女犹答言："我有业力。"即共穷人相将出去。问其夫言："汝先有父母不？"

　　穷人答言："我父先舍卫城中第一长者。父母居家，都以死尽，无所依怙，是以穷乏。"善光问言："汝今颇知故宅处不？"

　　答言："知处，垣室毁坏，遂有空地。"

　　善光便即与夫相将往故舍所，周历按行，随其行处，其地自陷，地中伏藏，自然发出，即以珍宝，雇人作舍。未盈一月，宫室屋宅，都悉成就。宫人妓女，充满其中。奴婢仆使，不可称计。

　　王卒忆念："我女善光，云何生活？"

　　有人答言："宫室钱财，不减于王。"

　　王言："佛语真实，自作善恶，自受其报。"

　　王女即日遣其夫主，往请于王，王即受请。见其家内氍毹氀毾，庄严舍宅，逾于王宫。王见此已，叹未曾有。此女自知，语皆真实。

---

① 《四分律》卷第三十五《说戒揵度》上。

而作是言："我自作此业，自受其报。"

王往问佛："此女先世，作何福业，得生王家，身有光明？"

佛答王言："过去九十一劫，有佛名毗婆尸。彼时有王，名曰盘头。王有第一夫人。毗婆尸佛入涅槃后，盘头王以佛舍利起七宝塔。王第一夫人，以天冠拂饰，著毗婆尸佛像顶上，以天冠中如意珠著于枨头，光明照世，因发愿言："使我将来身有光明，紫磨金色，尊荣豪贵，莫堕三恶八难之处。"尔时王第一夫人者，今善光是，迦叶佛时，复以肴膳供养迦叶、如来及四大声闻。夫主遮断。妇劝请言："莫断绝我，我今以请，使得充足。"夫还听妇，供养得讫。尔时夫者，今日夫是，尔时妇者，今日妇是。夫以尔时遮妇之故，恒常贫穷。以还听故，要因其妇，得大富贵。无其妇时，后还贫贱。善恶业追，未曾违错。"

王闻佛所说，深达行业，不自矜大，深生信悟，欢喜而去。①

佛教和一些富有者的关系也非常亲密，佛及其弟子接受富有者的供养三月：

尔时世尊于勇军聚落人间游行，至鞞阑底城，在练木树下而住，时此城中，有婆罗门，名曰火授，而作国王。国土丰饶，人民安乐，居者充满。是时彼王，闻世尊游行勇军人间，至此在练木树下，便作是念："沙门乔答摩，诸大国王恭敬供养，尊重赞叹。我亦应可供给供养，免被邻国讥嫌笑弄……我今应请世尊，及苾刍僧伽，以一切供具，而为供养。"作是念已，便即告敕，严驾出城，往诣佛所，以种种善言，慰问世尊，却坐一面。尔时世尊即为彼王说微妙法，示教利喜，默然而住。时火授王即从坐起，偏袒右肩，右膝著地，合掌向佛，而白佛言："唯愿世尊及苾刍众，受我三月雨安居，四事供养饮食汤药衣服卧具。"尔时世尊默然受彼火授王请。时火授王既见世尊默然受请，心大欢喜。从坐而起。至本宫已，敕诸臣曰："卿等宜应日

---

① 《杂宝藏经》卷第二，二一《波斯匿王女善光缘》。

日广办十八种饭，及诸美味。"复于国中，而遍告敕："汝等诸人，夏三月中，不得辄供沙门乔答摩，若辄请者，当断其命。"……时有商主，从北方来，将五百匹马，至此城中，作如是念："今属雨时，若我前进，恐泥损马者，多有漏蹄。于三月中，即便住此。自乘智马，每日料麦二升，余者一升。商主亦闻王有严令。时阿难陀往就商主，而为说法。彼便作是念："我非久住此王境内。"念已白言："圣者阿难陀，自乘智马，每日给料大麦二升，余者一升。世尊颇能食斯麦者，日奉佛二升，余苾刍等各施一升。"时阿难陀闻商主请已，诣世尊所，具陈上事……佛与四百九十八苾刍，于此夏安居……是时商主即以马麦，每日奉佛二升，诸余苾刍，各施一升。[1]

尔时世尊在获苗国人间游行，到波罗疦斯仙人堕处施鹿林中，于彼城内，有一长者，名曰大军，富贵饶财，多诸受用。彼人有妻，名大军女，敬信三宝，贤善质直，意乐清净。彼闻世尊于获苗国游行，来到波罗疦斯，在仙人堕处施鹿林中，闻已念曰："此应是我大师世尊。我虽频为供养，由未周备，今以我现有家赀，悉持奉上无上慈尊，略申供养。"作是念已，即往佛所。到已礼足。退坐一面。

尔时世尊，为大军长者随顺说法，示教利喜……尔时大军长者既闻法已，心大欢喜。即从座起，偏袒右肩，合掌礼佛，而白佛言："唯愿世尊及苾刍众，受我三月夏安居请，我以供养衣服、饮食、卧具、医药。"尔时世尊默然受请。[2]

……时给孤独长者，侧布黄金，买逝多林，奉佛僧已，令剃发人入住寺中，为众剃发……[3]

---

[1] 《根本说一切有部毗奈耶药事》卷第十。
[2] 《根本说一切有部毗奈耶药事》卷第一。
[3] 《根本说一切有部毗奈耶药事》卷第三。

（6）佛陀为民造福

佛教为什么能得到人们的支持？可能与佛陀曾经为民除害，为民造福有关。

尔时世尊至军底城，于其城中，有女药叉，名曰军底，常住此城，心怀暴恶，而无畏难。一切人民所生男女，常被食啖。然彼城中婆罗门居士等，闻世尊到军底城侧，现在其处。诸人闻已，共为集会，一时出发，往诣佛所。到已，顶礼世尊双足，退坐一面。于时世尊，与婆罗门居士等，为说法要示教利喜已，乃至如上默然而住。

尔时婆罗门居士等，从座而起。整理衣服，于世尊前，合掌而白佛言："唯愿世尊及苾刍众，明旦食时，受我微供。"乃至饭食讫，收衣钵，洗手已，即持金瓶，在世尊前，有所求乞，而作是言："世尊，彼诸毒龙，及恶药叉，皆已调伏，然此军底女药叉，于长夜中，而与我等，非怨为怨，非仇为仇，我常恩义，彼常怨害，所生孩子，皆被侵夺。唯愿世尊哀悯我等，调伏军底女药叉。"尔时药叉亦在会中，于时世尊告女药叉曰："汝今闻此诸人语不？"药叉白言："善逝，而我已闻。"复问女药叉："汝今闻不？"答言："世尊，我今已闻。"佛言："汝久远来，作此非法罪业。"答言："诸人共我立契，若能为我造寺，即当永断。"

尔时世尊告婆罗门居士："汝等闻此女药叉语不？"诸人答言："世尊，我今已闻。"佛言："汝今云何？"诸人白言："世尊，我等必为造寺。"尔时世尊调伏此女药叉，并眷属已，便舍而去。[①]

佛陀在末土罗城驴药叉园苑。该城的婆罗门居士对佛陀说，当地的驴药叉为害他们："我等所生孩子，皆被侵夺。"因此，这些婆罗门居士希望佛陀能帮助他们，调伏这些驴药叉。佛陀听后，就问这些驴药叉是否有此事，驴药叉说

---

① 《根本说一切有部毗奈耶药事》卷第九。

确有此事。佛陀说，他们这样做是错误的，"此非法事，汝当厌离"。这些药叉说，他们可以离开，但要求婆罗门居士为他们"造毗诃罗"。佛陀调伏了这些药叉，而婆罗门居士也为药叉建造了毗诃罗，矛盾得到解决。[①]

(7) 佛陀受到异道的攻击

　　于时世尊游憍萨罗人间行，往婆罗门聚落。时诸异道闻沙门乔答摩来。闻已匆忙往诣婆罗门居士族姓家。到已，便作是语："愿言增福增福，我辞去。"彼诸人曰："圣者，何故而去？"答言："我等以见汝等富足，我不喜见汝等散，所以且去。"诸人问曰："圣者，我等有何败散？""汝等当知，乔答摩沙门，与千二百人，随从渐来，皆雨刀雹，无量无数。有子妇人，悉令无子。"诸人报言："圣者，若实如是，应合住此，与我相助，岂合舍去？此是不善。我等决定坏灭。"外道答言："汝等共我立契，然可住此。汝等可害乔答摩沙门？"诸人言曰："我等当害。"即各执刀杖、弓箭，擐甲而出于衢路间。时释种中，有一老人，见彼诸人，便即问曰："汝等欲诣何处？"彼即答言："为害怨敌。"又问："谁是汝怨？"彼即答言："乔答摩沙门是也。"老人报曰："世尊大师，若是汝怨，更有何人，为汝亲友？汝等可回。"彼诸人等，皆不肯回。是时老人，便作是念："此等之辈，不以说法，而能调伏。应设种种威力，可令押伏。"是时老人便即入村，四边放火，烧其聚落。对内诸人并皆号叫。害佛人等，即闻叫声，并皆惊忙，共相谓曰："乔答摩沙门，去此既远，今乃现有极大损失，聚落被烧，应可却回，且救其火。"彼等既回，救火不得。须臾之间，世尊便至，问诸人曰："何为惊忙？"诸人答言："今被火烧，不能救得。"佛便报曰："我今为汝灭却其火。"诸人白言："唯愿世尊为我灭火。"是时如来

_____

[①] 《根本说一切有部毗奈耶药事》卷第十。

言语才讫，佛威力故，其火并灭。时诸人等，皆生信心。而白佛言："世尊，今者何故得来？"佛即报言："利益汝等，而来至此。"①

佛陀与提婆达多的恩怨：

佛在王舍城，诸比丘白佛言："世尊，提婆达多是如来佛弟，云何常欲怨害于佛？"

佛言："不但今日。昔雪山中，有鸟名为共命，一身二头。一头常食美果，欲使身体得安隐，一头便生嫉妒之心，而作是言：'彼常云何，食美好果，我不曾得。'即取毒果食之，使二头俱死。欲知尔时食甘果者，我身是也；尔时食毒果者，提婆达多是。昔时与我共有一身，犹生恶心，今作我弟，亦复如是。"②

佛在王舍城，提婆达多推山压佛；放护财象，欲蹋于佛，恶名流布。提婆达多于众人前向佛忏悔，呜如来足；无众人时，于比丘中恶口骂佛。诸人皆言："提婆达多向佛忏悔，心极调顺，无故得此恶名流布。"诸比丘言："希有世尊，提婆达多甚能谄伪，于众人前调顺向佛，于屏处时，恶心骂佛。"

佛言："不但今日，乃往过去时，有莲花池，多有水鸟，在中而住。时有鹳雀，在于池中，徐步举脚。诸鸟皆言：'此鸟善行，威仪庠序，不恼水性。'时有白鹅，而说偈言：举脚而徐步，音声极柔软。欺诳于世间，谁不知谄诡。鹳雀语言：'何为作此语，来共作亲善。'白鹅答言：'我知汝谄诡，终不亲善。'汝欲知尔时鹅王，即我身是也；尔时鹳雀，提婆达多是。"③

---

① 《根本说一切有部毗奈耶药事》卷第九。
② 《杂宝藏经》卷第三，三一《共命鸟缘》。
③ 《杂宝藏经》卷第三，三二《白鹅王缘》。

(8) 佛教的禁忌

关于佛教徒吃肉：

是时，长者见佛许已，生大欢喜，礼佛而去。时彼长者供给世尊三月安居，种种供养，及诸苾刍，无所阙乏。长者每日清旦礼世尊足，即复观察诸病苾刍。有一苾刍，身婴重病，往问医人。时彼医人令食肉羹。长者问已，归到家中，语其妇曰："贤者，有病苾刍，医人令食肉羹，方能疗疾。""汝可为办，宜速送往病苾刍处。"时彼长者即令小婢将其钱物，往诸屠家，欲买其肉。即于此日，国王诞子，遂皆断屠，若有犯者，与其重罪。假令贵买，亦不可得。时彼小婢，具以上事，白大家知。

时长者妇作是思惟："我于三月，供养世尊及苾刍僧，所有家资，不令其乏。若今不得此药，交恐苾刍因斯命过，使我不善。"如是思已，即持利刃，入己房中，以割髀肉，授与小婢，令其细切，煮作美羹，急送与彼病苾刍食……病遂除愈。①

佛教徒吃龙肉：

尔时世尊住瞻波城揭伽池岸精舍而住，于彼池中有龙王，名曰瞻箅耶，信心贤善，每于月八日、十四日，从宫而出，变作人形，诣苾刍所，受八支学处。受已，于显露处，还复本形，亦不损恼所余众生。时既饥馑，有羸瘦人，及牧牛羊人，并采樵人、游行人，正道活命人，邪道活命人，此道诸人，共来剜割，持归而食。是时六众苾刍着衣持钵，入城乞食，至长者家。然此家中，现煮龙肉。釜中气出，即入舍从乞。长者妻曰："我今无食。"苾刍问曰："釜中气出，是何物耶？"报言："圣者，此是龙肉，仁等岂可食龙肉耶？"答言："我等唯凭施主而活。若汝等食者，我等亦食，可将施我。"妻即持肉，授与

① 《根本说一切有部毗奈耶药事》卷第一。

苾刍，由此诸人更多取肉。时彼龙妇作如是念："由诸苾刍食龙肉故，人皆共食，欲遣我夫何时免受如斯苦痛？我以此缘，宜行问佛。"既过初夜，往诣佛所，礼佛足以，在一面坐……作如是语："大德，我之夫主，信心贤善，每于月八日、十四日，从龙宫出，变作人形，受八支斋，于显露处，还复龙身，亦不损恼所余有情。时遭俭岁，有诸饥人，割肉将食。因此苾刍亦食龙肉。欲遣我夫何时免苦？唯愿世尊，制诸苾刍，勿食龙肉……"①

后来，释迦牟尼告诫弟子，不要食龙肉，否则就是"非释迦子"，"食者得越法罪"。

佛教不度负债者：

尔时诸比丘度负债人与受具足戒。受具足戒已，入王舍城乞食。债主见语言："汝负我债，谁听汝出家？"有言：应夺取衣钵，捉以付官。或有言：已入无畏城，应放使去。何以故？瓶沙王有令：若国内有毁辱比丘、比丘尼者，当与重罪。债主便讥诃言："此诸沙门，无有可度不可度者。云何度负债人？无沙门行，破沙门法。"诸长老比丘闻种种呵责，以是白佛。佛告诸比丘："汝等实尔不？"答言："实尔，世尊。"佛种种呵责已，告诸比丘："不应度负债人与受具足戒。度及受具足戒时，皆应先问：'汝负债不？'若言不负，应度应受。若言负，不应度，不应受。若度若受，皆突吉罗。若不问，亦如是。度奴亦如是。"②

……尔时佛在舍卫国祇树给孤独园，时有一勇健大将，来至僧伽

---

① 《根本说一切有部毗奈耶药事》卷第一。

② 《弥沙塞部和醯五分律》卷第十七第三分初《受戒法》下；另见《四分律》卷第三十《一百七十八单提法》之七。

蓝中，语诸比丘言："我欲出家为道。"时诸比丘，即与出家，受具足戒。于异时，波斯匿王土界人民反叛，即遣军往伐，逆为彼所破。重遣军往，复为彼所破。王即问言："我健将某甲，今为所在？"报言："从沙门释子，出家为道。"时王即讥嫌言："沙门释子不知惭愧，多欲无厌，外自称言我知正法，云何度我勇健大将？出家为道，如是何有正法？以此推之，沙门释子尽是官人。"时诸比丘以此因缘具白佛。佛言："自今已去，不得度官人。若度者当如法治。"①

尔时有一少年外道，故杀母，既杀已，常怀愁忧。念言："谁能为我除此忧者？"即复念言："此沙门释子，多修善法，我今宁可从其出家学道，得灭此罪。"即来至僧伽蓝中，语诸比丘："我欲出家学道。"时诸比丘见已，复谓时善现龙王，即问言："汝是何等人？"答言："我是某甲外道，我故杀母，既杀已，常怀愁忧。念言：'谁能为我除此忧苦？'复作是念：'沙门释子多修善法。我今宁可出家学道，得灭此罪。'是故来求出家。"时诸比丘以此事往白佛。佛言："杀母者，于我法中无所长益，若未出家，不得与出家受具足戒。若与出家受具足戒，应灭摈。"

时复有一外道，故杀父。既杀已，常怀愁忧，念言："谁能为我除此忧苦？"即念言："沙门释子多修善法，我今宁可从其出家学道，可得灭此罪。"即王僧伽蓝中，语诸比丘言："我欲出家学道。"时诸比丘见已，谓为善现龙王。问言："汝是何等人？"答言："我是某甲外道，故杀父，既杀已，常怀愁忧。"念言："谁能为我除此忧苦？"即复念言："沙门释子多修善法，我今宁可从其出家学道，可得灭此罪。是故来求出家。"时诸比丘以此事往白佛。佛言："杀父者，于我法中无所长益，若未出家，不得与出家受具足戒。若与出家受具足戒，应灭摈。"②

尔时有与醉者受具足戒。酒解已即还家。诸比丘言："汝已受具足

---

① 《四分律》卷第三十四《受戒揵度》之四"不度官人"。
② 《四分律》卷第三十五《受戒揵度》之五"杀母杀父者应灭摈"。

戒，止莫还家。"答曰："我不受具足戒。"佛言："不得授醉者具足戒。"①

尔时世尊在舍卫国祇树及孤独园。时六群比丘尼管理家事，舂磨，或炊饭，或炒麦，或煮食，或敷床卧具，或扫地，或取水，或受人使令。诸居士见已，皆共嗤笑言："如我妇管理家业，舂磨炊饭，乃至受人使令。此六群比丘尼亦复如是。"

时诸居士皆生慢心，不复恭敬。尔时诸比丘尼闻，其中有少欲知足行头陀乐学戒知惭愧者，嫌责六群比丘尼言："云何营理家业，舂磨乃至受人使令，汝俗人无异耶？"

往白诸比丘。诸比丘白佛。佛以此因缘集比丘僧，呵责六群比丘尼言："汝所为非。非威仪、非沙门法、非净行、非随顺行，所不应为。云何营理家业、舂磨乃至受使，如俗人无异，以无数方便？"

呵责已，告诸比丘，此比丘尼多种有漏处最初犯戒。自今已去与比丘尼结戒。集十句义，乃至正法久住。欲说戒者，当如是说。若比丘尼为白衣作使者波逸提比丘尼义如上，为白衣作使者，即上舂磨，乃至受使者是。彼比丘尼，管理家业，舂磨乃至受人使令者，一切波逸提。比丘随所犯式，叉摩那沙弥沙弥尼突吉罗，是谓为犯不犯者。若父母病若被系闭，为敷床卧具，扫地，取水，供给所须，受使。若有信心优婆塞病，若被系闭，为敷床卧具，扫地，取水受使。若为强力者所执，如是一切无犯无犯者，最初未制戒痴狂心乱痛恼所缠。②

(9) 佛陀的神化

早期佛教不承认有神存在，认为人们要得到解脱，只能靠自己修行。但在佛经中也常有神化释迦摩尼、神化佛陀或菩萨的事情。

佛经中关于神化佛陀的事例：

……是时，如来自毗耶离，统领大众诣拘睒弥国。时彼大王名曰

---

① 《四分律》卷第三十五《受戒揵度》之五"不度醉酒者"。
② 《四分律》卷第二十七《一百七十八单提法》之四"佛陀的若干禁诫"。

优填，集诸臣民悉来奉迎。毗耶人民明晨问佛，云何已往拘睒弥国。六师由是高心愈增。语其徒曰："见必穷逼。"

时喋磋王闻佛前进，亦备供具，满五百车，以俟供养。王及臣民充七万数，被其所须，悉随佛后，自拘睒弥国往越祇国，自越祇国往特叉尸罗国，以至波罗奈国、迦毗罗卫国、舍卫国等。于时世尊所历之境，王及臣民千万亿众，悉来奉迎，供养恭敬。每至一国，彼六师辈常逐于后，求佛捔试，广炫己能，皆如前说。时诸国王所将臣民，无量百千万亿之众，充塞川野，集舍卫国。时彼大王，名曰胜军，有大名称，威德特尊。时六师辈前白王言："请与沙门较其优劣。潜奔诸国，意欲求避。我与徒属，今逐至此。"

时胜军王谓外道曰："如来圣德，难可思议，汝辈凡愚，辄论胜负。"

王诣佛所，具陈上事，唯愿世尊略施神化，普令诸国一切群迷睹佛神通，辨其邪正。

佛言："大王，此非小缘，今正是时。如其所请。"

王敕臣吏，严治会所，广积香华，敷设床座，诸如来大众，皆悉云集。当月一日，于晨朝时，佛与大众初至论场，胜军大王是日设食，净心亲手，以奉杨枝。佛受嚼已，掷残置地。忽然之间，发生根茎，以至青翠，渐次高大，三百由旬，其条傍布，二百由旬，枝叶华果，七宝所成。有多种色，随色发光。食其果者，味如甘露。一切人民睹是神变，咸生信重。赞言希有。佛随机宜，为说妙法。闻法解悟，得不退转。

次第二日，拘睒弥国优填大王请佛供养。佛于两边化二大山，高广严好，七宝合成，众色晃曜。一山之上，出粳稻饭，香滑甘美，如苏陀味，诸国土中，无量有情，共来食之，皆得丰足；一山上出细嫩香艸（草），食无苦涩，而能充足，象马牛羊，诸傍生类，皆得饱满。诸国人民睹是神变，咸生信重，赞言希有。

次第三日，大越支国纯真陀王请佛供养，奉佛净水，盥漱弃地，成七宝池，一一方面，每二百里，八功德水，充满其中，四色莲华，清香远布。时诸众会，睹是神变，咸生信重。佛为说法，心开意解，远尘离垢，皆得初果。

次第四日，特叉尸罗国陀婆弥王请佛供养，是时如来于池四面化八渠流，激扬清波，相连灌注。水声流演八解脱法诸波罗蜜，闻者皆发大菩提心。

次第五日，波罗奈国梵摩达王请佛供养，如来口中放金色光，遍照三千大千世界。蒙光照者，身心泰然，犹如获得第三禅乐。佛为说法，得法眼净。

次第六日，毗耶离国嗥磋大王请佛供养，如来慈力平等加持。普令众会一切众生各互了知，心行差别，心所动作，善恶业报，咸生惊喜，叹佛功德。佛为说法，各得了解，发清静心，住无生忍。

次第七日，迦毗罗卫国诸释种族请佛供养，佛以神力，令在会者各见自身为转轮王，七宝具足，千子围绕，小王臣民，恭肃承事。各各忻庆，讚佛功德。佛为说法，皆悉乐求无上佛道。

次第八日，帝释天主知佛世尊摄化邪党，下降人间，请佛供养，为佛造作七宝严饰师子之座。佛坐其上，光明焕赫。释梵诸天，侍立左右，一切众会，寂然安坐。是时如来舒金色臂，以手按座，欻然有声，如象王吼。应时即有五大药叉，摧毁挽拽六师之座。密迹金刚杵头出火。举拟六师，惊怖奔走，惭此重辱，溺水而死。六师徒属，九万人众，皆归①依佛，原为弟子。佛言："善来。"须发自落，成沙门相证罗汉果。②

(10) 佛教徒与世俗官吏的关系

往昔之世，有兄弟二人，心乐佛法，出家学道。其兄精勤，集众善

---

① 按：应当是皈。
② 《菩萨本生鬘论》卷第二《最胜神化缘起》第四。

法，修阿练行，未久之顷，得罗汉道；其弟聪明，学问博识，诵三藏经，后为辅相，请作门师，多与财钱，委使营造僧房塔寺。时三藏法师受其财物，将人经地。为造塔寺，基刹端严，堂宇莹丽。制作之意，妙绝工匠。辅相见已，倍生信敬，供养供给，触事无乏。三藏比丘见其心好，即作是念："寺庙讫成，俱须众僧，安置寺上。当语辅相，使请我兄。"

作是念已，语辅相言："我有一兄，在于彼处，舍家入道，勤心精进，修阿练行。檀越今可请著寺上。"

辅相答言："师所约敕，但是比丘不敢违逆，况复师兄是阿练也。"

即便遣人殷勤往请。既来到已，辅相见其精勤用行，倍加供养。其后辅相以一妙氎，价直千万，以与彼阿练比丘。阿练比丘不肯受之。殷勤强与，然后乃受，而作是念："我弟营事，当须财物。"即以与之。辅相后时以一粗氎用与三藏。三藏得已，深生瞋恚。又于后日，辅相更以一张妙氎直千万钱与兄阿练。其兄即得，复以与弟。其弟见已，倍怀忌妒。即持此氎，往至辅相爱敬女所，而语之言："汝父辅相，先看我厚，今彼比丘至止已来，不知以何幻惑汝父，今于我薄，与汝此氎。汝可持向辅相之前，缝以为衣。若其问者，汝可答言：'父所爱重阿练若者捉以与我。'辅相必定瞋不共语。"

女语三藏言："我父今厚敬彼比丘，如爱眼睛，亦如明珠，云何卒当而到谤毁？"三藏复言："汝若不尔，与汝永断。"

女人又答："何故太卒？当更方宜。"情不能已，便受此氎，于其父前，裁以为衣。尔时辅相，见氎即识，而作念言："彼比丘者，甚大恶人，得我之氎，不自供给，反以诳惑小儿妇女。"

于是后日阿练若来，不复出迎，颜色变异。时此比丘，见辅相尔……即升空中，作十八变。辅相见已，深怀敬服。即与其妇，礼足忏悔，恭敬情浓，倍于常日。即驱三藏及其己女，悉令出国。

佛言："尔时三藏，我身是。以谤他故，于无量劫，受大苦恼，乃至今日。为孙他利之所毁谤。尔时此女，由谤圣故，现被驱出，穷困乞活。是以世人于一切事，应当明察，莫轻诽谤，用招咎罚。"①

(11) 佛教的伦常观

《佛说长阿含经》的《善生经》中讲到六方，即父子、夫妻、主仆、师生、朋友、施主等六个方面的关系，这实际上就是讲到了伦理关系。

如是我闻，一时佛在罗阅祇耆阇崛山中，与大比丘众千二百五十人俱，尔时世尊时刻，著衣持钵，入城乞食。时罗阅祇城内有长者子，名曰善生，清旦出城，诣园游观，初沐浴讫，举身皆湿，向诸方礼，东西南北上下左右诸方皆悉周遍。尔时世尊见长者善生诣园游观。初沐浴讫，举身皆湿，向诸方礼。世尊见已，即诣其所，告善生言："汝以何缘清旦出城，于园林中，举身皆湿，向诸方礼？"尔时善生白佛言："我父临命终时，遗敕我言：'汝欲礼者，当先礼东方、南方、西方、北方、上方、下方。'我奉承父教，不敢违背，故澡浴讫，先叉手东面向东方礼，南西北方，上下诸方，悉皆周遍。"尔时世尊告善生曰："长者子有此方名耳，非为不有。然我贤盛法中，非礼此六方以为恭敬。"善生白佛言："唯愿世尊善为我说圣贤法中礼六方法。"佛告长者子："谛听谛听，善思念之。当为汝说。"善生对曰："为然，愿乐欲闻。"佛告善生："若长者长者子知四结业不？于四处而作恶行，又复能知六损财业，是为善生。长者长者子离四恶行，礼敬六方，今世亦善，后获善报……"佛告善生："当知六方，云何为六？父母为东方，师长为南方，妻妇为西方，亲党为北方，僮仆为下方，沙门婆罗门诸高行者为上方。善生，夫为人子，当以五事敬顺父母。云何为五？一者供奉，能使无乏；二者凡有所为，先白父母；三者父母所为，恭顺不逆；四者父母正令，不敢违背；五者不断父母所为正业。善生，夫为人子，当以此五事敬顺父母。父母复以五事敬亲其子。云何为五？一者制子不听为恶；二者指授示其善处；三者慈爱入

---

① 《杂宝藏经》卷第三，二七《兄弟二人俱出家缘》。

骨彻髓；四者为子求善婚娶；五者随时供给所须。善生，子于父母敬视恭奉，则彼方安隐无有忧畏。善生，弟子敬奉师长，复有五事，云何为五？一者给事所须；二者礼敬供养；三者尊重戴仰；四者师有教敕，敬顺无违；五者从师闻法，善持不忘。善生，夫为弟子，当以此五法敬事师长。师长复以五事敬视弟子。云何为五？一者顺法调御；二者诲其未闻；三者随其所问，令善解义；四者示其善友；五者尽以所知，诲授不吝。善生，弟子于师长敬顺恭奉，则彼方安隐，无有忧畏。善生，夫之敬妻，亦有五事，云何为五？一者相待以礼；二者威严不阙；三者衣食随时；四者庄严以时；五者委付家内。善生，夫以此五事敬待于妻，妻复以五事恭敬于夫。云何为五？一者先起；二者后坐；三者和言；四者敬顺；五者先意承旨。善生，是为夫之于妻，敬待如是，则彼方安隐无有畏忧。善生，夫为人者，当以五事亲敬亲族。云何为五？一者给施；二者善言；三者利益；四者同利；五者不欺。善生，是为五事亲敬亲族。亲族亦以五事亲敬于人。云何为五？一者护放逸；二者护放逸失财；三者护恐怖者；四者屏相教戒；五者常相称叹。善生，如是敬视亲族，则彼方安隐，无有忧畏。善生，主于僮使，以五事教授，云何为五？一者随能使役；二者饮食随时；三者赐劳随时；四者病与医药；五者纵其休假。善生，是为五事教授僮使。僮使复以五事奉事其主。云何为五？一者早起；二者为事周密；三者不与不取；四者作务以次；五者称扬主名。是为主待僮使，则彼方安隐，无有忧畏。善生，檀越当以五事供奉沙门婆罗门。云何为五？一者身行慈；二者口行慈；三者意行慈；四者以时施；五者门不制止。善生，若檀越以此五事供奉沙门婆罗门。沙门婆罗门当复以六事而教授之。云何为六？一者防护，不令为恶；二者指授善处；三者教怀善心；四者使未闻者闻；五者已闻能使善解；六者开示天路。善生，如是檀越恭奉沙门婆罗门，则彼方安隐，无有忧畏。"……尔时善生白世尊言："甚善。世尊实过本望，踰我父教，能使覆者得仰，闻者得开，迷者得悟，冥室燃灯，有目得视。如来所说，亦复如是，以无数方便开悟愚冥，现清白法。所以者何？佛为如来至真正觉，故能开示，为世明导。今我皈依佛，皈依法，皈依僧。唯愿世尊听我于正法中，为忧婆塞，自今日始，尽形寿。不杀、不盗、不淫、不欺、不饮酒。"尔时善生闻佛所说，欢喜奉行。[①]

在《中阿含经》卷第三十三《大品》第一《善生经》第十九中，也有关于善生礼拜六方的内容，即再一次说到了这种伦理关系。

在《佛说尸迦罗越六方礼经》中也说到这种伦理关系：

佛在王舍国鸡山中，时有长者子，名尸迦罗越，早起严头，洗浴著文衣，东向四拜，南向四拜，西向四拜，北向四拜，向天四拜，向地四拜。

佛入国分卫遥见之，往到其家问之："何为六向拜？此应何法？"

尸迦罗越言："父在时教我六向拜。不知何应。今父丧亡，不敢于后违之。"

佛言："父教汝使六向拜，不以身拜。"

尸迦罗越便长跪言："愿佛为我解此六向拜意。"

佛言："听之，内著心中。其有长者黠人能持四戒不犯者，今世为人所敬，后世生天上：一者不杀诸群生，二者不盗，三者不爱他人妇女，四者不妄言两舌，心欲贪淫恚怒愚痴自制勿听。不能制此四意者，恶名日闻，如月尽时，光明稍冥。能自制恶意者，如月初生，其光稍明，至十五日，盛满时也。"

佛言："复有六事，钱财日耗灭：一者喜饮酒，二者喜博掩，三者喜早卧晚起，四者喜请客，亦欲令人请之，五者喜与恶知识相随，六者骄慢轻人。犯上头四恶，复行是六事，妨其善行，亦不得忧治生，钱财日耗减，六向拜当何益乎？"

① 《佛说长阿含经》卷第十一第二分《善生经》第十二。

佛言："恶知识有四辈：一者内有怨心，外强为知识；二者于人前好言语，背后说言恶；三者有急时，于人前愁苦，背后欢喜；四者外如亲厚，内兴怨谋。善知识亦有四辈：一者外如怨家，内有厚意；二者于人前直谏，于外说人善；三者病瘦县官，为其征讼忧解之；四者见人贫贱不弃捐，当念求方便欲富之。恶知识复有四辈：一者难谏晓教之作善故，与恶者相随；二者教之莫与喜酒人为伴故，与嗜酒人相随；三者教之自守，益更多事；四者教之与贤者为友故，与博掩子为厚。善知识亦有四辈：一者见人贫穷，卒乏令治生；二者不与人诤计挍；三者日往消息之；四者坐起当（常）相念。善知识复有四辈：一者为吏所捕，将归藏匿之，于后解决之；二者有病瘦，将归养视之；三者知识死亡，棺敛视之；四者知识已死，复念其家。善知识复有四辈：一者欲斗止之；二者欲随恶知识谏止之；三者不欲治生，劝令治生；四者不喜经道，教令喜信之。恶知识复有四辈：一者小侵之便大怒；二者有急情使之不肯行；三者见人有急时避人走；四者见人死亡弃不视。"

佛言："择其善者从之，恶者远离之。我与善知识相随，自致成佛。"

佛言：

"东向拜者，谓子视父母，当有五事：一者当念治生；二者早起敕令奴婢，时作饭食；三者不益父母忧；四者当念父母恩；五者父母疾病，当恐惧求医师治之。父母视子亦有五事：一者当念令去恶就善；二者当教计书疏；三者当教持经戒；四者当早与娶妇；五者家中所有当给与之。

"南向拜者，谓弟子事师。当有五事：一者当敬难之；二者当念其恩；三者所教随之；四者思念不厌；五者当从后称誉之。师教弟子亦有五事：一者当令疾知；二者当令胜他人弟子；三者欲令知不忘；四者诸疑难悉为解说之；五者欲令弟子智慧胜师。

"西向拜者，谓妇事夫。有五事：一者夫从外来，当起迎之；二者夫出不在，当炊蒸扫除待之；三者不得有淫心于外夫，骂言不得还骂作色；四者当用夫教诫，所有什物不得藏匿；五者夫休息盖藏乃得卧。夫视妇亦有五事：一者出入当敬于妇；二者饭食之，以时节与衣被；三者当给与金银珠玑；四者家中所有多少，悉用付之；五者不得于外邪畜传御。

"北向拜者谓人视亲属朋友，当有五事：一者见之作罪恶，私往于屏处，谏晓呵止之；二者小有急，当奔趣救护之；三者有私语，不得为他人说；四者当相敬难；五者所有好物，当多少分与之。

"向地拜者，谓大夫视奴客婢使，亦有五事：一者当以时饭食与衣被；二者病瘦当为呼医治之；三者不得妄挝捶之；四者有私财物，不得夺之；五者分付之物当使平等。奴客婢使事大夫亦有五事：一者当早起，勿令大夫呼；二者所当作自用心为之；三者当爱惜大夫物，不得弃捐乞丐人；四者大夫出入当迎送之；五者当称誉大夫善，不得说其恶。

"向天拜者，谓人事沙门道士，当用五事：一者以善心向之；二者择好言与语；三者以身敬之；四者当恋慕之；五者沙门道士人中之雄，当恭敬承事，问度世之事。沙门道士当以六意视凡民：一者教之布施，不得自悭贪；二者教之持戒，不得自犯色；三者教之忍辱，不得自恚怒；四者教之精进，不得自懈慢；五者教人一心，不得自放意；六者叫人黠慧，不得自愚痴。沙门道士教人去恶为善，开示正道，恩大于父母。如是行之，为知汝父在时六向拜之教也，何忧不富乎？"尸伽罗约即受五戒，作礼而去。

佛说呗偈：鸡鸣当早起，披衣来下床。澡漱令心净，两手奉花香。佛尊过诸天，鬼神不能当。低头绕塔寺，叉手礼十方。贤者不精进，譬如树无根。根断枝叶落，何时当复连。采华著日中，能有几时鲜。放心自纵意，命过复何言。人当虑非常，对来无有期。犯过不自觉，命过为自欺。今当入泥犁，何时有出期。贤者受佛语，持戒慎勿疑。佛如好华树，无不爱乐者。处处人民闻，一切皆欢喜。令我得佛时，愿使如法王。过度诸生死，无不解脱者。戒德可恃怙，福报常随己。现法为人长，终远三恶道。戒慎除恐畏，福德三界尊。鬼神邪毒害，不犯有戒人。堕俗生世苦，命速如电光。老病死时至，对来无豪强。无亲可恃怙，无处可隐藏。天福尚可尽，人命岂久长。父母家室居，譬如寄客人。宿命寿以尽，舍故当受新。各追所作行，无际如车轮。起灭从罪福，生死十二因。现身游免乱，济育一切人。慈伤坠众邪，流没于深渊。勉进以六度，修行致自然。是故稽首礼，归命天中天。人身既难得，得人复嗜欲。贪淫于意识，痛想无厌足。豫种后世栽，欢喜诣地狱。六情幸完具，何为自困辱。一切能正心，三世神吉祥。不与八难贪，随行生十方。所生趣精进，六度为桥梁。广劝无极慧，一切蒙神光。①

佛经中还有一篇《善生子经》，也是有关善生拜六方的论述。

(12) 佛陀的孝道

乞食喂养父母，甚至割自身肉喂养父母。

尔时世尊在摩揭陀国竹林精舍重阁讲堂，与阿难陀著衣持钵，入城乞食。见有衰老夫妇二人，两目失明，加复贫悴。唯有一子，年始七岁，常出乞丐，以赡其亲，或得新好果蓏饮食，先奉父母，有得硬涩残触之物，而自食之。是时阿难念此小儿，虽在幼年，而行笃孝，勤意朝夕，不失所须。

佛分卫讫，还归精舍，食毕洗足，敷座而坐，为诸大众，将演经法。

阿难叉手，前白佛言：“适侍世尊，入城分卫，见一小儿，将盲父母，往来求乞，承顺孝养，日以为常，甚为难得。”

① 《长阿含经》《佛说尸迦罗越六方礼经》。

佛言："阿难，匪惟在家及出家者，皆以孝行，而为其先，计其功德，不可称量。所以者何？忆念过去无量劫时，我为童子，亦年七岁，以孝顺心，曾割身肉，以济父母，危急之命。从是以来，承此功德，常为天帝，及作人王，直至成佛，皆因此福。"

阿难白佛："愿闻往因活亲之命，其事云何？"

佛言：

"阿难，汝当谛听，吾今为汝分别说之。乃往古世，此阎浮提有一大国，名得叉始罗。时彼国王名曰提婆，有十太子，各领一国。其最小者名曰善住。国界康乐，人民炽盛。时彼邻境，有一恶王，名曰罗睺，欲来侵掠，拘其凶党，举师相攻。时善住王兵力不如，乃奔父国避其祸难。王有爱子，其名善生，方在龆乱，不忍弃遗，将妇抱儿，忽遽出境，一路七日，得至家邦。一路荒僻，经十四程，勉力而负七日之储，登途惴惶，惧涉迂道，方行半路，已绝馈粮。累日饥羸，相顾殆尽。王作是念：'事迫计穷，须弃一人，可存二命。'乃谕夫人，携儿前进，引刀于后，欲研妇身，用活幼儿，兼以自济。善生回顾，见父举刀，急白王言：'勿杀吾母。宁割我肉，以充其粮。未闻有儿食于母肉。'勤诚泣谏，母命获全。是时善生乃白王言：'愿将身肉，以救二亲。若割肉时，勿令顿尽，渐可取食，得延数程。若命绝者，肉当臭烂，必为所弃，于事无成。'是时父母谓善生曰：'今为罪行，非子本心，何忍举刀，亲割汝肉？'于是王子先持利刀，自割身肉，跪而奉之。王与夫人见是事已，悲啼懊恼，久乃能食。经于数朝，身肉都尽，未至他国，饥急难堪，于骨节间复得少肉，赍之前途，用接余命。时善住王及彼夫人，各以善言，慰喻其子，聚首哀恋，舍之遂行。尔时王子而作是念：'我以身肉，济活亲命，愿达乡国，身安泰然。以此善根，速获菩提，济度十方，一切群品，使离众苦，证真长乐。'

"发是愿时，三千世界，六种震动，欲色诸天，悉皆惊愕，即以天眼，观于世间，乃见菩萨，修是孝行。是时诸天子于诸虚空中，合掌称赞，泪堕如雨。时天帝释化作虎狼，试验菩萨，欲来吞啖。

"王子自念：'此诸猛兽，今来食我，唯有余骨，悉皆施之，以欢喜心，不生悔恼。'

"是时帝释还复本形，赞王子言：'甚为希有。能以身肉，济活二亲，如是孝心，无能及也。汝须何愿，今当说之。我唯志求无上佛道。'

"天帝复言：'我今视汝身肉都尽，疲苦难堪，得无悔恨于父母耶？'

"王子答言：'若我诚实，心无悔恨，决定当来得成佛者，使我身肉倏然如故。'

"作是誓已，即得平复。时诸天帝释及诸天人，同声赞言：'善哉，善哉！'"

佛告阿难："往昔之时，善住王者，岂异人乎？今净饭王是。王夫人者，今摩耶夫人是。昔善生王子者，则我身是也。"①

(13) 佛教的社会契约论

如是我闻，一时佛在舍卫国清信园林鹿母讲堂，与大比丘众千二百五十人俱。尔时有二婆罗门，以坚固信，往诣佛所，出家为道。一名婆悉吒，二名婆罗堕。尔时世尊于静室出，在讲堂上彷徉经行。时婆悉吒见佛经行，即寻速疾诣婆罗堕，而与之言："汝知不耶？如来今者出于静室，堂上经行。我等可共诣世尊所，傥闻如来有所言说。"时婆罗堕闻其语已，即共诣世尊所，头面礼足，随佛经行。尔时世尊告婆悉吒曰："汝等二人，出婆罗门种，以信坚固，与我法中，出家修道耶？"答曰："如是。"佛言："婆罗门，今在我法中出家修道，诸婆罗门得无嫌责汝耶？"答曰："唯然，蒙佛大恩，出家修道，实自为彼诸婆罗门所见嫌责。"佛言："彼以何事而嫌责汝？"寻白佛言："彼言：'我婆罗门种最为第一，余者卑劣，我种清白，余者黑冥，我

---

① 《菩萨本生鬘论》卷第一《如来分卫缘起》第三。

婆罗门种出自梵天，从梵口生，于现法中，得清净解，后亦清净。汝等何故舍清净种，入彼瞿昙异法中耶？'世尊，彼见我于佛法中出家修道，以如此言而呵责我。"佛告婆悉吒："汝观诸人，愚冥无识，犹如禽兽，虚假自称：'婆罗门种最为第一，余者卑劣，我种清白，余者黑冥，我婆罗门种出自梵天，从梵口生，现得清净，后亦清净。'婆悉吒，今我无上正真道中，不须种姓，不恃吾我骄慢之心。俗法须此，我法不尔。若有沙门婆罗门，自恃种姓，怀骄慢心，于我法中终不得成无上证也。若能舍离种姓，除骄慢心，则于我法中得成道证，堪受正法。人恶下流，我法不尔。"……佛告婆悉吒："今者现见婆罗门种，嫁娶产生与世无异，而作诈称：'我是梵种，从梵口生，现得清净，后亦清净。'婆悉吒，汝今当知，今我弟子，种姓不同，所出各异，于我法中出家修道。若有人问，汝谁种姓，当答彼言：'我是沙门释种子也。'……婆悉吒，今当为汝说四姓本缘。天地始终，劫尽坏时，众生命终，皆生光音天，自然化生，以念为食，光明自照，神足飞空。其后此地尽变为水，无不周遍。当于尔时，无复日月星辰，亦无昼夜年月岁数，唯有大冥。其后此水变成大地。光音诸天，福尽命终，来生此间。虽来生此，犹以念食，神足飞空，身光自照。于此住久，各自称言，众生众生。其后此地，甘泉涌出，状如酥蜜。彼初来天性轻易者，见此泉已，默自念言：'此为何物，可试尝之。'即内指泉中，而试尝之。如是再三，转觉其美，便以手抄，自恣食之。如是乐著，遂无厌足。其余众生，复效食之。如是再三，复觉其美，食之不已，其身转粗，肌肉坚䩕，失天妙色，无复神足，履地而行，身光转灭，天地大冥。婆悉吒，当知天地常法，大冥之后，必有日月星像现于虚空，然后方有昼夜晦明日月岁数。尔时众生，但食地味，久住世间。其食多者，颜色粗丑；其食少者，色犹悦泽。好丑端正，于是始有，其端正者，生骄慢心，轻丑陋者；其丑陋者，生嫉恶心，憎端正者。众生于是各共忿诤。是时甘泉自然枯涸，其后此地生自然地肥，色味具足，香洁可食。是时众生，复取食之，久住世间。其食多者，颜色粗丑，其食少者，色犹悦泽。其端正者，生骄慢心，轻丑陋者。其丑陋者，生嫉恶心，憎端正者。众生于是各共诤讼。是时地肥遂不复生。其后此地复生粗厚地肥，亦香美可食，不如前者。是时众生复取食之，久住世间。其食多者，色转粗丑；其食少者，色犹悦泽。端正丑陋，迭相是非，遂生诤讼。地肥于是遂不复生。其后此地生自然粳米，无有糠糩，色味具足，香洁可食。是时众生复取食之，久住于世，便有男女，互共相视，渐有情欲，转相亲近。其余众生见已，语言：'汝所为非，汝所为非。'即排摈驱遣，出于人外，过三月已，然后返归。"佛告婆悉吒："昔所为非，今以为是。时彼众生，习于非法，极情恣欲，无有时节，以惭愧故，遂造屋舍，世间于是始有房舍。玩习非法，淫欲转增，便有胞胎，因不净生。世间胞胎，始于是也。时彼众生，食自然粳米，随取随生，无可穷尽。时彼众生，有懈堕者，默自念言：'朝食朝取，暮食暮取，于我劳勤。今欲并取，以终一日。'即寻并取。于后等侣，唤共取米。其人答曰：'我已并取，以供一日。汝欲取者，自可随意。'彼人复自念言：'此人黠慧，能先储积。我今亦欲积粮，以供三日。'其人即储三日余粮。有余众生，复来语言：'可共取米。'答言：'吾已先积三日余粮，汝欲取者，可往自取。'彼人复念：'此人黠慧，先积余粮，以供三日。吾当效彼积粮，以供五日。'即便往取。时彼众生，竟储积已，粳米荒秽，转生糠糩，刈已不生。时彼众生，见此不悦，遂成忧迷，各自念言：'我本初生，以念为食，神足飞空，身光自照，于世久住。其后此地，甘泉涌出，状如酥蜜，香美可食。我等时共食之。食之转久，其食多者，颜色粗丑；其食少者，色犹悦择。由是食故，我等颜色有异。众生于是各怀是非，迭相憎嫉。是时甘泉，自然枯竭。其后此地生自然地肥，色味具足，香美可食。时我曹等，复取食之。其食多者，颜色粗丑；其食少者，颜色悦泽。众生于是复怀是非，迭相憎嫉。是时地肥，遂不复生。其后复生粗厚地肥，亦香美可食。时我曹等，复取食之。多食色粗，少食色悦，复生是非，共相憎嫉。是时地肥，遂不复现。更生自然粳米，无有糠糩。时我曹等，复取食之，久住于世。其懈怠者，竞共储积。由是粳米荒秽，转生糠糩，刈已不生。今当如何？'复自相谓言：'当共分地，别立标帜。'婆悉吒，犹此因缘，始有田地名生。彼时众生，别封田地，各立疆畔，渐生盗心，窃他禾稼。其余众生见已，语言：'汝所为非。汝所为非。自有田地，而取他物。自今已后，勿复尔也。'其彼众生，犹盗不已。其余众生，复重苦责，而犹不已。便以手加之，告诸人言：'此人自有田稼，而盗他物。'其人复告：'此人打我。'时彼众人，见二人诤已，愁忧不悦，懊恼而言：'众生转恶，世间乃有此不善，生秽恶不净。此是生老病死之原，烦恼苦报，堕三恶道。由有田地，致此诤讼。今者宁可立一人为主，以治理之，可护者护，可责者责。众共减米，以供给之，使理争讼。'时彼众中，自选一人，形体长大，颜貌端正，有威德者，而语之言：'汝今为我等作平等主，应护者护，应责者责，应谴者谴。当共集米，以相供给。'时彼一人，闻众人言，即与为主，断理争讼。众人即共集米供给。时彼一人，复以善言，慰劳众人。众人闻已，皆大欢喜，皆共称言：'善哉大王，善哉大王。'于是世间便有王名，以正法治民，故名刹利。于是世间始有刹利名生。时彼众中，独有一人，作如是念：'家为大患，家为毒刺。我今宁可舍此居家，独在山林，闲静修道。'即舍居家，入于山林，寂默思惟，至时持器，入村乞食。众人见已，皆乐供养，欢喜称赞：'善哉此人，能舍居家，独处山林，静默修道，舍离众恶。'于是世间始有婆罗门名生。彼婆罗门中，有不乐闲静坐禅思惟者，便入人间，诵习为业，又自称言：'我是不禅人。'于是世人称不禅婆罗门。由入人间故，名为人间婆罗门。于是世间有婆罗门种。彼众生中，有人好营居业，多积财宝，因是众人名为居士。比众生中，有多机巧，多所造作，于是世间始有首陀罗工巧之名。婆悉吒，今此世间有四种名。第五有沙门众名。所以然者，婆悉吒，刹利众中或时有人，自厌已法，剃除须发，而披法服，于是始有沙门名生。婆罗门种、居士种，首陀罗种，或时有人自厌已法，剃除须发，法服修道，名为沙门……"①

……佛告比丘："劫初众生，食地味已，久住于世。其食多者，颜色粗悴；其食少者，颜色光润。然后乃知众生颜色形貌优劣，互相是非，言我胜汝，汝不如我。以其心存彼我，怀诤竞故，地味销竭。又地皮生，状如薄饼，色味香洁。尔时众生，聚集一处，懊恼悲泣，拊胸而言：'咄哉为祸，今者地味忽不复现。'犹如今人得盛美味，称言美善，后复失之，以为忧恼，彼亦如是，忧恼悔恨。后食地皮，渐得其味。其食多者，颜色粗悴；其食少者，颜色润泽。然后乃知众生颜色形貌优劣，互相是非，言我胜汝，汝不如我，以其心存彼我，怀诤竞故，地皮销竭。其后复有地肤出，转更粗厚，色如天华，软若天衣，其味如蜜。时诸众生，复取共食，久住于世。食之多者，颜色转损；食鲜少者，颜色光泽。然后乃知众生颜色形貌优劣，互相是非，言我胜汝，汝不如我，以其心存彼我，怀诤竞故，地肤销竭。其后复有自然粳米，无有糠糩，不加调和，备众美味。尔时众生，聚集而言：'咄哉为祸，今者地肤，忽不复现。'犹如今人遭祸逢难，称言苦哉。尔时众生，亦复如是，懊恼悲叹。其后众生，便共取粳米食之，其身粗丑，有男女形，互相瞻视，遂生欲想，共在屏处，为不净行。余众生见言，咄此为非。云何众生共生，有如是事。彼行不净男子者见他呵责，即自悔过，言：'我所为非。'即身投地。其彼女人，见其男子以身投地，悔过不起，女人即便送食。余众生见，问女人言：'汝持此食，欲以与谁？'答曰：'彼悔过众生，堕不善行者，我送食与之。'因此言故，世间便有不善夫主之名。以送饭与夫，因名为妻。其后众生，遂为淫泆，不善法增，为自障蔽，遂造屋舍，以此因缘，故

---

① 《长阿含经》卷第六第二分初《小缘经》第一。

始有舍名。其后众生，淫泆转增，遂成夫妻。有余众生，寿行福尽，从光音天命终来生此间，在母胎中，因此世间有处胎名。尔时先造瞻婆城，次造伽尸、婆罗奈城，其次造王舍城。日出时造，即日出时成。以此因缘，世间便有城郭、郡邑，王所治名。尔时众生，初食自然粳米，时朝刈暮熟，暮刈朝熟，刈后随复，无有茎秆。时有众生，默自念言：'日日刈获，疲劳我为，今当并取，以供数日。'即时并获，积数日粮。余人于后语此人言：'今可相与共取粳米。'此人答曰：'我已先积，不须更取。汝欲取者，自随意去。'后人复自念言：'前者能取二日余粮，我岂不能取三日粮耶？'此人即积三日余粮。复有余人语言：'共取粮去来。'此人答曰：'我已取三日余粮，汝欲取者，自随汝意。'此人念言：'彼人能取三日粮，我岂不能取五日粮耶？'即取五日粮已。时众生竞积余粮。故是时粳米便生糠糩，刈已不生，有枯秆现。尔时众生集在一处，懊恼悲泣，捬胸而言：'咄此为祸哉。'自悼责言：'我等本皆化生，以念为食，身光自照，神足飞空，安乐无碍。其后地味始生，色味具足。时我等食此地味，久住于世，其食多者颜色转粗，其食少者色犹光泽。于是众生心怀彼我，生骄慢心，言我色胜，汝色不如，诤色骄慢，故地味消灭，更生地皮，色香味具。我等时复共取食之，久住于世。其食少者，色犹光泽。于是众生心怀彼我，生骄慢心，言我色胜，汝色不如，诤色骄慢，故地皮消灭，更生地肤，转更粗厚，色香味具。我等时复共取食之，久住于世。其食多者，色转粗悴；其食少者，色犹光泽。于是众生心怀彼我，生骄慢心，言我色胜，汝色不如，诤色骄慢，故地肤灭。更生自然粳米，色香味具，我等时复共取食之，朝获暮熟，暮获朝熟，刈以随生，无有载刈，由我。尔时竞共积聚，故米生糠糩，刈以不生，现有根秆。我等今者宁可共封田宅，以分疆畔。'时即共分田，以异疆畔，计有彼我，其后遂自藏己米，盗他田谷。余众生见已，语言：'汝所为非，汝所为非。云何自藏己物，盗他财物？'即呵责言：'汝后勿复为盗。'如是不已，犹复为盗。余人复呵言：'汝所为非，何故不休。'即便以手杖打将诣众中，告众人言：'此人自藏粳米，盗他人田谷。'盗者复言：'彼人打我。'众人闻已，懊恼涕泣，拊胸而言：'世间转恶，乃是恶法生耶。遂生忧结，热恼苦报，此是生老病死之原，遂堕恶趣，因有田宅，疆畔别异，故生诤讼，以致怨仇，无能决者。我等今者宁可立一平等主，善护人民，赏善罚恶。我等众人，各共减割，以供给之。'时彼众中，有一人形质长大，容貌端正，甚有威德，众人语言：'我等今欲立汝为主，善护人民，赏善罚恶，当共减割，以相供给。'其人闻之，即受为主，应赏者赏，应罚者罚。于是始有民主之名。"①

"……有时此世，皆悉败坏。此世坏时，若有众生，生晃昱天，彼于其中，妙色意生，一切支节，诸根具足，以喜为食，自身光明，升于虚空，净色久住。婆私吒，有时此大地满其中水，彼大水上，以风吹搅，结构为精，合聚和合，犹如熟酪，以抨抨乳，结构为精，合聚和合……从是生地味，有色香味。云何为色？犹如生苏及熟苏色。云何为味？如蜜丸味。婆私吒，有时此世还复成时。若有众生，生晃昱天，寿尽业尽，福尽命终，生此为人。生此间已，妙色意生，一切支节，诸根具足，以喜为食，自身光明，升于虚空，净色久住。婆私吒，尔时世中，无有日月，亦无星宿，无有昼夜，无月半月，无时无岁。婆私吒，当尔之时，无父无母，无男无女，又无大家，复无奴婢，唯等众生。于是有一众生贪餮不廉，便作是念：'云何地味？我宁可以指抄此地味尝。'彼时众生便以指抄此地味尝，如是众生既知地味，复欲得食。彼时众生复作是念：'何故以指食此地味，用自疲劳？我今宁可以手撮此地味食之。'于彼众生中复有众生见彼众生各以手撮此地味食，便作是念：'此实为善，此实为快，我等宁可亦以手撮此地味食。'时彼众生即以手撮此地味食。若彼众生以手撮此地味食已，如是如是，身生转厚转重转坚，若彼本时有清净色，于是

---

① 《长阿含经》卷第二十二第四分《世记经》《世本缘品》第十二。

便灭，自然生闇。婆私吒，世间之法，自然有是：若生暗者，必生日月；生日月已，便生星宿；生星宿已，便成昼夜；成昼夜已，便有月半月，有时有岁。彼食地味，在世久远。婆私吒，若有众生，食地味多者，便生恶色；食地味少者，便有妙色。从是知色有胜有如，因色胜如，故众生众生，共相轻慢，言我色胜，汝色不如。因色胜如，而生轻慢及恶法，故地味便灭。地味灭已，彼众生等便共聚集，极悲啼泣，而作是语：'奈何地味，奈何地味。'犹如今人含消美物，不说本字，虽受持而不知义，此说观义，亦复如是。婆私吒，地味灭后，彼众生生地肥，有色香味。云何为色？犹如生苏及熟苏色。云何为味？如蜜丸味。彼食此地肥，住世久远。婆私吒，若有众生食地肥多者，便生恶色；食地肥少者，便有妙色。从是知色有胜有如，因色胜如，故众生众生，共相轻慢，言我色胜，汝色不如，因色胜如，而生轻慢及恶法，故地肥便灭。地肥灭已，彼众生等便共聚集，极悲啼泣，而作是语：'奈何地肥，奈何地肥。'犹如今人为他所啧，不说本字，虽受持而不知义。此说观义，亦复如是。婆私吒，地肥灭后，彼众生生婆罗，有色香味。云何为色？犹如昙华色。云何为味？如淖蜜丸味。彼食此婆罗，住世久远，婆私吒，若有众生食婆罗多者，便生恶色；食婆罗少者，便有妙色。从是知色，有胜有如，因色胜如，故众生众生，共相轻慢，言我色胜，汝色不如，因色胜如，而生轻慢及恶法，故婆罗便灭。婆罗灭已，彼众生等便共聚集，极悲啼泣，而作是语：'奈何婆罗，奈何婆罗。'犹如今人苦法所触，不说本字，虽受持而不知义。此说观义，亦复如是。婆私吒，婆罗灭后，彼众生生自然粳米，白净无皮，亦无糠藁，长四寸，朝刈暮生，暮刈朝生，熟有盐味，无有生气。众生食此主人粳米。如彼众生食此自然粳米已，彼众生等便生若干形，或有众生而生男形，或有众生而生女形。若彼众生生男女形者，彼相见已，便作是语：'恶众生生，恶众生生。'婆私吒，恶众生生者谓说妇人也。若彼众生生于男形及女形者，彼众生等则更相伺；更相伺已，眼更相视；更相视已，则更相染；更相染已，便有烦热；有烦热已，便相爱著；相爱著已，便行于欲。若见行欲时，便以木石或以杖块而掷打之，便作是语：'咄！弊恶众生，作非法事，云何众生，共作是耶？'犹如今人，迎新妇时，则以襆华散，或以华鬘垂，作如是言：'新妇安隐，新妇安隐。本所可憎，今所可爱。'婆私吒，若有众生，恶不净法，憎恶羞耻，怀惭愧者，彼便离众一日、二日至六七日、半月、一月乃至一岁。婆私吒，若有众生欲得行此不净行者，彼便作家，而作是说：'此中作恶，此中作恶。'婆私吒，是谓初因初缘，世中起家法，旧第一智，如法非不如法，如法人尊。于中有一懒惰众生，便作是念：'我今何为日日常取自然粳米？我宁可并取一日食直耶。'彼便并取一日食米。于是有一众生语彼众生曰：'众生，汝来共行取米耶？'彼则答曰：'我已并取，汝自取去。'彼众生闻已，便作是念：'此实为善，此实为快。我亦宁可并取明日所食米耶！'彼便并取明日米来。复有一众生语彼众生曰：'众生，汝来共行取米耶？'彼则答曰：'我已并取明日米来，汝自取去。'彼众生闻已，便作是念：'此实为善，此实为快。我今宁可并取七日米来耶。'时彼众生即便并取七日米来。如彼众生自然粳米极取积聚，彼宿粳米便生皮䅣，刈至七日，亦生皮䅣，随所刈处，即不复生。于是彼众生便共聚集，极悲啼泣，作如是语：'我等生恶不善之法，谓我曹等储畜宿米，所以者何？我等本有妙色，意生一切支节，诸根具足，以喜为食，自身光明，升于虚空，净色久住。我等生地味，有色香味。云何为色？犹如生酥及熟酥色。云何为味？如蜜丸味。我等食地味，住世久远。我等若食地味多者，便生恶色，食地味少者，彼有妙。从是知色，有胜有如，因色胜如，故我等各各共相轻慢，言我色胜，汝色不如，因色胜如，而生轻慢及恶法。故地味便灭。地味灭后，我等生地肥，有色香味。云何为色？犹如生酥及熟酥色。云何为味？如蜜丸味。我等食地肥，住世久远。我等若食地肥多者，便生恶色；食地肥少者，便有妙色。从是知色有胜有如，因色胜如，故我等各各共相轻慢，言我色胜，汝色不如，因色胜如，而生轻慢及恶法，故地肥便灭。地肥灭后，我等生婆罗，有色香味。云何为色？犹如昙华色。云何为味？如淖蜜丸味。我等食婆罗，住世久远。我等若食婆罗多者，便生恶色，食婆罗少者，便有妙色。从是知色，有胜有如，因色胜如，故我等各各共相轻慢，言我色胜，汝色不如，因色胜如，而生轻慢及恶法，故婆罗便灭。婆罗灭后，我等生自然粳米，白净无皮，亦无有糠藁，长四寸，朝刈暮生，暮刈朝生，熟有盐味，无有生气。我等食彼自然粳米。如我等自然粳米极取积聚，彼粳米便生皮糠，刈至七日，亦生皮糠，随所刈处，即不复生。我等宁可造作田种，立标榜耶。'于是彼众生等造作田种，竖立标榜。于中有一众生，自有稻谷，而入他田，窃取他稻。其主见已，便作是语：'咄咄弊恶，众生，云何作是？汝自有稻，而入他田，窃取他稻。汝今可去，后莫复作。'然彼众生，复至再三，窃取他稻。其主亦至再三，见已便以拳扠牵诣众所，语彼众曰：'此一众生，自有稻谷，而入我田，窃取我稻。'然彼一众生，亦语众曰：'此一众生，以拳扠我，牵来诣众。'于是彼众生共聚集会，极悲啼泣，而作是语：'我等生恶不善之法，谓守田也。所以者何？因守田故，便共诤讼，有失有尽，有相道说，有拳相扠。我等宁可于其众中，举一端正形色极妙最第一者，立为田主。若可诃者，当令彼诃，若可摈者，当令彼摈。若我曹等所得稻谷，当以如法输送与彼。'于是彼众生中若有端正形色极妙最第一者，众便共举，立为田主，若可诃者，彼便诃啧，若可摈者，彼便摒弃，若有稻者，便以如法输送与彼是田主。是田主谓之刹利也。令如法乐，众生守护，行戒是王，是王谓之王也。"①

律藏《根本说一切有部毗奈耶破僧事》卷第一中有关社会契约论的论述：

……此之世界初成之时，尔时大地为一海水，由风鼓激，和合一

---

① 《中阿含经》卷第三十九《梵志品》第一《婆罗婆堂经》第三第四分别诵。

类，犹如熟乳。既其冷已，有凝结生。其海水上，亦复如是。上有地味，色香美味，悉皆具足。此界成时，一类有情，福命俱尽，从光音天殁，而来生此。诸根具足，身有光耀，乘空往来，喜乐为食，长寿而住。时此世界，无有日月星辰、昼夜时节，亦莫能辩男女贵贱，但相唤言："萨埵萨埵。"

是时众中有一有情，禀性耽嗜。忽以指端，尝彼地味。随尝之时，情生爱著。随爱著故，段食是资，尔时方名，初受段食。诸余有情，见此食时，即相学食。既食味已，身渐坚重，光明隐没，悉皆幽暗。由此食量，不调停故，形色损减……彼光悦者恃形色故，遂生骄慢，起不善根，缘不善故，地味遂灭。

地味灭已，是诸有情，共相聚集，互生怨叹，悲啼愁恼，作如是语："奇哉美味，奇哉美味！"如今世人，曾食美食，后常忆念，先时香味，便作是言："奇哉美味，奇哉美味！"虽作是言，然犹不识其义好恶。缘何故说地味灭没？

有情业故，地饼即现，色香美味，悉皆具足，如金色花，如新熟蜜，食此地饼，长寿而住。若少食者，身有光明，因相轻慢，广如前说。乃至地饼皆没。时诸有情，共集一处，愁恼相视，作如是语："苦哉苦哉！我昔曾遭如是恶事。"是诸有情，地饼没时，亦复如是，然不知所诠何义。仁等当知，地饼没已。

时诸有情，由福力故，有林藤出，色香具足，如雍菜花，如新熟蜜，食此林藤，长寿而住。若少食者，身有光明，因相轻慢，广如前说，乃至林藤没故。时诸有情，共集一处，忧愁相视作如是语："汝离我前，汝离我前。"犹如有人，极相嗔恨，不许当前。广如上说，林藤没已。是诸有情，有妙香稻，不种自生，无糠秕，长四指，旦暮收刈，苗即随生，至暮旦时，米便成熟，虽复数取，而无异状，以此充食，长寿而住。

时彼有情，由段食故，滓秽在身，为欲蠲除，便成二道。由斯遂有男女根生，便相染著。生染著故，遂相亲近，因造非法。诸余有情，见此事时，竟以粪扫瓦石而弃掷之，作如是语："汝是可恶有情，作此非法。咄哉！汝今何故污辱有情。"始从一宿，乃至七宿，不共同居，摈于众外。犹如今日，初为嫁娶，皆以香花杂物而散掷之，愿言常得安乐。仁等当知，昔时非法，今时为法；昔时非律，今时为律；昔时嫌贱，今为美妙。由彼时人驱摈出故，乐行恶者，遂共聚集，造立房舍，覆蔽其身，而作非法。此为最初营立家宅，便有家室。诸仁当知，昔因贪淫，故造立屋舍……

彼诸有情，若日暮时，若日朝时，由饥取稻，每日充足，不令余残。有一有情，为慵懒故，旦起取稻，遂乃兼将暮时稻来。至其暮时，有一同伴，唤共取稻。此人报曰："汝自取去，我旦来取稻，已兼两时粮讫，汝应自去，我不烦去。"

时彼同伴，闻斯语已，心便赞曰："此亦大好。我今取时，亦兼二日粮稻来耳。"

尔时别有一伴，闻此语已，复言："我取三日稻来。"复有一伴，闻此语已，复言："我取七日稻来。"即将七日稻归。

复有一伴，来唤其人，共相取稻。其人报曰："我先已取七日稻讫，无烦更去。"彼人闻已，心复欢喜，唱言："此是好便。我今日去取若半月或一月稻来。"

如是渐渐倍于前数。由此贪心日增盛故，遂令稻中生诸糠秽。先初之时，朝刈暮生，暮刈朝生，其实尚好。以贪爱故，一刈之后，更不再生。设生之时，实渐小恶。于是诸人，竞来收采。或有遗余，渐渐小恶。

时诸有情，复集一处，更相悲叹曰："我等昔时身体光悦，飞腾自在，端严具足，欢喜充实。后以地味为食，犹得香好。为食地味多故，我等诸人，身即坚重，光明遂灭，神通便谢。因遇种种暗损之事。诸人悲泣感生，日月星辰，广如上说。食多之者，身色转暗，食少之者，身犹光悦。此二食故，遂成二种颜状。由此二种颜状故，递相轻贱曰：'我是端正，汝是丑陋。'因此诸人，互相轻毁，展转生不善心故，尔时地味并皆灭尽。诸人悲叹，后生地饼，色香美味，悉皆具足。我等食之，长寿而住。食多之者，身光转暗，食少之者，身犹光悦。由此二种颜状，遂成二种好恶之类，乃至递相轻慢。由轻毁故，展转各生不善心故，地饼尽灭。我等悲恼。如是缘故，复生林藤，色香美味，亦皆具足。我等食之，年寿长远，而住于世。食之多者，身光转暗，食少之者，身犹光悦。乃至林藤灭故。复生稻谷，不种自生，无诸糠秽，如四指大，香味具足。我等食之，身体充盛。食此稻者，年寿长远，久住于世。以贪心积聚故，其稻小恶。糠秽转盛，其稻无力，采收不生，或有余遗。"诸人见已，更相告曰："我等分取地界。"尔时封量地段疆界，各各分之。此是汝地，此是我地。因此义故，世间田地始为耕种，遂立疆畔。

又一有情，虽自有田，私盗他谷。一有情见而告之曰："汝今何故取他稻谷？此一度盗，后更勿为。"

然其有情，盗意不息。于第二日及第三日，亦复盗将。众人见之而复告曰："汝前三度私盗，频劝不休。"有诸有情，便行推捉，往诣众中，具陈上事。众共告曰："汝自有田，何以三度盗他田谷？"劝此语已，即便放之。其盗稻者，告大众曰："此有情等，为少稻谷，今故摧我，对于大众，毁辱于我。"大众复告："何以为少稻谷，捉有情摧毁，对众辱之？后不应然。"因此盗故，递相毁辱。由此缘故，大众共集，递相告曰："汝等具见此事，为盗他谷，对众递相毁辱。不知二人，是谁有罪。我等意欲众中简一有情，颜色端正，形容具足，智慧通达，立为地主。有过者治罚，无过者养育，我等众人所种田谷，各各依法，六分之中，与其一分。"尔时众中拣得如上具足德人，便即立为地主。

尔时众人告地主言："众中若有犯者，请如法治罚；若无犯者，应当养育。我等众人所种之田，各各依法，六分之中，与其一分。"由此因缘，立为地主。

尔时地主，见彼诸人，若有过者，如法治罚。若无犯者，如法养育。尔时众人所种之田，各各依法，六分之中，与其一分。众既同意，立为地主。故得大同意名。能拥护劣弱，故得刹帝利名。如法治国，能令一切众生欢喜，戒行智慧，故号为大同意王……①

(14) 讽刺愚人痴人

……有人身被毒箭，因毒箭故受极重苦。彼见亲族怜念悯伤，为求利义，饶益安隐，便求箭医。然彼人者，方作是念："未可拔箭，我应先知彼人如是姓如是名，如是生为长短粗细，为黑白不黑不白，为刹利族、梵志、居士、工师族，为东方、南方、西方、北方耶？未可拔箭，我应先知彼弓箭为柙为桑，为槻为角耶？未可拔箭，我先知弓扎彼为是牛筋为獐鹿筋为是丝耶？未可拔箭，我应先知箭羽为……未可拔箭我应先知箭镝为……未可拔箭我应先知作箭镝师如是姓如是名，如是生为长短粗细，为黑白不黑不白，为东方、西方、南方、北方耶？"彼人竟不得知，于其中间而命终也……②

(15) 佛教的恩怨观
伽奢国与拘萨罗国的战争：

乃往过去世，有伽奢国王梵施，拘萨罗王长生，父祖怨仇。梵施王兵众威力勇健，财宝复多。长生王兵众威力不如，财宝复少。后异时，梵施王与四部兵，来至拘萨罗国，罚长生王，夺得一切国土兵众、库藏珍宝。时王长生与第一夫人逃走，至波罗㮈国，假作螺髻婆罗门。夫妇在陶师家住。后异时，长生王第一夫人心生如是念："欲得其地，平整四交道头，日初出时，见四部兵共斗，洗刀汁饮。"即至

---

① 《根本说一切有部毗奈耶破僧事》卷第一。
② 《中阿含经》卷第六十《例品》第四《箭喻经》第十第五后诵。

王所，白言：“王欲知不？我今如是念：‘欲得其地，平整四交道头，日初出时，见四部兵共斗，洗刀汁饮。’”

王言：“汝今何由得从如是愿？梵施王与我父祖怨仇，夺我国土兵众、库藏珍宝，无有遗余。”

夫人言：“我若不得从如是愿者，便当死。”

时梵施王有大臣字富卢醯侈，是长生王伴。长生王语妇言：“须我语伴令知。”

时长生王即至富卢醯侈所，语如是言：“伴今知不？我第一夫人生如是念：‘欲得其地，平整于四交道头，日初出时，见四部兵斗，洗刀汁饮。’念已即来白我，说如是事。我语言：‘汝今何由得如是愿？梵施王与我父祖怨仇，夺我一切国土士兵、库藏财宝都尽。’夫人即言：‘我若不得从如是愿者，便当死。’我即语言：‘须我以此因缘，语伴令知。’”

富卢醯侈言：“小止，须我瞻其腹内。”

时富卢醯侈往瞻长生王第一夫人腹内已，即偏露右肩，长跪执手，三反称言：“拘萨罗王在腹内语夫人言：‘当得其地，平整于四交道头，日初出时，见四部兵共斗，洗刀汁饮，在某处住。’”

时富卢醯侈往梵施王所。白如是言：“王欲知不？有如是星出，时应清旦，日初出时，在四交道头，四部兵共斗，洗刀刃。”王言：“富卢醯侈，今正是时。”时富卢醯侈即集四部兵于四交道头共斗，洗刀刃。时长生夫人得其地平整于四交道头，日初出时，见四部兵共斗，洗刀刃。时夫人得洗刀汁饮已，胞胎成足，遂生男儿，颜貌端正，即自谓长。其年长大，王长生甚爱念之。

时王梵施闻拘萨罗王长生与第一夫人逃走，作螺髻婆罗门，在陶师家住，即敕傍人言：“汝往陶师家，收取长生王及第一夫人，坚牢执持将来，并打恶声鼓，为现死相，从右门出，破为七分，著尖标头。”

时王长生闻梵施王作如是教敕，即唤儿长语言：“汝今知不？伽奢国王梵施时，是我父祖怨仇，彼夺我一切国土兵众，财宝都尽，并敕傍人，令杀我等。汝可逃走，勿为梵施王所杀。"

时王子长即逃走。时梵施王使人即收王长生及第一夫人，执缚并打恶声鼓，现死相。众人聚集，时长生王子微服寻父母后，啼泣流泪。时王长生顾见其子，作如是言："怨无轻重，皆不足报。以怨报怨，怨终不除。唯有无怨，而除怨耳。"

如是再三，时众人作如是念："拘萨罗王颠狂心乱，今日方教长摩纳，今谁是长摩纳也？"

时众人亦如是三言。时梵施王使人即将长生王从右门出，分为七分，著尖標头。

时长生王子长从彼还入波罗棕城，学种种技术，学书，学瞻相星宿、秘讖算数，及画诸形像、音乐戏笑，在于众中，最为第一。

尔时梵施王妓女所住处，去边不远，有调象师。时王子长往象师所语言："我欲学调象。"

答言："可学。"

时长摩纳，夜时过半，弹琴歌戏，出美音声。时王梵施于夜闻弹琴歌戏声，其音调美，闻已即问傍人言："谁于夜过半弹琴歌戏，其音调好？"

答言："王今不知。去王妓女不远，有调象师住，彼有弟子，字长摩纳。是彼于夜过半弹琴歌戏声。其音调好。"

闻已即言："唤来，我欲见之。"

即受教，往唤来，头面礼王足已，一面住。

王问言："汝实于夜过半弹琴歌戏，出美音声耶？"

答言："尔。"

王言："汝今于我前可弹琴歌戏，出美音声。"

时即于王前弹琴歌戏，出美音声。王闻之，极大欢喜。王言："住此，当与汝食。"

答言："尔。"

时王梵施第一夫人住屋，无人得入者，唯王夫人及长摩纳。后异时，夫人失摩尼珠……

王言："有谁入者？"

夫人言："更无人入。唯有王及我长摩纳。"

王即唤长摩纳问言："我第一夫人失珠，汝取耶？"

彼作如是念："王夫人屋更无人入，唯有王夫人及我。若我言不取，恐王必当治我。我且由来习乐，不堪苦毒。"即报王言："我取。"

王言："共谁取？"答言："共王大子。"

"更复有谁？"

答言："复共第一有智慧大臣。"

"更复有谁？"

答言："与王国中第一大长者。"

"更复共谁？"

答言："共第一淫女。"

时王即收长摩纳、太子、大臣、长者、第一淫女系之。王太子语长摩纳言："汝知我实不取珠。而虚言我取耶？"

长摩纳言："汝实不取，我亦不取。汝是王第一太子，王所爱重，必不为珠故断汝命。以是故相引耳。"

第一有智慧大臣语长摩纳言："汝实知我不取珠，而虚言我取耶？"

长摩纳言："汝实不取，我亦不取。汝是有智慧大臣，能觅得珠，是故相引耳。"

大长者语长摩纳言："汝实知我不取珠，而虚言我取耶？"

长摩纳答言："汝实不取，我亦不取，汝是国之大长者，大富财宝无数，若王须珠，汝能与之，以是故相引耳。"

第一淫女语长摩纳言："汝知我不取珠，而虚言我取耶？"

答言："汝实不取，我亦不取，汝是第一淫女，多人系意在汝，未得汝者，必求觅得珠，以是故相引耳。"

时波罗㮈国白贼，闻王第一夫人失珠，王收系摩纳、太子、大臣、大长者、淫女，即来至长摩纳所问言："王夫人实失珠不？"

答言："失珠。"

问言："谁入夫人屋？"

答言："唯王夫人及我。"

问言："谁在中行？"

答言："有猕猴在中行。"

彼言："长摩纳，今珠可得耳。"

时贼即往梵施王所，白王言："王今知不，今珠可得。王可出女人庄严具。"

王即出种种庄严具，璎珞，集众猕猴，令著璎珞，置在宫中。时彼先在内猕猴，见诸猕猴皆著璎珞，便出所偷夫人珠，以自严身。时贼即四方围绕，捕取猕猴，以白王言："王今知不？我已得珠。"

时王梵施，即唤长摩纳来语言："汝不取珠，何故言取耶？"

即答王言："我作如是念：夫人屋无人入者，唯王夫人及我。我若言不取，恐王治我苦毒。而我不堪苦毒，故言取之耳。"

"汝复何故引太子耶？"

答言："我作是念：太子，王甚爱念，必不以珠故而断其命。以是故引太子耳。"

"汝何故引第一大臣？"

答言："我作是念：大臣多知，必能作方便，还求得珠。以是故引耳。"

"汝复何故引大长者？"

答言："我作是念：王若须宝，长者大富足，能与王珠。是故引耳。"

"汝复何引淫女？"

答言："我作是念：国中人及与众贼系心在彼淫女，其未得者，必能为淫女故，还觅得珠，是故引耳。"

王言："未曾有长摩纳有如是智慧。"

王即用长摩纳作一切处尊。后于异时，梵施王严四部兵，出行游猎。时王及四部兵，各各众乱逐鹿。时天热疲极，时长摩纳即将王车至屏处止息。王下车，在车阴中，枕长摩纳膝上眠。时长摩纳作如是念："此王是我父祖怨仇，破我国土，夺我父祖四部兵众及库藏宝物，一切皆尽。杀我父母，断拘萨罗王种。"

念昔日怨故，即时拔剑，欲断王头。念父往言："怨无轻重，皆不足报。以怨除怨，怨无已时。唯有无怨，而怨自除耳。"

即还内剑。时梵施王惊觉。长摩纳问王言："何故惊耶？"

王言："拘萨罗王有儿，字长摩纳，拔剑欲断我命。"

即答王言："今此何处有长生王子长摩纳？唯有王及我耳。王但安眠。"

王第二眠亦如是，乃至第三眠。长摩纳如前思惟，复拔剑。王即惊觉。时长摩纳即撮王头。

王言："汝欲杀我耶？"

答言："尔！"

"以何事故？"

答言："我是长生王子长摩纳。王是我父祖怨仇，破我国土，夺我父一切兵众库藏，宝物都尽，杀我父母，断拘萨罗王种。念此怨仇故，是故欲杀王耳。"

王即语言："今还汝父祖兵众国土，一切珍宝，莫得杀我。"

答言："当活王命。王亦莫杀我。"

王答言："亦赦汝命。"

时彼共除父祖时怨，即共和合，犹若父子。共同一乘，还波罗㮈国。时王梵施，集诸大臣，告如是言："若见长生王子长摩纳者，当取云何？"或有言治令如贝，或有言以刀杀之，或有言车掉之，或有言高悬其头，或有言然令如炬，或有言热油煎之，或有言划其身，或有言利钩钩肉，或有言蜜煮之，或有言缠身放火，或有言衣裹烧之，或有言截手、截脚、截耳、截鼻，或言生贯著尖标头，或言截头。王即示诸臣言："此是长生王子长摩纳。自今已去，一切众人，不得论说。

何以故？彼活我命，我活彼命。"时王即还其父时兵众及一切国土、库藏珍宝。即庄严其女与之。汝等诸比丘，彼执刀剑。长摩纳有父祖怨仇，还共和合，犹若父子。汝等出家为道，同一师同一学，如水乳合，利益佛法，安乐住止，止诸比丘，莫共斗诤，共相骂詈、诽谤，互求长短，和合莫共诤。同一师学，如水乳合，利益佛法，安乐住中。①

佛陀和提婆达多的关系：

佛在王舍城，提婆达多心常怀恶，欲害世尊，乃雇五百善射婆罗门，使持弓箭，诣世尊所，挽弓射佛。所射之箭，变成拘物头华、分陀利华、波头摩华、优钵罗华。五百婆罗门见是神变，皆大怖畏，即舍弓箭，礼佛忏悔，在一面坐。佛为说法，皆得须陀洹道。复白佛言："愿听我等出家学道。"

佛言："善来比丘。"

须发自落，法服著体，重为说法，得阿罗汉道。诸比丘白佛言："世尊神力，甚为希有。提婆达多常欲害佛，然佛恒生大慈。"

佛言："非但今日，于过去时，波罗㮈国有一商主，名不识恩。共五百贾客，入海采宝。得宝还返，道回渊处，遇水罗刹，而捉其船，不能得前。众商人等，极大惊怖，皆共唱言：'天神地神，日月诸神，谁能慈悯，济我厄也。'有一大龟，背广一里，心生悲悯，来向船所，负载众人，即得渡海。时龟小睡，不识恩者，欲以大石打龟头杀。诸商人言：'我等蒙龟济难活命，杀之不祥，不识恩也。'不识恩曰：'我停饥急，谁问尔恩？'辄便杀龟，而食其肉。即日夜中，有大群象，蹋杀众人。尔时大龟，我身是也，尔时不识恩者，提婆达多是。五百商人者，五百婆罗门出家学得道者是。我于往昔，济彼厄难，今复拔

---

① 《四分律》卷四十三《拘睒弥揵度》第九。

其生死之患。"①

佛在王舍城，尔时诸比丘等用佛语者，皆得涅槃天人之道；用提婆达多语者，悉堕地狱，受大苦恼。

佛言：

"非但今日，奉我教者，得大利益，用提婆达多语，获于大苦，往昔亦尔。过去之世，有二贾客，俱将五百商人到旷野中，有夜叉鬼，化作少年，著好衣服，头戴花鬘，弹琴而行，语贾客言：'不疲极也，载是水草，竟何用为？近在前头，有好水草，从我去来，当示汝道。'

"一贾客主，寻用其言：'我等今弃所载水草。'

"即便轻行，在前而去。一贾客言：'我等今者，不见水草，慎莫掷弃。'

"前弃水草者，渴旱死尽；不弃之者，达到所在。尔时不弃水草者，我身是；弃水草者，提婆达多是也。"②

佛在王舍城，尔时提婆达多放护财醉象，欲得害佛。五百罗汉皆飞虚空，唯有阿难，独在佛后。佛时举右手，护财白象见五百师子。象时恐怖，即便调顺。五百比丘尽弃佛去。唯有阿难在于佛后。佛言：

"非但今日，过去亦尔。昔迦尸国，有五百雁，共为群侣。尔时雁王……为猎者捕得，五百群雁，皆弃飞去。唯有素摩，随逐不舍。语猎师言：'请放我王，我于今日，以身代之。'

"猎师不听，遂以雁王献梵摩曜王，王问雁王：'为安隐不？'

"雁王答言：'蒙王大恩，得王清水，又得好草，以活性命，得常平安，在国土住，唯愿大王，放一切雁，使无所畏。'

"五百群雁，在王殿上，空中作声。时王问言：'此是何雁？'

"雁王答言：'是我眷属。'

---

① 《杂宝藏经》卷第三，三三《大龟因缘》。
② 《杂宝藏经》卷第三，三八《二估客因缘》。

"王即施无畏，内外宣令，不听杀雁。雁王白王言：'今当以正法治国。世间无常，如四方山。譬如东方大山，上无边际，一时来至。南西北方，亦复如是。磨碎世间。一切众生，及与人鬼，悉皆微灭，无可逃避，无可恃怙，不可救济。当于尔时，何所恃赖？惟念如是，宜应慈心，普育一切，修行正法，作诸功德。大王当知，一切富贵，皆为衰灭之所摧碎。四方而至，为归丧失。一切强壮，又有诸病，从四方来，破灭强健。一切壮年，有病羸山，从四方来，破坏壮年。一切有命，有大死山，四方而来，坏灭生命。如是四山，一切共有。天龙人鬼，有生之类，无得免者。以此义故，常修慈心，勤行正法。若能尔者，死时不悔，心不悔故，得生善处，必遇贤圣。得遇贤圣，得脱生死。'王问素摩：'何以默然？'

"素摩答言：'今雁王人王，二王共语，若当参言，非是仪礼，便无上下恭恪之心。'

"王言：'实是希有。汝为雁身，能行如是忠臣之节，人所不及。能以身命，代于雁王，又复谦顺，不参言说。如汝雁王，君臣之义，世所希有。'

"悉与金钳瑕，约其头际，以好白绢，著雁王首，而发遣之言曰：'往时为我说善法。'即便放去。

"尔时雁王，我身是也；尔时素摩，阿难是也；尔时人王，我父王净饭王是也；尔时猎师，提婆达多是。"①

昔有王子兄弟二人被驱出国，到旷路中，粮食都尽，弟即杀妇，分肉与其兄嫂使食。兄得此肉，藏弃不啖，自割脚肉，夫妇共食。弟妇肉尽，欲得杀嫂，兄言莫杀，以先藏肉，还与弟食。既过旷野，到神仙住处，采取华果，以自供食。弟后病亡，唯兄独在。是时王子见一被刖，无手足人，生慈悲心，采取果实，活彼刖人。王子为人，少

---

① 《杂宝藏经》卷第八，一〇一《提婆达多放护财醉象欲害佛缘》。

于欲事，采华果去，其妇在后，与刖人通，已有私情，深嫉其夫，于一日中，逐夫采华，至河岸边，而语夫言："取树头华果。"

夫语妇言："下有深河，或当堕落。"

妇言："以索系腰，我当挽索，小近岸边。"

妇排其夫，堕落河中。以慈善力，堕水漂去，而不没死。于河下流，有国王崩，彼国相师，推求国中，谁应为王。遥见水上有黄云盖，相师占已，黄云盖下，必有神人。遣人水中，而往迎接，立以为王。王之旧妇，担彼刖人。展转乞索，到王子国。国人皆称，有一好妇，担一刖婿，恭承孝顺，乃闻于王。王闻是已，即遣人唤，来到殿前。王问妇言："此刖人者，实是尔夫不？"

答言："实是。"

王时语言："识我不也？"

答言："不识。"

王言："汝识某甲不？"

识向王看，然后惭愧。王故慈心，遣人养活。

佛言："欲知王者，即我身是。尔时妇者，旃遮婆罗门女，带木杆谤我者是也。尔时刖手足者，提婆达多是。"①

昔佛在舍卫国，告诸比丘言："有八种人，应决定施，不复生疑：父母以佛及弟子、远来之人、远去之人、病人、看病者。"

诸比丘白佛言："如来世尊，甚奇甚特。于父母所，常赞叹恭敬。"

佛言："我非但今日，过去已来，恒尊重恭敬。"

诸比丘问言："尊重赞叹，其事云何？"

佛言：

"过去久远，有二国王：一是迦尸国王；二是比提醯国王。比提醯王有大香象，以香象力，摧伏迦尸王军。

---

① 《杂宝藏经》卷第二，二二《昔王子兄弟二人被驱出国缘》。

"迦尸王作是念言：'我今云何当得香象，摧伏比提醯王军。'

"时有人言：'我见山中有一白香象。'

"王闻此已，即便募言：'谁能得彼香象者，我当重赏。'有人应募，多集军众，往取彼象。

"象思惟言：'若我远去，父母盲老，不如调顺。'

"至王所，尔时众人，便将香象，向于王边。王大欢喜，为作好屋，氍氀毹毭，敷著其下与诸伎女弹琴鼓瑟，以娱乐之。与象饮食，不肯食之。时守象人来白王言：'象不肯食。'

"王自向象所，上古畜生，皆能人语。王问象言：'汝何故不食？'

"象答言：'我有父母，年老眼盲，无与水草者，父母不食，我云何食？'

"象白王言：'我欲去者，王诸军众，无能遮我，但以父母盲老，顺王来耳。王今见听，还去供养，终其年寿，自当还来。'王闻此语，极大欢喜。我等便是人头之象，此象乃是象头之人。先迦尸国人恶贱父母，无恭敬心，因此象故，王即宣令一切国内，若不孝养恭敬父母者，当与大罪。寻即放象，还父母所，供养父母，随寿长短，父母丧亡，还来王所。王得白象，甚大欢喜。即时庄严，欲伐彼国。象语王言：'莫与斗诤。凡斗诤法，多所伤害。'

"王言：'彼欺凌我。'

"象言：'听我使往，令彼怨敌，不敢欺侮。'

"王言：'汝若去者，或能不还。'

"答言：'无能遮我，使不还者。'

"象即于是往彼国中。比提醯王闻象来至，极大欢喜，自出往迎。既见象已，而语之言：'即住我国。'

"象白王言：'不得即住。我立身以来，不违言誓。先许彼王，当还其国。汝二国王，应除怨恶，自安其国，岂不快乎？'即说偈言：得胜增长怨，负则益忧苦。不诤胜负者，其乐最第一。

"尔时此象说此偈已，即还迦尸国。从是以后，二国和好。尔时迦尸国王，今波斯匿王是；比提醯王，阿阇世王是。尔时白象，今我身是也。由我尔时孝养父母故，令多众生亦孝养父母。尔时能使二国和好，今日亦尔。"[①]

(16) 佛陀涅槃及其舍利的分配

尔时世尊在拘尸那竭城本所生处娑罗园中双树间，临将灭度，告阿难曰："汝入拘尸那竭城，告诸末罗诸贤，当知如来夜半于娑罗园双树间，当般涅槃，汝等可往谘问所疑，面受教诫，宜及是时，无从后悔。"

是时阿难受佛教已，即从坐起，礼佛而去，与一比丘垂泪而行，入拘尸城，见五百末罗以少因缘，集在一处。时诸末罗见阿难来，即起作礼，于一面立，白阿难言："不审尊者今入此城，何甚晚暮，欲何作为？"

阿难垂泪言："吾为汝等欲相饶益，故来相告。卿等当知，如来夜半当般涅槃。汝等可往谘问所疑，面受教诫，宜及是时，无从后悔。"

时诸末罗闻是言已，举声悲号，宛转躄地，绝而复苏，譬如大树根拔，枝条摧折。同举声言："佛取灭度，何其驶哉！佛取灭度，何其速哉！群生长衰，世间眼灭。"

是时阿难，慰劳诸末罗言："止止，勿悲，天地万物，无生不终。欲使有为而长存者，无有是处。佛不云乎？合会有离，生必有尽。"

时诸末罗，各相谓言："吾等还归，将诸家属，并持五百张白叠，共诣双树。"时诸末罗各归舍已，将诸家属，并持白叠，出拘尸城，诣双树间，至阿难所。阿难遥见，默自念言："彼人众多，若一一见佛，恐未周闻，佛先灭度。我今宁可使于前夜，同时见佛。"

即将五百末罗及其家属至世尊所，头面礼足，在一面立。阿难前

---

① 《杂宝藏经》卷第二，一五《迦尸国王白香象养盲父母，并和二国缘》。

白佛言："某甲某甲，诸末罗等及家属，问讯世尊，起居增损。"

佛报言："劳汝等来，当使汝等寿命延长，无病无痛。"阿难乃能将诸末罗及其家属使见世尊。诸末罗头面礼足，于一面坐。尔时世尊为说无常，示教利喜。时诸末罗闻法欢喜。即以五百张叠奉上世尊，佛为受之。诸末罗即从座起，礼佛而去。

......

佛般涅槃已，时诸比丘，悲恸殒绝，自投于地，宛转号咷，不能自胜，歔唏而言："如来灭度，何其驶哉，世尊灭度，何其疾哉，大法沦翳，何其速哉！群生长衰，世间眼灭，譬如大树根拔，枝条摧折。又如斩蛇，宛转回遑，莫知所奉。"......

尔时长老阿那律告……阿难言："汝可入城，语诸末罗，佛已灭度，所欲施作，宜及时为。"

是时阿难即起，礼佛足已，将一比丘，涕泣入城，遥见五百末罗以少因缘集在一处。诸末罗见阿难来，皆起奉迎，礼足而立。白阿难言："今来何早？"

阿难答言："我今为欲饶益汝，故晨来至此。汝等当知，如来昨夜已取灭度。汝欲施作，宜及时为。"

诸末罗闻是语已，莫不悲恸，扪泪而言："一何驶哉，佛般涅槃，一何疾哉，世间眼灭。"

阿难报曰："止止诸君，勿为悲泣，欲使有为，不变易者，无有是处。佛有先说，生者有死，合会有离。一切恩爱，无常存者。"

时诸末罗各相谓言："宜各还归，办诸香花，及众妓乐，速诣双树，供养舍利。竟一日已，以佛舍利置于床上，使末罗童子举床四角，擎持幡盖、烧香、散华、妓乐供养。"……时诸末罗设供养已，出城北门，渡熙连禅河，道天冠寺，置床于地，告阿难曰："我等当复应以何供养？"

阿难报曰："我亲从佛闻，亲受佛教，欲葬舍利者，当如转轮圣王葬法。"

"云何？"

答曰："圣王葬法，先以香汤洗浴其身，以新劫贝周遍缠身，五百张叠次如缠之内身，金棺灌以麻油毕，金棺置于第二大铁椁中，栴檀香椁，次重于外，积众名香，厚衣其上，而阇维之，收拾舍利，于四衢道，起立塔庙，表刹悬缯，使国行人皆见王塔，思慕正化，多所饶益。阿难，汝欲葬我，先以香汤洗浴，用新劫贝周匝缠身，以五百张叠次如缠之，内身金棺灌以麻油毕，举金棺置于第二大铁椁中，栴檀香椁，次重于外，积众名香，厚衣其上，而开维之，收敛舍利，于四衢道，起立塔庙，表刹悬缯，使诸行人，皆见佛塔，思慕如来，法王道化，生获福利，死得上天。除得道者。"

时诸末罗，各相谓言："我等还城，供办葬具、香华、劫贝、棺椁、香油，及与白叠。"时诸末罗即共入城，供办葬具已，还到天冠寺，以净香汤，洗浴佛身……

尔时大迦叶将五百弟子从波婆国来，在道而行，遇一尼乾子，手执曼陀罗花。时大迦叶遥见尼乾子，就往问言："汝从何来？"

报言："吾从拘尸城来。"

迦叶又言："汝知我师问乎？"

答曰："知。"

又问："我师存耶？"

答曰："灭度已来，已经七日。吾从彼来，得此天华。"迦叶闻之，怅然不悦。时五百比丘闻佛灭度，皆大悲泣，宛转号咷，不能自胜，扪泪而言："如来灭度，何其驶哉，世尊灭度，何其疾哉，大法沦翳，何其速哉！群生长衰，世间眼灭，譬如大树根拔，枝条摧折，又如斩蛇，宛转回遑，莫知所奉。"

时彼众中，有释种子，字拔难陀，止诸比丘言："汝等勿忧，世尊灭度，我得自在，彼老常言：'当应行是，不应行是。'自今以后，随我所为。"

迦叶闻已，怅然不悦。告诸比丘曰："速严衣钵，时诣双树，及未阇维，可得见佛。"

时诸比丘闻大迦叶语已，即从座起，侍从迦叶，诣拘尸城，渡尼连禅河水，到天冠寺，至阿难所。问讯已，一面住。语阿难言："我等欲一面觐舍利及未阇维，宁可见不？"

阿难答言："虽未阇维，难复可见。所以然者，佛身既洗以香汤，缠以劫贝，五百张叠，次如缠之，藏于金棺，置铁椁中，旃檀香椁，重衣其外，以为佛身，难复可睹。"迦叶请至再三，阿难答如初，以为佛身难复得见。时大迦叶适向香积。于时佛身，从重椁内，双出两足，足有异色。迦叶见已，怪问阿难："佛身金色是何故异？"

阿难答曰："向者有一老母，悲哀而前，手抚佛足，泪堕其上，故色异耳。"迦叶闻之，又大不悦，即向香积，礼佛舍利。时四部众及上诸天，同时俱礼。于是佛足忽然不现。时大迦叶绕积三匝，而作颂曰：

诸佛无等等，圣智不可称。无等之圣智，我今稽首礼。无等等沙门，最上无瑕秽。牟尼绝爱枝，大仙天人尊。人中第一雄，我今稽首礼。苦行无等侣，离著而教人。无染无垢尘，稽首无上尊。三垢垢已尽，乐于空寂行。无二无畴匹，稽首十力尊。远逝为最上，二足尊中尊。觉四谛止息，稽首安隐智。沙门中无上，回邪令入正。世尊施寂灭，稽首湛然迹。无热无眼郄，其心当寂定。练除诸尘秽，稽首无垢尊。慧眼无限量，甘露灭名称。希有难思议，稽首无等伦，吼声如师子，在林无所畏。降魔越四姓，是故稽首礼。

大迦叶有大威德，四辩具足。说此偈已，时彼佛积不烧自燃。诸末罗等各相谓言："今火猛炽，焰盛难止。阇维舍利，或能消尽，当于何所，求水灭之？"

时佛积侧，有婆罗树神，笃信佛道，寻以神力，灭佛积火。时诸末罗，复相谓言："此拘尸城左右十二由旬，所有香花，尽当采取，供佛舍利。"寻诣城侧，取诸香花，以用供养。

时波婆国末罗民众闻佛于双树灭度，皆自念言："今我宜往求舍利分，自于本土，起塔供养。"时波婆国诸末罗即下国中，严四种兵，象兵、马兵、车兵、步兵，到拘尸城，遣使者言："闻佛众祐，止此灭度。彼亦我师，敬慕之心，来请骨分，当于本国，起塔供养。"拘尸王答曰："如是如是，诚如所言。但为世尊，垂降此土，于兹灭度，国内士民，当自供养。远劳诸君，舍利分不可得。"

时遮罗颇国诸跋离民众，及罗摩伽国拘利民众、毗留提国婆罗门众、迦维罗卫国释种民众、毗舍离国离车民众，及摩竭王阿阇世，闻如来于拘尸城双树间而取灭度，皆自念言："今我宜往求舍利分。"

时诸国王阿阇世等，即下国中，严四种兵，象兵、马兵、车兵、步兵，进渡恒水，即敕婆罗门香姓："汝持我名，入拘尸城，致问诸末罗等，起居轻利，游步强耶？吾于诸贤，每相宗敬，邻境义和，曾无诤讼。我闻如来于君国内而取灭度，唯无上尊，实我所天。故从远来，求请骨分，欲还本土，起塔供养。设与我者，举国重宝，与君共之。"

时香姓婆罗门受王教已，即诣彼城，语诸末罗曰："摩揭大王，致问无量，起居轻利，游步强耶？吾于诸君，每相宗敬，邻境义和，曾无争讼。我闻如来于君国内而取灭度，唯无上尊，实我所天。故从远来，求请骨分，欲还本土，起塔供养。设与我者，举国重宝，与君共之。"时诸末罗报香姓曰："如是如是，诚如君言。但为世尊，垂降此土，于兹灭度，国内士民，自当供养。远劳诸君，舍利分终不可得。"

时诸国王即集群臣，众共立议，作颂告曰：

吾等和议，远来拜首。逊言求分，如不见与。四兵在此，不惜身命。义而弗获，当以力取。

时拘尸国即集群臣，众共立议，以偈答曰：

远劳诸君，屈辱拜首。如来遗形，不敢相许。彼欲举兵，吾斯亦有。毕命相抵，未之有畏。

时香姓婆罗门晓众人曰："诸贤，长夜受佛教诫，口诵法言，心服仁化，一切众生，常念欲安，宁可诤佛舍利，共相残害，如来遗形，欲以广益，舍利现在，但当分取。"

众咸称善，寻复议言："谁堪分者？"

皆言："香姓婆罗门，仁智平均，可使分也。"

时诸国王即命香姓："汝为我等分佛舍利，均作八分。"于时香姓闻诸王语已，即诣舍利所，头面礼毕，徐前取佛上牙，别置一面，寻遣使者，赍佛上牙。诣阿阇世王所，语使者言："汝以我声，上白大王，起居轻利，游步强耶？舍利未至，倾迟无量耶？今付使者如来上牙，并可供养，以慰企望。"明星出时，分舍利讫，当自奉送。时彼使者受香姓语已，即诣阿阇世王所白言："香姓婆罗门致问无量，起居轻利，游步强耶？舍利未至，倾迟无量耶？今付使者，如来上牙，并可供养，以慰企望。明星出时，分舍利讫，当自奉送。"

尔时香姓以一瓶受一石许，即分舍利，均为八分已。告众人言："愿以此瓶，众议见与，自欲于合舍，起塔供养。"皆言："智哉！"是为知时，即共听与。

时有毕钵村人，白众人言："乞地燋炭，起塔供养。"皆言与之。

时拘尸国人得舍利分，即于其土，起塔供养。波婆国人、遮罗国、罗摩伽国、毗留提国、迦维罗卫国、毗舍离国、摩竭王阿阇世王等，得舍利分已，各归其国，起塔供养。香姓婆罗门持舍利瓶归起塔庙，毕钵村人持地燋炭归起塔庙。当于尔时，如来舍利，起于八塔，第九瓶塔，第十炭塔，第十一生时发塔。

何等时佛生，何等时成道，何等时灭度？沸星出时生，沸星出出家，沸星出成道，沸星出灭度……①

(17) 佛陀的声闻弟子对佛陀的赞颂

干卡离曰长老偈：

> 世尊如来佛，能为人解惑；
> 听佛之教法，慧眼必可得。

---

① 《长阿含经》卷第四第一分《游行经》第二之三。

> 如来之智慧，如暗夜明灯。①

（18）佛教徒对涅槃的信念

达巴长老偈：

> 人皆可调伏，有调御丈夫；
> 看我达巴僧，无疑无垢污；
> 无惧心坚定，涅槃心畅舒。②

帕里耶长老偈：

> 洪流摧断木，魔罗被驱除；
> 无惧无烦恼，涅槃心坚固。③

维拉长老偈：

> 我曾难调伏，而今获调御；
> 圣道生喜悦，除疑无垢污。
> 涅槃心坚定，维拉不返俗。④

幼犊长老偈：

> 佛陀说圣法，僧行佛所说；
> 寂静诸行灭，可享涅槃乐。⑤

大犊长老偈：

> 罗汉有慧力，修行头陀支；
> 专心修禅定，无别进斋食。

---

① 邓殿臣译：《长老偈、长老尼偈》，合肥：黄山书社，2011年版，第15页。
② 《长老偈、长老尼偈》，第16页。
③④ 同上书，第17页。
⑤ 同上书，第18—19页。

清净无所求，只待涅槃时。①

(19) 佛教徒对贪欲的态度

帝须长老偈：

> 帝须除贪欲，奋力何其急；
>
> 头眉似火燃，身似刀枪击。
>
> 意念甚专注，贪爱尽远离。②

瓦札玛纳长老偈：

> 瓦札除贪欲，奋力何其急；
>
> 头眉似火燃，身似刀枪击。
>
> 意念甚专注，贪爱尽远离。③

乌加耶长老偈：

> 我佛大英雄，诸烦已断除，
>
> 应向佛顶礼，一切遵佛嘱。
>
> 灭贪断诸漏，正道光明途。④

(20) 佛教徒断痴愚

桑迦耶长老偈：

> 出家皈佛起，即已断痴愚。
>
> 贪爱与邪见，我自不生起。⑤

---

① 《长老偈、长老尼偈》，第 19 页。

② 同上书，第 29 页。

③ 同上书，第 30 页。

④⑤ 同上书，第 33 页。

(21) 佛教历史上的几次结集

关于佛教史上的第一次结集：

　　无与伦比的世尊具有五只眼①，享年八十四岁。他尽力地完成了世上的一切义务。于毗舍佉月②的圆月之日在拘尸那揭罗的两棵沙罗树之间的圣地，这盏世界明灯熄灭了。

　　于是众比丘在这里集会，与会者之多难以数计，婆罗门、刹帝利、吠舍和首陀罗，还有诸神。其中有七十万比丘，当时长老大迦叶是僧伽上座。

　　在对世尊的遗体及遗物完成了所有的仪式后，这位伟大的长者大迦叶为使世尊的教训能长久持续，就在兼具十力的世尊涅槃七天之后，想起年迈的须跋陀对他的恶言诽谤，同时也想起世尊曾给与他一件长袍，使他处于与之相等的地位，想起世尊曾让创立神圣的真谛，最后还想起正觉者③指定五百杰出的比丘继续整理圣法，这些比丘战胜了烦恼，他们牢记九种教义，并谙熟其中的每一部分；但由于阿难陀长者的缘故，差一人不足五百。在众比丘的再三恳求之下，阿难陀决定同他们一起整理圣法，因为这项工作没有他就无法进行。

　　半个月后（包括七天葬礼仪式，七天向遗物表示敬意），这些对整个世界抱有慈悲之心的长者做出以下决定："我们将利用雨季在王舍城整理达磨，其他僧侣不得在此留住。"随后他们在阎浮提洲朝拜，一路上安慰悲痛的人们，他们怀着为使美德能长久不衰这一愿望，在阿沙陀月份④名曰皎洁之时来到了王舍城，因为这里能为他们提供充足的四种（衣、食、住、药）必需品。

　　以大迦叶为首的这些长者具有坚定的美德，并熟知正觉者思想，

---

① 除一般人有的两只眼外，还有智慧之眼、理解之眼、全知之眼。——译者
② 属古印度岁时的春三月的第二个月份，当从 2 月 16 日至 3 月 15 日。——译者
③ 正觉者指世尊。——译者
④ 古印度岁时的夏三月的头一个月份，当从 4 月 16 日至 5 月 15 日。——译者

他们在这里雨季的第一个月为修缮所有的房子而忙碌，然后他们将此禀告阿阇世王。

当精舍修缮完毕后，他们对国王说："现在我们要举行会议。"国王问："该做些什么？"他们回答说："应该为会议准备一个场所。"国王又问道："应该设在哪里？"他们便指出选好的地点，国王就命令以最快的速度在七叶窟入口处的毗婆罗山侧建造一座宏伟的大厅，就像诸神的会议厅一样。大厅装饰精美，并按比丘人数安排好贵重的蒲团①。坐南朝北的一个高雅的座位是为长老准备的，大厅中央面朝东的另一个高高的座席是为说教者准备的。

于是国王派人向长老们宣布："我的任务完成了。"长老们对幸福使者阿难陀长老说："阿难陀，明天举行会议，既然你还在为进入最高境界而辛劳，就不必参加会议了，你行善不辍，继续努力吧。"在大家的鼓励之下，这位长老付出了应有的努力，达到了阿罗汉境界②，并未受四种姿态③中任何一种姿态的限制。

在雨季第二个月的第二天，众比丘会聚在这座宏伟的大厅里。阿罗汉果位修行者们按级别坐在那里，并为阿难陀留出了位置。阿难陀长老为了使大家都知道他达到阿罗汉境界，就故意没有和大家一起来到大厅。当有人问："阿难陀长老现在在哪里？"这时他突然出现在自己的座位上，如从地下升起，又如从空中飞来。

长老们选举优波离长老讲律藏，选举阿难陀讲其余的达磨。

大长老坐在长老席上提出律藏的各种问题，而坐在讲道席上的优波离给予详细解释。在这位最好的律藏大师逐一讲解各条内容的时候，众比丘依照惯例跟着他朗读律藏。

接着由长老（大迦叶）本人就达磨的问题提出疑问。在经常聆听经义的众长老之中，阿难陀居于首位，他掌握着先知（佛陀）的真

---

① 比丘们打坐、诵经时跪用的垫具，用蒲草编成，故名。——译者
② 阿罗汉境界，亦译阿罗汉果，梵文（Arhat）的音译，即小乘佛教修行的最高果位。——译者
③ 四种姿态，指苦行修炼的行、住、坐、卧的四种姿态。阿难陀是在躺着的时刻达到阿罗汉境界的。——译者

谛。阿难陀长老坐在讲道席上，解释全部达磨的涵义。众长老都熟悉教义中的各项内容，他们跟着毗提诃国的哲人齐声朗读达磨。

于是在七个月内，这些致力于普救众生的长老们完成了整理达磨的任务。"大迦叶长老使佛陀的教训流传了五百年"，在这种思想的激励之下，会议结束时，被众海环绕的大地跃动了六次，世界上出现了各种各样的异常征兆。由于这个教规是由长老们编纂的，因此叫作长老歌。那些参加第一次结集的长老们，由于他们给世界带来了洪福，当他们寿终正寝时都进入了涅槃。

长老们用内心的灵光战胜了黑暗，犹如用光芒四射的明灯征服了漫漫长夜，但他们自己的生命之灯却在死亡的风暴之中被吹灭了。因此，智慧的人宁愿放弃逸乐的生活。

《大史》第三章"第一次结集"到此结束，编写这一章的目的是使一切虔诚的信徒读后感到宁静愉悦。①

玄奘《大唐西域记》记载的佛教史上的第一次结集：

迦叶闻已，谓其徒曰："慧日沦照，世界暗冥，善导遐弃，众生颠坠。"懈怠苾刍更相贺曰："如来寂灭，我曹安乐，若有所犯，谁能诃制？"迦叶闻已，深更感伤，思集法藏，据教治犯。遂至双树，观佛礼敬。既而法王去世，人、天无导，诸大罗汉亦取灭度。时大迦叶作是思惟："承顺佛教，宜集法藏。"于是登苏米庐山，击大犍椎，唱如是言："今王舍城将有法事，诸证果人宜速集！"犍椎声中传迦叶教，遍至三千大世界，得神通者闻皆集会。是时迦叶告诸众曰："如来寂灭，世界空虚，当集法藏，用报佛恩。今将集法，务从简静，岂特群居，不成胜业？其有具三明，得六通，闻持不谬，辩才无碍，如斯上人，可应结集。自余果学，各归其居。"于是得九百九十九人，除阿难在学地，大迦叶召而谓曰："汝未尽漏，宜出圣众。"曰："随侍如来，

---

① 《古印度吠陀时代和列国时代史料选辑》，第102—104页。

多历年所，每有法议，曾未弃遗，今将结集，而见摈斥，法王寂灭，失所依怙。"迦叶告曰："勿怀忧恼。汝亲侍佛，诚复多闻，然爱惑未尽，习结未断。"阿难辞屈而出，至空虚处，欲取无学，勤求不证，既已疲怠，便欲假寐，未及伏枕，遂证罗汉。往结集所，叩门白至。迦叶问曰："汝结尽耶？宜运神通，非门而入。"阿难承命，从钥隙入，礼僧已毕，退而复坐。是时安居初十五日也。于是迦叶扬言曰："念哉谛听！阿难闻持，如来称赞，集素呾缆藏。优波釐持律明究，众所知识，集毗奈耶藏。我迦叶波集阿毗达磨藏。雨三月尽，集三藏讫。"[1]

因为第一次结集时，并没有将佛陀的教义文字化，所以，佛教在传播过程中，对教义理解的分歧并没有消除，因此在释迦牟尼去世将近一个世纪后发生了第二次结集。

第二次结集：

> 优陀耶跋陀杀死父王阿阇世篡夺王位，统治了十六年。优陀耶跋陀的儿子阿奴虏陀又杀了他，后来阿奴虏陀的儿子文荼又同样杀了阿奴虏陀。这些叛逆者和愚蠢者统治着王国，这两个国王统治了八年。
>
> 文荼的儿子那迦达萨克杀父篡权，这个坏人统治了二十四年。
>
> 于是人民极其愤怒地说："这成了一个杀父的朝代。"当他们放逐了那迦达萨克国王后，聚集一起，为大臣修苏那迦行灌顶即位礼，推举他为国王。因为他关心大家的利益，有资格当国王。他作为国王统治了十八年。他的儿子迦腊索伽统治了二十八年。到迦腊索伽统治的第十个年头，距正觉者涅槃已一个世纪了。
>
> 那时在吠舍厘，许多跋祇部族的比丘在说法时竟无耻地告诉人们"十事"是合法的。"十事"名曰："角盐净""二指净""他聚落

---

① 《大唐西域记》，第213—214 页。

净""住处净""随意净""所习净""生和合（不攒摇）净""饮阁楼嶷净""无缘坐具净""金银净"。①

当这件事传到上座耶舍耳中时，他决心解决此事前往摩诃伐那（精舍）。耶舍是婆罗门羯坎达迦的儿子，具有六种非凡之力，当时正在跋祇国漫游。在受戒大厅，僧侣们放置一个金属器皿并盛上水，对俗人们说："请大家发善心赏给几个卡哈怕那②吧！"这位长老阻止他们说："这是非法的，什么也不许给！"于是他们就用一种名叫"请求俗人原谅"的惩罚方式来威胁上座耶舍。耶舍找了一人做伴进城向市民宣布，他所讲的都是符合达磨的。

众比丘听了耶舍同伴的话，前来攻击谩骂耶舍并包围了他的房子。这位长老离开了那里，腾空而起，停在憍赏弥。他立刻派人送信给白婆③和阿槃提的比丘们；他自己来到阿呼山，向三浮陀·萨纳瓦西长老讲述一切。

六十位来自白婆的大长老和八十位来自阿槃提的大长老，他们都摆脱了烦恼④，一起来到阿呼山。来自各地的比丘总共有九万人。当他们在一起商量之后，了解到学识渊博的须离⑤长老离婆多没有烦恼，是他们当时的首领，他们就出发去寻找他。

当这位长老用他非凡的听力得知这个决定后，马上出发去吠舍厘，希望旅途顺利。一天天过去了，一日晚上长老们来到某处，得知

---

① 这"十事"中的"角盐净"即是听贮食盐于角器之中；"二指净"即是当计日影的日晷，未过日中之后（横列）二指的日影时，如未吃饱，仍可更食；"他聚落净"，即在一食之后，仍可到另一聚落复食；"住处净"，即是同一教区（界内）的比丘可不必同在一处布萨；"随意净"，即于众议处决之时，虽不全部出席，但仍有效，只要求得他们于事后承诺即可；"所习净"，随顺先例；"生和合（不攒摇）净"，即是得饮未经搅拌去脂的牛乳；"饮阁楼嶷净"，阁楼嶷是未发酵或半发酵的椰子汁，得取而饮之；"无缘坐具净"，即是缝制坐具可不用贴边，并随意大小；"金银净"，即是听受金银。——译者

② 卡哈怕那（Kahāpanas），货币单位。——译者

③ 白婆，末罗共和国的首城之一。——译者

④ 烦恼，佛教术语，泛指佛教宣扬的宁静、"涅槃"境界的相对立的一切思想观点和精神情绪。——译者

⑤ 须离，地名，位于西北印度呾叉始附近。——译者

贤人于当天早上刚离开该处，他们跟踪而去，终于在莎呵加提遇见他（离婆多）。

长老耶舍按照长老三菩提的告诫，在背诵完圣言之后，向大长老离婆多致意，并向他就"十事"提出问题。长老否决了"十事"，当他听到此事后，说："让我们结束（争论）吧。"

持不同意见的比丘为了赢得支持也去寻找离婆多，为苦行者准备了充足的必需品，他们乘船全速驶向莎呵加提。进餐时间，他们提供了奢侈的食物。

住在莎呵加提的长者沙罗，摆脱了烦恼，冥想后领悟道："白婆的长老们掌握真正的教义。"梵天大神到他跟前对他说："在教义上要坚定不移。"他回答说在教义上他将永远坚定不移。

他们①带着那些必需品（作为礼物带来的东西），寻找长老离婆多，但是这位长老没有站在他们一面，反而开除了站在他们一面的学生。他们来到吠舍厘，又厚着脸皮从那里到了华氏城，告诉迦腊索伽王："为保卫世尊的香斋，我们住在跋祇国的摩诃伐那精舍；但是住在这个国家的比丘要来了。大王，他们要占有精舍，阻止他们！"

他们欺骗国王后回到了吠舍厘。在莎呵加提，九万一千一百名比丘在长老离婆多的感召下，齐集在一起，以便用和平方式结束这场争论。但这位长老不愿结束这场争论，除非那些引起争论的人在场；于是众比丘前往吠舍厘。

受蒙蔽的国王也派大臣到那里，但由于诸神谋划引入歧途，他们去了别的地方。而这位君主派出大臣后，一天夜里做了个梦，梦里他被投入一个叫铜釜的地狱。国王非常恐惧，为使他平静下来，他的妹妹难陀，这位摆脱烦恼的长老尼排空驭气飘然来到他跟前。

"这恶果是你自己种下的！你要与这些令人尊敬的比丘——真正的信徒们和好，你要站在他们一边，保护他们的信仰。如果照此行

---

① 即跋祇诸比丘。——译者

事，你将获得洪福！"说毕她便消失了。次日清晨国王立即动身去吠舍厘。他来到摩诃伐那（寺院），这里集合着众比丘，当他听完对立双方的讲演之后，决定了自己真正的信仰。当这位国王与具有正确信仰的比丘和好，宣布他赞成正确信仰后，他说："就照你们的想法弘扬教义吧！"在他答应做他们的保护人之后，就回首都了。

此后，佛门弟子聚在一起就那些问题①做出决定；然后，在（比丘们）的集会上，大家又说了一些无关紧要的话。然后，长老离婆多来到大家中间，决定通过断事人来解决此事。他任命来自东方和白婆的比丘各四名作为断事人使争执平息。来自东方的四位长老是萨婆伽罗、沙罗、富阇苏弥罗和婆娑佳眉；来自白婆的四位长老是离婆多、三菩提、耶舍（羯坎达伽之子）和须摩那。

此时，这八位脱离烦恼的长老为了解决这些问题，来到安静而又偏僻的沙树林。这些懂得圣贤思想的长老住在青年阿夷哆为他们准备的美丽的住所。大长老离婆多善于提问，他就每项内容逐次向长老萨婆伽罗提出问题。对他的问题大长老萨婆伽罗做出这样的判断："按传统，所有这些内容都是非法的。"在他们于此时完成任务之后，又在众比丘面前，同样地以问答方式又进行了一遍。长老们就此驳倒了一万名坚持"十事"的比丘们的邪说。

萨婆伽罗是当时世上的僧伽上座，自从他受戒已有一百二十年了。

萨婆伽罗、沙罗、离婆多、富阇苏弥罗、耶舍（羯坎达伽之子）和三菩提，这六位长老是阿难陀长老的学生；而婆娑佳眉和须摩那，这两位长老是阿泥类驮长老的学生。这八位幸运的长老在过去都见到过如来。一万二千比丘聚合起来，离婆多长老作为所有这些比丘的首领。

那时离婆多长老为了举行会议，使真正的信念得以长期持续，从所有比丘中选出七百人，这些（被选出来的）阿罗汉都具有四种特别

---

① 那些问题指"十事"。——译者

知识，懂得许多含义，通晓三藏等。

所有这些在沙树林受到迦腊索伽王保护的长老，在离婆多长老的领导下，编纂整理达磨。由于他们采纳了过去早已确定、以后仍然适用的，他们在八个月内就完成了这项工作。

当这些具有很高声望的长老进行了第二次结集之后，所有的恶行在他们中间消失了，最后他们都达到了涅槃境界。

当我们想到世尊的这些孩子们的死时，他们都有完美的洞察力，达到了至善至美。他们赐福于三界，我们便可以在内心深处领悟到世间一切皆为虚妄，从此以后为了解救灵魂而不懈地奋斗。

《大史》第四章"第二次结集"到此结束，编写这一章的目的是使一切虔诚的信徒读后感到宁静、愉悦。①

《大唐西域记》关于第二次结集的记载：

吠舍厘……城东南行十四五里，至大窣堵坡，是七百贤圣重结集处。佛涅槃后百一十年，吠舍厘城有诸苾刍，远离佛法，谬行戒律。时长老耶舍陀住憍萨罗国，长老三菩伽住秣兔罗国，长老釐波多住韩若国，长老沙罗住吠舍厘国，长老富阇苏弥罗住婆罗梨弗国，诸大罗汉心得自在，持三藏，得三明，有大名称，众所知识，皆是尊者阿难弟子。时耶舍陀遣使告诸贤圣，皆可集吠舍厘城。犹少一人，未满七百。是时富阇苏弥罗以天眼见诸大贤圣集议法事，运神足至法会。时三菩伽于大众中右袒长跪，扬言曰："众无哗！钦哉，念哉！昔大圣法王善权寂灭，岁月虽淹，言教尚在。吠舍厘城懈怠苾刍谬于戒律，有十事出，违十力教。今诸贤者深明持犯，俱承大德阿难指诲，念报佛恩，重宣圣旨。时诸大圣莫不悲感，即召集诸苾刍，依毗奈耶诃责制止，消除谬法，

---

① 《古印度吠陀时代和列国时代史料选辑》，第104—108页。

宣明圣教。"①

第三次结集:

    由上座大迦叶主持编纂的真正达磨称作上座达磨。在最初的一百年间,上座派是一个统一的派别。但是后来出现了其他学派。一万名异端比丘被举行第二次结集的长老们征服后,创造了名叫大众部的派别。②

    在此基础上出现了鸡胤部和一说部。从鸡胤部中又分出说假部和多闻部,又从这些部中分出制多山部。除了加上大众部在内的这六部以外,还有两个派别与上座部的信徒们分道扬镳:化地部和金刚子部比丘。而法上部和贤乘部,六成部、正量部和犊子部也同样离开了上座部的信徒们。化地部又分成两部分:说一切有部和法藏部。从说一切有部又分裂出饮光部,从这些派别中又兴起经量部,最后又分出经部。加上上座部共十二个派别,此外加上那六个派别,共十八部。

    这样,在第二世纪出现了十七个派别,以后又出现了其他派别。雪山部、王山部、义城部、东山部比丘,西山部和金刚部。这六者是阎浮提洲从其他派别分离出来,法乐部和海部在锡兰岛也从其他派别分离出来。

    这里就结束了阿阇梨派别的史话。

    迦腊索伽有十个儿子,他们统治了二十二年。以后九个难陀相继为王,他们也统治了二十二年。

    后来有一位出身高贵的孔雀族的光荣青年,名叫旃陀罗笈多,他怀着满腔仇恨杀死了第九个难陀——丹那难陀③。于是婆罗门阇那迦为他行涂油礼,把他立为阎浮提洲的国王。

---

① 《大唐西域记》,第 164 页。
② 第二次结集后,出现佛教的部派分裂,形成上座和大众两部,在佛教史上被称为根本分派。——译者
③ 丹那,难陀王朝的末帝。——译者

他统治了二十四年，他的儿子频头沙罗统治了二十八年。频头沙罗有一百零一个光荣的儿子；阿育王在勇猛、智慧、威力、神效等方面都比其他人高出一筹。他杀了同父异母所生的九十九个兄弟后，赢得了整个阎浮提洲的独裁君权。请记住，从世尊涅槃到阿育王进行登基献祭仪式中间相隔二百一十八年。

阿育王取得独裁统治四年之后，以国王的身份在华氏城举行献祭。献祭后他的命令立刻远播四方，上达碧空，下及黄泉。

渐渐地，诸神带来了八人担的阿耨达湖水，国王将水分给他的臣民。诸神从喜马拉雅山带来了足以供数千人洁净身躯用的纳加蔓藤，同时又带来了色香味俱佳的樱桃、李子和芒果这些有利于健康的果子。天神带来五彩缤纷的衣服，做头巾用的黄色布料，还有六牙湖的圣水。众龙从龙王国带来了没有线缝、颜色像茉莉花一样的织物，还有神圣的荷花、洗眼剂和药膏；鹦鹉天天从六牙湖衔来稻谷，总数可达九万马车。老鼠使这些稻谷脱去外皮，成为粮食，并以此供应皇室。蜜蜂不停地为国王采蜜，熊为他挥舞着铁锤制造铁器。迦陵频伽鸟（美声鸟），声音优美悦耳，来为国王演奏欢乐的音乐。作为神圣的国王，阿育王提拔他最年幼的、与他同一个母亲的弟弟蒂沙为副王。

阿育王献祭的故事到此结束。

（阿育王的）父亲对六万名精通婆罗门教义的婆罗门很友善，他供养了他们三年。但是当他看到他们在分配食物时缺乏自我控制的情景，便对大臣们说："我将按照我的选择来供给他们食物。"这位精明的国王吩咐大臣把不同学派的追随者带到他面前，把他们集中起来考试，并给他们吃的，然后让他们回去。

有一次，当他们站在窗前，看见一位安静的苦行者沙弥尼拘律陀沿着大街走去，便对他产生了很友好的感情。这个青年是须摩那王子的儿子，频头沙罗所有儿子中最年长的一个。

当频头沙罗陷入病魔困扰之时，阿育王离开了父亲任命他统治的优禅尼来到华氏城，并掌握了该城的大权。在他父亲死后，他派人杀了他的长兄，使自己成为这座宏伟城市的独裁者。

须摩那王子的妻子名字也叫须摩那。她怀孕时从东门逃跑，来到旃荼罗村。在那里，尼拘律陀树①保护神呼唤她的名字，并建造一间小屋送给她。就在那天，她生了一个漂亮的小男孩，她给儿子取名尼拘律陀，以表示对保护神的感谢。当旃荼罗首领看到这位母亲时，便把她当作自己的妻子，对她以礼相待达七年之久。后来，当长老摩诃伐汝那看到那个男孩相貌不凡时，这个阿罗汉询问了他的母亲，并且授与他圣职。就在那间他们为他剃度的房子里，他成了阿罗汉。然后他去看望他的母后，他从南门进入这座宏伟的城市，当他沿着通往村子的路走去时，他经过国王的官殿。国王不但对他庄重的举止感到满意，而且因为他们从前曾生活在一起，更对他产生特殊的好感。

从前，有三个兄弟靠卖蜂蜜为生；通常是一人卖蜜，两人采蜜。有一天，一个辟支佛②受了伤，另一个辟支佛想为他去寻找蜂蜜。他沿着平时常到城里去化缘的那条路走着，一位到河边打水的少女看见了他。当她得知他想寻找蜂蜜时，用手指着一边说："先生，那边是蜂蜜店，去那儿吧。"

这位蜂蜜商怀着虔诚的心给那位化缘的辟支佛盛了满满一碗蜂蜜，当他看到蜂蜜从碗边溢出淌到地上时，他充满信心地祝祷："但愿由于这个礼物我能获得阎浮提洲的独裁统治，但愿我的命令也能远播四方，上达碧空，下达黄泉。"当蜜蜂商的哥哥们回来时，他对他们说："我给了一位辟支佛蜂蜜；当然蜂蜜也是你们的，所以希望你们同意我的做法。"长兄勉强地说："那一定是个旃荼罗③，因为旃荼罗总是穿黄衣服。"二哥说："去你的辟支佛吧！"但当他答应让他们分享由此得到的报答时，他们也就同意了。于是那位曾给辟支佛指出蜂蜜店的少女

---

① 尼拘律陀树，即榕树。——译者
② 辟支佛（Paccekabuddha），又译独觉，因不逢佛世而独自悟道，故名。——译者
③ 旃荼罗，古代印度的贱民。——译者

一心想成为正宫娘娘，因此盼望自己长得更加美丽，肢体格外匀称。

阿育王就是提供蜂蜜的人，王后阿沙母帝米塔就是那个少女，尼拘律陀就是说"旃荼罗"的那个人，蒂沙就是说"去你的辟支佛"的那个人。说"旃荼罗"的尼拘律陀（为赎罪）在一个旃荼罗村住下，但由于他渴望解救，在第七年时，他得到了解救。

国王对尼拘律陀产生了好感，传唤他以最快的速度来见他；但他却很沉着、很平静地去那里。国王对他说："亲爱的，坐在适当的位置上吧。"因他看到王座附近没有其他比丘，就走近国王宝座。当他向御座走去时，国王心想："今天这个沙弥在我的王国里将成为君主。"在国王的挽扶下，这个比丘登上了宝座，坐在白色华盖下的御座上。看到他坐在那里，阿育王很高兴，因为自己赐给他应有的地位。当他把为自己准备的食物给了他，使他精力恢复时，他问这个沙弥有关正觉者所讲的教义，于是这个沙弥就向国王讲述了"不放逸品"①。

当这位君主得知他已赢得了世尊的教义，就对尼拘律陀说："亲爱的，我给你八种永恒的供应品。"他回答说："我将把这些献给我的夫子。"当他再次得到八种供应品时，他把这些给了他的老师；当他第三次得到这些东西时，他把它们送给了僧团。当他以后又得到八种供应品时，他心领神会地答应收下。次日，他与三十二名比丘一起上路了，他已经受到国王的亲自招待，也已经为这个统治者布了道，他用自己避难和戒律方面的经验使国王的权力得到了巩固。

沙弥尼拘律陀拜访国王的故事就到此结束。②

第四次结集：

在迦腻色伽统治时期，发生了佛教历史上的第四次结集。此次结集由胁尊者召集，推世友为上座，共五百人参加。据玄奘《大唐西域记》说：

---

① 经的品名。——译者
② 《古印度吠陀时代和列国时代史料选辑》，第109—113页。

　　健驮逻国迦腻色伽王，以如来涅槃之后第四百年，应期抚运，王风远被，殊俗内附。机务余暇，每习佛经，日请一僧入宫说法，而诸异议部执不同。王用深疑，无以去惑。时胁尊者曰："如来去世，岁月逾邈，弟子部执，师资异论，各据闻见，共为矛楯。"时王闻已，甚用感伤，悲叹良久。谓尊者曰："猥以余福，聿遵前绪，去圣虽远，尤为有幸，敢忘庸鄙，绍隆法教，随其部执，具释三藏。"……是五百贤圣，先造十万颂《邬波第铄论》(旧曰《优波提舍论》，讹也)，释《素呾缆藏》(旧曰《修多罗藏》，讹也)。次造十万颂《毗奈耶毗婆沙论》，释《毗奈耶藏》(旧曰《毗那耶藏》，讹也)。后造十万颂《阿毗达磨毗婆沙论》，释《阿毗达磨藏》(或曰《阿毗昙藏》，略也)。凡三十万颂，九百六十万言，备释三藏，悬诸千古，莫不穷其枝叶，究其浅深，大义重明，微言再显，广宣流布，后进赖焉。迦腻色伽王遂以赤铜为鍱，镂写论文，石函缄封，建窣堵波，藏于其中。命药叉神周卫其国，不令异学持此论出，欲求习学，就中受业。于是功既成毕，还军本都。出此国西门之外，东面而跪，复以此国总施僧徒。①

(22) 佛教经典的形成

关于佛教的经典——《长阿含经》《中阿含经》《杂阿含经》和《增一阿含经》的形成：

　　迦叶复白僧言："大德僧听，我今欲于僧中间阿难修多罗义，若僧时到僧忍听，白如是。"阿难亦白僧言："大德僧听，我今当答迦叶修多罗义，若僧时到僧忍听，白如是。"迦叶即问阿难言："佛在何处说增一经，在何处说增十经、大因缘经、僧祇陀经、沙门果经、梵动经，何等经因比丘说，何等经因比丘尼、优婆塞、优婆夷、诸天子天女说。"阿难皆随佛说而答。迦叶如是问一切修多罗已，僧中唱言："此是长经，今集

---

① 《大唐西域记》，第75—76页。

为一部，名长阿含。此是不长不短，今集为一部，名为中阿含。此是杂
说为比丘、比丘尼、优婆塞、优婆夷、天子、天女说，今集为一部，名
杂阿含。此是从一法增至十一法，今集为增一阿含。自余杂说，今集为
一部，名为杂藏，合名为修多罗藏。我等已集法竟，从今已后，佛所不
制，不应妄制。若已制，不得有违，如佛所教，应谨学之。"①

（四）孔雀王朝时代

1. 憍底利耶《政事论》摘录

传统说法认为《政事论》的作者是憍底利耶——孔雀王朝建立者旃陀罗笈
多的开国功臣，此书编成于公元前 4 世纪，有的学者认为编成于公元后 3 世
纪。大概现传的《政事论》是以憍底利耶原著为基础发展来的，其最终编定不
晚于公元后最初几个世纪。

（1）村庄的构成（第二卷第一章）

国王可以招致外国人迁入，或使本国人口稠密的中心区调出过剩人口，在
新地点或旧废墟建立村庄。

　　46. 村庄应这样建成：每村包括首陀罗瓦尔那农民，不少于一百
家，不多于五百家；村间则有宽达一克罗沙（2250 码）或二克罗沙足
以互相防卫的边界。边界应以河流、山脉、森林、球茎植物、洞穴、
人工建筑物或沙尔玛里（木棉树）、沙米（一种橡树）和克湿罗夫尔
克沙（分泌乳汁的树之类的树木）为标识。

　　在八百个村的中心应设立一个斯多尼耶（一种堡垒名称），在
四百个村应设立一个德罗那木克哈，在二百个村的中心应设立一个克
哈尔法提伽，在十个村的集中点应设立一个桑格罗哈那。

---

① 《弥沙塞部和醯五分律》卷三十第五分之九《五百集法》。

在王国的边境，应建筑堡垒，配备边防军，他们的职责是守卫进入王国的关口。王国内部应由陷阱守卫者、弓箭手、猎人、旃荼罗和蛮人部落来守护。

凡执掌祭祀的人、灵魂导师、祭司以及研究吠陀的人，则应赐予能生产足够产品的婆罗马底耶土地。

主管人员、管账人、哥帕①、斯多尼迦②、兽医、医生、驯马人和传信人，也应授予土地，但他们无权转让这种土地，不论是出卖或抵押。

47.已耕土地给予纳税人应终其一生。未耕土地不应从正在准备耕种的人夺取。

不耕种土地而把它给别人者，可以没收其土地，这些土地也可以用村中劳动者和商人来耕种，以免不好好种地的业主少（给政府）纳税③。如果耕种者缴纳赋税不迁延，那么，他们就可以顺利地得到谷物、牲畜和金钱的供应。④

国王赐予耕种者的恩惠和宽免，只应是有利于国库增益；而耗空国库，则应避免。

国库空虚，国王将损耗市民和乡民本身的生机。在开辟新居民地时期，或其他任何非常时期，都应减免赋税。

国王应以父亲般的仁慈对待度过减免赋税时期的人。

国王应经营矿业和制造业，开采树木和有象的森林，为畜牧业和商业提供方便，为陆上和水上交通运输开设道路，并建设市镇。

国王又应建造水池，注以四季不断的或从其他源泉流来的水。或者，他也可以为自愿建设水池者供给地面、道路、木材以及其他必需物品。对于设立朝香圣地和丛林，也应如此。

---

① 哥帕是农村管账人，遵总收税命令，从事五个或十个村庄的会计工作。——译者
② 斯多尼迦，即地区长官。——译者
③ 不好好耕种者应赔偿损失。——译者
④ 这一段的意思也可能是，耕种者可以得到牲畜等的供应，同时他们可于自己方便时归还这些东西。——译者

任何一种公共建筑，凡是不参加的人，应派他的仆人和公牛去进行他的工作，并应出一份费用，但不得要求利益。

在水池或湖泊中捕鱼、摆渡和贩卖蔬菜，国王都应行使他的所有权。

凡是不关心自己的奴隶、雇工和亲属的要求的人，应教以他们的责任。

国王应给养孤儿、老人、弱者、受苦人以及无所依靠的人。带着孩子而无所依靠的妇女以及她的孩子，也应该给以糊口之资。

48.村民的长老应很好地经管孤儿的财产，直到他长大成人；对神的财产也应如此。

一切有能力的而不是变节的人，或者一个母亲，如果他或她忽略了供养自己的孩子、妻子、母亲、弟弟、妹妹或寡女，那就应被处以十二明那的罚金。

任何一个人，如未准备好妻子和儿子的生计，就去从事苦行，应被处以头等罚金；任何一个人使妇女从事苦行者，应受同等处罚。

凡已过了性生活年龄的人，把自己所得财产分与（儿子）以后，才可以成为苦行者①，否则他将受罚。

伐罗普罗多（森林隐士）以外的一切苦行者、本地人朋伙以外的一切朋伙以及本地协作公会以外的任何一切公会，都不得进入王国的村庄。村庄中也不得有旨在娱乐和游戏的建筑。演戏者、舞蹈者、唱歌者、打鼓者、丑角和诗人，都不得对村民的工作有任何打扰以获取大量的金钱、自由劳动、商品、谷物和酒；因为无所依靠的村民总是靠着自己的田地，并专心于自己的田地的。

任何易于受到敌人和野蛮部落侵入的地区，以及屡受饥荒与疫病之苦的地方，国王都应避免占有。他也应避免费钱的娱乐。

国王应使农业不受暴虐的罚金、自由劳动和赋税的侵扰；应使畜群不受盗贼、老虎、有毒动物和牲畜疫疾的侵扰。

49.国王不仅应使运输道路不遭朝臣、职工、强盗和边防军的骚

---

① 在征询法官意见以后。——译者

扰，而且也应使它们不受畜群的破坏。

因此，国王不仅应该使过去建设的树木和有象的森林、建筑物以及矿藏保持良好，而且也应该设置一些新的。

(2) 农业主管人（第二卷第二十四章）

农业主管人，掌握了栽植灌木和树木的农业科学知识，或得到有这些科学素养的人的帮助就应该及时收集各种谷物、花、果、蔬菜、球茎根、根、帕利基耶、须根植物和棉花的种子。

农业主管人应该用奴隶、工人与囚徒在国王的土地上播种，这种土地是已经屡次充分耕耘的。

上述人员的工作，不得因犁和其他必需工具或公牛有任何缺乏而受影响。他们应当立即得到铁匠、木匠、穿孔匠、搓绳匠、捉蛇人以及类似人员的帮助。

由于上述人员而发生的任何损失，应罚以相当于损失的罚金……

（中略 116 及 117 节，下由 118 节起。）

……菜园、围栅和牛的看守者、奴隶以及劳动者，应按其所做的工作，供给以粮食。

他们应支付一朋那又四分之一门森。手工工人应按其完成的工作支付给工资和粮食……

(3) 税务官之职责（第二卷第三十五章）

142. 国王把王国分为四个地区，并把村庄分成头等、中等和下等以后，应把各村庄归属于下列各类的这一类或另一类。这些类是：免税的村，供给士兵的村，以谷物、牲畜、黄金或原料纳税的村，供给自由劳动^①的村以及用日常产品代替赋税的村。

村庄管账人哥帕的职责是，遵总收税官之命、管理五个或十个村的账目。

他应当设置村庄的边界，计算已耕地、未耕地、平原地、潮湿地、花园、菜园、围栅、森林、神坛、神庙、灌溉工程、火葬场、饲养房、旅行者免费供水地、敬香地、牧场和道路的土地，从而确定不同的村、田、森林和道路的界线，把赠品、买卖契约、布施物以及田地免税情况登记下来。

他计算了纳税的或不纳税的入户以后，不仅应该登记每村所有四个瓦尔那的居民总数，而且还应该把耕者、牧者、商人、手工工人、劳动者、奴隶以及两足和四足牲畜的确实数目做一账目，同时把能够从它（每户）收集来的黄金、自由劳动、赋税和罚金的总额确定下来。

他还应该把每户青年和老年人的数目，他们的经历、职业、收入和开支，做一个账目。

同样，地区长官斯多尼迦应关心王国四分之一地区的账目。

在哥帕和斯多尼迦管辖区内，总收税官所专派的委员，应不仅检查村庄和地区官员所做的工作和他们所用的资财，而且还要征收名为巴利的特设宗教税^②……

(4) 建筑物等财产的买卖（第三卷第九章）

168.亲属、邻居、富人应依次购买土地和其他财产。应有四十个门第良好而与上述买主不同家族的邻人，集聚在要出卖的建筑物之前，宣布这样的事。应该当着村庄长老或邻里长老面前，宣布田地、园圃、任何一种建筑物、湖泊或水池的确定边界的正确记载。如果三

---

① 他们从事建筑堡垒和其他政府建筑工程，以抵应缴的赋税。——译者
② 他们应强征拖欠未交之税，或者他们也可以惩办有势力而邪恶的官吏。——译者

次高呼"谁愿意以这样的价格购买它?"而无人提出反对,那么买主便可以购买这种财产。如果这时该财产的价值被人出价增多了,即使是同一个公司的人出的价,那么所增数额也应和价值税一并归于王库。出价人应缴纳赋税。物主不在而出价购买其财产者,应被处以二十四朋那罚金。如果七夜期满而没有真实的物主出场,那么出价者便可以占有这个财产。把建筑物等卖给出价者以外的任何人,应被处以二百朋那罚金;如果财产是建筑物等以外的东西,上述违法之罚金则应为二十四朋那。出卖建筑物的处理就是如此。

(5) 村庄边界的争执 (第三卷第九章)

任何两村边界的一切争执,邻人或者五个或十个村的长老应根据天然的或人工的界标提供的证据调查案情。
(中略)

169.国王应把没有界标或已无任何人享有的财产,施恩分配给其他人。

(6) 关于田界的争执 (第三卷第九章)

田界的争执,应由邻里长老或村庄长老来解决。如果这些长老意见有分歧,就应该让一批纯洁可敬的人来解决,或者争执者也可以自行均分争执的财产。如果这两种方法都不成功,那么在争执中的财产应归国王所占有。这一规则对于无人申请的财产也适用;或者它也可以被施恩分配与人民。强占财产应被当作窃贼来处罚。

如果一份财产被另一人根据某些正当理由所占有,那么,就应使他向业主缴纳一些租金,租金数额应在审慎考虑他所占有财产的耕种者生活必需之后加以确定。

侵占边界应被处以头等罚金。破坏边界应处以二十四朋那罚金。这些规则也适用于森林修道院、牧地、大路、火葬场、神庙、献祭地与敬香地的争执。决定边界的处理就是如此。

(7) 在村庄中定居 (第三卷第十章)

……纳税者只应把自己的田地卖给或抵押给纳税者；婆罗门只应把租金的婆罗玛底耶即被赠予地卖给或抵押给受领有类似土地的人；否则他们应被处以头等罚金。纳税者居住在一个非纳税者居住的村庄里，应受同样处罚。如果一个纳税者代替了另一个纳税者，除了被替代者的房屋以外，他应享有被替代者所持有的一切，甚至连房屋也可以给予新的居住者。如果一个人耕种一个不耕种土地者不能转让的土地，那么这个人在享用五年，取得相当于他改善土地的一定数量报偿之后，就应归还原地。非纳税者而寄居外地者原保有自己土地的占有权。

(8) 关于奴隶的规章 (第三卷第十三章)

如果一个不是奴隶出身，而是雅梨耶① 出身的未成年首陀罗，他的亲属出卖或抵押了他的一生，应被处以十二朋那罚金；如果是一个吠舍，应被处以二十四朋那罚金；如果是一个刹帝利，应被处以三十六朋那罚金；如果是一个婆罗门，则应被处以四十八朋那罚金。如果是亲属以外的人做了这样的事，他们应分别交出三份罚金和被处以死刑；购买者与教唆者应受同样处罚。蔑戾车② 出卖或抵押他们自己孩子的一生，不算犯罪。但是一个雅梨耶决不应被沦为奴隶。

182. 但是如果为了度过家庭困难，为了求得支付罚金或法庭判决

---

① 雅梨耶就是雅利安人。——译者
② 蔑戾车指非雅梨耶，或译"野蛮人"。——译者

的金钱，或者为了赎回（被没收的）家用器具，一个雅梨耶的一生被抵押了，他们（他的亲属）应尽可能迅速地（从奴役中）赎出来；如果他是一个青年或能帮助人的成年人，那就尤其应该这样做。

任何一个曾经自愿委身为奴隶的人，如果他逃走了，就应成为终身奴隶。同样，任何一个其一生被别人抵押了的人，如果他逃亡两次，也应成为终身奴隶。以上这两种人，如果他们有一次被发现想逃往外国，就应成为终身奴隶。

骗取奴隶的金钱或剥夺其作为一个雅梨耶所能运用的特权，应被处以（因使一个雅梨耶的一生成为奴隶而缴纳的）罚金之半数。

一个人接受了一个被抵押者，而被抵押者逃走了、死亡了，或者因疾病而失去能力，他应有权（从抵押者）取回所付的奴隶价值。

使用奴隶搬运死者、清扫粪便或残余食物，或者使一个女奴隶去服侍其赤身洗澡的主人，或者使男奴隶或女奴隶受到伤害或詈骂，或者破坏一个女奴隶的（贞操），都应丧失所付的男奴隶或女奴隶的价值。破坏保姆、女厨工、共耕者阶级女仆或任何其他种类女仆（的贞操），就应立即给她们以自由。对出身高贵的仆人横暴，仆人就有权逃亡。如果一个主人与在他权力下的女仆或抵押来的女奴隶发生关系，而违反了她的意志，那么他应被处以头等罚金；如果做了这样的事，而她是在另一个人的权力之下，他应被处以中等的罚金。如果一个人强奸或帮助别人强奸一个抵押给他的少女或女奴隶，他不仅应失去奴隶的买价，而且应该给她一定数量的钱，同时（向政府缴纳）加倍于此的罚金。

一个自卖为奴隶的人的孩子，仍应是雅梨耶。奴隶应不仅有权享有他无损于主人工作而赚来的一切，而且享有他从自己父亲处得来的遗产。

奴隶付还（当奴隶的）身价，应重获他的雅梨耶身份。

183.奴隶为重获自由所需的赎金，等于他的身价。任何一个人因罚金或法庭判决而成奴隶，应以劳动挣得金额①。在战争被俘的雅梨耶，应支付相当于俘获他时所做的危险行为的一定金额或此金额之半，以求得到自由。

一个奴隶，他不满八岁，又无亲戚，不论他是主人家中生出来的奴隶，或者是他的主人把他作为一份遗产得来的，或者是他的主人买来或用其他任何方法得来的，如果违反他的愿望使他做卑贱的杂务或把他抵押于外国；或者，如果一个人出卖或抵押了一个怀孕的女奴隶，而未为她的分娩做任何准备，那么主人就应被处以头等罚金。买主与教唆者应受同等处罚。

得到所索的赎金数额而不给奴隶自由，应被处以十二朋那罚金；无故监禁奴隶，应受同样处罚。

奴隶财产应归于其亲属之手；如无任何亲属，它应由他的主人取得。

如果女奴隶同她主人生了一个孩子，那么应立即承认孩子和其母亲的自由。如果母亲为了生活，必须留于奴隶地位，她的兄弟和姊妹应该得到自由。

出卖或抵押曾被解放的一个男奴隶或女奴隶，应被处以十二朋那罚金，自己投身为奴隶者则不在此例。

关于奴隶的规章就是如此。②

2. 阿育王的统治

(1) 阿育王夺权和初期的暴政：杀五百大臣和五百宫女，设立"人间地狱"

……花氏城频头沙罗子名宿尸魔时，瞻婆罗国有婆罗门，生一女宝，相师占言："必为王后，为王宠爱。当生二宝子，一者当作转轮圣

---

① 意思就是得以劳动抵罚金或法庭判决的金钱。——译者
② 《世界通史资料选辑（上古部分）》，第209—218页。本段由刘家和译。

王，王四分之一；二者出家，当得罗汉。"婆罗门闻，极大欢喜，便将是女，至花氏城，众宝璎珞，以庄严之，嫁与频头沙罗王为妻。王即纳娶，置于后宫……共相爱乐，而生一子。母言："我忧患尽除，即为作字，名阿恕伽。阿恕伽者，（晋言无忧）。"复生一子，名为尽忧。阿恕伽身体粗涩，父不爱念。频头沙罗亦于诸妃多生子息，集诸相师，相诸子等。有一相师，名宾陵伽婆嗟。王语此相师："占我诸子，谁中为王。"相师答言："王将诸子向金地园，就彼相之。"王与诸子至金地园中。母敕阿恕伽言："今王相子于金地园，汝亦可往。"阿恕伽言："王不爱我，何为至彼？"母复告言："汝当必去。"阿恕伽言："我去之后，送食与我。"即辞而去。出花氏城，见辅相子罗提崛多。罗提崛多问阿恕伽言："欲何处去？"答言："王集诸子诣金地园，我今欲往。"尔时崛多乘一老象，语阿恕伽言："可乘此象。"阿恕伽即乘此象向金地园。即到园所，从象而下。于诸子边，在地而坐。诸子皆食种种肴膳，阿恕伽食粳米饭，盛以瓦器，用酪和之，渴则饮水。王语相师言："和上愿相诸子。我死之后，谁中为王？"相师念言："阿恕伽者，必应为王。我答王言，彼应王者。王不爱之，必当杀我。"便答王言："不中说名字，可说形相。其所服用事第一者，相应为王。"诸王子等，各各自以乘第一乘，坐第一座，食第一食，用第一器，饮第一浆。阿恕伽念言："我应为王。所以者何？象为第一乘，地为第一座，粳米第一饭，瓦器为第一盛，酪为第一味，水为第一浆。以是义故，我应为王。"相师相已，王将诸子还入城中。相师语阿恕伽母言："阿恕伽必得为王。"母语相师言："且莫复道，并远藏避，如护身命，待阿恕伽得绍王位，汝可来出。"频头沙罗王以得叉尸罗城叛逆不顺，即遣阿恕伽往讨彼国，唯与四兵，不与刀杖。时阿恕伽受命，即出花氏之城。左右人言："无有刀杖，如何得共怨敌斗战？"阿恕伽言："我有福力，应得王者，所须刀杖，自然当有。"作是语已，地神开地，授刀杖与，遂便前进，四兵围绕，到得叉尸罗国。国中人民闻阿恕伽来，自然归伏，庄严城地，平治道路，各各持瓶，盛满中物，以花覆上，名为吉瓶，以现伏相，半由旬迎，而作是言："我不叛于王，亦不叛王子，唯逆王边诸恶臣耳。"供养恭敬，随从入城。人民调顺，还来归国。王复遣阿恕伽伐㐲沙国。彼国人民，承迎调顺，如前无异……渐渐征罚，四海之内，悉皆归伏。

阿恕伽兄，名苏深摩者，方入花氏城，第一辅臣复欲出城，道中相逢。辅臣头秃落，苏深摩戏笑，故以手打辅臣头。辅相念言："此王子者，未绍王位，便用权势，殴我头上，若绍王位，必当以刀，而斩我首。"即向五百辅相说苏深摩过状，言不中为王。"唯阿恕伽者，相师记言，当作轮圣王四分之一，我等诸臣应共立之。"后得叉尸罗国为恶臣所教，复还叛逆，王即遣苏深摩往彼讨之。苏深摩到，不能令彼人民调顺。频头沙罗王闻其不能调伏彼国，即生疾病，便敕诸臣，唤苏深摩，以为太子，令阿恕伽而往讨罚。时辅臣为其作计，便以黄物涂阿恕伽身，以罗叉汁洗盛而弃之，诈称阿恕伽得吐血病，不任征罚。尔时频头沙罗王，疾病唯笃，余命无几。辅相庄严阿恕伽已，而白王言："请当并立阿恕伽为王，以理国事。苏深摩来，当还废之。"阿恕伽念言："我若有福德力应为王者，天当以天缯结我顶上。"作是语已，应言即结。王见阿恕伽天缯结顶，极大瞋恚，沸血从面出，而便命终。立阿恕伽为王，罗提掘多作第一辅相。苏深摩闻父王命终，阿恕伽得立为王，心生忿怒，还花氏城。阿恕伽闻苏深摩来，严备一大力士置第一门下，第二力士置第二门下，第三力士置第三门下，置罗提掘多东门之下，阿恕伽而自当之。置机关白象，象上画作阿恕伽像，周匝四边，造大火坑，粪草覆上。苏深摩来，向第三门下，罗提掘多语苏深摩言："今阿恕伽在东门下，从彼入去。若得入者即为汝臣，若不能害阿恕伽，从此门入，亦无所能。"于是苏深摩即往东门，直趣象上，欲捉阿恕伽，不觉堕于火坑，而自灭没。时苏深摩有一力士，名曰贤踊，将数万军众，入佛法中，出家得阿罗汉道。诸辅相大臣轻蔑阿恕伽。阿恕伽密欲治之，即语诸大臣斫取好花果树围于棘刺。大臣白言："由来正闻以诸棘刺围花果林，不闻以好花果之树以围棘刺。"乃至三敕，臣固不从。王极瞋恚，即便杀此五百大臣。

更至后春时，与诸宫人，共相围绕，至园林间。有树名阿恕伽，华极可爱。阿恕伽以此树与己同名，爱念此树。阿恕伽身体粗涩，诸媄女等以阿恕伽身体粗涩，情不爱敬，不喜亲近。伺其眠时，园中游戏，见阿恕伽树，即时折其花枝。王于眠觉，见树毁坏，问左右言："谁毁此树？"答言："宫人毁之。"王大忿怒，捉五百宫人，绕树烧杀。举国人民，皆称暴恶，遂号名为恶阿恕伽。时罗提掘多而启王言："自行杀害，非王所宜。王今应当简选恶人，以治有罪。"王可其言，即便遣使募觅恶人。于国边陲山下有一织师，生育一子，名曰耆梨。为人极恶，骂父骂母，手则掣网，脚则顿机，毒涂草叶，虫兽触者，无不即死。凡是众人，称为大恶。举国号之为恶耆梨。使往其所，语耆梨言："汝能为阿恕伽王治罪人不？"耆梨答言："天下恶人，使我治者，犹故能为，何况一阿恕伽，岂可不能？"使闻此语，具以启王，王即召之。耆梨闻使来召，即辞父母。父母不听，即便杀之。使问耆梨："何以故迟？"耆梨答言："父母不听，我乃杀之，以是故迟。"于是随使见王，而白王言："为我作狱，极令严峻，使可爱乐。"作狱已竟，名爱乐狱。又白王言："若有人入，要不听出。"王即听可。

时彼恶耆梨，往到鸡头末寺。时彼寺中，有一比丘，诵恶婴愚经言："憙镬汤者，以碓捣之，喜碓臼者，以镬煮之。在地狱中，吞大铁丸，融铜灌口。"闻是语已，即自念言："我狱城中，亦当作此。"

时有长者夫妻，相将入海采宝。到于海中，生一男儿，即为立字，名之为海。经十二年，乃出于海。逢五百贼，劫其财物，杀害长者。于是子海，便出家学道，展转乞食，至华氏城。不识村落，入爱乐狱中，而作是言："外相可爱，内如地狱。"便欲出去，耆梨不听。语比丘曰："汝今于此，当受死罪，如何欲出？"比丘闻已，即便大哭。耆梨问言："何为大哭，如婴儿也？"比丘答言："我不畏死，而作是哭。畏失善利。""何以故？""我新出家，未证道法。人身难得，佛法难值，是故哭耳。"耆梨言："王先听我，入此城者，不令使出，必索治罪。"比丘言:"活我七日,随汝杀之,即便听许。"

时阿恕伽王见其宫人共他男子有爱著语,便生瞋恚,付爱乐狱。耆梨寻时,即以碓捣,杵下打头,眼精脱出。比丘见已,得厌恶心,而作是念:"呜呼大悲,所言诚谛。说色危脆,犹如聚沫,不坚速朽,无有暂停。端正容貌,今安所在?好颜薄皮,亦俱败坏。怪哉生死,婴愚所乐。非是圣法,见此境界,不没有悔。"于是比丘通夜观察,断众结使,得成须陀洹果。如是精勤,乃至复获阿罗汉道。已满七日,耆梨语言:"七日已过,八日欲出,可受刑罚。"比丘答言:"我夜已过,我日已出。利益时到,随汝刑治。"……便设大镬,以水置中。脂膏血髓,屎尿秽恶,俱充满之。即以比丘,提掷著中。下然大火,薪草欲尽,不能令热……又以屋椽,涂苏众叠,悉然使尽,水冷如故。怪其所由,便看镬中,见向比丘,结跏趺坐,坐千叶莲花上。尔时耆梨,甚惊所以。便往白王,王即来看,坏墙而入。一切人民,随从王者,数千亿万,观此比丘。是时比丘,见无量众应受化者皆已聚集,即从镬出,衣服洁净。一切大众,无不睹见。踊身虚空,作种种变。身上出水,身下出火。譬如大山,显于虚空中。王见此已,生希有心。瞻仰恭敬,合掌观察,而作是言:"今此比丘,同与我等,俱禀人身,威德尊妙,出过世表,踊在虚空,现大神足。我今未解,唯愿善说,便得了知,汝之圣事,随我力能,而当服习。"

尔时比丘,知阿育王是大檀越,必能分布佛之舍利,饶益天人。时佛说言:"我是大悲断结使者,佛之法子,于三有中,已得解脱。为调御者所调,为寂灭者所灭,为解脱者所解。大王当知,佛亦记汝,将来佛灭五百年后,王华氏城,号阿恕伽,转轮圣王,王四分之一,为正法王,广分舍利,而起八万四千宝塔。王今乃返,造大狱城,如似地狱,残害百千众生之命。大王,汝今应当施于一切众生无畏,亦复应当满足佛意。人中帝释,必施无畏,起悲悯心,分布舍利,广作真济。"王闻是语,于佛法中,深生信悟,合掌恭敬,十力之子,而作是言:"我先所作,极有罪过,听我忏悔。今皈依佛,皈依如来所说胜法。当开福业，庄严大地。"尔时比丘，即乘空出，王亦欲出。恶耆梨言："王先与我有要，入此狱者，尽不听出。"王便语言："欲杀我耶？"答言："欲杀。"王言："汝为先入，我在前入耶？"答王言："我在前入，应前受罪。"王即遣人捉耆梨置胡胶舍中，以火烧杀，坏爱乐狱……①

法显的《佛国记》和玄奘的《大唐西域记》中记载的关于阿育王设"人间地狱"的事情：

王自念言："鬼王尚能作地狱治罪人，我是人主，何不作地狱治罪人耶？"即问臣等："谁能为我作地狱治罪人？"臣答言："唯有极恶人能作耳！"王即遣臣遍求恶人，见泄水边有一长壮，黑色、发黄、眼青，以脚钩兼鱼，口呼禽兽，禽兽来便射杀，无得脱者。得此人已，将来与王。王密敕之："汝作四方高墙，内殖种种华果，并好谷池，庄严校饰，令人渴仰。牢作门户。有人入者辄捉，种种治罪，莫使得出……"②

初，无忧王嗣位之后，举措苛暴，乃立地狱，作害生灵。周垣峻峙，隅楼特起，猛焰洪炉，铦锋利刃，备诸苦具，拟像幽涂，招募凶人，立为狱王。初以国中犯法罪人，不校轻重，总入涂炭。后以行经狱次，擒以诛戮，至者皆死，遂灭口焉。时有沙门，初入法众，巡里乞食，遇至狱门，狱吏凶人擒欲残害。沙门惶怖，请得礼忏，俄见一人，缚来入狱，斩截手足，磔裂形骸，俯仰之间，肢体糜散。沙门见已，深增悲悼，成无常观，证无学果。狱卒曰："可以死矣。"沙门既证圣果，心夷生死，虽入镬汤，若在清池，有大莲花而为之座。狱主惊骇，驰使白王，王遂躬观，深赞灵佑。狱主曰："大王当死。"王曰："云何？"对曰："王先垂命，令监刑狱，凡至狱垣皆从杀害，不云王

---

① 《阿育王传》卷第一《本施土缘》。
② 《世界通史资料选辑（上古部分）》，第 240 页。

入而独免死。"王曰:"法已一定,理无再变。我先垂令,岂除汝身?汝久滥生,我之咎也。"即命狱卒,投之洪炉。狱主既死,王乃得出,于是颓墙堙堑,废狱宽刑。[①]

阿育王设的此地狱在什么地方?据玄奘《大唐西域记》说在邬阇衍那国:"邬阇衍那国,周六千余里,国大都城周三十余里……去城不远有窣堵波,无忧王作地狱之处。"[②]

(2) 阿育王的敕令

对羯陵迦的征服:阿育王石刻诏书第十三号:

神所宠爱的普里雅达尔辛那王即位半年过后,他征服了羯陵迦国家。从那里掠走的人数是十五万,在那里有十万人被杀,并有许多倍于此的(人)死亡。

现在,在羯陵迦被征服之后,神所宠爱的(普里雅达尔辛那王)已专心努力研究道德,喜爱道德,宣传道德。

神所宠爱的(普里雅达尔辛那王)对他征服羯陵迦的事感到后悔。神所宠爱的(普里雅达尔辛那王)认为:在征服未被征服的(国家时,在那里出现)屠杀、死亡与把人掠为俘虏,那是残忍的和严重的(罪行)。[③]

此铭文的另一个版本(沙巴兹格尔西文本):

天爱喜见王在他灌顶八年之后征服了羯陵伽国。在羯陵伽战争中,有十五万人和牲畜被俘并从这个国家带走,有十万人死于疆场,

---

① 《大唐西域记》,第 173 页。
② 同上书,第 270 页。
③ 《世界通史资料选辑(上古部分)》,第 209 页。

更有数倍于此者亡于战祸。征服羯陵伽国以后，天爱王便一心致力于践行正法所要求的种种责任。他虔诚地渴求正法，并在百姓中深入宣教。这是由于天爱王对于征服羯陵伽国感到了悔恨的缘故。

在征伐一个独立国家的过程中，必然要出现屠杀、死亡和人口放逐的事情。现在，天爱王对此感到无限的痛苦和悲伤。使天爱王尤其悲伤的是，亲人遭受伤残、杀戮和放逐的灾难降临到了婆罗门、沙门和其他教派的信徒以及居家俗人的身上，他们生活在那个国度里，身有很多优点，如服从尊贵的人物，服从母亲、父亲和年长者，能以适当的分寸尊重和忠贞不渝地对待朋友、熟人、伙伴、亲族以及奴隶和仆人等。如果有一些人，在同他们有深厚感情联系的朋友、熟人、伙伴和亲族身上发生了不幸，那么即使这些人本身赡给丰厚，发生的不幸对他们来说，同样也是一种伤害。在战争中，没有一个阶层的人可以逃避祸殃，天爱王为此而感到悲痛。

在现实中，没有一个人不是忠诚地献身于一个特定宗派的。所以，在羯陵伽战争时期直接被杀、间接死亡和放逐他乡的人中，即使只有百分之一乃至千分之一遭受杀戮、亡故和流离之苦，此刻天爱王也会由衷地感到悲伤……[1]

(3) 阿育王与佛教

小石刻诏书，第一号（鲁普纳特文本）：

天爱王是这样说的：

自从我公开宣布做一个佛陀的世俗信徒以来，已经过去了两年半以上的时间。但是在头一年，我并未满怀热忱地投身于正法事业。后来，我虔诚地归附了僧伽，满怀热忱，尽心竭力，如此至今又过了一年多。

---

[1] 崔连仲等选译:《古印度帝国时代史料选辑》，北京: 商务印书馆, 1989 年版，第 67 页。

······①

阿育王传播佛教之一例：

阿恕伽王弟名宿大哆，信敬外道，讥说佛法，作是言："出家沙门，无有得解脱者。"时阿恕伽王语宿大哆言："何以知之？"答言："诸沙门等，不修苦行，好著乐事故。"阿恕伽王语宿大哆言："汝今慕于不可信处而强生信，可信之处而不信敬，于佛法僧应生重信。"阿恕伽王曾于一时共宿大哆出行游猎，见一婆罗门五热炙身。宿大哆心生信敬，往到其边，礼足问言："苦行以来，经今几时？"答言："经十二年。""常何所食？"答言："食果食根。""著何物衣？"答言："著于草衣。""为铺何物？"答言："铺草为座。"问言："汝今所行，何事最苦？"答言："唯见虫鹿牸合之时，欲心炽盛，以此为苦。"宿大哆言："汝著恶衣服，食于恶食，犹生贪欲，况沙门释子，著好衣服，而食好食，能无欲也？我兄阿恕伽王无所别知，为诸沙门之所欺诳。"时阿恕伽王闻弟此言，语辅相曰："善作方便，使宿大哆令得信解。"辅相答言："随王教敕。"王脱天冠缨络服饰，著洗浴衣，入浴室浴。辅相语宿大哆言："王若死者，汝当代之。今试著是天冠缨络，为好也不？"宿大哆即随其语，而便著之，坐御座上。王出浴室，见宿大哆坐御座上，而语之曰："我犹未死，汝已为王？"便作是言："此中有谁？"时有真陀罗，一手捉剑，一手捉铃，前白王言："何所约敕？"王言："宿大哆我今已舍，付汝治罪。"辅相言："宿大哆是王亲弟，唯愿听使忏悔改过。"王言："用汝之语。听七日为王，然后杀之。"于七日中，为作百千音乐，百千婆罗门合掌称善，百千妓女围绕给侍。有四真陀罗以血涂手面，状欲杀人，在四门下，高声唱言："一日已过，余六日在，屠裂汝身，瓜分肢体，绝断汝命，将亡不

---

① 《古印度帝国时代史料选辑》，第57页。

远。"如上一日，乃至七日，亦如是唱。七日既满，将宿大哆至于王所。王问弟言："汝七日中，极为乐不？"宿大哆答言："我七日中，目不见色，耳不闻声，鼻不嗅香，舌不别味。何以故？见真陀罗捉剑唱言：'汝已一日为王，余六日在。'日日如是，乃至七日，为死火逼恼，思惟怖畏，通夜不寐，有何乐也？"王言："汝忧一人之死，犹尚不以王位为乐，况沙门释子观生老病死忧悲之苦，地狱种种烧炙之苦，畜生重担更相残害恐怖之苦，诸饿鬼等饥渴之苦。人中富乐，犹有八苦随逐其身，况无福者？诸天虽乐衰退时苦，一切三界受生之类，身苦心苦，如是等苦，之所逼切。五阴是真陀罗，六情如空聚，五尘如怨贼，三界皆为无常大火之所烧然，一切无常，苦空无我。以是义故，云何当言沙门释子不能苦行，无解脱也？沙门之志，于诸乐事，都无所染。譬如莲花，不著于水。厌患生死，弃背世间，亦复如是。云何不得解脱果也？"阿恕伽王以种种方便教宿大哆。宿大哆于是合掌白王言："大王，我今当皈依三宝。"阿恕伽王即抱弟颈而作是言："我欲使汝信敬佛法，故作是方便，不必杀汝。"宿大哆即以香花供养佛塔，而听说法，供养众僧，便向鸡头摩寺，到于上座夜奢之所，在前而坐，听其说法。尔时夜奢观宿大哆过去之世，种诸善根，今已成熟，应当现身，得入涅槃，即为赞叹出家之法。宿大哆闻是语已，便生欢喜。于佛法中欲求出家。即起合掌，白尊者言："今愿听我于佛法中出家学道。"……①

（4）阿育王对待工作的态度

石刻诏书第六号（吉尔纳尔文本）：

天爱喜见王是这样说的：

过去，在已往的年代里，处理国家事务和进行情况汇报都是有时间

---

① 《阿育王传》卷第二《阿恕伽王第本缘》。

限制的。有鉴于此，我做了如下安排：汇报人为了上达民情，可以随时随地前来见我，无论我正在进膳、正在后宫、正在寝殿、正在散步、正在乘车或者正在赶路。我在任何地方都一心致力于人民的事务。在我口述命令——不论是命令举行布施，还是命令宣布事情——以后，在有紧急事务需要摩诃马陀罗们火速处理的时候，如果为了前述问题大臣之间发生了争执，或者在政务会议上围绕某一特殊观点发生了论辩，其实况必须随时随地向我报告，不得延误。这是我的命令。

我从来不因为悉心而迅速地处理了民事就感觉自满。我以为促进一切人的福利不过是我应尽的责任，而兢兢业业、断事迅速正是尽责的根本。对我来说，实在没有什么事情比提高一切人的福利更为重要。我所做的任何努力，都是为了清偿我积欠众生的债责，都是为了使他们在今生获得幸福，而在来世又能进入天国。

因此，我命人将这一有关正法的文告镌写在岩石上，目的是使它可以长存不没，而我的儿子、孙子和曾孙们也可以遵循它为一切人谋求福利。当然，非做出最大努力，要实现它是困难的。[①]

(5) 不杀生
阿育王石刻诏书第一号（吉尔纳尔文本）：

……

在这里不许杀生献祭，也不准举行宴乐集会。因为天爱喜见王在宴乐集会中看到了种种弊端。不过，也还有一类节庆集会天爱喜见王认为是可取的。（按：阿育王在这里可能是指官方举行的讨论正法等的集会。）

在天爱喜见王的御膳房里，过去为做肉汤每天要宰杀成千上万的生灵。但是此刻，在书写这一有关正法的文告时，每天为做肉汤

---

① 《古印度帝国时代史料选辑》，第63—64页。

已改为只宰三只生灵——两鸟一兽（按：一般认为是两只孔雀和一头鹿）。即使这头野兽，也不是每天必杀的。将来会连这三只生灵也不再杀。①

石柱铭文第五号（兰普尔瓦文本）：

天爱喜见王是这样说的：

在灌顶二十六年之后，我宣布如下动物应免加杀害：鹦鹉、"迈那"、红鹅、野鹅、"难底牟喀"、"吉罗陀"、蝙蝠、芒果树蚁、甲鱼、无骨鱼、"吠驮吠耶伽"、"恒伽布布陀伽"、鳎鱼、乌龟、豪猪、兔子、十二角鹿、自由的公牛、家内的寄生虫、犀牛、白鸽、家鸽以及既无用处，也不能吃的四足动物。

不要杀害雌山羊、雌绵羊和牝猪，无论它们是在怀孕，还是在哺乳；也不要杀害它们不足六个月的幼崽。不要阉割公鸡。不要烧里面还藏着虫子的谷壳。不要放火烧林，无论是为了逐杀动物，还是并无特殊目的。活物不能用活物来喂养。

在三个遮都罗摩悉日和帝始耶望日所在的月份中，各有三天，即上半月的十四、十五两天和下半月的第一天，不得宰鱼，也不得卖鱼。每逢斋日也是如此，没有例外。在这些日子里，不光是鱼类，就是象林和渔人池塘里的其他生物，也不准杀害。

在每半个月的第八天和十四、十五两天，在帝始耶日和补那罗伐苏日，在三个遮都罗摩悉日以及两个吉祥日，不能骟牛。那些常常去势的公山羊、公绵羊、公猪以及别的牲畜，在这些日子里也不要阉割。在帝始耶日和补那罗伐苏日，在遮都罗摩悉日以及该日所在的那半个月，不能给牛马打烙印。

我灌顶为王已经整整二十六年。在这段时间里，我曾经二十五次

---

① 《古印度帝国时代史料选辑》，第59—60页。

命令释放囚徒。[①]

石刻诏书第四号（吉尔纳尔文本）：

在过去的时代里，在千百年之间，杀戮生命，虐待生灵，不敬亲族，不敬婆罗门和沙门的现象实在是有增无已。但是现在，天爱喜见王推行了正法，由擂鼓所做的宣示变成了对正法所做的宣示。结果，不杀生命，不欺生灵，礼遇亲族，礼遇婆罗门和沙门，顺从母亲和父亲，顺从老年人的风气步步深入人心，而其深入的程度，实为过去千百年所不能及……[②]

(6) 蠲除释迦牟尼诞生地的捐税

石柱铭文第一号（发现于鲁明台石柱）：

天爱喜见王在灌顶二十年后亲自访问此地，并在此地进行了礼拜，因为佛释迦牟尼诞生在这里。他命人在该地周围建造一道石墙，并立此石柱以纪念他的朝拜。由于世尊佛陀诞生在这里，他下令蠲免蓝毗尼的土地年贡，并废除普通税率，厘定只交收成的八分之一。[③]

(7) 发展医疗事业

石刻诏书第二号（吉尔纳尔文本）：

在天爱喜见王版图之内的每一块地方……天爱喜见王都安排了两种医疗设施，即人用的医疗设施和动物用的医疗设施。凡是缺乏益人

---

① 《古印度帝国时代史料选辑》，第76—77页。
② 同上书，第61页。
③ 同上书，第73—74页。

益兽的药草的地方，已经派人将它们引入并且加以栽培……在大路上，我还派人凿了很多井，种了很多树，为的是给人和动物享用。[①]

(8) 阿育王对各教派的态度

石刻诏书第十二号（沙巴兹格尔西文本）：

天爱喜见王以种种布施和礼遇对各派宗教团体的人表示敬意，无论他们是出家行者，还是居家俗人。但是，天爱喜见王认为施赠礼物和敬重他人尚不及如下一事更有价值，那就是使正法的基本精神在一切教派的教徒中发扬光大。

正法的基本精神的发扬光大可以表现在很多方面，而它的根本所在则是出言谨饬，就是说，不在不当的场合称扬自己的教派或贬低别人的教派；不论情况如何，即使场合允许，说话也要保持适当的节制。相反，每一个人倒是都应该在所有的场合，并以一切方式对别人的教派给予充分的尊重。

倘若一个人这样做了，他便不仅促进了自己教派的发展，而且也使别的教派得到了好处。但是，假如一个人不这么做，他便不仅败坏了自己的教派，而且也损坏了别的教派。毫无疑问，一个人如果仅仅因为自己隶属于某一教派，就称扬本派而贬低别派，以期为本派增光，他就会由于这种行为而严重损害自己的教派。所以，出言谨饬才是值得表扬的，因为人们理应学习和尊重别人的法的基本原则。

天爱王的真实心愿是所有各派的人们都能广泛了解不同宗教的学说，从中学到纯粹的知识。应该把下面的话告诉那些只顾自己而不管其他教派的人："天爱王认为如下一事比施赠礼物和敬重他人更有价值，那就是使正法的基本精神在一切教派的信徒中发扬光大。"

---

① 《古印度帝国时代史料选辑》，第 60 页。

"我的很多官员都在积极工作，以实现这一目标……"①

小石柱诏书第一号（阿拉哈巴德－科萨姆文本）：

这是天爱王的命令。

我对于派驻憍赏弥的摩诃马陀罗们训示如下：

我已经使男僧僧伽和女僧僧伽都精诚团结起来。任何异端僧侣都不得加入僧伽。无论男僧，还是女尼，只要他破坏了僧伽的团结，就给他穿上与其身份不合的衣袍，让他住在不适于出家人居住的地方。②

(9) 阿育王太子拘浪拏被抉去双眼

（呾叉始罗）城外东南，南山之阴有窣堵波，高百余尺，是无忧王太子拘浪拏为继母所诬抉目之处，无忧王所建也。盲人祈请，多有复明。此太子正后生也，仪貌妍雅，慈仁夙著。正后终没，继室骄淫，纵其昏愚，私逼太子，太子沥泣引责，退身谢罪。继母见违，弥增忿怒。侯王闲隙，从容言曰："夫呾叉始罗国，国之要领，非亲子弟，其可寄乎？今者，太子仁孝著闻，亲贤之故，物议斯在。"王惑闻说，雅悦奸谋，即命太子，而诚之曰："吾承余绪，垂统继业，唯恐失坠，忝负先王。呾叉始罗国之襟带，吾今命尔作镇彼国。国事殷重，人情诡杂。无妄去就，有亏基绪。凡有召命，验吾齿印。印在吾口，其有谬乎？"于是太子衔命来镇。岁月虽淹，继室弥怒，诈发制书，紫泥封记，侯王眠睡，窃齿为印，驰使而往，赐以责书。辅臣跪读，相顾失图。太子问曰："何所悲乎？"曰："大王有命，书责太子，抉去两目，逐弃山谷，任其夫妻随时生死。虽有此命，尚未可依。今宜重请，面缚待罪。"太子曰："父而赐死，其敢辞乎？齿印为封，诚无谬矣。"命旃荼罗抉去其眼。眼既失明，乞丐自济，流离展转，至

---

① 《古印度帝国时代史料选辑》，第66页。
② 同上书，第72页。

父都城。其妻告曰:"此是王城。嗟乎,饥寒良苦!昔为王子,今作乞人!愿得闻知,重伸先责。"于是谋计,入王内厩,于夜后分,泣对清风,长啸悲吟,箜篌鼓和。王在高楼闻其雅唱,辞甚怨悲,怪而问曰:"箜篌歌声,似是吾子,今以何故而来此乎?"即问内厩,谁为歌啸?遂将盲人,而来对旨。王见太子,衔悲问曰:"谁害汝身,遭此祸罿?爱子丧明,犹不觉知,凡百黎元,如何究察?天乎,天乎,何德之衰!"太子悲泣,谢而对曰:"诚以不孝,负责于天,某年月日,忽奉慈旨,无由致辞,不敢逃责。"其王心知继室为不轨也,无所究察,便加刑辟。时菩提树伽蓝有瞿沙(唐言妙音)大阿罗汉者,四辩无碍,三明具足。王将盲子,陈告其事,惟愿慈悲,令得复明。时彼罗汉受王请已,即于是日宣令国人:"吾于后日,欲说妙理,人持一器,来此听法,以承泣泪也。"于是远近相趋,士女云集。是时阿罗汉说十二因缘,凡厥闻法,莫不悲耿,以所持器,承其沥泪。说法既已,总收众泪,置之金盘,而自誓曰:"凡吾所说,诸佛至理,理若不真,说有纰缪,斯则已矣;如其不尔,愿以众泪,洗彼盲眼,眼得复明,明视如昔。"发是语讫,持泪洗眼,眼遂复明。王乃责彼辅臣,诘诸僚佐,或黜或放,或迁或死,诸豪世禄移居雪山东北沙碛之中。[①]

(五)贵霜帝国

在中国的史籍中,贵霜人是大月氏部落的一支。在西方资料中,他们被称为陶克瑞人(The Tochari),印度史籍中称为杜萨拉人(The Tukhara)。而贵霜一词在印度史籍中却很少出现。只有在贵霜诸王及其藩臣的碑铭和钱币以及后来的萨珊王朝、亚美尼亚人和阿拉伯人的记载中见到过。

骞(按:即张骞)身所至者大宛、大月氏、大夏、康居……大月

[①]《大唐西域记》,第68—70页。

氏在大宛西可二三千里，居妫水北。其南则大夏，西则安息，北则康
居。行国也，随畜移徙，与匈奴同俗。控弦者可一二十万。故时强，
轻匈奴，及冒顿立，攻破月氏，至匈奴老上单于，杀月氏王，以其头
为饮器。始月氏居敦煌、祁连间，及为匈奴所败，乃远去，过宛，西
击大夏而臣之，遂都妫水北，为王庭。其余小众不能去者，保南山
羌，号小月氏。①

《史记》中记载的有关大月氏的情况，是张骞告诉司马迁的。

在班固的《汉书》卷九十六（上）的《西域传》记载的有关大月氏的情况
如下：

大月氏国，治监氏城，去长安万一千六百里，不属都护。户
十万，口四十万，胜兵十万人。东至都护治所四千七百四十里，西至
安息四十九日行，南与罽宾接。土地风气，物类所有，民俗钱货，与
安息同。出一封橐驼。

大月氏本行国也，随畜移徙，与匈奴同俗。控弦十余万，故强轻
匈奴。本居敦煌、祁连间，至冒顿单于攻破月氏，而老单于杀月氏，
以其头为饮器，月氏乃远去，过大宛，西击大夏而臣之，都妫水北为
王庭。其余小众不能去者，保南山羌，号小月氏。

大夏本无大君长，城邑往往置小长，民弱畏战，故月氏徙来，皆
臣畜之，共禀汉使者。有五翕侯：一曰休密翕侯，治和墨城，去都护
二千八百四十一里，去阳关七千七百八百二里；二曰双靡翕侯，治双
靡城，去都护三千七百四十一里，去阳关七千七百八十二里；三曰贵
霜翕侯，治护澡城，去都护五千九百四十里，去阳关七千九百八十二
里；四曰肸顿翕侯，治薄茅城，去都护五千九百六十二里，去阳关
八千二百二里；五曰高附翕侯，治高附城，去都护六千四十一里，去阳关

① 《史记·大宛列传》，北京：中华书局，1959年版，第3160—3162页。

九千二百八十三里。凡五翕侯，皆属大月氏。[①]

《汉书》可能也是根据张骞的资料写成的。

在范晔的《后汉书》中，关于大月氏的记载是：

> 大月氏国，居蓝氏城，西接安息，四十九日行，东去长史所居六千五百三十七里，去洛阳万六千三百七十里，户十万，口四十万，胜兵十余万人。
>
> 初，月氏为匈奴所灭，遂迁于大夏，分其国为休密、双靡、贵霜、肸顿、都密，凡五部翕侯。后百余岁，贵霜翕侯丘就却攻灭四翕侯，自立为王，国号贵霜。侵安息，取高附地。又灭濮达、罽宾，悉有其国。丘就却年八十余死，子阎膏珍代为王。复灭天竺，置将一人监领之。月氏自此之后，最为富盛，诸国称之皆曰贵霜王。汉本其故号，言大月氏云。[②]
>
> 安帝元初中，疏勒王安国以舅臣磐有罪，徙于月氏，月氏王亲爱之。后安国死，无子，母持国政，与国人共立臣磐同产弟子遗腹为疏勒王。臣磐闻之，请月氏王曰："安国无子，种人微弱，若立母氏，我乃遗腹叔父也，我当为王。"月氏乃遣兵送还疏勒，国人素敬爱臣磐，又畏惮月氏，即共夺遗腹印绶，迎臣磐立为王，更以遗腹为磐槖城侯。后莎车连畔于寘，属疏勒，疏勒以强，故得与龟兹、于寘为敌国焉。[③]

1. 贵霜王朝与中国古代新疆

4世纪以前，贵霜王国与今天的新疆地区，曾经存在十分广泛的政治、经济、文化联系。

在新疆已见佉卢文资料中，许多文牍中提到了"贵霜军""某侯贵霜军"

---

① （汉）班固：《汉书》，北京：中华书局，1962年版，第3890—3891页。
② （南朝宋）范晔：《后汉书》，北京：中华书局，1965年版，第2920—2921页。
③ 同上书，第2927页。

字样。如"唯廿六年二月廿一日……以将贵霜军带至京城皇廷","威德宏大、伟大之国王陛下敕谕，致奥古侯贵霜军及州长黎贝耶谕令如下：现在，伟大的国王，已将一名难民交给毗陀县，当汝接到此楔形木牍时，汝处可能也有类似难民拘捕，送至本廷","致奥古侯贵霜军","奥古侯贵霜军和州长黎贝耶谕令如下，今有鸠那色那上奏本庭，属彼等所有之一头骆驼曾送至汝州饲养，现再送一头骆驼至汝州。当汝接到楔形泥封木牍时，从彼处送来两头骆驼……务必将养肥一头送来，转交诸税监，由彼等送来","贵霜一份","军侯贵霜军及州长喜护亲启","人皆爱见，人神爱慕，美名流芳之大州长夷陀加，太侯贵霜军谨祝贵体健康，万寿无疆……兹致函如下：汝已知悉一切，应从汝处带一骆驼给余，汝不可将太老的骆驼带来，为比，现派斯多伐那来汝处领该骆驼。斯多伐那抵达地时，汝接到书信后应即刻将骆驼交斯多伐那，不得交衰老之骆驼，请给一头会使于阗人称赞余等之骆驼。若汝收到此信，仍不给骆驼，将使余气恼，余现奉上箭一支，作为答谢礼"[①]。

2. 月氏国王与佛教

月氏国有王，名旃檀罽尼吒，闻罽宾国尊者阿罗汉，字祇夜多，有大名称，思欲相见，即自躬驾，与诸臣从，往造彼国。于其中路，心窃生念："我今为王，王于天下，一切人民，靡不敬伏。自非有大德者，何能堪任，受我供养？"

作是念已，遂便前进，径诣彼国。有人告尊者祇夜多言："月氏国王名旃檀罽尼吒与诸臣从远来相见。唯愿尊者整齐衣服，共相待接。"

时尊者答言："我闻佛语，出家之人，道尊俗表，唯德是务，岂以服饰出迎接乎？"

遂便静默端坐不出。于是月氏国王往其住处，见尊者祇夜多，睹其威德，倍生敬信，即前稽首，却住一面。时尊者欲睡，月氏国王不觉前进授睡器。时尊者祇夜多即语王言："贫道今者未堪为王作福田

① 王炳华:《丝绸之路考古研究》，乌鲁木齐：新疆人民出版社，2009年版，第320页。

也，胡为躬自枉屈神驾？"

时月氏王深生惭愧："我向者窃生微念，以知我心。自非神德，何能尔也？"

于尊者所，重生恭敬。时尊者祇夜多，即便为王略说教法。王来时道好，去如来时。

王闻教已，即便还国。至其中路，群臣怨言："我等远从大王往至彼国，竟无所闻，然空还国。"

时月氏王报群臣言："卿今责我无所得也？向时尊者为我说法，王来时道好，去如来时，卿等不解此耶？以我往昔持戒布施，修造僧坊，造立塔寺，种种功德，以殖王种，今享斯位，今复修福，广积众善，当来之世，必重受福。故诚我言：王来时道好，去如来时。"

群臣闻已，稽首谢言："臣等斯下，智慧愚浅，窃生妄解，谓所行来道。大王神德，妙契言旨。积德所种，故享斯国位。"群臣欢喜，言已而退。①

时月氏国有王，名旃檀罽尼吒，与三智人以为亲友。第一名马鸣菩萨、第二大臣字摩吒罗、第三良医字遮罗迦。如此三人，王所亲善，待遇隆厚，进止左右。马鸣菩萨而白王言："当用我语者，使王来生之世，常与善俱，永离诸难，长辞恶趣。"

第二大臣复白王言："王若用臣密语，不漏泄者，四海之内，都可克获。"

第三良医复白王言："大王若能用臣语者，使王一身之中终不横死，百味随心，调适无患。"王如其言，未曾微病。于是王用大臣之言，军威所拟，靡不推伏。四海之内，三方已定。唯有东方，未来归伏。即便严军，欲往讨罚。先遣诸胡及诸白象于先导首，王从后引。欲至葱岭，越度关崄。先所乘象马，不肯前进。王甚惊怪，而语马言："我

---

① 《杂宝藏经》卷第七，九三《月氏国王见阿罗汉祇夜多缘》。

前后乘汝征伐，三方已定，汝今云何不肯进路？"

时大臣白言："臣先所启，莫泄密语，今王漏泄，命将不远。"

如大臣言，王即自知，定死不久，是王前后征伐，杀三亿余人，自知将来罪重，必受无疑。心生怖惧，便即忏悔，修檀持戒，造立僧房，供养众僧，四事不乏，修诸功德，精勤不倦。

时有诸臣，自相谓言："王广作诸罪，杀戮无道，今虽作福，何益往咎。"

时王闻之，将欲解其疑意。即作方便，敕诸臣下："汝当然一大镬，七日七夜，使令极沸，莫得断绝。"

王便以一指镮，掷于镬中，命向诸臣："仰卿镬中，得此镮来。"

臣白王言："愿更以余罪而就于死。此镮叵得。"

王语臣言："颇有方便，可得取不？"

时臣答言："下止其火，上投冷水，以此方便，不伤人手，可取之耳。"

王答言："我先作恶，喻彼热镬，今修诸善，惭愧忏悔，更不为恶，胡为不灭？三涂可止，人天可得。即时解悟。"

群臣闻已，靡不欢喜。智人之言，不可不用。[1]

（六）古代印度的土地关系

梵封：国王封赠的土地，也翻译为梵分，虽然它们多半是国王封赐给婆罗门的，但也封赐给其他人。如迦默尼詹特，他不过是国王的一个仆人，但国王封赐给了他封地。

1. 梵分和梵封

尔时童女迦叶与五百比丘游行拘萨罗国，渐诣斯波醯婆罗门村。时童女迦叶在斯波醯村北尸舍婆林止。时有婆罗门，名曰弊宿，止斯

---

[1] 《杂宝藏经》卷第七，九四《月氏国王与三智臣作善亲友缘》。

波醯村，此村丰乐，民人众多，树木繁茂，波斯匿王别封此村与婆罗门弊宿，以为梵分。①

如是我闻，一时佛游俱萨罗国，与大比丘众千二百五十人俱，至伊车能伽罗俱萨罗婆罗门村，即于彼伊车林中止宿。时有沸伽罗娑罗婆罗门止郁伽罗村，其村丰乐，人民炽盛。波斯匿王即封此村与沸伽罗娑罗婆罗门，以为梵分……②

……一时佛在鸯伽国，与大比丘众千二百五十人俱游行人间，止宿瞻波城伽伽池侧。时有婆罗门，名曰种德，住瞻波城。其城人民众多，炽盛丰乐，波斯匿王即封此城与种德婆罗门，以为梵分……③

如是我闻，一时佛在拘萨罗人间游行，与大比丘众千二百五十人众俱，往诣婆罗婆提婆罗门村北尸舍婆林中止宿。时有婆罗门，名曰露遮，住婆罗林中，其村丰乐，人们炽盛。波斯匿王即封此村与婆罗门，以为梵分……④

……一时佛游鞞陀提国，与大比丘众俱。尔时弥萨罗有梵志名曰梵摩，极大富乐，资财无量，畜牧产业，不可称计，封户食邑，种种具足。弥萨罗乃至水草木，谓摩竭陀王未生怨鞞陀提子，特与梵封……⑤

佛在须赖婆国，与大比丘众五百人俱，诣毗兰若邑住林树下。其

---

① 《长阿含经》卷第七《弊宿经》第三。
② 《长阿含经》卷第十三第三分《阿摩昼经》第一。
③ 《长阿含经》卷第十五第三分《种德经》第三。
④ 《长阿含经》卷第十七第三分《露遮经》第十。
⑤ 《中阿含经》卷第四十一《梵志品》第一《梵摩经》第十。

邑有婆罗门，名毗兰若，波斯匿王以此邑封之。①

2. 私有土地

……比丘当重经，如愚人重珍宝，持经当父母，当用经生活父母。活人一世耳，经度人无数世，令人得泥洹道。用是故法可久。不得贪食嗜味，食不得多。多者病人，少者复肌，趣可而已，不得味饭，法可久。当持身比土，日当忧死，不乐在生死中。生者多忧，忧父母、兄弟、妻子、亲属、奴婢、知识、畜生、田宅。是曹忧者，皆愚痴忧耳。②

……佛告阿难：乃往过去阿僧祇劫，有大国王，名阿波罗题目佉……时王国中，有婆罗门。名檀腻䩭，家里空贫，食不充口。少有熟谷，不能治之。从他借牛，将往践治。践谷已竟，驱牛还主。驱到他门，忘不嘱咐，于是还归。牛主虽见，谓未用竟，复不收摄。二家相弃，遂失其牛。后往从索，言已还汝，共相诋谩。尔时牛主，将檀腻䩭诣王债牛。适出到外，值见王家牧马之人，时马逸走，唤檀腻䩭，为我遮马。时檀腻䩭，下手得石，持用掷之，值脚即折。马吏复捉，亦共诣王。次行到水，不知渡处，值一木工，口衔斤斧，褰衣垂越。时檀腻䩭，问彼人曰："何处可渡？"应声答处，其口开已，斤斧堕水，求觅不得，复来捉之，共将诣王……时诸债主，咸共围守，将至王前。尔时牛主，前白王言："此人借我牛去，我从索牛，不肯偿我。"王问之曰："何不还牛？"檀腻䩭曰："我实贫困，熟谷在田。彼有恩意，以牛借我，我用践讫，驱还归主，主亦见之。虽不口付，牛在其门，我空归家，不知彼牛，竟云何失。"王语彼人："卿等

---

① 《弥沙塞部和醯五分律》卷第一第一分初《波罗夷法》。
② 《佛般泥洹经》卷上。

二人，俱为不是。由檀腻鞡，口不付汝，当截其舌。由卿见牛，不自收摄，当挑汝眼。"彼人白王："请弃此牛，不乐剜眼截他舌也。"即听和解。马吏复言："彼之无道，折我马脚。"王便问檀腻鞡言："此王家马，汝何以辄打折其脚？"跪白王言："债主将我，从到而来。彼人唤我，令遮王马。高奔巨御，下手得石，捉而掷之，误折马脚，非故尔也。"王语马吏："由汝唤他，当截汝舌。由彼打马，当截其手。"马吏白王："自当备马，勿当行刑。"各共和解。木工复前云："檀腻鞡失我斤斤。"王即问言："汝复何以失他斤斤？"跪白王言："我问渡处，彼便答我，口中斤斤，失堕渠水。求觅不得，实不故尔。"王语木工："由唤汝故，当截其舌，担物之法，礼当用手。由卿口衔，致使堕水，今当打汝前两齿折。"木工闻是，前白王言："宁弃斤斤，莫行此罚。"各共和解……王告檀腻鞡："卿之多过，吾已释汝。汝家贫穷，困苦理极。树下釜金，应是我有，就用与汝，卿可掘取。"奉受王教，一一答报。掘取彼金，贸易田业。一切所需，皆无乏少。便为富人，尽世快乐……①

《佛本生经·稻田本生》：

古时候，当摩揭陀王在王舍城治理国家的时候，城东北有个婆罗门村庄，名叫萨林底耶……那里，有个住在萨林底耶村、名叫乔希耶瞿多的婆罗门，他占有一千迦哩娑土地②，种植稻米。在稻子成熟的时候，他加固篱笆，把田地分给自己的人看管，这个五十迦哩娑，那个六十迦哩娑，一共分掉五百迦哩娑。剩下的五百迦哩娑，他出钱雇了一个人来看管……婆罗门把自己的一千迦哩娑田送给大士③，而大

---

① 《贤愚经》卷第十一《檀腻鞡品》第四十六。
② 迦哩娑是印度古代土地计量单位，一说相当于八英亩，一说相当于一英亩，究竟有多大，尚无定论。
③ 按：在此故事中，大士就是菩萨，他转生为一个鹦鹉王。

士只肯收下八迦哩娑田。婆罗门拔去自己的界石，将这块田移交给大士……①

（七）古代印度的奴隶制度

1. 古代希腊人眼中的印度奴隶制

古代希腊人认为，古代南亚没有奴隶：

> ……所有印度人都是自由民，连一个奴隶都没有，印度的这一特点是很出色的。在这方面，印度和拉西第蒙②相仿。不过拉西第蒙人把希洛特人当奴隶使用，叫他们干奴隶的苦活，而印度人却不使用异族奴隶；印度人本身，更是无人当奴隶。③

2. 佛经中反映的奴隶制

> 昔阿恕伽王遍行劝索，欲用作福，到一贫家，夫妇二人，著粗弊衣，粗得遮身体。语言："阿恕伽王，怜悯百姓，欲使得福，劝共作会。"贫人夫妇，心中自责："我先身时，由悭贪故，今得贫穷。今日无财，可以修福。"夫妇议言："我等当以身质财，福业难值，得财与者不亦快乎？"夫妇相将，即诣富家，语言："与我七枚金钱。夫妇身质满七日，若不得者，我身及妇，为汝奴婢。"长者闻已欢喜，即与七钱。于时夫妇寻赍此钱与劝化者。劝化者问言："汝从何得此钱来，以用布施？"夫妇答言："贫乏绝无钱财。欣遭福田，无以修福。从富

---

① 《佛本生故事选》，第315—319页。

② 即斯巴达。

③ ［古希腊］阿里安：《亚历山大远征记》，李活译，北京：商务印书馆，1979年版，第305页。这段话原来出自塞琉古王国驻孔雀王朝大使麦伽斯蒂尼。

长者假此钱，以身为质。若其过限，夫妇二人，许为奴婢。"劝化者言："如是质假，其事甚难。何用布施？"贫人答言："先身不作，今日已厄，受此贫苦。故今努力，佣假布施。以是因缘，愿使将来之身必得富乐。"王到宫中，自以己衣服、璎珞及所乘马，并诸夫人衣服、璎珞，即与彼人，封大村邑。阿恕伽王如是劝化作福，恶相即灭。①

昔有一人，名屬夷罗，夫妇二人，贫穷理极，佣赁自活。见他长者，悉往寺中，作大施会。来归家中，共妇止宿，头枕妇臂，自思惟言："由我前身不作福故，今日贫穷。如彼长者，先身作福，今亦作福。我今无福，将来之世，唯转苦剧。"作是念已，涕泣不乐，泪堕妇臂。妇问夫言："何以落泪？"答言："见他修福，长得快乐，自鄙贫贱，无以修福，是以落泪。"妇言："落泪何益？可以我身，卖与他人，取财作福。"夫言："若当相卖，我身如何得自存活？"妇言："若恐不活，不见出着，我今与君，俱共自卖，而修功德。"于是夫妇，便共相将，至一富家，而与之言："今我夫妇，以此贱身，请贸金钱。"主人问言："欲得几钱？"答言："欲得十金钱。"主人言："今与汝钱。却后七日，不得偿我，以汝夫妇，即为奴婢。"言契以定，赍钱往诣，至彼塔寺，施设作会。夫妇二人，自共捣米，相劝励言："今日我等，得自出力，而造福业，后属他家，岂从意也。"于是昼夜，勤办会具。到六日头，垂欲作会。值彼国主，亦欲作会，来共诤日。众僧皆言："以受穷者，终不得移。"国主闻已，作是言曰："彼何小人，敢能与我共诤会日？"即遣人语屬夷罗："汝避我日。"屬夷罗答言："实不相避。"如是三反，执辞如初。王怪所以，自至僧坊，语彼人言："汝今何以不后日作，共我诤日？"答言："唯一日自在，后属他家，不复得作。"王即问言："何以不得？"自卖者言："自惟先身，不作福业，今日穷苦。今若不作，恐后转苦。感念此事，唯自卖身，以贸金钱，用作功德，欲断此苦。至七日后，无财偿他，即作奴婢。今以六日，明

---

① 《阿育王传》卷第七。

日便满。以是之故，分死诤日。"王闻是语，深生怜悯，叹："未曾有汝真解悟贫穷之苦，能以不坚之身，易于坚身，不坚之财，易于坚财。不坚之命，易于坚命。"即听设会。王以己身，并及夫人，衣服璎珞，脱与阚罗夫妇，割十聚落，以作福封……①

昔有一国，名曰那梨，近南海边。其中人民，采真珠㭪檀，以为常业。其国有一家，兄弟二人，父母终亡，欲求分异。家有一奴，名曰分那，年少聪了，贾贩市买，入海治生，无事不知。居家财物，分为一分，以奴分那，持作一分。兄弟掷筹，弟得分那，止将妻子，空手出舍。时世饥俭，唯得分那，恐不相活，以为愁忧。时奴分那，白大家言："愿莫愁忧。分那作计，月日之中，当令胜兄。"大家言："若审能尔者，放汝为良人。"大家夫人，有私珠物，与分那作本。时海潮来，城内人民，至水边取薪。分那持珠物出至城外，见一乞儿负薪，薪中有牛头㭪檀香，可治重病，一两值千两金，时世有一，不可常得，分那识之，以金钱二枚，买得持归，破作数十段。时有长者得重病，当须此牛头㭪檀香二两合药，求不能得。分那持往，即得二千两金。如是卖尽，所得不訾，富足十倍。大家感念分那之恩，不违言誓，放为良人，随意所乐……②

"……乃往过去，久远世时，波罗奈城有一尊者，名曰所守，是梵志种也，黠慧聪明，识解义理卒对之辞，口言柔美，为王所敬，常可王心。其国多有葡萄酒浆，饮食之具，王及人民，饮食快乐。彼时梵志作异技术，多所娱乐，令王欣愕，王大欢喜，多所赐遗，恣其所欲。梵志白王：'我当归家，自问其妇，欲何志求。'王即可之。梵志便还，到家问妇：'我兴异术，令王欢喜，许我所愿。汝何所求，以诚告我，为卿致来。'妇问梵志：'君何所愿？'其夫答曰：'我愿一县。'

① 《杂宝藏经》卷第四，四三《阚夷罗夫妇自卖设会现获报缘》。
② 《法句譬喻经》卷第一《罗汉品》第十五。

其妇答曰：'用县邑求？我愿得百种璎珞装饰，臂钏步瑶之属，种种衣服，奴婢乳酪，醍醐饮食。'于是梵志，复问其子：'汝何所求？'其子答曰：'我之所愿，不用步行，得乘车马，与王太子大臣俱游。'于时梵志复问其女：'欲何志愿？'其女对曰：'我所求者，欲得珠宝，以自严身，上妙被服，千女中央，而独姝好，用余异愿乎？'于是梵志又问奴婢：'欲求志何？'奴言：'欲得车牛覆田耕具。'婢言：'欲得碓磨舂粟砲面以安。四大人不得食，则不悦喜，无以自安。'于时梵志还诣王所，具足为王本末说，此妻子奴婢所可求也。复以偈重歌曰：'大王愿听之，所愿各各异。我家心不同。妇索白璎珞，男求车马乘，女愿珠宝饰。吾前畜奴婢，求田及砲磨。'于时王以偈答曰：'随汝之所欲，则与不违心。应时使梵志，皆得欢喜悦。其王皆以赐，各各如志愿。如意得具足，欢喜无一恨。'"佛告比丘："欲知尔时国王者则吾身是，尔时梵志即今之梵志身是，其妻者今梵志妻是，子则子，女则女，奴则奴，婢则婢是。"佛说如是，莫不欢喜。①

佛在迦维罗卫城尼拘类园。尔时有诸比丘住阿练若处。诸白衣饷食为贼所劫，便嫌呵言："何以不语我？我若知之，当持杖自卫，亦可不来。"诸比丘以是白佛。佛以是事集比丘僧，问诸比丘："汝等实尔不？"答言："实尔世尊。"佛种种呵责已，告诸比丘："今为诸比丘结波罗提提尼舍法，从今是戒，应如是说。若比丘住阿练若处，有疑恐怖，先不伺视，在僧坊内受食。是比丘应向问诸比丘悔过。我堕可呵法，今向诸大德悔过，是名悔过法。"尔时诸释五百奴叛，住阿练若处。诸释妇女欲往问讯，布施众僧。诸奴闻已，共议言："我等当于道中抄取。"诸比丘闻，便往语诸释妇女："此中有贼，欲抄取汝，汝等莫来。"诸女便止。诸奴复言："诸释妇女所以不来，必是诸比丘先往语之。"即问诸比丘，诸比丘不妄语，以实而答。奴便打诸比丘，尽

① 《生经》卷第五《佛说梵志经》第四十五。

夺衣钵，垂死乃置。诸比丘以是白佛，佛言："不应语有贼，但语使莫来。"时诸比丘，不知外人当来，以是白佛。佛言："应恒远望，若见人来，驰往说之。有食为取，速遣令反。从今是波罗提提舍尼法，应如是说。若比丘住阿练若处，有疑恐怖，先不伺视，在僧坊内，自手受食，不出外受。是比丘应向诸比丘悔过，我堕可呵法，今向诸大德悔过，是名悔过法。"有人送食忽至，已入僧坊，诸比丘不知云何，以是白佛。佛言："听一人即为受，自出一分，余行与众，以己一分，从众中一人贸食，令速去。若不得去，应藏送食人，勿令贼见。若不得藏，应与袈裟披送令去。若复不得，应权剃头，著法服令去。沙弥突吉罗，若军行经过与食，若贼自持食与，不犯。"[1]

（八）古代印度的婚姻状况、妇女的地位

1. 古代印度有一夫多妻的现象

昔者此斯波醯村有一梵志，耆旧长宿，年百二十，彼有二妻，一生有子，一始有娠。时彼梵志未久命终。其大母子语小母言："所有财宝，尽应与我，汝无分也。"时小母言："汝为小待，须我分娠。若生男者，应有财分；若生女者，汝自嫁娶，当得财物。"彼子殷勤，再三索财，小母答如初。其子又逼不已。时彼小母，即以利刀，自决其腹，知为男女。[2]

《众经撰杂誓喻经》中也说到一夫两妻：

昔有一人两妇。大妇无儿，小妇生一男，端正可爱，其婿甚喜。大妇心内嫉之。外佯爱念，剧于亲子。儿年一岁许，家中皆知大妇爱

---

[1] 《弥沙塞部和醯五分律》卷第十第一分之六《悔过法》。
[2] 《长阿含经》卷第七第二分《弊宿经》第三。

重之，无复疑心。大妇以针刺儿囟上，令没皮肉。儿得病啼呼，不复乳哺。家中大小，皆不知所以。七日便死。大妇亦复啼哭。小妇摧念啼哭，昼夜不息，不复饮食垂命。后便知为大妇所伤。便欲报仇，行诣塔寺，问诸比丘："大德，欲求心中所愿，当修何功德？"诸比丘答言："欲求所愿者，当受持八关斋，所求如意。"即从比丘受八戒斋便去，却后七日便死，转身来生大妇，为女端正，大妇爱之。年一岁死，大妇端坐不食，悲咽摧感，剧于小妇。如是七返，或二年，或三年，或四五年，或六七年。后转端正，倍胜于前。最后年十四，已许人，垂当出门，即夜便卒死。大妇啼哭忧恼，不可复言，不复饮食，昼夜啼哭，垂泪而行。停尸棺中，不肯盖之，日日看视死尸，光颜益好，胜于生时。二十余日，有阿罗汉见，往欲度脱，到其家从乞，令婢持一钵饭与之，不肯取，语婢："欲得见汝主人。"婢还报云："欲见大家。"答言："我忧愁垂死，何能出见沙门？汝为持物，乞与令去。"婢持物与沙门，故不肯去。沙门言："欲见主人。"婢如是数反。沙门不去。妇愁忧无聊。沙门正住不去，乱人意不能耐之，便言呼来。沙门前见妇，颜色憔悴，自掩面目，不复栉梳。沙门言："何为乃尔？"妇言："前后生七女，黠慧可爱，便亡。此女最大，垂当出门，便复死亡，令我忧愁。"沙门言："栉梳头拭面，我当语汝。"妇故哭，不肯止。沙门谓言："汝家小妇，今为所在？本坐何等死？"妇闻此言，意念："此沙门何因知之？"意中小差。沙门语言："梳门头逮，我当为汝说之。"妇即敛头讫。沙门言："小妇儿为何等死？"妇闻此语，默然不答，心中惭愧，不敢复言。沙门言："汝杀人子，令其母愁忧懊恼死，故来为汝作子，前后七返。是汝怨家，欲以忧毒杀汝。汝试往视棺中死女，知复好不？"妇往视之，便尔坏烂，臭不可近。问何故念之。妇即惭愧，便藏埋之，从沙门求哀，欲得受戒。沙门言："明日来诣寺中。"女死便作毒蛇，知妇当行受戒，于道中待之，欲啮杀之。妇行，蛇遂遮前，不得前去。日遂欲冥。妇大怖懅，心念言："我欲至沙门许受戒，此蛇何以当我前，使我不得行？"沙门知之，便往至妇所。妇见沙门大喜，便前作礼。沙门谓蛇曰："汝后世世，更作他小妇，共相酷毒，不可穷尽，令现世间大妇，一反杀儿。汝今懊恼已七返。汝前后过恶皆可度。此妇今行受戒，汝断其道，汝世世当入泥犁中，无有竟时。今现蛇身，何如此妇身？"蛇闻沙门语，乃自知宿命，烦怨诘屈，持头着地，不喘息，思沙门语。沙门咒愿言："今汝二人宿命更相懊恼，罪过从此各毕，于是世世莫复恶意相向。"二俱忏讫。蛇即命终，便生人中。于时听沙门语，即心开意解，欢喜得须陀洹道，便随沙门去受戒，作优婆夷。①

2.《摩奴法典》中关于婚姻、家庭和妇女的条文

第三卷：

4. 学习期满的再生族，得教师同意，按照规定沐浴洁身后，可娶一个同种姓具有吉相的妻子。

5. 非其母系或父系六代祖先以内的后人，又在家族名称所证实的共同出身方面，不属于父系或母系家族的女子，完全适合于和头三个种姓的男子结婚与性交。

6. 下列十种家庭，即使很有势力，富于牝牛、羊、山羊，财产和谷物，但择配时应该避免，即：

7. 忽视祭祀的家庭，不生男孩的家庭，不学圣典的家庭，其成员长毛被体的家庭，或患痔疾、或患肺痨、或患消化不良、或患癫痫、或患白癫、或患象皮病的家庭。

8. 不要娶头发红褐，或多一四肢，或多病，或身无一毛，或有毛太多，或饶舌令人生厌，或红眼睛。

---

① 《众经撰杂誓喻经》卷下第三十七。在《长老尼偈》12.1，《乌布拉婉那长老尼偈》中说到莲花色尼的故事，说有一男两女的婚姻。

9. 或有星宿、树木、河流、蛮夷、山岳、禽鸟、蛇虫、奴隶等名称，或其名称引人恐怖的女子。

10. 要娶一个体格完好，名称宜人，步履优美如仙鹤或幼象，体被轻软纤毛，发致密，齿小而四肢柔媚的女子。

11. 有见识的男子不应娶一个没有兄弟或其父不知为何人的女子；在第一种情况下，唯恐父亲把女儿给他只是为了过继她可能生的儿子，在第二种情况下，是怕结一个非法的婚姻。

12. 规定再生族初次结婚要娶同种姓女子；但如愿再娶，要依种姓的自然顺序优先择配。

13. 首陀罗只应该以首陀罗女子为妻，吠舍可在奴隶种姓或本种姓中娶妻；刹帝利可在上述两个种姓和本种姓中娶妻，婆罗门可在这三个种姓和僧侣种姓中娶妻。

14. 婆罗门或刹帝利虽处困境[①]，但以奴隶种姓女子为正妻，是古来任何史书所不曾记述过的。

15. 糊涂到娶最后一个种姓的女子为妻的再生族，很快就使家庭和子孙堕落到首陀罗境地。

16. 根据阿多利[②]（Atri）和优多利耶（Outathya）之子足目（Gotama）[③]的意见，娶首陀罗女子者，如为僧侣种姓，立即成为堕姓人；根据苏娜伽（Sonaka）[④]的意见，如属武士种姓，生子时立即成为堕姓人；根据跋梨求（Bhrigou）[⑤]的意见，如为商人种姓，当此子生一男儿时立即成为堕姓人。

17. 不娶本种姓女子，而与首陀罗妇女同床的婆罗门堕入地狱；如从她生一个儿子，即被剥夺其为婆罗门的资格。

18. 婆罗门使首陀罗妇女参与其祭神，供祖灵和留客的义务时，

---

① 处困境指没有同种姓女子时。（注疏）
② 阿多利是六造物主之一，被认为是目前还存在的一本现行法律的作者。
③ 足目是立法家，其立法条文还被人引用。
④ 苏娜伽是赫赫有名的圣者，迦尸（Kasi）国王首诃陀罗（Souhotra）的后人。
⑤ 跋梨求，六造物主之一，《摩奴法典》的讲述者，这里以第三者身份自述，人们将他列入立法家中。

诸神和祖灵不享其祭供，本人也不得以天界为留客的果报。

19. 对于唇为首陀罗妇女之唇所污①的人，为她的气息所玷的人，从她生儿育女的人，法律上没有宣布任何赎罪的规定。

20. 现在你们可以扼要习学四种姓间通行的八种婚姻形式；其中有些是好的，其他一些则无论今世和来世都是不好的。

21. 即梵天的、诸神的、圣仙的、造物主的、阿修罗的、天界乐师的、罗刹的以及第八和最卑鄙的、吸血鬼的形式。

22. 我将向你们详细说明，什么是每一种姓的合法形式，每一形式有何得失以及由之而生的孩子们有何优缺点。

23. 要知道上述前六种婚姻可行于婆罗门，后四种可行于刹帝利，又同样的四种除罗刹形式外可行于吠舍和首陀罗。

24. 立法家认为前四种只适用于婆罗门，对刹帝利只规定了罗刹形式，对吠舍和首陀罗只规定了阿修罗形式。

25. 但此处（本书）在后五种婚姻中，三种被认为合法，两种被认为不合法；吸血鬼和阿修罗形式决不可实行。

26. 上述两种婚姻，即天界乐师和罗刹的婚姻在法律上可行于刹帝利，得分别采用或合并采用。②

27. 父亲把长衫和装饰品授给女儿，将她嫁给一位亲自请来、恭敬接待、精通吠陀的有德之士。这种合法婚姻，叫作梵天的婚姻。

28. 牟尼们称之为诸神形式的婚姻是：依此种形式，祭祀开始举行，父亲打扮女儿之后，把她给予主持祭祀的僧侣。

29. 当父亲按照规定，从新郎手里接受一只牝牛和一只雄牛，或类似的两对之后，将姑娘的手授给他，以完成宗教的仪式，或把它们给予姑娘，但并不作为馈赠。这种形式叫作圣仙的形式。

---

① 原文作：对于饮首陀罗妇女之唾者。

② 当刹帝利和所爱的女子同谋，以武力夺取该女子为妻时，两种婚姻形式合并举行。（注疏）在题为《虏克密尼（Rukmini）婚姻》的《薄伽－往世书》剧本中曾有两种婚礼合并举行的例子。

30. 当父亲以应有的礼仪嫁出女儿时说："你们两人应双双履行规定的义务。"此种形式叫作造物主形式。

31. 如果新郎自愿接受姑娘的手，按照自己财力赠与父母和姑娘礼品。这种婚姻叫作阿修罗的婚姻。

32. 青年男女由于互相誓愿而成功的婚姻，叫作天界乐师的婚姻；它是由欲望产生的，以色情的快乐为目的。

33. 用武力自父家夺取号泣呼救的姑娘，杀伤要反对这种暴行的人，并在墙上打破缺口者，叫作罗刹的婚姻。

34. 情人潜入在睡眠中、醉酒中，或精神错乱的妇女身旁时，这种可诅咒的婚姻叫作吸血鬼婚姻，是第八级和最卑鄙的婚姻。

35. 僧侣种姓嫁女前，以先奉行奠水式为得体，但在其它种姓，仪式随各人意愿举行。

36. 婆罗门啊，现在你们可以通过我要对你们做的全盘说明，来习学摩奴为每一种婚姻指定的特性。

37. 按照梵天形式结婚的妇女所生的儿子，从事善行，可拯救十个祖先、十个后代，并第二十一人，即自己，使脱离罪孽。

38. 按照诸神形式结婚的妇女所生的儿子，上可救七位祖先，下可救七个后代；按照圣仙形式结婚所生的儿子，可各救其三，而按照造物主形式结婚所生的儿子，可各救其六。

39. 按照顺序，以梵天形式为首的前四种婚姻，出生闪耀圣学光辉并为善人推重的儿子。

40. 他们貌美悦人，性格善良，富有资财，声名显赫，享受各种快乐，恪尽职守，且百年长寿。

41. 但从其余四种坏婚姻中出生的儿子，则残暴、欺诈，憎嫌圣典及其规定的义务。

42. 从无可非议的婚姻出生无可非议的子孙，从应受非难的婚姻出生应受轻蔑的子孙；因而应该避免给人轻视的婚姻。

43. 当妻子和丈夫同种姓时，规定举行握手式①；不同种姓时，婚礼中应该遵循的规定如下：

44. 武士种姓姑娘嫁给婆罗门，应该手拿一支箭，同时丈夫应该挽执她的手；商人种姓姑娘嫁给婆罗门或刹帝利，应该手执刺针；首陀罗姑娘与头三个种姓男子结婚，应该手执上衣的边缘。

45. 丈夫可从妻子月信来潮所预示的适合于生育的时节接近她，而经常忠实地依恋她，除太阴禁日外，其它任何时间都可以在情欲的引诱下，含情接近她。

46. 每月从月信来潮起十六个昼夜，连同被善人禁止的特殊的四天，构成妇女的自然期。

47. 这十六夜中，前四夜以及第十一和第十三夜是被禁止的，其它十个夜是被许可的。

48. 这最后十个夜中，偶数夜适于生男；奇数夜适于生女；因而欲得男子者应于适当时机和偶数夜接近妻子。

49. 但是，如果男性的精液量较大则生男，反之则生女，两者相等则生半阴阳或男女双生；微弱且衰竭者不受胎。

50. 禁夜和其他八夜避免性交者，无论处于何住期，家住期或林栖期，和梵志生一样纯洁。

51. 通晓法律的父亲嫁女时不应该接受些微的馈赠；因为人若由于贪婪而接受这样的馈赠，被认为是鬻女。

52. 亲族们利令智昏，占有妇女的财产、车辆、衣服时，这些坏人要堕入地狱。

53. 某些识者说，在圣仙形式的婚姻中，新郎所送的牝牛和牡牛礼品是给与父亲的馈赠；但这是错误的，凡父亲嫁女时所接受的馈赠不论多寡都构成鬻卖。

54. 当父母不把与姑娘的礼品取为己用时则非鬻卖，这纯粹是取

---

① 新夫妇握手是婚礼的重要部分，梵语叫作 Panigraha，意为"手的结合"。

悦新娘，也是珍爱的证据。

55.如果父亲、兄弟、丈夫的弟兄们愿意子孙众多，则他们应尊敬已婚妇女，并多多馈赠。

56.妇女到处受人尊敬则诸神欢悦；但是，如果她们不被尊敬，则一切敬神事宜都属枉然。

57.凡妇女生活在愁苦中的家庭，不久就趋于衰灭；但她们未遭不幸的家庭，则日渐昌盛而诸事顺遂。

58.未给予家中妇女以应有的尊敬，而被她们所诅咒的家庭，有如为魔术祭所消灭一样，全部毁灭。

59.因而欲得财富者，应尊敬其家庭中的妇女，每逢佳节大祭，要给予她们装饰品、衣服和精制的食品。

60.夫妇相得的每一个家庭中，永久幸福不渝。

61.因为，妻子打扮得不容光焕发，就不能取悦丈夫之心，丈夫不悦，则结婚而不能生育子女。

62.妇女打扮得容光焕发，整个家庭亦同样生辉，如果她不容光焕发，则家庭亦暗淡无光。

63.结应受责难的婚姻，疏于规定的仪式，怠于圣典的习学，缺乏对婆罗门的尊敬，家庭要陷于败亡。

64.学习类如绘画的技艺，经营类如高利贷的商业，仅和首陀罗妇女一起生育子女；买卖牛、马、车辆，耕种土地，服务国王；
……①

第九卷:

56.……现在我要将关于无子妇女的法律加以阐述。

57.兄的妻应被看作是弟弟的岳母，弟弟的妻应被看作是兄的儿妇。

---

① ［法］迭朗善译，马香雪转译:《摩奴法典》，北京: 商务印书馆，1982 年版，第 54—60 页。

58. 兄和弟妻性交，弟和兄妻性交，除已婚无子者外，虽然是被丈夫和父母邀请做的，都成为堕姓人。

59. 无子时，其所希求的子孙，可由经过适当许可的妻子与兄弟或其他（撒宾陀）亲族交合来取得。

60. 承担此任的亲族，被浇以酥油后，可保持沉默地在夜间接近寡妇或无子的妇女而生一子，但绝不可生第二子。

61. 一些熟知此问题的人，基于此举的目的可能不因只生一子而完全达到，认为妇女可以合法地以此方式生第二子。

62. 此举的目的一经达到，根据法律，大伯和弟妇互相对待如翁媳。

63. 然而，承担此任的兄或弟不守规定的义务，但求满足自己的欲乐者，在两种情况下将成为堕姓人：如为兄长，有如奸污其儿妇；如为弟，有如奸污其师母。

64. 寡妇或无子之妇，再生族不宜准予从另一男子妊娠；因为准许她从另一男子妊娠的人，破坏古来的法律。

65. 在关于婚姻的圣典原文中从未谈到这样一种委任，婚姻法中也没有提到过寡妇可以再婚。

66. 因为这种仅仅适用于禽兽的行为，曾为婆罗门学者严加谴责；但据说它曾在吠那（Véna）统治时期在人们中间流行过。

67. 这位国王过去曾将全世界置于其统治之下，并仅仅为了这一点而被认为是罗遮仙①中最著名的，他欲令智昏，使种姓之间产生混乱。

68. 自此以后，有德之士就对为欲得子而妄自邀请寡妇或无子妇女接受另一男子的抚爱者加以责难。

69. 然而，当少女的丈夫于订婚后死去，丈夫的胞弟，可根据以下规定，娶以为妻：

70. 按照礼制，将此应该着白服、操行纯洁的少女娶过后，可常在适当时期接近她一次，直到她妊娠为止。

---

① 罗遮仙（Râdjarchis），王族种姓的圣者或仙家。

71. 贤明的人将姑娘给予某人后，不可考虑给予他人；因为姑娘已经给人而再另外给予时，和在关于人的诉讼中作伪证的人一样，同属有罪。

72. 虽按照规定娶过一个少女，但如果她有凶相、有病容，或有被奸污的迹象，或有人骗娶过她，男子仍得遗弃她。

73. 如果一个人将有缺陷的姑娘字人，事先未加以说明，丈夫可取消将姑娘给他的这个坏人的契约。

74. 丈夫有事出国，应在保证其妻的生活后方可离去；因为即使是有德的妇女，为穷苦所迫，也容易失足。

75. 如果丈夫行前给了她生活所需，她要过苦行的生活；如果没有留给她任何东西，可操正当的手工业，如纺线等维持生活。

76. 如果丈夫为履行宗教义务而离去，要等待他八年的时间；为学问或荣誉而去，可等待六年；为快乐而去，可只等待三年；逾期，可去和他再会面。

77. 丈夫可忍受妻子的憎嫌达一年之久，一年后仍然憎嫌，丈夫可取去她私有的东西，仅留给她衣食之需，停止和她同居。

78. 妻子轻视嗜赌、好酒或染病的丈夫，应被遗弃三个月，并被剥夺装饰品和动产。

79. 但憎嫌丈夫疯癫、犯大罪、去势、阳痿或染象皮病、肺痨者，不应被遗弃或剥夺财产。

80. 妇女耽于酗酒，操行不正，经常和丈夫冲突，染有类如癫病的不治之症，性格不好，挥霍财产者，应被另一妇女所代替。①

81. 不妊之妻可在第八年被代替，儿子都死者十年，只生姑娘者十一年，说话尖酸者立刻。

82. 但虽病而操行贞洁的好妻子，只有在她同意后才能被代替，又决不可加以慢待。

83. 被人合法代替的妇女、愤怒离弃夫家者，可立即当全家面加

---

① 原文作"停止其职务"——其丈夫可另娶。（注疏）

以拘禁或休弃。

84.妇女受到禁止后，还在节日酗酒、时常看戏、参加集会者，处六柯利什那罗罚金。

85.再生族在本种姓和其它种姓中娶妻时，其席次、尊敬和住室，应该按照种姓等次安排。

86.对于一切再生族，应该由同种姓的而不是由不同种姓的妻子来侍奉丈夫，和执行每天的宗教义务。

87.但身边有同种姓妻子在，而愚昧地以其它种姓的妻子尽其义务，这种人始终被认为是生于婆罗门妇女和首陀罗男子的旃陀罗。

88.姑娘虽未达八岁的及笄年龄，父亲应按法律将她字给相貌宜人、同种姓出身的卓越青年。

89.姑娘虽已及笄，与其被父亲给与没有好品质的丈夫，不如老死父家为好。

90.姑娘虽已及笄，可等待三年，逾期，可自行在同种姓择婿。

91.不被字人的姑娘自动觅婿者，不犯任何罪过。其所觅的夫婿亦然。

92.自择夫婿者不应带走得自父母或兄弟的装饰品，如果带走，犯盗窃罪。

93.娶已及笄姑娘者不要给她父亲聘礼；因为父亲延迟她做母亲的时间，已失去对姑娘的支配权。

94.三十岁的男子应该娶他所喜爱的十二岁的女子；二十四岁的男子娶八岁的；如宁愿结束学生期，以便家长义务被推迟的人，可迅即结婚。

95.丈夫虽娶诸神给与而对之并无情意的妻子，但如果她有德，也应常加保护，以悦诸神。

96.妇女为产子而被创造，男子为生子而被创造；因而在吠陀中规定了应该由夫妇一起履行共同的义务。

97.如果未婚夫给予姑娘聘礼，准备娶其为妻，如果未完婚死去，则姑娘同意时，可嫁给未婚夫的弟兄。

98. 虽首陀罗也不应该在嫁女时接受聘礼，因为父亲接受聘礼，是暗自鬻卖自己的女儿。

99. 将姑娘许人后又另行字人，在古今善人中绝无先例。

100. 即使在以前的创世中，我们也从未听说善人们接受所谓聘礼，暗自鬻卖自己的女儿。

101. 总之，互相忠实，直至老死，这是夫妇应遵守的首要义务。

102. 因此以婚姻结合的夫妇切忌离异和互失信约。

103. 夫妇恩爱的义务以及结婚无子时得子之道，都已对你们宣示了……"①

3. 婚姻关系

近亲结婚例子之一，兄妹结婚：

尔时世尊告菴没罗曰：摩纳婆，昔有国王，号曰甘蔗。王有四子，一曰炬面，二曰长耳，三曰象肩，四曰足钏。时彼四子，因有愆过，被王放逐。时彼四子，既被王逐，各将亲妹往他国境，近雪山下，弶伽河岸边，去劫比罗仙人住处不远，各剪草菴，互娶别生之妹而为居住，因诞男女。后时甘蔗王念此四子，问群臣曰："我之四子今何所在？"群臣答曰："王之四子，因犯愆过，被王放逐，今在他境大雪山下，弶伽河岸边，乃生男女等。"时甘蔗王告群臣曰："我之四子等，能如是耶？"答曰："能。"尔时甘蔗王从容举其右手，唱言："我儿能，最极能，由大威德人言极能故，因名释迦（唐言能也）。"②

---

① 《摩奴法典》，第216—220页。
② 《根本说一切有部毗奈耶药事》卷第八。

4. 国王的多妻制

据《佛本生经·十车王本生》,十车王之子罗摩智者在十车王去世后,继承了王位,他娶了同父异母的妹妹悉多为王后:

古时候,在波罗奈,十车王摈弃邪道,依法治国。他的一万六千个妻子中,长大的正官王后生了两个儿子和一个女儿。大儿子名叫罗摩智者,二儿子名叫罗什曼那公子,女儿名叫悉多公主。后来,正官王后去世。国王为她的死久久哀伤,经大臣们劝慰之后,才为她举行葬礼,另立一位正官王后。这位王后妩媚可爱,深得国王欢心。不久,她也怀孕,受到精心照顾,生下一子,取名婆罗多公子。

国王出于对儿子的爱,对王后说:"夫人,我赐你一个恩惠,你选择吧!"她接受了这个恩惠,但没有做出选择。等儿子长大后,她到国王那里,说道:"大王,你曾答应给我儿子一个恩惠,现在,给他吧!""你提吧,爱妻。""大王把王国给我儿子!"国王一弹手指,生气地说道:"该死的贱妇!我有两个儿子像烈火一样光芒四射,你想害死他们,要求把王国给你儿子么!"她害怕地躲进卧室去了。后来她又一而再,再而三地恳求国王。国王没有赐给她这个恩惠,但他心想:"女人是忘恩负义。她可能会伪造信件或贿赂收买,谋害我那两个儿子。"于是,他召来儿子,把事情经过告诉他们,说道:"孩子啊!你们住在这里可能会有危险。你们先到邻近的王国或到森林里去,等我死后,你们再回来接替属于你们的王位。"说罢,他又召来占卜者,询问自己有多少年阳寿。当他知道自己还有十二年阳寿时,便对儿子说道:"孩子啊!十二年以后,你们回来继承华盖。""好吧!"这两个儿子向父亲行礼,哭着离别王宫。悉多公主说道:"我要跟兄长们一起去。"说罢,也向父亲行礼,哭着离开王宫。

他们三人……来到喜马拉雅山。他们在一个水源充足、果子丰盛的地方,盖了一间隐居屋,靠吃野果维持生命。罗什曼那和悉多恳求罗摩道："对我们来说，你处在父亲的地位，所以，你留在家里，我们两个去采果子供养你。"罗摩同意了。从此，罗摩留在家里，另外两人出去采果子供养他。

就这样，他们住在那里，靠吃野果维持生命。而十车王由于忧虑儿子，第九年就死了。王后办完国王的丧礼，宣布由她的儿子婆罗多公子继承华盖。大臣们不同意，说道："华盖的主人还住在森林里哩！"婆罗多公子说道："我要去把我的兄长罗摩智者从森林里接回来，让他继承华盖。"说罢，他带上象征王权的五宝^①，由四军^②护送，来到罗摩的住处。他在不远处安下营帐，然后与一些大臣一起到罗摩的隐居室。那时，罗什曼那和悉多到森林里去了，罗摩正在隐居屋门口，心中无所疑虑，舒坦自如，就像一尊稳固的金像。婆罗多走上前去，向罗摩行礼后，站在一旁，报告王国中发生的事情，然后，与大臣们一起匍匐在罗摩脚下失声痛哭。罗摩智者既不悲伤，也不哭泣，全身感官纹丝不动。婆罗多哭完坐下，这时已是黄昏，罗什曼那和悉多采了果子回来。罗摩心想："他们两个还年轻，不像我这样见多识广，突然告诉他们父亲死了，他们经受不住悲痛，会心碎而死的……"

……婆罗多公子向罗摩智者行礼，说道："请你继承波罗奈的王位吧！""弟弟啊！你带罗什曼那和悉多回去掌管王国吧！""大王啊，请你掌管吧！"罗摩回答说："弟弟啊！父亲对我说：'你十二年后回来继承王位。'如果我现在回去，就违背了父亲的嘱咐。我还在这里住上三年，然后回去。""在这段时间里，谁来治理王国呢？""你们治理吧！""我们不治理。""那么，在我回去之前，由这双草鞋治理吧！"说罢，罗摩脱下自己的草鞋……向罗摩智者行礼辞别，在众人陪同下，回到波罗奈。

---

① 五宝即宝剑、华盖、王冠、拖鞋和扇子。
② 四军即象军、马军、车军和步军。

整整三年，由这双草鞋治理王国。大臣们总是先把草鞋供在王位上，然后审理议案。议案如果审理不对，草鞋就会互相碰撞；如果审理得对，草鞋就会相安无事。

三年后，罗摩智者离开森林，回到波罗奈城，进入御花园。听说罗摩回来了，罗什曼那和婆罗多公子由大臣陪同前往御花园，立悉多为正官王后，给他们两人灌顶。灌顶后，大士[①]站在彩车上，由众人陪同进城，施右肩礼，然后，登上妙月宫的告台。从此，他依法治国一万六千年，最后升入天堂。[②]

5. 异国婚姻、不同信仰的人之间的婚姻

《增一阿含经》中说到一个信佛的女子嫁给一个非佛教的男子，甚至是一个外国的男子。虽然其经济地位相同，但其信仰不同，所祀不同，风俗习惯很不一样。所以在结婚后，男方让新媳妇向男方的亲属行礼，此女子不愿向非佛教的男子的亲属行礼，从而引起了矛盾。

闻如是，一时佛在舍卫国祇树给孤独园。尔时世尊与大比丘众千二百五十人俱。尔时有长老名阿那邠邸，饶财多宝，金银珍宝、车渠码碯、真珠虎珀、水精琉璃、象马牛羊、奴婢仆使，不可称计。尔时满富城中有长者名满财，亦饶财多宝，车渠码碯、真珠虎珀、水精琉璃、象马牛羊、奴婢仆使，不可称量。复是阿那邠邸长者少小旧好，共相爱敬，未曾忘舍然。复阿那邠邸长者恒有数千万珍宝财货，在彼满富城中贩卖，使满财长者经纪将护然。满财长者亦有数千万珍宝财货在舍卫城中贩卖，使阿那邠邸长者经纪将护。是时，阿那邠邸有女名修摩提，颜貌端正，如桃华色，世之希有。尔时满财长者有少

---

① 即菩萨。
② 《佛本生故事选》，第282—287页。

事缘到舍卫城，往至阿那邠邸长者家，到已就坐而坐。是时修摩提女从静室出，先拜跪父母，后拜跪满财长者，还入静室。尔时满财长者见修摩提女颜貌端正，如桃华色，世之希有，见已问阿那邠邸长者曰："此是谁家女？"阿那邠邸报曰："向见女者，是我所生。"满财长者曰："我有小息，未有婚对。可得适贪家不？"是时阿那邠邸长者对曰："事不宜尔。"满财长者曰："以何等故事不宜尔？为以姓望、为以财货耶？"阿那邠邸长者报曰："种姓财货，足相俦匹，但所事神祠与我不同。此女事佛，释迦弟子，汝等事外道异学，以是事故，不赴来意。"时满财长者曰："我等所事，自当别祀，此女所事，别自供养。"阿那邠邸长者曰："我女设当适汝家者，所出财宝不可称计，长者亦当出财宝不可称计。"满财长者曰："汝今索我几许财宝？"阿那邠邸长者曰："我今须六万两金。"是时，长者即与六万两金。时阿那邠邸长者复作是念："我以方便前却，犹不能使止。"语彼长者曰："设我嫁女，当往问佛。若世尊有所教敕，当奉行。"是时阿那邠邸长者假设事物，如似小行，即出门往至世尊所，头面礼足，在一面立。尔时阿那邠邸长者白世尊曰："修摩提女为满富城中满财长者所求，为可与为不可与乎？"世尊告曰："若当修摩提女适彼国者多所饶益，度脱人民，不可称量。"是时阿那邠邸长者复作是念："世尊以方便智应适彼土。"是时长者头面礼足，绕佛三匝，便退而去。还至家中，供办种种甘馔饮食与满财长者。满财长者曰："我用此食，为但嫁女，与我不耶？"阿那邠邸曰："意欲尔者，便可相从，却后十五日，使儿至此。"作此语已，便退而去。是时满财长者办具所须，乘宝羽之车，从八十由延内来。阿那邠邸长者复庄严己女，沐浴香薰，乘宝羽之车，将此女往迎满财长者男，中道相遇。时满财长者将女便将至满富城中。尔时满富城中，人民之类，各作制限，若此城中有女出适他国者，当重刑罚；若复他国娶妇将入国者，亦重刑罚。尔时彼国有六千梵志，国人所奉制限，有言犯制者，当饭六千梵志。尔时长者自知犯制，即饭六千梵志。然梵志所食，均食猪肉，及猪肉羹重酿之酒。又梵志所著衣服或被白氍，或披氄衣，然彼梵志之法入国之时，以衣偏著右肩，半身露见。尔时长者即白："时到，饮食已具。"是时六千梵志皆偏著衣裳，半身露见，入长者家。时长者见梵志来，膝行前迎，恭敬作礼。最大梵志举手称善，前抱长者项往诣座，所余梵志者各随次而坐。尔时六千梵志坐已定讫，时长者语修摩提女曰："汝自庄严，向我等师作礼。"修摩提女报曰："止止大家，我不堪任向裸人礼。"长者曰："此非裸人，非不有惭，但所著衣者是其法服。"修摩提女曰："此无惭愧之人，皆共露形体在外，有何法服之用……"①

虽然这桩婚事双方父亲都通过了，甚至父亲还请示了如来，如来也答应了，但女孩自己在结婚仪式举行后拜见男方的亲属时，却碰到了宗教习俗的问题，女孩不干了，闹得很尴尬。

跨国婚姻：

在古代印度也存在跨国婚姻。这在佛经中有所反映：

于时，有一国王女，甚端正，堪册为后。群臣知已，即来白王："臣等今知某国王女颜貌端正，堪为王后。"

王曰："可尔。"即发国使，往彼女所。见彼国王，问讯起居。

王问使曰："此国幽僻，如何至此？"

尔时使者白彼王曰："我军将王国大夫人，已终殒殁，闻王有女，堪为国后，故遣我来谘论此事。"彼王闻已，即便听许。复告使曰："汝王若欲与我为亲，应先与我立于盟信。我女有息，必令绍位。"使者闻已，白彼王曰："我还本国，当具陈此意。"

尔时使者还至本国，稽首王已，具陈上事。

王曰："我有长子，彼设生子，岂令绍位？"

时诸群臣共王议曰："王但册取，彼或生男，或复生女，或是石

---

① 《增一阿含经》卷第二十二《须陀品》第三十一。

女。王今如何先忧此事？愿王早索，共为欢乐。"

王曰："可尔。"即令一使速往女国，立先盟誓。即依国法，迎归为后。

时增长王与其夫人在深宫内，娱乐快乐，贪爱恣盛，无时暂舍。因即怀孕胎，十月满足，诞生一子。容仪端正，人所爱念。时增长王，以八乳母共令养育。先取女时，王及诸臣共立誓言，此女生男，当立为王。名之爱乐。后时见长，譬如莲花出水，颜色敷盛。时增长王，为欲册立长息以为太子，不册爱乐。时后父王闻斯语已，即令使者持书，告增长王："何因今者违先立誓？若违先誓，我当兴兵，往罚汝国。汝当严兵，以待于我。"

时增长王见此书已，集诸群臣，而告示曰："皇后父王今附书来，具陈上事，我等如何设计待彼？"

群臣议曰："彼王有大威力，立爱乐为太子。"

增长王曰："我有长子，如何立彼小者以为太子？"

尔时群臣复白王曰："彼之国王，四兵强盛，王若不许，必被相侵。今请大王，册彼爱乐，立为太子。其余四子，令出国界。"

时增长王告群臣曰："我之四子，先无愆过，如何弃之，令出国外？"

群臣白曰："我是王臣，欲为利益。我实不能于无过人辄便摈弃，有罪过人不可令住。"王闻是已，默然而住。

时彼大臣，总集一处，共相议曰："诸仁当知，共为筹议。我等设计令王憎彼四子。"因修一园，扫洒田地，散诸香花，悬诸幡盖，以为严饰。时四王子因出游戏，遥见其园，心生贪恋，至于园门，其修园官，庄严以毕，从门而出。

四子问曰："今此之园，是谁所有？"

其官报曰："是国王园。"

四子闻已，却回即去。臣复白曰："云何回去，不入园内？"

四子报曰："是父王园，我等何敢得入？"

群臣白曰："王及王子俱得游戏，此有何过？"

王子闻已，即入游戏。群臣见已，驰诣王所，而白王言："大王当知，王令修园，今以严洁。愿王亲往，以为游戏。"

时增长王即敕曰："谁为此乐？"

诸臣白言："是四王子在中娱乐。"

王闻是语，即大瞋怒："汝可往彼，为吾杀却。"

群臣咸皆跪白王曰："愿王慈悲，莫断其命。王若嫌者，且令出国。"

王闻依请。尔时群臣奉王令已，即唤王子，来至王所，告令出国。尔时四子，四轮著地，合掌白王："我等四子，乞请一事愿，所有眷属，欲随去者，愿王怀慈，许其随去。"

王告子曰："随汝所愿。"

时四王子，各将其妹，欲出国去。时国人民亦愿随去。于七日内，国中人众，随去欲尽。尔时诸臣白王："若不闭此城门，恐百姓尽。"

王告臣曰："急闭城门，无令尽去。"①

……乃往古昔，有一王都，人民炽盛，安隐丰乐。王有四子：一名大枝、二名副枝、三名随枝、四名小枝。其四王子年渐长大，皆娶邻国王女，以之为妻……②

（九）古代印度的文学

古代印度人民留下了丰富的文学作品，最早的是吠陀文献。四部吠陀既是宗教文献，也是文学作品。另外，古代印度还留下了两部长的史诗，即毗耶婆的《摩诃婆罗多》和蚁垤大仙的《罗摩衍那》。

1. 古代印度关于大洪水的故事

一天，他③在毗利尼河岸苦行既毕，忽有一条小鱼对他讲话，请

---

① 《根本说一切有部毗奈耶破僧事》卷第一。
② 《根本说一切有部毗奈耶破僧事》卷第十六。
③ 即吠伐斯伐多。

求使它脱离河水。因为在河中，它不可避免地要成为比它大的鱼类的食饵。于是吠伐斯伐多取鱼放在储满水的缸内。最后，小鱼体积增大，缸不能容。摩奴不得已，又将它放在湖内，以后放在恒河内，最后又放在海内，因为鱼的身体始终增长不已。每当摩奴给它换地方的时候，不论它身体如何庞大，却都易于携带，鼻嗅手触，都觉宜人。鱼被放入海内时，对圣者声言："不久，大地一切所有都要毁灭，这是世界沉沦的时期，亦即一切动和不动的物类可怕的解体时期到来。你要造一只大船，备有船缆，你将各种谷物装船后，要同七仙一起上船。你要在船上等我，我要去找你。我头上有一只角，你即可认识我。"吠伐斯伐多从命，造了一只船，搭上去，想起了那鱼，鱼不久即行出现。圣者将一条很大的船缆系在鱼角上，时虽风浪澎湃汹涌，水天不辨，但鱼却使船在海面上高速航行。鱼曳船航行很多年月，最后使船在喜马拉雅山顶靠岸。于是鱼命令众圣系船，说："我是梵天，万有之主，没有高于我的存在物，我借鱼形，救你们出险。摩奴，你要在此施造化之功。"说完不见……①

在《百道梵书》中也有关于大洪水的故事：

1. 早上，按照每天给摩奴打水洗手的习惯，人们把水给他送来。摩奴正准备盥洗，一条鱼跳到他的手上。

2. 它对他说："收养我吧，我将拯救你！""这拯救从何说起呢？"摩奴问。"一场洪水将会把所有的生物冲走。我就是要把你从洪水中救出来。"

"那么我怎样养活你呢？"

3. 它说："我们鱼类只要还小，就不免面临灾祸，因为大鱼总要吃小鱼的。你可以先把我养在一只罐子里，等到它装不下我时，再挖一

---

① 《摩奴法典》，第16—17页。

个坑，把我移进去。到了坑也装不下我的时候，你就把我放回大海，那时就没有什么灾祸能威胁我了。"

4.它很快长成了一条大鱼。"当我完全长大的时候，那一年就会有大洪水。"它说，"你要准备好一条大船，乘它来找我。一旦水涨起来，你就到船上去。我将救你脱离洪水。"

5.于是摩奴便按照它的要求把它养成一条巨大的鱼，然后把它送入大海。就在这一年，他照鱼的嘱咐造了一条船，等洪水来到时，他便进入船内。这时大鱼游上前来。摩奴把缆绳系在鱼的角上，由它拽着，飞快地驶向遥远的北山。

6.这时鱼说："我已经救了你。你可以把船系在树上。当心你在山上的时候不要让水把船冲走。以后大水渐渐退去，你再一步步下来。"就这样（当大水退去的时候），他就慢慢回到山下。此后，北山的这一面就被称作"摩奴坡"。洪水扫荡了所有的生物，只有摩奴留了下来。

7.摩奴巫盼能有后代，便举行祭祀，并做各种苦行。这期间他也举行了巴迦祭。他向水中投献了精制的酥油、酸奶、乳浆和奶酪。不到一年，长出一个女人。她一站起来就很壮实，行走时留下的全是精细的酥油的足迹。密特罗和伐卢纳碰到了她。

8.他们问他："你是谁？""摩奴的女儿。"她回答。他们要求她："说你是我们的吧。""不！"她说，"谁生了我，我就是谁的女儿。"他们想在她身上分享一份（功劳）。她不置可否，就从他们的身边走了过去，来到摩奴面前。

9.摩奴问她："你是谁呀？""我是你的女儿。"她回答。"多么光彩照人啊！你真的是我的女儿吗？"他又问。她说："你把精制的酥油、酸奶、乳浆和奶酪作为供品投献到水里。你就是用它们生育了我。我是祝福之身，在祭祀的时候用我吧。如果你在祭祀时用我，你会子孙繁盛，牛羊成群。你通过我所祈求的福祉，一定会全部在你身上实现。"于是他就按照她的嘱咐，在祭祀中间——紧接在前供之后和后供之先的就是祭祀中间——用她（在外祝福）。

10.他和她一起继续不断地举行祭祀并做苦行，以求子嗣。就是这样通过她，他使这个种族得以诞生——这个摩奴的种族。他通过她说祈求的福祉也全部实现了。

11.这个（摩奴的女儿）原来就是伊达。谁明白了这一点并同伊达一起做，他就是致力于繁衍由摩奴创造的种族；他通过她说祈求的福祉，也全部会在他身上实现。①

佛经不但是佛教的经典，从文学的角度看，它也是非常宝贵的文学作品。例如，佛经《本缘部》上中记载的故事说：

闻如是，一时佛游舍卫国祇树给孤独园，与大比丘众俱。佛告诸比丘：乃往过去无数劫时，姊弟二人，姊有一子，与舅俱给官御府织金缕锦绫罗，珍好异衣，见帑藏中琦宝好物，贪意为动，即共议言："吾织作勤苦不懈，知诸藏物好丑多少，宁可共取用解贫乏？"夜人定后，凿作地窟，盗取官物，不可赀数。明监藏者，觉物减少，以启白王。王诏之曰："勿广宣之，令外人知。舅甥盗者，谓王多事，不能觉察，至于后日，遂当慑伏，必复重来。且严警守，以用待之。得者收捉，无令放逸。藏监受诏，即加守备，其人久久，则重来盗。外甥教舅："舅年尊体羸力少，若为守者所得，不能自脱。更从地窟，却行而入。如令见得，我力强盛，当济免舅。"舅适入窟，为守者所执。执者唤呼，诸守人捉甥不制，畏明日识，辄截舅头，出窟持归。晨晓藏监具一启闻。王又诏曰："舆出其尸，置四交路，其有对哭取死尸者，则是贼魁。"弃之四衢，警守积日。于时远方，有大贾来，人马车驰，填噎塞路，奔突猥逼。其人射闹，载两车薪，置其尸上。守者明朝具以启王。王诏："微伺，伺不周密，若有烧者，收缚送来。"于是外甥，教将僮竖执炬舞戏，人众总闹，以火投薪，

___
① 以上录自：《古印度吠陀时代和列国时代史料选辑》，第23—25页。

薪燃炽盛。守者不觉，具以启王。王又诏曰："若以蛇维，更增守者，严伺其骨，来取骨者，则是原首。"甥又觉之，兼猥酿酒，特令醇厚。诣守备者，微而酤之，守者连昔饥渴，见酒宗共酤饮，饮酒过多，皆共醉寐，俘囚酒瓶，收骨而去。守者不觉，明复启王。王又诏曰："前后守备，竟不级获，斯贼狡黠，更当设谋。"王即出女，庄严璎珞，珠玑宝饰。安立房室，于大水傍。众人伺卫，伺察非妄。必有利色，来趣女者。素教诫女，得逆抱捉，唤令众人，则可收执。他日异夜，甥寻窃来，因水放株，令顺流下，喝叫犇急，守者惊趣，谓有异人。但见株杌，如是连昔，数数不变。守者玩习，睡眠不惊，甥即乘株，到女室，女则执衣。甥告女曰："用为牵衣，可捉我臂。"甥素狡黠，预持死人臂，用以授女。女便放衣，转捉死臂，而大称叫。迟守者寐，甥得走脱。明具启王，王又诏曰："此人方便，独一无双。久捕不得，当奈之何？"女即怀妊。十月生男，男大端正，使乳母抱行，周遍国中。有人见与，有鸣嗷者，便缚送来。抱儿终日，无鸣嗷者。甥为饼师，住饼炉下。小儿饥啼，乳母抱儿，趣饼炉下，市饼铺儿。甥既见儿，即以饼与，因而鸣之。乳母还白王曰："儿行终日，去来近者。饥过饼炉，时卖饼者，授饼乃鸣。"王又诏曰："何不缚送？"乳母答曰："小儿饥啼，因而鸣之，不意是贼，何因囚之？"王师乳母，更抱儿出，及诸伺候，见近儿者，便缚将来。甥酤美酒，呼请乳母及微伺者，就于酒家劝酒。大醉眠卧，便盗儿去。醒悟失儿，具以启王。王又诏曰："卿等顽骏，贪嗜狂水，既不得贼，复亡失儿。"甥时得儿，抱至他国，前见国王，占谢答对，引经说谊。王大欢喜，辄赐禄位，以为大臣，而谓之曰："吾之一国，智慧方便，无逮卿者。欲以臣女，若吾之女，当以相配，自恣所欲。"对曰："不敢，若王见哀，其实欲索某国王女。"王曰："善哉，从所志愿。"王即有名，自以为子，遣使者往，往令求彼王女。王即可之。王心念言："续是盗魁，前后狡猾。即遣使者，欲迎吾女。"遣其太子，五百骑乘，皆使严整。王即敕外，疾严车骑。甥为贼臣，即为恐惧。心自念言："若到彼国，王必被觉，见执不疑。"便启其王："若王见遣，当令人马五百骑，具衣服鞍勒，一无差异，乃可迎妇。"王然其言，即往迎妇。王令女饮食待客，善相娱乐。二百五十骑在前，二百五十骑在后，甥在其中，跨马不下，女父自出，屡观察之，王入骑中，躬执甥出，尔为是非，前后方便。捕何叵得。稽首答曰："实尔是也。"王曰："卿执聪哲，天下无双。随卿所愿。"以女配之，得为夫妇。佛告诸比丘："欲知尔时甥者，则吾身是；女父王者，舍利弗是……女妇国王父，输头檀是；母摩耶是，妇瞿夷是，子罗云是也。"佛说是时，莫不欢喜。[①]

佛经中的这个故事和希罗多德所叙述的埃及故事在情节上几乎一模一样，它们是自创还是抄袭？

乃往过去无量世时，此阎浮提有一国王，名赊拘利，久居宝位，未有圣嗣。念是事已，心没忧海，广兴福业，祈满次愿。时天帝释化一医师，来诣王前，问其忧意。王以上事，乃具答之。

医曰："为王入雪山中采取灵药，与后妃服，后当有子。"

王曰："甚善。"

于后医师采药还宫，用乳煎药，进上使服。王后见已，避臭不服，兼一不信，化医遂去。余诸宫嫔，竞分药饮。服之未久，咸觉有娠。是时王后悔恼愁叹。遍求前药，唯得少渣，以乳煎服，后亦有子，余诸夫人，月满生子，各各端严，王大欢悦。最后王后乃生一子，面貌极丑，形如株杌。王与其后见之不喜，因是立名，株杌太子。

年渐长大，武勇冠世。时彼邻国，群寇犯境。乃遣太子，击之退散。王加爱念，访其良匹。远国有王，名黎瑟跋蹉。王有一女，容止端正，遣使求亲，乃蒙相许。六国闻之，各怀慕乐，竞来求聘，举兵相攻。其王乃曰："若许其一，余则生恨，能却他兵，当与女适。"

是时株杌闻是说已，审为实尔。乃利其器。方在壮年，战而得

---

① 《生经》卷第二《佛说舅甥经》第十二。

胜。乃取六首，献跋蹉王。生大欢喜，纳以为婿。夺诸士卒，与妻还国。妇睹丑状，常有怖色。王子愧耻，心不自宁。便至林中，乃欲自尽。帝释遥知，下至其所，善言慰喻，赐一宝珠，密令置此于汝顶上，可得容仪如我无异。跪而受已，喜而还家，妇见不识，乃语之曰："卿是何人？"

夫即具说得珠之由，株杌之名自兹而息，乃更其号须陀罗舍。

佛言："大王，当尔之时赊拘利王者，今净饭王是；王夫人者，今摩耶夫人是；丑王子者，今我身是；昔六王者今富阑那等六师①是。"②

佛经中还有一部《佛本生经》，其中包含了许多散文故事（童话、寓言以及能反映当时社会生活的故事），非常生动活泼。在信仰小乘佛教的东南亚各国颇受欢迎。

2. 关于六牙白象的故事

此前，当菩萨做六牙象王的时候，他的妻子名叫拔陀。一次，象王与一头雌象发生关系，即出了轨，找了小三，并甚为恩爱，"行住相随，意不相离，心相系著"。此事被拔陀象后知晓后，她很愤怒，就想杀了象王和那头雌象。不过，这是在拔陀死了"转世"以后才发生的。她死后投生在一个大夫人的腹中，长大以后，嫁给了一个邻国的国王梵德国王，为第一夫人：

……乃往古昔，于一方所丛林中，多饶河涧，花果滋茂。尔时菩萨在不定聚，作六牙象王，在其林内，其象王妻，名曰拔陀，于母象中，为最尊贵。是时象王出群，在于闲僻之处，有别雌象，端正悦意，诣象王处，共为私窃，既为夫妇，甚加怜爱，行住相随，意不相离，心相系著。时拔陀母象，便生嫉妒，即自思念，作何方计，便我

① 六师即列国时代的几个派别的首领。
② 《菩萨本生鬘论》卷第二。

当得杀六牙象王，并彼母象。正住思惟，心大嫉妒，无计可得，遂便发愿："愿我生生之处，能害二人。"作是愿已，于山顶上，投身而下，即便命终，生毗提国大夫人腹，而处其胎。十月满已，诞生一女，众相具足，渐渐长大，嫁与邻国梵德大王，为第一夫人，由彼宿业，于六牙象等，生大瞋恨。然而夫人有宿命智，即白梵德王言："于彼方所，有六牙大象，我今要此象牙，愿王令取。"于时王敕诸城，所有猎师，皆悉唤集，令取六牙大象。猎师集已，告曰："汝等往取象牙将来。"时诸猎师，王即敕已，依命即去。其猎师大将告猎人曰："汝等并散，各归本业，我独自往取其象牙。"是时，大将即取祭祀之物，并著衣甲、毒箭等物，造诣方所，见彼象王，并及母象，二俱别住于闲静处，各离象群而住。见已，远至遥望。尔时猎师，身被忍服，覆其弓箭，所有衣甲，藏在草中，欲为杀害。尔时母象遥见猎师，即告夫曰："我等速向余处，今有人来，欲杀我等。"象王曰："其人作何形貌？"答曰："身被忍衣，外现慈相。""若如是者，当须无畏。在袈裟中，无不善事。此之幢相，覆盖之人，心住慈悲，当须无怖。勿生疑惑。如月无热，斯人亦如是。"于时母象及以象王，并无疑惑，随意游行。尔时猎师，既得其便，即放毒箭，射彼象王，中于要处。母象告曰："如何乃言著袈裟人，无有害心？"尔时象王以颂答曰："心非生过患，亦非心所作。此过由烦恼，由心离慈愍。如金裹铜叶，入火铜性现。患人虽不了，智者善能知。弓箭人俱毒，或由彼为恶。袈裟本寂静，皆悉由心作。"

尔时母象心生瞋恚，告其夫曰："我不违君语，如君今所说。我欲碎斯人，节节令其断。"是时象王闻此语已，生如是念："作何医疗此烦恼事？若是菩萨妇，起怨害心者，此不应也。"说伽他曰："如彼多鬼所著心，见医即作非供养。医人见彼常非恨，应生如是欢喜心。"

尔时母象闻其菩萨象王所说，默然而住。时诸群象诣象王处，便作是念："勿此母象损害猎师。若菩萨在傍生趣中，常行菩萨行。"是时象王往猎师边，以人言音告猎师曰："汝莫怪畏，恐损猎师。"象王以鼻绕取猎师，抱在胸前，又令母象别向余处，然后告曰："母象已去，汝若须我身上物者，任意取之。"是时猎师心极怪愕："此乃是人，我非人也。我是人中象，汝是象中人。汝在傍生，有是情智。我居人类，反无斯慧。"悲啼泣泪。菩萨问曰："为何啼泣？"猎师答曰："汝已损我。"时象王闻已，作是思惟："我现相救，不曾有损。"复更思惟："不是雌象而来损耶？"又问猎师曰："谁损汝耶？"猎师答曰："象王，汝身有无量功德，无辜加害，即是损我。汝身被箭所伤，可有治疗。我心被射，愚痴无智，难可治疗。"而说颂曰：

"我今观察象王行，功德广大犹如海。起害之人犹发慈，此之菩萨心难得。假说我今身是人，了无如是真真智觉。但有如斯瞋害毒，身空无有少功德。庄严形貌似人身，不如生在傍生趣。汝在傍生有人智，象王为最象中尊。不言形貌即成人，不以傍生非是人。若有人慈功德者，彼乃当知即是人。"

尔时象王告曰："不劳广说多言语，不用多述巧言辞。汝今云何箭射我？速说斯事令我知。"猎师答曰："我奉王教，须汝身牙。缘此射之。"象王告曰："仁所须者，幸时早取。菩萨为怀，无不舍者，任如拔牙，将所利益。"说伽陀曰：

"利益一切有情等，速离漂流生死海。常证无上菩提智，唯愿早入涅槃城。"

尔时猎师心生羞耻，告象王曰："我须汝牙。"象王告曰："任意拔将。"答曰："我不能拔。若令我拔，愿住慈悲，我方能拔。若其不住慈悲之心，正拔之时，手必堕落。"象王告曰："如若不能拔者，我自拔与。"象王曰："为我牙根入肉深远，当拔之时，白血流注。"拔已欲与猎师，象王身色鲜白，如优昙钵花，血流遍身，如山雪覆，亦如祠文。

尔时象王自心睹见身相如是，恐有退转，欲坚其心，不令娆乱。由彼菩萨，多习性故，而行其施，岂有退耶？至于死路，唯归佛陀。于彼时中，有种种异相，为空中诸天，心得满足，便生喜悦，现希有事，然由象王作是苦行，空中有天，而说颂曰：

"我等诸天见，象王行苦行。当正拔牙时，受于无量苦。内心犹喜悦，必不退菩提。"

别有一天，而问彼天曰：

"如此拔牙身受苦，云何能发趣菩提？犹如地狱受苦人，必不能发慈悲意。"

尔时象王拔牙已，默然而住。猎师念曰："云何拔牙，执持而住？欲生悔耶？不予我耶？"于时象王观知彼意，即持优昙钵花白色六牙，引其前足，而以六牙欲舍与之。告曰："待住少时，待住少时，我今极痛。"象王又作此念："受者现前，何须久住？如何不施？本为此牙，欲杀于我，今既无牙，何虑余事？"告猎师曰："汝应善听。"说伽他曰："贤首汝应弃恶事，所持利剑弓箭物。被此袈裟仁者衣，我今见此心欢悦。或有施净受不净。我今观汝净应供，施者受者二俱净。"

尔时象王见彼被离欲衣，心自喜悦，即与六牙。告曰："若实毒箭射我身，不生少许瞋恨意。此实愿速证菩提，当救轮回得解脱。"

佛告大王："于意云何？"彼时六牙大象王者，莫作异见，即我身是。我以慈悲苦行布施故。而由未证菩提。由彼因缘，正见积集善根，而证无上菩提。①

3. 波斯匿王丑女变美女

昔波斯匿王有女，名曰赖提，有十八丑，都不似人，见皆恐怕。时波斯匿王募于国中。其有族姓长者之子，穷寒孤独者，仰使将来。尔时市边，有长者子孤独单已，乞索自活，募人见之，将来诣王。王将此人，入于后园，而约敕言："吾生一女，形貌丑恶，不中示人。今欲妻卿，可得尔不？"

---

① 《根本说一切有部毗奈耶药事》卷十五。

时长者子白王言："王所约敕，假使是狗，犹尚不辞，何况王女，而不可也？"

王寻妻之，为立宫室，约敕长者子言："此女形丑，慎莫示人。出则锁门，入则闭户，以为常则。"

有诸长者子，共为亲友，饮宴游戏。每于会日，诸长者子妇皆来集会，唯此王女，独自不来。于是诸人共作要言："后日更会，仰将妇来。有不来者，重谪财物。"遂复作会，贫长者子，犹故如前，不将妇来。诸人便共重加谪罚。贫长者子，敬受其罚。诸人已复共作要言："明日更会，不将妇来，复当重罚。"如是被罚，乃至二三，亦不将妇来，诣于会所。贫长者子后到家中，语其妇言："我数坐汝，为人所罚。"妇言："何故？"夫言："诸人有要，饮会之日，尽仰将妇诣于会所。我被王敕，不听将汝以示外人，故数被罚。"妇闻此语，甚大惭愧，深自悼慨，昼夜念佛。于是后日，更设宴会，夫复独去。妇于室内，倍加恳恻，而发愿言："如来出世，多所利益，我今罪恶，独不蒙润。"佛感其心至，从地踊出，始见佛发，敬重欢喜，已发即异变成好发。次见佛额，渐睹眉目、耳鼻、身口。随所见已，欢喜转深，其身即变，丑恶都尽，貌同诸天。诸长者子，密共议言："王女所以不来会者，必当端正，异于常人，或当绝丑，是故不来。我等今当劝其夫酒，令无知觉，解取钥匙，开门往看，即饮使醉。"解取钥匙，相将共往，开门看之，见此王女，端正无双，便还闭门，诣于本处。尔时其夫犹故未寤，还以钥匙系于腰下。其夫觉已，寻还向家，开门见妇端正殊异，怪而问之："汝何天神女，处我屋宅？"

妇言："我是君妇赖提。"

夫怪而问之："所以卒尔？"

妇时答言："我闻君数坐我被罚，心生惭愧，恳恻念佛，寻见如来，从地踊出，见已欢喜，身体变好。"

贫长者子，极大欢喜，寻入白王："王女身体，自然变好，今求见王。"

王闻欢喜，寻即唤见。见已欢喜，情甚疑怪。将诣佛所，而白佛言："世尊，此女何缘，生于深宫，身体丑恶，人见惊怪，复议何因，今卒变好？"

佛告王言："乃往过去，有辟支佛，日日乞食，到一长者门前，时长者女持食施辟支佛，见辟支佛身体粗恶，而作是言：'此人丑恶，形如鱼皮，发如马尾。'尔时长者女，今王女是，施食因缘，生于深宫，毁訾辟支佛，故身体丑恶，生惭愧恳恻心故，而得见我，欢喜心故，身体变好。"

尔时众会闻佛所说，恭敬作礼，欢喜奉行。[①]

4. 佛本生经中的故事

《佛本生经·全牙豺本生》：

古时候，当梵授王在波罗奈治理国家的时候，菩萨是他的祭司，精通三吠陀和十八般技艺。他懂得征服世界的咒语。据说这种咒语是通过修炼禅定获得的。

一天，菩萨想要温习这个咒语，来到林中开阔地，坐在一块石板上背诵。据说不举行特定仪式，旁人是听不见这种咒语的，所以他才坐在那里背诵。就在他背诵时，一只豺躺在洞里，听到并记住了这个咒语，因为这只豺在前生也是一个懂得征服世界咒语的婆罗门。菩萨背诵完毕，起身说道："我已经记住这个咒语了！"这时，豺从洞里出来，说道："喂，婆罗门！这个咒语，我也记住了，而且记得比你还熟！"说罢，撒腿就逃。菩萨心想："这只豺会酿成大祸，一定得抓住它！"他追赶了一阵，但这只豺已经逃进了森林。

---

① 《杂宝藏经》卷第二，二〇《波斯匿王丑女赖提缘》。

　　这只豺逃进森林后，遇见一只雌豺。它在雌豺身上抓了一把，雌豺问道："干什么？尊者！""你知道我是谁吗？""不知道。"于是，它念起征服世界的咒语，召来几百只豺，并让所有的象、马、狮、虎、猪、鹿等四足走兽聚集在自己周围。这样，它成了国王，号称"全牙"，封一只雌豺为王后。两只大象背上站着一只狮子，狮子背上坐着全牙豺国王和雌豺王后，威风十足。由于享有无上荣誉，全牙豺得意忘形，不可一世，决心要夺取波罗奈王国。它率领所有的四足走兽来到波罗奈城下。它的队伍有十二由旬长。它在城下通报波罗奈王："或者献出王国，或者交战！"波罗奈居民胆战心惊，紧闭城门。

　　菩萨来到国王那里，说道："别害怕，大王！与全牙豺交战一事由我承担。除我之外，谁也无法与他交战。"他安抚了国王和全城居民后，说道："我这就去打听全牙豺准备怎样夺取这个王国。"说罢，他登上城楼。问道："全牙！你准备怎样夺取这个王国？""我要命令狮子发出吼声吓倒众人，夺取王国。"菩萨知道了全牙的战术，走下城楼，击鼓宣布："让波罗奈城十二由旬方圆内的全体居民都用面团堵住自己的耳朵，也堵住猫和其它一切动物的耳朵，这样就听不到声音了。"

　　然后，菩萨又登上了城楼，喊道："全牙！""什么事？婆罗门！""你准备怎么夺取这个王国？""我要命令狮子发出吼叫，吓倒众人，消灭众人，夺取王国。""你无法指挥狮子吼叫。这些出身高贵、四足漂亮的鬃毛狮子，不会听从你这样的老豺的命令。"全牙豺傲气勃发，说道："让其它的狮子暂且待着！先让我坐在背上的这只狮子发出吼叫。""如果你能办到，那你就让它吼叫吧！"全牙豺用脚踢它坐着的狮子，喝令道："吼叫！"狮子的嘴巴贴近大象的颞颥，发出三声巨吼。大象一惊，把全牙豺摔落在地，象脚踩着豺的脑袋，踩得粉碎。全牙豺就这样死了。大象们听到狮子吼，惧怕死亡，东奔西突，互相冲撞践踏而死。除了狮子，其他四足走兽鹿、猪乃至兔、猫，全部丧生。狮子们也都逃进森林。整个十二由旬的地方，尸横遍野。

　　菩萨走下城楼，吩咐打开城门，击鼓宣布："所有的人都取掉自己耳朵里的面团！想要肉的去捡肉！"人们吃足鲜肉，然后把其余的肉都制成肉干。据说，人们是从那时开始制作肉干的。[①]

5. 古代印度的诗歌选

在佛经中还包含了许多的诗歌（偈颂和伽他），其中有佛陀在和教徒讲经时所说的偈颂。下面一首偈颂是佛陀为感谢一个婆罗门请他和自己的弟子吃饭时所说的偈颂："若以饮食，衣服卧具。施持戒人，则获大果。此为真伴，终始相随。所至到处，如影随形。是故种善，为后世根。福为根基，众生以安。福为天护，亦不危险。生不遭难，死则上天。"[②]

佛陀在降伏恶龙后，说了如下一首偈颂：

龙出甚为难，龙与龙共集。
龙勿起害心，龙出甚为难。
过去恒沙数，诸佛般涅槃。
汝竟不遭遇，皆由瞋恚火。
善心向如来，速舍此恚毒。
已除瞋恚毒，便得生天上。[③]

佛经中也有佛教徒作的偈颂。在南传佛教的巴利三藏经藏《小部》中的《长老偈》，是佛陀声闻弟子诵出的一部诗歌总集，它包含了264位长老的1291首诗偈。此外，在《小部》中，还有《长老尼偈》，它包含了70位长老尼的521首诗。

有的偈颂是描写自然风景的，如大迦叶的几首偈颂就是描写风景的：

① 《佛本生故事选》，第143—145页。
② 《长阿含经》卷第二第一分《游行经》第二之一。
③ 《增一阿含经》卷第十四《高幢品》第二十四之一。

第 1073：

青山暗如云，复如深色花；
乌儿聚山中，我心常喜悦。

第 1074：

山深人不至，野兽常聚集；
群鸟飞来此，我心常喜悦。

第 1075：

山水何其清，石岩何广平；
猴鹿常出没，树花时坠溪。
身在此山岗，我心常喜悦。[1]

……

李斯·戴维斯夫人认为，这些描写自然景物的长老偈可以和雪莱、济慈的诗比美。[2]

有的偈颂是颂扬佛陀的，如乌陀夷长老的偈颂中说：

第 701：

尘世生佛陀，未染一世尘；
犹如水中莲，出水自清新。[3]

有的偈颂揭示了佛陀离世后佛教僧团腐败的情景：

第 934：

出家修道人，已弃财妻子；
却因一勺饭，竟为不义事。[4]

---

① 《长老偈、长老尼偈》，第 211 页。
② 同上书，第 3 页。
③ 同上书，第 163 页。
④ 同上书，第 191 页。

第 962：

懒惰懈怠者，利养唯追逐；

不愿林中居，只喜村镇住。①

有的偈颂讲述裸体外道，如佛教徒江布克长老的偈颂说:

第 283：

整整廿五年，尘垢积满身；

须发手拔除，每月仅一餐。

第 284：

单足而站立，床座不近身；

吃得干屎粪，供施皆不取。②

6. 有关莲花色尼所说的偈颂

冈伽帝耶的母亲前世曾经是舍卫城一个商人的妻子。妻子刚一受孕，商人便离家到王舍城去经商。其母亲见儿子不在，儿媳却怀了孕，怀疑是儿媳出了轨，就把儿媳赶出了家门。儿媳走投无路，决定到王舍城去寻夫。结果在客店生下了儿子。她把儿子放下去洗东西时，儿子被人带走。一个贼见她美貌，就抢占为妻。不久，她为这个贼生下一个女儿。一天，她和这个贼发生口角，她一气之下，就舍弃女儿而去。她到王舍城无法找到自己原来的丈夫，生活无着，最后沦为娼妓。许多年后，她与商人所生的儿子已经长大，他不知根底，不知姓名，居然娶了生母做妻室。不久又收了一个女子做二房。一天，正房为二房梳头时，发现二房头上有一个伤疤，询问其出身经历时知道她是自己与贼所生的女儿，而她们二人的丈夫正是自己的儿子。她在震惊、羞愧、悲痛之余，毅然出家为尼。为此，她说出了一首偈颂:

---

① 《长老偈、长老尼偈》，第 194 页。

② 同上书，第 98 页。

第 224：

我与我女儿，同侍一丈夫；

荒唐且可悲，令人毛发竖！

第 225：

情欲赃且臭，充满烦恼棘；

母女贪情欲，同侍一夫婿。

第 226：

既见贪之危，又知涅槃福；

便在王舍城，出家为丘尼。①

……

在偈颂中说到佛教的四大皆空：

一个名叫满金的佛教徒，在结婚生子后，厌弃世俗，于是出家修道。后其子夭亡，其妻为免家产充公，于是就带人到满金所在的地方百般撩拨、挑逗，欲引诱满金还俗，回家继承家业。但满金出家的意志坚定，于是说出了如下偈颂：

第 171：

五盖皆破除，修观涅槃证。

第 172：

欲照我身体，以观作法镜。

身内与身外，只见一个空。②

另一个名叫巴拉得的佛教徒和他的兄弟难达克二人均出家，其兄巴拉得很快就修得六通，而其弟却因为烦恼未尽，一时未得正果。所以，巴拉得在自己的偈颂中说：

---

① 《长老偈、长老尼偈》，第 293—294 页。

② 同上书，第 74 页。

第 175：

难达克快来，随佛一起行；

常在世尊前，可闻狮子吼。

第 176：

世尊同情我，故为我披剃；

今得罗汉果，无束无贪欲。①

信念坚定的佛教徒：

第 189：

滂沱大雨下，孤身居洞中；

我既无恐惧，亦无毛骨悚。

第 190：

洞中似阴森，我只求清净。

无恐无烦恼，此乃真正僧。②

第 193：

今夜满天星，持戒好修行。

不可去睡觉，智者应清醒。

第 194：

我若遭象抵，倒地被踩死；

或战败舍命，强似虚度日。③

第 195：

欲爱使人迷，我将把它弃；

---

① 《长老偈、长老尼偈》，第 74—75 页。

② 同上书，第 78 页。

③ 同上书，第 78—79 页。

虔诚出家来，灭苦勤努力。

第 196 ：

对生无贪求，于死无所惧；

以佛大智慧，只盼涅槃期。①

第 952 ：

瞋怒妄想者，傲慢狡诈辈；

妒忌心殊盛，观念无一味。

第 953 ：

自称懂大法，傲慢心甚重，

滞留于此岸，信念总摇动。

不知敬妙法，相互不尊重。②

在《根本说一切有部毗奈耶药事》卷第二中记载说，一个长者有三个儿子是大老婆生的，还有一个儿子是小老婆生的，在长者临终前，他要众兄弟团结，不要分家，他让他的几个儿子每人拿了一把柴火，将这些柴火放在一起，点燃了柴火，然后，又让每人分去一些点着的柴火，火很快就灭了。他对他的儿子们说了一首伽他③：

众火相因成光焰，若其分散光便灭。

兄弟同居亦如是，若辄分析还当灭。④

其意思就是要兄弟团结，以保持家族财产的传承。

---

① 《长老偈、长老尼偈》，第 79 页。

② 同上书，第 193 页。

③ 伽他与偈颂同。

④ 《根本说一切有部毗奈耶药事》卷第二。

7. 古代印度的医术

关于古代印度的医术，在佛经《根本说一切有部毗奈耶药事》《四分律·衣揵度》中，记载了耆婆（中译为侍缚迦）的生平事迹。关于他的事迹在佛经中多有记载，但各经记载有些出入，具体情节也多有夸张，不过其人确实存在。玄奘说他的故宅在摩揭陀国的上茅宫城。耆婆曾经在那里为佛陀建说法堂。在说法堂附近有耆婆的故宅，玄奘访印时，其故宅"余基旧井，墟坎犹存"[1]。在我国古代典籍中还保留有他的一些医著名称和以耆婆命名的药方。

在佛经《四分律》第三十九至第四十卷《衣揵度》中关于耆婆记载说，他是频毗沙罗王（即瓶沙王）之子无畏和一个妓女所生的儿子。后来，他到呾叉始罗向一个名医习学医术，刻苦学了七年，学得一身本事后，回到故乡，成为一代名医。《衣揵度》之一中记载了耆婆的经历及其治病的五个实例，其中包括给国王和佛陀治病的情况：

> ……时瓶沙王（即频毗沙罗王）子字无畏（即阿波耶），与此淫女[2] 共宿，遂便有娠。时淫女敕守门人言，若有求见我者，当语言我病。后日月满，生一男儿，颜貌端正。时淫女即以白衣裹儿敕婢，持弃著巷中。婢即受敕，抱儿弃之。时王子无畏，清旦乘车，往欲见王，遣人除屏道路。时王子遥见道中有白物，即住车问傍人言："此白物是何等？"答言："此是小儿。"问言死活？答言故活。王子敕人抱取。时王子无畏无儿，即抱还舍，与乳母养之，以活故，即为作字，名耆婆童子。王子所取故名童子，后渐长大，王子甚爱之。尔时王子，唤耆婆童子来，语言："汝欲久在王家，无有才技，不得空食王禄，汝可学技术。"答言当学。耆婆自念："我今当学何术？现世得大财富而少事。"作是念已，我今宁可学医，方可现世大得财富而少事。念言："谁当教我学医道？"时彼闻得叉尸罗国有医，姓阿提梨，字宾

迦罗，极善医道，彼能教我。尔时耆婆童子，即往彼国，诣宾迦罗所白言，我欲从师受学医道，当教我。彼答言可。尔时耆婆童子，从学医术，经七年已，自念言："我今习学医术，何当有已？"即往师所白言："我今习学医术，何当有已？"时师即与一笼器及掘草之具："汝可于得叉尸罗国面一由旬求觅诸草，有非是药者持来。"时耆婆童子，即如师敕，于得叉尸罗国，面一由旬，求觅非是药者，周竟不得非是药者；所见草木一切物，善能分别，知所用处无非药者。彼即空还往师所，白如是言："师今当知，我于得叉尸罗国，求非药草，面一由旬，周竟不见非药者；所见草木，尽能分别所入用处。"师答耆婆言："汝今可去，医道已成；我于阎浮提中，最为第一，我若死后，次复有汝。"时耆婆自念："我今先当治谁？此国既小，又在边方，我今宁可还本国，始开医道。"于是即还归婆伽陀城。婆伽陀城中有大长者，其妇十二年中，常患头痛，众医治之，而不能差。耆婆闻之，即往其家，语守门人言："白汝长者，有医在门外。"时守门人即入白，门外有医。长者妇问言："医形貌何似？"答言："是年少。"彼自念言："老宿诸医治之不差，况复年少？"即敕守门人语言："我今不须医。"守门人即出语言："我已为汝白长者，长者妇言，今不须医。"耆婆复言："汝可白汝长者妇，但听我治，若差者，随意与我物。"时守门人复为白之："医作如是言：'但听我治，若差，随意与我物。'"长者妇闻之，自念言："若如是，无所损。"敕守门人唤入。时耆婆入诣长者妇所问言："何所患苦？"答言："患如是如是。"复问："病从何起。"答言："从如是如是起。"复问："病来久近？"答言："病来尔许时。"彼问已，语言："我即治汝病。"彼即取好药，以酥煎之，灌长者妇鼻，病者口中酥唾俱出。时病人即取器承之，酥便收取，唾别弃之。时耆婆童子见已，心怀愁恼，如是少酥不净，犹尚悭惜，况能报我？病者见已，问耆婆言："汝愁恼耶？"答言："实尔。"问言："何故愁恼？"答言："我自念言，此少酥不净，犹尚悭惜，况能报我？以是故愁耳。"长者妇答言："为家不易，弃之何益？可用燃灯，是故收取。汝但治病，何忧如是？"彼即治之。后病得差。时长者妇与四十万两金，并许奴婢车马。时耆婆得此物已，还王舍城，诣无畏王子门，语守门人言："耆婆在外。"守门人即入白王。王敕守门人唤入。耆婆入已，前头面礼足，一面住，以前因缘，具白无畏王子，言以今所得物，尽用上王。王子言："且止不须。便为供养已，汝子用之。"此是耆婆童子最初治病。①

关于时缚迦，即耆婆治病的其他几个病例：

后来，瓶沙王得了病（可能是痔疮一类的病），耆婆也给他治好了：

　　尔时瓶沙王患大便道中血出，诸侍女见，皆共笑言："王今所患，如我女人。"时瓶沙王闻已惭愧，即唤无畏王子言："我今有如是病，汝可为我觅医。"即大王言，有耆婆童子，善于医道，能治王病。王言唤来。无畏王子唤耆婆来问言："汝能治王病不？"答言能治。"若能，汝可往治之。"时耆婆童子，往瓶沙王所，前礼王足，却住一面。问王言："何所患苦？"王答言病如是如是。复问病从何起？王答言从如是如是起。复问患来久近？王言患来尔许时。如此问已，答言能治。时即取铁槽盛满煖水，语瓶沙王言："入此水中。"王即入水。语王坐水中，王即坐。语王卧水中，王即卧。时耆婆以水洒王而咒之。王即睡。疾疾却水，即取利刀，破王所苦处，净洗疮已，持好药涂。药涂竟，病除疮愈，其处毛生与无疮处不别，即复还满槽水，以水洒王而咒之，王即觉。王言："可治我病？"答言："我已治竟。"王言善治不，答言善治。王即以手扪摸看，亦不知疮处。王即问言："汝云何治病，乃使无有疮处？"耆婆报言："我治病宁可令有疮处耶？"时王即集诸侍女作如是言："耆婆医大利益我。有念我者，当大与财宝。"时诸侍女，即取种种璎珞臂脚钏及覆形密宝形外宝钱，及金银摩尼真

---

① 《四分律》卷三十九至卷四十《衣揵度》。

珠毗琉璃贝玉颇梨，积为大聚。时王唤耆婆来语言："汝治我病，差以此物为报恩。"耆婆言："大王且止，便为供养已，我为无畏王子，故治王病。"王言："汝不得治余人病，唯治我病、佛及比丘僧、宫内人。"此是耆婆童子第二治病也。

　　尔时王舍城有长者，常患头痛，无有医能治者。时有一医，语长者言，却后七年当死，或有言六年，或言五年乃至一年当死者；或有医言，七月后当死，或言六月乃至一月当死，或有言过七日后当死者。时长者自往耆婆童子所语言："为我治病，当雇汝百千两金。"答言不能。复重语言："与汝二百三百四百千两金。"答言不能。复言："当为汝作奴，家业一切亦皆属汝。"耆婆言："我不以财宝少故不能治汝；以王瓶沙先敕我言，汝唯治我病、佛及比丘僧、宫中人，不得治余人，是故不能，汝今可往白王。"时彼长者即往白王言："我今有病，愿王听耆婆治我病。"时王即唤耆婆语言："王舍城中有长者病，汝能治不？"答言能治。"汝若能者，可往治。"尔时耆婆即往长者家，语言："何所患苦？"答言所患如是如是。复问言从何而起？答言从如是如是起。问言得来久近？答言病来尔许。时问已语言："我能治汝。"尔时耆婆，即与咸食令渴，饮酒令醉，系其身在床，集其亲里，取利刀破头，开顶骨，示其亲里，虫满头中，此是病也。耆婆语诸人言："如先医言，七年后当死，彼作是意，七年已后脑尽当死，彼医如是为不善见。或言六五四三二年一年当死者，彼作是意，脑尽当死，彼亦不善见。或言七月乃至一月当死者，彼亦不善见。有言七日当死者，彼作是意言，脑尽当死，彼为善见。若今不治，过七日脑尽当死。"时耆婆净除头中病已，以酥蜜置满头中已，还合髑髅缝之，以好药涂，即时病除肉满，还复毛生，与无疮处不异。耆婆语言："汝忆先要不？"答言："忆。我先有此要，当为汝作奴，家业一切，悉当属汝。"耆婆言，且止长者，便为供养已，还用初语。时彼长者，即与四十万两金。耆婆以一百千两上王，百千两与父，二百千两自入。此是耆婆第三治病。

　　尔时拘睒弥（憍赏弥国首都）国，有长者子，轮上嬉戏，肠结腹内，食饮不消，亦不得出，彼国无能治者。彼闻摩竭国（即摩竭陀国）有大医善能治病，即遣使白王："拘睒弥长者子病，耆婆能治，愿王遣来。"时瓶沙王唤耆婆问言："拘睒弥长者子病，汝能治不？"答言能。"若能者，汝可往治之。"时耆婆童子，乘车诣拘睒弥。耆婆始至，长者子已死，伎乐送出。耆婆闻声即问言："此是何等伎乐鼓声？"傍人答言："是汝所为来，长者子已死，是彼伎乐音声。"耆婆童子善能分别一切音声，即言语使回还："此非死人。"语已即便回还。时耆婆童子，即下车取利刀破腹披肠结处，示其父母诸亲语言："此是轮上嬉戏使肠结，如是食饮不消，非是死也。"即为解肠，还复本处，缝皮肉合，以好药涂之，疮即愈毛还生，与无疮处不异。时长者子，即报耆婆四十万两金，妇亦与四十万两金，长者父母亦尔，各与四十万两金。是耆婆童子第四治病。

　　尔时尉禅国王波罗殊提，十二年中长患头痛，无有医能治者。彼闻瓶沙王有好医，善能治病，即遣使白王："我今有病，耆婆能治，愿遣来为我治之。"时王即唤耆婆问言："汝能治波罗殊提病不？"答言能。"汝可往治之。"王语言："彼王从蝎中来，汝好自护，莫自断命。"答言："尔。"时耆婆童子往尉禅国，至波罗殊提所，礼足已，在一面住，即问王言何所患苦。答言如是如是病。问言病从何起？答言从如是如是起。问言病来久近？答言病来尔许时。次第问已，语言："我能治。"王言："若以酥、若杂酥为药，我不能服。若与我杂酥药，我当杀汝。"是病余药不治，唯酥则除。耆婆童子即设方便语王言："我等医法治病，朝晡晨夜，随意出入。"王语耆婆："听随意出入。"复白王言："若须贵药，当得急乘骑，愿王听给疾者。"是时，王即给日行五十由旬驼，即与王咸食令食，于屏处煎酥为药，作水色水味已，持与王母，语言："王若眠觉，渴须水时，可持此与饮之。"持水与王母已，即乘五十由旬驼而去。时王眠觉，渴须水，母即持此水药与之。药欲消时，觉有酥气。王言："耆婆与我酥饮，是我怨家，何能治我？

急往觅来。"即往耆婆住处觅之,不得。闻守门人言:"耆婆所在?"答言:"乘五十由旬驼而去。"王益怖惧:"以酥饮我,是我怨家,何能治我?"时王有一健步,名曰乌,日行六十由旬。即唤来。王语言:"汝能追耆婆童子不?"答言能。"汝可往唤来。"王言:"彼耆婆大知技术,莫食其食,或与汝非药。"答言尔,受王教。耆婆童子去至中道,不复畏惧,便往作食。时健步乌得及耆婆,语耆婆言:"王波罗殊提唤汝,即言当去。"耆婆与乌食,不肯食。时耆婆自食一阿摩勒果,留半,饮一器水,复留半。爪下安非药,沈著水果中,语乌言:"我已食半果,饮半水,汝可食之。"乌即念言:"彼子食半果半水,留半与我,此中必当无有非药。"即食半果、饮半水已,便患嚏,不复能去。复取药著乌前,语言:"汝某时某时服此药当差。"耆婆童子即便乘行五十由旬驼复前去。后王与乌所患俱差。彼波罗殊提王遣使唤耆婆语言:"汝已治我病差可来。汝在彼国所得多少,我当加倍与汝。"耆婆言:"且止,王便为供养已,我为瓶沙王故治王病,时波罗殊提送一贵价衣,价直半国。"语耆婆言:"汝不肯来,今与汝此衣,以用相报。"此是耆婆第五治病。

尔时世尊患水,语阿难言:"我患水,欲思除去。"时阿难闻世尊言,往王舍城,至耆婆所,语言:"如来患水,欲得除之。"尔时耆婆与阿难俱往佛所,头面礼足,却住一面,白佛言:"如来患水耶?"佛言:"如是,耆婆,我欲除之。"白佛言:"欲须几下?"答言:"须三十下。"时耆婆与阿难俱往王舍城,取三把优钵花,还诣其家。取一把花,以药熏之,并复咒说,如来嗅此可得十下;复取第二把花,以药熏之,并复咒说,嗅之复可得十下;复取第三把花,以药熏之,并复咒说,嗅之可得九下;复饮一掌煖水,足得一下风。即随顺以三把花置阿难手中。时阿难持华出王舍城,诣世尊所,持一把花授与世尊。如来嗅之,可得十下;复授第二把,更得十下,第三把复得九下。尔时耆婆忘语阿难与佛煖水。尔时世尊,知耆婆心所念,即唤阿难取煖水来。尔时阿难闻世尊教,即取煖水与佛,佛即饮一掌煖水,患即消除，风亦随顺……尔时耆婆童子瞻视世尊病，煮吐下汤药及野鸟肉得差。是为耆婆童子第六治病。①

佛经《根本说一切有部毗奈耶药事》卷二中也记载了一个没有医德的医生，他名叫阿帝耶，其恶行如下：

> 一次，摩揭陀的胜光王：见一苾刍，痔病婴身，羸瘦无力。王既见已，遂便问曰："圣者，何故羸瘦无力？"苾刍答曰："大王，为患痔病，是故羸瘦。"时王还敕医人阿帝耶，为之疗疾。时彼医人奉敕而往，然此医人不信三宝，于其病者，不肯疗治。王于后时还见病者，怪而问曰："圣者，医人不为治耶，身尚羸损？"病者对曰："大王虽遣医人，彼竟不来相为救疗。"时王闻已，即便瞋责，遂遣使者，追捉将来。王曰："我先令汝看病苾刍，何为至今，竟不救疗？若不治者，我当夺汝官位。"然此医人素无信意，因被王责，更加瞋忿，恶言毁骂："岂为汝辈夺我官耶！"捉病苾刍，至寺门外，遂缚手足，为割痔病。时彼苾刍既遭逼迫，苦痛缠心。即便大叫，复作是念："我遭极苦，世尊大慈，宁不哀悯？如来常法，于一切时，无不知见。由大悲力之所警觉，至苾刍所。"时彼医人遥见佛来，瞋犹未息，作如是语："汝来婢儿，看汝弟子，下部如何？"②

（十）古代中国和印度的经济文化交往

印度处在古代中国通往西方的丝绸之路交通带上。在古代，中国和印度也有很多的交往。虽然从文献中我们没有见到古代中国和古代印度之间在政治上有什么交往，但从中国的文献中却可以看到古代中国和古代印度在物质文化方

---

① 《大藏经》第二十二卷《四分律》卷四十《衣揵度》。
② 《根本说一切有部毗奈耶药事》卷二。

面有很多直接和间接的交往。

关于中国和印度之间在物质文化方面的交往，最早的可信的报道要算《史记》中记载的张骞通西域及其回来后的有关报道。而从汉代以后，关于印度的报道就一直不断。

> 骞曰："臣在大夏时，见邛竹杖、蜀布。"问曰："安得此？"大夏国人曰："吾贾人往市之身毒（按：即印度）。身毒在大夏东南可数千里。其俗土著，大与大夏同，而卑湿暑热云。其人民乘象以战。其国临大水焉。"以骞度之，大夏去汉万二千里，居汉西南。今身毒国又居大夏东南数千里，有蜀物，此其去蜀不远矣。今使大夏，从羌中，险，羌人恶之；少北，则为匈奴所得；从蜀宜径，又无寇。
>
> ……骞因分遣副使使大宛、康居、大月氏、大夏、安息、身毒、于阗、扜罙及诸旁国。乌孙发导译送骞还，骞与乌孙遣数十人，马数十匹报谢，因令窥汉，知其广大。
>
> ……而汉始筑令居以西，初置酒泉郡以通西北国。因益发使抵安息、奄蔡、黎轩、条枝、身毒国……①

> 及元狩元年，博望侯张骞使大夏来，言居大夏时见蜀布、邛竹杖，使问所从来，曰："从东南身毒国，可数千里，得蜀贾人市。"或闻邛西可二千里有身毒国。骞因盛言大夏在汉西南，慕中国，患匈奴隔其道，诚通蜀，身毒国道便近，有利无害。于是天子乃令王然于、柏始昌、吕越人等，使间出西夷西，指求身毒国。至滇，滇王尝羌乃留为求道西十余辈。岁余，皆闭昆明，莫能通身毒国。②

在班固的《汉书》中也有关于中国与印度交往的记载：

---

① 《史记·大宛列传》。
② 《史记·西南夷列传》。

自日南障塞、徐闻、合浦船行可五月，有都元国；又船行可四月，有邑卢没国；又船行可二十余日，有谌离国。步行可十余日，有夫甘都卢国。自夫甘都卢国船行可二月余，有黄支国①，民俗略与珠崖相类。其州广大，户口多，多异物，自武帝以来皆献见。有译长，属黄门，与应募者俱入海市明珠、璧流离、奇石异物，赍黄金杂缯而往。所至国皆禀食为耦，蛮夷贾船，转送致之。亦利交易，剽杀人。又苦逢风波溺死，不者数年来还。大珠至围二寸以下。平帝元始中，王莽辅政，欲耀威德，厚遗黄支王，令遣使献生犀牛。自黄支船行可八月，到皮宗；船行可（二）月，到日南、象林界云。黄支之南，有已程不国，汉之译使自此还矣。②

罽宾国，王治循鲜城，去长安万二千二百里。不属都护，户口胜兵多，大国也。东北至都护治所六千八百四十里，东至乌秅国二千二百五十里，东北至难兜国九日行，西北与大月氏、西南与乌弋山离接。

昔匈奴破大月氏，大月氏西君大夏，而塞王南君罽宾。塞种分散，往往为数国。自疏勒以西北，修循、损毒之属，皆故塞种也。

罽宾地平，温和，有目蓿、杂草奇木，檀、槐、梓、竹、漆。种五谷、蒲陶诸果，粪治园田。地下湿，生稻，冬食生菜。其民巧，雕文刻镂，治宫室，织罽，刺文绣，好治食。有金银铜锡，以为器。市列。以金银为钱，文为骑马，募为人面。出封牛、水牛、象、大狗、沐猴、孔爵、珠玑、珊瑚、琥珀、璧琉璃。它畜与诸国同。

自武帝始通罽宾，自以绝远，汉兵不能至，其王乌头劳数剽杀汉使。乌头劳死，子代立，遣使奉献。汉使关都尉文忠……杀其王，立阴末赴为罽宾王……后军侯赵德使罽宾……阴末赴锁琅当德……遣使者上书谢。孝元帝以绝域不录，放其使者于县度，绝而不通。

成帝时，复遣使献谢罪，汉欲遣使者报送其使，杜钦说大将军王

---

① 有学者认为，黄支国，即印度泰米尔纳德邦的康契普腊姆的古称。
② 《汉书·地理志》，第 1671 页。

凤曰："前罽宾王阴末赴本汉所立，后卒畔逆……前亲逆节，恶暴西域，故绝而不通。今悔过来，而无亲属贵人，奉献者皆行贾贱人，欲通货市买，以献为名，故烦使者送至县度，恐失实见欺。凡遣使送客者，欲为防护寇害也。起皮山南，更不属汉之国四五……今遣使者承至尊之命，送蛮夷之贾，劳吏士之众，涉危难之路，罢弊所恃以事无用，非长久之计也。使者业已受节，可至皮山而还。"于是凤白从钦言。罽宾实利赏赐贾市，其使数年而壹至云。[1]

天竺国一名身毒，在月氏之东南数千里。俗与月氏同，而卑湿暑热。其国临大水，乘象而战。其人弱于月氏，修浮图道，不杀伐，遂以成俗。从月氏、高附国（按：今阿富汗首都喀布尔）以西，南至西海（按：波斯湾）东至磐起国（按：孟加拉），皆身毒之地。身毒有别城数百，城置长。别国数十，国置王。虽各小异，而俱以身毒为名，其时皆属月氏。月氏杀其王而置将，令统其人。土出象、犀、瑇瑁、金、银、铜、铁、铅、锡，西与大秦通，有大秦珍物。又有细布，好毾𪡀、诸香、石蜜、胡椒、姜、黑盐。和帝时，数遣使贡献，后西域反畔，乃绝。至桓帝延熹二年（按：159年）、四年，频从日南徼外来献。[2]

公元1世纪中叶的汉明帝时，佛教已经传入中国，一些皇帝和皇室家族的人开始崇拜佛教，但佛教是怎么传入中国的？是印度人来传的，还是中国人去学来的？据《后汉书》记载，是汉明帝"遣使天竺问佛道法"，即是派人去印度学来的：

世传明帝梦见金人（按：指汉明帝于永平七年梦金人的传说），长大，顶有光明，以向群臣。或曰："西方有神，名曰佛，其形长丈六

---

① 《汉书·西域传》，第3884—3887页。
② 《后汉书·西域传》，第2921—2922页。

尺而黄金色。"帝于是遣使天竺问佛道法，遂于中国图画形象焉。楚王英始信其术，中国因此颇有奉其道者，后桓帝好神，数祀浮图、老子，百姓稍有奉者，后遂转盛。①

……至于佛道神化，兴自身毒，而二汉方志莫有称焉。张骞但著地多暑湿，乘象而战，班勇虽列其奉浮图，不杀伐，而精文善法导达之功靡所传述……汉自楚英始盛斋戒之祀，桓帝又修华盖之饰。将微义未译，而但神明之邪？详其清心释累之训，空有兼遣之宗，道书之流也。且好仁恶杀，蠲敝崇善，所以贤达君子多爱其法焉。②

……英少时好游侠，交通宾客，晚节更喜黄老，学为浮屠斋戒祭祀。八年，诏令天下死罪皆入缣赎。英遣郎中令奉黄缣白纨三十匹诣国相曰："讬在藩辅，过恶累积，欢喜大恩，奉送缣帛，以赎愆罪。"相国以闻，诏报曰："楚王诵黄老之微言，尚浮屠之仁祠，洁斋三月，与神为誓，何嫌何疑，当有悔吝？其还赎，以助伊蒲塞（按：伊蒲塞即居家信佛的居士）、桑门（按：和尚）之盛馔。"因以班示诸国中傅。英后遂大交通方士，作金龟玉鹤，刻文字以为符瑞。③

东汉末年，佛教在中国更进一步得到传播，在宫廷中公开地奉事佛教：

延熹九年，楷自家阙上疏……十余日，复上书曰："……闻宫中立黄老、浮屠之祠。此道清虚，贵尚无为，好生恶杀，省欲去奢。今陛下嗜欲不去，杀罚过理，既乖其到，岂获其祚哉！或言老子入夷狄为浮屠。浮屠不三宿桑下，不欲久生恩爱，精之至也，天神遗以好女，浮屠曰：'此但革囊盛血。'遂不眄之。其守一如此，乃能成道。今陛下淫女艳妇，极天下之丽，甘肥饮美，单天下之味，奈何欲如黄老乎？"

---

① 《后汉书·西域传》，第 2922 页。
② 《后汉书·西域传》，第 2931—2932 页。
③ 《后汉书·楚英王传》，第 1428—1429 页。

书上，即召诣尚书问状……帝以楷言虽激切，然皆天文恒象之数，故不诛，犹司寇论刑。[①]

东汉哀帝时，中国文献中开始记载大月氏人来中国传授佛教：

昔汉哀帝元寿元年（按：公元前2年），博士弟子景卢受大月氏王使伊存口授《浮屠经》曰：复立者，其人也。《浮屠》所载临蒲塞、桑门、伯闻、疏问、白疏间、比丘、晨门，皆弟子号也。《浮屠》所载与中国《老子经》相出入，盖以为老子西出关，过西域之天竺，教胡。浮屠属弟子别号，合有二十九，不能详载，故略之如此。[②]

印度处在中国通往西方的丝绸之路的交通带上，在波斯帝国时代，中国的丝绸就已经出现在波斯。所以，中国的丝绸也应当在很早的时候就已经传入了印度。在佛教文献中，我们见到在列国时代印度人就已经有用丝绸的记载，波罗奈斯国王的王后"把儿子打扮整齐，裹在丝绸襁褓里"[③]。

在佛经中多处记载了使用丝绸的事：如《根本说一切有部毗奈耶药事》卷二中曾经说到一个人去世后，他的几个儿子："严饰葬具，以五色缯[④]彩，间错其舆。"卷第五中也说，"复以种种上妙缯彩"。

《增一阿含经》卷十三说到波斯匿王为应请如来而，"悬缯幡盖，作倡妓乐"。

玄奘的《大唐西域记》说，古代印度还有野蚕丝制作的衣服："衣裳服玩，无所裁制，贵鲜白，轻杂色，男则绕腰络腋，横巾右袒，女乃襜衣下垂，通肩总覆。顶为小髻，余发垂下。或有剪髭，别为诡俗。首冠花鬘，身佩璎珞。其所服者，谓憍奢耶衣及氎布等。憍奢耶者，野蚕丝也……"[⑤]

---

① 《后汉书·郎颚襄楷列传》，第1082—1083页。
② 裴注引《魏略·西戎传》，《三国志·魏志·乌丸鲜卑东夷传》，中华书局，1959年版，第859—860页。
③ 《宽心本生》，《佛本生故事选》，第100页。
④ 这里的缯可以说就是丝。
⑤ 《大唐西域记》，第34—35页。

《四分律》卷第六："尔时佛在旷野国界，时六群比丘作新杂野蚕绵卧具，彼索未成绵，或索已成绵，或索已染未染，或索故者，至养蚕家语言，我等须绵。彼报小待，须蚕熟时来。彼六群比丘在边住待着，待暴茧时蚕蛹作声。诸居士见尽共嫌言，沙门释子无有惭愧害众生命。"

在另一律藏中当佛陀得知有些比丘"数数从彼婆罗门居士等乞野蚕丝"时，呵责曰："汝等难满难养，不顺少欲知足之行。"养蚕、造丝、纺纱、织布，这是相联系的生产过程。前面讲到各种丝绸，在较晚的佛典中还提到用丝绸做的衣服等物……①

憍底利耶（kautalya）的《政事论》(Arthasastra) 说："Kauseyam cinapattasca ainabhumijah。"［丝（憍奢耶）及丝衣产于支那国。］玄奘在《大唐西域记》卷二，说："憍奢耶者，野蚕丝也。"② 此字往往泛指蚕丝，不一定就是野蚕丝。

玄奘还记载了桑蚕传入印度的经过："昔者，此国（按：瞿萨旦那国）未知桑蚕，闻东国有之，命使以求。时东国君秘而不赐，严敕关防，无令桑蚕种出也。瞿萨旦那王乃卑辞下礼，求婚东国，国君有怀远之志，遂允其请。瞿萨旦那王命使迎妇，而诫曰：'尔致辞东国君女，我国素无丝绵桑蚕之种，可以持来，自为裳服。'女闻其言，密求其种，以桑蚕之子置帽絮中，既至关防，主者遍索，唯王女帽不敢以检，遂入瞿萨旦那国，止鹿射伽蓝故地，方备仪礼，奉迎入宫，以桑蚕种留于此地。阳春告始，乃植其桑，蚕月既临，复事采养。初至也，尚以杂叶饲之，自时厥后，桑树连荫。王妃乃刻石为制，不令伤杀，蚕蛾飞尽，乃得治茧。敢有犯违，明神不祐。遂为先蚕建此伽蓝。数株枯桑，云是本种之树也。故今此国有蚕不杀，窃有取丝者，来年辄不宜蚕。"③

关于丝绸最初传入印度的途径，没有直接的资料，应当既可能是从北线，也可能是从南线，即从四川经云南到东南亚再到印度，即走蜀布和邛竹杖进入印度的道路。因为，在汉朝时，既然布匹和竹杖可以从这条路传入印度，那么，丝绸也完全可能从这条路传过去。当然，走北边也是可能的，因为张骞就

---

① 见崔连仲：《从佛陀到阿育王》，沈阳：辽宁大学出版社，1991 年版，第 80—81 页。
② 《大唐西域记》，第 35 页。
③ 《大唐西域记》，第 301—302 页。

是走的北边的路线到达的西域各国。

至少在公元前5世纪时中国的丝绸就已经到了印度。在佛经中，我们常常见到印度人使用丝绸的事例，不过，在佛经中往往是用"缯"这个字来表示丝绸的。

在《根本说一切有部毗奈耶药事》卷第十一中说到一个人死后，在装饰其棺材时，用了丝绸："又见一舆，以青、黄、赤、白缯彩严饰，而用盖之。"（按：这里的缯是丝织品的总称。）

在《根本说一切有部毗奈耶药事》卷第十四中说："父王闻善财来，敕令作诸鼓乐，扫洒城邑，除瓦石砂砾，皆令鲜洁，作诸音乐，悬缯幡盖，烧众名香，散诸妙花。"

古代波斯文明文献萃编

一、古波斯帝国文明史概述

（一）古波斯帝国文明史简况

波斯帝国或称古代波斯帝国，公元前 558 年建国，公元前 330 年亚历山大东征时灭亡，历时 238 年。其开国君主是居鲁士二世，亡国之君是大流士三世。

波斯帝国的居民属于雅利安人，公元前一千年代初自南俄罗斯草原迁徙而来，定居在伊朗高原西南部，靠近波斯湾的地方，和他们一起迁徙来的另外一支雅利安人则定居在伊朗高原的西北部，他们是米底人。还有一支雅利安人则迁徙到了印度河流域，并逐渐向东边的恒河流域推进，创造了后来的印度文明。

在伊朗高原定居下来的米底人在公元前 7 世纪时建立了国家，统治了伊朗高原的许多地区，波斯人也曾经臣服于它。据希罗多德的《历史》说，居鲁士的母亲就是米底人（当然，这个说法是否可靠有待考查）。

公元前 558 年，居鲁士率领波斯人起兵反抗米底人的统治，取得胜利，并反过来征服了米底，统治了米底人本部及其所统治的地区。接着，在公元前 546 年，波斯人又征服了小亚的吕底亚王国和整个小亚，从而使波斯民族从一个默默无闻的民族，一跃而成为近东世界的一个大国，成为与埃及、新巴比伦王国和中国比肩的大国。但征服吕底亚王国和小亚也引起了波斯人和希腊人的矛盾，因为小亚有许多希腊人的城邦，如米利都等，为以后的希腊波斯战争埋下了伏笔。

这时，波斯人与当时西亚的一个强国新巴比伦王国成了邻国。新巴比伦王国的富庶使波斯人垂涎欲滴，从而也使其国成为波斯人下一个征服的对象。

巴比伦尼亚不仅是一个古老的文明地区，而且非常富庶，这使落后的波斯垂涎欲滴。新巴比伦王国是由迦勒底人建立的。当波斯人征服吕底亚时，新巴比伦王国已经走过了自己的鼎盛时期——尼布甲尼撒二世统治的时期。公元前562年，尼布甲尼撒二世去世后，新巴比伦王国的政局曾经一度混乱，在五年内换了三个国王。当波斯人准备入侵时，统治新巴比伦王国的是国王那波尼德，他不是迦勒底人，而是阿拉米亚人。他是公元前556年上台的，为了振兴美索不达米亚的经济，他离开巴比伦尼亚而去寻找新的商路；他崇拜新的月神，使得巴比伦尼亚的商人和祭司不满，所以，新巴比伦王国内部的矛盾十分尖锐。在外部，新巴比伦王国这时也没有自己的盟友，很孤立。公元前539年，波斯人出兵巴比伦尼亚，曾经一度很强大的新巴比伦王国赶快就被波斯人征服了。开始时，波斯人还在形式上保留了新巴比伦王国，采用了和新巴比伦王国联合的形式。但实际上，巴比伦人已经丧失了独立，巴比伦人的许多土地被波斯人强占，所以，巴比伦人不断起义反抗波斯人的统治，特别是大流士国王上台时，巴比伦人的大规模起义被镇压后，巴比伦尼亚变成了波斯帝国的一个行省。新巴比伦王国灭亡后，其所有属地（如叙利亚和巴勒斯坦地区）也一并被波斯人占领。

在新巴比伦王国统治的地区中，有一个犹太民族。他们中的许多人被尼布甲尼撒二世俘虏到巴比伦，称为"巴比伦之囚"。在波斯人统治时期，被俘的犹太人被允许返回犹太地区（据《圣经·旧约》的资料，返回的犹太人为42360人）；而且，还允许犹太人重修在尼布甲尼撒二世时期毁坏的圣殿；犹太人的若干上层得到波斯人器重。

在占领新巴比伦王国以后，波斯就和另一个古老文明——埃及面对面了。但当时波斯人对外的方向有两个：一个是埃及，另一个是马撒该塔伊人。

波斯人没有立即发动对埃及的战争，而是回过头来去征服波斯人后方中亚的一个游牧民族——马撒该塔伊人。因为，波斯人认为埃及是一个古老的文明，又是一个强大的国家，波斯人对埃及没有什么了解，对埃及作战没有什么把握；另一方面，要对埃及作战也需要一个稳定的后方。而马撒该塔伊人就在自己的后方，波斯人怕自己去攻打埃及时，马撒该塔伊人在后方进攻自己，那是很危险的。因此，公元前530年，在对埃及作战之前，波斯人发动了对马撒该塔伊人的战争。当时统治马撒该塔伊人的是女王托米丽司。波斯国王居鲁士亲率大军作战，虽然波斯人最后取得了战争的胜利，征服了马撒该塔伊人，但居鲁士却被马撒该塔伊人所杀。

居鲁士死后，他的儿子冈比西斯继承了王位。公元前525年，冈比西斯发动了远征埃及的战争。波斯为什么发动对埃及的战争？希腊著名历史学家希罗多德在其《历史》一书第三卷中所说的原因没有什么根据。实际上，波斯人想要征服埃及，一是因为埃及和巴比伦尼亚一样是一个古老的文明，也像巴比伦尼亚一样是一个非常富庶的地方；二是因为本来波斯和埃及相距很远，彼此也未曾发生过什么矛盾，但波斯人在征服巴比伦尼亚以后，和埃及成了邻居，埃及的富庶让波斯人十分眼馋。因此，在此时已经衰弱了的埃及就成了已经强大起来的波斯人的征服对象。波斯人对埃及的征服战争进行得比较顺利，因为当时的埃及已经没有了公元前两千年代后期的新王国时代时的气势，已经衰落了，它主要依靠的是希腊雇佣军，而埃及军队的总司令叛变投敌，交出了三角洲地区的重要城市舍易斯和他所率领的海军舰队，以及其他重要的军事情报，使得波斯军队在埃及边境的别努西亚战胜埃及军队后，又很快占领了三角洲的舍易斯，并很快沿尼罗河而上，来到埃及古都孟菲斯。冈比西斯派人去劝降孟菲斯的守城者，但使者被杀。于是，在波斯军攻下孟菲斯后，波斯人进行了报复，有两千埃及人被杀。在占领孟菲斯后，波斯人沿尼罗河而上，很快就占领了埃及全境。不仅如此，埃及以西的利比亚、昔勒尼等也相继臣服于波斯人。他们给波斯人送去了象征自己臣服的礼物。波斯人对埃及进行了大肆的掠夺，所以，在波斯的王宫里发现了大量的有埃及国王名字的物品，占有了埃及的许多土地，并分配给波斯人。埃及被征服，使波斯成为一个地跨亚非两大洲的帝国。冈比西斯在埃及建立了第二十七王朝，他按照埃及本地的习惯加冕，采用了"埃及之王、各外国之王"的称号以及"拉神、荷鲁斯神、奥西里斯神的后裔"的称号。埃及原来的国王普萨美提克大概不甘心自己统治的丧失，推动埃及人起来反对波斯人的统治，但被镇压，普萨美提克被处死。冈比西斯任命了一个总督统治埃及。公元前 522 年，在大流士上台时，埃及人又一次起义，被大流士镇压后，埃及降为波斯帝国的一个行省，波斯人派总督统治。

公元前 522 年，当冈比西斯还在埃及时，在波斯国内发生了推翻冈比西斯统治的事件，冈比西斯死在回国途中。传统认为，这个事件是由僧侣高墨达发动的，因此称为高墨达暴动；但也有人提出是由冈比西斯的兄弟巴尔迪亚发动的，说冈比西斯的统治被推翻，是冈比西斯兄弟的争权斗争。但是，希罗多德的《历史》一书中说，当居鲁士远征马撒该塔伊人时，曾经做了一个梦，梦见大流士长了一对翅膀，一只翅膀遮住了欧罗巴，另一只翅膀遮住了亚细亚。居鲁士因此怀疑大流士阴谋推翻自己的统治。但大流士的父亲把这件事蒙混了过去。大流士后来随冈比西斯远征埃及去了。当冈比西斯的统治被推翻的时候，大流士可能已经在波斯了。他是什么时候从埃及回到波斯的没有文献记载。据希罗多德记载，当几个波斯贵族商议对付高墨达时，大流士已经在波斯了，他是从他父亲任职的地方来参加这些贵族的密谋的。所以，他很可能是在高墨达发难之前就已经回来了。因此，他很可能是阴谋的发动者。大流士发动这个反对冈比西斯阴谋时，可能还利用了居鲁士的女儿阿托撒。阿托撒是冈比西斯的妻子，但可能已经不再受宠，因为，据希罗多德说，冈比西斯在远征埃及时又娶了居鲁士的另外一个女儿当妻子，而大流士当时正在埃及。所以，这件事他是知道的，他要推翻冈比西斯，当然会利用失宠的阿托撒，并满足阿托撒的一些要求。例如，在大流士夺权后，阿托撒可以继续做王后，并让阿托撒的儿子继承王位等。后来，大流士能够轻易夺得政权，应当是和这个因素有关。

无论是高墨达夺权还是巴尔迪亚夺权，这件事很快就被大流士解决了。公元前 522 年，大流士登上了波斯帝国国王的宝座。大流士当国王虽然很顺利，但在他当国王后，却引发了几乎全帝国反对他的起义，《贝希斯敦铭文》记载了这件事。

大流士上台的背景是什么？从居鲁士建国到大流士上台，才不过 36 年，波斯却走过了从国家形成到建立起一个地跨亚非两大洲的帝国的过程，虽然居鲁士称了王，但波斯内部原始民主制的传统还顽强地保存着，波斯帝国的统治形式还没有确定；波斯帝国统治的区域十分辽阔，民族成分十分复杂，社会经济发展水平极不平衡，民族矛盾、阶级矛盾十分复杂尖锐等。为了解决这些矛盾，大流士采取了如下一些措施：确立君主专制的统治形式；加强波斯帝国的国家机器，建立了行省制度；整顿和完善军事制度；整顿和完善赋税制度；统一铸币制度；扩大统治阶级基础；修筑驿道；将琐罗亚斯德教定为国教等。大流士的这些措施被称为大流士改革。大流士改革对波斯帝国的政治、经济、军事和文化都产生了很大的影响。此外，大流士还占领了印度西北部，使其成为波斯帝国的一个行省，还对斯基泰人进行了征伐，虽然不很成功，但在征伐斯基泰人的途中，他却占领了大陆希腊的马其顿地区，这对希腊的安全造成了严重的威胁，并使波斯帝国成为历史上第一个地跨亚非欧三大洲的大帝国。

据希罗多德说，大流士时期，波斯帝国有 20 个行省，但这个说法不一定准确，可能波斯帝国的行省有过变化，希罗多德的说法可能只是希罗多德生活时期的数字，而在大流士统治时期和薛西斯统治时期的铭文中提到的却比希罗多德说的要多。

关于波斯帝国的赋税制度，在希罗多德的书里说到了各行省的货币税的数量。但波斯帝国是否只有货币税？有没有实物税？说法不一，资料表明，波斯帝国是存在实物税的。征税的方式是什么？传统认为是包税制，但许多学者认为古代波斯帝国没有实行包税制，税收是由各地的行政当局征收的。铭文说，当时有税收征收人。

关于波斯帝国时期的土地关系：波斯帝国的国王和王室家族占有大量的土地，其来源是波斯人在征服各地时从被征服各国强占来的。铭文表明，他们占有的土地分散在被征服国的许多地方，而不是集中在一个地方。除了王室家族占有土地以外，波斯贵族、投靠波斯的一些希腊名人、神庙、士兵等也占有土地。王室家族和贵族的土地，可能采用两种经营方式：一是租佃出去；二是由奴隶、依卡努（Ikkaru）、苏沙努（Susanu）等耕种。

波斯帝国时期奴隶的主要来源是战争俘虏。波斯人从居鲁士建国开始，就战争不断：对米底的战争、对吕底亚的战争、对新巴比伦的战争、对马撒该塔伊人的战争、对埃及的战争、对斯基泰人的战争、对希腊的战争等。这些战争不仅使波斯人统治的地区扩大了，掠夺了无数的财富，还得到了许多的战争俘虏。所以，波斯帝国的王室、贵族都拥有许多的奴隶。波斯帝国时期的奴隶可以被买卖、转让、出租、抵押担保。奴隶也可以独立租种土地。在波斯帝国的经济中，奴隶既从事农业生产，又从事手工业生产，也被在商业中使用。奴隶还被一些奴隶主作为商业代理人。如波斯帝国时期商业高利贷家族埃吉贝和穆拉树等都曾经使用奴隶作为商业代理人。有的奴隶还拥有奴隶。

依卡努常常同一种名叫艾列苏（Erresu）的劳动者一起被提到。他们常被称作"农民""庄稼人"。依卡努也常被称作"庄稼人""农业经济劳动者"，而艾列苏也叫作"农民""农业租佃者"。当时宫廷、神庙和私人都有依卡努。在依卡努中有奴隶和非奴隶之别，即有奴隶依卡努和非奴隶依卡努。如巴比伦的神庙就将其一部分土地出租，而其余的土地则由为数众多的神庙的奴隶依卡努和不被认为是奴隶的普通依卡努耕种。依卡努的工作包括耕种土地、修理河渠等。关于依卡努的起源还不太清楚。大概有两个来源，一个是一些丧失了自己土地的人，为了维持生计而不得不耕种别人的土地，甚至丧失了自由；另一个是被安置在王室土地之上或赏赐给神庙的战俘。

依卡努往往既无劳动的牲口，也无劳动工具。他们中的一部分整年在自己主人或他们的代理人的监督下劳动而获得固定的口粮。有时，神庙将自己几百人一队的依卡努连同土地、劳动工具和劳动牲口一起出租。某些依卡努从自己的主人那里获得种子、牛和工具（犁、锄等），并耕种划给他们的土地，向他们的占有者交纳部分收成。

有学者认为，属于宫廷的依卡努叫作"苏沙努"。他们被固定在国家的土地上，并在专门的官吏监督下劳动。在苏沙努中，除了农民以外，还有不同专长的手工业者。苏沙努绝不会被出卖。根据穆拉树档案文件，国家的苏沙努按其法律地位不同于别的王室份地持有者，并按职业标志而构成了不同的集团；他们集体地交纳赋税，服徭役，而且在必要的情况下也服兵役（显然是在辎重队里）。苏沙努的地位是世袭的，而在有苏沙努名字的表册中包括了孩子和其他亲属。

波斯帝国时期保留了巴比伦尼亚地区的商业贸易传统，而且，由于帝国内没有了战争和关卡，因此，在一段时期内，商业贸易还在继续发展，新巴比伦王国时期著名商家埃吉贝在这个时期达到了自己事业的顶峰，而后在公元前5世纪后期，又兴起了穆拉树商家。这些都说明在波斯帝国初期和中期商品货币关系还在发展。

公元前500年，在波斯帝国西部发生了米利都起义，起义的原因有两个：一是因为米利都是希腊人的一个城邦，居鲁士征服小亚的吕底亚王国时，吕底亚曾经请求希腊人的帮助，从而和波斯人结了仇；二是因为小亚的希腊人虽然在波斯人的统治下，在经济上并没有多少变化，但失去了城邦独立后，希腊城邦的统治者失去了权力，他们不甘心，想通过起义找回失去的东西。因此他们挑动小亚希腊人发动了反对波斯人的起义。当时统治波斯帝国的是国王大流士。起义开始于公元前500年，虽然起义者曾经得到过大陆希腊人的一些帮助，但经过6年的斗争终于失败。起义失败后，小亚希腊人各城邦在政治、经济等方面都发生了明显变化：在经济上，小亚的对外贸易大为削弱，因而逐渐让位给大陆希腊人；在政治上，波斯人加强了对小亚希腊人的控制。起义虽然被镇压下去了，但波斯人对大陆希腊人竟然帮助起义者耿耿于怀，必欲灭之而后快，这就是之后爆发的希腊波斯之间的战争的原因。

希波战争爆发于公元前492年，结束于公元前450年，前后历时42年。公元前492年，大流士派出了第一支由其女婿马尔多尼乌斯率领的远征希腊的军队。但这支军队在刚刚进入大陆希腊后不久，其海军就遭到强烈的风暴袭击而损失惨重，300多艘战船被毁，约两万人葬身鱼腹，其陆军也受到当地部落的袭击，许多波斯人被杀，统帅也受伤。远征军被迫退回小亚，第一次远征失败。马尔多尼乌斯被撤销了对军队的指挥权。大流士并没有因为第一次远征的失败而放弃远征希腊的野心。在新的远征之前，他派人到希腊各邦去索取"土和水"，意要他们无条件投降和臣服。一些希腊城邦照做了，但在雅典，波斯的使者却被扔进了坑洞中，而在斯巴达，波斯使者则被扔进了水里。这两者的意思是你不是要水和土吗？那里面就有你们要的土和水，你们自己去取吧。这更加激化了波斯人和希腊人的矛盾。公元前490年，波斯人对希腊发动了第二次远征，这次远征以马拉松战役而闻名，因为这次波斯人是直接派兵从海路直扑雅典。据说这次波斯人的海军有600艘战船，途中灭了埃列特里亚，抢劫并烧毁了城市和神庙，居民被带走为奴。而后波斯军到达雅典的马拉松平原。马拉松平原长9公里，宽3公里，地方不大。波斯人为什么选择马拉松平原登陆？有两点考虑：一是他们认为这里是一片平原，便于骑兵展开；二是因为，这里的农民是雅典僭主庇西特拉图的支持者，而这次带领波斯军来希腊的正是庇西特拉图之子希庇亚斯。马拉松战役发生于公元前490年8月12日，当时，雅典只有1万人再加上普拉提亚的1000援军。但战斗结果却是在战场上波斯人留下了6400具尸首，而雅典人则只死了192人。为什么在这次战役中，在人数上占绝对优势的波斯人会失败呢？因为，波斯人的军队并没有全部参加战斗，其骑兵基本没有参加。战斗结束后，波斯人的军队在其统帅达提斯的带领下返回了亚洲。波斯人的第二次远征也宣告失败。此后，为了再次远征希腊，大流士派人去各地进行准备，包括征集粮食、装备军队和战舰等。正当他在做这些装备的时候，埃及和巴比伦尼亚地区发生了反对波斯人的起义，他不得不进行镇压。在公元前486年，国王大流士也去世了，因此，对希腊的再一次远征也暂时停了下来。大流士死后，其子薛西斯继承了王位，他继续进行对希腊的战争准备，包括镇压埃及的起义，以巩固后方。

　　薛西斯对希腊的战争是在公元前480年进行的。在战前，薛西斯曾经召开过波斯人中第一流的人物的会议（或许可以称为御前会议），商讨远征希腊的事情并统一思想。据希罗多德说，薛西斯的远征兵力是陆军170万人、骑兵8万人、战船1207艘，总人数为5283200人。但现代学者大都认为，这个数字水分太大，据他们估计，其兵力最多不过5万至10万人，战船也不过五六百艘。远征军从小亚的卡巴多西亚出发，分水陆两路。水路沿海岸线行进，以便随时同陆上联系；陆军则在过博斯普鲁斯海峡时，用了300多艘船搭建浮桥，让远征军通过海峡。远征军的第一仗是温泉关战役。当时驻守温泉关的是斯巴达国王李奥尼达率领的300人。温泉关地势险要，山路狭窄，易守难攻。他们凭险据守，因此多次打败了波斯人的进攻。后来，由于一个希腊人的告密，波斯人绕过温泉关，到达斯巴达军据守的关口，从背后攻陷了温泉关，李奥尼达等300斯巴达将士全部壮烈牺牲。后人在温泉关立了一块碑，上面刻着："过客啊，去告诉拉凯戴孟人，我们遵从着他们的命令长眠在这里。"波斯人死在这里的有大流士的两个儿子：阿布罗科美斯和叙佩兰铁司。攻陷温泉关以后，波斯人和希腊人的下一仗是萨拉密斯海战。在攻陷温泉关以后，波斯人很快占领了雅典所在的阿提卡和雅典城。而希腊人内部在如何对付波斯人的问题上发生了分歧：斯巴达人主张在中希腊和南希腊交界处的地峡筑一道高墙，以阻止波斯人；而雅典则主张在萨拉密斯湾和波斯人进行一场海战。萨拉密斯海战是希波战争中的一次著名战役，也是古代世界史上的一次著名战役。萨拉密斯海湾长约 5 公里、宽约 1.5 公里。当时，以雅典为主的希腊海军约有战船 400 艘，而波斯人的约 650 艘（不过，波斯人的船只有一半参加战斗）。战斗发生于公元前 480 年的 9 月 28 日。战斗开始时，薛西斯就坐在海湾附近的一座山上观战。战斗开始后，希腊人的战船由于比较小，所以很灵活，而波斯人的战船比较大，很不灵活，行动不便，在狭窄的海湾里难以掉头和展开队形。所以海战以希腊人的胜利、波斯人的失败而告终。大部分波斯舰队被消灭，大流士的一个儿子、薛西斯的三个侄子和许多波斯贵族被俘，作为牺牲奉献给了狄奥尼索斯神。萨拉密斯海战使波斯失去了大量战船，从此失去了海上优势。薛西斯在看到海战中波斯人失败后，立即率领大部分军队离开希腊回到亚洲，并毁掉了浮桥。大流士女婿马尔多尼乌斯率领一部分波斯陆军留在希腊的普拉提亚，希罗多德说，这支陆军有 30 万人，但现代学者认为最多不过六七万人。希罗多德说，在普拉提亚有希腊军队 11 万人，但现代学者估计，希腊各邦中的重装步兵为 38700 人、轻装步兵为 34500 人，共计 7 万多人。不过各家估计不一。普拉提亚战役开始前，马尔多尼乌斯提出，由波斯人去对付斯巴达人，米底人去对付柯林斯人，波斯人的希腊同盟者去对付雅典人。但在战役开始不久，马尔多尼乌斯就被打死，而且，由于波斯人没有重装步兵，骑兵又不能很好地展开，在战术上也不灵活，因此，此战役很快就以波斯人的失败而宣告结束。从战场上逃出的波斯人也被雅典人消灭。自此，波斯人在军事上退出了希腊大陆。公元前 479 年 8 月，在小亚西海岸的米利都和以弗所之间的米卡尔海角，波斯人和希腊人发生了一次海战，由斯巴达国王勒俄提克达斯和雅典的爱克山提普斯指挥的希腊海军攻击了波斯海军，使波斯海军遭受重创。米卡尔海角之战后，波斯人的军事力量再也不能称霸爱琴海，希腊人打通了进入黑海的通道。

公元前478年，以雅典为首的一些主张继续和波斯人作战的小亚和爱琴海中的岛屿、色雷斯沿岸的各邦在提洛岛会聚，组成了提洛同盟。当时斯巴达等一些城邦因认为战火远离自己，在历史上又和小亚没有什么密切联系，因此没有参加提洛同盟。提洛同盟的盟约规定，入盟各邦原则上一律平等，在盟会上各有一票表决权。但由于雅典拥有绝对军事优势，掌握盟军指挥权，所以，实际上控制了同盟。为了共同利益，同盟在提洛岛上设立金库，入盟各邦依据本邦税入多少缴纳盟金，盟金总额达460塔兰特。不愿出军舰的城邦应当交纳附加捐款。盟金由司库官（雅典人）保管，动用盟金须经同盟大会批准。

公元前476年，提洛同盟舰队在雅典将军西蒙率领下，展开了同盟成立以来的第一次军事行动，拔除了波斯人在色雷斯的据点埃昂。此后，希波双方在爱琴海角逐霸权，公元前454年，提洛同盟海军在尼罗河口损失军舰200余艘，提洛岛暴露在波斯军的威胁之下，于是提洛同盟金库迁至雅典，实际上，盟金成了雅典的财政收入。公元前449年，希腊和波斯双方都感到无力战胜对方，不得不握手言和，签订了卡利阿斯和约（卡利阿斯是当时雅典的谈判代表），希波战争实际上以希腊的胜利结束。不过，和约在当时并没有以文字的形式签订。

波斯帝国在此后实际上就开始走下坡路了，因为，我们看到，在这以后，波斯人再也没有像以前那样嚣张地四处扩张。而且，不仅如此，波斯帝国内部已经出现了瓦解的征兆，其表现之一是埃及起义，埃及曾脱离了波斯帝国，直到公元前343年才重新被波斯征服；二是公元前401年发生的小居鲁士叛乱。小居鲁士是大流士二世和王后帕莉萨蒂斯的小儿子、国王阿塔薛西斯二世的弟弟及小亚地区几个行省的总督和军区司令，深受王后的宠爱，他是在大流士二世登上国王宝座之后出生的，因此，他认为自己才有资格当国王。他在小亚担任总督期间广纳人才、扩充军队、收买人心，于公元前401年，发动了反对其兄阿塔薛西斯二世的叛乱，其依靠的主要力量是希腊雇佣军。小居鲁士率领叛乱军从小亚出发，直抵两河流域离巴比伦90公里的地方，9月3日，双方展开了战斗，小居鲁士被杀，叛乱失败，其雇佣军经过长途跋涉回到希腊。以后，波斯帝国又曾经多次发生宫廷政变，严重削弱了自己的实力。公元前334年，希腊马其顿亚历山大率领三至五万远征军东征波斯帝国，经过格拉尼库斯河战役、伊苏斯战役和高加美拉战役，将波斯人从小亚赶到了中亚。公元前330年，波斯国王大流士三世在巴克特里亚被杀死。然后，亚历山大又率军占领了被波斯人占领的印度河流域，波斯帝国灭亡。亚历山大东征仅历时10年就将一个偌大的波斯帝国灭亡了。

（二）古波斯帝国文明的基本特征

第一，波斯帝国兴起得快。从公元前558年居鲁士建国到大流士占领色雷斯地区和印度河流域，前后不过四十多年，就建立起一个地跨亚非欧三大洲的大帝国；它灭亡得也很快，亚历山大东征不过10年，就将它灭亡了。除了后来的亚历山大帝国以外，它比它之前的埃及帝国、亚述帝国所占领的地区都大，但其存在的时间却要短，可以说是一个短命的帝国，前后不过二百多年。

第二，波斯帝国的政治经济发展极其不平衡。从政治上说，在帝国范围内的埃及、巴比伦尼亚等先进地区，早已走过了从小国寡民到地域王国到帝国的过程，君主专制已经历了一两千年（如埃及是在早王朝时期就逐渐形成了君主专制，两河流域则是在阿卡德王国时期开始了君主专制），而帝国东部的一些地区，却还处在原始社会后期或阶级社会早期，波斯人在大流士执政之前，大流士还和一些贵族讨论实行什么政体合适；从经济上说，埃及和两河流域等地区，奴隶制经济已经走到了繁荣时期，并开始走下坡路，甚至可能封建因素已开始萌芽。而波斯帝国东部若干地区，却还处在文明时代初期，甚至还没有进入文明时代。即使是波斯本身也还处在文明时代初期。

第三，波斯人处于东西方文明的交叉点上，处于丝绸之路的交通带上，它利用、借鉴和学习了其他民族先进的、有用的东西，所以波斯人能以一个落后的民族征服许多比他先进的民族，建立起一个庞大的帝国，统治了两百多年，并对东西交通和东西方文明的交流起过重要的作用。

第四，波斯帝国在其兴起后的前半期是非常强势的。它本来是依附于米底的，但却不仅摆脱了米底的统治，而且一举征服了米底，而后又很快就征服了小亚强国吕底亚。它在政治上、经济上远不如新巴比伦王国和埃及帝国，但它却不费吹灰之力就灭亡了它们，在很短的时期里就成为当时西方世界首屈一指的大帝国；但在其与希腊的关系上，却又处处表现出极端的弱势。虽然在希波战争时，波斯人似乎很强势，大兵压境，大有一口吃掉希腊之势，但结果却被希腊人打败，而且是败得一塌糊涂：陆上惨败，海上也惨败。在后来的亚历山大远征时，波斯人更是被希腊人势如破竹地从小亚一直打到中亚、印度，没有还手之力，最后波斯国王大流士三世一路逃亡至中亚的巴克特里亚，被当地人杀了。偌大一个波斯帝国在不过 10 年就被人灭了。

（三）古波斯文明文献概貌

古代波斯文明文献的基本特征是：

第一，古代波斯的文献既有考古发掘和发现的文献（最著名的如《贝希斯敦铭文》，还有《要塞墙铭文》和《要塞墙泥板》等），也有像希罗多德的《历史》、修昔底德的《伯罗奔尼撒战争史》和色诺芬的《长征记》等这样的历史学家的历史著作。

第二，古代波斯帝国历史的文献还有像出自埃吉贝家和穆拉树家这样的商业高利贷家族的铭文资料以及出自埃及的用阿拉美亚文写成的若干资料等。

二、研究古波斯帝国的历史资料

（一）有关古波斯帝国形成时期的文献（包括有关居鲁士、波斯建国、冈比西斯二世和巴尔迪亚的资料）

1. 关于居鲁士的身世

希罗多德说关于居鲁士的身世至少有三个说法。例如，据克特西乌斯的说法，居鲁士是马尔达游牧部落的一个下贱的人（名字叫阿达德拉特）的儿子，他的母亲（名字叫阿尔哥斯塔特）是放羊的。当他的母亲怀上他时，她做了一个梦，她的儿子将获得亚洲最高的地位。后来，居鲁士在找寻食物时落入了阿司杜阿该斯的宫廷，成为一个仆人，被太监阿尔提姆巴尔收为养子，并得到阿司杜阿该斯的疼爱，成为给国王端酒的人。居鲁士的地位越来越高，米底国王甚至派他率军去镇压卡尔都西亚部落的起义。但他不仅没有去镇压起义，反而直接起来反叛米底人。学者们认为，在所有关于居鲁士的出身的说法中，大概他是冈比西斯一世的儿子和是阿司杜阿该斯的外孙这两点是可信的。下面我们介绍的是希罗多德关于居鲁士的身世的说法：

107：……阿司杜阿该斯（按：米底王国国王）有一个女儿，名叫芒达妮。关于这个女儿，他曾经做过一个梦：他梦见她洒了大量的尿，这尿不仅仅涨满了全城，而且淹没了整个亚细亚……占梦的玛哥斯僧详细地向他解释了梦的意义，他听到后而大大地战栗了。因此当芒达妮成年应当婚配的时候，他害怕梦会应验而不把她许配给任何门

315

当户对的美地亚人，却把她嫁给他认为是出自名门而且性情温和的一个叫做冈比西斯的波斯人；因为在阿司杜阿该斯看来，冈比西斯比中等身份的美地亚人都要低得多。

108：但是在芒达妮嫁给冈比西斯的头一年里，阿司杜阿该斯又做了一个梦。他梦见从她的子宫里生出了葡萄蔓来，这葡萄蔓遮住了整个亚细亚。他把这个梦也告诉了占梦的人，随后就把当时有了身孕即将分娩的女儿从波斯人那里召了来。他女儿来到之后，他就把她监视起来，打算把她生下来的孩子弄死；因为占梦的玛哥斯僧在占梦的时候说，他女儿的后裔将会代替他成为国王。为了防止这一点，在居鲁士刚刚降生的时候阿司杜阿该斯就把哈尔帕哥斯召了来，这是他家里的一个人，是美地亚人当中他所最信任的一个仆人，同时又是代他管理一切家务的人。他向哈尔帕哥斯说："哈尔帕哥斯，我请你对我托付你的这件事万勿疏忽大意；也不要为着别人而出卖了你的主人的利益，不然的话你将自食其果。把芒达妮生的这个孩子带到你家里去，扣在那里把他杀死，然后，随你怎样把他埋起来好了。"哈尔帕哥斯回答说："国王啊，哈尔帕哥斯在过去从来不曾在任何事情上违背过你，而今后也请你放心，我一定小心谨慎不会冒犯你的。如果是你的意思要我这样做的话，那么在我这方面，我是应当把这件事给你办理妥善的。"

109：哈尔帕哥斯这样回答以后，孩子就被交到他的手里，孩子已经是打扮得像是快死的那样子的。于是他便哭着赶回自己的家里去了。在他到家的时候，他就把阿司杜阿该斯的话告诉了他的妻子。他的妻子对他说："那么，你自己打算怎么办？"他回答说："我不打算照着阿司杜阿该斯的话去做……我有许多理由不杀死这个孩子。首先，他和我有亲属关系；其次，阿司杜阿该斯已经老了，又没有儿子。如果他死的时候，王位传给他女儿，而他却想用我的手来杀死他女儿的儿子，那时我岂不要受到更大的危险吗？老实讲，为了我的安全，这个孩子是必须死的，不过这件事必须要由阿司杜阿该斯自己手下的一个人来干，而不是由我的人来干。"

110：他这样说着，立刻就派遣一名使者去把阿司杜阿该斯的一名牧人召了来，因为他知道阿司杜阿该斯的这个牧人放牧的牧场是最适宜的牧场，而那里的山又是野兽出没最多的地方。这个牧人的名字叫作米特拉达铁斯，他妻子和他一样，也是国王的奴隶；她的美地亚语的名字是斯帕科，希腊语则称为库诺。因为在美地亚语中，斯帕科一词是希腊语的母狼的意思……当闻召而急忙赶来的牧人来到的时候，哈尔帕哥斯就说："阿司杜阿该斯命令你把这个孩子放到山中最荒鄙的地方去，好叫他尽快地死掉。他并且嘱我告诉你，如果你不杀死这个孩子，却使他保全了性命，那你将会遭到最可怕的死亡。我就是受命来看这个孩子被抛掉的。"

111：牧人听了这话，便抱起了这个孩子，顺着原路回到了自己的小舍。在那里，好像是由于神意，他那眼看便要分娩的妻子也在为他操心，她则不知道哈尔帕哥斯为何突然把自己丈夫找去，而为这件不常见的事情担惊受怕。因此当他回到自己的妻子这里来时，她看到他出其不意地回来，没等他讲话便先问他为什么哈尔帕哥斯这样匆匆忙忙地把他召去。他说："妻啊，当我来到城里的时候，我看到和听到我决不愿意看到和不愿意发生在我们主人身上的事情。哈尔帕哥斯的家里一片哭声，我大吃一惊，但是我走进去了。当我进去的时候，我立刻便看到一个全身金饰并穿着锦绣服装的婴儿躺在那里在喘气挣扎着和哭叫着。哈尔帕哥斯看到我，便命令我立刻把这个孩子抱走，要我把这孩子放到山中野兽最多的地方去，而且告诉我说，是阿司杜阿该斯下令要我这样做的，如果我不按照他的话做，我便有身遭惨祸的危险。于是我便把孩子抱起来带来了，我以为这是家中一个奴仆的孩子，要我，我是决不会猜到这孩子到底是谁的。但是在我看到金饰和华美的衣服时，我是吃惊的，特别是不明白哈尔帕哥斯家中人公然哭泣的原因。然而很快地，在道上我便晓得了一切。他们派一个仆人给我引路出城并把孩子交付，给钱。这个仆人告诉我说，孩子的母亲是国王的女儿芒达妮，孩子的父亲是冈比西斯，冈比西斯是居鲁士的儿子；下令杀死这个孩子的就是阿司杜阿该斯。你看，这里就是这个孩子。"

112：牧人这样说着，就打开了蒙着这个孩子的布，把他给自己的妻子看。当她看到这孩子是一个多么美丽可爱的孩子的时候，就哭了起来；她抱着丈夫的双膝，恳求他无论如何不要抛掉这个孩子。然而她的丈夫回答她说，他是没有任何别的办法的，因为哈尔帕哥斯会把密探派来打听情况回去报告的，而如果他不从命的话，他是会遭到杀害的。既然无法说服她的丈夫，于是她又说："既然我说服不了你，而人们又一定要你把孩子抛弃，那么至少这件事你总可以做到吧。你知道，我刚才生的那个孩子是死产。把他抱走放到山里去，而让我们把阿司杜阿该斯的女儿的孩子像我们自己的孩子那样地抚养起来吧。这样你就不会由于你对自己的主人不忠实而受到惩办，而我们也就商量出不利于己的主意来了。注意，我们死掉的孩子将要得到王子一样的葬礼，而活着的孩子又不会失去自己的性命。"

113：牧人以为在当前的情况之下，他的妻子的办法最好不过，于是他立刻照办了。他把他带来打算杀害的那个孩子交给了自己的妻子，而把自己的死婴放到他带另一个来时使用的篮子里，把另一个孩子的衣饰全给他穿戴上，然后把他放到山里最荒鄙的地方去了。在这孩子给放到那里去的第三天，牧人便留下他手下的一个助手在那里看着孩子，自己到城里，直奔哈尔帕哥斯的住所来，说他准备要人们去看孩子的尸体。哈尔帕哥斯派了他最亲信的卫兵去看了尸体，而在他们为他检查完毕之后，便把牧人的孩子埋葬了。孩子就这样被埋葬了，而后来叫居鲁士的另一个孩子就受到了牧人的妻子的收留和抚养，但是牧人的妻子却给这个孩子起了别的一个名字。

114：当这个孩子十岁的时候，这样一个事件却使人们看出他是怎样的一个人来了。事情的经过是这样的。有一天他在村中牧人的畜舍和与他年龄差不多的孩子们一起玩耍。和他一起玩耍的别的孩子们选这个被称为牧人之子的孩子做国王。于是他便开始分别向这些孩子发号施令起来：他叫一些孩子给他修造房屋，叫另一些孩子做他的亲卫队，叫其中一个孩子担任大概是国王的眼目，又给另一个孩子以传奏官的任务。在和他一起游玩的孩子当中，有一个孩子是美地亚的知名之士阿尔铁姆巴列司的儿子，这个孩子拒绝服从居鲁士的命令。于是居鲁士命令别的孩子把他捉了起来，当他的命令被执行的时候，他就狠狠地鞭打了这个孩子一顿而使他吃了很大的苦头。在阿尔铁姆巴列司的儿子被释放之后，这个孩子对于自己所受的残酷遭遇十分气愤，便立刻到城里他父亲那里去，向他父亲痛诉他在居鲁士手下所受到的待遇。这个孩子当然不说他是居鲁士（因为那时他还没有居鲁士的名字），而是称他为阿司杜阿该斯的牧人的儿子。阿尔铁姆巴列司在盛怒之下，就带着自己的儿子去见国王，控诉他的儿子所受到的粗暴待遇。他指着自己儿子的肩头说："哦，国王，看一个牧人的儿子，你的奴隶的儿子加到我们身上的暴行吧。"

115：阿司杜阿该斯听到和看到这一切之后，便打算为了照顾阿尔铁姆巴列司的身份而为他的孩子报仇，于是他把牧人和他的儿子召了来。当他们父子二人来到他面前的时候，阿司杜阿该斯便望着居鲁士说："是你这样一个贱人的儿子，竟敢对于我们国内最大人物的儿子施行无礼吗？"孩子回答说："可是，国王，我对他的待遇本是他罪有应得的。我们村里的孩子在玩耍时选我做国王，因为他们认为我是最适当的人。这个孩子也是选我做国王的一个人。所有其他的孩子都按照我的吩咐去办事，可是他不听我的话，并且根本不把我放到眼里，因此最后他受到应得的处分。如果为了这个缘故我应受惩罚的话，我是愿意接受惩罚的。"

116：当这个孩子讲话的时候，阿司杜阿该斯好像已经觉出他是何许人了，他看到这个孩子的眉目之间有和自己相似之处，而且在回答的时候有一种和奴隶的身份相去甚远的气度；此外，他年龄又和他抛弃的外孙居鲁士的时期相合。阿司杜阿该斯因此大吃一惊，一时说不出话来。然而当他好容易清醒过来的时候，为了把阿尔铁姆巴列司打发开，以便单独盘问一下这个牧人自己，他就向阿尔铁姆巴列司说："阿尔铁姆巴列司，我要把这件事处理妥善，决不致叫你和你的儿子再来诉苦的。"阿尔铁姆巴列司退下去了，而侍从便照着阿司杜阿该斯的命令把居鲁士领进了内室。阿司杜阿该斯这时只和牧人在一起了，于是他便问牧人他从哪里得到的这个男孩子，是谁把这个孩子给了他的。牧人回答说，这个男孩子是他自己的亲生子，孩子的亲生母还活着并且就在家里。阿司杜阿该斯对他说，如果他自寻这样天大的麻烦，实在是太没有脑筋，同时阿司杜阿该斯向他左右的侍卫示意，要他们把牧人捕起来。牧人在被带去拷问的时候，便从头起，把事情的原原本本的经过情况全都讲了出来，最后则是恳请和哀求国王宽宥他。

117：阿司杜阿该斯从牧人这里弄清楚事情真相后，对于牧人倒不很介意，但对于哈尔帕哥斯，他却是十分生气的，于是他便派卫兵去把哈尔帕哥斯召来见他。在哈尔帕哥斯到来的时候，他就问哈尔帕哥斯说："哈尔帕哥斯，我交给你的我的女儿的孩子，你到底是怎样把他杀死的呀？"哈尔帕哥斯看见牧人也在室内，便不敢说谎话，恐怕他自己会被别人问倒，露出马脚因之而获罪。于是他说："哦，国王啊，当你把孩子交到我手里来的时候，我立刻就开动脑筋，以便想出办法，怎样能不违背你的旨意，怎样能不对你有所冒犯，但是又不被你的女儿和你本人看成是一个凶手。于是我便想出了下面的办法。我把这个牧人召了来，把孩子交给了他，告诉他是国王下令要处死这个孩子的。而在这里我并没有说谎，因为你是这样命令的。此外，在我把孩子交给牧人时，我还嘱咐他把这孩子放到荒鄙的山地去，并留在那个孩子的身旁直到那孩子死的时候；而且我怕他做不到这件事，因而用各种惩罚恐吓他。后来，当他按照我所吩咐的一切办理完毕，而孩子也死掉的时候，我便派最亲信的几名宦官去检查孩子的尸体，并把他埋掉了。哦，国王，事情的经过就是这样，孩子就是这样死的。"

118：这样，哈尔帕哥斯便坦白地把全部经过说出来了。阿司杜阿该斯听了后丝毫不显露他心中对哈尔帕哥斯的所作所为所感到的忿怒，他先是把刚才从牧人那里听到的向哈尔帕哥斯说了一遍，而在他重述之后，最后他说这个男孩子还活着，而一切事情结果也十分顺利。他说："对于这个孩子的处置使我感到很大的痛苦，而我的女儿对我的责怪也使我的心头十分沉重。现在，命运既然有了一个可庆幸的转机，那末回到家去，把你自己的儿子送到新来的孩子这里来和我一同进餐（因为为了孩子之得以保全，我打算向应当得到这种光荣的神奉献牺牲）。"

119：哈尔帕哥斯听了这话之后便向他拜了拜，然后回到家中；他非常高兴地看到，他违命对他竟成了一件有利的事情，而且他不单没有受到惩罚，反而应约赴宴来庆祝这一幸运的事件。在他到家之后，他就把他一个大约十三岁的独生子叫了来，嘱咐他到宫中去，并按照阿司杜阿该斯所吩咐的一切去做。然后，他满心欢喜地到妻子那里去，把经过的一切告诉了她。但阿司杜阿该斯却在哈尔帕哥斯的儿子到来时把他杀死，把他的肢体割成碎块，烤了其中的一些，又煮了一些。等这一切都弄好之后，便把他准备起来待用。在赴宴的时间，哈尔帕哥斯来了。其他的客人也都来参加了宴会。在阿司杜阿该斯和其他客人的面前摆的是大量的羊肉，但是在哈尔帕哥斯的桌上却是他儿子的肉，不过他的儿子的头和手脚却放在一边的篮子里用东西盖着。当哈尔帕哥斯仿佛已经吃饱了的时候，阿司杜阿该斯便问他是不是中意他吃的菜。哈尔帕哥斯回答说他十分满意。于是那些要把装着他的儿子的头和手脚的篮子带给他的人便到他面前来，叫他掀开篮子并把他所喜欢的东西取出来。哈尔帕哥斯依照所吩咐的掀开了篮子，于是他便看到了他的儿子身上所剩下的东西。然而，他看了之后并没有被吓住，也没有失去自制力。在阿司杜阿该斯问他，他方才所吃的是什么兽类的时候，他回答说他知道并且说他对于国王所做的任何事情都感到满意。这样回答之后，他便把吃剩下的肉块带回家中去了……

120：阿司杜阿该斯……在考虑如何处理居鲁士的问题时，他便把以前像我所说那样地解释了他的梦的玛哥斯僧召了来，并且问他们如何解释他的梦。回答和先前并没有什么两样，他们说如果这个孩子还活着而那时没死的话，他是一定会成为国王的。阿司杜阿该斯于是对他们说："这个孩子遇了救而且现在还活着，他在乡下的时候，他那村里的孩子们要他做了国王，而他的所作所为就跟真正的国王的所作所为完全一样。他分别任命亲卫队、哨兵、传奏官，他还任命其他的官职而且像国王那样地统治。你们告诉我，你们以为这一切都是什么意思？"玛哥斯僧回答说："如果这个孩子还活着，并且没有什么预谋而成了一个国王的话，那末你就应当欢喜而不要为这个孩子担心害怕了。他是不会第二次成为国王的。因为我们知道，在请示神托的时候预言常常表现为不重要的小事情，而梦兆之类的东西是否全部应验其意义也就更加微乎其微了。"阿司杜阿该斯说："玛哥斯僧啊，我的意思也正是这样，这种既然做了国王，梦就算应验了，而我也就再没什么怕他的了。不过仍请好好想一想并告诉我，怎样做对于我的全家和对于你们才是最安全的？"玛哥斯僧回答说："国王啊，我们也是非常关心你的王国的巩固的；不然的话，如果王国到了这个孩子手里，它就是到外国人手里了，因为他是一个波斯人。这样一来。我们美地亚人就要受到奴役，被波斯人当作异族而肆意蔑视。但如果是你，我们的同国人，当国王的时候，则国家政权也有我们一份，而且我们可以从你那里得到很大的光荣。因此，我们无论如何也应当为你本身着想。现时如果我们看到有什么使你害怕的理由，请放心，我们一定会要你知道的。但是如今这梦既已经毫无害处地应验了，我们便已不再害怕，因此我们也劝你不要再害怕了。至于这个孩子，我们的意见是不要他留在你的面前，而把他送到波斯他父母那里去。"

121：阿司杜阿该斯听到这个回答心中很是欢喜，于是便把居鲁士召了来，向他说："我的孩子，由于我做了一个没有什么关系的梦，而对你干下了一件错事。但是由于你自己的幸运，你从我的手下活过来了，心中欢欢喜喜地到波斯去吧，我还要派人护送你去。你到那里的时候，你就会看到你的父母，他们和牧人米特拉达铁斯跟他妻子是完全不一样的人。"

122：这样说了之后，阿司杜阿该斯便把他的外孙送走了。当居鲁士回到冈比西斯的家里时，他受到了父母的接待。而等到他们知道居鲁士是谁的时候，便十分亲切地欢迎他，因为他们以为很早以前他便在生下来的时候立刻给杀掉了；于是他们就问他，他的性命是怎样得救的。因此居鲁士就告诉他们说，直到目前为止关于这件事他根本什么都不知道而是受到了很大的蒙混；而在他从美地亚阿司杜阿该斯那里来的路上，他才知道了他的全部不幸遭遇。他说他原来以为他是阿司杜阿该斯的牧人的儿子，当时他从城里来的路上，护卫他的人把一切经过告诉了他。随后，他又提到牧人的妻子抚养他的事情，在谈话的时候，他总是提到库诺，什么事情也离不开库诺。他的父母听到这个名字，为了想使波斯人相信居鲁士的得救是由于特别的神意，因此便把一个说法传播开去，硬说他在被抛弃之后，曾受到母狼的抚养。①

2. 居鲁士建立波斯王国，征服米底王国

123：……等后来居鲁士长大成人，并且成了同辈当中最勇武和最有声望的人的时候，哈尔帕哥斯想对阿司杜阿该斯报复杀子之仇，便开始向居鲁士致意并送礼。他看到像他这种地位的臣下是不可能希望不借外力之助来向阿司杜阿该斯报仇的。因此当他看到不幸遭遇很相似的居鲁士很快地成长为他所需要的复仇者的时候，他便着手设法在这件事上和居鲁士结合起来。对于自己的计划，他竟然已经做了这样的一些工作：他分别和受过阿司杜阿该斯的无礼待遇的美地亚权贵商议并说服他们拥戴居鲁士为他们的领袖和贬黜阿司杜阿该斯。现在

① ［古希腊］希罗多德：《历史》第 1 卷，王嘉隽译，商务印书馆，1959 年版，107—122。

在做了发起叛乱的一切准备之后，哈尔帕哥斯便很想把自己的心思告诉还住在波斯的居鲁士；但是由于美地亚和波斯之间的道路受到监视，他只想到这样一个秘密的送信办法。他是这样做的：他巧妙地把一只兔子的肚子剖开却不拔去它的毛，把一封写上了他的意见的信塞到里面去，再把腹部照旧缝上，然后他便把这只兔子交给对他忠实的奴隶，把他打扮成带着网的猎人。这个人奉派到波斯去给居鲁士送野兔。哈尔帕哥斯嘱咐这个奴隶亲口告诉居鲁士，要居鲁士亲手剖开兔腹，不许别的任何人在场观看。

124：一切都按照他的意思办了。居鲁士把兔子剖开之后，便看到了里面的信。信里面的话是这样："冈比西斯的儿子，诸神对你是非常嘉护的。否则的话，你就不会遇到你的那些幸运的事情了，现在是你自己可以对屠杀你的凶手阿司杜阿该斯进行报复的时候了。要知道，如果依照他的意思，你早已经死了。由于诸神以及由于我的缘故，所以你到今天还活在世上。我想你早就知道他对你干下了什么事情，也早就知道由于我没有把你弄死，把你交给牧人而我自己在阿司杜阿该斯手中所遭到的惨祸。如果你听我的话，按照我的话去做，现在阿司杜阿该斯统治下的全部帝国就会变成你的。说服波斯人起来叛变，并率领着他们的大军来讨伐美地亚人吧。不拘阿司杜阿该斯是任命我率领他的军队和你对抗，还是任命美地亚的其他知名之士，都是会使你完全称心的。因为他们一出马就会叛离阿司杜阿该斯并投到你的一面来，从而试图把他的统治推翻。既然我们这方面一切都已准备好了，望你依照我的劝说毫不踌躇地也动起来吧。"

125：居鲁士接到这封信里传来的消息之后，便着手考虑如何能用最好的办法说服波斯人起来造反。在他反复思考之后，认为下面的做法是最妥当的。于是他便这样做了。他把他认为应当做的事情写在一卷纸上面，然后把波斯人召集起来开了一个会，在会上他把纸卷打开诵读，说阿司杜阿该斯任命他为波斯人的将军。于是他说："既然如此，波斯人啊，我命令你们每人都去把自己的镰刀带来。"居鲁士便只有发布了命令。至于波斯人，则他们是由许多种族结合而成的。居鲁士召集来并说服使之叛离美地亚人的那些人，是所有其他波斯人所依附的一些种族。他们是帕撒尔伽达伊人、玛拉普伊欧伊人、玛斯庇欧伊人。在他们当中，玛斯庇欧伊人最尊贵。阿凯美尼达伊族就是它的一个部族，而波斯的国王便都是从这个阿凯美尼达伊族出身的。其他的波斯种族则有：潘提亚莱欧伊人、戴鲁希埃欧伊人、盖尔玛尼欧伊人，他们都是务农的。大欧伊人、玛尔多伊人、多罗庇科伊人和撒伽尔提欧伊人则是游牧者。

126：当全体波斯人遵照着他们所收到的命令，拿着镰刀集合起来的时候，居鲁士（便率领他们到波斯的一块大约十八到二十斯塔迪昂见方的、长满荆棘的土地上去），命令他们在一日之内把这块地方开垦出来。他们完成了指定给他们的这个任务，随后他便向他们发出了第二道命令，要他们第二天在沐浴之后再到他那里去；这时居鲁士便集合了他父亲所有的绵羊、山羊，全部的牛，屠宰了它们，准备犒劳波斯全军，同时还准备了酒和最珍美的食品。第二天，波斯人来到了，他就要他们坐在草地上尽情饮宴。在大家吃完之后，他就问他们，最喜欢的是什么，是今天这样的情况还是昨天的事情。他们回答说二者的差别实在是大极了。昨天带给他们的一切都是痛苦，但今天带给他们的一切又都是快乐。居鲁士立刻捉住了他们的回答而用下面的话坦白地讲出了自己的心事："各位波斯人啊，你们各位当前的情况就是这样。如果你们愿意听我的话，那你们就可以享受这样的一些以及无数其他的幸福，且丝毫不会遭受那些奴役之苦，但如果你们不肯听我的话，那你们就要受到无数像昨天那样的苦役。因此，听我的吩咐而取得自由吧。至于我个人，则我觉得我是因神意而生下来做这件事情的，而你们，我相信，在任何方面，当然也在军事方面，都是丝毫不比美地亚人差的。因此你们应当毫不犹豫地起来反抗阿司杜阿该斯。"

127：波斯人早已经就不满美地亚人的统治了，这时既然有了一个领袖，他们当然是乐于摆脱这个桎梏的。这时阿司杜阿该斯听到了居鲁士的所作所为，便派了一名使者召他到自己的地方来。居鲁士要使者告诉阿司杜阿该斯，他将要比阿司杜阿该斯希望的时候更早地到那里去。阿司杜阿该斯接到这个消息之后，即刻把他治下的全体美地亚人给武装起来，并且好像是迷了心窍一样，他竟忘记了他多么残酷地惩罚过哈尔帕哥斯，而任命哈尔帕哥斯担任统帅。因此当美地亚人和波斯人两军相会和交锋之时，只有一部分不曾参预机密的美地亚人作战了；其他的那些人公开地投到波斯人一方面去，而大部分的人则故作害怕的样子临阵脱逃了。

128：阿司杜阿该斯一听到美地亚的军队可耻地被驱散和逃跑之后，立刻就威吓居鲁士说，尽管如此，居鲁士也决不会就这样安然无事的；紧接着他便逮捕了劝说他把居鲁士放跑的、占梦的玛哥斯僧并把他们刺杀了。在这之后，他便把留在城内的一切美地亚人，不分老少一律武装起来。他率领他们和波斯人交战，但结果他被打败，他率领出战的军队被歼灭，他本人也被敌人俘虏了。

……

130：这样，在统治了三十五年之后，阿司杜阿该斯就失掉了自己的王位，而美地亚人便由于他的残酷而受到了波斯人的统治……居鲁士直到阿司杜阿该斯死的时候，都把他留在自己的宫殿里，再没有对他有什么伤害。[①]

西帕尔的那波尼德的圆筒形印章铭文：

那波尼德是新巴比伦王国的末代国王，此铭文是他的一个建筑铭文，原文为阿卡德语。铭文是较早提到波斯帝国的创始者居鲁士的文献之一，铭文说他是安桑之王，灭了米底王国。

我——那波尼德，大公、强有力的国王、全世界之王、巴比伦之

---

① ［古希腊］希罗多德:《历史》第 1 卷，123—130。

王、世界四方之王、艾沙基尔①和艾吉德②的保护人，当我出世之时，辛神和宁吉尔神预先把王位给予了他（按：那波尼德），伟大的、强有力的、崇拜伟大的众神的纳布－布拉特苏－伊克布之子。

至于艾呼勒呼勒，即位于哈朗城的辛神神庙、伟大的统治者辛自古以来就在那里有他心里充满喜悦的住址。但后来，他的心拒绝了这个城市和神庙。他迫使乌曼－曼达③兴起，从而摧毁了这个神庙，并使之变为废墟④。在我公正统治时期，喜欢我的威严的那些伟大神主们对这个城市和神庙表现出厚意并施以恩泽。

在我永恒的统治之初，他们托给我一个能预卜未来的梦。伟大的统治者马尔都克和辛，天上的明灯和地上的坚固支柱一起出动。马尔都克同我说道："那波尼德，巴比伦之王，用自己的挽马运砖，建筑艾呼勒呼勒，并让伟大的辛也在那里有自己的住处。"我崇敬地对神的统治者马尔都克说："乌曼－曼达包围了您吩咐建筑的神庙，而他们的实力是很强大的。"当时马尔都克同我说道："无论是你所说的乌曼－曼达，还是他的国家、站在他一边的他的国王，都将不复存在。"当第三年⑤到来之时，众神将居鲁士⑥，安桑之王，他⑦的小奴隶发动起来，并且，他以其少量军队摧毁了为数众多的乌曼－曼达。他抓获了乌曼－曼达之王，并将其作为俘虏带回了自己的国家。⑧

① 马尔都克在巴比伦的神庙。
② 纳布神在波尔西帕的神庙。
③ 即米底人。
④ 约公元前 609 年，艾呼勒呼勒在米底人同亚述残军的军事行动中被摧毁。
⑤ 指的是那波尼德统治的第三年，即公元前 553 年。
⑥ 即居鲁士二世。
⑦ 即阿斯提亚格。
⑧ 周启迪译自［苏联］丹达马耶夫编：《古代东方史选》，莫斯科：高等学校出版社，1980 年版，第 17—18 页。

3. 和吕底亚王国的战争

（按：吕底亚王国是小亚细亚的一个国家，在波斯人和吕底亚王国进行战争时，吕底亚的国王名叫克洛伊索斯，克洛伊索斯是阿律阿铁斯的儿子。）

46：……他（即克洛伊索斯）听说，冈比西斯的儿子居鲁士摧毁了库阿克萨列斯的儿子阿司杜阿该斯的霸权，而且波斯人一天比一天地强大起来了。这种情况使他专心致志地考虑，他是否有可能在波斯人的实力在不曾十分强大的时候，想办法阻止他们那日益加强的力量。在这样的意图之下，他立刻想到希腊和利比亚的神托所那里去试卜一下……克洛伊索斯派人去问卜的这些神托所都是希腊的神托所。他还派遣了另一些人到利比亚去向阿蒙神请示。他把这些使节派出去，是要试探一下神托到底讲的都是些什么，而如果他发现神托所回答的是真话，那末他就可以再派人去，请示他是否可以对波斯人发动一次远征。

（关于克洛伊索斯和波斯人进行战争与神托的关系以及吕底亚人和希腊的斯巴达结盟的情况见希罗多德的《历史》第一卷，44—70，在此略去。）
……

71：……那时克洛伊索斯却误会了神托的意思，他竟然率领着大军进攻卡帕多启亚来，满以为可以摧毁居鲁士和波斯的军队。当他还在从事进攻波斯人的准备工作的时候，一个在当时以前已被视为智者，特别是在这件事以后在国人当中十分享名的吕底亚人叫做桑达尼斯的来见他。他向国王这样谏言，说："国王啊，您准备进攻的对象是这样的一些人，他们穿着皮革制的裤子，他们其他的衣服也都是皮革制的；他们不是以他们所喜欢吃的东西为食，而只是吃那些在他们荒脊贫苦的土地上所能生产的东西。而且还不仅如此，他们平常不饮葡萄酒而只是饮水，他们没有无花果或其他什么好东西。这样，如果您征服了他们，他们既然一无所有，您能从他们手里得到什么东西呢？再说，如果您被他们征服的话，我希望您想想看，您会失去多少好东西。如果他们一旦尝到了我们的好东西，他们将紧紧抓住这些东西，我们休想再叫他们放手了。至于我，那我要感谢诸神，因为诸神没有叫波斯人想到要来进攻吕底亚人。"

尽管他是这样说，克洛伊索斯却没有把这话听进去；实际上，诚然如他所说，波斯人在征服吕底亚人以前，是没有任何美好的和华贵的东西的。

......

73：克洛伊索斯进攻卡帕多启亚是受着这样几个动机的驱使的：首先是他想得到领土加到自己的版图之内；然而主要的理由却是他想对居鲁士来给阿司杜阿该斯报仇，因为他相信神托的话而认为他可以做到这一点。原来美地亚的国王、库阿克撒列斯的儿子阿司杜阿该斯是克洛伊索斯的连襟，他曾为冈比西斯的儿子居鲁士所征服……

75：这样，居鲁士便征服和俘虏了他的外祖父阿司杜阿该斯……这次的俘虏成了居鲁士和克洛伊索斯不和的理由，于是克洛伊索斯便派人去请示神托，问他是否可以进攻波斯人，而且当他接到含糊其词的回答时，却认为对自己有利，因此便把自己的军队开进了波斯人的领土。在克洛伊索斯到达哈律司河的时候，他便使自己的军队通过我认为它所架设的、到今天还在那里的桥过了河，但是根据希腊人的一般说法，他是借着米利都人泰利士的帮助才渡过了河的……

76：克洛伊索斯率领着自己的军队渡过哈律司河以后，便进入了卡帕多启亚的一个叫作普铁利亚的地区（这是那个地方最强固的一个地点，位于黑海沿岸西诺佩的近旁）。克洛伊索斯在这里扎下了营，并且蹂躏了叙利亚人的田地。他攻占了普铁利亚人的城市，把城市的居民变为奴隶……这时居鲁士却纠合了一支军队，并且使在他进军的道路上的所有的居民加入自己的军队中来，这样来迎击克洛伊索斯。

当时在出征之前，他派遣使者到伊奥尼亚人那里去，想叫他们叛离克洛伊索斯，但是伊奥尼亚人并没有听他的话。可是当居鲁士已经到来并且和克洛伊索斯面对面地扎下营的时候，两军就在普铁利亚地方相互拼命地较量了一番。战斗是非常激烈的，双方阵亡的人都很多；结果，在夜幕降临的时候，双方便未分胜负地分开了。

77：两军就是这样地一决雌雄的。克洛伊索斯对于他自己的领队是不满意的（因为他作战的士兵比居鲁士的士兵要少得多），因此，在等他看到第二天居鲁士不再来进攻的时候，他就返回撒尔迪斯去，打算根据协定取得埃及人的帮助（因为在拉凯戴孟人结成联盟之前，他还曾和埃及的国王阿玛西斯缔结了联盟），又派人去请巴比伦人（因为他和巴比伦人也缔结了联盟，而当时拉比奈托斯是巴比伦人的国王），并且还带信给拉凯戴孟人，要他们在约定的时期前来助他一臂之力。他心目中是打算把所有这些军队和自己的军队集合到一起，等冬天过去而春天到来的时候，再向波斯人发动进攻。他带着这样的打算一回到撒尔迪斯，立刻便派遣使者到他的同盟者那里去，通知他们在第五个月集合到撒尔迪斯来。至于他手下曾对波斯人作战过的士兵，则凡是不属于他本族的雇佣兵他全部解散，但他却根本没有料到，在一场如此不分胜负的激战之后，居鲁士竟还敢到撒尔迪斯来挑衅。

......

79：当克洛伊索斯在普铁利亚一役之后收兵转回之时，居鲁士打听到克洛伊索斯收兵是为了把自己的军队解散，于是在详细考虑之后而立刻注意到这正是尽快地进攻撒尔迪斯的良机，为的是不等到吕底亚人得以再一次把他们的军队集合起来。他这样决定了，他进行得又是如此神速，他率军进攻吕底亚，而他本人竟向吕底亚国王通知了自己出征的消息。由于这一完全出于克洛伊索斯的意料之外的事件，国王陷入了极其困难的境地。尽管如此，他仍然率领吕底亚人出战了。这时在亚细亚，没有一个民族是比吕底亚人更加勇武好战了。他们通常是在马上作战的，他们手持长枪而且操纵战马的技术也非常高妙。

80：两军于是在撒尔迪斯城前的平原上相会了，这是一个广阔的和没有树木的平原……当居鲁士在这里看到吕底亚人列成战阵的时候，他害怕他们的马队的威力，因此便采用了美地亚人哈尔帕哥斯的献策。方法是这样的，他把所有随军载运粮食和行李的骆驼都集合起来，把它们背上驮的东西卸下来，叫打扮成骑兵模样的人民骑上去。这样打扮停当以后，他就下令要他们领着其他军队向着克洛伊索斯的骑兵队走去。他下令步兵之后才是骑兵队。当这些人全都准备好以后，他就下令给他的军队，要他们把道上所遇到的吕底亚人一个不留地杀死，但是只留下克洛伊索斯本人不杀死他，甚至在他反抗被俘的时候。以上就是他发布的命令。居鲁士之所以用骆驼来和敌人的马队对峙是因为马害怕骆驼，它在看到骆驼或是闻到骆驼的气味时都是受不了的；他就想用这个策略使克洛伊索斯的马队变得无用，而马队却正是克洛伊索斯赖之以得到某些声誉的东西。两军接战的时候，吕底亚人的骑兵队一看到和闻到骆驼（的气味）就回身逃窜，结果克洛伊索斯的全部希望便化为泡影了。不过吕底亚人到底并非卑怯之辈。当他们看到当前发生的事态时，他们便跳下马来徒步和波斯人作战，双方阵亡的人很多，但吕底亚人终于被击溃而被赶到自己的城里去，于是波斯人就把撒尔迪斯城包围起来了。

81：这样一来，他们就给对方包围起来了。克洛伊索斯认为这一围攻不会是短期的，因此从城内派使者到自己的联盟者那里去。他先前的使者是告诉他们在第五个月里在撒尔迪斯集合，但现在派出去的使者则是送信说他已经被围并请求他们尽可能快地前来援助。

82：这样，他便派遣使者到他的其他同盟者那里去，特别是到拉凯戴孟人那里去。然而这时，斯巴达人自己正在……和阿尔哥斯人发生争吵……

83：虽然从撒尔迪斯来的使者请求斯巴达人帮助被围攻的克洛伊索斯，虽然斯巴达人正在遇到上述事件，但他们听了使者的陈述之后，仍然立刻着手给他以帮助。不过当他们完成了准备工作而船只正要出航的时候，又来了一个消息说，吕底亚人的要塞已经被攻陷而且克洛伊索斯已经被俘了。因此，他们虽然对于其不幸遭遇深感悲痛，却不得不中止了援助的事情。

84：撒尔迪斯被攻陷的经过是这样。在克洛伊索斯受到围攻的第十四天，居鲁士派遣骑兵到自己的各个部队去，告诉全军说第一个爬上城墙的有赏。在这之后，全军发起了一次进攻，但是没有成功。于是，在其他的一切军队都无计可施地在那里观望的时候，一个叫作叙洛伊阿戴斯的玛尔多斯人决定在没有设置守卫的那个地方试图攀登城砦。因为在这一面，城砦是如此陡峭，看起来是难攻不落的，故而谁也不认为城砦会从这个地方被攻克……城砦的这一部分面对着特莫洛斯山。但是，在这前一天，这个玛尔多斯人叙洛伊阿戴斯却看到一个吕底亚人从绝壁上下来拾取从城上掉下来的钢盔，他注意到这事，思考了一番，而现在他亲自攀上了绝壁，其他的波斯人则跟在他后面。许多人爬到上面去，撒尔迪斯于是被攻克，全城都受到了洗劫。①

巴比伦尼亚有关抨击那波尼德的文章：

他②推倒了公道，他用武器杀死了（强者和）弱者……使商人们失去了（商）道……毁灭了国家，使国内听不见歌声……没有高兴的事……剥夺了他们的③财产……把他们投入了监狱……恶魔控制了他们，（只有）凶恶的恶魔站在（他的）一边……他没有任何神圣……国内任何人也没有看见他……他建立了辛（神的）雕像……，（那波尼德说）："……我将建筑这座神庙，我将建造他④的住屋，我将用模子制砖，奠定基础，崇拜（这个）神庙并装饰它。我要永远称它为艾

---

① ［古希腊］希罗多德：《历史》第1卷，46—84。
② 即那波尼德。
③ 巴比伦尼亚的居民。
④ 辛神。

呼勒呼勒。当我完成这个建筑时,我将把它拿在手中,将它①安置在他的小屋中。在完成此事之前,我将放弃庆典②,中止新年的庆祝。"

他从事制砖的工作,绘制了(神庙的)平面图,奠定了牢固的基础,将它升高,灌注了石膏和沥青,并像在艾沙基尔一样,在他面前放置了强有力的公牛(雕像)。

他把部分军队托付给自己的长子③,亲自带军队到(很多)国家去。他把王国托付于他,而自己则前往远方。阿卡德的军队同他一起到西方的泰依麦去……他们④用剑杀死了泰依麦的国王,屠杀了他的城市和他的国家的全体居民。他在他的住屋中安置了神(像)……他装饰了城市……他们把这个城市变成了类似在巴比伦的宫殿……他在会上自夸说:"我——英明之主,我智慧超群,我会看见隐秘,(虽然还)没能用芦笔⑤写出来。"

居鲁士使巴比伦众神的(雕像)回到了他们的神殿,他使他们⑥的心得到了满足……每天都把食物放置在他们的面前……(对)巴比伦的(居民来说)高兴的时候来到了……从监狱中释放了出来。⑦

4. 征服新巴比伦王国

(1)《巴比伦年代记》片段

第六年⑧,因吐曼伽召集了自己的军队,并派去反对安桑之王库拉

---

① 即辛神的雕像。
② 在巴比伦的艾沙基尔的马尔都克神庙中的新年庆典。
③ 白尔 - 沙尔 - 乌初努。
④ 即巴比伦的军队。
⑤ 在黏土上书写楔形文字的工具。
⑥ 巴比伦的众神。
⑦ 这是一篇抨击那波尼德的政论性文章,是在波斯人占领美索不达米亚之后由巴比伦尼亚的祭司用阿卡德语写成的。铭文损毁极为严重。中译文译自苏联《古代东方史文选》第2卷,第21—22页,俄译文有删节。
⑧ 那波尼德统治第6年,即公元前550年。

什（即居鲁士），以便征服（他的国家），因吐曼伽的军队叛变了他，而他被捉为俘虏。他们把他转交给库拉什，库拉什进攻了首都①阿伽曼塔那②。他把作为战利品从阿伽曼塔那运来的白银、黄金和其他财富送到了安桑之国。

在第9年③……尼萨努月，帕尔苏④国家之王库拉什召集了自己的军队，并越过阿尔贝拉下游的底格里斯河。在阿雅努月，他进攻了（吕底亚）国家。杀死了他的国王，夺取了它的财富，（并）把自己的卫戍部队派到那里去，而后，国王及其卫戍部队留在那里……

（第17年）⑤……月……城市众神马尔都克、扎巴巴和基什（城）的众神、宁里尔（以及）呼尔萨卡拉曼的（众神）来到巴比伦⑥。到乌努努月底，阿卡德国家众神……来到巴比伦。波尔西帕、库提和西帕尔众神未到（巴比伦）来⑦。

在塔什利吐月，当库拉什同阿卡德的军队在底格里斯河畔的奥彼斯进行会战时，阿卡德人退却了。他进行了屠杀并运回了战利品。在第14日⑧，西帕尔未经战斗即被占领。那波尼德逃跑了。在第16日⑨，乌格巴努，古提乌门国的总督⑩和库拉什的军队未经战斗即进入巴比伦。后来，当那波尼德退却时，他在巴比伦被捉住。在月底以前，古提人⑪的盾牌手围困了艾沙基尔的大门。在艾沙基尔和（其他）神庙

---

① 照字面意义是"威严之城"。

② 阿格巴塔那，米底人的首都。

③ 公元前547年。

④ 即波斯。

⑤ 公元前539年。

⑥ 按照那波尼德的命令，受到波斯军队占领危险威胁的巴比伦尼亚各城市中的神像被转运到巴比伦城。

⑦ 在牢固的城防工事中的雕像仍留在原地，未运到巴比伦来。

⑧ 公元前539年10月10日。

⑨ 10月12日。

⑩ 在巴比伦和波斯之间战前，古提乌门地区属巴比伦尼亚。但在军事行动开始后，这个省的总督乌格巴努（名字的另一个写法是古巴努）转到了居鲁士方面。

⑪ 乌格巴努总督的军队。

中的（仪式）没有被扰乱。（并且）为（仪式）所规定的期限也没被耽误。

在阿拉赫萨姆努月第3日[①]，库拉什进入巴比伦。在他前面的（道路）都铺满了（绿枝）。城里确立了和平。库拉什对全体巴比伦人说了祝福的话[②]。古巴努，他的总督，任命了巴比伦尼亚的地方长官。从阿达努月开始，被那波尼德命令运到巴比伦城来的阿卡德国家众神又回到了自己的地方。在阿拉赫萨姆努月第10日[③]夜，乌格巴鲁死了。在（阿拉赫萨姆努）月（……），国王的妻子[④]也死了。从阿拉赫萨姆努月第27日开始，到尼萨努月第3日止，在阿卡德服丧，（并且）所有的人都剃了光头。

尼萨努月第4日，冈比西斯、库拉什之子，来到神庙……祭司把纳布的权杖（给了他），（但当）他来到时，……由于（他）身穿着埃兰服装，所以祭祀没有让他护送纳布神的雕像；（只是）当从他身上取下矛和箭筒之后，国王之子才得以护送。（当）纳布神同节日游行队伍回到艾沙基尔神庙后，（冈比西斯）向白尔[⑤]神和白尔之子[⑥]奉献了牺牲。[⑦]

---

① 公元前539年10月29日。

② 文件证实，波斯国王居鲁士二世未经战斗即夺取了巴比伦城，并且不仅没有使城市、国家及其居民蒙受任何损失，相反，还将他们从之后一个巴比伦国王那波尼德的令人难以忍受的压迫下解放了出来。但对这些事件，古希腊的历史学家希罗多德的《历史》和色诺芬以及《圣经》"以赛亚预言"（《以赛亚书》），却作了完全不同的描述。据它们的说法，巴比伦是经过战斗后被占领的，而后遭到破坏。那波尼德在自己的铭文中断言，在他统治时期，巴比伦人处于幸福之中，国家的经济处于繁荣状态。

③ 11月7日。

④ 居鲁士二世的妻子。

⑤ 按字面意义是"统治者"，马尔都克神的绰号。

⑥ 纳布，马尔都克之子。

⑦ 按：该年代记是用阿卡德语写成的巴比伦尼亚最重要的历史事件的年代记。这里记述了居鲁士二世战胜米底直至夺取巴比伦尼亚的过程。译自苏联《古代东方史文选》第2卷，第18页。

(2) 波斯军队占领巴比伦尼亚

178：在居鲁士把大陆上所有其他民族收归自己掌握之后，他便向亚述人进军了。亚述拥有其他许多大城市，其中最有名、最强大的是巴比伦；在尼诺斯被毁以后，首府便迁移到巴比伦去了。下面我就要叙述一下巴比伦这座城市的情况。这座城市位于一个大平原之上，形状是正方的，每一面有一百二十斯塔迪昂长，因此它的周围一共是四百八十斯塔迪昂。这座城市的幅员有这般大，而它的气派也是我们所知道的任何其他城市所难以相比的。首先，它的四周有一道既宽且深的护城河，河里都是水，在护城河的后面则又是一道厚达五十王家佩巨斯、高达二百佩巨斯的城墙。王家佩巨斯比一般的佩巨斯要宽三个手指。

179：此外，在这里我必须提一提护城河里掘出来的土有什么用项，还要说一说城墙是怎样修筑起来的。在塔米从护城河里把土掘出之后，塔米立即把它做成了大砖，而在大砖的数量做得够用的时候，塔米就把这些砖放到窑里去烧。随后塔米便着手建筑；起初是用砖砌筑护城河的河岸，然后用同样的方式修造城墙本身，塔米用烧热的沥青当混凝土使用，并在每隔三十层砖的地方加上一层芦苇编成的席子。在上面，沿着城墙的两边，塔米修筑了互相对峙的单间的房屋，在这中间可以跑开一辆四匹马的战车。四面的城墙总共有一百座城门，它们全都是青铜的，即使是柱与楣也不例外。工程中所用的沥青是从离巴比伦有八天路程的伊斯城运到巴比伦来的，伊斯城旁有一条流入幼发拉底河的小河，它同样被称为伊斯河。在伊斯河的河水里，人们可以取得大量的沥青块，沥青便从那里运来供建造巴比伦城墙之用。

180：巴比伦城墙便是这样修建起来的。有一道河从中间把全城分成两部分，这条河便是幼发拉底河……

181：外面的一道城墙是城市的铠甲。但是在内部还有另外的一道城墙，这道城墙比外部的要薄一些，但它的坚固比之外城却毫无逊色。在城市的这两部分的中心，各有一座要塞。一方面是有坚固和高大的围墙环绕的王宫，另一方面则是倍洛斯。宙斯的圣域，这是一块有青铜门的、二斯塔迪昂见方的禁地；……在这个圣域的中央，有一个造得非常坚固，长宽各有一斯塔迪昂的塔，塔上又有第二个塔，第二个塔上又有第三个塔，这样一直到第八个塔……

184：巴比伦城曾经有许多统治者，他们都参与了修造装饰城墙和城内神殿的事业……在这当中有两位妇女统治者。在这两个人中间，前面的那个女王叫作谢米拉米司……

185：后面的那第二位女王，名字叫作尼托克里司……

188：而居鲁士出征的目标便是尼托克里司的儿子，他和他的父亲拉比奈托斯同名并且是亚述的元首……

189：在走向巴比伦的道路上，居鲁士到达了金德河的河畔……当居鲁士试图渡过这条只有用船才能渡过的河流时，在随他出征的白色圣马中，有一匹非常鲁莽地冲到河里去打算涉水而过，但是这匹马被水流卷住冲跑，因此给淹死在河里了。对于这条河流的暴虐无礼，居鲁士感到十分愤怒；他威吓说他将要打垮这条河流的威力，而使甚至妇女都能够不湿到自己的膝盖而容易地渡过去。这样地进行威吓之后，他便停止了他对巴比伦的进军而把他的军队分成两部分，随后，他用绳从金德斯河的两岸向四面八方各量出了一百八十道壕沟的线记。他下令他的军队在两岸按着线记进行挖掘。由于人手众多，他的威吓的话实现了；但是，这样他们却把整整一个夏季的时光费在了这件事上面。

190：这样，居鲁士便用挖掘了三百六十道泄水壕沟的办法对金德斯河进行了报复。到第二年的春天一经到来的时候，他又向巴比伦进军了。巴比伦人在城外列阵，等候着他的到来。到他来到离城不远的地方，双方打了一仗，在这一仗中，巴比伦人被波斯国王战败而退守到城内去了。过去当他们看到居鲁士把一个个民族相继征服，并相信他决不会就此罢休而最后将轮到他们的时候，他们便准备了可供多年食用的粮食以备一旦被围攻时之需。因此他们便准备把自己关在城内，丝毫不把居鲁士的围攻放在心上了。时光这样一天天地过着，但是围攻毫无进展可言，居鲁士于是不知以后怎样办了。

191：不知道是有人在他感到无计可施的时候向他献策，还是他自己想出了办法，他采取了下列的步骤。他使他的军队留驻在河流流进城内的那个地方，并且命令军队，在看到幼发拉底河的河道可以徒步涉水的时候，立刻顺着河道攻入城内。这样安排停妥，并发出了这个命令之后，他自己便率领着他的军队中不能作战的那一部分撤退到尼托克里司为幼发拉底河挖掘的人工湖那里去，在那里他做了和巴比伦女王尼托克里司先前所做的同样的事情。他用一道壕沟把幼发拉底河疏导到当时已变成一片沼泽地的人工湖里去，结果河水竟落到可以涉水而渡的程度。于是留驻在巴比伦城河边准备进攻的军队，便从幼发拉底河的河道进入了这座城市，那时河水已落到大约相当到大腿的一半高的地方。如果巴比伦人预先知道这件事，或者如果巴比伦人注意到居鲁士这种行动的意图的话，他们本来可以把波斯人放进城来然后在使对方遭到极为悲惨的结局；因为他们可以把临河的城门全部关闭，自己登上沿河的两道城墙，他们便可以居高临下利用十分有利的地位把敌人一网打尽。可是实际上，波斯人竟完全出其不意地出现在他们面前。巴比伦城的居民说，由于城区面积广大，城区靠外边的居民被俘虏了，城区中部的居民还不晓得这件事情，（由于那时他们正在举行祝祭），而还在继续尽情地跳舞寻欢作乐；直到最后，他们才确切地知道了事情的真相。巴比伦第一次被攻克的情况便是这样了。①

(3) 居鲁士文书

我是居鲁士，宇宙之王，伟大的王，强有力的王，巴比伦之王，

---

① ［古希腊］希罗多德：《历史》第 1 卷，178—191。

苏美尔和阿卡德之王，世界四方之王，安桑之王，伟大的王冈比西斯的儿子，安桑之王，伟大的王居鲁士①的孙子；安桑之王，伟大的王铁伊斯普的后裔；永久王国的种子——这个王国的政府是恩里尔神②和纳布神③所喜爱的，他们期望把它统治得令他们称心如意。

当我和平地进入巴比伦，并且在万众欢腾中在王宫里立下我的家的时候，伟大的主宰马尔都克使巴比伦居民的好心都倾向于我，而我每天都注意尊敬他。我的大军和平地、胜利地进入巴比伦城。我不许整个苏美尔和阿卡德有敌人。我好意注意了巴比伦的内政以及它的一切圣地。巴比伦的居民已经从其不当的束缚下（……被解放出来）。我恢复了他们被破坏了的房屋，消除了他们的愁苦。

伟大的主宰马尔都克欣喜我的行为，仁慈地称赞了我这个尊敬他的国王居鲁士和我的亲生儿子冈比西斯以及所有我的军队；而我们则诚心诚意地、兴高采烈地赞颂他的伟大的神格。一切从上海④到下海⑤的国家住在宫殿里的国王……住在天幕里的西方国家的国王——所有他们都送来了厚重的贡品，并且到了巴比伦来吻我的脚。从……城到亚述城和苏撒城：阿卡德、埃什嫩那、赞巴、麦杜恩、狄尔以及胡吐姆地区，底格里斯河彼岸的城，那里自远古以来建立的居住地，居于其中的神，我都恢复了他们的地位，并且为他们建立永久的居所。

我召集了一切的人，并且恢复了他们的住宅。那波尼德冒犯了主宰神，把苏美尔和阿卡德的神祇带到了巴比伦；而我奉伟大的主宰马尔都克的指示，毫无损害地把他们安放在他们的殿宇里，指示令人喜欢的居所。一切被我送回到他自己庙宇所在地方的神，每天都在恩里

---

① 这是波斯帝国的开国之君，居鲁士的祖先，是另一个居鲁士，他曾经在公元前639年向亚述国王亚述巴尼拔进贡。

② 是苏美尔的最高神，土地神。

③ 是智慧和文字之神。

④ 指地中海。

⑤ 指波斯湾。

尔神和纳布神前，宣布我的日子的长久，陈述我的好事，并且对我的主宰马尔都克说，尊敬你的国王居鲁士和他的儿子冈比西斯……

（以下原文残缺）[①]

(4) 居鲁士的圆筒印章铭文

库拉什——世界四方之王、伟大的王、强有力气的王、苏美尔和阿卡德之王……

那波尼德弄走了古已有之的众神的雕像……他仇视地取消了每天给众神的（牺牲），他把对众神之王马尔都克的崇拜置诸脑后[②]。他作恶于自己的城市[③]……他残暴地进行统治（？），诸神离开了自己的住所……由于人们的抱怨，触怒了众神的主宰[④]……他开始察看和考查所有国家，寻找公正的统治者，以便伴随他[⑤]。他召来安桑之王库拉什，使他成为全世界的统治者。他使古提乌门国及整个乌曼－曼达[⑥]匍匐于他[⑦]的脚下。而他[⑧]公正地对待鼓舞了他去进行征服的黑头发的人[⑨]。

马尔都克，伟大的统治者，自己人民的保卫者，对库拉什的善事感到满意。嘱咐他进攻自己的城市巴比伦……他作为朋友而同他一起前进，使他未经战斗即进入自己的城市巴比伦，而不使城市遭受任何损害。他把不崇拜他的那波尼德交到他的手中。巴比伦的全体居民和苏美尔、阿卡德全国居民、王公和总督在他面前鞠躬致敬，并吻他的

---

① 林志纯主编：《世界通史资料选辑（上古部分）》，北京：商务印书馆，1962年版，第184—186页。
② 那波尼德力图用降低在巴比伦万神庙中占有最高地位的马尔都克的作用的办法，提高月神辛神的作用。
③ 巴比伦。
④ 即马尔都克。
⑤ 按巴比伦习俗，在新年庆祝游行时，马尔都克神的雕像应当伴随国王。
⑥ 在这里是指米底人及在它统治下的斯基泰部落。
⑦⑧ 即居鲁士二世。
⑨ 在泥板文书铭文中，"黑头发的人"是表示巴比伦人的绰号。

脚，并为国王在他的统治之下而兴高采烈。他们高兴地庆祝他作为世界的统治者，他们依靠他的帮助而起死回生……并且他们祝福他的名字。①

(5) 白罗斯的《巴比伦史》片段

那波尼德统治第 17 年②，波斯的居鲁士在征服了亚洲其余的地方之后，用大批军队侵入了巴比伦尼亚。那波尼德率领大批军队同他相遇，并进行了战斗。那波尼德在战斗失败后，便带着为数不多的（亲随）逃跑，并幽居在波尔西帕。居鲁士夺取巴比伦后，命令摧毁了城市的外墙，而后便前往波尔西帕，以便包围那波尼德。城市未经受住包围而投降了。③

5. 和马撒该塔伊人的战争，居鲁士之死

201：当居鲁士把巴比伦这个民族征服之后，他就想把马撒该塔伊人也收归自己的统治之下。而马撒该塔伊人据说是一个勇武善战的强大民族，他们住在东边日出的方向，住在阿拉克赛斯河对岸和伊赛多涅斯人相对的地方。有一些人说他们是斯奇提亚的一个民族。

……

205：这时，马撒该塔伊人的统治者是一个丈夫去世之后即位的女王托米丽司。居鲁士派遣使节到她那里去，指示他们假装表示代他求婚，就是说想娶她为妻。但托米丽司知道他所要的不是她本人，而是马撒该塔伊人的王国，于是便不许他们的任何人前来见她。居鲁士看到他的诡计未能得逞，便把大军开抵阿拉克赛斯河，公开地表示出进攻马撒该塔伊人的意图。他着手在河上架桥，以便使他的军队过

---

① 居鲁士的这个黏土圆筒印章铭文，是在公元前 539 年波斯人夺取巴比伦之后由巴比伦祭司写成的。原文为阿卡德文。铭文记载了居鲁士二世夺取巴比伦时采取的策略以及夺取巴比伦后采取的政策。中译文译自苏联《古代东方史文选》第二卷，第 19—21 页。

② 即公元前 539 年。

③ 白罗斯是巴比伦人，马尔都克神庙的祭司，他在约公元前 290 年用希腊文写了三卷本的有关巴比伦尼亚文化和历史的著作。在该著作中，他利用了真正的历史文件。白罗斯的这部著作现在只留下了一些片段。

去，并在渡河用的浮桥上修筑舫楼。

206：但是正当居鲁士这样做的时候，托米丽司派了一名使者到他这里来，说："美地亚人的国王啊，不要忙着干你打算干的这件事吧，因为你不能知道你干的这件事会不会对你真有好处。请满足于和平地治理你自己的王国，并容忍我们治理我们所统治的人们吧。可是我知道，你必不肯听从这个忠告，因为你是最不喜欢安静无事地待着的。那末，如果你非常想与马撒该塔伊人兵戎相见的话，你现在就不要再费事去架桥了。请容许我们从阿拉克赛斯河向后退三日的路程，然后你再率领军队渡河到我们国里来，否则，如果你愿意在你的河岸那边与我们作战的话，那你们也请退同样日程的路程吧。"居鲁士听到这个建议之后，便把波斯人的领袖人物召集起来，并把这件事通知他们，要他们告诉他，他应当采取怎样的对策。所有人都赞同要托米丽司渡河过来，在波斯的土地上对她作战。

207：然而参加了这次会议的吕底亚人克洛伊索斯却不同意这个意见。他说："哦，国王啊，我在以前便向你说过，既然宙斯大神把我交到你的手里，那我将要尽我力之所及使你避免我所看到的逼临在王家之上的任何凶险之事。我自己身受的非常痛苦的灾祸已经使我得到了很大的教训。如果你自以为你并非凡人而你的军队又是天兵天将的话，那你毫无疑问可以不把我的忠告放到眼里。如果你觉得你自己是一个凡人，而你所统治的人还是凡人的时候，那末，首先便要记住，人间的万事万物都是在车轮上面的，车轮的转动是决不容许一个人永远幸福的。现在，谈到目前的这件事情，我的意见是和你的其他顾问的看法相反的。因为倘若你同意你的敌人进入你的国土，那你要冒多大的危险！如果你打了败仗的话，那你的帝国也就完了。可以肯定，如果马撒该塔伊人战胜的话，他们不会撤回本国，而是要向你的帝国的所有的地区进军。如果是你得到胜利的话，那末，你的战果就不会像你渡河作战时的战果那样大，因为到那边之后，你是可以乘胜直追的。当然，如果在你自己的土地上他们把你打败的话，他们会因你的损失而同样取得巨大战果的。如果在河的对岸你把托米丽司的军队打垮，那你立刻便可以冲击她的帝国的要害了。而且，且不说我方才所讲的那些，如果冈比西斯的儿子居鲁士向一个妇人屈服，并从她的领土之上退下来，那实在是一件不能容忍的可耻的事情。因此按照我的意思，我们渡过河并向前一直推进到他们所退的地方，然后设法用这样的办法来制服他们。我听人家说，马撒该塔伊人对于波斯人生活上使用的好的东西都没有见过，他们从来没有尝过人间的至美之味。因此，让我们在自己的营地里给他们准备盛宴，你可以慷慨地切大量的羊肉来烹饪，同时在许多酒杯里斟上醇酒以及准备各种各样的菜肴。然后，把最不行的那部分军队留下，而我们退回河岸。除非是我的判断弄错，他们看到摆出好的东西，他们是会忘掉一切而尽情在那里饮宴的。那时我们便可以成就伟大的功业了。"

208：居鲁士看到他面前摆着的这两个相反的计划之后，便放弃了他先前的想法，而愿意采取克洛伊索斯向他建议的那个计划，于是他便回答托米丽司，要她向后撤退而他本人渡河作战。托米丽司按她先前所约定的向后撤退了。于是他便把想使之继承他自己的王位的他的儿子冈比西斯托付给克洛伊索斯，并严厉地命令冈比西斯尊敬和厚待克洛伊索斯，即使他渡河攻打马撒该塔伊人失败。在他发出了这样的命令并把他们二人送回波斯之后，就率领大军渡河了。

209：他在渡河之后的第一夜，睡在马撒该塔伊人的土地之上的时候，他做了一个梦。在梦中他好像看见叙司塔司佩斯的长子肩头上长了翅膀，一只翅膀遮住了亚细亚，另一只翅膀遮住了欧罗巴。然而属于阿凯美涅斯家族的阿尔撒美斯的儿子叙司塔司佩斯，他的长子大流士那时也不过二十岁上下的样子；由于还不到上阵的年龄，他给留在后方的波斯了。当居鲁士从睡梦中醒来的时候，他把梦中的情况回想了一下，觉得这不是闹着玩的事情。因此，他便把叙司塔司佩斯召了来，私下里向他说："叙司塔司佩斯，你的儿子正在阴谋推翻我的王位。我将要告诉你我是怎样知道了这件事情的。诸神都在警卫着我的安全，因此如有任何危险，他们都会预先告诉给我的。既然如此，故而我昨夜在睡觉的时候，梦见了你的长子肩头上长了翅膀，一只翅膀遮住了亚细亚，另一只翅膀遮住了欧罗巴。从这一点我可以确定，毫无疑问，他正在对我发动阴谋。因此你要尽快地回到波斯去，并且一定要在我征服了马撒该塔伊人之后回来的时候，设法把你的儿子带到我的面前来，我好讯问他这件事情。"

210：居鲁士这样讲，是因为他相信大流士正在阴谋反对他。但是他把神警告他的这个梦的真正含意理解错了，神的意思是告诉他说，他本人将要死在他所在的那个地方，而王国最后将要由大流士来继承。叙司塔司佩斯是这样回答居鲁士的："王啊，上天是不准任何活着的波斯人对你有什么阴谋的。如果有这样的一个人的话，那么就让他尽快地死掉吧。因为是你使被人奴役的波斯人变成了自由的人，是你使臣服于别人的波斯人变成了统治一切人的人。如果有一个梦告诉你说我的儿子正在阴谋反对你的话，那我就把他交给你任凭你来处理好了。"叙司塔司佩斯这样回答了居鲁士之后，便再一次渡过阿拉克赛斯河，赶忙回到波斯，为居鲁士把他的儿子大流士给监视起来了。

211：这时，居鲁士从阿拉克赛斯河的河岸已经走了一日的路程，他按照克洛伊索斯的意见做了。他把他的军队中最无用的那一部分留在营地之上，而带着自己的精锐部队返回阿拉克赛斯河。但不久之后，马撒该塔伊人的一支相当于全部人数的三分之一的部队，前来进攻居鲁士留下的那部分军队，并在后者抵抗的时候把他们全都杀死了。而当这些人在歼灭了敌人之后看到了准备好的盛宴时，便坐下开始饮宴起来。当他们吃饱喝足的时候，他们就睡着了。于是居鲁士所率领的波斯人便来到这里，杀死了他们许多人，并俘虏了更多的人，其中就有统率马撒该塔伊人的斯帕尔伽披赛斯，他是女王托米丽司的儿子。

212：当托米丽司听到她的儿子和她的军队的遭遇时，她便派了一名使者到居鲁士那里去，对她说："嗜血无厌的居鲁士啊，不要因为你做了这样一件事而得意。葡萄做的酒这种东西你们喝了就会失去理智，这种酒到了农民肚子里去，又会使恶言恶语涌出你们的口；而你们正是用这种毒物陷害他，而不是在公开的堂堂正正的战争中打败他；这样看来，这对你并不是什么光彩的事情。所以现在听我的忠告并相信这对你乃是良言，把我的儿子送还给我，并且可以不受惩罚地离开这块国土。你已经蹂躏了马撒该塔伊人的军队的三分之一，这也就差不多了。如果你不这样做的话，那我凭着马撒该塔伊人的主人太阳神起誓，不管你多么嗜血如渴，我也会叫你把血喝饱了的。"

213：居鲁士根本没有把她的这话放到心上；不过托米丽司女王的儿子斯帕尔伽披赛斯在醉后醒来时，知道自己身处于悲惨之境，便请求居鲁士给他解开绑绳。绳子是解开了，但是在斯帕尔伽披赛斯的双手刚刚得到自由的时候，他便自戕而死了。

214：他便这样地结束了自己的生命。托米丽司知道了她的意见未被接受，便把国内的全部军队纠合起来和居鲁士交锋。这一场战争，根据我的判断，在夷人（即非希腊人——译者）所曾进行的一切战争当中，确实可以说是最激烈的一次了。而且，实际上我也听到了当时战争的情况。原来，据说在一开头的时候，他们双方在对峙的情况之下相互射箭，很快地在他们的箭全都射完的时候，他们便相互猛冲上来用枪、剑之类的武器进行了殊死的厮杀。据说，他们便这样厮杀了很长的一段时间，哪一方面都不想退却，结果是马撒该塔伊人取得了胜利。波斯的军队大部分都死在那里，而居鲁士本人也在统治了二十九年之后在这一场战争中战死了。托米丽司用革囊盛满了人血，然后便在波斯阵亡者的尸体中间寻找居鲁士的尸体。她找到了他的尸体，就把他的首级割下来放到她那只盛血的革囊里去，而且在蹂躏居鲁士的尸体时，她说："我现在还活着，而且在战斗中打败了你，可是由于你用奸计把我的儿子俘虏了去，则战败的毋宁说是我了。然而我仍然想实现我威吓过你的话，把你的头用血泡起来，让你饮个痛快吧。"关于居鲁士的死的传说的确是有很多的，但我只叙述了上面的一种，因为我认为这个说法是最可信的。[1]

6. 波斯人对犹太人的政策

居鲁士二世关于恢复耶路撒冷神庙的敕令[2]：

古犹太语的译文:在波斯国王居鲁士统治第 1 年[3]，为执行有耶勒米亚口授的耶和华的话，耶和华鼓舞了波斯国王的精神，他命令在自己整个王国用口头或书面的形式告知如下事情：波斯国王居鲁士如是说：天神耶和华把地上的整个王国交付于我，并且，他责成我给他在耶路撒冷，即在犹太建造一座神庙。你们中，即所有他[4]的人民中的人希望，愿他的神与他同在，希望他前往耶路撒冷，即犹太，希望改建在耶路撒冷的以色列的神耶和华的神庙，愿所有（被召回来的）留下住在一起的人用白银、黄金，各种器皿以及牲畜，连同给在耶路撒冷神庙的捐助一起帮助他。

阿拉美亚文译文：当时大流士[5]发出命令，并寻找珍藏于巴比伦的档案中的宝贝，在米底的王宫所在地埃克巴塔那找到一块铅板，上面写有如下有纪念意义的记载："在居鲁士统治的第 1 年，国王居鲁士发布了有关在耶路撒冷的神庙的敕令：愿这座神庙建在能带来牺牲的地方；其基座应当是牢固的，高度是 60 肘，宽度是 60 肘，用三排粗石和一排新木——在所有这些方面的花费都经由王室支付。还有纳弗荷多洛索尔[6]从耶路撒冷神庙中带走并运往巴比伦去的神庙的黄金和白银器皿，望能送回耶路撒冷，并希望能将它们放置在神庙中原来的地方。"

圣经的资料说："波斯王古列元年，耶和华为要应验借耶利米口所说的话，就

---

① ［古希腊］希罗多德:《历史》第 1 卷，201—214。

② 《古代东方史文选》第 2 卷，第 23 页。

③ 指居鲁士二世在巴比伦尼亚统治的第 1 年，即公元前 538 年。

④ 即耶和华。

⑤ 即大流士一世

⑥ 指新巴比伦王国国王尼布甲尼撒二世，他在公元前 597 年命令破坏了耶路撒冷的神庙。

激动波斯王古列的心，使他下诏通告全国说：'波斯王如此说：耶和华天上的神，已将天下万国赐给我，又嘱咐我在犹太的耶路撒冷，为他建造殿宇。在你们中间凡做他子民的，可以上犹太的耶路撒冷，在耶路撒冷重建耶和华以色列神的殿（只有他是神），愿神与这人同在。凡剩下的人，无论寄居何处，那地的人要用金银财物牲畜帮助他；另外也要为耶路撒冷神的殿，甘心献上礼物。'"①

大流士的有关指示："现在河西的总督达乃和示他波斯乃，并你们的同党，就是住河西的亚法萨迦人，你们当远离他们。不要拦阻神殿的工作，任凭犹太人的长老，在原处建造神的这殿。我又降旨，吩咐你们向犹太人的长老为建造神的殿当怎样进行，就是从河西的款项中急速拨取贡银做他们的经费，免得耽误工作。他们与天上的神献燔祭所需用的公牛犊、公绵羊、绵羊羔，并所用的麦子、盐、酒、油，都要照耶路撒冷祭司的话，每日供给他们，不得有误。好叫他们献馨香的祭给天上的神，又为王和众王子的寿命祈祷。我再降旨，无论谁更改这个命令，必从他房屋中拆出一根梁来，把他举起悬在其上，又使他的房屋成为粪堆。若有王和民伸手更改这命令，拆毁这殿，愿那使耶路撒冷的殿作为他名居所的神，将他们灭绝。我大利乌（按：大流士）降这旨，当速速遵行。"②

据阿拉美亚文件，犹太人曾作为军事殖民者被派到埃及去，驻守在埃及南方的埃烈芳提那，他们在那里分到份地。现有若干犹太军事殖民者的书信和私人契约保存下来。如 AP10：

阿塔薛西斯统治第 9 年，基什利月第 7 日，即埃及的托特月第 4日，埃烈芳提那要塞的妇女、麦苏拉赫之女伊耶荷亨对埃烈芳提那要塞的犹太人、扎库尔之子麦苏拉姆说了如下一些话："你给了我一笔计

---

① 《以斯拉记》，1，1—4。《圣经》均采用"中文和合本"译文。
② 《以斯拉记》，6，6—12。

利息的货币贷款，按国王的衡制为 4 舍客勒。每舍客勒为 2 哈努努，我应付（利息）即每个月（共）8 哈努努。如果利息同本金累计，利息会增加利息（即利滚利），其余依此类推。如果第二年开始了，而我（还）未付给你写在这个文件中的白银及利息，那么，你，麦苏拉姆，以及你的孩子有权夺去你们在我这里所能找到的我的财产——砖房、白银或黄金、铜或铁、奴隶、大麦、波尔巴小麦或你们在我这里能找到的其他食品，直至我完全付给你白银及利息为止。而当此文件还在你那里时，我无权对你说下面这样的话：'白银及利息我已付给你了。'当这个文件还在你手里时，我也无权在长官和法官面前控告你说：'你夺走了我的财产。如果我死了，我的孩子应付给你这些白银和利息。你，麦苏拉姆，有权夺取你找到的任何食品或财产，直到完全付清你的白银和利息为止。而当文件还在你手里时，他们将无权在长官和法官面前控告你。并且，如果他们去到法庭，在文件还在你手里时，他们将不可能赢得审判。"安那尼亚之子哈坦按伊耶荷亨口授写了这个文书。证人（4 人名字）。[①]

7. 冈比西斯二世即位和远征埃及

(1) 出征埃及的原因

1：居鲁士死后，帕尔那斯佩斯的女儿卡桑达涅和居鲁士所生的儿子冈比西斯便继承了王位。卡桑达涅是在她的丈夫之先死去的，居鲁士曾因她的死深为哀悼，并通告在他所统治下的一切人都为她服丧。这个妇女和居鲁士所生的孩子冈比西斯把伊奥尼亚人和爱奥里斯人看成是从父亲手里继承过来的奴隶；他率领着其他在他统治之下的

---

① 《古代东方史文选》第 2 卷，第 58 页。

人们，并在他所君临的希腊人的伴随之下，远征埃及去了。①

1：居鲁士的儿子冈比西斯率领在他治理之下的各个民族——其中包括属于希腊民族的伊奥尼亚人和爱奥里斯人——的军队进攻埃及的时候②，埃及的国王便正是上面所提到的那个阿玛西斯。事情的起因是这样的：冈比西斯派一名使者到埃及去，要娶阿玛西斯的女儿。他这样做是由于一个埃及人的怂恿；这个埃及人出了这样一个主意，是因为阿玛西斯使他离开了自己的妻子儿女而把他交到波斯人手里来，因此他对阿玛西斯就怀恨在心了。原来这个埃及人是一个眼科医生，而当居鲁士派人到阿玛西斯那里去，请他送给自己一位最好的眼科医生的时候，埃及国王便从全部的埃及医生当中把他挑选出来，强行把他送到了波斯。既然这个埃及人对阿玛西斯心怀不满，因此他教唆冈比西斯讨阿玛西斯的女儿做妻子。如果阿玛西斯同意，那他就会心中烦恼；如果他拒绝，那他就会使冈比西斯成为他的敌人。当信息送来的时候，非常害怕波斯的强大威力的阿玛西斯真是惊恐万状，既不能把女儿送给冈比西斯，又不能拒绝他；原来冈比西斯本不打算使他的女儿做自己的妻子，而只是使她做自己的侍妾而已，这一点阿玛西斯是知道得很清楚的。于是他便仔细考虑了这件事情，而终于想出了他可以用来应付一下的一个办法。前面的国王阿普里埃司有一个名叫尼太提司的女儿，这是一个身材颀长而又美丽的女子，是这个王家当中唯一留下来的人。阿玛西斯把这个女子用衣服和金饰打扮起来，然后把她当作自己的女儿送到波斯去。但是过了不久，在冈比西斯拥抱她而按照她父亲的名字称呼她的时候，这个女子便向他说："国王啊，我看你还不知道阿玛西斯怎样地骗了你呢。他把我打扮一番之后，就当作他自己的女儿送来了，但我实际却是他的主人阿普里埃司的女儿；阿普里埃司是被他和其他埃及人在他们起来叛变时杀死的。"正是这

① ［古希腊］希罗多德：《历史》第2卷。
② 按：一般公认的时间是前525年。

样的一番话以及其中所揭露的原委使居鲁士的儿子冈比西斯十分愤怒，从而率领军队进攻埃及。这便是波斯人的说法。

2：但是埃及人却说冈比西斯是他们自己的人，他们说冈比西斯是阿普里埃司的女儿尼太提司的儿子。他们说，派人到阿玛西斯这里来要娶他的女儿的是居鲁士不是冈比西斯。但他们的这种说法是不正确的，首先，他明知道得很清楚（因为埃及人比任何人都更清楚地通晓波斯的风俗习惯），在国王有嫡子的时候，庶子在习惯上是不能即波斯王位的；其次，冈比西斯是阿凯美尼达伊家的帕尔那斯佩斯的女儿卡桑达涅的儿子，而不是这个埃及女人的儿子。可是，他们这样歪曲史实是为了和居鲁士家族攀亲。而事情的真实情况就是这样。

3：还有这样一个说法，不过这个说法我是不相信的。它说，有一个波斯的妇人前来拜访居鲁士的妻妾们，并且大为赞赏和叹赏站在卡桑达涅身旁的那些身材高大而又眉清目秀的孩子们。于是居鲁士的妻子卡桑达涅便说："虽然我是这些孩子的母亲，居鲁士仍然瞧不上我，却尊重从埃及新来的这个妇人。"她讲这话的时候，心里对尼太提司是很恼怒的。于是她的最大的一个儿子冈比西斯便说："母亲，那末等我长大成人的时候，我会把整个埃及搅翻的。"当他说这话的时候，他大概是十岁的样子，妇女们听了他的话觉得很惊讶；但是从此他把这件事记在心里，因而等他长大成人做了国王的时候，他便出征埃及了。[①]

(2) 冈比西斯征服埃及的经过

4：此外还发生了一件事，也促使他出征埃及。在阿玛西斯的外国雇佣兵当中有一个名叫帕涅司的哈利卡尔那索斯出生的人，这是一个判断力强，而在作战时又很勇敢的人。这个帕涅司心中对阿玛西斯有些不满，便乘船从埃及逃跑，想来见冈比西斯。由于这个人在外国

---

① ［古希腊］希罗多德:《历史》第 3 卷，1—3。

雇佣兵当中远非等闲之辈并且对于埃及的一切事情都知道得清清楚楚，因此阿玛西斯便急于把他捉住。他派他最亲信的宦官乘着一艘三段桨船追他。这个宦官在吕奇亚把他捉住了，却没有把他带回埃及来。因为帕涅司在智谋方面远远地超过了他，帕涅司灌醉了他的守卫，因而跑到波斯来了。在那里，他发现冈比西斯正在准备出征埃及，但是正拿不定主意，不知道在行军时如何穿过那干燥无水的沙漠。于是帕涅司便把阿玛西斯的情况告诉了他，并向他说明行军的方法。关于这一点，他建议冈比西斯派人到阿拉伯的国王那里去，向他请教安全行军的办法。

5：而要想进入埃及，当前只摆着这样一条道路。这条道路从腓尼基一直通到卡杜提司市的边境……

9：阿拉伯人和冈比西斯派来的使节结了信谊以后，他立刻便想出了下面的办法：他把水装到骆驼的皮囊里面去，再叫他的所有的骆驼驮着这些水囊。这样安排了之后，他便把骆驼赶到无水的沙漠地带去，在那里等候冈比西斯的军队。这是在传说当中最为可信的一个说法，但是我必须还要说一下不甚可信的说法，因为人们也提到过它。在阿拉伯有一条叫作科律司的大河，它是流入所谓红海的。据说，阿拉伯国王通过用生牛皮和其他皮革缝成的一条长度可达到沙漠地带的水管，把水从河中引到干旱的地方去；而他又在那个地方挖掘了一些巨大的水池来承受和保存引过来的水。从河到沙漠地带是十二天的路程。他们说，水是通过三个水管引到三个不同的贮水处的。

10：阿玛西斯的儿子普撒美提科斯在尼罗河的所谓佩鲁希昂河口扎营列阵等候冈比西斯。因为当冈比西斯向埃及出征的时候，他发现阿玛西斯已经死了。阿玛西斯统治埃及的事情是四十五年……

11：波斯人穿过了无水的地区，并且在离埃及不远的地方扎了营寨，准备战斗。于是埃及人的、由希腊人与卡里亚人组成的外国雇佣军十分憎恨帕涅司，因为他把一支外国军队领进了埃及。他们之间想出了惩罚他的一个办法。帕涅司把儿子们留在埃及；雇佣兵于是捉住了他的儿子们，把他们带到军营里来而使他们的父亲看到他们。在这之后，他们就拿出一只合酒钵来，把它放在两军之间的地上，随后他们便把帕涅司的儿子领来，一个一个地在钵跟前，斩断了他们的喉咙。当帕涅司的最后一个儿子被杀死的时候，钵里又掺上了酒和水，所有的雇佣兵每人饮了一口血以后，立刻便出战了。随后发生的战争是非常激烈的，直到双方都有了大量阵亡的时候，埃及人才终于溃败下去。

......

13：埃及人在战斗中失败之后，便在混乱中逃走了；由于他们被赶到孟菲斯去，冈比西斯于是派遣了一名波斯使者乘着米提列奈的一只船溯河上行邀请他们缔结和约。当他们看到有船向孟菲斯驶来的时候，他们却全体从他们的城塞中向外出击，捣毁了这只船，像屠夫一样地肢解了沙漠的乘务人员，然后把它们带到城里面去。于是埃及人被包围在城里，但久而久之他们还是投降了；不过，邻居的利比亚人却被在埃及发生的事件吓住，未经抵抗便投降了，他们自愿纳贡并呈送了礼品。库列涅人跟巴卡尔人和利比亚人一样害怕，因此，也便这样做了。冈比西斯十分亲切地接受了利比亚人的礼物，但是却把库列涅人送来的礼物分给了自己的军队。我想，他这样做事表示他并不喜欢他们送来的这样少的礼物（因为库列涅人送来的实际上只有五百米那的白银）。

14：在孟菲斯城投降之后的第十天，冈比西斯便捉住了在埃及统治了六个月的埃及国王普撒美尼托斯，要他和其他的埃及人一同坐在城外以表示对他的轻蔑；在这样做了之后，他就用下面所说的一个办法来考验普撒美尼托斯的心情。他给国王的女儿穿上奴隶的衣服，并且给她一个水瓮叫她和跟她穿着同样衣服的女孩子去打水。这些女孩子也是显要人物的家庭中选出来的……

15：至于普撒美尼托斯的儿子，则被为了救他而派去的人们发现他已经死了，原来他是第一个被杀死的。但是他们却把普撒美尼托斯带了来见冈比西斯；此后他就一直住在那里，而没有受到任何虐待。如果他能安守自己的事业而不做非分之想的话，那他是会重新得到埃及而成为埃及的统治者的；因为波斯人习惯上对于国王的儿子是尊重的；甚至国王叛离了他们，他们仍然把统治权交还给国王的儿子。有许多例子可以说明他们这样做乃是惯例，特别是把父亲的统治权交还给伊纳罗司的儿子坦努拉司以及交还给阿米尔塔伊俄斯的儿子帕乌西里司；但没有人比伊纳罗司和阿米尔塔伊俄斯给波斯人以更大的损害了。但是，事实却是普撒美尼托斯策划了不正当的行动并得到了自己的报应；原来他在埃及人中间煽动叛乱的时候被捉住了；而当这件事传到冈比西斯那里去的时候，普撒美尼托斯便喝了牛血而立刻死掉了。他的下场就是这样的。

16：冈比西斯从孟菲斯向撒伊司城行进，打算做他确实做到了的一件事情。在进入阿玛西斯的王宫之后，他立刻下令把阿玛西斯的尸体从他的墓地搬出来。当这件事做完之后，他便下令鞭尸，拔掉它的头发，用棒子戳刺，并用各种办法加以侮辱……①

(3) 冈比西斯对埃塞俄比亚等地的失败征讨

17：在这之后，冈比西斯便计划了三次征讨：一次是对迦太基人，一次是对阿蒙人，一次是对居住在南海的利比亚海岸之上的长寿的埃西欧匹亚人。在他考虑了自己的计划之后，便决定派海军攻打迦太基人，派他的一部分陆军去攻打阿蒙人。至于埃西欧匹亚，他首先派医学间谍到那里去打听一下，在那个国家的太阳桌的传说当中哪些事情是真的，并侦查其他所有各种事物，借口则是送礼给埃西欧匹亚的国王。

……

---

① ［古希腊］希罗多德：《历史》第3卷，4—16。

19：当冈比西斯决定要把间谍派去的时候，他立刻派人到埃烈旁提涅城区把懂得埃西欧匹亚语的伊克杜欧帕哥斯人（意译则为食鱼者——译者）召了来。正当他们去找这些人来的时候，他又下令他的海军出航迦太基。但是腓尼基人不同意这样做，因为他们说，他们必须遵守一个严正的誓约，而不能不道德地攻击他们之间的子孙；腓尼基人既不愿意，其他人等就没有资格担任战斗的任务了。这样，迦太基人便逃脱了被波斯人奴役的命运。原来冈比西斯并不愿对腓尼基人使用强力，因为他们是自愿前来投靠波斯人的。而且全部海上力量也都得仰仗他们。赛浦路斯人也是自愿前来帮助波斯人征讨埃及的。

20：当伊克杜欧帕哥斯人应冈比西斯之召从埃烈旁提涅前来的时候，他便把他们派到埃西欧匹亚去。告诉他们应该讲什么样的话，同时又要他们带着一些礼品，即一件紫色的袍子、一挂黄金项链、一副手镯、一个盛着香膏的雪花石膏匣和一瓮椰子酒……

21：这样，在伊克杜欧帕哥斯人到埃西欧匹亚人这里来之后，便把礼物呈献给他们的国王，并且这样说："波斯人的国王冈比西斯很想成为你的朋友和宾客，因此派我们前来向你致意，而且他把他最喜欢使用的一些物品作为礼品奉献给你。"但是，埃西欧匹亚人看出他们是作为间谍而来的，便向他们这样说："波斯国王派你们携带礼物前来，并不是由于他很重视他和我之间的友谊，你们所讲的话也不是你们的真心话（因为你们此来是为了侦察我的国土），你们的国王也不是一个正直的人；如果他是个正直的人，那么除了他自己的国土之外，他就不应当再贪求任何其他的土地，而现在也不应当再想奴役那些丝毫没有招惹他的人们。那末，现在就把这只弓交给他并且把这个话传达给他："埃西欧匹亚人的国王忠告波斯人的国王，等波斯人能够像我这样容易地拉开这样大的一张弓的时候，他们再以优势的兵力前来攻打长寿的埃西欧匹亚人吧；但是在那样的时候到来之前，你应该感谢诸神，因为诸神是不会叫埃西欧匹亚人的儿子们想到要占领本国之外的土地的。"

22：他这样说完之后，便放松了这张弓的弓弦，把它交给了来人……
……

25：看完了这一切一切之后，间谍们便起程返回了。当他们报告了这一切之后，冈比西斯十分震怒，并立刻对埃西欧匹亚人进行征讨。他既不下令准备任何粮食，又没有考虑到他是正在率领着自己的军队向大地的边缘处进发；由于他不是冷静考虑而是处于疯狂的状态，因而在他听了伊克杜欧帕哥斯人的话之后，立刻率领全部陆军出发，而命令随他来的希腊人留在原地等他。当他在进军的道路上到达底比斯时，他又从他的军队中派出了大约五万人，要他们奴役阿蒙人并烧毁宙斯神托所；他本人则率领其他的大军向埃西欧匹亚进发了。但是在他的军队还没有走完他们全程的五分之一的时候，他们便把他们所携带的全部粮食消耗完了；而在粮食消耗完之后，他们就吃驮兽，直到一个也不剩的地步。然而如果冈比西斯看到这种情况，改变自己的原意而率领军队返回的话，则他起初虽然犯了过错，最后还不失为一个有智慧的人物；但实际上，他却丝毫不加考虑地一味猛进。当他的士兵从土地上得不到任何可吃的东西的时候，他们就借着草类为活；可是当他们到达沙漠地带的时候，他们的一部分人却做了一件可怕的事情——他们在每十个人当中抽签选出一个人来给大家吃掉。冈比西斯听到这样的事之后，害怕他们会变成食人的生番，于是便放弃了对埃西欧匹亚人的出征而返回底比斯，不过他已经损失了许多军队；他从底比斯又下行到孟菲斯，并允许希腊人乘船返回祖国。

26：他对埃西欧匹亚的出征就这样结束了。至于大军中被派出去攻打阿蒙人的那部分军队，他们是带着向导从底比斯出发进击的。人们知道他们到达了欧阿西司城①……隔着沙漠地带，离底比斯有七天的路程……据说军队就走到这里。在这之后，除去阿蒙人中间和那些听过他们讲的话的人之外，没有任何人能知道关于他们的任何事情

---

① 注：此地本来是一块绿地，但希罗多德把它变成了一个专名。他这里所指的是卡尔该大绿洲，离底比斯大约有七天的路程。

了；因为他们既没有到达阿蒙人那里，也没有返回埃及。但是阿蒙人中间的说法则是这样：当波斯人从欧阿西司穿过沙漠地带向他们进攻走到欧阿西司和他们的国土中间大约一半地方的时候，正在他们用早饭的当儿，起了一阵狂暴的、极强大的南风。随风而带过来的沙子便把他们埋了起来，他们便这样失踪了。以上就是阿蒙人关于这支军队的说法。①

(4) 对冈比西斯不利的传说：杀死阿庇斯圣牛、杀死自己的兄弟和姐妹等

27：在冈比西斯来到孟菲斯之后，在埃及那个地方出现了阿庇斯，这阿庇斯在希腊人那里称为埃帕波司。由于他的出现，埃及人立刻穿上了他们最好的衣服并且举行盛大的祝祭。冈比西斯看到埃及人这样的做法时，深信埃及人的这样一些欢乐的表现正是针对着他的不幸遭遇的，于是他便把孟菲斯的领袖们召了来。当这些领袖来到他面前的时候，他便问他们为什么正当他在损失了大批军队之后返回的时候，他们竟会有这样的举动；虽然，当他以前在孟菲斯的时候，他们并没有过这样的表现。领袖们告诉他说，习惯上每隔很久很久才会出现一次的一位神现在已向他们显现。而每逢这位神出现的时候，全埃及便举国欢庆并举行节日。冈比西斯认为他们是在撒谎，因此便处死了这些人，作为对他们说谎的惩罚。

28：在把这些人处死之后，他继而又把祭司们召到他跟前来。当祭司们所说的话也和前者相同的时候，他便说如果一个驯服的神到埃及这里来的时候，他是愿意见识见识的；因此他不多废话，立刻命令祭司们把阿庇斯带来。于是他们就找到了它，并把它带来了，原来这个阿庇斯是一只永远不会怀孕的母牛所生的牛犊。根据埃及人的说法，母牛是由于受到天光的照耀才怀了孕的，此后才生出了阿庇斯。

---

① ［古希腊］希罗多德:《历史》第3卷，17—26。

称为阿庇斯的这个牛犊的标帜是这样：它是黑色的，在它的前额上有一个四方形的白斑，在它的背上有一个像鹰那样的东西；尾巴上的毛是双股的，在舌头下面又有一个甲虫状的东西。

29：当祭司们把阿庇斯领进来的时候，当时几乎是处于疯狂状态的冈比西斯便拔出他的短刀来，向牛犊的腹部戳去，但是戳中的却是它的腿部。然后他笑着向祭司们说："你们这些傻瓜，难道这些可以感觉得到铁制兵器的血肉动物就是你们的神吗？老实说，埃及人也只配这样的神。但至于你们，你们使我变成你们的笑柄，在这件事上你们是会吃苦头的。"这样说了之后，他便命令有关人员痛笞祭司们一顿，并把他们中看到庆祝节日的任何其他埃及人给杀死。埃及的节日便这样地给停止了，祭司们受到了惩罚，阿庇斯则卧在神殿里，由于腿上的戳伤而死掉了。当它因伤而致死的时候，祭司们便背着冈比西斯偷偷地把它埋起来了。

30：根据埃及人的说法，由于做了这样一件事情，冈比西斯从以前的缺乏理智立刻便转变到疯狂的地步。他的第一件罪恶行为便是剪除了他的亲兄弟司美尔迪斯，他是由于嫉妒才把他的兄弟从埃及送到波斯去的，因为只有司美尔迪斯一个人才把伊克杜欧帕哥斯人从埃西欧匹亚人那里带回来的弓拉开了两达克杜洛斯宽，此外便没有任何一个人拉得动它了。司美尔迪斯回到波斯之后，冈比西斯便做了一个梦，梦里他好像看见从波斯来了一名使者，这个使者告诉他说司美尔迪斯已经登上了王位，而司美尔迪斯的头则一直触着上天。他自己害怕他的兄弟因此会把他杀死而自己做国王，于是他便把普列克撒司佩斯——他所最信任的波斯人派到波斯去把司美尔迪斯杀死。普列克撒司佩斯到苏撒这样做了。有些人说他诱引司美尔迪斯出来打猎，又有一些人说，他把司美尔迪斯领到红海①，在那里把司美尔迪斯淹死了。

31：他们说，这是冈比西斯的第一件罪行。继而他又剪除了他的

---

① 按：不是今天的红海，可能是指波斯湾。

亲姊妹，他曾把她带到了埃及并且和她结为夫妻。由于在这之前，在波斯人中间绝没有娶自己的姊妹为妻的风俗，因此他是用这样的办法娶了她的：冈比西斯爱上了他的一个姊妹并想立刻娶她为妻，但他的打算是违反惯例的，于是他便把王家法官召了来，问他们是否有一条法律，可以容许任何有这样欲望的人娶他自己的姊妹。这些王家法官是从波斯人中间选出来的，他们的职务是终身的，除非他们被发现做了什么不正当的事情，否则他们是不会被解职的；正是这些人判决波斯的诉讼事件，并且解释那里的世世代代传下来的各种法律；一切问题都要向他们请教的。这些人向冈比西斯做了一个既公正又安全的回答，这就是，他们找不到一条可以使兄弟有权娶自己的姊妹的法律，但是他们又找到一条法律，而根据这条法律则波斯国王可以做他所愿意做的任何事情。这样他们由于害怕冈比西斯而没有破坏法律，然而为了不致由于维持这条法律而使自己有性命的危险，他们又找到了另外一条法律来给想和自己的姊妹结婚的人辩护。因此冈比西斯立刻便娶了他所热恋的姊妹；但不久他又娶了另一个姊妹为妻。和他同来埃及的是姊妹中较为年轻的一位，就是这个人被他杀死了。

32：和司美尔迪斯的死一样，关于她的死也有两种说法：希腊人说，冈比西斯叫一只小狗和一只小狮子互斗，这个妇人也和他一同观看；当小狗被打败的时候，另一只小狗挣脱了绳索上去帮忙，结果两只小狗就把小狮子打败了。他们说，冈比西斯看了十分高兴，但是坐在他身旁的妇人却哭起来了。冈比西斯看到这种情况之后便问她为什么哭，她便说她是在看到小狗帮助它的兄弟时才哭起来的，因为她想到了司美尔迪斯，又想到何以竟没有一个人给他报仇。根据希腊人的说法，正是由于她讲了这样的话，她才给冈比西斯处死的。但埃及人的说法是：当他们二人坐在桌旁的时候，妇人拿起了一支莴笋并把它的叶子撕了下来，然后问她的丈夫他喜欢什么样的莴笋，带叶子的，还是不带叶子的。他说他喜欢带叶子的。于是她便回答说："可是你把居鲁士的一家弄得光光的和这支莴笋一样了。"他们说，他听了这话十分恼怒，便跳到她身上去，结果这位怀孕的妇女便由于他对她的伤害而流产死掉了。

33：以上便是冈比西斯加到他家人身上的疯狂行动；这些疯狂行动也许是由于阿庇斯的缘故而干出来的，也许是由于人们经常遭遇到的兄弟痛苦烦恼当中的某些而产生出来的。诚然，据说从一生下来的时候，他就染上了一种有些人称为"圣疾"的严重的疾病①。如果一个人的身体得了这样的重病，则他的精神也会受到这种病的影响，这一点并不是不可想象的。

34：我现在要说一说他加于其他波斯人身上的疯狂手段。根据他们的报道，他曾向普列克撒司佩斯说过这样的话：这个普列克撒司佩斯是他特别尊重的人，奏章都要通过这个人传奏给他，而这个人的儿子又在冈比西斯的宫廷担任着行觞官这样一个非常尊荣的职务。于是他便向普列克撒司佩斯说："普列克撒司佩斯，波斯人认为我是怎样的一个人，他们都谈论我一些什么？"普列克撒司佩斯说："主公，对于你其他的一切，他们都是非常称颂你的；但是他们说你嗜酒太过了。"普列克撒司佩斯便是这样地传达了波斯人的话。但是国王却恼怒地回答说："如果波斯人现在认为是由于好酒，我才发狂的话，那末，看来他们先前的说法也就是一个谎话了。"原来据说在这件事之前，当某些波斯人和克洛伊索斯侍坐在冈比西斯身旁的时候，冈比西斯曾问他们，他和他的父亲居鲁士比起来，他们认为他是怎样的一个人物；于是他们回答说，冈比西斯比他的父亲要好，因为他不仅取得了居鲁士的全部领土，此外他还取得了埃及和大海②。波斯人的说法是这样的。但当时在场的克洛伊索斯不满意他们的说法，于是便向冈比西斯说："在我看来，居鲁士的儿子，你是比不上你父亲的，因为你还没有像你父亲那样，有你这样的一个儿子。"冈比西斯听了心中甚是欢喜，

---

① 按：指癫痫病。
② 按：这显然是指地中海而言。

他称赞了克洛伊索斯的看法。

35：在想起了这件事之后，于是他便愤怒地向普列克撒司佩斯说："那么，你自己来判断一下，波斯人讲的是真话，还是他们在这样谈论我的时候并不是出于他们的真心。你的儿子就站在门口那边，现在如果我射这一箭而刺中了他的心的话，这就将会证明波斯人是错了；如果我射不中的话，那末，就是他们说对了。而我是失去理智了。"说着他便拉起了他的弓向那个男孩子射去，并命令剖开那倒下去的尸体和检验他的伤口。箭正射中在心脏上，于是冈比西斯非常高兴地笑了，他对男孩的父亲说："普列克撒司佩斯，很明显，我很清醒而是波斯人疯狂了。现在告诉我：在世界上你还看见过什么人能这样准确？"据说，普列克撒司佩斯看到冈比西斯已经疯狂，害怕自己也会遭到杀身之祸，于是他回答说："主公，我以为就是神本人也不能射得这样好。"当时，他所做的事情就是这样。还有一次，他拿捕了国内犯了微不足道的小过失的知名人士十二名，而把他们头朝下给活埋了。

36：吕底亚人克洛伊索斯看到他的这些行径向他进谏忠言，于是便向他说："主公，不要太放纵你那少年盛气和激情，克服和管制一下自己吧。谨慎是一件好事情，事先的考虑确是真正的智慧了。但是你怎么样呢？你为了一些微不足道的过错而处死了你的国人，而且被你杀死的还有男孩子。如果你总是这样做的话，那你便要当心波斯人会背叛你了。至于我，你的父亲居鲁士曾恳切地嘱告我向你提供自己的意见，并把我认为是好的忠告给你。"克洛伊索斯是出于自己的好意向他提出了这个忠告的，但是冈比西斯回答说："你也竟敢来向我进谏吗？你在治理你自己的国家时是一个蛮有办法的国王，你又向我父亲提供很好的忠告；而在马撒该塔伊人愿意渡河到我们国土来的时候，你却嘱告他渡过阿拉塞斯河去攻打他们；因此，你由于错误地治理你的国家而招来了灭亡，又由于错误地说服了居鲁士而毁了居鲁士。老实说，你会后悔的，我早就等着找个借口来收拾你了。"说着冈比西斯便拿起弓来要把他射死。但是克洛伊索斯跳了起来而逃跑了；冈比

西斯既然射不到他，便下令他的侍卫把他捉住杀死。侍卫们知道冈比西斯的脾气，于是把克洛伊索斯藏了起来。他们的意图是这样，如果冈比西斯后悔而寻找克洛伊索斯的话，那他们再把他送出来并会由于救他的性命而取得赏赐；但如果冈比西斯并不后悔，也不希望克洛伊索斯再回来的话，那时他们再把克洛伊索斯杀死也不迟。在这事发生之后不久，冈比西斯真的想要克洛伊索斯回来了，侍卫们看到这一点之后，便告诉他说克洛伊索斯还活着。冈比西斯说他也是很高兴听到这话的，但是那些救了克洛伊索斯性命的人却不能逃开惩罚而应当被杀死。于是他便真的这样做了。

37：冈比西斯对波斯人以及对他的同盟者做出了许多这类疯狂的事情。他住在孟菲斯的时候，曾在那里打开了古墓并检验里面的尸体。他还进入海帕伊司托斯神殿，并且对那里的神像倍加揶揄。海帕伊司托斯的这个神像和腓尼基人带在他们三桡船的船头上的、腓尼基人的帕塔依科伊（腓尼基的侏儒形的神——译者）极为相似……他还进入了卡贝洛伊神殿，这原来是除祭司以外谁也不能够进去的；他甚至在大加嘲弄之后，烧掉了这里的神像。这些神像也和海帕伊司托斯的神像相似，并且据说是他的儿子。

38：因此，不管从哪一点来看，我以为都可以肯定，冈比西斯是一个疯狂程度甚深的人物。否则他不会做出嘲弄宗教和习俗的事情……[①]

(5) 所谓的高墨达暴动和冈比西斯、巴尔迪亚之死

61：在居鲁士的儿子冈比西斯既然已经精神失常，而仍然耽搁在埃及的时候，两兄弟的玛哥斯僧叛离了他。其中一个曾被冈比西斯留在家中掌管家务。这个人现在叛离了他，因为他看到司美尔迪斯的死保守秘密，很少人知道这件事，而人们大多数以为他还在人世。于是

---

① ［古希腊］希罗多德：《历史》第 3 卷，27—38。

他便想用这样一个办法取得王权：他有一个兄弟……这是他的一个谋叛的伙伴；他的这个兄弟和居鲁士的儿子、冈比西斯的兄弟司美尔迪斯长得十分相似，而司美尔迪斯又是经他手杀死的；他们不仅长得一样，他们的名字也一样，都叫司美尔迪斯。这个玛哥斯僧帕提戴铁司于是说服了他这个兄弟，帕提戴铁司给他这个兄弟安排一切，他把他的兄弟领来，叫他坐在王位上。随后，他便派使者到各地去，其中的一个人到埃及去，去向军队宣布，从此他们不应听从冈比西斯，而要听从居鲁士的儿子司美尔迪斯的命令了。

62：其他的使者都按照命令到各地传达了这个布告；但是指定到埃及去的这个使者（发现冈比西斯和他的军队在叙利亚的阿格巴塔拿），便到他们大家的面前去，宣布了玛哥斯僧交给他的命令。当冈比西斯听到了使者说的话的时候，他以为这是真实的事情（以为那个被派去杀死司美尔迪斯的普列克撒司佩斯并没有这样做，而是欺骗了他冈比西斯）。于是他望着普列克撒司佩斯说："普列克撒司佩斯，你是不是按照我所吩咐的做了？"普列克撒司佩斯回答说："主公，这不是真的事情，你的兄弟司美尔迪斯是不会背叛你的，他也不可能和你有不论大小的任何纠纷；我自己做了你所吩咐的事情并且是我亲手埋葬了他。如果死者能够复活的话，那你就可以看到美地亚人阿司杜阿该斯也会起来反对你了。但如果现在的大自然的规律和先前一样不能改变的话，那末可以肯定，司美尔迪斯是不会伤害你的。因此现在我的意见是这样，我们派人去追赶这个使者并且好好地打听一下，是谁派他来传达说我们必须承认司美尔迪斯为我们的国王的。"

63：普列克撒司佩斯的这一番话，（冈比西斯认为颇有道理）于是立刻派人追踪这个使节并且把他带了来。而当他来的时候，普列克撒司佩斯便问他说："喂，我来问你，你说你的命令是从居鲁士的儿子司美尔迪斯那里发出来的；那末，现在告诉我，这样你就可以安全地回去：是不是司美尔迪斯亲自见到了你并给了你这个命令，还是只通过他的一个仆人？"使节回答说："由于国王冈比西斯到埃及去了，所以我自己从来没有见过居鲁士的儿子司美尔迪斯。冈比西斯委托他掌管家务的那个玛哥斯僧给了我这个命令，他说这是居鲁士的儿子司美尔迪斯的旨意，并说我应该把这个意思告诉你知道。"使节这番话，完完全全是老实话。于是冈比西斯说："普列克撒司佩斯，这件事我认为你是没有责任的，你非常忠诚地做了我吩咐你做的事情；但是背叛了我并且窃取了司美尔迪斯的名字的这个波斯人会是谁呢？"普列克撒司佩斯回答说："主公，我想我是知道事情的真相的。叛徒乃是那两个玛哥斯僧，一个是你委托掌管家务的帕提戴铁司，另一个是他的兄弟司美尔迪斯。"

64：冈比西斯一听到司美尔迪斯的名字的时候，他立刻便领会了普列克撒司佩斯的话的真义，以及领会到他的梦以及实现了；因为他曾经梦见有人告诉他，司美尔迪斯已坐上了王位，头一直触到天上去。而当他看到无端地把自己的兄弟司美尔迪斯杀死，于是他为自己的兄弟而痛哭起来了。在他哭够了之后，由于他的全部不幸遭遇，他便跳到马上，打算立刻前去苏撒惩办玛哥斯僧。在他上马的时候，他所佩带的刀的那个刀鞘的扣子松掉了，于是里面的刀就刺中他的股部，正伤了他自己过去刺伤了埃及的神阿庇斯的同一地方。冈比西斯认为这伤乃是致命的，于是他便问他所在的那个城市的名字是什么。他们告他说是阿格巴塔那。而且在这之前，从布头曾有一个预言告诉他说，他将要在阿格巴塔那结束自己的一生；冈比西斯认为这等于说，他在老年的时候，将要死在美地亚的阿格巴塔那，即他的主城。但是这个事件证明，神托所预言的乃是他要死在叙利亚的阿格巴塔那。因此当他询问并且知道这个城市的名字的时候，他因玛哥斯僧而遭到的不幸事件和他受的伤这双重的震荡使他恢复了正常的知觉，他懂得了神托的意思，并且说："居鲁士的儿子冈比西斯注定是要死在这里的了。"

65：这时他不再讲什么话了。但是大约在二十天以后，他便把他身旁最主要的那些波斯人召了来，向他们说："波斯的人啊！我现在不得不把我认为是最秘密的一件事情向你们宣布了。当我在埃及的时候，我做了一个我从来没有做过的梦；我梦见从家里来了一个使者，他告诉我说，司美尔迪斯已经坐上了王位，他的头一直触到天上去。于是我害怕我的兄弟会从我的手中夺走统治权，因此我不是贤明地加以考虑而是在仓促中动起手来。可是，我现在看到，没有一个人能够有力量扭转命运，我是多么愚蠢，我竟把普列克撒司佩斯派到苏撒去杀死司美尔迪斯。当这件大错铸成之后，我便觉得可以高枕无忧了，因为我从来没有想到，司美尔迪斯被铲除之后，会有另一个人起来反抗我。因此对于将要发生的事情，我完全估计错了。我毫无必要地杀死了自己的兄弟，结果我仍旧失去了我的王位。因为上天在梦中所预言的反叛行为是司美尔迪斯那个玛哥斯僧。现在我既然做了这件事，故而我要你们相信，居鲁士的儿子司美尔迪斯已不在人世了；现在玛哥斯僧已经占有了我的王国，那就是我留在家里给我管理事务的人和他的兄弟司美尔迪斯。但是，因玛哥斯僧对我的侮辱而特别要为我报仇的那个人，已经凶死在他最亲近的人手里了。这个人既因死去而不在，我只得把我一生中最后的期望嘱告给你们这些波斯人。因此，以我的王家诸神为誓，我命令你们，你们全体，特别是在这里的阿凯美尼达伊家的人们，不要叫主权再落到美地亚人手里去。如果他们是用策略取得了主权的话，那末，就再用策略从他们那里把主权夺回来；如果他们用强力夺走主权的话，那末，你们也便同样用强暴的手段把它夺回来。而如果你们这样做，那你们的田地便会生产果实，你们的妇女和牲畜便会多产子嗣，你们也会永远享到自由；如果你们不把王权夺回的话，或是不试图把王权夺回的话，那我便祈祷要你们事事不顺利，而每一个波斯人都要落得和我一样的下场。"冈比西斯这样说着，便由于自己一生中注定的命运的全部遭遇而痛哭起来了。

66：当波斯人看到他们的国王哭泣的时候，他们便撕碎了他们穿的袍子并尽情地高声悲叹起来。但是在这之后骨头坏疽，大腿也紧跟着烂了，结果居鲁士的儿子冈比西斯便死掉了；他统治了一共七年五个月，身后男女子嗣都没有。在场的波斯人心里完全不相信，那两个玛哥斯僧会是主人；他们认为冈比西斯是打算用司美尔迪斯的死亡的故事来欺骗他们，以便把整个波斯卷入对他的战争。[①]

(6) 希罗多德关于玛哥斯僧的司美尔迪斯时期的政策

67：……冈比西斯既死，僭称居鲁士的儿子司美尔迪斯的那个玛哥斯僧司美尔迪斯便肆无忌惮地统治了七个月，这七个月正凑足了冈比西斯的八年的统治。在这个时期中间，他大大加惠了他的全体臣民，以至在他死后，除去波斯人之外，没有一个亚细亚人不盼望他回来；因为他派人到他统治下的各地区宣布免除他们三年的兵役和赋税。[②]

僭称王者统治时期的文件：即推翻冈比西斯统治的巴尔迪亚统治时期。文件是用阿卡德语写成。

VS IV 86：

伊丁－纳布从伊基什手中获得属于铁匠的后代纳布－邦－杰里之子伊丁－纳布的 0.5 明那白银债务之利息的 4 西克勒白银。0.5 明那白银是给铁匠的后代纳布－巴拉特苏－伊克比之子伊基什抵债的。

契约由订约双方各执一份。

证人（2 人名字），书吏（名字）。

巴比伦，巴比伦之王，全国之王，巴尔迪亚统治第 1 年乌努努月第 10 日。[③]

---

① ［古希腊］希罗多德：《历史》第 3 卷，61—66。
② ［古希腊］希罗多德：《历史》第 3 卷，67。
③ 《古代东方史文选》第 2 卷，第 32 页。

BE 8 101：

到塔什利吐月第15日，艾利勒－百纳尼之子尼努尔塔－阿赫－
伊丁应将阿叔尔－纳丁－阿西之子伊丁－纳布带到尼普尔城，并将
他转交给沙马什－伊基舍之子阿拉德－古勒。如果在此期间他未将他
带到尼普尔城，并且未将他转交给沙马什－伊基舍之子阿拉德－古
勒，那么，依照属于尼丁吐的并且确定是尼努尔塔－阿赫－伊丁所欠
债务的债据，阿叔尔－纳丁－阿西和丹努－阿赫－伊布尼、尼努尔
塔－阿赫－伊丁应付钱给阿拉德－古勒。

证人（3人名字），书吏（名字）。

巴比伦，巴比伦之王和全国之王巴尔迪亚统治第1年乌努努月第
15 日。[①]

Sm 9：

埃吉贝的后代纳布－阿赫－伊丁之子伊提－马尔都克－巴拉吐
的奴隶纳布－比兰尼应交纳12库尔（按：1库尔 =150公升）枣椰子，
作为坐落于扎巴巴（神）之门前面而属于埃吉贝的后代纳布－阿赫－
伊丁之子伊提－马尔都克－巴拉吐的谷田的租金。

他应当在阿拉赫萨姆努月将枣椰子交到仓库去，每次交1潘（1
潘 =30公升）和1库尔线、叶子、小枝、纤维（和）果仁。

证人（2人名字），书吏（名字）。

巴比伦，巴比伦之王和全国之王巴尔迪亚统治第1年塔什利吐月
第1日。[②]

[①][②] 《古代东方史选》第2卷，第32页。

Nbk 17：

　　马尔都克－纳西尔－阿普利的奴隶纳布－雅努取走属于埃吉贝的后代伊提－马尔都克－巴拉吐之子马尔都克－纳西尔－阿普利的14⅔明那又9西克勒白银。为此按1明那计算（即年利20%），他每月将增加利息1西克勒白银。

　　证人（2人名字），书吏（名字）。

　　巴比伦，部落之王尼布甲尼撒统治第1年（按：和巴尔迪亚同时的僭称王者，公元前523年）塔什利吐月第16日。①

(7) 希罗多德关于玛哥斯僧司美尔迪斯之死的说法

　　68：……一个叫欧塔涅斯的人，是帕尔那斯佩斯的儿子，他是一个出身高贵的波斯人。这个欧塔涅斯是第一个怀疑玛哥斯僧不是居鲁士的儿子司美尔迪斯，而是玛哥斯僧本人的人。理由是他从来没有离开过他的城砦，也从来没有召见过任何波斯的知名人物；冈比西斯既然娶了欧塔涅斯的女儿帕伊杜美为妻，而玛哥斯僧现在也娶了她以及冈比西斯的其他妻妾，于是心中怀疑的欧塔涅斯便派人到他的那里去，问她是和居鲁士的儿子司美尔迪斯，还是和另外的人同床。她送回一个信说她不知道，因为她说她从来没有见过居鲁士的儿子司美尔迪斯，也不知道和她同床的人是谁。于是欧塔涅斯便送了第二个信，大意是说："如果你自己不认识居鲁士的儿子司美尔迪斯，那末，就去问和你一样嫁给这个人的阿托撒，因为她是一定会认识她的亲生兄弟的。"但是女儿的回答是："我不能和阿托撒讲话，我也看不到他家中的任何其他妇女。因为不管这个人是谁，在他做了国王之后，他立刻使我们各自分居在指定给每个人的地方。"

---

① 《古代东方史文选》第2卷，第33页。

69：当欧塔涅斯听到这话的时候，对于失去的真相便知道得更加清楚了。于是他就给他的女儿送了第三个信："女儿啊，你的高贵出身使你必须不惜冒任何危险做你父亲吩咐你做的事情。如果这个人不是居鲁士的儿子司美尔迪斯，而是另一个我心中怀疑的那个人的话，那末，就不能轻轻地饶过他，而是要对他加以惩罚，因为他玷污了你并坐上了波斯的王座。因此当他与你同床而你看到他睡着了的时候，按照我吩咐的去做并且摸一摸他的耳朵；如果你看到他有耳朵的话，那你就可以相信与你同床的是居鲁士的儿子司美尔迪斯，如果他没有耳朵，那便是玛哥斯僧名叫司美尔迪斯的了。"帕伊杜美送了回信说，她这样做要冒着极大的危险；如果结果知道他没有耳朵，而她被发现去试探他的时候，他是一定会把她弄死的。尽管如此，她仍然愿意一试。因此她答应按照父亲所吩咐的去做。因为人们知道，冈比西斯的儿子居鲁士在位时，曾由于这个玛哥斯僧司美尔迪斯所犯的某种重大过失而割掉了他的耳朵，至于什么过错，我却无从知道了。欧塔涅斯的女儿帕伊杜美履行了她答应她父亲做的事情。当轮到她去伴宿的时候（波斯的妃子们是定期轮流入宫伴宿的），她便与他同床并在他熟睡的时候用手摸了玛哥斯僧的耳朵，她容易地确定了他是没有耳朵的，于是到第二天早上，她立刻派人把这件事告诉给他的父亲了。

70：欧塔涅斯于是便把他认为是最可靠的两位地位极高的波斯人请了来，这两个人是阿斯帕提涅斯和戈布里亚斯，他把事情的全部经过告诉了他们。实际上这两个人自己也怀疑事情是这个样子了。于是他们立刻相信欧塔涅斯泄露给他们的事情。他们决定他们每人再找一个他们所最信任的波斯人加入他们的同党，欧塔涅斯找来了音塔普列涅司，戈布里亚斯找来了美伽比佐斯，阿斯帕提涅斯找来了叙达尔涅斯，因此他们便有六个人了。现在叙司塔司佩斯的儿子大流士又从波斯府来到了苏撒，因为他的父亲便是那个地方的太守。在大流士到来的时候，这六个波斯人立刻便决定把大流士也引入他们的一党。

71：于是这七个人集会到一处，相互间做了忠诚的保证并共同进行了商谈。而当轮到大流士发表自己的意见的时候，他是这样讲的："我以为只有我一个人知道做国王的是那个玛哥斯僧，而居鲁士的儿子司美尔迪斯已经死了。而正是由于这个原因，我才赶忙地跑来，为的是我可以设法铲除这个玛哥斯僧。但既然你们，而不是我一个人，也都知道事情的真相，那末，我的意见是不要耽搁而立刻动起手来。因为一耽搁就会坏事的。"欧塔涅斯回答说："叙司塔司佩斯的儿子，你的父亲是一个勇敢的人，而我认为你会表现出你是一个和你父亲同样勇敢的人；但仍然不要这样不加考虑地忙于做这件事情，而是要更加谨慎来进行这件事情。我们必须等待到我们有了更多的人的时候再来动手不迟。"但大流士回答说："列位，如果你们按照欧塔涅斯的意见去做，你们可要记着，你们的下场一定是会死得很惨的，因为有人会把这一切告诉给玛哥斯僧，以便使自己取得赏赐。但现在对你们来说最好的办法是你们自己不借外力而达成你们的目的；但既然你们喜欢把你们的计划告诉别人，而且你们这样地信任我而引我为你们的同党，因此我说，今天就动起手来；如果错过了今天，请你们相信，没有人会比我更早地控告你们，因为我自己就会把全部事情告诉给那玛哥斯僧的。"

72：看到大流士的性情这样急躁，于是欧塔涅斯回答说："既然你催促我们赶快动手行事而不要耽误，那末现在你自己告诉我，我们怎样进入皇宫向那玛哥斯僧进攻。皇宫四面都有守卫把守着，这一点你是知道的，因为你看到过或至少听到过他们；我们怎样突破守卫们的这一关呢？"大流士回答说："欧塔涅斯，许多事情虽用言语说不清楚，然而却可以用行动做出来；但有时容易解决的问题反而做得并不出色。你应当知道得很清楚，设置的岗哨是容易通过去的。因为我们既然有目前这样的身份，那就不会有任何一个人会不允许我们进去，部分是由于尊敬，部分也是由于畏惧；此外，我自己还有一个进去的最好的借口，因为我会说我是不久之前从波斯府来的，并且有一个信从我父亲那里给国王捎来。在必要的时候，是可以说谎话的。不管是说谎，还是讲真话，我们大家都是为了达到同一个目标，说谎的人这样做是为了取得信任，并由于他的欺骗而得到益处和更大的信任；益处我们只不过是用不同办法达到相同的目的罢了。如果没有得到利益的希望，则说真话的人也愿意说谎话，就和说谎话人愿意讲真话一样了。而如果任何门卫愿意放我们过去的话，那在今后对于他是会更加有利的。但如果任何人想抵抗我们，我们就把他宣布为仇敌。因此我们就冲进去开始我们的工作吧。"

73：继而戈布里亚斯说："朋友们，在什么时候我们有一个更好的机会争回王位，或是在我们做不到这一点的时候便死去呢？而且现在我们波斯人又被一个美地亚人、一个没有耳朵的玛哥斯僧统治着。你们这些在冈比西斯病时和他在一起的人们一定会记得他在临终时加到波斯人身上的咒诅，如果波斯人不试图把王位夺回的话。尽管当时我们不相信冈比西斯，而认为他这样说是为了欺骗我们。因此我的意见是，我们按照大流士的计划行事，不要放弃这个意见去做其他什么事情，而是立即向玛哥斯僧进攻。"戈布里亚斯便是这样说的。于是他们完全同意了他所说的话。

74：当他们正在这样集议的时候，发生了我下面所说的一些事件。两个玛哥斯僧经过商议，决定把普列克撒司佩斯笼络为自己的私党，因为他曾受到射死了他的儿子的冈比西斯的伤害，因为只有他一个人由于亲自动手杀过人，才知道居鲁士的儿子司美尔迪斯确实已经死了。此外，还因为普列克撒司佩斯在波斯人中间享有崇高的威望，因此他们便把他召来。而为了取得他的友谊，要他中间做出保证并发誓他决不向任何人泄露他们对波斯人的欺骗行为，而只把这件事放在自己的心里；而他们则答应他把任何东西都大量地送给他。普列克撒司佩斯同意了，他答应按照他们的意思去做。于是两个玛哥斯僧又向他说了第二个建议，即他们要在宫墙前面召集一个波斯人大会，而他则要到一个城楼上去，宣布说国王正是居鲁士的儿子司美尔迪斯，而不是任何其他的人。他们把这个任务交给了他，因为他们相信他是波斯人所最信任的人，因为他常常断言居鲁士的儿子司美尔迪斯还活着，并且否认杀人的事情。

75：普列克撒司佩斯也同意这样做了；于是玛哥斯僧便把波斯人召集到一起，把他带到一个城楼之上去并命令他发言。这时他把玛哥斯僧对他的要求早已放到一边，他从阿凯美涅斯向下历数居鲁士一家的家谱；当他最后说到居鲁士的名字的时候，他便列举国王对波斯所做的一切好事情，随后他便把真相揭露了出来。他说他所以把真相一直加以隐瞒（是因为他并不能安全地把它讲出来），但是现在他却有必要把它揭露出来了。他说："我是在冈比西斯的逼迫之下才把居鲁士的儿子司美尔迪斯杀死的，现在统治着你们的是那两个玛哥斯僧。"于是他就对波斯人做了一个可怕的咒诅，如果他们不能把王位夺回来并对玛哥斯僧进行报复的话。这之后，他便从城楼上头朝下地投了下来，经历了光荣的一生的普列克撒司佩斯便这样地结束了自己的生命。

76：这七个波斯人在商量之后，打算不再延迟而立刻进攻玛哥斯僧……

77：当他们来到大门的时候，发生了大流士所期待的事情。守卫者由于他们是波斯的显要人物而尊敬他们，并由于他们绝不会疑心他们的计谋，便没有盘问而在天意的引领之下进去了。进入宫中之后，他们在那里遇见了带信给国王的宦官；宦官问这七个人进来的意图是什么，同时对放进了这七个人的门卫加以威吓，并且不许这七个人再向里面去。这七个人相互间一咬喝，便掏出他们的匕首来，刺死了阻挡他们去路的宦官，一直跑到两个人的内室去了。

78：那时两个玛哥斯僧正好都在内室，商量任何对付普列克撒司佩斯的行动的后果。他们看到宦官们乱作一团并听到了他们的呼喊声，两个人便都赶忙跑了回去。而当他们看到发生了什么事情的时候，他们便动手保卫他们自己了。一个人赶忙拿下了他的弓，另一个人则拿起了他的长枪；这七个人和那两个人交起手来了。拿起弓的人发现弓对他已经没有用了，因为他的敌人离他很近，几乎已经逼到他跟前了。但是另一个人却用长枪保卫了自己，他刺中了阿司帕提涅斯的大腿，又刺中了音塔普列涅司的眼，音塔普列涅司没有因伤致死，但是他失去了眼睛。这便是被一个玛哥斯僧刺伤的人。另一个人由于无法用他的弓，便跑到和这间房屋相邻的房间去，打算把门关上。但是七个人中的两个——大流士和戈布里亚斯却和他一同冲到屋里去。戈布里亚斯和玛哥斯僧扭到了一处，但由于暗中看不到，大流士不知如何做是好，因为他害怕刺伤了戈布里亚斯；而戈布里亚斯看到大流士站在那里不动，便喊道为什么他不下手。大流士说："怕戳伤了你。"戈布里亚斯说："用你的刀来刺吧，刺到我们两个人身上也不要紧的。"于是大流士便用匕首来刺，很幸运，他刺中的正是那个玛哥斯僧。

79：他们杀死了两个玛哥斯僧并割下了他们的首级……①

（二）大流士统治时期的文献资料

1. 居鲁士对大流士野心的怀疑

他在渡河之后的第一夜，睡在马撒该塔伊人的土地上的时候，他做了一个梦。在梦中他好像看见叙司塔司佩斯的长子肩上长了翅膀，一只翅膀遮住了亚细亚，另一只翅膀遮住了欧罗巴。然而属于阿凯美涅斯家族的阿尔撒美斯的儿子叙司塔司佩斯，他的长子大流士那时也不过二十上下的样子；由于还不到上阵的年龄，他给留在后方的波斯了。当居鲁士从睡梦中醒来的时候，他把梦中的情况回想了一下，觉得这不是闹着玩的事情。因此，他便派人把叙司塔司佩斯召了来，私下里向他说："叙司塔司佩斯，我发现你的儿子正在阴谋推翻我和夺取我的王位。我将要告诉你我是怎样知道了这件事情的。诸神都在警卫着我的安全，因此如有任何危险，他们都会预先告诉给我的。既然如

---

① ［古希腊］希罗多德：《历史》第3卷，68—79。

此，故而我昨夜在睡觉的时候，梦见了你的长子肩头上长了翅膀，一只翅膀遮住了亚细亚，另一只遮住了欧罗巴。从这一点我可以确定，毫无疑问，他正在对我发动阴谋。因此你要尽快地回到波斯去，并且一定要在我征服了马撒该塔伊人回来的时候，设法把你的儿子带到我的面前来，我好讯问他这件事情。"

居鲁士这样讲，是因为他相信大流士正在阴谋反对他。[①]

2. 大流士上台前，波斯贵族关于采用什么统治形式的讨论

80：当五天以后混乱的情况好转的时候，那些起来反抗玛哥斯僧的人们便集会讨论全部局势。在会上所发表的意见，在某些希腊人看起来是不可信的，但毫无疑问这些意见是发表了的。欧塔涅斯的意见是主张使全体波斯人参加管理国家。他说："我以为我们必须停止使一个人进行独裁的统治，因为这既不是一件快活事，又不是一件好事。你们已经看到冈比西斯骄傲自满到什么程度，而你们也尝过了玛哥斯僧的那种旁若无人的滋味。当一个人愿意怎样做便怎样做，而自己对所做的事又可以毫不负责的时候，那末这种独裁统治又有什么好处呢？把这种权力给世界上最优秀的人，也会脱离他的正常心情的。他具有的特权产生了骄傲，而人们的嫉妒心又是一件很自然的事情。这双重的原因便是在他身上产生一切恶事的根源；他之所以做出许多恶事来，有些是由于骄傲自满，有些则是由于嫉妒。本来一个具有独裁权力的君主，既然可以随心所欲地得到一切东西，那他应当是不会嫉妒任何人了；但是在他和国人打交道时，情况却恰恰相反。他嫉妒他的臣民中最有道德的人们，希望他们快死，却欢迎那些最下贱卑劣的人们，并且比任何人都愿意听信谗言。此外，一个国王又是一个最难对付的人。如果你只是适当地尊敬他，他就会不高兴，说你侍奉他不够尽心竭力；如果你真的尽心竭力的话，他又骂

---

① ［古希腊］希罗多德:《历史》第 1 卷，209—210。

你巧言令色。然而我说他最大的害处还不是在这里，他把父祖相传的大法任意改变，他强奸妇女，他可以把人民不加审判而任意诛杀。不过相反的，人民的统治的优点首先在于它的最美好的声名，那就是，在法律面前人人平等。其次，那样也便不会产生一个国王所易于犯的任何错误。一切职位都抽签决定，任职的人对他们任上所做的一切负责，而一切意见均交由人民大众加以裁决。因此我的意见是，我们废掉独裁政治并增加人民的权力，因为一切事情是必须取决于公众的。"

81：欧塔涅斯发表的意见就是这样，但是美伽比佐斯的意见是主张组成一个统治的寡头。他说："我同意欧塔涅斯所说的全部反对一个人的统治的意见。但是当他主张要你把权力给予民众的时候，他的见解便不是最好的见解。没有比不好对付的群众更愚蠢和横暴无礼的了。把我们自己从一个暴君的横暴无礼的统治之下拯救出来，却又用它来换取那肆无忌惮的人民大众的专擅，那是不能容忍的事情。不过暴君做什么事情，他还是明明知道这件事才做的；但是人民大众连这一点都做不到而完全是盲目的。你想民众既然不知道，也不能看到什么是最好的、最妥当的，而是直向前冲，像一条泛滥的河那样地盲目向前奔流，那他们怎么能懂得他们所要做的是什么呢？只有希望波斯会变坏的人才拥护民治；还是让我们选一批最优秀的人物，把政权交给他们吧。我们自己也可以参加这一批人物；而既然我们有一批最优秀的人物，那我们就可以做出最高明的决定了。"

82：以上便是美伽比佐斯的看法了。大流士是第三个发表意见的人。他是这样说的："我以为在谈到民治的时候，美伽比佐斯的话是有道理的，但是在谈到寡头之治的时候，他的话便不能这样看了。现在的选择既然是在这三者之间，而这三者，即民治、寡头之治和独裁之治之中的每一种既然又都指着它最好的一种而言，则我的意见是认为独裁之治要比其他两种好得多。没有什么能够比一个最优秀的人物的统治更好的了。他既然有与他本人相适应的判断力，因此他能完美无缺地统治人民，同时为对付敌人而拟订的计划也可以隐蔽得最严密。然而若实施寡头之治，则许多人虽然都愿意给国家做好事情，但之治愿望却常常在他们之间产生激烈的敌对情绪，因为每一个人都想在所有人当中为首领，都想使自己的意见占上风，这结果便引起激烈的倾轧，相互之间的倾轧产生派系，派系产生流血事件，而流血事件的结果仍是独裁之治；因此可以看出，这种统治方式乃是最好的统治方式。再者，民众的统治必定会因敌对而分裂，而是因巩固的友谊而团结起来；因为那些对大众做坏事的人是会狼狈为奸地行动的。这种情况会继续下去，直到某个人为民众的利益起来进行斗争并制止了这样的坏事。于是他便成了人民崇拜的偶像，而既然成了人民崇拜的偶像，也便成了他们的独裁的君主；在这样的情况下也可以证明独裁之治是最好的统治方法。但是，总而言之，请告诉我，我们的自由是从什么地方来的，是谁赐予的——是民众，是寡头，还是一个单独的统治者？因而我认为，既然一个人的统治能给我们自由，那末，我们便应当保留这种统治方法；再说，我们也应当废弃我们父祖的优良法制，那样做是不好的。"

83：在判断上述三种意见时，七个人里有四个人赞成最后的那种看法。这样一来，想使每个波斯人具有平等权利的欧塔涅斯的意见就失败了，于是他便向他们大家说："朋友和同志们，即然很明显，不管是抽签也好，或是要波斯人民选他们愿意的人也好，或是用其他什么办法也好，我们中间的一个人是必须做国王的了。但是要知道，我是不会和农民竞争的，我既不想统治，也不想被统治；但如果我放弃做国王的要求的话，我要提出这样一个条件，即我和我的子孙中的任何人都不受你们中间的任何人的支配。"其他六个人同意了他的条件，同时不参加竞争而处于旁观者的地位。而直到今天，在波斯只有他一个家族仍然是自由的，他们虽然遵守波斯法律，却只有在自愿的情况下才服从国王的支配。

84：其余六人于是商量如何才是选立国王的最公正的办法。他们决定，如果欧塔涅斯以外六个人之中有谁取得了王权，则欧塔涅斯和他的子孙他们每年应当得到美地亚织的衣服和波斯人认为最珍贵的一些物品作为年赏。他们做出这一决定的理由是：他是第一个策划了这件事的人，并且是他最初召集了密谋者的。这样，他们便把特殊的勋荣给了欧塔涅斯；但是对于他们所有的人，他们规定七个人中的任何一人只要他愿意，便可以不经过通报而进入皇宫，除非国王正在和一个女人睡觉的时候；此外还规定国王必须在同谋者的家族当中选择妻子。至于选立国王的办法，则他们决定在日出时大家乘马在市郊相会，而谁的马最先嘶鸣，谁便做国王。

85：大流士手下有一名聪明的马夫，名叫欧伊巴雷司。当散会的时候，大流士就向他说："欧伊巴雷司，我们商量了关于王位的事情，我们决定，在日出时我们所乘骑的马谁的最先嘶鸣便做国王。现在你想想看有什么巧妙的办法使我们，而不是别人取得这个赏赐。"欧伊巴雷司回答说："主人，如果用这个办法来决定你会成为国王的话，那你就放心好了。请你确信，只有你是可以担任国王的。在这件事上，我是有一套顶事的魔法的。"大流士说："像你所说的有什么办法的话，那末便立刻动手吧，因为明天就是决定的日子了。"欧伊巴雷司听了之后，立刻便做了下面的事情。在夜幕降临的时候，他带了大流士的马所特别喜欢的一匹牝马到城郊去把它系在那里；然后他把大流士的马带到那里去，领着它在牝马的四周绕圈子，好几次触到它，结果是使大流士的牡马和牝马交配起来。

86：到天明的时候，六个人都按照约定乘着马来了。而当天明乘马穿过城郊来到前一夜里系着牝马的那个地方时，大流士的马便奔向前并且嘶鸣了起来。与马嘶的同时，晴空中起来闪电和雷声。大流士遇到的这些现象被认为是神定的，并等于是宣布他为国王；他的同伴们立刻跳下马来，向他跪拜了。

87：有些人说这是欧伊巴雷司出的主意，（但波斯人却还有另外一种说法）。这种说法是说他用他的手插到牝马的阴部去，然后把手插在自己的裤子里，直到日出之时，将要把马牵出去的时候，把手掏出来放到大流士的马的鼻孔近旁，那匹马立刻嗅和嘶鸣了起来。

88：这样，叙司塔司佩斯的儿子大流士便成了国王……①

---

① ［古希腊］希罗多德:《历史》第3卷。

3.《贝希斯敦铭文》

《铭文》得名于比苏通或比索通村（今克尔曼沙赫境内）旁的贝希斯敦山。该山位于古代米底首都厄克巴丹通往巴比伦的交通要道之间，战略地位十分重要。山下有池，四时不竭的泉水，可供过往军旅使用。大概正是由于这池清泉之故，该山在古代便有"巴伽斯坦"（Bagastāna，古波斯语意为"神仙之地"）之称，很有一点宗教神秘色彩。再加上其山岩宛如绝壁，极难攀登，铭文不易被人破坏，因而被大流士选为勒铭地点。

《铭文》用古波斯、依兰和巴比伦三种文字刻于贝希斯敦山距地面 105 米高处的悬岩上。石刻本身长 22 米，高 7.8 米。整个布局明显分为 5 个部分：（1）浮雕，位于石刻中上方。上部为阿胡拉·马兹达雕像，下部左方为大流士、戈布里亚斯、阿斯帕提涅斯和被推翻的高墨达（躺在大流士脚下）雕像，下部右方为被俘的八王和西徐亚首领斯昆哈雕像。（2）浮雕左边，第一次刻的《铭文》古依兰文译本，共 4 栏 323 行，后废。（3）浮雕下部，《铭文》古波斯文本。前 4 栏共 449 行，为真正意义上的《铭文》。第 5 栏共 36 行，为大流士远征西徐亚人后加入，内容与前者无关。现在也把它看成《铭文》的一部分。（4）浮雕左边，《铭文》阿卡德文译本，1 栏 141 长行。（5）阿卡德译本之下，第二次补刻的《铭文》古依兰文译本，共 3 栏 650 行。

《铭文》于 1835 年为英国青年军官、克尔曼沙赫省总督军事顾问 H.C. 罗林森（1810—1895）所发现。其后，他断断续续用了将近 10 年时间才将它释读出来，并将其研究成果发表在 1846 年《皇家亚洲学会杂志》第 10 卷第 1、2、3 分册上。从此，它的内容始为世人所知。

学术界传统上认为《铭文》是大流士一世（公元前 550—前 486 年）为宣扬其在位第一年的文治武功而建立的纪功铭文。它详细记载了公元前 522—前 521 年席卷波斯帝国的历次动乱和大流士元年 19 战的丰功伟绩。

据现代学者研究，《铭文》内容不尽可靠，如《铭文》中有关高墨达政变的记载就严重歪曲了历史事实。被大流士杀死的不是高墨达而是真正的巴尔迪亚。因此，他们认为《铭文》是大流士为其篡夺王权制造合法依据而炮制的重要文件。

《铭文》的释读奠定了亚述学的基础。它不仅是古代伊朗，也是西亚最重要的铭文之一。[①]

第一栏

1—3. 我是大流士、伟大的王、众王之王、波斯王、各省之王、叙司塔司佩斯之子、阿尔沙米斯之孙、阿黑门宗室。

3—6. 大流士王说：我父（是）叙司塔司佩斯，叙司塔司佩斯之父（是）阿尔沙米斯，阿尔沙米斯之父（是）阿里亚拉姆涅斯，阿里亚拉姆涅斯之父（是）铁伊斯佩斯，铁伊斯佩斯之父（是）阿黑门尼斯。

6—8. 大流士王说：因此，我们被称为阿黑门人。自古以来我们就是贵族，自古以来我们的亲属就是国王。

8—11. 大流士王说：在我之前，我的亲属中（有）八个人曾经做过国王[②]。我是第九个。我们九个人连续为王。

11—12. 大流士王说：靠阿胡拉·马兹达之佑[③]，我成了国王。阿胡拉·马兹达赐予我王国。

12—17. 大流士王说：下述地区：波斯、依兰（胡齐斯坦）、巴比伦、亚述、阿拉比亚、埃及、沿海诸地[④]、萨狄斯（吕底亚）、爱奥尼亚、米底、亚美尼亚、卡帕多细亚、帕提亚、德兰吉安那（锡斯坦）、阿里亚（赫拉特）、花拉子模、巴克特里亚、索格底亚那、犍陀罗、塞卡（西徐亚）、撒塔巨提亚、阿拉霍西亚、马卡（马克兰），总共23个地区归我所有，靠阿胡拉·马兹达之佑，我成了他们的国王。

17—20. 大流士王说：以上（就是）我所有的地区。靠阿胡拉·马

---

① 选自《古波斯楔文集》，第29—74页。

② 大流士所说八王是：1. 阿黑门尼斯；2. 铁伊斯佩斯和他的两个儿子；3. 阿里亚拉姆涅斯；4. 居鲁士一世；5. 阿里亚拉姆涅斯之子阿尔沙米斯（后被居鲁士二世推翻）；6. 居鲁士一世之子冈比西斯一世；7. 冈比西斯一世之子居鲁士二世；8. 居鲁士二世之子冈比西斯二世。——译者

③ 该词早期为两个独立的词：Ahura（主）、Mazda（希望）。自阿黑门时期始拼写成一个词。

④ 可能是指地中海东岸沿海地区。——译者

兹达之佑，他们成了我的臣民。他们向我交纳贡赋。凡我给他们的一切命令，无论是白天还是黑夜，他们都遵行不误。

20—24. 大流士王说：对于上述地区的居民，凡忠信之士，我赐予恩典；凡不义之人，我严惩不贷。靠阿胡拉·马兹达之佑，上述地区遵守我的法律。凡我给他们的一切命令，他们都遵行不误。

24—26. 大流士王说：是阿胡拉·马兹达把这个王国赐予我。阿胡拉·马兹达帮助我占有了这个王国。靠阿胡拉·马兹达之佑，我统治了这个王国。

26—35. 大流士王说：以下就是我成为国王之后，我所建立的功绩。居鲁士有个儿子，名叫冈比西斯，（是）我们的亲属。他曾经是这里的国王。这个冈比西斯有一个兄弟，名叫巴尔迪亚①，他与冈比西斯同父共母，但后来这个冈比西斯杀死了那个巴尔迪亚。

冈比西斯杀死巴尔迪亚之后，人民并不知道巴尔迪亚已被杀死之事。冈比西斯随后就远征埃及去了。②冈比西斯到了埃及以后，人民心怀异志。此后在国内，无论是在波斯、米底，还是在其他地区，谎言③到处蔓延。

35—43. 大流士王说：这时，出现了一个人，一个穆护④，名叫高墨达。他在皮什亚乌瓦达的阿拉卡德里什山发难了。他起事的时间是维亚赫纳月 14 日。他这样欺骗人民说："我是巴尔迪亚，居鲁士之子、冈比西斯之弟。"于是，所有的人民，波斯、米底以及其他地区都背叛了冈比西斯，倒向（高墨达）一边。

他占据了这个王国。他占据这个王国的时间是加尔马帕达月 9

---

① 希罗多德称为司美尔迪斯。——译者
② 这次远征一般认为在公元前 525 年年初。
③ 谎言为琐罗亚斯德教谓恶神安格拉·曼纽象征的诸恶行之一。此外还有不义、不净、破坏、死亡等恶行。——译者
④ 也译作麻葛，旧译作玛哥斯僧，为琐罗亚斯德教祭司，在古代伊朗社会生活中占有重要地位。——译者

日。随后，冈比西斯以自我灭亡而告终。①

43—48. 大流士王说：穆护高墨达从冈比西斯手中夺走的这个王国，自古以来就是我们家族的。穆护高墨达后来从冈比西斯手中把（它）夺走了。他占据了波斯、米底和其他地区。他把它们攫为己有。他成了国王。

48—53. 大流士王说：没有一个人，无论是波斯人、米底人，还是我们家族中的某个人，能够从穆护高墨达手中夺回这个王国。人民非常担心他会杀死许多先前认识巴尔迪亚的人。为此理由他会杀死许多人，"以免他们知道我不是居鲁士之子巴尔迪亚"。

53—61. 在我没有来到之前，没有一个人敢议论穆护高墨达的任何事情。因此，我向阿胡拉·马兹达祈求帮助。阿胡拉·马兹达帮助了我。巴卡亚基什月，我带领少数人杀死了穆护高墨达和他最主要的追随者。我在米底尼赛亚地区西卡亚乌瓦提什要塞杀死了他。我从他手中夺回了这个王国。靠阿胡拉·马兹达之佑，我成了国王。阿胡拉·马兹达赐予我这个王国。

61—71. 大流士王说：我夺回了我们家族所失去的王国，并使其恢复了原状。然后，我修复了被穆护高墨达所破坏的寺庙。我把穆护高墨达从人民手中夺走的牧场、牲畜、奴仆②、房屋都归还了人民。

我把波斯、米底和其他地区的人安置到原址，恰如往昔。凡先前被夺走的东西，我都夺回来了。靠阿胡拉·马兹达之佑，我建立了上述功绩。我竭尽全力重建本王朝之原状。靠阿胡拉·马兹达之佑，我竭尽全力，使穆护高墨达未能篡夺本王朝。

---

① 关于冈比西斯之死，今人大多认为其并非希罗多德所说自伤致死（参见：《历史》第3卷，64—66），而是被波斯远征军中的贵族所杀。铭文 Uvāmarsiyuš amariyatā 是这些贵族对冈比西斯的恶毒诅咒，应译作"自我灭亡"。见：М. А. Дандамаев：Иран В первых Ахеменидах, Издательство Восточной литерауры, Москва, 1963, стр, 158–165。——译者

② 古波斯语称为"曼尼亚"。《古波斯楔文集》译作"家内人员"，《古代东方史料选辑（二）》译作"家内的契里亚几（俄国中古早期的奴隶）"。现译作"奴仆"。——译者

71—72. 大流士王说：以下是我成为国王之后，我所建立的功绩。

72—81. 大流士王说：当我杀死穆护高墨达之后，接着又有一个人，名叫阿辛纳，是乌帕达尔马之子，他在依兰①发难了。他这样对人民说："我是依兰的国王。"于是，依兰人叛变了，倒向那个阿辛纳一边。

他成了依兰的国王。又有一个巴比伦人，名叫纳迪塔巴伊拉（尼丁图·贝尔），为艾奈拉之子，他在巴比伦发难。他这样欺骗人民说："我是尼布甲尼撒，纳波尼德之子。"于是，巴比伦人全都倒向那个尼丁图·贝尔一边。巴比伦叛变了。他占据了巴比伦王国。

81—83. 大流士王说：我（命令）依兰，②把那个阿辛纳缚送我处，我处决了他。

83—90. 大流士王说：随后，我出征巴比伦，进攻那个自称尼布甲尼撒的尼丁图·贝尔。尼丁图·贝尔的军队占据了底格里斯河，凭借大河险阻（即河水很深），据河抵抗。因此我命令（我）军乘上皮筏；我命令一部分军队乘骆驼，另一部分军队乘马。阿胡拉·马兹达帮助了我，靠阿胡拉·马兹达之佑，我们渡过了底格里斯河。在那儿，我大败尼丁图·贝尔的军队，阿西亚迪亚月 26 日③，我们进行了会战。

90—96. 大流士王说：此后，我进兵巴比伦。在我没有达到巴比伦之前，那个自称尼布甲尼撒的尼丁图·贝尔已经带领一支军队来到幼发拉底河畔扎赞纳镇，要与我交战。于是，我们进行了会战。阿胡拉·马兹达帮助了我。靠阿胡拉·马兹达之佑，我大败尼丁图·贝尔的军队。他的部分军队被驱入河中，被河水冲走了。阿纳马卡月 2 日，我们进行了会战。

---

① 有的译本中作"苏萨""苏萨人"。见：William McNeill, *the Ancient Near East*, Oxford, New York, 1977,P.122.——译者

② 有的译本中为"我派了一支军队前往苏萨"。见前注引 William McNeill 书。——译者

③《古代东方史料选辑（二）》为阿西亚迪亚月 24 日。其他译本均为 26 日。——译者

第二栏

1—5.大流士王说：尼丁图·贝尔随即带领少数骑兵逃奔巴比伦，于是我进军巴比伦。靠阿胡拉·马兹达之佑，我占领了巴比伦，擒获尼丁图·贝尔。随后，我在巴比伦处决了那个尼丁图·贝尔。

5—8.大流士王说：当我在巴比伦时，下述地区又背叛了我：波斯、依兰、米底、亚述、埃及、帕提亚、马尔吉安那（木鹿）、撒塔巨迪亚、西徐亚。

8—11.大流士王说：有一个人，名叫马尔提亚，为钦奇赫里什之子，他曾在波斯库干纳卡镇居住过，他在依兰发难了。他这样对人民说："我是依马尼什，依兰的国王。"

11—13.大流士王说：当时我离依兰很近，依兰人由于害怕我，他们把首领马尔提亚抓起来杀了。

13—17.大流士王说：有一个米底人，名叫弗拉瓦尔提什（弗拉欧尔铁斯），他在米底发难了。他这样对人民说："我是赫沙什里塔[①]，乌瓦赫沙特拉（库阿克撒列斯）宗室。"于是，守卫宫廷的米底军队背叛了我，倒向那个弗拉欧尔铁斯一边，他成了米底的国王。

18—28.大流士王说：当时归属我的那支波斯米底军队，（兵力）是不大的。因此我派遣了一支军队，任命我的臣下波斯人维达尔纳（叙达尔涅斯）为他们的指挥官。我命令他们："前进，消灭那支背叛我的米底军队！"这个叙达尔涅斯随即带领军队出发了。他到达米底之后，在米底马鲁什镇与米底人进行了会战。那个米底人的首领当时不在场。阿胡拉·马兹达帮助了我。靠阿胡拉·马兹达之佑，我军大败那支叛军。阿纳马卡月 27 日，他们进行了会战。此后，我的这支军队在米底坎帕达地区等候我来到米底。

29—37.大流士王说：我派遣我的臣下亚美尼亚人达达尔希什出

---

① 即亚述铭文中提到的米底反亚述起义领袖卡斯塔里提（公元前 675—前 653 年）。——译者

征。我命令他："前进，消灭那支背叛我的军队！"达达尔希什随即出发了。达达尔希什到达亚美尼亚之后，叛乱者立刻集合起来进攻他，要与他交战。他们在亚美尼亚的祖扎西亚村进行了会战。阿胡拉·马兹达帮助了我。靠阿胡拉·马兹达之佑，我军大败这支叛军。图拉瓦哈拉月8日，他们进行了会战。

38—42. 大流士王说：叛乱者再度集合起来进攻达达尔希什，要与他交战。他们在亚美尼亚的提格拉要塞进行了会战。阿胡拉·马兹达帮助了我，靠阿胡拉·马兹达之佑，我军大败这支叛军。图拉瓦哈拉月18日，他们进行了会战。

42—45. 大流士王说：叛乱者第三次集合起来进攻达达尔希什，要与他交战。阿胡拉·马兹达帮助了我。

45—49. 靠阿胡拉·马兹达之佑，我军大败这支叛军。

泰卡尔奇什月9日，他们进行了会战。此后，达达尔希什在亚美尼亚等候我来到米底。

49—54. 大流士王说：随后，我派遣我的臣下波斯人瓦乌米萨出征亚美尼亚。我这样命令他："前进，消灭那支背叛我的军队！"瓦乌米萨随即出发了。瓦乌米萨到达亚美尼亚之后，叛乱者立刻集合起来进攻他，要与他交战。他们在亚述的伊扎拉地区进行了会战。阿胡拉·马兹达帮助了我。

54—57. 靠阿胡拉·马兹达之佑，我军大败这支叛军。阿纳马卡月15日，他们进行了会战。

57—63. 大流士王说：叛乱者再度集合起来进攻瓦乌米萨，要与他交战。他们在亚美尼亚的阿胡提亚拉地区进行了会战。阿胡拉·马兹达帮助了我，靠阿胡拉·马兹达之佑，我军大败这支叛军。

图拉瓦哈拉月月底，他们进行了会战。此后，瓦乌米萨在亚美尼亚等候我到达米底。

64—70. 大流士王说：随后，我离开巴比伦前往米底。我到达米底之后，那个自称米底国王的弗拉欧尔铁斯已经率领一支军队来到米底的昆杜鲁什镇，要与我交战。于是，我们进行了会战。阿胡拉·马兹达帮助了我，靠阿胡拉·马兹达之佑，我大败弗拉欧尔铁斯的军队。阿杜卡纳伊沙月 25 日，我们进行了会战。

70—78. 大流士王说：这个弗拉欧尔铁斯随即带领少数骑兵逃往米底的拉加地区。于是，我派了一支军队追击，弗拉欧尔铁斯被擒，缚送我处。我割去其鼻子、耳朵和舌头，并刺瞎其一目。他被绑缚在我的宫门处，全体人民都看见了他。随后，我在哈马丹把他处以刺刑①。他最主要的追随者都被我绞死在哈马丹要塞。

78—88. 大流士王说：有一个撒伽尔提亚人，名叫奇萨塔赫马（特里坦塔伊赫米斯），他背叛了我。他这样对人民说："我是撒伽尔提亚的国王，库阿克撒列斯宗室。"我立即派遣了一支波斯米底军队，任命我的臣下米底人塔赫马斯帕达为他们的指挥官。我命令他们："前进，消灭那支背叛我的叛军！"塔赫马斯帕达随即率领军队出发了。他和特里坦塔伊赫米斯进行了会战。阿胡拉·马兹达帮助了我，靠阿胡拉·马兹达之佑，我军大败这支叛军，并把特里坦塔伊赫米斯缚送我处。

88—91. 我立即割去其鼻子、耳朵，并刺瞎其一目。他被绑缚在宫门处，全体人民都看见了他。随后，我在阿尔贝拉把他处以刺刑。

91—92. 大流士王说：这（就是）我在米底所完成的事业。

92—98. 大流士王说：帕提亚和瓦尔卡纳（叙尔卡尼亚）背叛了我。他们自称是弗拉欧尔铁斯的（人）。我父维什塔斯帕（叙司塔司佩斯）当时在帕提亚。人民抛弃了他，起而造反。于是叙司塔司佩斯率领一支拥护他的军队出征，在帕提亚的维斯帕乌拉提什镇与帕提亚人进行了会战。阿胡拉·马兹达帮助了我，靠阿胡拉·马兹达之佑，叙司塔司佩斯大败这支叛军。维亚赫纳月 22 日，他们进行了会战。

---

① 古代西亚极刑之一。通常以木棍由犯人的肛门中插入，直贯上身，然后再将木棍和尸体竖起，悬尸示众。——译者

第三栏

1—9. 大流士王说：随后，我由拉加派了一支波斯军队给叙司塔司佩斯。这支军队到达叙司塔司佩斯那里后，叙司塔司佩斯受命指挥这支军队出征。帕提亚（有）个帕提格拉巴纳镇，他和叛乱者在那里进行了会战。阿胡拉·马兹达帮助了我，靠阿胡拉·马兹达之佑，叙司塔司佩斯大败了这支叛军。加尔马帕达月1日，他们进行了会战。

9—10. 大流士王说：这个地区又成了我的。这（就是）我在帕提亚所建立的功绩。

10—19. 大流士王说：（有）一个名叫马尔古什（木鹿）① 的省背叛了我。一个名叫弗拉达的马尔古人做了他们的首领。我立即命令我的臣下巴克特里亚总督波斯人达达尔希什进攻他。我这样命令他："前进，消灭那支背叛我的军队！"达达尔希什率领军队出发了，他和马尔古人进行了会战。阿胡拉·马兹达帮助了我，靠阿胡拉·马兹达之佑，我军大败这支叛军。阿西亚迪亚月23日，他们进行了会战。

19—21. 大流士王说：这个省立刻又成了我的。这（就是）我在巴克特里亚所建立的功绩。

21—28. 大流士王说：应该有名叫瓦希亚兹达塔的人，他曾（在）波斯的亚乌提亚地区塔拉瓦镇住过。他在波斯再度发难了。他这样对人民说："我是巴尔迪亚，居鲁士之子。"于是，那支先前来自亚达（安善）的、守卫宫廷的波斯军队背叛了我，倒向瓦希亚兹达塔一边。他成了波斯的国王。

28—37. 大流士王说：事件发生后，我派遣了一支听从我指挥的波斯米底军队，任命我的臣下波斯人阿尔塔瓦尔迪亚为他们的指挥官。另一支波斯军队随我出征米底。阿尔塔瓦尔迪亚随后率领军队出征波斯。他到达波斯之后，那个自称巴尔迪亚的瓦希亚兹达塔带领一

---

① 即马尔吉安那省。——译者

支军队来到波斯的拉哈镇，要与阿尔塔瓦尔迪亚作战。于是，他们进行了会战。阿胡拉·马兹达帮助了我。

37—40.靠阿胡拉·马兹达之佑，我军大败瓦希亚兹达塔的那支军队。图拉瓦哈拉月 12 日，他们进行了会战。

40—49.大流士王说：此后这个瓦希亚兹达塔带领少数骑兵逃奔皮什亚乌瓦达（帕萨加迪）。他在那里征集一支军队后，（又）来进攻阿尔塔瓦尔迪亚，要与他交战。他们在帕尔加（弗尔格）山进行了会战。阿胡拉·马兹达帮助了我，靠阿胡拉·马兹达之佑，我军大败瓦希亚兹达塔的那支军队。加尔马帕达月 5 日，他们进行了会战，他们擒获了那个瓦希亚兹达塔和他最主要的追随者。

49—52.大流士王说：随后，我在波斯的乌瓦亚第查亚镇把那个瓦希亚兹达塔和他最主要的追随者都处以刺刑。

52—53.大流士王说：这（就是）我在波斯所建立的功绩。

54—57.大流士王说：那个自称巴尔迪亚的瓦希亚兹达塔曾经派遣一支军队去哈拉乌瓦提什（阿拉霍西亚）进攻我的臣下阿拉霍西亚总督波斯人维瓦纳。他（瓦希亚兹达塔）任命了一个人为他们的指挥官。

57—64.他这样命令他们："前进，消灭维瓦纳和那支忠于大流士王的军队！"随后，瓦希亚兹达塔派遣的这支军队出发去与维瓦纳作战。他们在卡皮沙卡尼什要塞进行了会战。阿胡拉·马兹达帮助了我，靠阿胡拉·马兹达之佑，我军大败这支叛军。阿纳马卡月 13 日，他们进行了会战。

64—69.大流士王说：后来，叛乱者再度集合起来进攻维瓦纳，要与他交战。他们在加杜达瓦地区进行了会战。阿胡拉·马兹达帮助了我，靠阿胡拉·马兹达之佑，我军大败这支叛军。维亚赫纳月 7 日，他们进行了会战。

69—75.此后，瓦希亚兹达塔派来进攻维瓦纳的那支叛军的指挥官带领少数骑兵逃走了。当他逃过阿拉霍西亚的阿尔沙达要塞时，维瓦纳率领一支军队随后追上了他们，维瓦纳在那里擒获了他，并杀死了他最主要的追随者。

75—76.大流士王说：这个地区立刻又成了我的。这（就是）我在阿拉霍西亚所建立的功绩。

76—83.大流士王说：当我在波斯、米底时，巴比伦人再度背叛了我。有一个亚美尼亚人，名叫阿尔哈，为哈尔迪塔之子，他在巴比伦发难了。他在杜巴拉地区这样欺骗人民说："我是纳波尼德之子尼布甲尼撒。"于是，巴比伦人背叛了我，倒向那个阿尔哈一边。他自据巴比伦城，成了巴比伦的国王。

83—92.大流士王说：我立刻派遣了一支军队去巴比伦。我任命我的臣下波斯人维达法尔纳（印塔弗尔涅斯）为他们的指挥官。我这样命令他们："前进！消灭那支背叛我的巴比伦军队！"印塔弗尔涅斯随即率领军队向巴比伦进发。阿胡拉·马兹达帮助了我，靠阿胡拉·马兹达之佑，印塔弗尔涅斯击败了巴比伦人，并把他们押走。瓦尔卡扎纳月22日，他擒获了那个僭称尼布甲尼撒的阿尔哈和他最主要的追随者。我下了一道命令，把那个阿尔哈及其最主要的追随者在巴比伦处以刺刑。

第四栏

1—2.大流士王说：这（就是）我在巴比伦所建立的功绩。

2—11.大流士王说：靠阿胡拉·马兹达之佑，以上（就是）我成为国王之后，在一年内所建立的功绩。我进行了19次战争。靠阿胡拉·马兹达之佑，我击败了他们，擒获了9个国王。

（i）一个（是）穆护高墨达。他说谎。他这样说："我是居鲁士之子巴尔迪亚。"他使波斯发生了叛乱。（ii）一个（是）依兰人阿辛纳。他说谎。他这样说："我是依兰的国王。"

12—20.他使依兰人背叛了我。（iii）一个（是）巴比伦人尼丁图·贝尔。他说谎。他这样说："我是纳波尼德之子尼布甲尼撒。"他使巴比伦发生了叛乱。（iv）一个（是）波斯人马尔提亚。他说谎。他这样说："我是依兰的国王伊马尼什。"他使依兰发生了叛乱。（v）一个（是）米底人弗拉欧尔铁斯。他说谎。他这样说："我是库阿克撒列斯宗室的赫沙什里塔。"他使米底发生了叛乱。

20—31.（vi）一个（是）撒伽尔提亚人特里坦塔伊赫米斯。他说谎。他这样说："我是撒伽尔提亚的国王，属于库阿克撒列斯宗室。"他使撒伽尔提亚发生了叛乱。（vii）一个（是）马尔古什人弗拉达。他说谎。他这样说："我是马尔古什的国王。"他使马尔古什发生了叛乱。（viii）一个（是）波斯人瓦希亚兹达塔。他说谎。他这样说："我是居鲁士之子巴尔迪亚。"他使波斯发生了叛乱。（ix）一个（是）亚美尼亚人阿尔哈。他说谎。他这样说："我是纳波尼德之子尼布甲尼撒。"他使巴比伦发生了叛乱。

31—32.大流士王说：我在上述战争中擒获了这9个国王。

33—36.大流士王说：上述叛乱地区，是谎言使它们发生了叛乱，这些（人）这样欺骗了人民。此后阿胡拉·马兹达把他们交在我手中，我惩罚他们一任己意。

37—40.大流士王说：你，今后将要成为国王的人，要慎保自己，谨防欺诈。如果你想"愿我的国家永固万年"，就要严惩那些奸诈之徒。

40—43.大流士王说：以上（是）我所建立的功绩；靠阿胡拉·马兹达之佑，我在一年内建立了这些功绩。你，今后将要读到这个铭文的人，要相信我所做的一切，不要认为它是谎言。

43—45.大流士王说：我真诚地祈求阿胡拉·马兹达（即我祈求阿胡拉·马兹达为我作证）：凡我在这一年内所做的一切，都（是）真的，不是假的。

45—50.大流士王说：靠阿胡拉·马兹达之佑，我还建立了许多别的功绩，没有写入这个铭文。其所以没有写入的原因，是为了使今后将要读到这个铭文的人，不致因我所建立的功绩过多而生不信，反而可能认为它们是谎言。

50—52.大流士王说：靠阿胡拉·马兹达之佑，先前历代诸王在位时，他们在一年内所建立的功绩都没有我的多。

52—56.大流士王说：要相信我所做的一切，要这样向人民宣传，而不用隐瞒（它们）。如果你不隐瞒这个铭文，（而且）把它告诉人民，愿阿胡拉·马兹达与你为友，愿你的家族昌盛，愿你万寿无疆！

57—59.大流士王说：如果你隐瞒这个铭文，（并且）不把它告诉人民，阿胡拉·马兹达必须与你为敌，你的家族必遭灭亡！

59—61.大流士王说：这（就是）我在一年内所建立的功绩。靠阿胡拉·马兹达之佑，我建立了（这些功绩）。阿胡拉·马兹达和其他的神祇都帮助了我。

61—67.大流士王说：阿胡拉·马兹达和其他的神祇之所以帮助我，是因为我不是不义者，我不是不诚实之人，我不是压迫者，我和我的宗亲都不是。我处事公平，强弱无欺。凡与本王朝协力者，我赐予厚恩；凡作奸犯科者，我严惩不贷。

67—69.大流士王说：你，今后将要成为国王的人，不要与那些不诚实之人和压迫者为友，要严厉惩罚他们。

69—72.大流士王说：你，今后看到我刻写的这个铭文或这些雕像的人，不要破坏它们，而要竭力保护它们。

72—76.大流士王说：如果你看到这个铭文或这些雕像，你没有破坏它们，而是尽力加以保护，愿阿胡拉·马兹达与你为友，愿你的家族昌盛，愿你万寿无疆！凡你所想做的一切，阿胡拉·马兹达必使你成功！

76—80.大流士王说：如果你将来看到这个铭文或这些雕像，你不但没有尽力加以保护，反而破坏了它们，阿胡拉·马兹达必与你为敌，你的家族必遭灭亡，凡你所想做的一切，阿胡拉·马兹达必使你失败！

80—86.大流士王说：当我杀死自称巴尔迪亚的穆护高墨达时，有下述人在场，这些人当时作为我的支持者一起协力行动：(i)瓦亚斯帕拉之子印达弗尔涅斯，波斯人；(ii)图哈拉之子乌坦纳（乌坦涅斯），波斯人；（iii）马尔杜尼亚（玛尔多纽斯）之子高巴鲁瓦（戈布里亚斯），波斯人；（iv）巴加比格纳之子叙达尔涅斯，波斯人；（v）达图瓦希亚之子巴加布赫沙（美伽比佐斯），波斯人；（vi）瓦哈乌卡之子阿尔杜马尼什，波斯人。①

86—88. 大流士王说：你，今后将要成为国王的人，要好好保护这些人的家族。

88—92. 大流士王说：靠阿胡拉·马兹达之佑，这就是我做成的铭文。此外，这个铭文又用雅利安文字写在泥板与羊皮纸上。我还做了一尊自己的雕像。我还做了我的世系表，世系表写成后曾读给我听。随后，我把这个铭文分送全国各地，人民共同遵循。②

第五栏

1—10. 大流士王说：以下（是我成为国王之后的第二年、第三年所建立的功绩）：依兰地区叛乱了，有一个依兰人，名叫阿塔马伊塔，成了他们的首领。因此我派遣了一支军队，任命我的臣下、波斯人高巴鲁瓦（戈布里亚斯）为他们的指挥官。戈布里亚斯随即带领军队向依兰进发。他和依兰人进行了会战。

10—14. 此后，戈布里亚斯击败了依兰人，平定了依兰，擒获了他们过去的首领。他把（他）送到我处，我处决了他。此后这个地区又成了我的。

14—17. 大流士王说：这些依兰人是不义之人，他们不崇拜阿胡拉·马兹达。我崇拜阿胡拉·马兹达。靠阿胡拉·马兹达之佑，我惩罚他们一任己意。

---

① 这里所列的6个人，前5人与希罗多德《历史》所记相同，第6人阿尔杜马尼什被希罗多德误为阿斯帕提涅斯；后者是大流士一世时的显要。参见：《历史》第3卷，第70页。——译者

② 这段铭文各家理解不一，也有人译作"人民心满意足"。参见《古代东方史料选辑（二）》，第31页。——译者

18—20.大流士王说：凡崇拜阿胡拉·马兹达者，无论生前死后，必永远蒙神恩典。

20—27.大流士王说：后来，我率领一支军队出征西徐亚，讨伐戴尖顶盔的西徐亚人。这些西徐亚人背叛了我。当我到达海边之后，我率领全军渡过大海到达对岸。我大败西徐亚人。我擒获另一名（首领），他被缚送我处，我处决了他。

27—30.他们抓住其首领斯昆哈，并送到我处。随后，我按照自己的意思，任命了另外一个（人）作为首领。这个地区立即又成了我的。

30—33.大流士王说：这些西徐亚人是不义之人，他们不崇拜阿胡拉·马兹达。我崇拜阿胡拉·马兹达。靠阿胡拉·马兹达之佑，我惩罚他们一任己意。

33—36.大流士王说：凡崇拜阿胡拉·马兹达者，（无论）生前死后，必永远蒙神恩典。[①]

4.波斯帝国的行省的资料

大流士王说："靠阿胡拉·马兹达之佑，我占领了从波斯湾到下述遥远的地区（和人民）：米底、依兰、帕提亚、阿里亚、巴克特里亚、索格底亚那、花剌子模、德兰吉安那、阿拉霍西亚、撒塔吉地亚、马卡人、犍陀罗、印度、饮豪麻汁的西徐亚人、戴尖顶盔的西徐亚人、巴比伦尼亚、亚述、阿拉比亚、埃及、亚美尼亚、卡帕多细亚、萨狄斯、住在海那边的爱奥尼亚人、斯库德拉（马其顿境内的某个地方）、利比亚、埃塞俄比亚、卡里亚人。"[②]

大流士王说："靠阿胡拉·马兹达之佑，我占领了从波斯湾到遥

---

① 《贝希斯敦铭文》选自李铁匠选译：《古代伊朗史料选辑》，北京：商务印书馆，1992年版，第34—49页。
② 大流士的铭文——苏撒铭文，见《古代伊朗史料选辑》，第53页。

远的地区：米底、埃兰、帕提亚、巴克特里亚、索格底亚那、花剌子模、德兰吉安那、阿拉霍西亚、撒塔吉地亚、犍陀罗、印度、饮豪麻汁的西徐亚人、戴尖顶盔的西徐亚人、巴比伦、亚述、阿拉比亚、埃及、亚美尼亚、卡帕多细亚、萨狄斯、爱奥尼亚、大海边的西徐亚人、斯库德拉、持盾牌的爱奥尼亚人、利比亚人、埃塞俄比亚人、马卡人、卡里亚人。我们统治他们，他们向我交纳贡赋。凡我对他们所下的命令，他们都执行，凡我制订的法律，他们都遵守。"①

有锯齿状的椭圆形——要塞花饰的铭文，其中列举了24个名字：

在椭圆形的左边的名字是：　　　在椭圆形右边的名字是：

（1）波斯　　　　　　　　　　（13）巴比伦尼亚

（2）米底　　　　　　　　　　（14）亚美尼亚

（3）埃兰　　　　　　　　　　（15）萨尔狄斯

（4）阿里亚　　　　　　　　　（16）卡帕多细亚

（5）帕提亚　　　　　　　　　（17）斯库德拉

（6）巴克特里亚　　　　　　　（18）亚述

（7）索格地亚那　　　　　　　（19）哈戈尔

（8）阿拉霍西亚　　　　　　　（20）克米（埃及）

（9）德兰吉安那　　　　　　　（21）切姆胡（利比亚）

（10）萨塔吉地亚　　　　　　（22）涅赫西（努比亚、库什）国家

（11）花剌子模　　　　　　　（23）马卡（马卡兰）

（12）沼泽萨克和陆地萨克　　（24）信度 ②

薛西斯一世在帕赛波里斯的一个铭文中列举的名单：

薛西斯王说："靠阿胡拉·马兹达之佑，我成了从波斯湾到下述遥

① 大流士的纳克什‐伊‐鲁斯坦铭文，见《古代伊朗史料选辑》，第50—51页。
② 《古代东方史文选》第2卷，第34页。

远地区（和人民）的国王：米底、依兰、阿拉霍西亚、亚美尼亚、德兰吉安那、帕提亚、阿里亚、巴克特里亚、索格地亚那、花剌子模、巴比伦尼亚、亚述、撒塔吉地亚、撒尔迪斯、埃及、住在海边和海那边的爱奥尼亚人、马卡人、阿拉比亚人、犍陀罗人、印度人、卡帕多细亚人、大益人（住在里海以东的居民）、饮豪麻汁的西徐亚人、戴尖顶盔的西徐亚人、斯库德拉人、阿卡乌瓦卡人、卡里亚人、埃塞俄比亚人。我统治他们，他们向我交纳贡赋。凡我向他们所下的命令，他们都执行。凡我所制订的法律，他们都遵守。"①

5. 波斯人统治时期的驿道

希罗多德对从以弗所到苏撒的这条驿道的叙述如下：

在这条道路的任何地方都有国王的驿馆和极其完备的旅舍，而全部道路所经之处都是安全的、有人居住的地方。在它通过吕底亚和普里吉亚的那一段里，有二十座驿馆，它的距离则是九十四帕拉桑该斯半。过去普里吉亚就到了哈律司河，在那里设有一个关卡，人们不通过这道关卡是绝对不能渡河的，那里还有一个大的要塞守卫着。过了这一段之后便进入了卡帕多启亚，在这个地方的路程直到奇里启亚的边境地方是二十八个驿馆和一百零四帕拉桑该斯。在这个国境上你必须经过两个关卡和两座要塞；过去之后，你便要通过奇里启亚和阿尔美尼亚，在这段路里是三个驿馆和十五帕拉桑该斯半。奇里启亚和阿尔美尼亚的边界是一条名叫幼发拉底的要用渡船才可以过去的河。在阿尔美尼亚有十五个驿馆和五十六帕拉桑该斯半，而那里有一座要塞。从阿尔美尼亚便进入了玛提耶涅的地带，在那里有三十四个驿馆，一百三十七帕拉桑该斯长。四条有舟楫之利的河流流经这个地

---

① 《古代伊朗史料选辑》，第 55—56 页。

方，这些河流都是要用渡船才能渡过去的。第一条河流是底格里斯河。第二条和第三条河流是同名的，但它们不是一条河，也不是从同一个水源流出来的；前者发源于阿尔美尼亚人居住的地方，后者则发源于玛提耶涅人居住的地方。第四条河叫作金德斯河，就是被居鲁士疏导到三百六十道沟渠中去的那个金德斯河。过了这个国土，道路便进入了奇西亚的地带，在那里有十一座驿馆与四十二帕拉桑该斯半长，一直到另一条可以通航的河流，即流过苏撒的那条科阿斯佩斯河。因此全部的驿馆是一百一十一座。这样看来，从撒尔迪斯到苏撒，实际上便有这样多的停憩之地了。如果这王家大道用帕拉桑该斯我计算得不错的话，如果每一帕拉桑该斯像实际情形那样等于三十斯塔低昂的话，则在撒尔迪斯和国王所谓美姆农宫之间，就是一万三千五百斯塔低昂了，换言之也就是四百五十帕拉桑该斯；而如果每日的行程是一百五十斯塔低昂（在另一个地方，希罗多德又说是普通人一个人一天的行程是二百斯塔低昂）的话，那么，在道上耽搁的日期就不多不少正是九十天……但如果有人想把这一段路程更精确地加以计算的话，那我也可以说给他的。因为从以弗所到撒尔迪斯的这段路也应当加到其他一段上面去。这样，我就要说，从希腊的海道苏撒（美姆农市就是这样称呼的）的路程就是一万五百四十斯塔低昂，这样三个月的路程之外还要加上三天。①

6. 有关大流士开凿尼罗河至红海的运河的资料

大流士在埃及期间，命令修建了从尼罗河至红海之间的运河。这使埃及可从海路直达波斯。铭文说：

  我是波斯人，我从波斯征服了埃及。我命令从经埃及，直至从波

---

① ［古希腊］希罗多德:《历史》第 5 卷，52—54。

斯延伸出来的海的皮朗河（即尼罗河）起开凿这条运河。而后，像我命令的那样，这条运河被开凿出来了。船舶也从埃及经由这条运河来到了波斯，因为这是我的意志。①

7．大流士一世论波斯强国

……我——大流士，伟大的王，王中之王，众多部落国之王，（延伸到）遥远地方的这个伟大国土之王，波斯阿黑明尼德氏族的维斯塔斯帕之子，波斯王子，出身于雅利安种族之雅利安人。大流士国王说：这就是除波斯之外我所占领的那些国家。我统治着它们，它们给我带来贡赋，我说什么它们都照办，他们遵守我的法律：米底、埃兰、帕提亚、阿勒伊亚、巴克特里亚、索格迪安那、霍勒吉门、德兰吉安娜阿拉霍西亚、萨塔吉亚那、干达拉、印度、萨克提·哈乌乌瓦尔伽、萨克·提克拉哈乌达、巴比伦亚述、阿拉伯、埃及、阿尔明尼亚、卡帕多西亚、吕底亚、爱奥尼亚人、海外萨克、弗吉尼亚人（按：故波斯语斯库德拉）、产盔的爱奥尼亚人、利比亚、埃塞俄比亚、马契亚、卡里亚。大流士国王说：当阿胡拉·马兹达看到这块处于混乱中的土地时，它（即阿胡拉·马兹达）把它交到我的手中，使我成了国王。我——就是国王。我按阿胡拉·马兹达的意志，使它的国土适得其所。当我命令我所统治下的各民族时，他们都执行我的意志。如果你想知道大流士国王统治的国家是何其多，那就看一看拥护王座的"臣民"的画吧。当你知道，并且你也知道，波斯军队的矛深入了多么远的地方，那时你也就会知道，波斯军队在远离波斯的地方使敌人遭到了失败。大流士国王说这就是我所完成了的事业。所有这一切，是我按阿胡拉·马兹达的意志完成的。阿胡拉·马兹达为了

---

① 《古代东方史文选》第2卷，第33—34页。

使我成就这一事业，而帮助了我，愿阿胡拉·马兹达使我、我的一家和这个国家免除（一切）丑恶。如此我请求阿胡拉·马兹达，愿赐给我，啊，人们！愿阿胡拉·马兹达的命令将不会给你带来恶事，不要偏离正确的轨道，不要成为刚愎自用的人。[①]

8.大流士一世论他自己

伟大的神阿胡拉·马兹达，他创造了所有那些看得见的壮丽的东西，他为人类创造了幸福，他赋予大流士以智慧和勇敢。大流士国王说："按照阿胡拉·马兹达的意志，我——有这样一种性格，即对于正义，我是朋友；对于非正义，我则是仇敌。我不希望弱者受到不公正对待，但也不希望强者受到弱者的不公正对待。我的愿望是——公正。对虚伪的人来说，我不是他的朋友。我不是个性情急躁的人。当我发火的时候，我果断地把火压在心中。我坚强地控制住自己。对于要帮助我的人，我按其帮助的多少给以报答；对于损害我的人，我按其所造成的损害程度予以惩罚。我不希望人损害别人，也不希望损害别人的人不受惩罚。我不相信一个人在受到考验之前，他会受到告发。一个尽力给我带来满足的人，我将厚待他，并将感到非常满意。作为一个军事长官，我将是一个极好的军事长官……我的双手和双脚拥有不可遏制的力量。作为一个骑士，我就是一个优秀的骑士。作为一个弓箭手，我就是一个优秀的弓箭手。无论是在徒步骑兵队伍中，还是在骑马的骑兵队伍中，都是如此。作为一个投矛手，我是一个杰出的投矛手。这——是阿胡拉·马兹达赋予我的本事，而我能够利用它们。我按照阿胡拉·马兹达让我完成的意愿，凭着阿胡拉·马兹达赐予我的本事，我完成了。啊，臣民们，要确实知道我是何等样的人，

---

① 这是大流士留下的铭文。此铭文刻于离帕赛波利斯不远处的纳克什–路斯塔姆地方的一个岩石上。《古代东方史文选》第2卷，第36—37页。

我的本事如何，我的优势何在。但愿你不要以为你耳朵里听见的是假
的……但愿你不要以为我完成的那些事是不真实的。①

（三）古波斯帝国的社会经济

1. 古波斯帝国的赋税制度

(1) 希罗多德关于波斯帝国赋税制度的若干记载

……要之，在居鲁士和在他以后的冈比西斯的统治年代里，并没
有固定的贡税，而是以送礼的形式交纳的。正是由于贡税的确定以及
诸如此类的措施，波斯人才把大流士称为商人，把冈比西斯称为主
人，把居鲁士称为父亲。②

希罗多德还曾借一个名叫阿尔塔巴诺斯的话说："……冈比西斯的儿子居鲁
士使他们向自己纳贡。"③

89：在波斯做了这些事（即大流士和一些人合谋夺得政权，自己
当上了波斯帝国的国王）以后，他便把他的领土分成了二十个波斯人
称为萨特拉佩阿的太守领地。随后，他又任命了治理这些太守领地的
太守，并规定每个个别民族应当向他交纳的贡税。为了这个目的，他
把每一个民族和他们最接近的民族合并起来，而越过最近地方的那些
稍远的地方，也分别并入一个或是另一个民族。现在我便要说一说他
如何分配他的太守领地和每年向他交纳的贡税……

---

① 此铭文出自纳克什－路斯塔姆岩铭，译自《古代东方史文选》第 2 卷，第 37 页。
② ［古希腊］希罗多德：《历史》第 3 卷，89。
③ ［古希腊］希罗多德：《历史》第 7 卷，51。

90：……居住在亚细亚的伊奥尼亚人与玛格涅西亚人、爱奥里斯人、卡里亚人、吕奇亚人、米吕阿伊人和帕姆庇利亚人（大流士把一份加到一起的税额加到他们身上），每年要缴纳四百塔兰特的白银……美西亚人、吕底亚人、拉索尼欧伊人、卡巴里欧伊人和叙根涅伊司人共缴纳五百塔兰特……乘船进入海峡时位于右侧的海列斯彭特人、普里吉亚人、亚细亚的色雷斯人、帕普拉哥尼亚人、玛利安杜尼亚人和叙利亚人共缴纳三百六十塔兰。奇里启亚人他们每年要缴纳三百六十四匹白马，即每日一匹，此外每年还要纳五百塔兰特的白银。在这些银子当中，一百四十塔兰特支出到守卫奇里启亚骑兵的项下，其他的三百六十塔兰特直接交给大流士。

91：以阿姆披亚拉欧斯的儿子阿姆披罗科司在奇里启亚人和叙利亚人边界的地方建立的波西迪昂市为始点，除开阿拉伯人的领土（因为他们是免税的），直到埃及的地区，这块地方要缴三百五十塔兰特的税……包含在这区之内的有整个腓尼基、所谓巴勒斯坦。叙利亚和赛浦路斯在内，埃及、与埃及接壤的利比亚、库列涅及巴尔卡（以上均属于埃及区）……这一区要缴纳七百塔兰特，还不把因莫伊利斯湖生产的鱼而得到的银子计算在内。实际上，也就是在渔产的白银收入以及一定数量的谷物以外，还要交七百塔兰特。原来，对居住在孟菲斯的"白城"的波斯人和其他的佣兵要配十二万美狄姆诺斯的谷物。萨塔巨达伊人、健达里欧伊人、达迪卡伊人、阿帕里塔伊人加起来……他们要缴纳一百七十塔兰特。苏撒和奇西亚人的其他地区……他们要交纳三百塔兰特。

92：巴比伦和亚述的其他地方，要献给大流士一千塔兰特的白银、五百名充任宦官的少年……阿格巴塔那和美地亚其他地区，包括帕利卡尼欧伊人、欧尔托科律般提欧伊人，缴纳四百五十塔兰特。卡斯披亚人帕乌西卡伊人、潘提玛托伊人及达列伊泰伊人合起来缴纳二百塔兰特……从巴克妥拉人的地方直到埃格洛伊人的地方……他们要缴纳三百六十塔兰特。

93：帕克图伊卡、阿尔美尼亚以及直到黑海的接壤地区要缴纳四百塔兰特……包括撒伽尔提欧伊人、萨郎伽伊人、塔玛奈欧伊人、乌提欧伊人、米科伊人及国王所谓"强迫移民"所定居的红海诸岛的居民，他们要缴纳六百塔兰特。撒卡依人和卡斯披亚人缴纳二百五十塔兰特……帕尔提亚人、花拉子米欧伊人、粟格多伊人和阿列欧伊人他们要缴纳三百塔兰特。

94：帕利卡尼欧伊人和亚细亚的埃西欧匹亚人……他们要缴纳四百塔兰特……玛提耶涅人、撒司配列斯人、阿拉罗狄欧伊人……他们被指定缴纳二百塔兰特。莫司科伊人、提巴列诺伊人、玛克罗涅斯人、摩叙诺伊科伊人以及玛列斯人被指定交纳三百塔兰特……印度人是第二十地区。他们是我所知道的，比任何民族都要多的人，他们比其他任何地区所缴纳的贡税也要多，即三百六十塔兰特的砂金。

95：这样看来，如果把巴比伦塔兰特换算为埃乌波亚塔兰特的话，则以上的白银就应当是九千八百八十塔兰特的白银了；如果以金作为银的十三倍来计算的话，则砂金就等于四千六百八十埃乌波亚塔兰特了。因此可以看到，如果全部加到一起的话，大流士每年便收到一万四千五百六十埃乌波亚塔兰特的贡税了。而且十以下的数目我是略去了的。[1]

(2) 免税或只奉献礼物的人们

只有一个波斯府我（即希罗多德）没有把它列入纳税的领地，因为波斯人的居住地是免纳租税的。至于那些不纳税而奉献礼物的人们，则他们首先就是冈比西斯在向长寿的埃西欧匹亚人进军时所征服的、离埃及最近的埃西欧匹亚人；此外还有居住在圣地尼撒周边并举行狄奥尼索斯祭的那些人。这些埃西欧匹亚人与他们的邻人和印度的卡郎提埃伊人食用同样的谷物。他们是居住在地下面的。这些人过去

---

[1] ［古希腊］希罗多德:《历史》第7卷，89—95。

和现在都是每到第二年献纳下列的一些礼物：两科伊尼库斯的非精炼的金、二百块乌木、五个埃西欧匹亚的男孩子和二十根大象牙。奉献礼物的还有科尔启斯人和他们那直到高加索山脉的邻人（波斯人的统治便到此为止，高加索山脉以北的地区便不属于波斯人了），他们每到第四年便奉献少男少女各百名。过去这样，而直到我的时代还是这样。阿拉伯人每年奉献一千塔兰特的乳香。这便是在租税之外，这些民族奉献给国王的礼物。①

(3) 巴比伦文件

An or IX10：

自阿达努月第 5 日起至尼桑努月第 15 日止，沙马什－利巴之子阿尔迪亚将在……之子沙马什－艾提尔－纳普沙提处服务，1 个月用 1 西克勒白银作为报酬。他负有养大并喂肥给国王的税收的 3 头公牛之责。他已得到自己受雇的工资 1 西克勒白银。②

穆拉树商家档案资料 BE③ 10 50：

在尼普尔附近的波斯帝国的军事殖民者因拥有服役份地（弓的份地）而要交纳货币和实物两种税。1/2 明那白银、1 潘又 4 苏特面粉、1 桶优质啤酒，是全国之王大流士（即大流士二世统治第 1 年），从下述这些田地上（征收）的捐税。这些田地是：位于库图河渠岸上的比特－扎宾地方的属于阿什帕达斯特之子巴加米尔和德布拉之子贝尔－苏努以及所有归穆拉树的后代艾利勒－苏姆－伊丁租佃的弓的份地的共

---

① ［古希腊］希罗多德:《历史》第 3 卷，97。
② 《古代东方史文选》第 2 卷，第 43—54 页。
③ BE 是表示宾夕伐尼亚大学的巴比伦尼亚考察队楔形文字铭文。(The Babylonian Expedition of the University of Pennsylvania, series A: Cuneiform Texts.)

同占有者的长有树木和块根植物收成的田地以及在卡－尼努尔塔地方的沙巴吐河渠附近的田地……①

他（指大流士一世时期波斯帝国驻撒尔迪斯的总督阿尔塔普列涅斯）又指定每一个地方的人民都要按这次的测量（即他以帕拉桑斯为单位测量过的他们的土地）交纳贡税。这种贡税从那时直到今天（即希罗多德的时代）就和阿尔普列涅斯所规定那样地一直不变地确定下来了。规定的数额和从前所缴的贡税差不多。②

(4) 除了正规的货币税、实物税以外，波斯帝国的居民还有其他难以承受的负担

但是欢迎薛西斯的军队并且款待了国王本人的希腊人却遭到了极大的不幸，他们甚至被逐出了自己的家宅。原来当塔索斯人代表他们本土的市邑迎接和款待薛西斯的军队的时候，他们选出了市民中间一位最知名的人士——奥尔盖乌斯的儿子安提帕特洛斯主持这件事，可是他在向他们报账的时候，他说他为了这些宴会花费了四百塔兰特的白银。

在所有其他的市邑，当事人所提出的报告也都和这差不多。原来设宴的命令既然在很久以前便已发下来，而这事又被认为十分重要，因此宴会大概是这样安排的。首先，当市民从到各处宣告的传令人那里听到这件事的时候，他们立刻便把市内的谷物在他们中间分配，在好多个月里制造小麦粉和大麦粉。此外，他们为了款待大军，又不惜出最高的价钱买了最好的家畜来饲养，并把陆禽和水禽分别养在笼子里和水池里。他们还制造金银的杯盘、混酒钵以及桌上的各种各样的用具，这些东西是为国王本人以及陪同他进餐的人们制作的。对于军

---

① 《古代东方史文选》，第43—54页。
② ［古希腊］希罗多德：《历史》第6卷，42。

队的其他人等，则他们只是供应食物罢了……到用膳的时候，招待的
人们真是忙得不可开交。而在大军尽情吃饱并在那里住了一夜之后，
第二天他们就从地上拆掉了帷幕，收拾了一切道具用品，然后便开拔
了。他们把所有的东西都带走，什么都没有留下来。

因此，一个名叫美伽克列昂的阿布戴拉人……劝告阿布戴拉人，
不分男女老少全都到他们的神殿中去，在那里恳求诸神，将来保护他
们使他们免遭会降临到他们头上的所有灾难的一半。而且他还劝告他
们为过去照顾他们的事情衷心感谢诸神，因为薛西斯每天没有吃两顿
饭的习惯。不然的话，如果他们奉命以和晚餐同样的方式准备一顿早
餐的话，则阿布戴拉人就不得不或是在薛西斯到来之前逃跑，或是留
在那里等候他，以便遭到最悲惨的灭亡的命运。[①]

(5) 关于征税的方式，是否采用包税制？有人认为是，有人认为不是。
下面这份资料就既被认为是包税制造成的恶果，也被认为不是，而是穆拉树
商家从事高利贷造成的恶果

BE 109：

你破坏了拉比亚（村），从它那里带走了（？）银子，破坏了哈
扎吐（村）及其邻近的村子。你、你家族的人、你的代理人、你的仆
人和尼普尔的人带走了白银、黄金、我的牲口、我的羊群和我的各种
财产。

当时，艾利勒－苏姆－伊丁这样说道：

"我们没有破坏你的拉比亚村，没从那里拿走（？）银子，也从
未破坏它的邻村哈扎吐村。我、我家族的人、我的代理人、我的仆人
和尼普尔的人没有带走你的白银、你的黄金、你的牲口、你的羊群，
或所有你的任何财产。"

---

① ［古希腊］希罗多德：《历史》第 7 卷，118—120。

为了不致引起巴格达特因此而提出的控告和起诉，他们同双方进行了调停，艾利勒－苏姆－伊丁给了巴格达特 350 古耳大麦，1 古耳二粒小麦面粉（原文为 Summiditu-flour）、50 古耳小麦（原文为 barley，可能有错）、50 罐陈年甜啤酒、50 罐新鲜啤酒、200 古耳枣椰子、200 只绵羊和山羊、20 头牲畜和 5 塔兰特羊毛。

巴格达特接受了艾利勒－苏姆－伊丁的 350 古耳大麦、1 古耳二粒小麦、50 罐陈年啤酒、50 罐新鲜啤酒、200 古耳枣椰子、200 头绵羊和山羊、20 头牲畜以及 5 塔兰特羊毛。他（指艾利勒－苏姆－伊丁）全都付给了。

从此，无论何时都不会再发生巴格达特、他家族的人、他的代理人和他的奴隶以及这些村子的人对有关拉比亚、哈扎吐及其邻村被破坏一事或他的财产对艾利勒－苏姆－伊丁、他的家族的人、他的代理人或尼普尔人进行起诉或控告。巴格达特、他的家族的人、他的代理人和他的奴隶以及这些村子的人都不会反悔，并且无论何时都不会就有关拉比亚、哈扎吐及拉比亚的邻村遭破坏一事，或这些村的任何财产对艾利勒－苏姆－伊丁、他的家族的人、他的代理人、他的奴隶或尼普尔的人提出控告。他们向神和国王起誓（说）：他们将不会再就这些起诉（进行另外的控告）。巴格达特保证反对这些村子的人可能会向艾利勒－苏姆－伊丁、他的家族的人、他的代理人、他的仆人和尼普尔的人提出的任何控告。

税收可能是由地方官负责征收的：

色诺芬的《长征记》在说到小居鲁士时写道：

还有，每当看到一个人治理事务公正精明，不但能治理好辖区，而且能上缴税收，居鲁士从不解除他的职务，而总是要扩大他的疆土。结果是他们乐于努力工作……[1]

---

[1] ［古希腊］色诺芬：《长征记》第一卷，崔金戎译，北京：商务印书馆 1985 年版，第 31 页。

色诺芬在其另一本书中说：

> 波斯帝国有两种官吏，分别管理军事和民政：一种官吏负责管理居民和劳动者，并向他们征收贡物，另一种官吏统率军人和守备队……如果指挥官能保持农地安宁，而文职长官使土地荒废而人口稀疏，指挥官就要谴责文职长官。因为大体说来，如果土地耕种得不好，就不能维持军队的开支，也不能收缴贡物。在派有总督的地方，总督要同时照管好这两种事务。①

在伪亚里士多德的《经济论》中也讲到是地方行政当局直接征税：

> 波斯王传令卡里亚的僭主马约索鲁斯输款纳贡时，马约索鲁斯把国内最富有的人召来告诉他们波斯王要求贡物，而他本人则可以免交。于是一些得到授意的人即刻答应纳贡，还当场呈报每人应付的数额。这样一来，那些富有的人部分碍于体面，部分出于惶惧，只得应承下来。结果实际献出的款项远大于应交数额。②

但行政当局又是如何去征收的呢？有资料说当时有专门的税收征收人，可能是由他们去征收的：

BE 9 75：

> 税收征收人普呼尔之奴隶胡恩查拉尔和沙姆拉之子纳麦尔，根据曼努斯坦的委托和印章，从穆拉树的后代艾利勒－苏姆－伊丁之手获得阿塔薛西斯统治第 40 年住在印度人居民点的拉巴沙之子卡尔杜苏

---

① ［古希腊］色诺芬:《经济论 雅典的收入》，张伯健、陆大年译，北京: 商务印书馆 1961 年版，第 14 页。

② 巫宝三主编，厉以平、郭小凌编译:《古代希腊、罗马经济思想资料选辑》，北京: 商务印书馆 1990 年版，第 188—189 页。

的弓的份地、提尔－扎巴吐地方的努拉－纳布之子马尔都克－艾提尔的弓的份地、（住在）提尔－扎巴吐地方的属于苏沙努劳动队的尼丁吐－贝尔之子贝尔－阿布－乌祖尔和比特－伊利－努利的弓的份地的一半征收给国王之家的全部税收和礼物 3.5 明那白银。他们应将阿塔薛西斯统治第 40 年的全部税收付清并送交曼努斯坦，然后把契据转交给穆拉树的后代艾利勒－苏姆－伊丁。①

可能，在有的情况下，纳税人是直接将实物税交到王宫的：
YBT② VII129 的内容可能就反映了这种情况：

在巴比伦之王、全国之王冈比西斯（二世）统治第 2 年的都乌祖月 1 日之前，乌鲁克城伊丝塔尔（女神）的神庙奴隶达雅恩－艾列什之子伊丝塔尔－吉米兰尼应将王室所需，而由艾安那（神庙）交给他的 200 桶枣椰子酿造的甜酒装（上船），并运到阿巴努（城的）王宫中去。如果他不运到的话，那么将受到国王的惩罚。③

埃兰文件：
PF 6：

第 22 年（按：指大流士统治第 22 年，即公元前 500 年）第 4 月、5 月（和）6 月，付给苏恩坎 3000 巴尔（按：1 巴尔 =10 公升），是从仓库管理人那里获得并运往帕赛波利斯的……

---

① 《古代东方史文选》第2卷，第43—54页。在这里，税收征收人是从穆拉树商家的后代艾利勒－苏姆－伊丁之手征收一些弓的份地的税，因为穆拉树商家租所说的那些人的土地。
② YBT 表示《耶鲁大学东方丛刊·巴比伦铭文》。
③ 《古代东方史文选》第2卷，第43—54页。上述这些事实说明，穆拉树商家未曾承包过税收，波斯帝国也未曾实行过包税制。赋税是由地方行政当局征收的，税收征收人显然是国家的公务人员。

PF 1795：

管理王室事务的法尔纳克给一位名叫马克舍德的官吏的信。

在对酒库管理人雅马克舍德谈话时，法尔纳克说了如下一些话：

"必须把 200 马尔什（按：1 马尔什 =10 公升）酒付给王后伊尔塔什吐纳。"[①] 这是国王（按：大流士一世）的命令。第 19 年第 1 月，安苏克写了信，马拉扎报告了它的内容。

Fort 6764：

在对管理牧人的哈勒纳谈话时，法尔纳克说了如下一些话："大流士国王命令我，须从我的财产中将 100 头绵羊转交给王后伊尔塔什吐纳。"因此，法尔纳克说："像大流士给我的命令一样，我命令你应当像国王命令的那样把 100 头绵羊转交给王后伊尔塔什吐纳。"

第 19 年第 1 月，安苏克写了信，马扎拉报告了它的内容。

PF 1943：

按照第 19 年（按：大流士国王统治第 19 年）国王在哈达郎地方的命令，花费了谷物 357.7 巴尔。

按盖有伊尔舍纳印章的文件，278 巴尔谷物被转交给在哈达拉纳获得份粮的劳动者……在第 19 年的 4 个月中，5 个孩子每人 2 巴尔，7 个孩子每人 1.5 巴尔，4 个孩子每人 1 巴尔，1 个妇女获得 3 巴尔，18 个妇女每人 2 巴尔，3 个女孩每人 1.2 巴尔，3 个女孩每人 0.5 巴尔。共计 41 个劳动者。

---

① 居鲁士的女儿，大流士的妻子之一。希罗多德的《历史》第 3 卷 88，在提到她时，用的是阿尔提斯托纳这个名字。

按伊尔舍纳的文件，交付给在哈达拉纳的产妇 7 巴尔谷物……两个生了男孩的妇女获得 2 巴尔，3 个生了女孩的妇女每人获得 1 巴尔。

骑士马桑纳因在哈达拉纳养马而领到第 19 年第 1 月的用粮 6 巴尔谷物，每天 2 卡（按：1 卡 =0.84 公升，相当于苏美尔时代 1 西拉）。

在第 19 年的 7 个月内，骑士昆苏什……因在哈达拉纳养马而领到 63 巴尔谷物，平均每天 3 卡。

在第 19 年，哈达拉纳的面包师巴库巴马领到谷物 100 巴尔，他为王室仓库而使用这些谷物。

在第 19 年，哈达拉纳的面包师纳比雅比什为王室仓库酿造啤酒而领到 124 巴尔谷物。

在第 19 年，拉马卡拉领到 30 巴尔谷物，他将其送到帕赛波利斯的王室仓库中，曼努什领到了（它们）。

在第 19 年的 7 个月内。哈达拉纳的禽鸟喂养人雅乌达卡，因在哈达拉纳喂禽鸟而领到 882 巴尔谷物……10 只鸭子按每只每天吃 1 卡大米计，2 只鹅每只每天按 1 卡计，30 只苏达布（按：意思不清楚，下面列举了各种各样的禽鸟）……共计 332 只家禽。

哈达拉纳的牧羊人努马，因在哈达拉纳饲养 30 只绵羊而领到 180 巴尔谷物。在第 19 年的 4 个月内，30 只绵羊中的每 1 只按每天吃 1/20 巴尔计。

在第 19 年，卡门皮里雅为在哈达拉纳的种子基金而得到 300 巴尔谷物。

据哈达拉纳的这些文件，在第 19 年共花费谷物 2615.7 巴尔。

这块泥板是于第 19 年在哈达拉纳发现的第一块。

PF 662：

第 20 年 12 月，法尔纳克从乌玛卡管理下的牡羊中得到 10 头牡羊，作为 10 天的工资（按：俄文原文如此，可能有误），（每）天按 2 头计，曼努达报告了它（即文件）的内容。

PF 664：

第 22 年，法尔纳克从卡巴管理下的啤酒中得到 27 马利什（按：1 马利什 =10 公升）啤酒，（作为）3 天的工资，每天按 9 马利什计算。

PF 668：

法尔纳克从帕赛波利斯的乌彼拉达管理下的面粉中得到 396 巴尔面粉，（作为）其 22 天的工资；他按每天获得 18 巴尔面粉计算。第 23 年 5 月。伊尔铁纳写了（文件），曼努恩达报告了它的内容。

PTT 4：

从（宝库）管理人之手（支付给下列人员）530 卡尔什（按：1 卡尔什 =10 西克勒，1 西克勒 =84 克）白银。

60（卡尔什）给巴哈乌克，

60（卡尔什）给阿帕特勒，

60（卡尔什）给马利阿卡尔金，

60（卡尔什）给安努吉路苏，

50（卡尔什）给阿扎克，

50（卡尔什）给马兹达雅什涅，

50（卡尔什）给巴加比克涅，

30（卡尔什）给米特兰克，

30（卡尔什）给达曼巴尔涅，

20（卡尔什）给法尔纳克，

20（卡尔什）给巴吉扎，

20（卡尔什）给巴加齐亚，

20（卡尔什）给帕尔尼基。

这项银子被交付给把安达克监禁在帕赛波利斯的男子们。大流士国王命令将此款交付给他们。

PF 1383：

阿沙拉收到米拉雅伍德交付的 12 巴尔面粉，他为自己得到 2 卡，（还）有一个人得到 1.5 卡，9 个男孩每人各得 1 卡。他送走了有国王盖印的文件。他们从苏撒前往印度。第 23 年 12 月。

PF 1385：

巴卡巴达收到米拉雅伍德交付的 12 巴尔面粉作为口粮。他送走了有国王盖章的文件。他从苏撒前往阿拉霍西亚。第 5 月。

PF 1397：

米利扎将 29 巴尔面粉交付给了国王派往印度的印度人卡拉巴。他得到（这些面粉）是作为第 24 年第 3 月的一天的口粮。他为自己得到 2 卡。180 人每人每天按 1.5 卡计。50 个男孩每人每天得到 1 卡。3 匹马每头按 3 卡吃。3 匹骡子按每匹吃 2 卡计算。他送走了有国王印章的文件。

PF 1404：

达乌玛收到 4.65 巴尔面粉。23 人每人按 1.5 卡计。12 个男孩每人得到 1 卡。他送走了有阿尔达泰尔纳（按：在吕底亚的波斯总督）盖印的文件。他们从撒尔迪斯出发前往帕赛波利斯。第 27 年第 9 月（付货在）希拉里（进行）。

PF 1547：

希努卡为 30 个埃及工人（按：在这里以及在后面，这些劳动者被称作"库尔塔什"，是伊朗的"格尔达"的埃兰语音译）他们从苏撒前往马杰基什，收到 2 马利什啤酒。第 21 年。他送走了有巴卡巴纳盖印的文件。

PTT 1：

在萨卡谈话时，巴拉德卡玛说："将 3 卡尔什又 2.5 西克勒白银（按：1 卡尔什 =10 西克勒，1 西克勒 =84 克）交付给在帕赛波利斯的埃及粗木匠和百人长哈拉德卡玛作为口粮。款应当由巴哈乌克（支付）。可用牡羊和葡萄酒顶替白银：一只牡羊值 3 西克勒；1 罐（酒）也值同样多西克勒。（工资应当在）瓦尔卡桑月、阿西雅迪雅月、安娜马卡月、萨姆潘曼塔什月（和）维亚赫那月（支付），在第 23 年（按：公元前 489 年）共 5 个月里支付。每人每月应得 6.5 西克勒。从马尔都克那里获得指示后，哈比努克写了文件。

PTT 79：

必须从帕赛波利斯宝库支付给在通往圆柱大厅的全世界之门

（按：进入帕赛波利斯的大门）（附近进行工作的）手工业工人400卡尔什又6.5西克勒白银。巴尔沙应在帕赛波利斯（把这些白银）支付给（这些手工业者）。他们获得酒以代替白银。这是他们从第5年（按：从公元前460年9月24日至公元前459年的1月18日）的巴迦雅迪月至附加的维亚赫那月这段时期内工资的2/3。

788个男人每人每月按2/3西克勒付给，25个男人按1/2西克勒付给，271个男人每人按1/3西克勒付给，这是他们应获得的6个月的工资。4个男人每人按2/3（西克勒）付给，1个男人付给1/3（西克勒），这是他们应获得的4个月的工资。①

2. 古波斯帝国时期的土地关系

（1）国王直接占有的土地

在亚细亚，有一个四面给山环绕起来的平原。在这些山当中有五个以前是属于花拉子米欧伊人的，它们位于和花拉子米欧伊人本身、叙尔卡尼亚人、帕尔托伊人、萨朗伽伊人和塔玛奈欧伊人的土地交界的地方。但自从波斯人掌握政权以来，它就成了国王私人的土地。②

据 BE 9 32A：

200库尔大麦——这是穆拉树的后代艾利勒－苏姆－伊丁租佃国王私有土地应当给国王的租金。后来，根据（国王的）管理人代表拉

---

① 上面的《要塞墙铭文》（PF 和 Fort）和《要塞墙泥板》（PTT），出自帕赛利斯的两个档案，用埃兰语写成，因而得名，前者为公元前509—前494年；后者为公元前492—前458年。铭文中记载有王室经济中的各种不同业务，支付给王室经济中的劳动者工资、国家官吏的薪俸等。译自《古代东方史选》，第39—43页。

② ［古希腊］希罗多德：《历史》第3卷，117。

巴沙的指示，贝尔－伊塔努之子贝尔－巴拉基和马尔都克－艾提尔从艾利勒－苏姆－伊丁之手得到了这 200 库尔大麦，他们付了账。贝尔－伊塔努之子贝尔－巴拉基和马尔都克－艾提尔应同巴拉吐和拉巴沙一起写出有关这正确计量的 200 库尔大麦的契据，并转交给艾利勒－苏姆－伊丁。[①]

《大流士一世关于马格涅西亚（小亚）的希腊神庙的指示》：

古斯塔斯帕之子大流士国王对自己的奴隶伽达特说："我了解到，你没完全执行我的命令；由于你耕种我在小亚的幼发拉底河那一方面的地区的土地并种植作物，我察觉了你的行为，由此给了你在国王之家以很大的恩惠。由于你轻视我关于众神的指示，如果你不改变自己的行为，你将会感受我的愤怒。你从阿波罗的神圣园丁那里征收捐税，并命令他们耕种非神庙的土地，不知道我对向波斯人述说了全部真理的该神的感情（按：在公元前 547 年居鲁士同吕底亚人的战争时期，在小亚和大陆希腊的阿波罗神庙的祭司有亲波斯的倾向，因此，波斯的国王们庇护了这些神庙）……"（铭文的结尾未保存下来）[②]

在《长征记》的另一个地方，色诺芬记载说，小居鲁士的敌人蒂萨弗尼斯曾任由希腊雇佣军的士兵洗劫帕莉萨蒂斯在米底的一些村庄：

从此地他们（按：指雇佣军）进军米底亚，六十荒原站，三十帕拉桑，到达居鲁士和国王母后帕莉萨蒂斯在米底亚的村庄。为了侮辱居鲁士，蒂萨弗尼斯把这些村庄——只除掉里面的奴隶——交由希军

---

① BE 9 32A 穆拉树商家档案中提过国王的土地，该商家租佃了国王的土地。《古代东方史文选》第 2 卷，第 43—54 页。

② 《古代东方史文选》第 2 卷，第 43—54 页。

劫掠。在这些村庄里有大量谷物和牲畜以及其他财产。①

Kr 185 说到帕莉萨蒂斯王后在巴比伦尼亚拥有地产:

317 库尔又 2 潘 3 苏特大麦、5 库尔又 2 潘 3 苏特小麦是从帕莉萨蒂斯(按:大流士二世的妻子,在巴比伦文件中,她被叫作普尔沙吐)的田地和其管理人埃阿－布尔－里特苏的弓的份地上征收的大流士二世统治第 4 年的租金,这些田地由穆拉树的后代利穆特－尼努尔塔租佃着。这 317 库尔又 2 潘 3 苏特大麦、5 库尔又 2 潘 3 苏特小麦是贝尔－艾利布之子纳布－伊丁和埃阿－布尔－里特苏的奴隶贝尔－阿玛特－乌初尔,根据帕莉萨蒂斯的管理人埃阿－布尔－里特苏的委托,从穆拉树的后代利穆特－尼努尔塔之手征收的大流士二世统治第 4 年的那一份田地的租金。

契据是当着辛运河(区)的法官伊什吐巴桑、穆金－阿普利之子帕莉萨蒂斯之家的法官纳布－米特－乌巴利特的面写成的。

证人(6 人名字),书吏(名字)。

尼普尔,大流士二世统治第 4 年乌努努月第 11 日。

(契约当事人和证人的)印和指甲印。②

安提拉(按:古代埃及的一座城市)是一个有名的城市,它是专门指定为统治埃及的国王的王后供应鞋子的。自从埃及被波斯人征服以来,事情一直就是这样的。③

(2) 王子占有的土地

阿尔沙马在一份阿拉美亚文的铭文中讲到让他的一个地产管理人清查和处

---

① 《长征记》,第 49—50 页。
② 《古代东方史文选》第 2 卷,第 43—54 页。
③ [古希腊]希罗多德:《历史》第 2 卷,98。

理一个有关兼并他人土地的事情:

阿尔沙马致管理人、监督员纳赫特荷鲁斯及其在埃及的会计同事们:

我的仆人、山林看守人贝特奥西里向我报告了如下事情:"当埃及发生起义时,我的父亲帕－阿蒙占有的土地,30 阿尔布达地段被抛荒,因为我们家的所有女人当时都已死去,(因此希望)把我父亲帕－阿蒙的份地给我,愿想得起我,并命令把它给我,让我占有(它们)吧。"

现在,阿尔沙马申诉如下:"如果事情真像贝特奥里写给我的请求中所说的关于自己父亲帕－阿蒙的情况,当埃及发生叛乱时,他(按:指帕－阿蒙)同自己家的女人都死了,他父亲帕－阿蒙的份地——一块 30 阿尔布达的地段被荒废,并被归并于我的财产之中,又没被赐给我的其他仆人的话,那么,现在,我将把这位帕－阿蒙的份地给予贝特里奥。(你)要告知与他,以便他占有,并让他按先前他父亲帕－阿蒙缴纳的(税率)向我的度支局缴纳地税。"

阿尔托希乌知道这个指示,拉什特书吏。[①]

据 AD[②] X 和 XI,王子瓦洛希在埃及拥有自己的地产,但他的地产管理人却未将地产的收入交给瓦洛希。于是,瓦洛希写信给王子、埃及总督阿尔沙马,要阿尔沙马帮助他催要地产上的收入,于是,阿尔沙马写信给自己在埃及的地产管理人,让他去找瓦洛希的地产管理人。下面是阿尔沙马给他在埃及的地产管理人的一封信,信的内容如下。

王子瓦洛希在此对我说:

至于我的主人(即波斯国王)赐予我在埃及的地产,从未送来任何东西。如果我的主人方便的话,望我的主人给管理人纳赫特－荷鲁

---

① 《古代东方史文选》第 2 卷,第 43—54 页。
② AD 是表示阿拉美亚文文件。

斯和会计们送去一封信，以便他们吩咐我的管理人哈吐巴斯提立即从这些地产上征集收入，并将（其）连同纳赫特－荷鲁斯准备运来的收入一起给我送来。

现在，阿尔沙马说如下这些话：

对瓦洛希的管理人哈吐巴斯提说一下，征收瓦洛希地产上的全部收入及利润，连同我命令运往巴比伦的珍宝一起前来。

阿尔托希乌知道此指示，拉什特书吏。

但瓦洛希的地产管理人可能还是没有将地产上的收入给瓦洛希送去，因此，在 AD XI 中，瓦洛希写信给阿尔沙马的地产管理人，说是要控告哈吐巴斯提：

瓦洛希致监察员纳赫特－荷鲁斯及其在埃及的会计同事们。

我在这里向阿尔沙马控告了我自己的管理人哈吐巴斯提，他未将……任何收入送给我。望（你）积极行动并迫使我的管理人把（我地产上的）收入给我送到巴比伦来。你要为我做这件事，使我对你感到满意……哈吐巴斯提，或他的兄弟，或他的儿子，应同收入一起到巴比伦来。[1]

(3) 统治埃及的波斯人占有的土地

统治埃及的波斯人大肆掠夺埃及人的土地，把它们分配给波斯人和波斯在埃及的驻军。波斯的贵族们在埃及和其他被征服地区抢占了大量土地。例如，波斯王子、埃及总督阿尔沙马，他在从埃及到苏撒的沿途有多处地产。在他的一封致他的埃及等地的地产管理人纳赫特－荷鲁斯等的信中就说到多处地产：

AD VI：

阿尔沙马致……地方的管理人马尔都克，纳西尔地方的管理人纳

---

① 《古代东方史文选》第2卷，第43—54页。

布－达拉毕，阿尔祖辛地方的管理人扎托西，阿尔贝拉地方的管理人乌巴斯塔巴拉，沙拉姆地方的管理人哈尔初、马特－阿勒－乌巴什和巴迦法尔纳，大马士革地方的管理人弗拉达法尔纳和迦瓦扎纳。信的内容如下：纳赫特－荷鲁斯，我的管理人前往埃及。望你从你所在地区的属于我的财产的粮食中，每天给他 2 单位白面粉、3 单位低等面粉、2 单位葡萄酒或啤酒以及 1 只牡羊；而给他的 10 个仆从，每天按 1 单位面粉（和）相应的马的干草；并给两个基里基亚人（以及）1 个手工匠——共 3 人，还有我的一个奴隶（他们与他同行前往埃及），每人每天 1 单位面粉。①

UM② 103：

王子阿赫明纳之子伊普拉达塔在巴比伦尼亚拥有包括灌溉和庄稼的不少地产，这些地产由那时的（公元前 5 世纪后期）著名商业高利贷家族穆拉树商家租佃。这份文件说的是穆拉树商家的后代交纳地租的收据：

　　1 明那白银——这是大流士二世国王统治第 5 年从田地上、从整个尼普尔区中有灌溉和收成的谷田上征收的全部租金，（即从）归阿赫明纳王子之子伊普拉达塔所有，而处于穆拉树的后代利穆特－尼努尔塔支配之下的（土地上）征收的租金。

　　这 1 明那白银——作为从这块土地上征收的大流士二世国王统治的第 5 年的租金，王子伊普拉达塔将从穆拉树的后代利穆特－尼努尔塔之手获得。他已支付。契据是当着辛河渠（区）的法官伊什吐巴桑和胡马尔达特的面订立的。③

据 BE 10 85，王子阿赫明纳也在尼普尔拥有地产，该地产出租给了穆拉树的后代。BE 10 85 这份文件就是一份交纳租金的收据：

---

　① 《古代东方史文选》第 2 卷，第 43—54 页。
　② UM 是表示宾夕法尼亚大学博物馆巴比伦分部出版物。
　③ 《古代东方史文选》第 2 卷，第 43—54 页。

大流士二世国王统治第 4 年，从下述谷田征收的全部租金——30库耳大麦、1 桶甜啤酒、2 只牡羊、1 潘又 4 苏特面粉。（这些谷田）是坐落在哈马纳伊地方，而归阿赫明纳的管理人曼努－伊卡布之手，并交给穆拉树的后代利穆特－尼努尔塔租佃的阿赫明纳王子的那一份。

这 30 库耳大麦、1 桶甜啤酒、2 只牡羊、1 潘又 4 苏特面粉——是大流士二世统治第 4 年，阿赫明纳的管理人曼努－伊卡布从穆拉树的后代利穆特－尼努尔塔之手得到的租金。他将支付。[①]

王子阿尔沙马不仅拥有大量地产，而且还有大量牲畜。如据 UM 144：

希努尼之子伊尔特利－雅哈比对阿尔沙马的管理人艾利勒－苏别－姆呼尔自动承诺如下："属于阿尔沙马的 25 只牡羊、22 只两岁的羔羊、144 只大的怀羔的绵羊、34 只一岁的羔羊、34 只一岁的小绵羊、7 只大山羊、4 只两岁的小山羊、26 只大的怀羔的山羊、10 只小山羊、8 只大山羊，总计 314（头）黑、白小牲畜将借给我。在一年内，我将给你 100 头绵羊产息畜 $66\frac{2}{3}$ 头、1 只山羊产 1 头山羊、1 只牡羊（或）山羊 1.5 明那羊毛、1 只山羊（或牡山羊）出 5/6 明那剪下的山羊毛、1 只怀羔的绵羊挤 1 单位干酪、100 头怀羔的绵羊 1 卡（1 卡 =0.84 公升）油。（如果）我让 100 头小牲畜死亡超过 10 头，那么，每死 1 头，我将给你 1 张皮和 2.5 西克勒羊筋。"后来，艾利勒－苏别－姆呼尔称，租借给了他 25 只牡羊、22 只两岁的羔羊、144 只大的怀羔的绵羊、34 只一岁的羔羊、34 只一岁的小绵羊、7 只大山羊、4 只两岁的小山羊、26 只大的怀羔的山羊、10 只小山羊、8 只大山羊，总计 314（头）黑、白（小牲畜）。在一年的时期里，他租借

[①] 《古代东方史文选》第 2 卷，第 43—54 页。

这些小牲畜，应因 100 头绵羊而付给艾利勒－苏别－姆呼尔 66⅔头仔畜、每一头山羊付给他 1 只小山羊、1 只牡羊（或绵羊）付给他 1.5 明那羊毛、1 头山羊给他 5/6 明那山羊毛、1 头怀羔的绵羊给他 1 单位干酪、100 头怀羔绵羊给他 1 卡油。艾利勒－苏别－姆呼尔答应，如他 100 头小牲畜死亡 10 头，则他应因每头死亡的小牲畜交给 1 张皮（和）2.5 西克勒羊筋。伊尔特利－雅哈比承担放牧、照料和保护这些小牲畜之责。从大流士二世统治第 1 年乌努努月第 18 日起，这些小牲畜归他支配。①

在王族成员的经济中，还有自己的手工业者。如据 Cyr②325，当时还是王子的冈比西斯在巴比伦尼亚有一个雕刻印章的奴隶：

埃吉贝的后代纳布－阿赫－伊丁之子伊提－马尔都克－巴拉吐自愿将他的奴隶古祖－伊纳－贝尔－阿什巴特（Guzu-ina-Bel-asbat）送到冈比西斯王子的奴隶、印章雕刻匠库达扎（Quddaja）处学习制作印章的手艺，为期 4 年。

他必须教他制作印章的全部（手艺）。伊提－马尔都克－巴拉吐必须负责古祖－伊纳－贝尔－阿什巴特的衣物（一年一次？）。

如果库达扎不训练他，他必须支付 1/3 明那银子。如果他 4 年之内没有教会他（……）。

证人（2 人名字），书吏（名字）。

巴比伦，居鲁士统治第 8 年阿达努月 6 日。

他必须在尼桑努月（……）日支付 5 舍克勒银子。③

---

① 《古代东方史文选》第 2 卷，第 43—54 页。
② Cyr 是《居鲁士铭文选》。
③ 《巴比伦尼亚的奴隶制——公元前 626—前 331 年》，第 284—285 页。

据 AD IX 的资料，阿尔沙马拥有从事手工业的格尔达：

阿尔沙马致管理人、监察员纳赫特－荷鲁斯及其在埃及的同事们：

"（关于）雕刻匠、我的仆人希恩扎尼（巴加沙尔将带他到苏撒），（你）应像给予其他手工业者——格尔达一样多的口粮，给予他及他家的女人们，以便他能制作骑手雕像……如同先前他为我雕刻的这种雕像一样，为我制作骑手的马的雕像，并制作其他雕像，并派人去，以便立即如期将其送给我。"

阿尔托希乌知道这个指示，拉什特书吏。[①]

而且据 AD VII，这个阿尔沙马还想不断增加他的格尔达手工业者的数量。

阿尔沙马，他是一个王子，又是埃及这一重要而富庶的行省的总督，其经济实力也是十分强大的。下面他给他的管理人阿赫特－荷鲁斯的两封信中反映的事实，不仅表明他在帝国西部拥有众多的地产，而且表明了他是如何贪婪地聚敛财富和劳动力的：

阿尔沙马致纳赫特－荷鲁斯：

……从前，当埃及人起义时，在普撒美提克（统治时），先前的管理人、格尔达和我们在埃及的（动）产受到严格的保护，所以我家的任何财产都未受到损失；并且，除此之外，还找到了足够多的其余各类格尔达手工业者和其余的（动产），并将其转交给了我家。而现在，我在这里听说，在下埃及的那些管理人……不同了，自己主人的格尔达和动产受到严格的保护。并且，此外，其余的人都从别的地方走了，并待在自己主人之家，而你没有那么做。

而现在，由于这个原因，我首先给你写下（这封信）：你是不同

---

① 《古代东方史文选》第 2 卷，第 43—54 页。

的，我的格尔达（和）动产要受到严格保护，以便我家的财产不会受到任何损失。并且，除此之外，还要从其他地方找到足够多的各类格尔达手工业者，并送入我的官中，打上我的标记，像先前的管理人所做的那样。

你将知道：如果我的格尔达和其余（动）产有任何损失，没有从其他地方找到并为我的家补充（格尔达和动产），你将受到严格的盘问，并将对你做出警告。①

(4) 王族成员经济的经营形式

波斯帝国王族成员的地产也像其他波斯贵族的地产一样分散在帝国各地，而他们自己却住在巴比伦、苏撒等大城市里，并不亲自经营这些地产，而是将自己的地产交给他们在各地的管理人去管理和经营。这些管理人基本上是当地的人，如埃及人、巴比伦尼亚人、叙利亚人、小亚人等。例如，阿尔沙马的管理人就既有巴比伦尼亚人，也有埃及人，还有叙利亚人。他们的地产不是集中许多奴隶耕种，而是分着出租。而那些王族成员经济的管理人就是负责管理他们的地产，负责征收应当交给这些王族成员的收入。如王后帕莉萨蒂斯在巴比伦尼亚的尼普尔的一份地产是出租给穆拉树商家的后代利穆特－尼努尔塔的。

Kr 185：

317 库耳又 2 潘 3 苏特小麦，是从帕莉萨蒂斯的田地和帕莉萨蒂斯的管理人艾阿布尔里特苏的弓的份地的那一份上征收的大流士二世统治第 4 年的租金。这 317 库耳土地由穆拉树的后代利穆特－尼努尔塔租佃着。②

但可以肯定的是，穆拉树商家的后代也是不可能自己去耕种这些租来的

①② 《古代东方史文选》第 2 卷，第 43—54 页。

土地的。那么，这些土地是谁在耕种呢？Kr 185 的资料只是说明穆拉树商家向王后交纳了租金，而没有说明谁为穆拉树商家耕种了他们租来的土地。但在 BE 9 86A 中，我们知道了穆拉树是将这些土地再转租出去了。

在公元前 5 世纪后期，在巴比伦尼亚有一个著名的商业高利贷家族——穆拉树家族，在这个家族的档案中，有不少关于该家族租佃波斯王室家族、波斯贵族和波斯驻防军军人土地的资料。

BE 9 32A 说：

> 200 库尔大麦——这是穆拉树的后代艾利勒－苏姆－伊丁租佃国王私有土地应给国王的租金。[①]

在 Kr 147 中，说到该商家从河渠长官那里租来一块国王的乌兹巴拉。在国王私有的土地中有水渠：

> 穆拉树的后代利穆特－尼努尔塔对伊丁－纳布之子、辛河渠（区）管理租金的长官里布努特自愿承诺如下：
> "请把位于努赫河渠下游的巴迪吐河渠——它们流经布鲁特的地产和阿尔巴地方，从河口到水位得以升高的发源地——左右两岸生长块根植物的谷田、靠近它的国王的乌兹巴努以及水——国王的财产，即在国王的乌兹巴努境内，从帕哈特－阿迪－图努恩河渠的河口到哈努巴图上游的涅尔加尔－丹努河渠的边界，租给我 3 年。每年我将在辛河渠上付给你 220 库尔大麦、20 库尔小麦、10 库尔波尔巴小麦，总计 250 库尔收成，大麦和按 1 库尔又 1 潘计算的（其他）谷物。此外，我还将给你 1 头公牛和 10 只牡羊。"
> 后来，里布努特听从了他，他把巴迪吐河渠、国王的乌兹巴努田地（它们位于河渠之旁）和国王的财产——水（从河口到帕哈特－阿

---

① 《古代东方史选》第 2 卷，第 43—54 页。

迪－图努恩河渠汇合处，到位于哈努巴图地方上游的涅尔加尔－丹努河渠的边界）租给了他 3 年。

他每年应在阿雅尔月，将这 220 库尔大麦、20 库尔小麦、10 库尔波尔巴小麦，共计 250 库尔大麦和（其他）谷物（按 1 库尔 1 潘的数量计算）的收成在辛河渠上付给。此外，他还应给他 1 头公牛和 10 只牡羊。从大流士二世统治的第 4 年塔什利吐月起，这块土地将在 3 年内处于利穆特－尼努尔塔租佃支配之下。

契约每人各执一份。

（契约）是当着（国王的）管理人之家的检查员的面（缔结的）。

证人（6 人名字），书吏（名字）。

艾利勒－阿沙布苏－伊克比（地方），全国之王大流士二世统治第 4 年塔什利吐月第 17 日。

（契约当事人和证人）盖印。[1]

BE 9 73 说，穆拉树的后代租用了国王的水渠：

农民的后代帕里克－伊利之子纳迪尔和沙马什－伊丁的奴隶纳布－乌舍吉布，根据贝尔－艾提尔之子沙马什－伊丁的书面委托，从利穆特－尼努尔塔之手得到 2 库尔 4 苏特（1 苏特 =5 公升）芝麻，——作为国王的一份。这是穆拉树的后代利穆特－尼努尔塔租佃国王水渠的国王的一份收入。纳迪尔和纳布－乌舍吉布应将这些芝麻（2 库尔 4 苏特）运送给沙马什－伊丁，并为利穆特－尼努尔塔写出契据。

证人（10 人名字），书吏（名字）。

尼普尔，全国之王阿塔薛西斯统治第 40 年阿达努月附加月第 16 日。

纳迪尔的宝石戒指（印章），纳布－乌舍吉布（印）。[2]

---

[1][2]《古代东方史文选》第 2 卷，第 43—54 页。

波斯驻巴比伦尼亚总督特里塔伊克美斯非常富有：

> 他每天的收入有整整一阿尔塔贝的白银（阿尔塔贝是波斯人的
> 一种容量单位）。在他的马厩里除去军马之外，还有八百头种马和
> 一万六千头牝马，即每二十头牝马有一头种马。此外，他还拥有这样
> 多的印度犬，以至平原上的四个大村庄，由于供应些印度犬的食物，
> 而被免去了一切贡税。巴比伦的统治者就是这样富有。[①]

驻在两河流域地方的波斯驻防军，是分给他们土地作为报酬的。他们往往
把这些地出租出去，在穆拉树的档案中这些土地被叫作弓的份地等。BE 9 74：

> 2 明那白银、1 袋面粉、3 桶优质啤酒、3 只牡羊，这是阿塔薛西
> 斯统治第 40 年从以下田地上征收的租金：阿图拉曼之子纳别恩的弓
> 的份地、阿赫拉图之子帕格的弓的份地、某人乌斯库杜尔之子贝尔－
> 乌什帕塔尔的弓的份地、尼努尔塔之子提利达特的弓的份地、乌什塔
> 布赞之子贝尔－伊坦努的弓的份地、达尔马克之子帕提什塔的弓的份
> 地、卡库努之子提利达特和巴加达特的弓的份地。这些沙拉马地方的
> 雅利安人的田地，由穆拉树的后代艾利勒－苏姆－伊丁租佃。从他们
> （8 人的名字）的这些田地上获得的租金——2 明那白银、1 袋面粉、3
> 桶啤酒、3 只牡羊，已由穆拉树的后代艾利勒－苏姆－伊丁交纳。[②]

(5) 波斯贵族占有的土地

除了波斯的王室家族在被征服的地区占有了大量的土地以外，波斯的大官
和贵族也因各种原因（如因军功或担任了官职等）而占有大量的土地。

BE 9 48，穆拉树商家的后代艾利勒－苏姆－伊丁租佃了一个名叫巴加米
利的波斯官吏的长有树木的土地和谷田，其租期长达 60 年。

---

① ［古希腊］希罗多德：《历史》第 1 卷，192。
② 这是阿塔薛西斯一世统治第 40 年的一份契约。《古代东方史选》第 2 卷，第 45—54 页。

米特拉达特之子巴加米利对穆拉树的后代艾利勒－苏姆－伊丁自愿承诺如下："我的长有树木的地和属于我父亲已故兄弟的谷田（位于辛河渠和西里什吐河渠岸上）以及在加里亚地方的住房（它北边同尼努尔塔－伊丁之子纳布－阿赫－伊丁的田地交界，还同尼普尔的居民巴纳尼－艾列沙的田地交界，在南边同巴拉吐之子米努－贝尔－丹纳的田地交界，在东边——在辛河渠，在西边——在西里赫吐河渠岸上，而同阿尔塔列姆的译员努苏恩帕特的田地交界），所有这些用以出租和园艺栽培（的田地），我将给你使用 60 年。你承租这片有树木的土地，一年付租金 20 库尔枣椰子，而谷田则用作园艺栽培。"

后来，穆拉树的后代艾列勒－苏姆－伊丁同意了他的意见，承租了长有树木的地和谷田 60 年，（即）他的部分和自己兄弟的已故父亲努苏恩达特的部分以及长有树木的地，每年（交纳）20 库尔枣椰子，而谷田则用 60 年时间进行园艺栽培。每年塔什利吐月，艾列勒－苏姆－伊丁应交纳给巴加米利 20 库尔枣椰子作为这块田地的租金。米特拉达特之子巴加米利将在 60 年内从穆拉树的后代艾列勒－苏姆－伊丁之手得到这块土地上的全部租金，他将交纳。如果在 60 年期满之前，巴加米利从艾列勒－苏姆－伊丁手中夺走这块田地，并在这块田地上耕种，在这块田地上进行园艺栽培，巴加米利应付给艾利勒－苏姆－伊丁 1 塔兰特白银。如果巴加米利要这块土地，那么，他应腾空这块土地，并转交给艾利勒－苏姆－伊丁。

从国王阿塔薛西斯统治第 37 年的尼桑努月起，这块田地将租佃 60 年，同时进行园艺栽培，归穆拉树的后代艾利勒－苏姆－伊丁支配。[①]

投奔到波斯的希腊名人，被波斯国王优待并被赐予土地。如据希罗多德的《历史》，一个名叫戴玛拉托斯的斯巴达人的国王，由于自己的王位被剥夺，因而逃亡到了波斯，受到波斯国王大流士的热情款待，还给了他土地和若干城

---

① 《古代东方史文选》第 2 卷，第 43—54 页。

市:"大流士盛大地欢迎了他,给了他土地与若干城市。"①

在波斯帝国,有不少希腊名人得到了这样的待遇。如一个名叫司枯铁斯的臧克列的国王,在逃到波斯以后,受到大流士的款待:"在大流士看来,他是从希腊来到自己这里来的一切人当中最诚实的人物……他最后是死在波斯的,他死时享了高龄,并且拥有巨大的财富。"②

在《历史》第 7 卷中说到两个斯巴达人去见薛西斯时,在半道上,他们会见了一个波斯的官吏,名叫叙达尔涅斯,此人劝他们与国王交朋友。他说:"拉凯戴孟人,为什么你们不愿和国王交朋友呢?只要看一看我和我的情况,你们就可以判断出来,国王是多么善于敬重有品德的人物。因此,你们……如果为国王效劳的话,那你们便都可以被赐予一块希腊的土地而成为统治者"。③

(6) 神庙占有土地

在神庙经济中有农业、畜牧业、手工业、园艺业。

在 YBT VII 129 中就说到神庙经济:

在巴比伦之王、全国之王冈比西斯(二世)统治第 2 年都乌祖月 1 日之前,乌鲁克城伊丝塔尔(女神)的神庙奴隶达雅恩－艾列什之子伊丝塔尔－吉米兰尼应将王室所需,而由艾安那(神庙)交给他的 200 桶枣椰子酿造的甜酒装(上船),并运到阿巴努(城的)王宫中去。如果他不运到的话,那么将受到国王的惩罚。④

---

① [古希腊] 希罗多德:《历史》第 6 卷,70。
② [古希腊] 希罗多德:《历史》第 6 卷,24。
③ [古希腊] 希罗多德:《历史》第 7 卷,135。
④ 《古代东方史文选》第 2 卷,第 43—54 页。

在 AN OR[①] VIII 67 中说:

在巴比伦之王、全国之王冈比西斯（二世）统治第 2 年阿拉赫萨姆努月第 15 日之前,属于乌鲁克城的贝勒特女神的小牲畜牧人头领兰纳－艾列沙之子哲利亚以及沙鲁金之子阿拉德－贝尔,（他们每人）应将 100 头小乳绵羊和小乳山羊,共计 200 头小牲畜,赶到阿布纳城王宫,以供应王室餐桌。关于此事,法尔纳克的命令已经用书面形式送到。

如果在阿拉赫萨姆努月的第 28 日前,这些牲畜,即 200（头）牲畜还未被赶到阿布纳城的王宫,他们将受到国王的惩罚。[②]

YBT VII 168 :

在全国之王冈比西斯统治第 4 年的基什利姆月月底之前,利姆特－阿埃的后代纳布－邦恩－阿赫之子阿尔狄亚,管理乌鲁克城伊丝塔尔（女神）枣椰子租金的长官,应将王宫向艾安那（神庙）征收的 5000 塔兰特薪柴运去交给王室检查员、艾安那（神庙）的全权代表纳布－阿赫－伊丁。如果没有运到,那么他将受到巴比伦尼亚和河彼岸土地的总督戈布里亚的惩罚。[③]

在铭文 GC[④] II 120 :

根据巴比伦尼亚和河彼岸土地的总督戈布里亚的书面指示,王室监督艾安那（神庙）财产检查员（和）管理人,为了国王所需而从乌鲁克城伊丝塔尔女神庙的畜栏中将 80 头大牡羊——乌鲁克城伊丝塔尔女神和兰纳女神的财产——赶走,并将其托付给兰那－艾列萨之子

---

① AN OR 为《东方字话文案》。
②③《古代东方史文选》第 2 卷,第 43—54 页。
④ GC 为《古彻学院楔文案》。

哲利亚。他应在巴比伦之王、全国之王冈比西斯统治第 2 年的阿拉赫萨姆努月第 17 日,(将大牡羊)驱赶至阿巴努城,并为国王的需要而转交给艾安那(神庙)的管理人纳布－穆金－阿普利和王室检查员艾安那神庙财产管理人纳布－阿赫－伊丁。

如果哲利亚在此期限内没有为国王所需而将此 80 头大牡羊驱赶到王宫,并转交给纳布－穆金－阿普利和纳布－阿赫－伊丁,那么他将受到巴比伦尼亚和河彼岸土地的总督戈布里亚的惩罚。[①]

(7) 士兵占有的土地

驻守在被波斯人征服的各地区的士兵占有的土地,它们被称作"弓的份地""马的份地"等。这些土地是从被征服地区的人那里没收来后分配给这些士兵的,如前面说到的将巴比伦的神庙的土地没收后分配给了士兵等。

在资料中,对士兵占有的土地有不少反映:

BE 9 74:

2 明那白银、1 袋面粉、3 桶优质啤酒、3 只牡羊,这是阿塔薛西斯统治第 40 年从以下田地上征收的租金:阿图拉曼之子纳别恩的弓的份地、阿赫拉图之子帕格的弓的份地、乌斯库杜尔之子贝尔－乌什帕塔尔的弓的份地、尼努尔塔之子提利达特的弓的份地、乌什塔布赞之子贝尔－伊坦努的弓的份地、达尔马克之子帕提什塔的弓的份地、卡库努之子提利达特和巴加达特的弓的份地。这些沙拉马地方的雅利安人的田地,由穆拉树的后代艾利勒－苏姆－伊丁租佃。从他们(8 人的名字)的这些田地上获得的租金——2 明那白银、1 袋面粉、3 桶啤酒、3 只牡羊,已由穆拉树的后代艾利勒－苏姆－伊丁交纳。[②]

BE 10 111 记录了穆拉树商家租用一个雅利安人的弓的份地的租约:

---

① 《古代东方史史文选》第 2 卷,第 43—54 页。
② 《古代东方史史文选》第 2 卷,第 43—54 页。据此铭文,穆拉树商家租佃了雅利安人的 8 块土地。

1/2 明那白银、1 桶啤酒、1 只牡羊、5 苏特面粉，这是大流士二世统治第 5、6、7 年，（即）从苏布吐－加巴利地区的雅利安人的弓的份地上征收的租金。这些土地处于利穆特－尼努尔塔的奴隶贝尔－利巴之子利巴特的支配之下。

巴加达特之子、雅利安人的长官贝尔－纳丁收到了这 1/2 明那白银、1 桶啤酒、1 只牡羊、5 苏特面粉——大流士二世统治第 5、6、7 年从这块土地上征收的租金，是从贝尔－利巴之子利巴特之手付给他的。①

PBS2/1 175② 是穆拉树商家于公元前 423 年租佃一块属于两兄弟的弓的份地的租约，这块地位于皮库杜河渠岸边，用于种植枣椰子树，租期为 3 年。据租约，商家每年要向份地持有者支付 50 库尔枣椰子、10 库尔大麦、2 桶啤酒和 2 库尔面粉。

BE 9 107 是穆拉树商家租用属于苏沙努－马沙卡的位于尼普尔附近的 7 块弓的份地的租约，租期 3 年，每年租金为 5 明那白银。③

据文件 liverpool 24，在大流士统治时期，埃吉贝商家的后代伊提－马尔都克－巴拉吐的儿子们曾将一块土地租给奴隶耕种。④

3. 关于波斯帝国时期的奴隶制度

（1）波斯帝国时期的奴隶制及其来源

波斯帝国时期，奴隶人数不少，一些奴隶主占有很多奴隶。据色诺芬的《长征记》记载说，公元前 5 世纪末，有一个名叫阿西达提斯的波斯人，当色诺芬率领希腊雇佣军到达这个人那里时，他城堡附近的奴隶都跑了，但在城堡里，雇佣军还抓住约 200 个奴隶。⑤

---

① 《古代东方史文选》第 2 卷，第 43—54 页。在这份契约中说到收了 3 年的租金。为什么？可能这是这些弓的份地的持有者所要求的，但为此要付出什么代价则不得而知。

② PBS 为宾夕法尼亚大学博物馆巴比伦尼亚部出版物。此份文件另见《古代东方史文选》第 2 卷，第 43—54 页。

③④ 同上书，第 43—54 页。

⑤ 《长征记》，第 205—206 页。

据 Cyr 161，一个家庭有 27 个奴隶。

据 Dar[①] 429，一个家庭有 25 个奴隶。

波斯帝国时期奴隶的主要来源是什么？是战争时期的战俘。

在波斯帝国时期，每一次胜利的战争后，都会获得不少的战俘，他们中的许多人会成为奴隶。据希罗多德的记载，居鲁士在征服吕底亚后，把吕底亚首都撒尔迪斯委托给一个名叫塔巴罗斯的波斯人，又任命一个当地的吕底亚人帕克杜耶斯来保管属于吕底亚原来的国王克洛伊索斯和其他人的黄金财富，而把克洛伊索斯带往阿格巴塔那去。但当他们刚刚离开撒尔迪斯，那个帕克杜耶斯便鼓动吕底亚人起义。居鲁士听到这个消息后，问克洛伊索斯应当如何处理这件事。居鲁士认为最好是把起义者变成奴隶，而克洛伊索斯则认为："……为了保证他们（按：吕底亚人）永远不会叛变你或是威胁到你的安全，我看可以派人去这样命令他们：不许他们保存任何武器，要他们在外衣下面穿紧身衣，下身要穿半长筒靴子，并且要他们教他们的孩子弹奏七弦琴和竖琴以及经营小买卖。这样，哦，国王啊，不久你就会看到他们不再是男子而成了女子，那时你再也不必害怕他们会叛变你了……"

在听了克洛伊索斯的话以后，"他（按：指居鲁士）便把一个叫作玛扎列斯的美地亚人召了来，要这个美地亚人根据克洛伊索斯所谈的那些条件向吕底亚人颁布命令，随后他又命令把随同吕底亚人攻打撒尔迪斯的其他人等都卖为奴隶……"[②]。

这个玛扎列斯又攻克了普里耶涅，并把这个地方的居民卖为奴隶。"在玛扎列斯从歧奥斯人手中得到了帕克杜耶斯以后，便立刻率领军队去讨伐参加围攻塔巴罗斯的那些人。首先他攻克了普里耶涅，并把这个地方的居民卖为奴隶。"[③]

据希罗多德记载，大流士把巴尔卡人俘虏为奴隶，并将他们从埃及放逐到巴克特里亚。"这支波斯军队在利比亚走到的最远的地方是埃乌挨司佩里戴司

---

① Dar 为《大流士铭文选》。

② ［古希腊］希罗多德：《历史》第 1 卷，155—156。

③ ［古希腊］希罗多德：《历史》第 1 卷，161。

城……至于他们俘虏为奴隶的巴尔卡人，他们从埃及把他们放逐出去，并使他们到国王那里去，而大流士便把巴克妥利亚这个城市给他们居住。他们便把这座城称为巴尔卡……"①

在希波战争时，大流士曾命令率领远征军的将领美地亚人达提斯和大流士的侄子阿尔塔普列涅斯："至于那个远征失败的玛尔多纽斯，大流士解除了他的统帅职务，而任命其他的将领率领他的军队去进攻雅典和埃列特里亚。这两个将领是美地亚人达提斯和他自己的侄子阿尔塔普列涅斯。在他们出师时，他交付给他们的命令是，征服和奴役雅典和埃列特里亚，并把这些奴隶带到他的面前来。"②

当波斯人攻陷了埃列特里亚后，不仅城市的神庙被其劫掠和焚烧，他们还遵照大流士的命令，"波斯人闯进了城市，他们劫掠和焚烧了神殿，用来报复撒尔迪斯被烧毁掉的神殿，此外，他们还遵照大流士的命令，把那里的市民变卖为奴隶"③。

当达提斯和阿尔塔普列涅斯在航程中到达亚细亚时，他们就把埃列特里亚的奴隶带到内地苏撒去了。④

据希罗多德说，公元前594年，米利都起义失败后，"他们的大部分男子都给留着长发的波斯人杀死了，他们的妇女和小孩也被变成了奴隶……"⑤。

希罗多德还记载说，米利都起义失败以后，伊奥尼亚人的城市居民受到波斯人非常残酷的对待："当他们控制了这些城市的时候，他们便把最漂亮的男孩子选了出来，把这些孩子的生殖器割掉，从而使他们不能成为男子而成了阉人；至于那些最美丽的女孩子，他们则把她们带到国王那里去。他们这样做了之后，就把伊奥尼亚人的城市以及神殿烧掉了。这样一来，伊奥尼亚人便第三次变为奴隶……"⑥

---

① ［古希腊］希罗多德:《历史》第4卷，204。
② ［古希腊］希罗多德:《历史》第6卷，94。
③ ［古希腊］希罗多德:《历史》第6卷，101。
④ ［古希腊］希罗多德:《历史》第6卷，119。
⑤ ［古希腊］希罗多德:《历史》第6卷，19。
⑥ ［古希腊］希罗多德:《历史》第6卷，32。

在公元前 592 年，波斯人第一次远征希腊，在途经马其顿时，把马其顿人中的一些人变成了奴隶："随后，他们的（按：波斯人的）陆军又把马其顿人加到他们已有的奴隶里面去。因为在此之前，比马其顿离他们更近的一切民族便都已经被波斯人征服了。"①

有文件显示，在波斯人的每一次胜利的远征后，在巴比伦尼亚这个地方都会有出卖外国俘虏的事情发生。例如，据 Camb 334："穆舍吉布－贝尔之子伊丁那－纳布自愿将他的一个女奴隶——一个来自他的弓的战利品的埃及人南那－伊提扎和她的 3 个月大的女儿卖给埃吉贝的后代纳布－阿赫－伊丁之子伊提－马尔都克－巴拉吐，价钱是 2 明那白银。伊丁那－纳布从伊提－马尔都克－巴拉吐之手收到了南那－伊提扎和她的女儿的卖价 2 明那白银。"

显然，这个妇女和她的女儿是冈比西斯在公元前 525 年远征埃及时俘虏的（这个文件是在公元前 524 年写成的，当时有巴比伦尼亚人参加了这次远征）。

文件 Camb② 384 说："冈比西斯国王统治第 7 年基什里姆月 1 日（……）拉扎穆马尔加之子拉扎马尔玛（和）阿什普塔提卡之子阿什普麦提那以 2⅔ 明那白银的价钱把他们的女奴隶卡尔达拉（和）帕提扎卖给纳布－阿赫－伊丁之子伊丁那。"人们认为这些奴隶血统不是波斯人而是外国的血统，这说明当时获得战俘是战争的主要目的之一。

奴隶可被买卖、出租，或送去学习各种技艺等。

据 Cyr 332 文件说，一个名叫努尔－沙马什的人在公元前 551 年（即新巴比伦王国国王那波尼德统治时期）买了一个名叫穆舍吉布－沙马什的奴隶。后来，努尔－沙马什死了，他的寡妻布拉苏改了嫁，与另一个男人结了婚，并用这个奴隶做抵押借了债。再后来，在公元前 533 年，在波斯国王居鲁士统治时期，布拉苏和她的后任丈夫用 1 明那 50 舍克勒把这个奴隶卖给了伊丁－纳布。

　　巴比伦之王那波尼德统治（第六年）……和他的妻子阿扎尔图

---

① ［古希腊］希罗多德：《历史》第 6 卷，44。
② Camb 指冈比西斯的铭文。

（Ajartu）把穆舍吉布－沙马什以全价（卖给）努尔－沙马什。努尔－沙马什以自己的名义起草了（原始）文件，但是那波尼德统治第七年，他用其妻的嫁妆，1 个半明那的银子起草了一份（新的）盖了章的文件，并交给他的妻子布拉苏。

（然后）努尔－沙马什去世。努尔－沙马什去世之后，布拉苏和她的第二任丈夫塔巴尼亚（Tabbanea）用奴隶做抵押向阿布－努尔（Abu-nur）之子阿帕努（Appanu）借得 1 个半明那的银子。

到居鲁士统治第六年，布拉苏和她的丈夫塔巴尼亚把穆舍吉布－沙马什卖了 1 明那又 50 舍克勒银子。在买卖文件中他们写道："其中 50 舍克勒付给阿帕努。"

现在，居鲁士第八年，阿扎尔图……的妻子，因为穆舍吉布－沙马什的事情起诉我，（说他是）……神庙的奴隶。我带阿扎尔图来见你……

西帕尔……的祭司把阿扎尔图带上前，他们询问阿扎尔图。她没能证明穆舍吉布－沙马什是神庙奴隶还是自由人。[①]

西帕尔的祭司贝尔－乌巴里特也是沙马什神庙祭司的一员和城里的元老，他阅读了伊丁－努布带来的从那波尼德第六年到居鲁士第八年有关穆舍吉布－沙马什奴隶身份的合同。而阿扎尔图没有证明穆舍吉布－沙马什是神庙奴隶还是自由人。

他们讨论后，处罚阿扎尔图 1 明那又 50 舍克勒白银，还有 2/3 明那又 8（舍克勒）交给伊丁－纳布，因为阿扎尔图告假状说（奴隶）是自由人。

埃吉贝商业高利贷家族在新巴比伦王国时期就有买卖奴隶的记录，在波斯帝国时期该家族也有多起买卖奴隶的文件保存下来。如据 Dar 212 说，埃吉贝商业高利贷家族的马尔都克－纳西尔－阿普利买了一个奴隶：

---

① 周启迪译自［苏］丹达马耶夫：《巴比伦尼亚的奴隶制——公元前 626—前 331 年》，伊利诺伊：北伊利诺伊大学出版社，1984 年版，第 142—144 页。

陶匠后人贝尔－乌巴里特的儿子贝尔－纳丁－阿普利、纳布－伊丁和奈德－贝尔，自愿将他们的奴隶纳布－西里姆以共同达成的 4 明那 10 舍克勒的价格卖给埃吉贝的后人伊提－马尔都克－巴拉吐之子马尔都克－纳西尔－阿普利。

贝尔－纳丁－阿普利、纳布－伊丁和奈德－贝尔就纳布－西里姆之事做了保证，以预防就其王室奴隶或自由人或苏沙努（Susana）的身份、身份证明等出现索赔和可能的官司。

贝尔－纳丁－阿普利、纳布－伊丁和奈德－贝尔从纳布－西里姆处收到 4 明那 10 舍克勒银子。

证人（4 人名字），书吏（名字）。哈胡努（Hahhuru）（镇），萨利巴（Saribba）农庄。大流士王第六年基什里姆（月）第 26 日。[①]

买卖奴隶像买卖其他物品一样，要签订契约。契约中除了写明价钱以外，还要写明这个奴隶不是自由民、不是王室的奴隶、不是神庙的奴隶、不是其他人的奴隶等。在这些方面，波斯帝国时期和以前的新巴比伦王国时期一样。

奴隶可以被出租。如据公元前 485 年，在巴比伦的一份文件 BE 8 119 中，一个妇女雇佣了自己儿子的一个奴隶，租金是一个月 60 公升大麦。

奴隶可能被主人在借债时作为债务的抵押担保。如埃吉贝商家的伊提－马尔都克－巴拉吐（Itti-Marduk-balatu）在公元前 546 年至公元前 527 年这一时期内，就曾经在巴比伦借不同数目的债务，并用奴隶去做担保。

埃吉贝商家的后代马尔都克－纳西尔－阿普利（Marduk-nasir-apli）也曾在一次借 8 库尔大麦、34 库尔枣椰子和 13 西克勒白银时，用一个奴隶作为担保。

据大流士统治第 16 年的一份契约 TMH 2/3 121，奴隶主阿呼苏卢（Ahusunu）借了一个名叫纳布－苏门－乌金（Nabu-sum-ukin）的钱，契约规定，如果到期还不了债，就要用他的奴隶抵债：

大流士国王统治第 16 年（……月），纳哈胡的后代纳布－姆舍提

[①]《巴比伦尼亚的奴隶制——公元前 626—前 331 年》，第 199 页。

克－伍迪之子阿呼苏卢必须支付给伊利扎的后代纳布－纳丁－苏米，纳布－苏门－乌金 1 明那 52 舍克勒又 1/8 舍克勒合金（？）。

如果他不给钱，阿呼苏卢用作抵押的女奴南纳－卢素娜将归纳布－苏门－乌金所有，作为归还全部 1 明那 52 舍克勒又 1/8 舍克勒合金的债务。①

Camb 428 也说到用奴隶抵债：

埃阿神祭司的后代、沙马什－（埃利巴）之子埃阿－卡西尔欠牧人的后代里穆特之子纳布－塔布尼－乌初尔 1⅓ 明那白银。他们的奴隶纳布里门－苏坤被作为这 1⅓ 明那债务的抵押品。不支付奴隶工资，也没有利息……②

奴隶可能被送去学习一些技艺。如据 TMH 2/3 214，一个奴隶被送去学习烘烤面包。年轻的女奴隶还可能被自己的主人租给妓院老板做妓女。③

(2) 奴隶可以独立租种土地

多个文件说明，奴隶可以独立租种土地：

如文件 BE 10 111 说：

利穆特－尼努尔塔的奴隶贝尔－里巴特经营了舒布图－加巴里地方雅利安人的弓地，大流士王第 5、6、7 年的地租是：1/2 明那白银、1 桶啤酒、1 头牡绵羊、5 苏特面粉。④

---

① 《巴比伦尼亚的奴隶制——公元前 626—前 331 年》，第 142—143 页。
② 同上书，第 151 页。
③ 同上书，第 281 页。
④ 《古代东方史文选》第 2 卷，第 43—54 页。

Smerdis 9：

埃吉贝（Egibi）后代纳布－阿赫－伊丁（Nabu-ahhe-iddin）之子，伊提－马尔都克－巴拉吐（Itti-marduk-balatu）的奴隶纳布－皮特南尼（Nabu-pitnanni）需要缴纳 12 库尔枣椰子作为其主人所有的扎巴巴（Zababa）（神庙）大门前那块土地的固定地租。他必须在阿拉赫萨姆努（月）一次性缴纳以潘（pan）计量的枣椰子。每一库尔枣椰子还要缴纳枣椰子垫、筐、棕榈须、1 塔兰特的枣椰叶中段和一个容器（dariku）。[1]

据 BE 9 86A，奴隶埃阿－吉提苏（Ea-zittisu）和一个自由民从埃阿－吉提苏的主人、穆拉树的后代艾利勒－苏姆－伊丁那里租了若干土地，为期 3 年，这些土地坐落在不同的地区：

阿赫达吐司（Ahdatuse）之子、艾利勒－苏姆－伊丁（Ellil-sumiddin）的奴隶埃阿－吉提苏（Ea-zittisu）和……萨巴塔（Sabbata）之子－达萨布阿（-dasab'a），主动对穆拉树的后代艾利勒－苏姆－伊丁说：
"请将你手上位于苏巴特－萨巴图（Subat-sabatu）地区，在（……）你的封地上不相连的几块土地，位于萨布特－伽巴里（Sabut-gabbari）地区拉西门－埃勒（Rahim-el）的封地、苏巴特－拉希姆（Subat-rahimu）地区和苏巴特－伽巴里（Subat-gabbari）附近的土地，位于比特－达纳吐（Bit-danatu）和哈斯巴（Hasba）地区司马尔吉尔（Simmargir）运河两岸的土地，拉西门－埃勒（Rahim-el）和他儿子的位于胡舍提－萨－勒埃（Husseti-sa-re'e）的提吐鲁－司马吉尔（Titurru-Simmagir）地区的封地，伊斯奇鲁鲁（Isqallunu），

---

[1] 《古代东方史文选》第 2 卷，第 32—33 页。

比特－基克（Bit-kike），比特－阿克（bit-akke）地区和司马吉尔（Simmagir）运河两岸的土地租给我们3年；还有72头受过训练的耕牛、18只犁（一只犁4头牛）和全套挽具以及（种子）——226库尔大麦、6库尔3潘2苏特小麦、30库尔二粒小麦、2库尔鹰嘴豆、1库尔2潘3苏特扁豆、6库尔芝麻、6库尔蒜、2库尔洋葱，另外还有150库尔大麦用来挖运河。

"我们将在每年的阿雅努月在斯马吉尔运河，用大量斗付给你2260库尔大麦、140库尔小麦、250库尔二粒小麦、20库尔鹰嘴豆、10库尔扁豆、60库尔芝麻，总计2700库尔庄稼，还有4库尔萨赫鲁调料、1库尔收获草、18库尔蒜、8库尔洋葱、20库尔花园草，另外我们还送你1只公牛、15只绵羊和2500把亚麻作为礼物。"

艾利勒－苏姆－伊丁答应了他们，把上述土地都租给他们3年，还有72头耕牛、18只犁和全套挽具，作为种子给了他们226库尔大麦、6库尔3潘2苏特小麦、30库尔二粒小麦、2库尔鹰嘴豆、1库尔2潘3苏特扁豆、6库尔芝麻、6库尔蒜、2库尔洋葱，另外还有150库尔大麦用来挖运河。

他们必须在每年的阿雅努月，在斯马吉尔运河，交纳用大量斗称的2260库尔大麦、140库尔小麦、250库尔二粒小麦、20库尔鹰嘴豆、10库尔扁豆、60库尔芝麻、总计2700库尔庄稼以及4库尔萨赫鲁调料、1库尔草、18库尔蒜、8库尔洋葱、20库尔花园草，（他们还必须）送1只公牛、15只绵羊和2500把亚麻作为礼物。

这份租约将在阿塔薛西斯统治第41年，西马努（月的月头）生效。他们互相担保离（土地）最近的人会交纳地租。

证人（13人名字）……阿尔塔薛西斯（Artaxerxes）统治第41年。①

在文件PBS 2/1 106中也说到奴隶租种土地的情况：

---

① 《巴比伦尼亚的奴隶制——公元前626—前331年》，第258页。

利穆特－尼努尔塔的奴隶贝尔－埃利巴之子里巴特和贝尔－阿布－乌初尔之子拉希姆，主动对穆拉树后代利穆特－尼努尔塔说："请将位于哈塔亚、伊门、化特－南那（和）萨巴特－阿雅比地区的（有树的）土地租给我们 3 年；还有 24 头耕牛、全套挽具、6 套犁；另外 80 库尔大麦、2 库尔小麦、16 库尔二粒小麦和 1 潘 4 苏特芝麻做种子。我们将每年在苏巴特－贾巴里地区付你以 800 库尔大麦、30 库尔小麦、150 库尔二粒小麦、20 库尔芝麻，总计 1000 库尔庄稼，大麦和次要作物，还有依据哈塔亚地区标准称的 100 库尔枣椰。"

利穆特－尼努尔塔听从了他们，将土地、24 头公牛及挽具和种子租给他们三年。记录如下：

他们必须每年在苏巴特－贾巴里地区缴纳 800 库尔大麦、30 库尔小麦、150 库尔二粒小麦、20 库尔芝麻，总计 1000 库尔的庄稼，大麦和次要作物，还有 1000 库尔以哈塔亚地区标准称量的枣椰。

……大流士统治第 5 年。[①]

奴隶劳动在手工业和商业中的使用。例如奴隶可能是皮革工、制鞋工、印章雕刻工、纺织工、麻袋制作工、衣服漂白工、特殊纺织工、面包师傅或厨师、木匠、房屋建筑工、面包工等。

如据 Cyr 313：

（……的）后代，阿尔基扎（Arjija）之子纳布－苏门－伊丁和他的妻子萨玛－依鲁之女伊纳－埃萨基那－白拉吐，将他们的奴隶尼丁吐交给乌萨扎的里布鲁特松六年，去学习（漂白的手艺）。他必须教会他全部漂白（布）的技术。

如果他不训练他，他必须把他的人身租付给纳布－苏门－伊丁，

---

① 《巴比伦尼亚的奴隶制——公元前 626—前 331 年》，第 260—261 页。

一天 3 卡大麦。

这名奴隶自（居鲁士）统治第 8 年尼桑努（月）月初开始听从里布鲁特松安排。他必须培训他，然后将（他）献给沙马什（神）。他训练他之后，他（奴隶的主人）必须支付价值一条毯子，值 4 舍克勒银子给里布鲁特松。

证人（3 人名字），书吏（名字）。

西帕尔，居鲁士统治第 8 年，阿布月 25 日。[①]

又如 Dar 457：

卡尔巴(Kalba)之女，那巴扎(Nabaja)后人阿马特－巴巴(Amat-Baba)已经把她的皮匠奴隶乌尔图－帕尼－贝尔－鲁苏里木吉(Ultu-pani-Bel-Lu-Sulim)给了……之子，埃阿(Ea)神祭司后人埃阿－纳西尔(Ea-nasir)的奴隶，纳布－布利塔尼（Nabu-bullitanni），每年的工资是 10 双皮鞋。他必须教他皮匠手艺的全部。乌尔图－帕尼－贝尔－鲁苏里木吉从阿达鲁（Addaru）月 1 日起听从，纳布－布利塔尼。他将继续在他的女主人处干修鞋的活。

证人（7 人名字），书吏（名字）。

巴比伦，大流士 17 年沙巴吐月 16 日。[②]

他们各自收到一份文件。[②]

另据 Cyr 325，王子冈比西斯的奴隶被送去学习制作印章的技术：

埃吉贝的后代纳布－伊丁之子伊提－马尔都克－巴拉吐，自愿将自己的奴隶古祖－伊纳－贝尔－阿兹巴特送去向冈比西斯王子的奴隶、

---

① 《巴比伦尼亚的奴隶制——公元前 626—前 331 年》，第 284—285 页。
② 同上书，第 286 页。

印章雕刻匠库达伊（学习）制作印章雕刻的（技艺），为期4年……

他应教给他完善的制作印章的（技艺）。伊丁－马尔都克－巴拉吐应（一年一次）给古祖－伊纳－贝尔－巴兹巴特换洗的衣服。

如果库达伊不教给他，那么，应支付1/3明那白银；而如果在4年的期限内他教给了他……

证人（2人名字），书吏（名字）。

巴比伦，巴比伦之王居鲁士统治第8年阿达努月第6日。

他应在尼桑努月第……日交付5西克勒白银……①

Camb 245：

埃吉贝的后代纳布－阿赫－伊丁之子伊提－马尔都克－巴拉吐自愿（送）他的奴隶到基－辛之子到编织人伊迪加处2年3个月，学习服装制作的手艺。他必须教给他全部的手艺。

他已经拿到了食物。年底前，伊提－马尔都克－巴拉吐（必须给他）一件衣服。

证人（名字），书吏（名字）。

巴比伦，冈比西斯统治第4年乌努努月（……）日。

他们各自收到一份文件。②

(3) 奴隶可以作为主人的商业代理人

奴隶也可能作为自己主人的商业代理人，这在新巴比伦王国时期就已经有了，在波斯帝国时期还继续存在。例如，埃吉贝商家有几个著名的奴隶作为自己的代理人，如纳布－乌提尔就是埃吉贝商家的一个从事商业高利贷的代理人，作为埃吉贝商家代理人的还有纳布－雅努和达雅恩－贝尔－乌初尔。其

---

① 《古代东方史文选》第2卷，第43—54页。
② 《巴比伦尼亚的奴隶制——公元前626—前331年》，第286页。

中，达雅恩－贝尔－乌初尔是从另一个奴隶主伊丁－马尔都克家转到埃吉贝家的伊提－马尔都克－巴拉吐（他作为埃吉贝家族的一家之主的活动时间是公元前543—前522年）手里的一个代理人，后来他又被遗嘱给了埃吉贝家族的另一个首脑马尔都克－纳西尔－阿普利（他作为这个家族的首脑的时间是公元前521—前495年）。

下面我们举一些奴隶代理人的例子：

Camb 253 ：

　　伊提－马尔都克－巴拉吐的奴隶涅尔伽尔－利初阿（Nergal-resua）已经代他从木卡里姆（Mukallim）的后代卡尔巴（Kalba）之子阿拉德－贝尔（Arad-Bel）手上收到8舍克勒银子，这是一处房子的自年初以来的房租，还有4舍克勒的银子，是剩下的房租。这些都是木卡里姆的后代卡尔巴之子阿拉德－贝尔欠埃吉贝的后代纳布－阿赫－伊丁之子伊提－马尔都克－巴拉吐的。

　　证人（2人名字），书吏（名字）。

　　巴比伦，冈比西斯统治第4年阿尔扎布沙马努月7日。

　　合同双方各自收到一份文件。①

Dar 362 ：

　　马尔都克－纳西尔－阿普利的奴隶西皮特－贝尔－阿什巴特和伊利－皮－乌初尔已经代他从巴图图的后代纳丁之子纳布－纳西尔－阿普利之手收到1库尔3苏特4卡大麦，这是大流士统治第12年土地的收成。这和西皮特－贝尔－阿什巴特已经收到的第13年的4库尔3潘2苏特的土地收成是分开的。

　　证人（4人名字），书吏（名字）。

---

① 《巴比伦尼亚的奴隶制——公元前626—前331年》，第309页。

苏帕特镇，大流士统治第 13 年沙巴吐月 24 日。

各方都收到一份文件（抄本）。①

这份文件的内容说的是，属于众所周知的埃吉贝家族头头伊提－马尔都克－巴拉吐之子马尔都克－纳西尔－阿普利的两个奴隶，收到了他们主人的一块土地的一份两年的租金，大约 1042 公升大麦。

Dar 542：

巴甲萨路的奴隶、皮西甲的信使、巴甲萨路的管家纳布－加比－伊利，已经自马尔都克－纳西尔－阿普利的奴隶舍皮特－贝尔－阿什巴特处收到大流士统治第 21 年的地租枣椰。巴甲萨路与埃吉贝的后代伊提－马尔都克－巴拉吐之子马尔都克－纳西尔－阿普利和他的兄弟们分享地租。

各方都已收到一份文件。

纳布－加比－伊利已经自马尔都克－纳西尔－阿普利的奴隶舍皮特－贝尔－阿什巴特之手收到 15 库尔枣椰。

证人（4 人名字），书吏（名字）。

大流士统治第 22 年西曼努月 20 日。

贝尔（……）的后代（……）之子，纳布布里特苏。②

Dar 274：

米特拉图的奴隶贝尔－乌初尔－苏作为尼西斯图－塔比的代理人，自贝尔苏鲁的奴隶阿拉德－涅尔伽尔处收到大流士统治第 10 年在努赫桑尼吐镇的土地的地租 3 库尔大麦。

贝尔－乌初尔－苏和尼西斯图－塔比必须写个收到 3 库尔大麦的

---

① 《巴比伦尼亚的奴隶制——公元前 626—前 331 年》，第 310 页。

② 同上书，第 311 页。

收据，并交给阿拉德－涅尔伽尔。

证人（3 人名字），书吏（名字）。

波尔西帕，大流士统治第 10 年阿布月 21 日。[①]

PBS 2/1 201：

伊普拉达吐之子阿卡门尼斯所有的位于……的土地，出租给穆拉树的后代利穆特－尼努尔塔在大流士统治第 4 年的租金是 1 明那银币的枣椰子。

伊普拉达吐的奴隶西哈和（……）－埃提尔（-etir）已经代他自利穆特－尼努尔塔处收到 1 明那银子。他们收到钱必须和伊普拉达吐一起立下收据交给利穆特－尼努尔塔。

证人（7 人名字），书吏（名字）。

尼普尔，各国之王大流士统治第 4 年乌呼努月 28 日。[②]

这份文件说到的土地的主人伊普拉达吐，是一个波斯人、一个阿黑明尼德王室家族的成员。这个家族在尼普尔附近拥有大量的土地，这些土地通常经过奴隶代理人之手出租给穆拉树商家。（参见 BE 10 85）

（4）奴隶主经由奴隶去缴纳赋税

如据 YMH 2/3 189，在大流士统治第 7 年，有 7 个斯基泰人作为军事殖民者的报酬的弓的份地，这些土地现在出租给了穆拉树的后代利穆特－尼努尔塔，应当交纳 2⅓ 明那银子和 7 个弓的份地的全部伊尔库税。文件清楚地表明，利穆特－尼努尔塔指令他的奴隶之一去纳了税。

奴隶的彼库里（Pecullium）：彼库里是奴隶主给与奴隶的一份财产，这份财产可以是一块土地，也可以是其他的财产。这些财产在奴隶活着时候可以一

---

① 《巴比伦尼亚的奴隶制——公元前 626—前 331 年》，第 312 页。

② 同上书，第 314—315 页。

直使用，死后交回。在奴隶使用这份彼库里时，当然要向自己的主人交纳一定的收成或利润，即拥有彼库里的奴隶要从商业贸易、手工业、租佃等的收入中付给其主人一份报酬，这种报酬叫做曼达吐（mandattu）或马达吐（madattu）。有自己的作坊的奴隶，他们给主人的彼库里的报酬会更多。

据公元前 519 年的 Dar 97：

> 属于洗涤匠后代马尔都克－埃提尔之子贝尔－卡西尔的 5 明那银子，和属于埃吉贝的后代马尔都克－纳西尔－阿普利的奴隶努布－阿加努的 5 明那银子，他们做了共同投资。[①]

PBS 2/1 118：

> 18 只公羊，（……）一岁公羊、14 只公羊羔、70 只（？）已经产过仔的成年母羊、19 只一岁母羊、6 只成年公山羊、1 只小公山羊、（……）已经产过仔的成年母山羊、1 只一岁母山羊，共计 141 只绵羊和山羊（黑色和白色的），不论大小，属于贝尔－艾利布之子埃穆特－宁努尔塔的奴隶里巴特，租给萨姆撒加（Samsaja）之子贝尔－埃提尔（Bel-etir）。
>
> 本次计数在大流士统治第 6 年西马努月 10 日。当面点清并移交。
>
> 有萨姆撒加之子贝尔－埃提尔印戒。[②]

(5) 关于奴隶作为借贷契约当事人的文件

如 Dar 82：

> 埃匹斯－伊利（Epes-ili）的后代苏拉之子马尔都克－苏姆－伊

---

① 《巴比伦尼亚的奴隶制——公元前 626—前 331 年》，第 320—321 页。

② 同上书，第 327 页。

布尼欠巴比伦和叙利亚总督乌斯塔尼的奴隶库鲁拉扎 2 明那银子。

他（按：债务人）的坐落在巴甲路斯大路边的房子作为库鲁拉扎的抵押。另一个债权人在库鲁拉扎收回贷款前，对这所房子没有任何权利。该房产没有房租，银子也没有利息。①

再如 Dar 337：

埃吉贝的后代伊丁的儿子希尔库（Sirku，即马尔都克－纳西尔－阿普利，希尔库是昵称）欠纳布巴尼－阿赫（Nabu-bani-ahi）的奴隶基拉扎（Giraja）5⅚明那的白银，（月息）每舍克勒含 1/8 舍克勒合金。

他必须在尼桑努月支付这些本金和利息。②

(6) 奴隶把实物（如粮食等）借给他人

Dar 387：

伊斯尼提（Isinite）后代尼丁吐（Nidintu）的奴隶沙马什－伊丁（Samas-iddin）欠埃吉贝的后代伊提－马尔都克－巴拉吐之子马尔都克－纳西尔－阿普利 4 库尔一级白色大麦。

他必须于阿扎努月在马尔都克－纳西尔－阿普利位于皮库都（Piqudu）运河边的房子里，一次性按马尔都克－纳西尔－阿普利的计量归还这 4 库尔大麦。③

---

①② 《巴比伦尼亚的奴隶制——公元前 626—前 331 年》，第 330 页。
③ 同上书，第 333 页。

Gc ci 11 99：

> 巴尼吐－埃勒斯（Banitu-eres）之子贝尔－纳埃德（Bel-na'id）和他的奴隶（qallu）纳布－贝尔－乌初尔（nabu-bel-usur）欠辛－塔布尼（Sin-tabni）的后代纳布－贝尔－苏马提（Nabu-bel-sumate）之子贝尔－阿赫－伊其萨（BeL-ahhe-iqisa）3库尔1潘大麦。
>
> 他们必须于阿扎努月在乌鲁克库房大门前支付这3库尔1潘大麦。他们互相担保。[①]

这个文件表明，一个奴隶和他的主人联合借了大约576公升大麦，并互为保证人。

PBS 2/1 222：

> 利穆特－尼努尔塔的奴隶纳布－伽哈比（Nabu-jahabi）之子扎布达（Zabuda）欠穆拉树的后代利穆特－尼努尔塔32库尔大麦，目前在阿布达扎（Abdaja）和贝尔－伊塔努（bel-ittanu）手里。
>
> 他必须于大流士统治第七年阿扎努月在尼普尔仓库大门前，以库鲁普（kuruppu）计量法支付这32库尔大麦。[②]

据Camb 330和31的内容是在胡尔萨卡拉马签订的两份契约，是在同一天，有同一些证人在场。契约说，埃吉贝商家的后代伊提－马尔都克－巴拉吐将两个明那又两舍克勒银子给自己的女奴隶胡纳吐，以便她能获得开一家小酒店所必需的资本：购买50个啤酒罐、其他各种罐子、椅子和其他别的东西，还有60库尔（约合10800公升）枣椰子。奴隶可能拥有自己的谷田和房屋，

[①] 《巴比伦尼亚的奴隶制——公元前626—前331年》，第333页。

[②] 同上书，第334页。

还可能拥有作坊。[①]

从新巴比伦王国时期起，我们就看到奴隶主有奴隶代理人代理其经济上的活动。在新巴比伦王国到波斯帝国时期，著名的奴隶主埃吉贝商家的奴隶代理人之一曼达努－贝尔－乌苏尔（Madanu-bel-usur），其活动的时间从新巴比伦王国时期一直到波斯帝国时期（从尼布甲尼撒二世到冈比西斯二世时期）；另一个是属于努尔－星（Nur-Sin）的后代伊其萨（Iqisa）之子伊丁－马尔都克（Iddin-Marduk）的一个奴隶代理人涅尔加尔－利苏阿（Nergal-resua），其活动的时间也是从新巴比伦王国时期一直到波斯帝国时期。

(7) 某些奴隶还拥有奴隶

如据 UET 4 29：

辛－伊丁（Sin-iddin）之子伊迪扎（Iddija）、穆拉努（Muranu）之子里巴特（Ribat）和沙马什－埃提尔（Samas-eter）之子辛－吉尔－乌西布希（Sin-zer-usibsi）自愿将他们的女奴贝尔提马（Beltima）以1明那18舍克勒精练银子的价格卖给辛－伊其萨（Sin-iqisa）的后代伊库普（Iqupu）之子乌吉那（Uggina）的奴隶伊达呼－纳布（Iddahu-nabu）。该女奴右手上写有汉娜塔尼（Hannatani）的名字，左手上写有辛－伊丁之子伊迪扎的名字。

辛－伊丁之子伊迪扎、穆拉努之子里巴特和沙马什－埃提尔之子辛－吉尔－乌西布希自辛－伊其萨的后代伊库普之子乌吉那的奴隶伊达呼－纳布处收到1明那18舍克勒精练的银子，即女奴贝尔提马的价格。

某日，法官接到诉讼要求辛－伊丁之子伊迪扎、穆拉努之子里巴特和沙马什－埃提尔之子辛－吉尔－乌西布希放了女奴贝尔提马，并将她交给伊达呼－纳布。

[①] 《巴比伦尼亚的奴隶制——公元前626—前331年》，第337页。

伊迪扎、里巴特和辛－吉尔－乌西布希必须在法官面前共同起草这个文件，并交给辛－伊其萨的后代伊库普之子乌吉那的奴隶伊达呼－纳布。辛－伊丁之子伊迪扎、穆拉努之子里巴特和沙马什－埃提尔之子辛－吉尔－乌西布希共同对等于女奴价格的银币负责，并起草了文件。[①]

这份文件是非常有趣的。三个人合有一个名叫贝尔提玛的女奴隶，她先前属于某个汉纳塔尼，后来这个汉纳塔尼又把他卖给了一个名叫伊达呼－纳布的奴隶。

让奴隶去学习手工业等技艺大约是从新巴比伦王国时期开始的。

4. 波斯帝国时期的商品货币关系：埃吉贝家族和穆拉树家族

(1) 埃吉贝商家

埃吉贝商家的活动并非开始于波斯帝国时期，我们现在知道的该商家活动的最早的记录是在亚述帝国时期后期。该商家有大量的契约文书（约1700多件）被发掘出来，虽然这些文件中的大多数是在巴比伦发现的（因为，该商家首脑是住在巴比伦及其郊区的），但该商家在波尔西帕、库特、基什等地也有活动。所以，在波尔西帕、基什、奥彼斯、库特、西帕尔、乌鲁克以及该商家成员曾居住过的米底和波斯的不同地方也发现有该商家的档案文件。现在的文件表明，该家族活动的时间为公元前8世纪末至公元前480年。公元前480年，该家族从人们的视野中消失，其原因可能是由于破产。因为公元前482年在巴比伦发生了贝尔－西曼尼和沙马什－利贝起义，薛西斯残酷地镇压了起义，而埃吉贝商家的财产被劫掠，土地被没收给了波斯的军队做份地。

由于该商家的资料分散在不同地方，发掘者又不同，所以现在有关该商家的档案资料收藏在不同的地方，这为研究该商家的状况造成了不少的困难。

在资料中第一个被提到的埃吉贝商家的人是库都路（Kudulu），是在公元

---

① 《巴比伦尼亚的奴隶制——公元前626—前331年》，第374页。

前 715 年。以后，该商家一个名叫纳布－纳丁－阿赫的人担任过巴比伦的市长的职务。再往后为我们知道的是该商家的贝尔－艾提尔－埃吉贝（公元前660—前590年），随后一代有纳布－哲尔－乌金、贝尔－乌帕西尔和他们的兄弟扎吉尔以及伊基什之子库都路。但积极参与商业活动的是他们的下一代，以苏拉为其代表。苏拉是纳布－哲尔－乌金之子。他的名字出现在公元前602—前580年的文件中。在苏拉的活动中有购买奴隶、组织商业公司、借债、买卖枣椰子、大麦、牲畜等。他也向他人借债。如有一次，他以自己的房屋作为抵押而借了 2 明那又 14 舍克勒。他的这笔债到他死时尚未还请，他的儿子纳布－阿赫－伊丁重新写了契约，将还款期限推迟了 3 年。

苏拉有七个儿子，他的长子和继承人是纳布－阿赫－伊丁（约生活于公元前612—前543年），此外，还有伊提－马尔都克－巴拉吐、伊丁－纳布、涅尔加尔－艾提尔、穆金－吉尔、贝尔－克西尔、马尔都克－纳西尔－阿普利。从伊提－马尔都克－巴拉吐时期起，该商家的活动就进入了波斯帝国时期（他的活动开始于公元前 555 年，而从公元前 543 年开始是作为商家的首脑而活动的，他作为商家首脑一直活动到公元前 522 年）。他与当时当地的一个富有人家纳巴雅家的女儿阿马特－巴乌结婚。他的活动地区是在巴比伦及其郊区，但在波尔西帕等地也有他活动的资料。在该家族的档案中有大约 270 份文件与他有关，主要涉及借贷、购买土地、贩卖奴隶。据资料，他一共购买了 34 个奴隶，后来又卖出去 6 个。他的奴隶或是出租出去，或是送去学习手工业技术，也有的奴隶独立从事商业贸易或高利贷活动而向他交纳代役租（人身租）。他的这类奴隶可能达到相当富有的程度，以至可以自己购买奴隶。他也与其他商家共同放债（如与纳布－苏姆－伊丁之子马尔都克－沙比克－吉尔，他是伊提－马尔都克－巴拉吐的谷田共有者之一，也是共同借贷者之一），共同分配利润。在公元前 539 年波斯人占领了巴比伦尼亚后，该商家不仅继续了自己的商业高利贷活动，而且与波斯征服者上层建立了联系。该商家在波斯征服后还在继续活动的第一个人就是伊提－马尔都克－巴拉吐。他的活动不仅在巴比伦尼亚，而且还伸向了波斯和米底。在他的儿子马尔都克－纳西尔－阿普利时期，该家族仍然同波斯统治者保持了较为密切的关系。在波斯帝国时期，该商家的主要代表人物是伊提－马尔都克－巴拉吐和马尔都克－纳西尔－阿普利，其经济活动至少包括以下几个方面：

有息贷款、无息贷款、购买房屋、购买土地、出租房屋、出租土地等。

值得注意的是，埃吉贝商家是当时的大奴隶主，据有的学者统计，该家族的奴隶多达200多人。还有一点值得注意的是，该商家还用奴隶做代理人进行商业贸易。这些奴隶代理人既为其主人从事商业贸易，还为他们自己进行商业贸易赚钱，甚至他们自己也拥有奴隶。

下面几个文件是用阿卡德语写成的埃吉贝家族的文件：

Cyr 177：

埃吉贝的后代纳布－阿赫－伊丁之子伊丁－纳布借了利－伊尔杰利－汉南之子、王子的书吏－翻译加比－伊兰尼－沙尔－乌祖尔管理之下的冈比西斯王子的财产三分之一明那白银。作为给加比－伊兰尼－沙尔－乌祖尔的担保的是同狄卡的后代利姆特之子别尔－伊丁的房屋以及同辛－卡拉别伊什麦的后代涅尔加尔－乌沙利姆之子沙利克－吉尔的房屋相邻的房屋。别的债权人对此房屋不享有这一权利。在加比－伊兰尼－沙尔－乌祖尔未能满意于自己的三分之一明那白银之前，将不付房租，也不付银子的利息。必须做好制砖、（收割）芦苇、（上）房梁等活动，将由伊丁－纳布负担（这些）费用。

埃吉贝的后代纳布－阿赫－伊丁之子涅尔加尔－艾提尔是支付白银的担保人。按照（名叫）安娜－巴卡妮莎（妇女）、（名叫）库达莎的（妇女）委托人的指示，白银被交给了伊丁－纳布。

他（按：指加比－伊兰尼－沙尔－乌祖尔）应当修缮主墙，房顶应保持良好。

证人（2人名字），书吏（名字）。

巴比伦，巴比伦之王、全国之王居鲁士统治第4年阿拉赫萨姆努月第 5 日。①

Cyr 325：

埃吉贝的后代纳布－伊丁之子伊提－马尔都克－巴拉吐，自愿将自己的奴隶古祖－伊纳－贝尔－阿兹巴特送去向冈比西斯王子的奴隶、印章雕刻匠库达伊（学习）制作印章雕刻的（技艺），为期 4 年……

他应教给他完善的制作印章的（技艺）。伊丁－马尔都克－巴拉吐应（一年一次）给古祖－伊纳－贝尔－巴兹巴特换洗的衣服。

如果库达伊不教给他，那么，应支付 1/3 明那白银；而如果在 4 年的期限内他教给了他……

证人（2 人名字），书吏（名字）。

巴比伦，巴比伦之王居鲁士统治第 8 年阿达努月第 6 日。

他应在尼桑努月第……日交付 5 西克勒白银……②

Dar 527：

50 库尔（按：1 库尔 =150 公升）枣椰子，即为珍宝保管人而从土地收获中征收的租金。此租金属于埃吉贝的后代伊提－马尔都克－巴拉吐之子马尔都克－纳西尔－阿普利及其兄弟们。其中第三部分，也就是珍宝保管人巴加沙尔的那一部分，为阿赫－伊丁之子纳布－阿赫－伊塔努所欠。他应当在阿拉赫萨姆努月里用马尔都克－纳西尔－阿普利的量谷器交出仓库中的 60 库尔枣椰子，枣椰子应当连同 1 库尔细枝、未熟的枣椰子、叶、新鲜嫩枝（和两棵树心）一并交出。税尚未交付，差额也未结算。

---

①② 《古代东方史文选》第 2 卷，第 43—54 页。

证人（4 人名字），书吏（名字）。

比特－塔比－贝尔（地方），巴比伦之王、全国之王大流士统治第 21 年塔什利吐月第 18 日。[①]

Dar 5 42：

枣椰子——大流士国王统治第 21 年的租金，巴加沙尔同埃吉贝的后代伊提－马尔都克－巴拉吐之子马尔都克－纳西尔－阿普利及其兄弟们（共有的）一份，是从马尔都克－纳西尔－阿普利的奴隶舍涅－贝尔－阿兹巴特、巴加沙尔的奴隶纳布－加比利、巴加沙尔的管理人、送信人比西亚之手得到的。他们俩根据同一个契据收到。纳布－加比利从马尔都克－纳西尔－阿普利的奴隶舍涅－贝尔－阿兹巴特手中得到 15 库尔枣椰子。

证人（4 人名字），书吏（名字）。

巴比伦之王、全国之王大流士统治第 22 年辛马努月第 20 日。[②]

（2）穆拉树商家

波斯帝国时期另一个大的商业高利贷家族是穆拉树商家。

穆拉树商家的活动：

BE 9 75：

税收征收人普呼尔之奴隶胡恩查拉尔和沙姆拉之子纳麦尔，根据曼努斯坦的委托和印章，从穆拉树的后代艾利勒－苏姆－伊丁之手获得阿塔薛西斯统治第 40 年住在印度人居民点的拉巴沙之子卡尔杜苏的弓的份地、提尔－扎巴吐地方的努拉－纳布之子马尔都克－艾提

---

① 《古代东方史文选》第 2 卷，第 43—54 页。

② 同上书；另见《巴比伦尼亚的奴隶制——公元前 626—前 331 年》，第 311 页。

尔的弓的份地、（住在）提尔－扎巴吐地方的属于苏沙努劳动队的尼丁吐－贝尔之子贝尔－阿布－乌祖尔和比特－伊利－努利的弓的份地的一半征收给国王之家的全部税收和礼物3.5明那白银。他们应将阿塔薛西斯统治第40年的全部税收付清并送交曼努斯坦，然后把契据转交给穆拉树的后代艾利勒－苏姆－伊丁。[①]

这份租约说明，租佃土地的穆拉树商家不仅要交纳地租，而且还为土地占有者代交赋税。为什么商家要替其交税呢？契约中没有说明，可能是因为这些土地持有人有困难，拿不出一钱去交税，因而不得不求助于商家。这份契约也说明，国家是认可这种租佃的。

BE 10 50那份契约说明，商家代替土地持有人交纳国税可能并非偶尔为之，而是较为经常的。

关于穆拉树商家承租国王的水渠：

从穆拉树档案看，尼普尔地方的灌溉网络的主要部分是国王的财产，控制在国王的手中。据斯道尔分析，当地河渠的占有、监督管理和使用过程是这样一个线路：国王—王子、总督—马珊那（河渠管理者，是国王官吏，如文献 CBS 12950 NO.48 关于商家交纳租金的收据，其接受者就是马珊那）—河渠管理者—穆拉树商家—商家的佃户。商家可以从不同的土地占有者那里得到土地，但却只能从国王行政的不同部门那里获得水的使用权。在 BE 9 73 中就反映了商家租用国王水渠的事实，该文件就是一张交纳租金的契据，其中也清楚地说明水渠是国王的财产：

> 农民的后代帕里克－伊利之子纳迪尔和沙马什－伊丁的奴隶纳布－乌舍吉布，根据贝尔－艾提尔之子沙马什－伊丁的书面委托，从利穆特－尼努尔塔之手得到2库尔4苏特（1苏特＝5公升）芝麻，——作为国王的一份。这是穆拉树的后代利穆特－尼努尔塔租佃

---

① 《古代东方史文选》第2卷，第43—54页。

国王水渠的国王的一份收入。纳迪尔和纳布－乌舍吉布应将这些芝麻（2 库尔 4 苏特）运送给沙马什－伊丁，并为利穆特－尼努尔塔写出契据。

穆拉树商家在租得这些水渠以后，再将其租给租佃他土地的人，甚至独立的农民。据 BE 9 7 说：

> 阿普利之子贝尔－比利特苏和纳布－阿赫－伊塔努、比巴努之子纳杜布－苏努和尼努尔塔－伊布尼……贝尔之子贝尔－苏姆－伊丁、苏姆－伊丁和利巴特对穆拉树的后代艾利勒－苏姆－伊丁、贝尔－乌舍吉布之子贝尔－纳契尔以及（……之子）伊丁－贝尔自愿承诺如下："每月 12 日至 15 日，把国王私有的水给我们（使用）。在我们弓箭手的份地的粮田上，在属于辛－利巴特之家的田地上，我们将增加收成。我们要用被灌溉的田地上的 1/3 收成支付水费。此外，我们还将为每库尔被灌溉的土地支付 1/3 西克勒白银，并为每库尔灌水的土地支付 1/3 西克勒作为什一税。"
>
> 而后，艾利勒－苏姆－伊丁、贝尔－纳契尔和伊丁－贝尔也听说了此事，并且属于国王所有的这些水从每月的 12 日至 15 日给了他们……
>
> 如果他们在非规定的日子里引水灌了田，那么，将不经审理他们就应支付 5 明那白银。[①]

BE 9 52 的内容为穆拉树商家转租水渠获取额外收入，这一活动提供了进一步的信息，其内容是穆拉树商家根据奴隶利巴特的请求把河渠的水租给奴隶利巴特：

> ……于是，艾利勒－苏姆－伊丁听从了他的要求，将沙努河

---

① 《古代东方史文选》第 2 卷，第 43—54 页。

渠——从其河源到河口沿着河渠的左岸和右岸水流经的所有地区以及纳姆－卢嘎－杜尔－恩利尔河渠右岸的所有土地租给他3年。他必须在每年的阿雅鲁月按所要求的量支付632库尔大麦、30库尔小麦、70库尔二粒小麦、20库尔鹰嘴豆、10库尔小米（粟）、8库尔芝麻和10库尔花园草，共计800库尔收成。

利巴特的租约自国王阿塔薛西斯统治第37年的西玛努月始，有效期3年。[1]

正像卡尔达西亚所注意到的那样，当租约中明确地包括水渠一项时，佃户所交的租金明显高于未提水渠租约的租金。基于对带有水的使用权和不带水的使用权的租约的比较可以看出，带有水渠使用权的租约通常比不带有水渠的使用权的租约每年租金高出70%。这足以说明，商家从水渠管理部门租来水，再转租出去这一活动给其带来了比租佃土地多得多的收入。

反映穆拉树商家及其经济活动的主要资料是该家族自己的档案文献，即泥板文书。这些泥板文书是1893年由英国考古队在巴比伦尼亚中部的尼普尔城及其郊区发现的。经过专家的鉴定，确认其为后期巴比伦文献，并根据家族主要成员祖先的名字称其为"穆拉树之子"，其档案的泥板文献也被称为"穆拉树档案"。

穆拉树商家的活动时间大概是在公元前454—前404年，这个家族的档案反映了该家族四代人的活动。其中第三代的艾利勒－苏姆－伊丁时期（约公元前445—前421年）和第四代的利穆特－尼努尔塔时期（约公元前429—前414年）是该家族经济活动中最活跃的时期，档案也主要是反映他们二人的活动。该家族中其他人多是在其他文献中被提到。

关于该商家的主要经济活动有不同说法。例如，阿甫基耶夫认为，商业的发展、财富的集中促使尼普尔"穆拉树之子"商家成立，其主要经营活动是商

---

[1] 《巴比伦尼亚的奴隶制——公元前626—前331年》，第266页。

业，并承包国家赋税，另外，还经营属于富有的波斯人的大块土地。美国学者
A.T. 奥姆斯特德认为穆拉树商家是放高利贷者。那些弓地所有者为向国家交纳
赋税和其他负担，只好以土地为抵押向商家这类的放高利贷者借钱，被抵押的
土地即由商家为自己的利益而经营，直到它不再为原来的所有者所有。奥姆斯
特德称穆拉树商家为"借贷专家"（"loan shark"）。

从档案文件看，穆拉树商家的主要活动应当是经营土地（至于该商家是否
从事过商业等活动，没有什么证据，而且也不可能有什么证据，因此难以断定。
我们只能从现有的文献资料来说话）。一方面，商家承租王室家族、贵族官吏、
神庙的大块地产以及军事殖民者、工匠和本地居民的份地，向这些土地持有者
或其代理人交租金，对这些土地，商家自身依靠奴隶耕种的只是很少一部分，
大部分则连同商家提供的牲畜、设备和种子一起又转租出去。此外，商家还承
租和转租鱼池、国王的水渠，代养羊群等。该商家还通过向一些小土地持有者
提供高利贷而接受土地作为抵押。许多小土地持有者往往因此而失去土地。商
家在接受这些土地以后再转租出去（往往是连同牲畜、设备和种子一起）。

关于穆拉树商家租种国王的土地：

据 BE 9 32A：

> 200 库尔大麦——这是穆拉树的后代艾利勒－苏姆－伊丁租佃国王私
> 有土地应当给国王的租金。后来，根据（国王的）管理人代表拉巴沙的指
> 示，贝尔－伊塔努之子贝尔－巴拉基和马尔都克－艾提尔从艾利勒－苏
> 姆－伊丁之手得到了这 200 库尔大麦，他们付了账。贝尔－伊塔努之子
> 贝尔－巴拉基和马尔都克－艾提尔应同巴拉吐和拉巴沙一起写出有关这
> 正确计量的 200 库尔大麦的契据，并转交给艾利勒－苏姆－伊丁。

据 Kr 147：

> 后来，里布努特听从了他，他把巴迪吐河渠、国王的乌兹巴努田
> 地（它们位于河渠之旁）和国王的财产——水（从河口到帕哈特－阿

迪－吐努恩河渠的汇合处，到位于哈努巴图地方上游的涅尔加尔－丹努河渠的边界）租给了他 3 年。

他每年应在阿雅尔月，将这 220 库尔大麦、20 库尔小麦、10 库尔波尔巴小麦，共计 250 库尔大麦和（其他）谷物（按 1 库尔 1 潘的数量计算）的收成在辛河渠上付给。此外，他还应给他 1 头公牛和 10 只牡羊。从大流士二世统治的第 4 年塔什利吐月起，这块土地将在 3 年之内处于利穆特－尼努尔塔租佃支配之下。[①]

关于穆拉树商家租佃王后的土地：

在穆拉树商家承租的土地中，有一部分是大流士二世的王后帕莉萨蒂斯占有的土地。该王后不仅在巴比伦尼亚，而且在其他地方也占有土地。下面这份资料（Kr 185）是承租人向王后交纳的租金的一个契据：

317 库尔又 2 潘 3 苏特大麦、5 库尔又 2 潘 3 苏特小麦是从帕莉萨蒂斯的田地和其管理人埃阿－布尔－里特苏的弓的份地上征收的大流士二世统治第 4 年的租金，这些田地由穆拉树的后代利穆特－尼努尔塔租佃着。这 317 库尔又 2 潘 3 苏特大麦、5 库尔又 2 潘 3 苏特小麦是贝尔－艾利布之子纳布－伊丁和埃阿－布尔－里特苏的奴隶贝尔－阿玛特－乌初尔根据帕莉萨蒂斯的管理人埃阿－布尔－里特苏的委托，从穆拉树的后代利穆特－尼努尔塔之手征收的大流士二世统治第 4 年的那一份田地的租金。他们已经收到上述租金……[②]

文献 PBS 2/50 和 PBS 2/60 反映的也是有关穆拉树商家租佃王后帕莉萨蒂斯和其奴隶的土地，然后向王后的地产管理人和其奴隶交纳租金的。

另外，在 BE 9 28 和 BE 9 50 中提到了穆拉树商家租佃"王宫的夫人的地产"，在这里，"王宫的夫人"也应当是王后。

关于穆拉树商家租佃王子的土地：

---

①② 《古代东方史文选》第 2 卷，第 43—54 页。

据多份资料显示，穆拉树商家与波斯帝国的王子们有着密切的关系，他们租佃了王子们的土地，文献表明穆拉树承租和转租了多个王子的土地。

如据 BE 10 85：

> 30 库尔大麦、1 潘甜啤酒、1 潘 4 苏特面粉，这是大流士二世统治第 4 年，从种植枣椰子树和谷物的田地上征收的全部租金。谷田坐落在哈马纳伊，在阿赫名纳的管理人之手，由穆拉树商家的后代利穆特－尼努尔塔租佃着。曼努－伊布卡，阿赫名纳的管理人已经收到 30 库尔大麦、1 桶甜啤酒、2 只牡羊、1 潘 4 苏特面粉。大流士二世统治第 4 年由穆拉树的后代利穆特－尼努尔塔交纳的固定租金，他已交付。[①]

在文献 TUM 2-3 190 和 PBS 2/1 137 中提到该商家租佃了王子阿利斯吐的地产；BE 10 85 是该商家因租佃王子阿赫名纳的地产而向其交纳租金的契据；文献 PBS 2/1 103 和 201 是该商家租佃王子阿赫名纳之子伊普拉达塔的地产，并向其交纳租金的契据；文献 BE 10 82 和 89 是王子杜恩达纳通过其代理人处理与穆拉树商家的事务；文献 PBS 2/1 105 记录了穆拉树商家将王子乌什塔纳土地上的租金交给其奴隶，奴隶又将其租金转交给王子管理人这一事实；文献 BE 10 117 反映的是王子西吐努的奴隶将其土地出租给穆拉树商家；PBS 2/1 37 和 TUM 2-3 147 说的是王子达达尔苏的地产管理人将其土地出租给穆拉树商家的事；有 9 个文献提到穆拉树商家租佃或转租王子阿尔沙马的地产，这些文献按年代顺序是：PBS 2/1 144[8/VI/11 Darius II]；BE 10 130, 131；PBS 2/1 145, 146[all21/VI/11 Darius II]；PBS 2/1147[24/VI /11 Darius II]；PBS 2/1 148 [25/ VI/11 Darius II]；BE 10 132[29/III/13 Darius III]；BE 9 1[28/VII/1 Artaxeres II]。其中，阿尔沙马只在最后一个文献中才被称为王子。

关于穆拉树商家租佃波斯贵族官吏的地产：

穆拉树商家承租了波斯贵族官吏在巴比伦尼亚的尼普尔城附近的地产，有的租期长达 60 年。

---

① 《古代东方史文选》第 2 卷，第 43—54 页。

如据文献 BE 9 48，穆拉树的后代艾利勒－苏姆－伊丁租佃了波斯官吏巴加米利的长有树木的地和谷田，租期为 60 年。租约说：

> 米特拉达特之子巴加米利对穆拉树的后代艾利勒－苏姆－伊丁自愿承诺如下："我的长有树木的地和属于我父亲已故兄弟的谷田（位于辛河渠和西里什吐河渠岸上）以及在加里亚地方的住房（它北边同尼努尔塔－伊丁之子纳布－阿赫－伊丁的田地交界，还同尼普尔的居民巴纳尼－艾列沙的田地交界，在南边同巴拉吐之子米努－贝尔－丹纳的田地交界，在东边——在辛河渠，在西边——在西里赫吐河渠岸上，而同阿尔塔列姆的译员努苏恩帕特的田地交界），所有这些用以出租和园艺栽培（的田地），我将给你使用 60 年。你承租这片有树木的地，一年付租金 20 库尔枣椰子，而谷田则用作园艺栽培。"
>
> 后来，穆拉树的后代艾利勒－苏姆－伊丁同意了他的意见，承租了长有树木的地和谷田 60 年，（即）他的部分和自己兄弟的已故父亲努苏恩达特的部分以及长有树木的地，每年（交纳）20 库尔枣椰子，而谷田则用 60 年时间进行园艺栽培。每年塔什利吐月，艾利勒－苏姆－伊丁应交纳给巴加米利 20 库尔枣椰子作为这块田地的租金。米特拉达特之子巴加米利将在 60 年内从穆拉树的后代艾利勒－苏姆－伊丁之手得到这块土地上的全部租金，他将交纳。如果在 60 年期满之前，巴加米利从艾利勒－苏姆－伊丁手中夺走这块田地，并在这块田地上耕作，在这块田地上进行园艺栽培，巴加米利应付给艾利勒－苏姆－伊丁 1 塔兰特白银。如果巴加米利要这块土地，那么，他应腾空这块土地，并转交给艾利勒－苏姆－伊丁。
>
> 从国王阿塔薛西斯统治第 37 年的尼桑努月起，这块田地将租佃 60 年，同时进行园艺栽培，归穆拉树的后代艾利勒－苏姆－伊丁支配。①

另外，PBS 2/1 43、84 和 BE 10 84 等文件也是关于该商家租用波斯大官的

---

① 《古代东方史文选》第 2 卷，第 43—54 页。

土地并交纳租金的内容。

关于穆拉树商家租用神庙有关人员的土地:

一是穆拉树商家租佃神庙奴隶的土地。公元前 5 世纪,在尼普尔,神庙奴隶占有一定数量的土地。据丹达马耶夫的意见,他们是集体占有土地的。穆拉树商家从他们手中租来土地。

资料见 TUM 2-3 182:

> 从下列土地上征收来的大流士二世统治第 2 年的大麦,属于苏纳雅地区贝尔神的那些奴隶种植谷物的一部分土地、在神庙奴隶阿胡努手中的一些土地,它们在穆拉树的后代利穆特－尼努尔塔的支配之下。利巴特之子阿胡努已收到大流士统治第 2 年从穆拉树的后代利穆特－尼努尔塔手中征收的上述土地的租金——大麦。他已支付。[1]

同样,PBS 2/1 94、211 等文件也都是有关穆拉树商家租用贝尔神庙奴隶集体占有的土地,并向其交纳租金的契据。

二是穆拉树商家租用神庙祭司的土地。从穆拉树商家的档案看,商家也曾租佃过在不同部门管理下的祭司个人的土地。

在 BE 9 72 中,该商家租佃了一块称作拉伯－乌玛的官吏控制的"拉拉克祭司"的"弓的份地"。

在 PBS 2/1 135 中,商家还租用了一块属于底格里斯河阿卡德城的祭司的土地。这块土地是在其所在组织哈特努的长官的管理下的。

上述事实说明,穆拉树商家与波斯帝国土地占有者中的上层人物有着广泛联系。他们从这些世袭官职为依托的大地产的所有者——国王、王后、王子、官僚贵族及神庙的土地管理者手中租来大片土地,然后再分成小块租出去,从中获利以增加自己的经济实力。虽然商家并不是波斯帝国政府的什么机构,但它却通过租佃大片土地所有者的土地并再转租出去这一过程,实际上获取了主要的生产资料——土地的支配权。

---

[1] 《巴比伦尼亚的奴隶制——公元前 626—前 331 年》,第 527 页。

关于穆拉树商家与小块土地持有者的土地的关系：

从保存下来的穆拉树商家的档案看，该商家从波斯帝国的小块份地的持有者那里租来的土地非常多。这些小块份地被称为"弓的份地""马的份地"和"战车的份地"。这种份地是由最初的"军事殖民"发展而来的一种土地占有制度。穆拉树商家与之有联系的正是这些军事殖民者。商家获取和经营这些小块份地的手段有两个：一是租佃，即商家承租他们的份地，向其交纳低廉的租金，同时还代替其中的一些人交税，然后再将份地连同牲畜、设备、种子一起高价转租出去，从中获利；二是借高利贷，其条件是将份地抵押给穆拉树商家。许多份地持有者为向国家交税或维持生产、生计，向商家借高利贷，即以土地等实物为抵押品，如无力偿还，土地就不能赎回。这样虽然土地所有权名义上还不是商家的，但实际上已完全由商家支配使用，从而在商家经济实力日益壮大的同时，小块份地所有者纷纷破产。

关于穆拉树商家租佃军事殖民者的份地的资料：

如 BE 9 74，此文件是阿塔薛西斯一世统治第 40 年（公元前 423/424 年），该商家租佃 8 块雅利安人的弓地，为此商家向这些雅利安人交纳租金的契据。其内容如下：

2 明那白银、1 袋面粉、3 桶优质啤酒、3 只牡羊，这是阿塔薛西斯统治第 40 年从以下田地上征收的租金：阿图拉曼之子纳别恩的弓的份地、阿赫拉图之子帕格的弓的份地、乌斯库杜尔之子贝尔－乌什帕塔尔的弓的份地、尼努尔塔之子提利达特的弓的份地、乌什塔布赞之子贝尔－伊坦努的弓的份地、达尔马克之子帕提什塔的弓的份地、卡库努之子提利达特和巴加达特的弓的份地。这些沙拉马地方的雅利安人的田地，由穆拉树的后代艾利勒－苏姆－伊丁租佃。从他们（8人的名字）的这些田地上获得的租金——2 明那白银、1 袋面粉、3 桶啤酒、3 只牡羊，已由穆拉树的后代艾利勒－苏姆－伊丁交纳。①

———————————

① 《古代东方史文选》第 2 卷，第 43—54 页。

又如 PBS 2/1 175，这是商家于公元前 423 年租佃一块属于两兄弟的弓的份地的租约。该地位于皮库杜河渠岸边，用于培植枣椰树，租期 3 年。据租约，商家每年要向份地持有者支付 50 库尔枣椰子、10 库尔大麦、2 桶啤酒和 2 库尔面粉。

同年，位于哈利－皮库德河渠两岸的 5 块苏沙努的份地被出租给了穆拉树商家（见 PBS 2/1 30）。

在 BE 9 107 中说，属于苏沙努－马沙卡的位于尼普尔附近的 7 块弓的份地出租给了商家，租期 3 年，每年的租金为 5 明那白银。

在 BE 10 111 中说，穆拉树商家租佃了一个雅利安人的弓的份地，租期为 3 年（大流士二世统治第 5、6、7 年），但在第 2 年（即大流士二世统治第 2 年），商家即将 3 年的租金全部交清了：

> 1/2 明那白银、1 桶啤酒、1 只牡羊、5 苏特面粉，这是大流士二世统治第 5、6、7 年，（即）从苏布吐－加巴利地区的雅利安人的弓的份地上征收的租金。这些土地处于利穆特－尼努尔塔的奴隶贝尔－利巴之子利巴特的支配之下。
>
> 巴加达特之子、雅利安人的长官贝尔－纳丁收到了这 1/2 明那白银、1 桶啤酒、1 只牡羊、5 苏特面粉——大流士二世统治第 5、6、7 年从这块土地上征收的租金，是从贝尔－利巴之子利巴特之手付给他的。[①]

为什么商家会在两年里将 3 年的租金都交了呢？可能是这些弓地的持有者有在收据中未曾说出的苦衷，而要求商家这样做的。但这些弓地的持有者为此付出了什么代价则不得而知，因为收据中未曾说明。

下面这份文件说明，穆拉树商家在租佃军事殖民者的份地后，在交纳租金的同时，还可能代其交纳国家的税收（因为，这些份地的持有者持有这些份地是有条件的，即要服兵役，如果不服兵役，那么就要交纳土地税）。为什么商

---

① 《古代东方史文选》第 2 卷，第 43—54 页。

家要代其交税呢？文件没有说明，可能是这个份地的持有者遇到了困难，拿不出钱来交税，因而不得已才求助于商家。这也因此而使份地持有者欠下了高利贷，从而成为他们负债破产的原因之一。收据的内容如下：

BE 9 75：

税收征收人普呼尔之奴隶胡恩查拉尔和沙姆拉之子纳麦尔，根据曼努斯坦的委托和印章，从穆拉树的后代艾利勒－苏姆－伊丁之手获得阿塔薛西斯统治第 40 年住在印度人居民点的拉巴沙之子卡尔杜苏的弓的份地、提尔－扎巴吐地方的努拉－纳布之子马尔都克－艾提尔的弓的份地、（住在）提尔－扎巴吐地方属于苏沙努劳动队的尼丁吐－贝尔之子贝尔－阿布－乌祖尔和比特－伊利－努利的弓的份地的一半征收给国王之家的全部税收和礼物 3.5 明那白银。他们应将阿塔薛西斯统治第 40 年的全部税收付清并送交曼努斯坦，然后把契约转交给穆拉树的后代艾利勒－苏姆－伊丁。①

这份文件说明，波斯国家对穆拉树商家承租军事殖民者的份地的行为是认可的，它只管能不能收到税收，而不管这个土地在谁手里。

穆拉树商家虽然租佃了不少军事殖民者的份地，但他们并不亲自耕种这些土地，而是又将这些土地转租给其他人，同时还提供牲畜、设备和种子，从中收取高额的租金。下面这份文件清楚地说明了这个问题：

BE 9 86A：

阿赫达吐司（Ahdatuse）之子、艾利勒－苏姆－伊丁（Ellil-sumiddin）的奴隶埃阿－吉提苏（Ea-zittisu）和……萨巴塔（Sabbata）之子－达萨布阿（-dasab'a），主动对穆拉树的后代艾利勒－苏姆－伊丁说：

① 《古代东方史文选》第 2 卷，第 43—54 页。

　　"请将你手上位于苏巴特－萨巴图（Subat-sabatu）地区，在（……）你的封地上不相连的几块土地，位于萨布特－伽巴里（Sabut-gabbari）地区拉西门－埃勒（Rahim-el）的封地、苏巴特－拉希姆（Subat-rahimu）地区和苏巴特－伽巴里（Subat-gabbari）附近的土地，位于比特－达纳吐（Bit-danatu）和哈斯巴（Hasba）地区司马尔吉尔（Simmargir）运河两岸的土地，拉西门－埃勒（Rahim-el）和他儿子的位于胡舍提－萨－勒埃（Husseti-sa-re'e）的提吐鲁－司马吉尔（Titurru-Simmagir）地区的封地，伊斯奇鲁鲁（Isqallunu），比特－基克（Bit-kike），比特－阿克（bit-akke）地区和司马吉尔（Simmagir）运河两岸的土地租给我们 3 年；还有 72 头受过训练的耕牛、18 只犁（一只犁 4 头牛）和全套挽具以及（种子）——226 库尔大麦、6 库尔 3 潘 2 苏特小麦、30 库尔二粒小麦、2 库尔鹰嘴豆、1库尔 2 潘 3 苏特扁豆、6 库尔芝麻、6 库尔蒜、2 库尔洋葱，另外还有150 库尔大麦用来挖运河。

　　"我们将在每年的阿雅努月在斯马吉尔运河，用大量斗付给你2260 库尔大麦、140 库尔小麦、250 库尔二粒小麦、20 库尔鹰嘴豆、10 库尔扁豆、60 库尔芝麻，总计 2700 库尔庄稼，还有 4 库尔萨赫鲁调料、1 库尔收获草、18 库尔蒜、8 库尔洋葱、20 库尔花园草，另外我们还送你 1 只公牛、15 只绵羊和 2500 把亚麻作为礼物。"

　　……①

　　从这份租约本身我们看不出转租出去的土地究竟有多少，但从耕种土地所需的牲畜、犁、种子的数量看，土地面积不小。商家所得租金 2700 库尔收成，而 1 库尔等于 180 公升，2700 库尔等于 486000 公升，也说明其转租出去的土地面积不小，其获取的利润不少，可以说是暴利。

---

　　① 《巴比伦尼亚的奴隶制——公元前 626—前 331 年》，第 258 页。

穆拉树商家获取小块份地的第二种手段是通过债务抵押的方式。在穆拉树档案中，涉及借贷和抵押的文件占其文件总数的近 1/3。可见，放高利贷是该商家业务的重要部分。借贷出去的有枣椰子，也有大麦和小麦等，而作为抵押的则是土地，即"弓的份地"等，往往还包括果园和谷地。这样，商家通过借贷和控制抵押品，获取了大量份地的使用权。这从下面这份文件中可以清晰地看出。

BE 10 48：

  阿拉德－古拉之子尼努尔塔－阿赫－伊丁、尼努塔－艾利巴的后代利布努特之子班努－埃利什、代阿胡－伊丁、伊蒂之子和哈马塔亚家族苏沙努团体弓的份地所有共同占有者欠穆拉树的后代艾利勒－苏姆－伊丁，185 库尔又 2 潘 3 苏特枣椰子的债务。

  他们应于第 1 年的塔什利吐月以艾利勒－苏姆－伊丁的度量偿还这些枣椰子，即 185 库尔又 2 潘 3 苏特。

  他们为这笔债务的偿还还彼此负责，在场的都必须支付。其长有树木和种植着谷物的土地，其在哈利－皮库德河两岸的卡尔－尼努尔塔城的弓的份地，因这 185 库尔又 2 潘 3 苏特（枣椰子）将作为抵押品由艾利勒－苏姆伊丁支配使用，不能由其他的债权人来控制这些土地，直到艾利勒－苏姆－伊丁的债务要求得到满足为止。[①]

这是大流士二世统治第 1 年所写的一份以弓的份地为抵押品的契据。它清楚地表明，商家因拥有 185 库尔又 2 潘 3 苏特枣椰子的债权，而获得了哈马塔亚家族的苏沙努团体拥有的弓的份地的支配使用权，直到债务被偿还为止。

另据 BE 10 41，在公元前 423 年，商家借出 112 库尔枣椰子给那些被提到名字的包括苏沙努（哈特努）团体中的一些人，他们以在某地河渠岸上的其弓的份地作抵押品，在债务的偿还中债务人互相充当担保人。

---

① 《巴比伦尼亚的奴隶制——公元前 626—前 331 年》，第 632—633 页。

据文献 BE 10 10、BE 11 0 16、BE 10 17、BE 10 47、PBS 2/1 57 和 PBS 2/1 200，上面提到的哈马塔亚家族的苏沙努团体从商家借了大约 5400 公升、119640 公升、29520 公升、31680 公升和 28800 公升枣椰子，他们的份地被抵押给了穆拉树商家。

份地持有者欠商家的债务，一般要求在下一个枣椰子的收获季节偿还，如果到期不能偿还债务，结果并不严格规定取消抵押品（土地）的赎取权（上面这些文件中都没有这样的条款），而是将被抵押的土地的使用权移归债权人——穆拉树商家，如果以后债务人有了支付能力，仍可赎回其土地。这很可能是由当时波斯帝国在巴比伦尼亚地区所实行的土地占有制度决定的，因为被抵押的土地乃国家分配给带有服兵役义务的份地或交税（税被称为 ilku，并以银偿付），它只能凭血缘关系继承，可出租或抵押，但不能转让。商家向无力交税或无力服兵役的人，或无以维持生产、生计的小块土地持有者提供借贷，其条件是被抵押的土地如果不能赎回，商家不仅本身拥有使用土地的权利，而且可以转租出去或抵押给第三者，这从文件 BE 9 60、67 和 BE 10 79 以及文件 PBS 2/1 210 等可得到证明；商家也可将土地租给原抵押者，这可从文件 BE 9 25、63 和文件 PBS 2/1 107、214 等中得到证明。这样，原份地持有者可作为商家的佃户保有其土地，支付租金给其债权人——商家，直到偿还了债务，土地被赎回。其租金是为使用土地而支付的，不计算在抵押的赎回款之中。

从穆拉树商家有关债务抵押的文件的年代分布看，在大流士二世即位后，文件数量激增，这说明商家在这时候获得了大量的份地持有者的债权，从而导致了许多无力偿还债务的份地持有者破产。

穆拉树商家经济活动的另一个重要内容是从事商业贸易，这是商家将产品转化为货币（银子）的手段。不过，此项活动在商家的档案里没有表现出来。因为在商家出售产品时，即使使用了票据，也自然是在买主手里，而不在卖主手里，所以，这种活动在穆拉树档案里没有表现出来是正常的。然而，商家在转租土地时收取的租金是实物，商家向土地持有者或其代理人交纳的租金却是银子，所以，商家必有将产品转化为货币的活动，即买卖土地上的产品的活动。因此，商业贸易必定是其重要的经济活动，只是我们没有这方面的资料而已。

YBT VII129：

在巴比伦之王、全国之王冈比西斯（二世）统治第 2 年（按：公元前 528 年）都乌祖月 1 日之前，乌鲁克城伊丝塔尔（女神）的神庙奴隶达雅恩－艾列什之子伊斯塔尔－吉米兰尼应将王室所需，而由艾安那（神庙）交给他的 200 桶枣椰子酿造的甜酒装（上船），并运到阿巴努（城的）王宫中去。如果他不运到的话，那么将受到国王的惩罚。

（契据）在艾安那（神庙）全权代表纳布－阿赫－伊丁在场的情况下（写成）。

证人（3 人名字），书吏（名字）。

乌鲁克，巴比伦之王、全国之王冈比西斯统治第 2 年西曼努月第 11 日。①

AN OR VIII 67：

在巴比伦之王、全国之王冈比西斯（二世）统治第 2 年阿拉赫萨姆努月第 15 日之前，属于乌鲁克城的贝勒特女神的小牲畜牧人头领兰纳－艾列沙之子哲利亚以及沙鲁金之子阿拉德－贝尔，（他们每人）应将 100 头小乳绵羊和小乳山羊，共计 200 头小牲畜，赶到阿布纳城王宫，以供应王室餐桌。关于此事，法尔纳克（按：此人是管理王室经济的人）的命令已经用书面形式送到。

如果在阿拉赫萨姆努月的第 28 日前，这些牲畜，即 200（头）牲畜还未被赶到阿布纳城的王宫，他们将受到国王的惩罚。

证人（3 人名字），书吏（名字）。

乌鲁克，巴比伦之王、全国之王冈比西斯统治第 2 年塔什利吐月

---

① 《古代东方史文选》第 2 卷，第 43—54 页。

第 28 日。①

YBT VII 168：

在全国之王冈比西斯统治第 4 年的基什利姆月月底之前，利姆特－阿埃的后代纳布－邦恩－阿赫之子阿尔狄亚，管理乌鲁克城伊丝塔尔（女神）枣椰子租金的长官，应将王宫向艾安那（神庙）征收的 5000 塔兰特薪柴运去交给王室检查员、艾安那（神庙）的全权代表纳布－阿赫－伊丁。如果没有运到，那么他将受到巴比伦尼亚和河彼岸土地的总督戈布里亚的惩罚。

证人（3 人名字），书吏（名字）。

乌鲁克，巴比伦之王、驱赶之王冈比西斯统治第 4 年阿拉赫萨姆努月第 9 日。②

GC II 120：

根据巴比伦尼亚和河彼岸土地的总督戈布里亚的书面指示，王室监督艾安那（神庙）财产检查员（和）管理人，为了国王所需而从乌鲁克城伊丝塔尔女神庙的畜栏中将 80 头大牡羊——乌鲁克城伊丝塔尔女神和兰纳女神的财产——赶走，并将其托付给兰纳－艾列沙之子哲利亚。他（按：哲利亚。在此文件中，也像在前述文件中一样，规定有义务为波斯王宫、乌鲁克的埃安神庙供应粮食）应在巴比伦之王、全国之王冈比西斯统治第 2 年的阿拉赫萨姆努月第 17 日，（将大牡羊）驱赶至阿巴努城，并为国王的需要而转交给艾安那（神庙）的管理人纳布－穆金－阿普利和王室检查员艾安那神庙财产管理人纳布－阿赫－伊丁。

如果哲利亚在此期限内没有为国王所需而将此 80 头大牡羊驱赶

---

①② 《古代东方史文选》第 2 卷，第 43—54 页。

到王宫，并转交给纳布－穆金－阿普利和纳布－阿赫－伊丁，那么他将受到巴比伦尼亚和河彼岸土地的总督戈布里亚的惩罚。

证人（6人名字），书吏（名字）。

乌鲁克，巴比伦之王、驱赶之王冈比西斯统治第2年阿拉赫萨姆努月第12日。[①]

An Or IX 10：

自阿达努月的第5日起至尼萨努月第15日止，沙马什－利巴之子阿尔狄亚将在……之子沙马什－艾提尔－纳善沙提处服务，1个月1西克勒白银作为报酬。他负有养大和喂肥给国王的税收的3头公牛之责。

他（已）得到自己受雇的工资1西克勒白银。

证人（3人名字），书吏（名字）。

……地方，巴比伦尼亚之王、全国之王大流士（一世）在位之年（即公元前522年）阿达努月附加月第4日。[②]

VS IV 191：

在巴比伦和全国之王薛西斯统治第1年阿雅努月月底之前，马尔都克－阿布苏的后代纳丁－阿赫－伊塔努（按：此人是波斯人阿尔巴杰姆的财产管理人）从拉库普努姆的后代纳布—阿普努－伊丁之子纳布－乌萨里姆之手得到了属于波斯人阿尔巴杰姆上锁的仓库租金。此契据订约人双方各得一份。

证人（2人名字），书吏（名字）。

---

①② 《古代东方史文选》第2卷，第43—54页。

波尔西帕，巴比伦和全国之王薛西斯统治第 1 年辛马努月第 3 日。①

BE 9 7：

阿普利之子贝尔－比利特苏和纳布－阿赫－伊塔努、比巴努之子纳杜布－苏努和尼努尔塔－伊布尼……贝尔之子贝尔－苏姆－伊丁、苏姆－伊丁和利巴特对穆拉树的后代艾利勒－苏姆－伊丁（按：此人是穆拉树在尼普尔的代表）、贝尔－乌舍吉布之子贝尔－纳契尔以及（……之子）伊丁－贝尔自愿承诺如下："每月 12 日至 15 日，把国王私有的水给我们（使用）。在我们弓箭手的份地（按：士兵的份地，国王的弓箭手部队由它供养）的粮田上，在属于辛－利巴特之家的田地上，我们将增加收成。我们要用被灌溉的田地上的 1/3 收成支付水费。此外，我们还将为每库尔被灌溉的土地支付 1/3 西克勒白银，并为每库尔灌水的土地支付 1/3 西克勒作为什一税。"

而后，艾利勒－苏姆－伊丁、贝尔－纳契尔和伊丁－贝尔也听说了此事，并且属于国王所有的这些水从每月的 12 日至 15 日给了他们……

如果他们在非规定的日子里引水灌了田，那么，将不经审理他们就应支付 5 明那白银。

证人（10 人名字），书吏（名字）。

利姆迪呼（按：尼普尔附近的一个地方），全国之王阿塔薛西斯统治的第 26 年基什利姆月第 12 日。②

BE 9 11：

哈什达之子伊提－纳布－巴拉吐和巴吉雅祖的奴隶巴尔纳赫提，

①② 《古代东方史文选》第 2 卷，第 43—54 页。

按照帕纳克之子巴吉雅祖（按：波斯的高级官吏）的书面委托从穆拉树的后代艾利勒－苏姆－伊丁之手获得50库尔大麦，他们付了账。

哈什达之子伊提－纳布－巴拉吐和巴吉雅祖的奴隶巴尔纳赫提应将此50库尔大麦送给巴吉雅祖，并向他们一起为穆拉树的后代艾利勒－苏姆－伊丁写出字据。

证人（8人名字），书吏（名字）。

尼普尔，全国之王阿塔薛西斯统治第28年的西曼努（月）第13日。（证人）盖印。①

BE 9 32A：

200库尔大麦——这是穆拉树的后代艾利勒－苏姆－伊丁租佃国王私有土地应当给国王的租金。后来，根据（国王的）管理人代表拉巴沙的指示，贝尔－伊塔努之子贝尔－巴拉基和马尔都克－艾提尔从艾利勒－苏姆－伊丁之手得到了这200库尔大麦，他们付了账。贝尔－伊塔努之子贝尔－巴拉基和马尔都克－艾提尔应同巴拉吐和拉巴沙一起写出有关这正确计量的200库尔大麦的契据，并转交给艾利勒－苏姆－伊丁。

证人（4人名字），书吏（名字）。

哲尔－里希尔（按：尼普尔附近的一个地方），全国之王阿塔薛西斯统治第30年的阿布月第5日。②

BE 9 48：

米特拉达特之子巴加米利（按：一个波斯高级官吏）对穆拉树的后代艾利勒－苏姆－伊丁自愿承诺如下："我的长有树木的地和属于我父亲已故兄弟的谷田（位于辛河渠和西里什吐河渠岸上）以及在加

---

① ② 《古代东方史文选》第2卷，第43—54页。

利亚地方的住房［它北边同尼努尔塔－伊丁之子纳布－阿赫－伊丁的田地交集，还同尼普尔的居民巴纳尼－艾列沙的田地交界，在南边同巴拉吐之子米努－贝尔－丹纳的田地交界，在东边——在辛河渠，西边——在西里赫吐河渠岸上，而同阿尔塔列姆的译员努苏恩帕特（按：据名字判断，是一个伊朗人）的田地交界］，所有这些用以出租的和作为园艺栽培（的田地），我将给你使用60年。你承租这片有树木的地，一年付租金20库尔枣椰子，而谷田则用作园艺栽培。"

后来，穆拉树的后代艾利勒－苏姆－伊丁同意了他的意见，承租了长有树木的地和谷田60年，（即）他的部分和自己兄弟的已故父亲努苏恩达特的部分以及长有树木的地，每年（交纳）20库尔枣椰子，而谷田则用60年时间进行园艺栽培。每年塔什利吐月，艾利勒－苏姆－伊丁交纳给巴加米利20库尔枣椰子作为这块田地的租金。米特拉达特之子巴加米利将在60年内从穆拉树的后代艾利勒－苏姆－伊丁之手得到这块土地上的全部租金，他将交纳。如果在60年期满之前，巴加米利从艾利勒－苏姆－伊丁手中夺走这块田地，并在这块田地上耕作，在这块田地上进行园艺栽培，巴加米利应当付给艾利勒－苏姆－伊丁1塔兰特白银。如果巴加米利要这块土地，那么，他应腾空这块土地，并转交给艾利勒－苏姆－伊丁。

从国王阿塔薛西斯统治第37年的尼桑努月起，这块田地将租佃60年，同时进行园艺栽培，归穆拉树的后代艾利勒－苏姆－伊丁支配。

证人（30人名字），书吏（名字）。

尼普尔，全国之王阿塔薛西斯统治第36年（按：公元前429年塔什利吐月第2日）。订立契约时，贝尔－伊塔努之女、巴加米利之母爱莎基拉－贝利特（按：据名字判断，是个巴比伦人，所以，巴加米利的父亲是波斯人，而母亲则是巴比伦人）在场。

（证人）盖印，米特拉达特之子巴加米利用指甲印代替他的印章盖上。①

---

① 《古代东方史文选》第2卷，第43—54页。

BE 9 50：

　　纳布－伊丁之子、巴加米利的代理人贝尔－伊丁从穆拉树的后代艾利勒－苏姆－伊丁之手收到 100 库尔大麦、400 库尔枣椰子作为巴加米利的口粮以及 25 名国王的士兵的口粮、（15 库尔大麦）和面粉、10 桶优等啤酒、10 头牡羊、5 头绵羊、5 头两岁的山羊、5 头 1 岁的山羊，共 25 头牲畜（作为牺牲）。以上这些是阿塔薛西斯统治第 36 年，在哈利－彼库都运河区的巴桑努、帕拉库、巴尼苏和希杜阿地方的国王堤坝上的田地的租金。这些田地由穆拉树的后代艾利勒－苏姆－伊丁租佃。他应当将作为巴加米利口粮的 100 库尔大麦、400 库尔枣椰子、15 库尔大麦和面粉，以及作为牺牲和给 25 名国王士兵的 10 桶优等啤酒和 25 头牲畜送交（国王）管理帐篷的宫廷官吏巴加米利，并以穆拉树的后代艾利勒－苏姆－伊丁的名义写成契据。

　　证人（12 人名字），书吏（名字）。

　　尼普尔，全国之王阿塔薛西斯统治第 36 年阿拉赫萨姆努月第 20 日。巴加米利的代理人贝尔－伊丁的印和指甲印痕。①

BE 9 54：

　　属于巴迦潘之子提拉卡姆的一个靠码头的仓库，他出租给利姆－苏库的奴隶曼努－路苏努姆，一年的租金为 2 库尔大麦。他应当使房顶保持良好，他应当从（阿塔薛西斯统治的）第 37 年基什利姆月起，每月按 1/2 库尔大麦交纳（租金）。

　　证人（3 人名字），书吏（名字）。

　　尼普尔，全国之王阿塔薛西斯统治的第 37 年基什利姆月第 20 日。②

---

①② 《古代东方史文选》第 2 卷，第 43—54 页。

BE 9 73：

农民的后代帕里克－伊利之子纳迪尔和沙马什－伊丁的奴隶纳布－乌舍吉布，根据贝尔－艾提尔之子沙马什－伊丁的书面委托，从利穆特－尼努尔塔之手得到 2 库尔 4 苏特（按：1 苏特 =5 公升）芝麻——作为国王的一份。这是穆拉树的后代利穆特－尼努尔塔租佃国王水渠的国王的一份收入。纳迪尔和纳布－乌舍吉布应将这些芝麻（2 库尔 4 苏特）运送给沙马什－伊丁，并为利穆特－尼努尔塔写出契据。

证人（10 人名字），书吏（名字）。

尼普尔，全国之王阿塔薛西斯统治第 40 年阿达努月附加月第 16 日。

纳迪尔的宝石戒指（印章），纳布－乌舍吉布（印）。[①]

BE 9 74：

2 明那白银、1 袋面粉、3 桶优质啤酒、3 只牡羊，这是阿塔薛西斯统治第 40 年从以下田地上征收的租金：阿图拉曼之子纳别恩的弓的份地、阿赫拉图之子帕格的弓的份地、乌斯库杜尔之子贝尔－乌什帕塔尔的弓的份地、尼努尔塔之子提利达特的弓的份地、乌什塔布赞之子贝尔－伊坦努的弓的份地、达尔马克之子帕提什塔的弓的份地、卡库努之子提利达特和巴加达特的弓的份地。这些沙拉马地方的雅利安人的田地，由穆拉树的后代艾利勒－苏姆－伊丁租佃。从他们（8 人的名字）的这些田地上获得的租金——2 明那白银、1 袋面粉、3 桶啤酒、3 只牡羊，已由穆拉树的后代艾利勒－苏姆－伊丁交纳。

证人（6 人名字），书吏（名字）。

全国之王阿塔薛西斯统治第 40 年塔什利吐月第 6 日。

（证人）盖印。[②]

---

①② 《古代东方史文选》第 2 卷，第 43—54 页。

BE 9 75：

税收征收人普呼尔之奴隶胡恩查拉尔和沙拉姆之子纳麦尔，根据曼努斯坦（按：据 BE 9 83，此人是一个波斯王子）的委托和印章，从穆拉树的后代艾利勒－苏姆－伊丁之手获得阿塔薛西斯统治第 40 年（按：公元前 425 年）住在印度人（按：来自波斯帝国的印度行省的军事殖民者）居民点的拉巴沙之子卡尔杜苏的弓的份地、提尔－扎巴吐地方的努拉－纳布之子马尔都克－艾提尔的弓的份地、（住在）提尔－扎巴吐地方的属于苏沙努劳动队的尼丁吐－贝尔之子贝尔－阿布－乌祖尔和比特－伊利－努利的弓的份地的一半征收给国王之家的全部税收和礼物 3.5 明那白银。他们应将阿塔薛西斯统治第 40 年的全部税收付清并送交曼努斯坦，然后把契据转交给穆拉树的后代艾利勒－苏姆－伊丁。

证人（11 人名字）。

（文件）是当着海滨地方法官贝尔－艾勒沙和阿特雅努的面（写成的）。

书吏（名字）。

全国之王阿塔薛西斯统治第 40 年塔什利吐月第 24 日。

（证人、契约当事人和法官）的印。[①]

UM 5：

从辛古尔迪地方的波斯人法尔纳克之子乌希耶伽门（现住杂在胡切提）的田地上以及（从坐落）于伊比勒和乌沙普－沙马什河渠附近而由穆拉树的后代艾利勒－苏姆－伊丁租佃的田地上征收的租金。

从上述租金（按：部分租金）中乌希耶伽门从艾利勒－苏姆－伊丁之手获得 1 明那白银。他将支付。

[①]《古代东方史文选》第 2 卷，第 43—54 页。

证人（8人名字），书吏（名字）。

巴比伦，全国之王大流士（按：指大流士二世）统治第1年（按：公元前423年）阿雅努月第8日。①

UM 144：

希努尼之子伊尔特利－雅哈比对阿尔沙马（按：此人是波斯王子、埃及总督）的管理人艾利勒－苏别－姆呼尔自动承诺如下："属于阿尔沙马的25只牡羊、22只两岁的羔羊、144只大的怀羔的绵羊、34只一岁的羔羊、34只一岁的小绵羊、7只大山羊、4只两岁的山羊、26只大的怀羔的山羊、10只小山羊、8只大山羊，总计314（头）黑、白小牲畜将借给我。在一年内，我将给你100头绵羊产恩畜 $66\frac{2}{3}$ 头、1只山羊产1头山羊羔、1只牡羊（或）山羊出1.5明那羊毛、1只山羊（或牡山羊）出5/6明那剪下的山羊毛、1只怀羔的绵羊挤1单位干酪、100头怀羔的绵羊1卡（按：1卡＝0.84公升）油。（如果）我让100头小牲畜死亡超过10头，那么，每死1头，我将给你1张皮和2.5西克勒羊筋。"（按：如果1/10内的牲畜死亡，将不会追究租佃者。但如果牲畜死亡率超过这个数量，则必须恢复至原数。）后来，艾利勒－苏别－姆呼尔称，租借给了他25只牡羊、22只两岁的羔羊、144只大的怀羔的绵羊、34只一岁的羔羊、34只一岁的小绵羊、7只大山羊、4只两岁的山羊、26只大的怀羔的山羊、10只小山羊、8只大山羊，总计314（头）黑白（小牲畜）……伊尔特利－雅哈比承担放牧、照料和保护这些小牲畜之责。从大流士二世统治第1年乌努努月第18日起，这些小牲畜归他支配。

证人（15人名字），书吏（名字）。

尼普尔，全国之王大流士（二世）统治第1年乌努努月第18日。

证人（盖印）。②

---

① ②《古代东方史文选》第2卷，第43—54页。

BE 10 50：

1/2 明那白银、1 潘又 4 苏特面粉、1 桶优质啤酒，是全国之王大流士（二世）统治的第一年，从下述这些田地上（征收）的捐税。这些田地是：位于库图河渠岸上的比特－扎宾地方的属于阿什帕达斯特之子巴加米尔（按：一个伊朗人）和德布拉之子贝尔－苏努以及所有归穆拉树的后代艾利勒－苏姆－伊丁租佃的弓的份地的共同占有者的长有树木和块根植物收成的田地以及在卡－尼努尔塔地方的沙巴吐河渠附近的田地。巴加米尔和贝尔－苏努从穆拉树的后代艾利勒－苏姆－伊丁之手获得（大流士二世）第一年的这些田地的租税，即 1/2 明那白银、1 潘又 4 苏特面粉和 1 桶优质啤酒。他们将支付。契据是当着辛运河地区法官贝尔－苏努、乌努达杜和乌什塔布桑之面（写成的）。

证人（8 人名字），书吏（名字）。

尼普尔，全国之王大流士（二世）统治第 1 年塔什利吐月第 8 日。（契约当事人、证人和法官）的指甲印和印章。①

Kr 185：

317 库尔又 2 潘苏特大麦、5 库尔又 2 潘 3 苏特小麦是从帕莉萨蒂斯（按：此人是波斯国王大流士二世的妻子，在巴比伦文件中，她被叫作普尔沙吐）的田地和其管理人埃阿－布尔－里特苏的弓的份地上征收的大流士二世统治第 4 年的租金，这些田地由穆拉树的后代利穆特－尼努尔塔租佃着。这 317 库尔又 2 潘 3 苏特大麦、5 库尔又 2 潘 3 苏特小麦是贝尔－艾利布之子纳布－伊丁和埃阿－布尔－里特苏的奴隶贝尔－阿玛特－乌初尔，根据帕莉萨蒂斯的管理人埃阿－布尔－里特苏

① 《古代东方史文选》第 2 卷，第 43—54 页。

的委托，从穆拉树的后代利穆特－尼努尔塔之手征收的大流士二世统治第 4 年的那一份田地的租金。

证人（6 人名字），书吏（名字）。

尼普尔，大流士二世统治第 4 年乌努努月第 11 日。

（契约当事人和证人的）印和指甲印。[②]

UM 201：

1 明那白银——这是大流士二世统治第 4 年从归阿赫明纳之子伊普拉达塔所有，而由穆拉树的后代利穆特－尼努尔塔租佃的田地上征收的枣椰子的价钱。这 1 明那白银——是伊普拉达塔的奴隶契哈和尼努尔达－艾提尔按照伊普拉达塔的委托，从利穆特－尼努尔塔之手得到的。他应同伊普拉达塔一起写成契据，并转交给利穆特－尼努尔塔。

证人（8 人名字），书吏（名字）。

尼普尔，全国之王大流士二世统治第 4 年乌努努月第 28 日。

契哈的宝石戒指印，尼努尔达－艾提尔的指甲印。

（证人）之印。[①]

Kr 147：

穆拉树的后代利穆特－尼努尔塔对伊丁－纳布之子、辛河渠（区）管理租金的长官里布努特自愿承诺如下：

"请把位于努赫河渠下游的巴迪吐河渠——它们流经布鲁特的地产和阿尔巴地方，从河口到水位得以升高的发源地——左右两岸生长块根植物的谷田、靠近它的国王的乌兹巴努（按：波斯国王的一些土地）以及水——国王的财产，即在国王的乌兹巴努境内，从帕哈特－

---

① 《古代东方史文选》第 2 卷，第 43—54 页。

阿迪－图努恩河渠的河口到哈努巴图上游的涅尔加尔－丹努河渠的边界，租给我 3 年。每年我将在辛河渠上付给你 220 库尔大麦、20 库尔小麦、10 库尔波尔巴小麦，总计 250 库尔收成，大麦和按 1 库尔又 1 潘计算的（其他）谷物。此外，我还将给你 1 头公牛和 10 只牡羊。"

后来，里布努特听从了他，他把巴迪吐河渠、国王的乌兹巴努田地（它们位于河渠旁边）和国王的财产——水（从河口到帕哈特－阿迪－图努恩河渠的汇合处，到位于哈努巴图地方上游的涅尔加尔－丹努河渠的边界）租给了他 3 年。

他每年应在阿雅尔月，将这 220 库尔大麦、20 库尔小麦、10 库尔波尔巴小麦，总计 250 库尔大麦和（其他）谷物（按 1 库尔又 1 潘的数量计算）的收成在辛河渠上付给。此外，他还应给他 1 头公牛和 10 只牡羊。从大流士二世统治的第 4 年塔什利吐月起，这块土地将在 3 年内处于利穆特－尼努尔塔租佃支配之下。

契据每人各执一份。

（契约）是当着（国王的）管理人之家的检查员的免（缔结的）。

证人（6 人名字），书吏（名字）。

艾利勒－阿沙布苏－伊克比（地方），全国之王大流士二世统治第 4 年塔什利吐月第 17 日。

（契约当事人和证人）盖印。①

UM 103：

1 明那白银——这是大流士（二世）国王统治第 5 年从田地上、从整个尼普尔区中有灌溉和收成的谷田上征收的全部租金，（即从）归阿赫明纳王子之子伊普拉达塔所有，而处于穆拉树的后代利穆特－尼努尔塔支配之下的（土地上）征收的租金。

①② 《古代东方史文选》第 2 卷，第 43—54 页。

这 1 明那白银——作为从这块土地上征收的大流士二世国王统治第 5 年的租金，王子伊普拉达塔将从穆拉树的后代利穆特－尼努尔塔之手获得。他已支付。契据是当着辛河渠（区）的法官伊什吐巴桑和胡马尔达特的面订立的。

证人（5 人名字），书吏（名字）。

尼普尔，全国之王大流士（二世）统治的第 5 年西曼努月第 16 日。

辛河渠的法官胡马尔达特盖印，辛河渠的法官伊什吐巴桑盖印。（证人）盖印。②

BE 10 111：

1/2 明那白银、1 桶啤酒、1 只牡羊、5 苏特面粉，这是大流士二世统治第 5、6、7 年（即）从苏布吐－加巴利地区的雅利安人的弓的份地上征收的租金。这些土地处于利穆特－尼努尔塔的奴隶贝尔－利巴之子利巴特的支配之下。

巴加达特之子、雅利安人的长官贝尔－纳丁收到了这 1/2 明那白银、1 桶啤酒、1 只牡羊、5 苏特面粉——大流士二世统治第 5、6、7 年从这块土地上的租金，是从贝尔－利巴之子利巴特之手付给他的。

证人（4 人名字），书吏（名字）。

尼普尔，全国之王大流士（二世）统治第 6 年乌努努月第 20 日。（契约当事人和证人）盖印。①

（四）希腊波斯战争

希罗多德被古罗马的西塞罗称为"历史之父"，他的主要著作就是《历史》，《历史》一书的主要内容是讲述希波战争，并介绍了波斯帝国统治下的各

---

① 《古代东方史文选》第 2 卷，第 43—54 页。

个地区和民族的历史、文化、民情风俗等。

关于希波战争本身是从该书的第五卷开始的。其中，第五卷讲的是希波战争的导火线——米利都起义；第六卷讲的是米利都起义的失败、大流士的第一次远征及其失败和第二次远征——马拉松战役；第七卷讲的是薛西斯的远征——温泉关之役；第八卷讲的是薛西斯远征——撒拉米司海战和薛西斯逃回亚洲；第九卷讲的是普拉提亚之战和米卡尔海战等。

希波战争中的几次战役：

1.希波战争的起因：攻打斯基泰人和占领色雷斯

134：……阿托撒（居鲁士的女儿、大流士一世的妻子）对大流士说："主公，你是一个强大国家的统治者，但是我不明白为什么你只是毫无作为地坐在这里，既不去为你的波斯人征服新的领土，又不去进一步扩大你的权力？如果你愿意要他们知道他们的国王乃是掩盖堂堂正正的男子汉的话，那末像你这样年轻和有这样财富的人要他们看到你成就某种伟大的功业，那是理所当然的事情。这样你就会取得双重的利益……"大流士说："夫人，你所说的事情我早已经想到要做了。我已经决定从这个大陆造一个桥通到另一个大陆上去，这样就可以领着军队去攻打斯奇提亚人（按：斯基泰人）。很快地我们便要着手实现这件事了。"……①

1：……大流士便亲自率军向斯奇提亚人那里进发了。既然亚细亚的人口众多，又可以从那里得到大量的收入，从而他想惩罚斯奇提亚人，因为过去在塔米进攻美地亚并打败了前来迎击塔米的人们时，曾无理地向他挑起了争端……

120：……斯奇提亚人于是决定不对敌人进行公开的战争，因为塔米并不能得到他们所寻求的盟友。他们决定把自己分成两路，暗中

---

① ［古希腊］希罗多德:《历史》第3卷。

撤退并赶走他们的牲畜，填塞他们撤退道路上的水井和泉水，并把地上的草连根掘掉。他们的意思是把撒乌罗马泰伊人加到斯科帕西司的一支军队中去，而如果波斯人向他们进攻的话，这支军队便在他面前向塔纳伊司河方面沿着麦奥提斯湖退却，如果波斯人向回走的话，那他们就进击和追踪他们……

121：斯奇提亚人决定了这样的一个计划之后，他们便派出了他们最精锐的骑兵作为前哨部队去邀击大流士的军队……

122：……斯奇提亚人的前哨部队在离伊斯特河三日路程的地方发现了波斯人。在发现了他们之后，他们就在比敌人早一天的路程的地方屯营，并着手把一切在地上生长着的东西都铲除干净。当波斯人看到斯奇提亚人的骑兵部队出现的时候，他们便跟踪追击，而斯奇提亚的骑兵则是一直在他们的面前退却……

123：但是在波斯人穿过斯奇提亚人和撒乌罗马泰伊人的土地的时候，那里并没有任何可供他们蹂躏的东西，因为那里已是一片荒芜的不毛之地了。但是当他们进入布迪诺伊人的土地的时候，他们看到了一座木造的城市……于是波斯人便把这座城烧掉了。这之后，波斯人继续向前跟踪追击骑兵，他们经过了这个地区而进入了没有人烟的荒漠地带……

124：当大流士进入荒漠地带的时候，他便停止了追击，在欧阿洛司河河岸上扎下了营，在那里他修筑了八座大要塞……

125：但是在他以强行军的速度进入斯奇提亚的时候，他却遇到了斯奇提亚人的两个地区部队，他追击他们，但他们一直是在他前面保持一天的行程。由于他不愿停止对他们的追击，斯奇提亚人于是依照他们原定的计划，从他的面前逃到拒绝和他们结盟的国家去，首先就是到美兰克拉伊诺人那里去。斯奇提亚人和波斯人都突入了他们的国土，扰乱了他们的和平生活；斯奇提亚人从这里又把波斯人引进了昂多罗帕哥伊人的国土，也扰乱了他们，然后又逃到阿加杜尔索伊人那里去。但是这些人看到他们邻人们在斯奇提亚人迫近时惊慌逃跑的情况，便在斯奇提亚人能够进入他们的国土之先，派出一名使者禁止斯奇提亚人涉足他的边界……斯奇提亚人既然收到阿加杜尔索伊人的警告，便不再想进入他们的国土，而是把波斯人从涅乌里司人的国土引进了斯奇提亚。

126：这样的情况继续了很久，而且是无尽无休的；于是大流士就派了一名骑士送信给斯奇提亚的国王伊丹图尔索司说："莫名其妙的先生，既然在下述两件事情当中你可以任择其一，则我觉得奇怪为什么你老是在逃跑？如果你认为你有足够的力量来与我一较雌雄，那末就不要再向前跑，而停下来战斗；但如果你知道自己较弱，那末就不要再这样跑来跑去，而是应当和你的主人缔约，把土和水这两件礼物送给他。"

127：斯奇提亚的国王伊丹图尔索司回答他说："波斯人，我来告诉你我采取的态度罢，我从来不曾因为害怕任何人而逃跑过，现在我也不是由于害怕你而逃跑。现在我的这个做法绝对不是什么一件新鲜的事情，而只是我平时的一种锻炼罢了。至于我不立刻与你接战的理由，这一点我也要告诉你的，因为我们斯奇提亚人没有城市或是耕地，故此我们不必害怕被攻陷或是被蹂躏，这样我们就没有向你尽快作战的理由了。但如果除去立刻接战之外，任何东西你们都不满意的话，我们还有我们的父祖的坟墓，来找到这些地方并试着把它们毁掉罢，那时你们就会知道我们是不是会为了那些坟墓而战斗。除非到我们认为适宜的时候，我们是不会接战的。关于战斗，我就谈这些。至于主人，则我认为我的主人是我的祖先宙斯和斯奇提亚人的女王希斯提亚，而不是别的什么人。我将要把礼物送给你，但不是土和水，而是你正当得到的东西；至于你吹嘘说你是我的主人，我是要诅咒这句话的。"斯奇提亚人对他们回答便是这样。

128：于是使者带了这个信到大流士那里去了；但是斯奇提亚人的国王们当他们听到奴役这个词时，心里是十分气愤的。于是他们派出了由斯科帕西司所统率的由斯奇提亚人和撒乌罗马泰伊人组成的一支部队，去和守卫着伊斯特河上的桥的伊奥尼亚人谈判。至于留在后面的斯奇提亚人，则决定他们不再引着波斯人到各处乱跑，而是在波斯人用饭的时候向他们进攻。因此他们便等待到波斯人用饭的时候按照他们的计划行事。斯奇提亚的骑兵在战斗当中总是击退波斯的骑兵，波斯的骑兵向步兵方面溃退，波斯的步兵于是上来应援。斯奇提亚人这方面虽然打退了对方的骑兵，却由于害怕步兵而逃了回来。斯奇提亚人在白天或是在夜里，便都是用这种办法进攻的。

……

130：当斯奇提亚人看到波斯人已呈动摇之象的时候，他们便想出了一个计划，这个计划可以使波斯人更长久地留在斯奇提亚，并由于这样的停留而引起缺乏一切必需品的苦恼。他们把牲畜和牧人留在后面，而他们自己则迁移到别的地方去。于是波斯人便会来掠夺这些家畜，并将因之而欢欣鼓舞起来。

131：这样的事既然多次发生，大流士于是陷于进退维谷的地步了。当他们看到这一点的时候，斯奇提亚的国王们于是派遣一个使者把一份礼物带给了大流士，这份礼物是一只鸟、一只鼠、一只蛙和五支箭。波斯人问来人带来的这些礼物是什么意思，但是这个人说除去把礼物送来和尽快离开之外，他并没有收到什么吩咐。他说，如果波斯人还够聪明的话，让他们自己来猜一猜这些礼物的意义罢。波斯人听了这话之后便进行了商议。

132：大流士认为这是斯奇提亚人自己带着土和水向他投降的，他的理由是：老鼠是土里的东西，他和人吃一样的东西，青蛙是水里的东西，而鸟和马则是很难想象的。他又说，箭是表示斯奇提亚人献出了他们的武力。这是大流士所发表的意见，但是杀死玛哥斯僧的七人之一的戈布里亚斯的意见和大流士的意见相反。他推论这些礼物的意义是："波斯人，除非农民变成鸟并高飞到天上去，或是变成老鼠隐身在泥土当中，或是变成青蛙跳到湖里去，你们都将被这些箭射死，永不会回到家里去。"

133：波斯人关于这些礼物的推论就是这样。斯奇提亚人有一支部队起初曾奉命守卫麦奥提斯湖，现在则又被派到伊斯特河来和伊奥尼亚人谈判。当斯奇提亚人的这支部队来到桥这个地方时，他们说："伊奥尼亚人，只要你们肯听我们的意见的话，我们是会来把自由带给你们的。我们听说大流士命令你们只守卫这座桥六十天，而如果他在这一期间不来的话，那你们便可以回到你们的家里去。因此你们如这样做，则在大流士看来和在我们看来都是无罪的，那就是你们在指定的日子里留在这里，在这个时期过去以后便离开。"伊奥尼亚人答应这样做之后，斯奇提亚人便尽快地赶回去了。

134：但是在把礼物送到大流士那里去以后，留在那里的斯奇提亚人便把步兵和骑兵拉出来和波斯人对阵了。但是当斯奇提亚人列好队形的时候，从军队当中跑出了一只兔子，看见它的每一个斯奇提亚人都追赶这只兔子。因此在斯奇提亚人中间发生了混乱和喊叫。大流士问敌人的这种喧叫是什么意思。而当他听说他们正在追赶兔子的时候，他就对经常与之谈论事情的人们说："这些人简直不把我们放到眼里了，我以为戈布里亚斯关于斯奇提亚人的礼物的说法是正确的。既然我对于这件事的看法也和他一样，我们就必须想个好办法以便我们可以安全地返回自己的国土。"于是戈布里亚斯便接上来说："主公，在我没来到这里之前，从传闻我就差不多完全相信这些斯奇提亚人是多么不好对付的了。而我到这里之后，这一点就更加肯定了，因为我看他们不过是和我们开玩笑罢了。因此现在我的意见是，在入夜之际我们依照我们通常的习惯点起我们的营火，以便欺骗我们的军队中最弱而不能吃苦的那些人，并且把我们所有的驴子都系在这里，我们则在斯奇提亚人能够一直到伊斯特河把桥毁掉或是伊奥尼亚人做出任何使我们遭到毁灭的决定以前离开。"……

135：到夜里的时候，大流士就依照他的意见行动了。他把那些困惫至极的和即使被杀死对他也无大妨碍的士兵留在营地，而且把驴子也系在那里。他之所以把驴子留在那里是因为驴子会叫，他之所以留下病弱的士兵是因为他们的病弱无能，但是他的口实是什么呢？这是他要率领他的精锐部队去进攻斯奇提亚人，而这时病弱的人则是要代他守卫营地。大流士向留在后面的人们发布了这个命令并且点起了营火之后，便全速到伊斯特河去了。当驴子发现它们自己被人群遗弃的时候，它们便比平常更加拼命地叫了起来，斯奇提亚人听到了这声音之后深为相信，波斯人仍旧留在从前的地方。

136：但是当天亮的时候，被留下的人们才晓得是大流士骗了他们，于是他们便向斯奇提亚人伸出了投降的手，并且把真实情况告诉了他们。斯奇提亚人听到这个消息之后，立刻火速集合了自己的兵力……一直向伊斯特河方面追击波斯人去了。但是波斯军队的大部分是步兵而且由于道路没有开凿出来而他们不识道路，但斯奇提亚人却是骑兵并且知道到那里去的捷径，因此相互间远远地错开了，结果斯奇提亚人便远比波斯人要早到那座桥。斯奇提亚人看到波斯人还没有到达，他们便向船上的伊奥尼亚人说："伊奥尼亚人，规定的日期已经过了，你们若还留在这里就不对了。可是，在这以前是畏惧的心情使你们不敢离开这里，现在尽快把桥毁掉，感谢诸神和斯奇提亚人，在自由与快乐之中回家去吧。至于那曾是你们的主人的那个人，我们是会叫他永远不会再率领着他的军队进攻任何民族的。"

137：于是伊奥尼亚人便举行了一次会议……

139：……他们决定把连接着斯奇提亚的那一面的一部分桥毁掉，直到从斯奇提亚的岸上用箭所能射到的地方……

140：……斯奇提亚人便在国内有牧草和水的那些地方搜索敌人，因为他们认为，敌人在逃跑时也是会以这样的地方为目标的。但是波斯人却一直按着他们来时的原路行进，因此好不容易才找到了渡河的地方。但既然他们是在夜间到达的并发现桥已经被毁，他们便非常害怕伊奥尼亚人会不会已弃掉他们而逃跑。

141：大流士手下有一个埃及人，这个人的嗓门是世界上最高的。大流士命令这个人站在伊斯特河的岸上呼唤米利都的希司提埃伊欧斯。埃及人按着他的话做了。希司提埃伊欧斯听到了并且服从了这个埃及人的第一次呼唤，于是把所有的船派出去把军队渡了过来并且把桥重新修复了。

142：波斯人就这样逃掉了……

143：大流士穿过了色雷斯而行进到凯尔涅索斯的赛司托斯；从那里他又和他的船只一同渡海到亚细亚，却把美伽巴佐斯留在欧罗巴担任统帅……

144：……这个美伽巴佐斯现在既然被留在这里担任统帅，他便征服了不站到波斯人这一边来的所有海列斯彭特人。[①]

2. 波斯帝国对希腊的第一次远征

43：……戈布里亚斯的儿子玛尔多纽斯，一个年纪轻而最近又娶了大流士的女儿阿尔桃索司特拉的人物，率领着一支非常庞大的陆海军来到了沿海的地带。当玛尔多纽斯率领着这支军队来到奇里启亚的时候，他本人便登上了船并和他的其他船只一同出发，而陆军则由其他将领率领到海列斯彭特。当玛尔多纽斯沿着亚细亚的海岸航行到伊奥尼亚的时候……玛尔多纽斯废黜了所有伊奥尼亚的僭主而在他们的城邦中建立起了民主政治。他这样做了之后，便火速地赶到海列斯彭特去，大量的船只和一支庞大的陆军早已在那里集结起来了。于是波斯人便乘船渡过了海列斯彭特，穿过欧罗巴直向埃列特里亚和雅典进军了。

44：这些城邦是他们此次远征的口实。但是他们的意图却是尽可能多地征服希腊的城邦，因此他们的舰队首先便征服了塔索斯人，塔索斯人几乎没有抵抗。随后，他们的陆军又把马其顿人加到他们已有的奴隶里面去，因为在此之前，比马其顿离他们更近的一切民族便都已经被波斯人征服了。此后，他们又从塔索斯渡海到对岸，顺着大陆

---

① ［古希腊］希罗多德:《历史》第 4 卷。

的沿岸前进直到阿坎托斯地方，再从这个地方出发打算绕过阿托斯山。但是当他们航行的时候，他们遇到了一阵猛烈的、不可抗拒的北风，这阵风使他们受到了很大的损害，许多船舶被吹得撞到阿托斯山上面去了。据说，毁坏的船只总数达三百只，失踪的人数有两万多人。原来，阿托斯的这一带的海里有许多怪物，因而有一些人便是给怪物捉去，这样便失踪了；再有一些人是撞到了岩石上的；那些不会游泳的人溺死在水里了。因此上述的一切便是水师的遭遇了。

45：至于玛尔多纽斯和他的陆军，则当他们驻屯在马其顿的时候，色雷斯人的布律戈依人在夜里向他们进攻，杀死了他们许多人，并且使玛尔多纽斯本人也负了伤。尽管如此，甚至这些人本身也未能逃脱波斯人的奴役，因为玛尔多纽斯是在把他们征服之后才离开了那些地方的。然而在他把他们征服的时候，他却率领着他的军队返回了本土，因为他的陆军曾吃了布律戈依人的很大的苦头，而他的水师又在阿吞神一带遭到了一次更大的打击。同此，这次出征便在这样的不光荣的祸事之后返回亚细亚了。①

……

3.马拉松会战

94：……至于那个远征失败的玛尔多纽斯，大流士解除了他的统帅职务而任命其他的将领率领着他的军队去进攻雅典和埃列特里亚。这两个将领是美地亚人达提斯和他自己的侄子、阿尔塔普列涅斯。在他们出师时，他交付给他们的命令是，征服和奴役雅典和埃列特里亚，并把这些奴隶带到他自己的面前来。

95：当接受任命的这两位统帅率领着装备精良的一支大军离开国王的面前……

① ［古希腊］希罗多德：《历史》第6卷。

107：因此……在波斯人方面，则他们被佩西司特拉托斯的儿子希庇亚斯引导到了马拉松……

109：但是雅典统帅中间的意见是不一致的。有的人认为他们不应当作战（因为要和美地亚作战他们的人数太少了），但是另有一些人，其中也包括米尔提亚戴斯，认为他们应当作战……

111：而等轮到他 ① 的日子的时候，雅典人于是编起准备战斗的队列来。队列的编制是这样，统率右翼的是波列玛尔科斯卡里玛柯斯；因为按照当时雅典的习惯，统率右翼的应当是担任波列玛尔科斯的人。他在右翼担任统帅，而接他在右面则按照顺序依次配列了各个部族，配列在最后的普拉铁阿人则占着左翼的地方。自从那次战争以来，每当雅典人在每五年举行一次的祭典上的聚会上奉献牺牲的时候，雅典的传令人总是祈求上天同样降福给雅典人和普拉铁阿人的。但是现在，当雅典人在马拉松列队的时候，他们的队列的长度和美地亚的队列的长度正好相等，它的中部只有数列的厚度，因而这是全军最软弱的部分，不过两翼却是实力雄厚的。

112：准备作战的队列配置完毕而牺牲所呈献的朕兆又是有利的，雅典人立刻行动起来，飞也似地向波斯人攻去。在两军之间，相隔不下八斯塔迪昂。当波斯人看到雅典人向他们奔来的时候，他们便准备迎击。他们认为雅典人是在发疯而自寻灭亡，因为他们看到向他们奔来的雅典人人数不但这样少，而且又没有骑兵和射手。这不过是异邦人的想法。但是和波斯人厮杀成一团的雅典人，却战斗得永难令人忘怀。因为，据我所知，这是希腊第一次奔跑着向敌人进攻的，也是他们第一次不怕看到米底的衣服和穿着这种衣服的人的。而在当时之前，希腊人一听到米底人的名字就给吓住了。

113：他们在马拉松战斗了很长的一个时候。异邦军在队列的中央部分取得了优势，因为进攻这一部分的是波斯人和撒卡依人。异邦

---

① 指主战的雅典将军米尔提亚戴斯。

军在这一部分占了上风，他们攻破希腊人的防线，把希腊人追到内地去。但是在两翼地方，雅典人和普拉铁阿人却得到了胜利。而在这样的情势之下，他们只得让被他们打败的敌人逃走，而把两翼封合起来去对那些突破了中线的敌人进行战斗。雅典人在这里取得了胜利并且乘胜追击波斯人，他们在追击的道路上歼灭波斯人，而一直把波斯人追到海边。他们求得了火，并向船只发动了进攻。

114：但是在这次的战斗里，身为波列玛尔科斯的卡里玛柯斯在奋勇作战之后阵亡了，将领之一特拉叙拉欧斯的儿子司铁西拉欧斯也死了；埃乌波利昂的儿子库涅该罗斯也在那里阵亡了，他是在用手去抓船尾时手被斧头砍掉而致命的，还有其他许多的雅典知名之士也都阵亡了。[①]

4. 温泉关之役

202：在那里等候波斯人的希腊人是这样的一些人：斯巴达的重武装兵三百名；铁该亚人和曼提涅亚人一千名，双方各占一半；从阿尔卡地亚的欧尔科美诺斯来的一百二十人，从阿尔卡地亚的其余的地方来的一千人；除去这些阿尔卡地亚人之外，从柯林斯来的四百人，从普列欧斯来的二百人，从迈锡尼来的八十人，以上都是从伯罗奔尼撒来的人。从彼奥提亚来的则是铁司佩亚人七百名，底比斯人四百名。

203：在这些人之外，又召来了欧普斯的罗克里斯人的全军和一千名波奇斯人……

204：所有这些人每一个城邦都各有自己的将领。其中最受尊敬的全军统帅是拉西第梦人李奥尼达……这个人这时按照规定率领着有子嗣的三百名精兵来到了铁尔摩披莱[②]……

---

① ［古希腊］希罗多德：《历史》第6卷。
② 即温泉关。

206：斯巴达人最初先派出了和李奥尼达一道出发的这些士兵，这样做是为了使其他的联盟者不致投到米底人方面去。因为，假如他们知道斯巴达人耽搁了的话，这些人是有可能这样做的……

207：……可是铁尔摩披莱的希腊人，在波斯军迫近他们的隘路路口的时候却惊惶起来，于是就讨论起他们是否应当撤退的问题来了。其余的伯罗奔尼撒人主张退到伯罗奔尼撒去保卫科林斯地峡，但是波奇斯人和罗克里斯对这个意见感到非常气愤。而李奥尼达则主张留在他们原来的地方，并送信到各个城市去请求援助，因为他手下的人太少了，这是无法和米底的大军相抗衡的。

……

210：……国王在那里等候了四天，一直期盼着他们会逃跑。可是到第五天，他看到他们并未退却，并以为他们留在那里只不过是无耻和愚蠢，因此便震怒起来，并把米底人和奇西亚人派了出去，命令他们生擒敌人，并将敌人带到他的面前来。米底人冲到前面向希腊人挑战，结果死了许多人，另一些人接上去进攻，他们虽然遭受了惨重的损失，却还没有被击退。而且他们明显地向所有的人，特别是向国王本人表示，他们的人数虽多，可是其中顶事儿的人却是很少的。战斗整天都在进行着。

211：既然米底人受到这样的痛击，于是他们就退出了战斗，国王称之为"不死队"、由叙达尔涅斯率领的波斯人代替他们上阵。人们认为至少他们是很容易把这场战斗解决了的。可是当他们交上手的时候，他们一点也不比米底军高明，而是一模一样。原来他们在狭路里作战，又使用比希腊人要短的枪，因此他们无法利用他们在数量上的优势。可是拉西第梦人的作战方式却大有值得注意的地方，他们的战术要比对方的战术高明得多。在他们的许多战术当中有一种是他们转过身去装作逃跑的样子。异邦军看到这种情况就呼啸着，并鸣动着武器追击他们，可是当他们眼看要给追上的时候，他们就回转身来向异邦军反攻，这样一反攻，就把无数的异邦军杀倒在地上了。这时斯巴达人当然也有被杀死的，不过人数很少。这样一来，波斯人发现他们不拘列成战斗队形或用任何其他办法进攻都丝毫无法攻占隘路，他们只得退回来了。

212：在进行这些次攻击的时候，据说眺望到这一切的国王由于替自己的军队担忧，曾三次从王座上跳下来。当时他们的战斗结果就是这样了。第二天，异邦军的战果并不比第一天好。他们接战的时候，满以为敌人的人数这样少，又是伤痕累累，再也无法和他们对抗了。可是希腊人却按着队伍和民族列阵，依次出战。只有波奇斯人是例外，因为他们被配置在山上把守着通路。因此，当波斯人看到希腊人和前一天的情况毫无改变的时候，他们就撤退了。

213：对于当前面临的事态，国王感到手足无措了。于是一个玛里司人、埃乌律戴谟斯的儿子埃披阿尔铁司便来见他，告诉他经过山而通向铁尔摩披莱的那条道路，打算从薛西斯那里取得一笔重赏。这样一来，留在铁尔摩披莱的希腊人就毁在他的手里了。

……

215：薛西斯对于埃披阿尔铁司所答应为他做的事情深感满意。他大喜过望，因而立刻把叙达尔涅斯和叙达尔涅斯麾下的士兵派了出去。大约在掌灯的时刻，他们便从营地出发了。

……

219：至于在铁尔摩披莱的希腊人，他们则首先受到了占卜师美吉司提亚斯的警告。美吉司提亚斯在检查了牺牲之后，曾预言天明时他们要遭到的死亡。随后，还在夜里的时候，又有对方的一些投诚者前来，报告了波斯人的迂回。而最后，正在破晓的时候，从山上跑下来的侦察兵也带来了同样的情报。于是希腊人便集会商议，但他们的意见是分歧的，有的人主张他们不应离开他们的驻地，另外一些人则反对这样做。在这之后不久，他们便分散了。一部分人离开他们的驻地，各自返回自己的城邦去了，另一部分则决定和李奥尼达一道留在他们原来的驻地。

223：薛西斯在日出之际行了灌奠之礼之后，等到市场上大约人最多的时候（大概是早上十点钟——译者），便开始了他的进攻。他是接受了埃披阿尔铁司的意见才这样做的，因为从山上向下面出击比较便捷，而且道路比绕山和攀山要近得多。薛西斯和他麾下的异邦军就是这样进击的，但是李奥尼达麾下的希腊军是抱着必死的决心的，现在他们是比以前要远得多地来到峡谷的更加宽阔的地带。原来在这之前，他们一直在保卫着垒壁，而在所有过去的日子里，他们也都是退守在狭路里面在那里作战的，但现在他们是从峡谷里面出来和敌人作战了。异邦军在那里被杀死的很多。异邦军的官长们拿着鞭子走在部队的后面，抽打军队使之前进。异邦军当中许多人掉到海里淹死了，但是相互践踏而死的人们却要多得多，而且对于死者，根本没有人注意。既然希腊人晓得他们反正是要死在从山后面迂回过来的人的手里，因此他们便不顾一切地拼起命来，拿出最大的力量来对异邦军作战。

224：这时，他们大多数人的枪已经折断，于是他们便用刀来杀波斯人。在这次的苦战当中，英勇奋战的李奥尼达倒下去了，和他一同倒下去的还有其他知名的斯巴达人。由于他们的杰出的德行功勋，我打听了他们的名字，此外我还打听了所有他们三百人的名字……①

5. 撒拉米司海战

40：……希腊的水师……由于雅典人的请求来到了撒拉米司……他们本来想使伯罗奔尼撒的全部兵力集合起来，在贝奥提亚准备应付敌人的进攻，可是他们却发现事实和他们的想法完全相违。他们得知伯罗奔尼撒人认为最重要的只是如何保卫伯罗奔尼撒，从而在地峡上修筑工事，丝毫不把其他地方放到心上。因此，在他们知道了这个情

---

① ［古希腊］希罗多德：《历史》第7卷。

况之后，便请求水师在撒拉米司停泊了。

42：当从阿尔铁米希昂来的希腊人抵达撒拉米司的时候，他们的其余部分水师也听到了这件事，并且从特洛伊真前来和他们会合。因为在这之前他们曾奉命在特洛伊真的港口波贡结集。而在那里集合的船只比在阿尔铁米希昂作战的船只要多得多，并且是从更多的城市前来的。他们的统帅和在阿尔铁米希昂的统帅是同一个人，即斯巴达人忧利克里戴斯，不过这个人却不是王族出身。但是，断然提供了最多的和最好的船只的，是雅典人。

43：参加希腊水师的人选是这样的：伯罗奔尼撒地方首先是拉凯戴孟人提供了十六只船，柯林斯人提供了和在阿尔铁米希昂相同数目的船只，希巨昂人提供了十五只船，埃披道洛斯人十只，特洛伊真五只，赫尔米昂涅人三只。除去赫尔米昂涅人之外，这些人都属于多里斯族和马其顿族，而且是最后从埃里涅乌司、品多斯和德律欧披司地区来的。赫尔米昂涅人就是德律欧披司人，他们是给海拉克列斯和玛里司人从现在称为多里斯的地方给赶了出来的。

44：……至于从伯罗奔尼撒以外的本土来的人，则雅典人提供的船只比其他任何人都要多，他们独力提供了一百八十只……

45：此外美伽拉人也提供了和在阿尔铁米希昂同样数量的船只。阿姆普拉奇亚人为水师提供了七只船，列乌卡地亚人三只。列乌卡地亚人是柯林斯地方出身的多里斯人。

46：在岛民当中，埃吉纳人提供了三十只船。在这之外，他们把别的船只也配备了乘务员，但是他们用这些船来保卫他们本土的海岸，而以航行的最好的三十只船来参加撒拉米司的战斗……在埃吉纳人之后是在阿尔铁米希昂提供了二十只船的卡尔启斯人和提供了七只船的埃列特里亚人，他们都是伊奥尼亚人。再次是凯欧斯人，他们提供了和先前同样数目的船只；他们是来自雅典的伊奥尼亚人。那克索斯人提供了四只船……司图拉人提供了和在阿尔铁米希昂相同数目的船，而库特诺斯人则提供了一只三段桡船和一只五十桡船……水师中还有赛里婆斯人、昔普诺斯人和美洛斯任人。岛民当中只有这些人没有把土和水献给异邦人。

48：……因此除去五十桡船不算之外，船只总数是三百七十八只①。

49：当上述各个城邦的将领们在撒拉米司集会的时候，他们进行了商议……大部分发言者的意见都倾向于一个相同的结论，即他们应当到柯林斯地峡去，在那里为保卫伯罗奔尼撒而进行海战。理由是这样：如果他们在撒拉米司的战斗中被打败，他们就会给包围在岛上，而没有任何得到救援的希望了。但如果在地峡附近进行海战，那他们在有必要的时候就可以逃到他们自己人的陆地上去。

59：将领们集合起来了，据说铁米斯托克列斯没等到优利比亚戴斯向将领们说明这次把他们召集起来的目的，就由于希望心切而迫不及待地向他们发表了长篇的演说……

60：（a）他说："如果你听从我的意见留在这里进行海战，而不是听别的人的话把船开到科林斯地峡去，那你就可以保全希腊。听了我这两个计划，由你来选择吧。如果你在地峡附近的水面上作战，那你就是在大海上作战了。在那样的地方作战对我们是最不利的，因为我们的船只比较重，而且数量也比较少；而即使我们在其他的方面获得成功，但你却失去了撒拉米司、美伽拉和埃吉纳。而且他们的陆军将会随着他们的水师前来，这样你自己就会把他们引导到伯罗奔尼撒，从而使全希腊有遭到灭亡的危险。

（b）"相反的，如果你按照着我的意见去做的话，你就可以得到我下面所说的利益。首先，在狭窄的海面上以我们少数的船只和他们的大量船只交手，如果战争产生了它的当然结果的话，我们是会取得巨大胜利的；因为狭窄的海面上作战对文明有利，而在广大的海面上作战则是对他们有利。其次，我们可以保全我们寄托了我们妻子儿女的撒拉米司。再次，我的计划还有这样一个好处，而这个好处又是你

---

① 实际上全部加起来是三百六十六只，而不是三百七十八只。

最希望的，那就是，你留在这里和你在地峡附近的海面上作战一样，同样会保卫伯罗奔尼撒，而且如果你不失误的话，你还不会把我们的敌人引到伯罗奔尼撒来。

（c）"而如果我所期望的事情全部实现而我们在海战中取得胜利的话，那异邦军就不会迫临你们的地峡地带，他们也不会攻过阿提卡，而是会在混乱中撤退；我们将由于保全美伽拉、埃吉纳和据神托说我们要战胜我们敌人的地方撒拉米司而得到利益。当人们做出合乎道理的安排时，他们是最容易得到成功的；如果做出不合道理的决定，上天当然也绝不会附和人类的办法的。"

61：铁米斯托克列斯的一番话就是这样。但是这时科林斯人阿迪曼托司又来攻击他了。阿迪曼托司说，一个没有祖国的人是不应当多说话的，并且说优利比亚戴斯不要容许让一个没有自己城邦的人的意见付诸投票表决。他说要铁米斯托克列斯先有一个城邦作为自己的后援，再到这里来商量事情，而正是由于雅典被敌人攻克和占领，他才这样嘲骂铁米斯托克列斯的。于是铁米斯托克列斯就发表了长篇的演说，痛斥阿迪曼托司以及科林斯人，明白地给他们指出要他们懂得，只要雅典人拥有二百只满载乘员的船只，那雅典人就是有城邦和比他们的领土还要大的国土。因为在希腊人当中，是谁也没有力量击退他们的进攻的。

……

63：铁米斯托克列斯的这一番话使优利比亚戴斯改变了他的目的……

64：在这样的一番争论之后，撒拉米司地方的希腊人便依照优利比亚戴斯的意思，决定着手在他们原来的地方做战斗的准备了……

66：被安置在克谢尔谢斯的水师里服役的人们……从特拉奇司渡海到希斯提阿伊亚，而在三天的等候之后，便通过了埃乌里波斯，更在三天的时间里到达了帕列隆（按：雅典的一个海港，在希腊波斯战争之前，雅典人主要使用这个海港）。在我看来，在他们侵入雅典的时候，他们的陆军和水师的数目比之他们来到赛披亚斯和铁尔摩披莱的时候并不少。因为，虽然在暴风雨里，在铁尔摩披莱和在阿尔铁米希昂的海战中他们有所损失，但是我却把当时还没有参加国王的军队的人们算了进来，他们是玛里司人、多里斯人、罗克里斯人和除铁司佩亚人与普拉塔伊阿人之外的贝奥提亚全军，还有卡律司托斯人、安多罗斯人、铁诺斯人和除去我在前面所说的五个市邑之外的所有其他的岛民。原来，波斯人向希腊的腹地推进得越是深入，也就有更多的民族追随在他们的后面。

（67）因此，当除了帕洛司人之外的所有这些人来到雅典（帕洛司人留在库特诺斯，热心注视战斗的结果如何）。而其他人等来到帕列隆的时候，克谢尔克谢斯于是就亲自到水师这里来，为的是和水兵们接触并听取他们的意见。他来到之后，就坐到主位上去，应他之召从各船前来的诸民族的僭主和提督也按照国王颁赐给他们每人的阶位入座，首先是西顿王，其次是推罗王，其他的人依次入座。在他们依次入座之后，克谢尔克谢斯便派玛尔多纽斯向他们每个人进行征询，问波斯的水师是否应进行海战。

68：玛尔多纽斯从西顿人起开始巡行询问，所有其他的人一致认为应当进行海战，但是只有阿尔铁米希昂讲了下面的话：

（a）"……我要讲的话是这样的，留着你的船，不要进行海战。因为敌人在海上的力量比你要强，就像男子的力量比女子要强一样。你何必一定要不惜一切牺牲而冒险进行海战呢？你不是已经占领了你出征的目的地雅典和希腊的其他地方了吗？没有一个人挡得住你。而那些敢于抗衡的人们都已经得到了他们应得的下场。

（b）"现在我要告诉你，我如何估计你的敌人今后的行动。如果你不急于进行海战，而是把你的船只留在这里靠近陆地或甚至一直向伯罗奔尼撒进击的话，那么，我的主公，你是会很容易地达到你这次前来的目的的。因为希腊人是不能和你长期相持的，然而你可以驱散他们，而他们便会各自逃回自己的城邦了。根据我打听来的消息，他们在这个岛上没有食粮，如果你一旦率领陆军进攻伯罗奔尼撒的话，则我想从那里来的人是很少可能袖手旁观的，他们原来是无意为雅典进行海战的。

（c）"相反的，如果你忙于立刻进行海战，我害怕你的水师会遭受到损失，而你的陆军也会连带遭殃的。再者，国王，请想一想，好人的奴隶常常是坏的，而坏人的奴隶又常常是好的；而像你这样一位一切人中最优秀的人物却有埃及人、塞浦路斯人、奇里启亚人、帕姆庇利亚人这样一些被认为是你的同盟者的坏奴隶，但他们是一点用都没有的。"

69：当阿尔铁米希昂向玛尔多纽斯这样讲话的时候，她的一切朋友都为她的话而担忧……可是当这些意见给报告到克谢尔克谢斯那里去的时候，他却非常喜欢阿尔铁米希昂的意见……尽管如此，他还是下令接受大多数人的看法。在他看来，埃乌波亚一役是因为他本人不在场，所以他的士兵才故意不努力作战，而现在他却打算亲自前来督战了。

70：当起航的命令发出的时候，他们便向撒拉米司进发，并且稳稳当当地按照各自指定的地位排列成了战斗的行列。那一天里，由于是夜间到来，已经没有足够的时间来进行战斗了，于是他们便为第二天的战斗做准备。但希腊人却是恐惧不安的，特别是从伯罗奔尼撒来的人们。他们害怕的原因是这样的：既然他们是停驻在撒拉米司，那他们本身就是为保卫雅典人的国土而战斗了。如果他们吃了败仗，他们就一定会给封锁在岛上而无法后退，这样自己的土地就完全无法保卫了。

71：就在第二天晚上，异邦人的陆军开始向伯罗奔尼撒进攻了。虽然如此，希腊人还是使用了一切可能的方法来阻挡异邦人从陆地上向他们进攻。原来伯罗奔尼撒人得知列欧尼达司的士兵们在铁尔摩披莱阵亡之际，他们立刻便从他们的各个城邦赶到一起，并在地峡上扎下了营寨。他们的将领则是列欧尼达司的兄弟、阿纳克桑德里戴斯的儿子克列欧姆布洛托斯。他们在那里驻扎并切断了司凯隆路，此后又在大家商议决定之后横贯着地峡修筑了一道壁垒。由于那里有成千上万的人而又是大家一齐动手，这个工程顺利地完成了。因为他们把石

头、砖、木材和满装着沙子的篮子都搬了来，而且集合到那里做工的
人们不分日夜，是从来不停止的。

74：……但是在撒拉米司的人们，他们听到了这个工程，非常害
怕。这与其说是为了他们自己，却毋宁说是为了伯罗奔尼撒而担心。
一时他们只是站在那里相互喃喃交语，心里奇怪优利比亚戴斯何以如
此不智，但终于一致爆发成为不满的议论。于是举行了一次会议，会
上对于和先前同样的事情辩论了很久，有的说他们必须到伯罗奔尼撒
去，不惜为了那个地方而冒险，而不应当留下为已为敌人武力占领的
国土作战；但是雅典人、埃吉纳人和美伽拉人却主张留下，保卫他们
当时所在的地方。

75：当铁米斯托克列斯看到他自己的意见为伯罗奔尼撒人的意
见所压倒的时候，便悄悄地退出了会议的议席，派一个人乘船到美地
亚水师的阵地去，命令他务必送达一个信息。这个人的名字是西琴诺
斯，他是铁米斯托克列斯的一名家丁，又是铁米斯托克列斯的子女的
保育师。在这之后，当铁司佩亚人接受移民为市民的时候，铁米斯托
克列斯便成为一名铁司佩亚的公民，同时又使他变成一个富有的人。
现在他乘着船来到异邦军的将领的地方来向他们说："雅典人的将领背
着其他希腊人把我向你们报告（因为他是站在国王利益一方面，故而
他希望你们，而不是希腊人取得胜利），希腊人已经被吓得手足失措，
并正在准备逃跑，而如果你们能防止他们逃窜的话，那你们就可以成
就一项前无古人的功业。因为他们的意见并不一致，又不想再对你们
进行抵抗，这样你们将会看到在他们中间，你们的朋友对你们的敌人
交起手来。"他说了这话之后就离开了。

76：波斯人认为这个说法是可以相信的，于是他们首先使许多波
斯人在撒拉米司和本土之间的一个普叙塔列阿小岛上登陆。而随后到
夜半的时候，他们便把西翼向撒拉米司方面推进，以便对它进行圆形
的合围。而停泊在凯欧斯和库诺叙拉的人们也向海上出航，他们的船
只控制了全部海峡地带直到穆尼奇亚的地方。他们这次出航海上的目

的是无论如何也不叫希腊人逃跑，把希腊人封锁在撒拉米司，并要希腊人为阿尔铁米希昂一役付出代价。至于波斯军队登陆所谓普叙塔列阿小岛的意图则是这样的：一朝在这里发生海战的时候（原来这个小岛在将要发生的海战的冲要之处），人和破船主要是给海水冲到这里来。这样一来，他们就可以救援自己方面的人，同时还可以歼灭敌方的人。这一切都是他们偷偷摸摸地背着他们的敌人干的。因此他们在夜里一睡也未睡，而做了这样的一些准备工作。

……

78：但是在撒拉米司的将领们中间，发生了激烈的争论。他们那时还不知道异邦军的舰船已经把他们包围，而是以为敌人还在白天他们看到敌人时所在的地方。

79：正当他们争论的时候，吕喜马科斯的儿子阿里司提戴斯渡海到他们这里来了。他是一个雅典人，但是曾在市民中间受过贝壳流放的处分……这个人来到之后就站在会场门外的地方，把铁米斯托克列斯叫了出来，尽管铁米斯托克列斯不仅不是他的朋友，而且是他不共戴天的敌人。但是鉴于当前面临的重大危险才把旧怨放到脑后，而把铁米斯托克列斯叫出来和他谈话。原来他已经听到说，伯罗奔尼撒人一心想把船只开到地峡那里去。因此当铁米斯托克列斯出来见他的时候，阿里司提戴斯就说："不管是在先前别的场合下，还是在目前，我们都应当比试一下，看我们两个人谁能为祖国做出最有用的事。我现在告诉你，关于伯罗奔尼撒人从这里撤离水师的事情，谈得多谈得少那总之是完全一样的。而我把我目睹的事情告诉你吧，现在即使是柯林斯人和优利比亚戴斯想乘船逃脱，他们也做不到了；文明已四面八方陷入文明敌人的重围了。现在你进去把这件事情告诉他们吧。"

80：铁米斯托克列斯这样回答说："你的劝告十分有用，而且你带来了很好的消息，因为你到这里来的时候，已经亲眼看到了我期望发生的事情。你知道美地亚人所做的事情正是我自己引起来的。因为当希腊人自己不想准备战斗的时候，那就有必要强迫他们这样做了。但是，现在你既然带来了这个好消息，那就请你自己把这个消息报告给他们吧。如果我报告这个消息的话，他们会以为这是我捏造的消息，因此他们绝不会相信我说的话，而以为异邦人是决不会做如你所说的这样的事情的。你自己去告诉他们，把经过的情况对他们说了吧。当你告诉他们的时候，如果他们相信你的话，那最好了；如果他们不相信你的话，那事情反正对文明是一样的。因为如果你所说，我们已在四面八方被包围起来的话，那他们便再也不能逃跑了。"

81：于是阿里司提戴斯就走到他们面前把这个消息告诉了他们。他说他是从埃吉纳来的，他是好不容易才躲过敌人的视线偷渡了封锁线的。因为希腊的全部水师已经给克谢尔克谢斯的水师包围起来了，故此他说他们最好是做保卫自己的准备。他这样说了之后就离开了。于是他们又争论起来，因为大部分的将领是不相信这个报告的。

82：可是在他们还不相信的时候，一只载着铁诺斯的逃税者的三段桡船到他们这里来了。这只船的将领是索喜美涅斯的儿子、一个叫作帕那伊提乌斯的人，这个人把全部的真实情况报告给他们了。由于铁诺斯人的这一行动，他们的名字便和击败了异邦军的那些人的名字一齐给刻在戴尔波伊的三脚架上。逃到撒拉米司来的这只船再加上过去从阿尔铁米希昂逃来的列姆诺斯人的那只船，使先前尚缺两只便是三百八十只的希腊水师恰恰补足了这个数目。

83：希腊人终于相信铁诺斯人所讲的话，于是便准备作战了。那正是刚刚破晓的时候，他们把士兵召集起来开会，铁米斯托克列斯就在会上做了一次比其他人都精彩的演说。他的演说的要旨始终是把一个人的本质和天性当中好的东西和坏的东西加以对比，而劝告他们选择其中好的东西。演说结束之后，他便命令他们上船了。而正当他们上船的时候，那只被派出去接埃伊阿奇达伊族的三段桡船也从埃吉纳回来了。于是希腊人的全部水师便乘船向海上出发了。而在他们刚刚解缆前进的时候，异邦军便立刻向他们攻过来了。

84：于是其他希腊人便开始把船回转过来，想使它们靠岸，但是这时一个雅典人、帕列涅区的阿美尼亚斯乘着船冲到前面去向敌人的一只船进攻。他的船和敌人的船舷相接纠缠到一处不能分开，于是其他人这时便来援助阿美尼亚斯而加入了战斗。这便是雅典人关于战斗的开始的说法。但是埃吉纳人却说，引起战端的船却是派到埃吉纳去接埃伊阿奇达伊族的那一只。他们的说法是这样：他们看到了一个妇人的幻影，这个妇人高声向希腊各水师讲话，激励他们。而在一开头，她是用这样的话谴责他们的："卑怯的人们啊，你们这是在干什么，你们向回行船要到什么地步啊。"

85：然而，配置在雅典人对面的是腓尼基人（因为他们是在向着埃列乌西斯的一面，即西面的一翼），而配置在拉凯戴孟人对面的是伊奥尼亚人，他们占着东面的一翼，离披莱乌斯极近。但他们中间有少数人，铁米斯托克列斯指令他们那样，在战斗中表现出敷衍的样子，不过他们大多数却不是如此。我可以列举出许多歼灭了希腊船只的三桅船的统帅的名字，可是在这些名字中间我只愿意提出两个人的名字来，那就是安多罗达玛司的儿子提奥美司托尔和希司提埃伊欧斯的儿子披拉科斯，他们两个人都是萨摩司人。我所以只提到他们两个人是因为提奥美司托尔曾因为这次的战勋被波斯人任命为萨摩司的僭主，披拉科斯则被列名为国王的恩人，并被赠给大量的土地。国王的这些恩人在波斯语中是叫作欧洛桑伽伊。

86：……但是大量的船却在撒拉米司沉没了，其中有的是给希腊人击毁的，有的是被埃吉纳人击毁的。原来希腊人是秩序井然地列队作战的，但异邦人这时却陷于混乱，行动时也毫无任何确定的计划，因而他们遭遇到实际发生的这样一个结果那是很自然的事情。虽然如此，在那一天里比起埃乌波亚之役来，他们已完全不同，而且证明自己确实是勇敢得多了，每个人都拼命作战，他们都很害怕克谢尔谢斯，而且每个人都以为国王的眼正在看着他的。

87：至于其他的一些人，我不能确实地说出异邦人或是希腊人他们每个人是如何作战的。但是在阿尔铁米希昂身上却发生了这样一件事情，这件事情使她受到国王的、比先前更大的尊敬。当国王的水师陷于一团混乱的时候，阿尔铁米希昂的船正在给一只阿提卡的船所追击（原来在她的前面有自己一方面的其他船只，但她的那只船却恰好是离敌人最近的），故而她无法逃脱。于是她便决定做一件将来会对她有利的事情。当她在雅典人的追击之下逃跑之际，她却向友军的一只船进行突击，而在那只船上有卡林达人和卡林达国王本人达玛西提摩斯。可能当他们还在海列斯彭特的时候，她和他有过一些争吵，但是我不能说她这次的行动是有预定的目标，还是由于偶然经过她的进路，卡林达人才遇到了她的。现在既然她向这只船进攻，并把它击沉，她便十分幸运地给自己求得了双重的利益。因为，当阿提卡的三段桡船的统帅看到她进攻异邦军的船，他便以为阿尔铁米希昂的船或者是一只希腊船，或是一只倒戈为希腊人作战的异邦船，这样他便转到别的方面对付其他的船去了。

88：由于这样的一个幸运的机会，结果她竟然逃出虎口而免除了杀身之祸。更有进者，这件事的结局是：她做了伤天害理的事情，却反而在克谢尔克谢斯的面前赢得了莫大的荣宠。据说国王在督战时看到她向一只船进攻，当时侍立在他身旁的一个人就说："主公，请看阿尔铁米希昂战斗得多卖力气，看她怎样把一只敌船击沉了啊！"于是克谢尔克谢斯就问是否真是阿尔铁米希昂做出了这样的事情。他们证实了这件事情，因为他们说，她的船的标帜他们是知道得很清楚的，而且他们认为她击沉的那只船是敌人的船。对她来说，正如我在前面说的，当然有其他种种幸运的机缘，然而最幸运的却是，卡林达人船上的人没有一个生还来控诉她的。克谢尔克谢斯听到他们告诉他的一切之后，据说他说："我手下的男子变成了妇女，而妇女变成了男子了。"人们说，克谢尔克谢斯就是这样讲的。

89：在这次的苦战当中，克谢尔克谢斯的兄弟、大流士的儿子、水师提督阿里阿比格涅斯阵亡了。与他同时阵亡的还有其他许多知名的波斯人、美地亚人和其余的同盟者，但希腊人方面阵亡的却不多。

原来希腊人会游泳，因此他们中间失掉了船，却没有在肉战中丧命的人们，都游泳渡海到撒拉米司去了；当时异邦军的大多数却由于不会游泳而淹死在海里。而最前面的船逃跑的时候，他们损失的人最多。原来列阵在最后面的人们想乘着船挤到前面去，以便使国王看到他们也是在勇猛地战斗，这样就跟自己前面逃跑的那些船只撞到一起了。

90：而且，在这一混乱当中还发生了这样的事情。有一些船只被摧毁的腓尼基人到国王这里来，控告伊奥尼亚人的背叛行为，他们说正是由于伊奥尼亚人的背叛行为，他们才失掉了自己的船只的。至于这件事的结果，伊奥尼亚人的统帅们并没有被处死刑，但是向他们进行控诉的腓尼基人却得了下面我要讲到的回报。如前所述，原来正当他们还在讲着话的时候，一只萨摩特拉开的船向一只阿提卡的船进攻，而当阿提卡的船正在沉没的时候，一只埃吉纳的船又攻上来把这只萨摩特拉开的船击沉了。当时擅长于投枪的萨摩特拉开人却用一阵投枪把击沉了他们的船只的那只船船上的人一扫而空，然后跳上对方的船而自己占有了它。这样一来，伊奥尼亚人便得了救，原来当克谢尔克谢斯看到这样赫赫的战勋时，他感到极度的愤慨，并想把所发生的这一切归罪于腓尼基人，于是他便转向腓尼基人，命令人们把腓尼基人枭首，因为他认为本身是懦夫的人不配控告比他要勇敢的人的。原来，当克谢尔克谢斯坐在称为埃伽列欧斯的、对着撒拉米司的一座山山下的座位上，看到自己一方面的人在战斗中表现任何战功的时候，他总要问立功的人是谁，而他的史官就把三段桡船的统帅以及他的父亲和他所属的城邦的名字记录下来。此外，伊奥尼亚人的朋友、波斯人阿里阿拉姆涅斯当时也在国王身旁，在搞垮腓尼基人的这件事上他多多少少也出了一份力的。

91：克谢尔克谢斯的人们就是这样对待腓尼基人的。异邦军既然被击溃并想逃到帕列隆去，埃吉纳人便在海峡地带埋伏下来伏击他们，并且立下了赫赫战功。原来雅典人在混乱中间击沉了所有那些想抵抗或是想逃窜的船只。而埃吉纳人对付的目标则是离开海峡想逃出战场的那些船只。所有那些逃出了雅典人之手的船只，结果很快地就窜到埃吉纳人的伏击范围里面去了。

92：这时有两只船在那里遇到一起了，一只是铁米斯托克列斯的追击船，另一只是埃吉纳人克列欧斯的儿子波律克里托斯所乘坐的船。而这只船又在袭击一只西顿人的船，西顿人的这只船正是捕获了在司奇亚托斯那里担任放哨任务的埃吉纳船的那只船。在这只埃吉纳船上的是伊司凯诺斯的儿子披铁阿斯，波斯人对这个人的英勇十分钦佩，而使这个满身带伤的人仍然留在船上。当这只西顿的船被拿捕的时候，船上的波斯人当中就有披铁阿斯，因此披铁阿斯便安全地回到埃吉纳了。当波律克里托斯看到阿提卡的船的时候，他由于提督船的标帜而认识它。于是他便向铁米斯托克列斯号叫痛骂，他责怪铁米斯托克列斯说，铁米斯托克列斯曾经说埃吉纳人是和波斯人站在一边的。然而波律克里托斯是在对一只敌船进攻之后，才向铁米斯托克列斯发出了这样的责难的。至于那些船只保全下来的异邦军，则他们逃到帕列隆去，并且投到陆军的庇护之下了。

93：在这一次海战里，在希腊人当中得到最大荣誉的是埃吉纳人，其次是雅典人。个人当中得到最大荣誉的是埃吉纳的波律克里托斯和两个雅典人，阿那几洛斯区的埃乌美涅斯和追击阿尔铁米希昂的那个帕列涅区的阿美尼亚斯。如果他知道是她在那只船里的话，则除非他拿捕了她的船或是自己的船被拿捕，否则他是决不肯干休的。雅典的统帅曾经得到过这样的指令，凡是生擒阿尔铁米希昂的人可以得到一万德拉克玛的奖赏。因为一个妇女竟前来向雅典进攻，这实在是使人十分愤慨的事情。然而，正如我方才所说的，她竟然逃掉了，而船只得以保全的其他人等也都在帕列隆了。

94：根据雅典人的说法，科林斯的水师提督阿迪曼托司正当双方的水师开始交手的时候，他竟被吓住而惶恐万状，进而扬帆逃遁了。而当科林斯人看到他们水师提督的船逃脱的时候，他们也都和他一样地溜走了。可是据说当他们逃到撒拉米司地方雅典娜·司奇拉斯神殿所在地的附近时，他们承蒙上天的嘉祐，遇到一只不知是谁派遣来的船，而在这只小船靠近科林斯人之前，他们对于水师的情况是一点也不知道的。下面的情况使他们推知这件事是出自天意的：当这只小船驶近他们的船只时，小船里的人们喊道："阿迪曼托司，你把你的船只掉过头来逃跑，这样你便背叛了希腊人；可是现在他们已完全实现了他们所祈求的、能够战胜敌人的想法，他们今天已取得胜利了。"他们这样讲，但阿迪曼托司不肯相信他们的话。于是他们又说，如果人们发现希腊人没有取得胜利的话，则他们甘愿去做人质并被杀死。于是阿迪曼托司和其余人等便真的掉转过船头，返回水师的阵地，但这时这里的胜负之局早已确定了。雅典人关于科林斯人的报道就是这样的，但科林斯人却否认这样的说法。他们说他们是处在战斗最前列，所有其他的希腊人都可以为他们作证的。

95：但是吕喜玛科斯的儿子阿里司提戴斯在撒拉米司的这一骚动中做出了下列的事情，我刚才曾提到说这是一个十分出众的雅典人：他率领着配列在撒拉米司沿海地带的许多雅典重武装兵，使他们渡海在普叙塔列阿岛上登陆，结果他们把那个小岛上的全部波斯人都给杀死了。

96：海战告一段落之后，希腊人便把还漂浮在那一带水域上的所有残破的船拉到撒拉米司去并且为下一次的战斗做准备，因为他们以为国王会驱使他那残存的船只卷土重来。但是许多残破的船只却被卷到西风里去，而给带到阿提卡的称为科里亚斯的海滨地带来了。这样一来，不仅仅是巴奇司和姆赛欧斯所说的关于海战的其他预言得以应验，就是在许多年前一个雅典的神托解释着吕西司特拉托司所预言的关于被冲到这里岸上的破船的话，也是希腊人当时完全没有注意到它的含义的话，也应验了：就是科里亚斯的妇女们也将要以桨为薪来烧饭的。

不过这事是在国王离开之后才发生的。

97：当克谢尔克谢斯知道了他所遭受的惨败的时候，他就害怕希腊人会由于伊奥尼亚人的建议或基于自己的考虑而到海列斯彭特去把他的桥梁毁掉，这样他就会被切断退路而留在欧罗巴，并有遭到杀身之祸的危险，因此他就打算逃走了。但是为了不使希腊人和他自己的人发现他的这样一个打算，他便打算修筑一条大堤通过撒拉米司，并把腓尼基的商船连成一列用来代替浮桥和壁垒，就仿佛他还要进行一次海战而做战斗准备似的。所有其他的人看到他这样做，都深信他是一心一意地打算留在那里，并把战斗继续进行下去。然而这一切都瞒不过玛尔多纽斯，他根据过去自己的经验，对于克谢尔克谢斯的意图是知道得最清楚的。

98：正当克谢尔克谢斯这样做的时候，他便派一名使者到波斯去报告他目前的不幸遭遇……

99：当第一个信息来到苏撒，报道克谢尔克谢斯已攻下雅典的时候，它使留在国内的波斯人欢欣鼓舞……但是随着第一个信息而到来的第二个信息，却使他们大为沮丧，他们竟把他们的衣服撕碎，继续不断地哭叫哀号，并把一切过错推到玛尔多纽斯身上。波斯人这样做，与其说是痛惜船只方面的损失，毋宁说是担心克谢尔克谢斯本人的安全。

100：因此，一直到克谢尔克谢斯本人回来加以制止的时候，波斯人才停止了这样做。另一方面，玛尔多纽斯看到克谢尔克谢斯由于海战之故精神大为消沉并疑心到克谢尔克谢斯会计划从雅典撤退，因此他自己私下里便以为他会由于曾说服国王出征希腊而受到惩罚，并以为他最好还是不惜冒险，或者是把希腊征服，或者是在成就了崇高的功业之后光荣地一死。当然，他还是希望能把希腊征服的。在他做了这一切的考虑之后，他便这样建议说："主公，请不要悲痛，也不要由于我们所遭到的事情而垂头丧气，认为是受到了巨大不幸。对于文明来说，一切的结局不是决定于木材，而是决定于人马。那些自以为是取得了辉煌胜利的人们，没有一个人会从他的船上下来试图和你对抗，在本土这里也没有任何这样的一个人；那些反抗过我们的人已经得到了他们应有的惩罚。因此，如果你愿意的话，让我们立刻去进攻伯罗奔尼撒吧，或者如果你觉得等一等好，那就这样做也可以的。不要沮丧，希腊人无论如何也不能逃脱他们对现在所做的事情的责任，无论如何也不能逃避使他们成为你的奴隶的。因此你最好是按照我的话去做。但是，如果你已决定把你的军队引开，那我仍然有一个计划向你陈说。国王，不要叫波斯人受到希腊人的嘲笑。因为如果你的事业受到损害，那也绝不是波斯人的过错，而且你也不能说，我们在任何地方做得像是懦夫。而如果腓尼基人、埃及人、塞浦路斯人和奇里启亚人表现出自己是卑怯的人的话，那这个灾难也绝不会牵涉波斯人的。因此，波斯人既然没有可以归咎的地方，那么还是听我的劝告吧。如果你已决定不再留在这里，那么就率领着你的军队的主力回到家乡去吧。但是我愿意在你的大军中挑选三十万人，以便在奴役希腊之后把它献给你。"

101：克谢尔克谢斯听了这一番话之后……他告诉玛尔多纽斯说，在他先考虑采取这两个计划中的哪一个之后就会给他回答的。当他和他召集来的那些波斯顾问商议的时候，他觉得也应该把阿尔铁米希昂找来参加会议，因为他认为在前次的会议上，只有她一个人是懂得最好应当如何做的。当阿尔铁米希昂到来的时候，克谢尔克谢斯便下令所有其他人等，即波斯顾问和他的近士兵一概退去，然后对她说："玛尔多纽斯认为我应当留在这里，并向伯罗奔尼撒进攻，因为他说波斯人和陆军对于这次的灾难毫无责任，而且他们很愿意向我证明这一点，因此他的意见是要我这样做。否则的话，他自愿从我的大军中选拔三十万人，想在将来把奴役的希腊交给我。而依照他的劝告，则我应当率领着其余的军队回国……因此现在我向你请教，请你告诉我，你认为在这两件事当中我应当做哪一件。"

102：在听到对她的这样的垂询之后，她就回答说："国王……在目前的情况下，我以为最好是你自己回国，让玛尔多纽斯偕同他希望得到的人留下……如果他平定了他自谓可以平定的一切地方，并且在他所谈到的目的上面得到成功，那么，主公，这成就是你的，因为这是你的仆人们所做的事情。但如果事情的结果与玛尔多纽斯的看法相反的话，既然你本人和你的全家安全无事，那对你也不是十分不幸的事情。因为在你和你的全家安全无事的时候，希腊人就必须常常为保全他们自己的性命而进行战斗。至于玛尔多纽斯，如果他遭到什么灾难的话，根本可以不把这件事放在心上。而如果希腊人所杀死的只不过是你的仆人的话，那他们的任何胜利都不会是一次真正的胜利。至于你呢，在把雅典烧掉之后，可以回国去，因为这样做，你已经达到你这次远征的全部目的了。"

103：阿尔铁米希昂的意见使克谢尔克谢斯深感满意，因为她所说的恰巧是他自己的想法……他对阿尔铁米希昂表示了感谢之后，就派她带领跟随着他从军的几个庶子到以弗所去了……

107：克谢尔克谢斯把他的孩子们托给阿尔铁米希昂带到以弗所去之后，他便召见玛尔多纽斯，嘱告他从军队中选拔出他所需要的那部分，并要他试着做到他自己所保证的事情……到了夜间，国王下令各将领从帕列隆起航，以全速再返回海列斯彭特，以便守护桥梁使国王通过去。

115：……克谢尔克谢斯却把玛尔多纽斯留在帖撒利亚，他自己则火速地向海列斯彭特方面赶路，在四十五天里来到了渡口，但是带回来的军队可以说是几乎等于零了。在行军途中，不管到什么地方，不管遇到什么民族，他们对这些人的谷物都一概加以掠夺而作为食粮。而在他们找不到任何谷物的时候，他们便吞食地上生长的草、剥树皮、摘树叶，不管它们是人们栽培的还是野生的，一概不留。他们就饿得干这样的事情。此后在行军途中，他们中间又发生了瘟疫和赤痢，结果使他们丧失了性命……

117：……经过色雷斯进军到渡口的波斯人却赶忙地乘着他们的船只渡海到了阿比多斯，原来他们发现桥梁并没有搭在那里，而是已经给一场暴风雨摧毁了。这样，他们的进军便被阻止在那里……这就使剩下的军队中又死掉了许多人。其余的人等就和克谢尔克谢斯一同来到了撒尔迪斯。①

6. 普拉提亚战役

玛尔多纽斯为普拉提亚战役所选的士兵:

113：……玛尔多纽斯首先在那里把称为不死队的全体波斯人选拔出来，例外的只有他们的将领叙达尔涅斯（因为他自己说他是不能离开国王本人的），其次是波斯的胴甲兵和一千名骑兵，还有美地亚人、撒卡依人、巴克妥利亚人和印度人的步兵和骑兵，这些民族他是全部选拔。至于他的其他同盟者，他只从每一个民族选拔一些人，这些人都是外表好和他知道有过一些好的事迹的人物。不过他所选拔的带着颈甲和手甲的波斯人，作为一个民族来说，是比其他任何一个民族的人都要多的，次于他们的则是美地亚人；美地亚人在数目上诚然不逊于波斯人，可是在作战的实力上却不如了。这样全军的人数，加上骑兵，就到达三十万人。②

63：玛尔多纽斯本人骑着一匹白马，在身边率领着最精锐的一千名波斯军士兵作战的地方，也正是他们对敌人施加最大压力的地方。只要玛尔多纽斯活着，波斯军便守住了自己的阵地并保卫着自己，而把许多拉凯戴孟人杀死。但是当玛尔多纽斯阵亡，而他的卫队，也就是军队中最强的那一部分也都战死的时候，其他的士兵便也逃退并在拉凯戴孟人的面前屈服了。原来使他们受到损害的主要原因是他们身上缺乏卫护的武装，而他们这样的轻武装兵（几乎就等于毫无护身之

---

①② ［古希腊］希罗多德:《历史》第8卷。

具），却要和重武装兵作战。

64：在这一天里，斯巴达人正像神托所预言的，在玛尔多纽斯身上充分地雪报了他当日杀死列欧尼达司的仇恨……①

薛西斯论自己的登基：

此铭文刻于一块石灰石板上，该石板发现于帕赛波利斯的一个王宫的地基里。

薛西斯国王说："我的父亲——大流士，大流士之父名叫维斯塔斯帕，维斯塔斯帕的父亲名叫阿尔沙马。当阿胡拉·马兹达希望大流士，我的父亲，做这块国土的国王时，维斯塔斯帕和阿尔沙马两个人还活着。当大流士成了国王之后，他完成了很多杰出的事业。"

薛西斯国王说："大流士还有其他的儿子，（但）——阿胡拉·马兹达的愿望是这样——大流士我的父亲，使我成了他之后最伟大的人物。当我的父亲大流士离开了王位之后，按阿胡拉·马兹达的意志，我成了父亲王位上的国王。当我成了国王后，我完成了很多杰出的事情。我父亲建筑的那些（建筑物），我进行了保护，并增加了另外一些建筑。我和我的父亲所完成的一切，是按照阿胡拉·马兹达的意志完成的。"

薛西斯国王说："愿阿胡拉·马兹达保佑我及我的王国。无论是我做的，还是我父亲做的，都希望阿胡拉·马兹达保佑。"②

（五）希波战争之后的希波关系

战后的希波关系大致可分为三个阶段：一是公元前449年希波战争结束至

---

① ［古希腊］希罗多德:《历史》第9卷。
② 《古代东方史文选》第2卷，第37—38页。

公元前431年伯罗奔尼撒战争前；二是希腊的伯罗奔尼撒战争时期；三是伯罗奔尼撒战争以后。

希腊和波斯战争后，波斯帝国走过了它的巅峰时期，再也没有了过去那种四处用兵、攻城略地的锐气了。

在公元前5世纪后期，在希腊发生了以斯巴达为首的伯罗奔尼撒同盟为一方和以雅典为首的提洛同盟为另一方的长达近30年（公元前431—前404年）的伯罗奔尼撒战争。这次战争不仅使双方经济都受到很大破坏，实力都受到很大的削弱，而且使得希腊人把自己的注意力完全集中到了希腊本身，从而分散了他们对波斯的注意力。这样一来，给了波斯人一个极好的机会：一方面它借机获得了干涉希腊世界的机会；另一方面又获得了收复小亚西部沿海地区的希腊城邦，重新将其置于自己的统治之下的机会。在伯罗奔尼撒战争时期和战争结束后，斯巴达和雅典都曾为了自身的利益，去借助波斯帝国的力量，打击对方。在这种情况下，波斯帝国统治集团在对希腊的政策上纵横捭阖，利用希腊人在伯罗奔尼撒战争中的分歧，采取了又打又拉、分化的策略。使希腊的两个势力（即雅典和斯巴达）平衡、互相对抗。

公元前412年春天，斯巴达人卡尔息底阿斯和波斯总督蒂萨弗尼斯缔结的条约，其内容如下：

> 斯巴达人及其同盟者和波斯国王及蒂萨弗尼斯，根据下列条款，订立同盟条约：
>
> 1.现在给我所占领以及国外祖先过去所占领的一切土地都应当归属国王所有。
>
> 2.关于雅典人过去从他们的城市所征收的金钱以及其他一切东西，国王、斯巴达人和他们的同盟者应共同合作，阻止雅典人，使他们不能取得这些金钱以及其他一切东西。
>
> 3.对雅典人的战争应由国王、斯巴达人和他们的同盟者联合进行。非得双方——国王方面和斯巴达人及其同盟者方面——的同意，不得终止战争。

4.凡叛变国王的人，斯巴达人和其同盟者都应当把他们当作敌人看待；凡叛变斯巴达人及其同盟者的人，国王也同样地应当把他们当作敌人看待。

条约对斯巴达人并不是非常有利。所以伯罗奔尼撒人认为从那个协定中，蒂萨弗尼斯得到了比斯巴达人得到更多的利益，因为它承认了波斯人统治小亚希腊人各城邦的权力。因此斯巴达人并不满意。所以，斯巴达人和蒂萨弗尼斯又订了一个协定，其条款如下：

斯巴达人及其同盟者和国王大流士、他的儿子们及其蒂萨弗尼斯同意根据下列条件，订立友好条约：

1.斯巴达人和他们的同盟者不得对现在属于大流士国王的，或过去属于他的父亲或祖父的国家或城市作战，或对这些地方有任何损害。

2.斯巴达人或他们的同盟者不得向这些城市征收贡款。

3.大流士国王或国王的任何臣民不得对斯巴达人或其同盟者作战，或对他们有任何损害。

4.如果斯巴达人或其同盟者需要国王的帮助，可以采取双方协定的任何步骤进行之。

5.双方联合对雅典及其同盟者作战；订立和约时，必须双方联合参加。

6.因国王的请求而来到国王境内的军队所需要的一切费用都应由国王给付。

7.与国外订立此项协定的国家之中，如有任何一国进攻国王的领土，则他国应当采取一切切实可行的办法制止这种进攻，以保护国王。

8.如果在国王领土内或国王属境内任何人进攻斯巴达人的国家或其同盟者，国王应当采取一切切实可行的办法制止这种进攻，以保护斯巴达人及其同盟者。

对于这个和约，许多斯巴达人还是不满意，所以，他们派了一个 11 人组成的特别委员会去同蒂萨弗尼斯进行谈判，地点在奈达斯。修昔底德说，他们讨论了以前的协定中他们认为不满意的地方，讨论了将来怎样最有效地、对双方最有利地进行战争的政策问题。一个名叫利卡斯的斯巴达人说："两次条约都不能发生效力。如果波斯国王要求他和他的祖先在过去所占有的一切土地归他所有的话，这是极其荒谬的。因为那样，就必须把一切岛屿、帖萨利、罗克里斯，直到比奥提亚的一切地方都恢复到被奴役的地位，这就意味着斯巴达对希腊人的贡献，不是解放，而是波斯的统治。"因此，他建议另订一个比较妥善的条约；现在的条约是完全不能接受的，他们不愿在这样的条件下，接受他（指蒂萨弗尼斯）的薪给。蒂萨弗尼斯大怒，愤愤地离开了奈达斯，谈判未获成果。

但是，一方面斯巴达人为了同雅典进行战争需要钱，而蒂萨弗尼斯也需要斯巴达人，以使希腊两个势力平衡，互相对抗。因此，在公元前 411 年冬天，在诺斯，蒂萨弗尼斯和斯巴达人再次进行了会谈，结果是订立了第三个条约，其内容如下：

大流士（按：应当是大流士二世）统治的第十三年，斯巴达亚历西匹达监察官任期内，斯巴达人及其同盟者和蒂萨弗尼斯、亥厄拉门尼以及法那西斯的儿子们在米安得平原订立一个有关国王和斯巴达人及其同盟者的利益的条约。

1. 国王在亚细亚的领土是国王所有的；他对于自己的国家，可以随意采取任何措施。

2. 斯巴达人和他们的同盟者不得怀着敌意，反对国王的国家；国王也不得怀着敌意，反对斯巴达人和他们的同盟者。

3. 如果斯巴达人或其同盟者中间有任何人进攻国王的国家，斯巴达人及其同盟者应当加以制止；如果国王的国家中有任何人进攻斯巴达或其同盟者，国王也应当加以制止。

4. 蒂萨弗尼斯应当依照本协议的规定，供给现在在此地的船舰的军饷，直到国王的船舰到达的时候为止。国王的船舰到达之后，斯巴达人和他们的同盟者如果愿意的话，可以负担他们自己船舰的薪给；

但是，如果他们愿意从蒂萨弗尼斯手中取得他们的薪给的话，蒂萨弗尼斯应当供给他们薪给。他们所收到的金钱，斯巴达人和他们的同盟者应当在战争结束之时，归还蒂萨弗尼斯。

5. 国王的船舰到达之后，斯巴达人及其同盟者的舰队应当和国王的舰队合作，依照蒂萨弗尼斯和斯巴达人及其同盟者所认为最好的方法进行战争。

6. 如果他们想和雅典人订立和约时，双方各有发言权。

修昔底德说："订立条约之后，蒂萨弗尼斯准备依照条约的规定，把腓尼基舰队带来，以履行他的诺言。他的目的是想装作他无论如何是在开始履行他的诺言了。"①

（六）小居鲁士叛乱

色诺芬《长征记》关于小居鲁士叛乱的记载：

1. 小居鲁士其人，小居鲁士为叛乱而做的准备——募集军队

卷一，I：

大流士和帕莉萨蒂斯生有二子，长名阿尔塔泽西斯②，幼名居鲁士。这时大流士卧病不起，自认生命垂危，想让他的两子都守候身旁。长子正值在身边。次子居鲁士派驻在外，任省区总督兼集结在卡司特卢斯平原所有军队的司令官。当下居鲁士便奉命赶到父王身旁，随带其友蒂萨弗尼斯，并由帕拉西亚的泽尼亚斯率领三百名希腊重甲步兵相护。

---

① 斯巴达人和帝国的蒂萨弗尼斯间缔结的三个条约的内容，见修昔底德的《伯罗奔尼撒战争史》，谢德风译，商务印书馆，1960年版，第577页、第589页和第603—604页。

② 即阿塔薛西斯。

大流士驾崩，阿尔塔泽西斯立为国王。后来蒂萨弗尼斯向新王进谗，诬告其弟居鲁士蓄谋造反，阿尔塔泽西斯相信了这一诬控，逮捕了居鲁士，并欲置死。但是母后出面为他说情，便又把他派回原省。居鲁士这样遭难受辱，回去之后便开始盘算不再受他哥哥的权力控制，在可能时就取王位而代之。首先，他有母后帕莉萨蒂斯的支持，因为她爱他胜过爱长子——当今王上阿尔塔泽西斯。另外，每当朝廷有人来访，他总是对他们优渥相待；结果，回去时他们对他比对国王更加忠诚。他还注意使本省的波斯当地蛮人成为精干的战士，使他们对他有好感。最后，关于他的希腊部队，他是极为秘密地募集起来的，以便尽可能地使国王毫无准备。

他是这样征集他的部队的：首先，他下令给所有各城守备将官各自精选尽多上好的伯罗奔尼撒士兵，扬言蒂萨弗尼斯谋攻其城。事实上这些爱奥尼亚城本由国王赐予蒂萨弗尼斯，但那时除了米里图①之外全部叛归了居鲁士。米里图人也计划同样去归附居鲁士，但被蒂萨弗尼斯及时发觉，便把一些人处死，而将其他一些人流放。居鲁士把这些流放的人收归部下加以保护，征集成军，从陆、海两路围攻米里图，力图使这些流放者复归原城。这又为他提供了一个征集军队的借口。同时他又派人去见国王，以兄弟关系的理由要求将这些爱奥尼亚城池归他管辖，不再由蒂萨弗尼斯继续统治。这事也得到他母后的协助。结果，国王没有觉察出反对他本人的阴谋，而认为居鲁士花钱扩军是为了和蒂萨弗尼斯交战。说来阿尔塔泽西斯并不反对他们两方交战，特别是因为居鲁士还经常把他管的原属蒂萨弗尼斯的城市的进贡品解送给国王，这就使他更不在意了。

在阿卑都斯对面的刻尔索尼斯地方，还用如下的办法为他招募着另外的一支军队。克利尔库斯是一名拉西第蒙流亡者。居鲁士认识了他，对他很赏识，并给了他一万达利克金币。克利尔库斯拿到这些钱后，便用它征集了一支军队，并以刻尔索尼斯为行动基地去攻打居住

---

① 即米利都。

在赫勒斯滂那边的色雷斯人，从而帮助了希腊人。结果这些赫勒斯滂城市主动自愿向克利尔库斯捐献款项来支持统治的部队。这样一来便又为居鲁士秘密地保持了这支军队。

同时，塞萨利人阿里司提鲁斯是居鲁士的朋友。因为他正受境内政敌攻击甚迫，便来找居鲁士求借两千名雇佣军的三个月饷银，以使他能压倒对方。居鲁士当即给了他四千人的六个月军饷，并要求他在未跟他商议之前不要同对方言和。这样一来，在塞萨利这支军队便又成为他的一支秘密武装力量。

另外，居鲁士指使他的朋友彼奥提亚人普罗克西努斯带领尽可能多的兵来见他，声言他要征讨庇西狄亚人，因为他们正在进行捣乱。他还指使另外的朋友司腾法利亚的索菲涅图斯和阿加亚的苏格拉底带领尽可能多的兵前来，扬言他要借助米里图流亡者攻打蒂萨弗尼斯。这些人都分头遵嘱行事。①

2. 小居鲁士叛乱行军路线

卷一，II：

居鲁士认为时候已到，该开始进军了。他借口说他要把庇西狄亚人全部赶出辖境，并声称他之所以征集波、希队伍完全是为了这一目的。这时候他还传话给克利尔库斯，让他带来全部所集军队，并让阿里司提鲁斯跟他境内敌人讲和，发来所集军队。他又传话给为他统带各城雇佣军的阿卡狄人泽尼亚斯，命他除留守护城所需人员外率领全部人马前来。他又召令围攻米里图的军队撤回，并请这些米里图流亡者跟他一起行动作战，许诺胜利完成当前出兵任务后一定要使他们打回老家去，不达目的决不罢休。他们欣然听命——因为他们信赖他——便在萨尔迪斯整装待命。

_____

① 《长征记》，第1—3页。

……

这时蒂萨弗尼斯已经注意到这些动静，并断定居鲁士厉兵秣马规模之大绝不止于是针对庇西狄亚的。他便带领五百骑兵赶去谒见国王。国王从蒂萨弗尼斯处听到居鲁士的军队部署，便着手筹谋对策。

居鲁士这时率领以上所说各路军队由撒尔迪斯出发，经吕底亚行军三站……到达米安德河……过了米安德河之后他进军经过弗里吉亚一站……到达科洛萨克……由此他进军三站……到达赛莱尼……

由这里他进军两站……到达佩尔太……从这里他进军两站……到达人烟稠密的城市赛拉蒙那戈刺……由此进军三站……到达人烟较稠密的城市刻司特汝佩迪安……

由此他进军两站……到达人烟较稠密的城市太摩布琉。在这儿，沿着道路，有一个名叫弥达斯的泉源……从这里他前进两站……到了一个人烟较稠的城市蒂里亚枯，他在此停留三天。据传西里西亚王后请居鲁士向她展示一下他的军队。这事正中他的意。于是便在这片平原上对他的希、波队伍进行了一次检阅……

从这里他又进军三站……来到弗里吉亚境内最后一个城市依孔纽姆。在这儿停留三天，便又前进五站……通过吕考尼亚。此地他让希军随便劫掠，因为它是异己之邦。这时居鲁士送西里西亚王后抄近路回到西里西亚……这时居鲁士带领其余队伍前进，通过卡帕德西亚四站……到达人烟较稠的繁荣大城达纳……

从这里他们准备进入西里西亚。入境是要经由东路，极为陡峭，一夫当关大军难进。据报叙涅西斯正在高地把守关口，因此居鲁士在平原上只停留了一天。可是次日便来了一名信使，传话说叙涅西斯已经撤离高地……居鲁士上山没有遇到任何抵抗，并看到西里西亚人原来驻扎把守的营地。由这个地方下山到达一片美丽的大平原……之后他进军四站……到达塔尔苏斯。塔尔苏斯是西里西亚一座繁荣城市，也是西里西亚王叙涅西斯宫殿所在地……

卷一，III：

居鲁士和他的军队在塔尔苏斯这里停留了二十天，因为士兵拒绝再往前走……

卷一，IV：

从此地他前进两站……抵达普萨鲁斯河……由此又前进一站，到达皮拉木斯河……从这儿又进军两站……到伊苏斯。这是西里西亚境内最末一城，位于临海之地，大而繁荣。在这里他们停留了三天……

由此居鲁士前进一站……来到米利安都斯。这是腓尼基人居住的沿海城市。它是一个贸易地点，好多商船在此停泊靠岸。这里他们停留了七日……

……

此后居鲁士进军四站……到达卡卢斯河……军队驻地村庄属帕莉萨蒂斯，因为这是作为零用钱赠予她的。从此地居鲁士前进五站……到达……达达斯河源。那里有叙利亚故君贝尔叙斯的官殿和一座种植四季作物的美丽的大御苑。但是居鲁士把这个御苑破坏，并将官殿焚毁。由此他又进军三站……抵达幼发拉底河……河岸有一繁荣大城，称为塔波萨库斯。他在此停留了五日，并召集了希军将官，告诉他们此番进军是去巴比伦讨伐国王……

……

由此他行军经过叙利亚九站……到达阿拉克赛河。这里他们发现好多村庄，满贮粮、酒，便在此停留了三天，为军队筹备给养。

卷一，V：

由此他进军阿拉伯，沿幼发拉底河左岸行经荒漠之地五站……

经过这个地带向前进军，他们到达马司卡斯河。此河宽一普勒特隆。在这荒原上有一个叫作科尔索提的大城，完全被马司卡斯河所环绕。在这里他们停留三天，补充给养。由此居鲁士通过荒原前进十三站……沿幼发拉底河左岸，到达皮莱……

……

跨过幼发拉底河，在这荒原上有一个繁荣大城，名叫卡尔曼德。士兵们在此购买了给养。次日他们……乘筏过河……

……

卷一，VII：

居鲁士由这里经过巴比伦，进军三站……在第三站，约午夜时分居鲁士在平原上对希、波各军进行了一次检阅，因为估计次日清晨国王会前来迎战……

……

由此处居鲁士又前进一站……带领全部希、波军队，列成战阵，因为他估计在那一天国王要来交锋。①

3. 小居鲁士和阿尔塔薛西斯决战时双方兵力

卷一，VII：

……

这时节，当部队集合待命时，希军计为一万零四百重甲步兵，两千五百轻盾，而居鲁士所部为十万，并有约二十辆滚刀战车。……此外还有由阿尔塔泽西斯本人统带的六千名骑旅列阵在国王身前。国

---

① 《长征记》，第3—24页。

王军中有四员将领，各自统兵三十万人……但是上述兵力当中只有九十万同一百五十辆滚刀战车参加了战斗……①

4. 小居鲁士之死

卷一，VIII：

　　当天晌午前，快要到达居鲁士打算停歇的地方。居鲁士帐下一名亲信波斯人帕提基亚斯骑着一匹汗流不止的战马风驰电掣飞奔而来，以波斯语和希腊语逢人便喊道国王带领大军准备前来交战了。这时一阵大乱，因为希兵和其余全部人马以为王军要马上对他们在措手不及的散乱情况下发起突攻。这时居鲁士从战车上跳下来，佩上胸甲，便上马，执枪传话让大家武装好，一律各就各位。于是他们便急忙就位，克利尔库斯占居希腊军翼右端，靠近幼发拉底河；普罗克西努斯紧靠着他。其他的人在普罗克西努斯的外边排下去。梅浓占居希军左首。至于波军，帕弗拉戈尼亚骑兵为数一千列在克利尔库斯旁边右翼，和希军轻盾一起；左边是居鲁士的副官阿里柔斯和其余波军。中央是居鲁士及其骑兵约计六百。这些部队全都佩戴胸甲和护胫，而且除居鲁士外顶戴铜盔——居鲁士则免盔出战——所有战马都有额甲和披胸，而战士们除兵器外还佩带希腊军刀。

　　时至中午，敌军仍未出现。但到了下午便见到升起一阵烟尘，起初像是一团白云，但过了一阵便像是平原上漫长地伸展起一道黑烟。敌人越来越近，立刻便各处闪耀着武器寒光，这时枪矛、敌阵士兵便可见到。有佩戴重骑胸甲的马队在敌军左翼，据报由蒂萨弗尼斯指挥；接着是带有藤盾的士兵，再接着是手执长及足部的木盾的重甲步兵，这些据说是埃及人。接着有更多的马兵和更多的弓兵。所有这些

---

① 《长征记》，第23—24页。

队伍都按民族分队列阵前进，各自成一紧密方阵。在他们前面是所谓滚刀战车，彼此之间有一些间隔；所带的滚刀从中轴往两旁伸出，也装在车身下，指向地面，以便能把所碰到的一切切割碎裂开来，其意图是直驱插入希军兵阵，将队伍捣烂。居鲁士以前召集希军说，让他们要面对波军吼叫坚韧不动，这一点他错了；因为他们走近前来，并不叫喊，尔时无声无响，极度寂静，步伐缓慢而匀整。

这时节居鲁士乘骑沿队前进，只带着他的译官庇格瑞斯和其他三四个人。他喊令克利尔库斯带领所部向敌军中央进击，因为国王首阵在那儿，并说："如果在这儿得胜，我们的全部任务就完成啦。"但是，克利尔库斯因为他看到敌军中央列队坚实，并听居鲁士说国王在他的左翼之外（因为国王军队数量比他们多得多，以至商人位居中央，他也超过居鲁士的左翼），不愿把右翼从河边引开，怕的是他会两侧受敌。他回答居鲁士说，他将会安排一切顺利进行。

在这紧急关头，国王的军队匀整前进。而希腊部队仍原地不动，还在等待后面上来的人整队。这时居鲁士骑马沿着离他的队伍一段距离顺道巡视，往敌、友两方观望。一个叫色诺芬的雅典人从希军队伍中看见他，便走上前来迎会，问有没有什么吩咐。居鲁士停下马来，嘱咐色诺芬告诉大家祭牲和朕兆都好。说这话时，他听见列队中间传来喊声，便问是怎么回事。色诺芬答说这是在复传口令。居鲁士不知是谁传出来的，问口令是什么。色诺芬答说是"宙斯救主和胜利"。居鲁士听了之后说："好啦，我同意，就算是这个吧。"说完这话他便驰马回到他的本位。

最后敌对双方兵列相距不到三四司塔迪。这时希军响起颂歌，开始向敌人进击。当他们行进时，方阵的一部分冲出，落在后面的人们便开始奔跑。同时他们都发出了对战神的呐喊声。全军都一齐开跑。据说其中也有一些人以矛击盾作响来吓唬敌军马匹。这样一来，一箭未发波军便败阵而逃。希军随即全力追击，但同时彼此呼喊相告，不要匆急乱跑而要在追击中保持行列。至于敌军方面的战车，有的冲过自己的队列，可是另外一些也闯入希军行列，但是却没碰上驭手。每当希军看到敌队前来，便摆开一个缺口让他们通过。不错，有一个人被捉住了，像个在赛跑跑道上晕头转向的汉子，但据说这个人也没受一点伤。希军队伍中除左翼有个人被射中一箭外，另外没有一人在这场战斗中受伤。

居鲁士看到希军战胜对方师旅，并在追击；虽然他高兴，并且侍从官这时已向他称王致敬，但他却不想参加追击。这时他只是将他的六百轻骑严守阵势，在观望国王动静。他知道国王镇踞波军中央。实际上所有波军将官在指战时都各自踞于所部中央，因为他们认为阵势最安全的地位，即把兵力布在他们两旁，如果要传令时也可节省一半的时间便可传遍。这时国王据守所部军队中央，但是他本人还在居鲁士左翼之外。那么，既然他自己和列阵在他面前的队伍所向无人交锋，他便把队列迂回起来想包抄敌军。

这时居鲁士生怕他会迂回到希军背后把他们分割断开，便向国王冲上前去迎战。以他的六百兵力战胜了国王前面所列队伍，并使其六千兵力溃逃，据说还亲手杀死了指挥官阿尔塔革赛斯。但当敌军溃逃时，居鲁士的六百兵力前去追击也散开了。他身边只留下很少的人，大部分是他的所谓同桌陪伴亲信。这时他看见国王及其周围密阵，立时便不能自控，大喝一声"你在这儿"，便冲上前去向他的胸膛猛击，穿其胸甲，刺伤了他——医官克台西亚这样讲，并说他本人亲自为其治疗创伤。

可是，当居鲁士发出这一冲击时，有人用投枪重重地击中了他的眼睛下部。这时国王和居鲁士各自的随从和支持者之间展开了一场争斗。国王这边阵亡的人数由当时的随从医官克台西亚点清；另方，居鲁士本人被杀，他的最高侍从当中，有八名战死在他的身上。据说居鲁士的最忠诚的追随者内侍大臣之一的阿尔塔帕特斯，当他看到居鲁士阵亡，便从马上跳下来投身把居鲁士抱住。有的说国王命人把他杀死在居鲁士身上，也有另外的人说他拔出匕首亲手杀死自己。他有一把金匕首，他也佩戴项链、腕镯和最高贵的波斯人所佩戴的其他饰品。由于他的忠诚、友情，居鲁士对他倍加尊崇。

卷一，IX：

这样居鲁士便结束了他的一生。①

普鲁塔克《希腊罗马名人传·阿尔塔薛西斯》中有关小居鲁士及其叛乱的记载：

1：

大流士二世和帕莉萨蒂斯共生有四个儿子，阿尔塔薛西斯②居长，居鲁士是次子，另外两个幼子是欧斯塔尼斯和欧萨克里斯。居鲁士的取名来自古代的居鲁士老王，Cyrus 在波斯语是："太阳"之意……

2：

居鲁士从小脾气极其倔强，表现出激烈的情绪；阿尔塔薛西斯完全相反……

他的母亲非常宠爱居鲁士，总想这个儿子能够接位为王。等到他的父亲大流士病重，派人将居鲁士从海边叫回宫廷，（他的母亲）抱着很大希望可以宣布他为王国的继承人。帕莉萨蒂斯认为他不立嫡长子有非常勉强的借口能够说得通，那就是他生阿西卡斯的时候大流士只是一个臣民，等到他当上国王以后，她才生出居鲁士，所以只有年幼的儿子具备接位的资格。她提出这样的说法完全遵照薛西斯的先例，想当年大流士一世这位伟大的国王听从笛玛拉都斯的建议，让次子继承他的王国。

虽然如此，她还是无法说服大流士。他为了一劳永逸，发布敕令

---

① 《长征记》，第25—28页。
② 这里说的阿尔塔薛西斯是阿尔塔薛西斯二世，是大流士二世和王后帕莉萨蒂斯的儿子。

指定阿西卡斯成为国王，名字改为阿尔塔薛西斯；居鲁士仍旧出任吕底亚省长，是滨海各省最高军事指挥官。

3：

大流士崩殂以后没过多久，他的继承人要想成为国王必须前往帕萨加迪，参加波斯祭司主持的登基大典……

就在阿尔塔薛西斯正要从事庄严的典礼之前，泰萨菲尼斯带着一位祭司前来晋见。这位祭司是居鲁士小时候的师傅，皇子从他那里接受波斯的严格训练，并且传授祆教的经典。所以他的弟子没有能够继承王位，使得他比起任何人感到更为失望，因为这个缘故他的说辞更能取信于人。祭司指控居鲁士要藏身在神庙中等待国王的来到，趁着换穿衣服不备之际下手刺杀。

有人言之凿凿说是居鲁士在被人检举以后立即遭到逮捕；还有人说他已经进入神庙现场被抓，藏身的地点与祭司所说一点不差。他犯了谋逆的大罪要处死，他的母亲用手臂抱住他，将自己的头发扎成辫子缠绕在他身上，然后紧紧搂住他的颈脖不放他走，并为他在阿尔塔薛西斯的面前苦苦哀求，再三动之以情，终于救了他一命。国王再度将他派到海外，仍旧统治原来的行省。即使获得不杀之恩，还是不能让居鲁士感到满意，无法忘怀被捕带来的愤怒，憎恨的心理使得他比起以前更想拥有整个王国。

4：

有人说居鲁士之所以叛变，是因为他的岁入不足以支付每天的饮食，这种话真是无稽之谈。即使他没有其他的来源，只要他提出要求，凭着母后的能力可以满足他所有的需要。色诺芬告诉我们，说他透过朋友和亲戚，从各地雇来大量的士兵，支付粮饷维持在他的麾下服务，仅仅从这里就可以证明他已经富可敌国。他在各地都有代理人，运用各种借口招募外籍士兵，为了隐瞒企图，并没将这些人集结起来编成建制部队。这个时候，帕莉萨蒂斯在国王面前尽量让他的次子不要受到任何嫌疑，居鲁士自己经常写信给兄长，表现出谦卑的态度和尽责的模样，有时恳求国王恩典，有时会对泰萨菲尼斯加以抨击，完全是可恶的权臣起了嫉妒之心，才会对他落井下石。

……

6：

然而那些无事生非和拉党结派的人士，他们最喜欢改朝换代的变革。他们声称这个时代需要居鲁士，说他具备伟大的心灵，是一位卓越的战士，热爱所有的朋友，也受到大家的拥护，对于疆域如此庞大的帝国，绝对需要胆识高强和积极进取的君王。这时的居鲁士不仅可以依仗濒临海洋自己统治的区域，就是内陆接近国王的行省，也有许多倒向他的阵营，愿意追随他的作战行动。

居鲁士写信给拉栖戴蒙人，要求他们供应人力给予支援，特别提出保证：徒步来者给予马匹，马上骑士给予车辆，耕作农夫赐给村庄，庄园领主赐给城市，成为士兵就有粮饷，不是代金而是实物。同时他还提到自己具备很多方面的优点，他说他的意志坚定，不仅是个哲学家，更是一位尽责的祆教徒，而且比他的兄长有更好的酒量。他诽谤阿尔塔薛西斯是一个怯懦之徒，缺乏男子汉大丈夫的气概，不敢骑马从事狩猎活动，就是坐上宝座也会面临险恶的情势。

他的信件在拉栖戴蒙的市民大会上宣读，当局派人将卷轴送给刻里克斯，指示他在各方面要服从居鲁士的命令。于是居鲁士向着国王进军，在他的麾下有不计其数的蛮族①，仅仅受雇支薪的希腊人就有13000人之多②。他不断用各种借口来掩饰远征行动。然而篡夺的企图

---

① 按：除了希腊佣兵之外，还有其他佣兵和蛮族的部队共 10 万之众。

② 伯罗奔尼撒的部队除了亚该亚人由他们的老乡苏格拉底领导以外，其余单位全部听从刻里克斯的指挥。皮奥夏人组成的军队由底比斯人普罗森克尼斯统率；门侬指挥帖萨利人；其他国家的部队全部听命于波斯将领亚里阿库斯。拉栖戴蒙人毕达哥拉斯指挥一支拥有 35 艘战船的舰队；埃及人塔摩斯的麾下有 25 艘战船，由他出任水师提督。

很快真相大白，泰萨菲尼斯面见国王报告当前的状况，整个宫廷陷入骚动和混乱之中。母后为此以叛乱事件受到各方的谴责，她的家臣和仆从不仅涉嫌还要面对指控……

7：

居鲁士在进军的途中，各种谣言和急报如雪片一样送进宫廷，国王还在深思熟虑抱着谋定而动的宗旨，没有前往接战的打算，也不想与叛军进行会战，留在王国腹地等待各方勤王之师的到达。他在必经的平原挖出一道长达 400 弗隆的堑壕，阔度和深度各有 10 㖊①，居鲁士竟然安然渡过有如天堑的防线，即将抵达王国的重镇巴比伦。据说只有特瑞巴苏斯敢向国王进言，说他不应避战以示弱，更不能弃守米地亚、巴比伦，甚至苏撒这些精华地区，将自己藏身在波斯人之中。特别是他的兵力已经超过敌人数倍之多，谋臣勇将如云，单是名正言顺更是居鲁士无法相比。

最后阿尔塔薛西斯决定采取行动，立刻付诸实施。突然之间，他率领 90 万带甲之士，摆出堂堂正正的阵势在战场出现，叛军一时大惊失色。因为他们带着先入之见，认为国王的军队是一群乌合之众，甚至连兵器都不知如何使用。现在居鲁士的四周是一片喧嚣和嘈杂之声，即使他下达命令，也很不容易让他的军队排出会战的序列。国王在寂静之中用缓慢的步伐领导部队向前进击，严格的纪律使得希腊人感到无比的诧异。因为他们期望对手发出不整齐的呐喊和跃进的接战方式，使得一支人数极其庞大的队伍，很容易陷入混乱的状况，造成主力之间的相互分离，有利于他们的区分或各个击灭。现在阿尔塔薛西斯将特选的战车配置在方阵的前面，正对着希腊的佣兵部队，在方阵发起接近战斗之前，先用猛烈的冲锋分割叛军第一列战线的正面，使得他们无法发挥统合战力。

---

① 按：根据色诺芬的说法，这条堑壕只有 5 㖊宽和 3 㖊深。

8：

很多历史学家曾经叙述过这场会战，特别是色诺芬等于把所有的场面摆到我们的眼前，栩栩如生的描绘使得大家感受到双方的激情，陷入危险之中在尽力地挣扎，不像是过去的景象而是现在的境况……

两军列阵鏖斗的地点称为库纳克萨，距离巴比伦大约 500 弗隆，刻里克斯恳求居鲁士应该退到第一列战斗人员的后面，不要躬冒矢石的危险。他们说他回答道："刻里克斯，这是为什么？像我这样渴望拥有一个帝国的人，难道不应该为它去拼命？"居鲁士犯了很大的错误，他不该亲身涉险让自己陷入一场混战之中；非仅如此，刻里克斯的用兵还违反了原则。因害怕被敌人包围，他将左翼保持在河岸俾能获得依托，拒绝率领希腊人向前对当面的敌军主力发起攻势，要知道国王的位置就在此处。

如果他认为安全重于一切，所有的作为全是为了避免人员的损失，那最好的办法是留在家中不要去管别人的闲事。他愿意全副武装离开海岸实施一万弗隆的行军，完全出于自己的选择，目的是要拥护居鲁士登上宝座。现在他环顾四周，要为自己找一个阵地，着眼不在保全指挥他们并且为他们供应粮饷的君王，而是为了使自己接战更为方便和安全。看来像是害怕即将面临的危险，预备放弃军事行动要达成的目标，背离远征作战所拟定的构想。

事实很明显，要是希腊人主动攻击列阵在国王四周的部队，没有一个人能够固守阵地，等到护卫的战士被赶出战场，阿尔塔薛西斯不是逃走就是被杀，居鲁士就能赢得胜利，不仅安全无虞而且将王冠牢牢抓在手中。因而刻里克斯过分的审慎和规避，比起居鲁士所谓热衷和莽撞，更应受到各方的指责，结局是使居鲁士丧失帝业和生命。如果国王能够代为筹措找出一个地方来部署希腊的佣兵部队，使得他们的攻击给他带来最小的损害，最重要的是让他们远离自己以及他周边的人马，就是他派去与他们对抗的部队会被希腊人击败，那么在他不知情的状况下，对他在主力方面的作战就不会发生影响。即使刻里克斯打败当面的敌军，因为隔得很远居鲁士并不知道，在他覆灭之前无法运用一翼战胜所创造的优势。

居鲁士明了展开会战的最佳部署方式，命令刻里克斯率领他的人马居于战线的中央位置。刻里克斯的回答是他会审慎从事，所有的安排处于最好的状况，结果这一切都将付之东流。

9：

希腊人一直到蛮族疲惫不堪才将他们击败，接着跟在后面追击很长一段路程。居鲁士所骑的马匹，血统虽然纯正，但是个性倔强难以驾驭，按帖西阿斯（按：克帖西阿斯）的说法，这匹马的名字叫作帕萨卡斯。阿塔吉西斯是卡杜西亚人①的首领，疾驰赶了上来，大声叫道："啊！你这个不义而又无知的人，平白羞辱居鲁士这个尊贵的称号，竟然带领邪恶的希腊人走上亵渎的道路，要来抢劫波斯人的财物，意图杀害你的国君和兄长。要知道你的国君有数以亿万计的奴仆，这些人又有哪一个不比你强？这不过是你临终之前最后的一眼，就在你看到国王的面孔之前，脑袋已经被我砍了下来。"

他一边说着，尽力将标枪向着居鲁士投掷过去。由于居鲁士穿着质地坚硬的铠甲，所以身体没有受伤，然而打击的力道极其强烈，使他坐在马鞍上面摇晃不已。阿塔吉西斯转过胯下的坐骑，居鲁士用长矛对着他猛戳，矛头刺穿靠近肩胛骨的颈部。

所有的作者都同意当时的说法，就是阿塔吉西斯被居鲁士所杀。有关居鲁士阵亡的状况，因为色诺芬没有亲眼看见，只用几个字草草带过；或者他认为详述的做法不妥，才没有像狄农或克帖西阿斯，对于细节交代非常清楚。

---

① 卡杜西亚人是居住于波斯中部高原的部族，希腊万人大撤退曾路过这个地区，遭到相当大的损失。

10：

狄农用斩钉截铁的口吻说，是居鲁士杀死阿塔吉西斯，狂暴攻打阿尔塔薛西斯的后卫，国王的坐骑因而受伤，再也无法供他乘用。特瑞布巴苏斯很快帮他跨上另外一匹战马，同时向他说道："啊！君王！要记得这个日子，没有人能够忘怀今天凶险的局面。"居鲁士再度用马刺驱策坐骑，向着阿尔塔薛西斯冲杀，国王不支被打下马来。第三次的攻击使得国王震怒不已，向他周边的人说道，与其忍受这样的羞辱还不如死掉算了。这时他策马向居鲁士进逼，对手狂暴而又盲目地向着投射的武器照冲不误，使得国王用一根标枪刺穿他的身体，其他随伴在侧的人痛下杀手，一点都不手软。

如同某些人的说法，居鲁士是死在国王的手里，但还要算上一位卡里亚人的投矢。为了奖赏他立下的功劳，阿尔塔薛西斯授予他特权：每次展开军事行动，他的长矛上面顶着一只黄金制成的公鸡，站在第一列队伍的前面。波斯人用"公鸡"这个名字称呼卡里亚人，因为他们的头盔上面装饰着长长的冠毛。

11：

帖西阿斯的记载非常简洁，省略很多的情节，整个过程有如下述：居鲁士杀死阿塔吉西斯以后，骑在马上对着国王冲去，他的对手也就向前迎战，双方都没有启口说一句话。居鲁士的朋友阿里伊乌斯抢先动手。对着国王掷出投矢，没有伤到他的身体。国王用长矛刺向他的兄弟，失手之余竟然误中萨蒂菲尼斯，使得居鲁士出身高贵的朋友当场毙命。接着居鲁士用他的长矛瞄准国王，穿过铠甲刺进他的胸膛有两吋深，重击使得他从马上跌落地面。那些伴随的人被打得四散奔逃，顷刻之间现场一片混乱，少数几个人将他扶了起来，其中包括帖西阿斯在内，他们带领国王前往不远处一座小丘，让他在那里休息一下。

居鲁士在重重敌军之中，他的坐骑是匹烈马，横冲直撞驮着他寻找返回营地的路。夜幕笼罩下使得敌军难以分辨他是何人，也让他的追随者无法发现他的下落。不过,他的情绪因胜利而欣喜若狂,满怀信心恢复原有的精力。他在通过敌军之际,不止一次用波斯语发出洪亮的叫声:"让路!你们这群恶贼,赶快让路!"他们的确遵照办理,投身拜倒在他的跟前。

这时他的头巾滑落下来,有位年轻的波斯人名叫米特拉达梯,根本不知道他是何人,就用标枪在他眼窝附近的太阳穴用力戳进去,很多血液从伤口喷流出来。居鲁士在昏厥状况下,一不留神从马背摔落地面,所乘的马匹逃脱,在战场上面四处奔跑。米特拉达梯的同伴拾起掉落的马具,发现已被鲜血浸透。居鲁士慢慢恢复可以自己先走,有几位宦官扶他跨上另外一匹马的马背,好将他运到安全的地点。现在他已经无法骑马,情愿徒步行走,他们在前牵引以及在旁搀扶。他的头脑陷入昏迷,脚步开始蹒跚,但是他确信自己获得胜利,听到路边逃兵用国王的头衔向他欢呼,乞求他赦免他们所犯的过错。

就在这个时候,有些卑微和赤贫的高努斯人(他们如同营地的寄生虫伴随着国王的军队,经常做一些低贱和无法见人的工作),非常凑巧遇到居鲁士的随从,认为这些人来自同一阵营,所以才加入他们的队伍。过了一会工夫,发现他们胸甲外面的紧身上装是红色,然而国王的人马穿着白色的衣服,因而知道他们是敌人。高努斯人做梦也没有想到前面这个人是居鲁士,其中一位竟敢用标枪从他后面猛刺过去,膝盖下方的血管割裂,居鲁士不支倒在地上,同时他受伤的太阳穴遭到石块的重击,立即当场毙命。这是帖西阿斯叙述的情节,虽然受害于钝重的武器,历经如此迟缓的过程,野心勃勃的牺牲者难逃灭亡的命运。

12:

正当居鲁士逝世之际,国王派出打探敌情的耳目阿塔西拉斯恰好骑马经过,看到这些宦官如丧考妣地痛哭,就问其中他最相信的人士:"帕瑞斯卡斯,这人是谁?他们为什么这样悲伤?"对方回答道:

"啊！阿塔西拉斯，难道你没看出是我们的主子居鲁士？"阿塔西拉斯对这件事感到非常惊讶，吩咐这些宦官打起精神，保持尸体的完整性不要损毁。

接着他火速去见阿尔塔薛西斯。国王现在已经是万念俱灰，对于前途不抱任何希望，加上口渴和伤势更是痛苦难忍。阿塔西拉斯非常高兴地告诉国王，说他看到居鲁士离开人世。国王开始急着要亲自去看居鲁士的遗体，指示阿塔西拉斯在前面带路。这时，希腊人的周遭传来嘈杂的声音，据说他们要发起全面的追击，凡是遇到的敌人不是杀死就当成俘虏。国王认为最好的办法还是多派人手去探视，于是30个人手执火把立即出发。

......

13：

片刻之后，30名派遣人员开始返回，他们看起来喜气洋洋面露笑容，带来的信息是上天赐给他意想不到的运道。大量士兵再度聚集起来团结在他的四周，使得他激起奋斗的勇气，伴同无数灯光和火炬走进下方的平原。等到快要接近尸体所在的位置（按照波斯法律的规定，对于叛徒要将他的右手和头颅砍下来），他下令将首级送过来，抓着浓密的头发提在手里，展示给那些心意不安定和还想跑的人，看看居鲁士得到何种下场，大家在惊讶之余对他只有死心塌地地效忠。

闻讯而来的队伍有7万人之多，再度拥戴着他进入营地。帖西阿斯明确表示在他领导之下有40万人参加作战，狄农和色诺芬断言实际战斗人员比这个数目还要多。帖西阿斯提到被杀的敌军有9000人，这是统计以后报给阿尔塔薛西斯的数量，然而他认为他们的斩获不会少于2万人，双方对伤亡人数当然会有不同的认定标准。

......

14：

　　等到会战结束，有鉴于阿塔吉西斯遭到居鲁士的杀害，阿尔塔薛西斯将极其丰富和光彩的礼物赠送给他的儿子。他将很高的职位授予帖西阿斯和其他有功之人，就连那个将水袋送给他的高努斯人都找了出来，让他脱离贫穷和微寒的处境，成为富有和尊贵的人物。（下面各节提到很多宫廷的内幕和运用各种酷刑的状况，全部引用自帖西阿斯的《波斯编年史》。）

　　他对那些出了差错尚未犯下滔天大罪的人员，薄示惩处，以儆效尤。有一位名叫阿巴西斯的米底人，作战的时候逃到对方的阵营，等到居鲁士阵亡他又反正来归；国王认为他不是一个危险的叛逆分子，只是性格过于怯懦和软弱，所以罚他将一个妓女背在背上，在市场中站一整天。另外一位除了临阵脱逃，还到处吹牛说他杀死两个叛徒的人，国王下令拿出三根针穿过这个家伙的舌头。

　　阿尔塔薛西斯一直认为居鲁士是死在他的手里，希望让所有的人都知道有这样一回事，而且要他们到处宣扬。他送贵重的礼物给最早使居鲁士受伤的米特拉达梯，要人传话给他，并且让他知道："国王之所以让你蒙受他的厚爱，是因为你发现居鲁士的马具，立即将这些东西臣献给他。"

　　居鲁士的大腿被高努斯人戳伤因而不治而亡，他就向国王要求赏赐。于是阿尔塔薛西斯派人对他说："你是第二位将好消息面报国王的人，所以才会赐给你丰富的奖金。虽然阿塔西拉斯比你还要早一点，但是从你口中可以确定居鲁士已经毙命。"米特拉达梯虽心中愤愤不平，但是没有什么抱怨。

　　不幸的高努斯人是个愚蠢的家伙，无法克制虚荣的性格，摆在面前那些名贵的礼物让他欣喜若狂，然而在利令智昏的状况下，还想尔后能够平步青云。他不愿委屈自己说是为了酬劳他面报好消息而接受国王的礼物，义愤填膺请求上苍和人们为他作证，杀死居鲁士的是他而不是别人，所以国王不能用不公正的手段夺了他的荣誉。

这些话传到国王的耳中使得他极其气恼，下达旨意要将这位高努斯人斩首。正好太后在场就说道："可恶的高努斯人不值得国王动怒，为了他的口吐狂言，让他从我这里接受应得的惩罚。"等到国王将这个人解交给帕莉萨蒂斯，她下令刽子手要重重惩治他的罪行，将他绑在拷问架上施以 10 天的酷刑，然后挖出他的眼珠，将烧熔的铜汁从他的耳朵灌进去，直到断气为止。

15：

没有过多久，米特拉达梯同样因为口不择言，他的下场更为悲惨。有天他受邀参加一次晚宴，国王和太后的宦官都在场，他身上的衣服和佩戴的饰物都是国王的赏赐。酒过数巡，太后身边掌有大权的宦官说道："啊！米特拉达梯，老实说国王竟然送给你这样华丽的衣服，还有代表荣誉的项链和手镯，这把弯刀真是无价之宝。你是多么的幸运，大家看在眼里都非常羡慕。"

他在酒后禁不起奉承，就回答道："斯帕拉米兹斯，这些能算什么？我在那个决定胜负的日子，对国王所做的贡献，值得比这些更为丰盛和贵重的礼物。"斯帕拉米兹斯笑着说道："米特拉达梯，我并不是眼红你该得的东西，希腊人的谚语说得好'酒后吐真言'，我的朋友，倒是让我们听听看，你捡到从马匹上面滑落的马具，带来交给国王，怎么会像是建立伟大的功劳一样获得如此光荣的赏赐？"

他说出这样的话并不是不明了实情，而是想要米特拉达梯在众人的面前泄露心中的秘密。这个人灌下黄汤禁不起虚荣心的引诱，在无法控制自己的状况下，就会一五一十说出来。米特拉达梯再也忍不住，开始说道："尽管你提到马具和那些微不足道的东西，我可以很坦诚地告诉你，是这双手置居鲁士于死命。我不像阿塔吉西斯，投出标枪毫无效用，居然错过居鲁士的眼睛，还是击中右边的太阳穴，就这样贯穿过去，使他从马背摔到地上，因而重伤不治身亡。"

　　出席宴会的人员，看着米特拉达梯即将落入粉身碎骨的深渊，大家低下头回避他的眼光。有人出来打圆场，说道："米特拉达梯，我的朋友，让我们尽情地吃喝，除了敬祝国王政躬康泰，不要谈论国家大事。"

16：

　　斯帕拉米兹斯将米特拉达梯的话，立刻报告帕莉萨蒂斯。她跟国王提起这件事，使得他为谎言的欺骗而怒不可遏，因胜利最光荣和最欢愉的情节即将面临全部丧失的危险。他一直盼望所有的人，无论是希腊人还是蛮族，全都相信在他与他的兄弟相互的厮杀和搏斗中，虽然他遭到一击因而受伤，但终究还是取了对手的性命。

　　因此，他下令施用"凹槽之刑"来处死米特拉达梯。执行的方式有如下述：制作两个大小相若可以重叠在一起的船形木质容器，要将这个受尽痛苦的罪犯，面向上躺在这一容器当中，再用另一个容器紧紧盖住，这时他的头部和四肢从槽缘的洞中伸出来，整个身躯全都密封在里面。他们强迫他不断吃下许多食物，要是他拒绝就用针刺他的眼睛，带来的剧痛使他只有就范。等他吃过以后，他们将他浸泡在牛奶和蜂蜜的混合液中，不仅从他的嘴里灌进去，还涂满他的脸孔和四肢，然后他们让他的脸一直对着太阳，这时上面全部停满密密麻麻成群的苍蝇和各种昆虫。他的躯体压在两个凹槽的中间还是需要吃喝维持生命，污秽和腐败的排泄物产生大量各式各样的害虫，有些会钻进他的大肠和消化器官里，他的身体开始溃烂化为脓血。等到这个人完全断气以后，就将上面盖着的容器移开，发现他的肉体已经腐蚀被虫子吃得一点不剩，只有无数恶臭的蛆在蠕动，这些全部是从他的内脏中繁殖出来。米特拉达梯接受令人发指的酷刑，历尽 17 天的痛苦才得到解脱。

17：

　　国王的宦官马萨巴底奉命砍下居鲁士的右手和头颅，仍旧是帕莉萨蒂斯亟待报复的对象。然而这位宦官行事非常谨慎，不让她有机会施以严厉的打击，太后在国王身上打主意，安排天罗地网让他无法逃脱。她在很多方面都是一个机警干练的妇女，对于掷骰子更是精于此道的高手，过去经常与国王一起消遣打发空闲时光。等到战争结束，她为了与国王能够和睦如初，参加他的各种休闲活动，经常与他掷骰子博取彩头，这样一来投其所好使得母子的感情更为融洽。她想尽办法要只有国王与史塔蒂拉可以相处的时间，不仅是她憎恨这个对手胜于任何人，特别是她不愿有人比她掌握更大的权势。

有一天阿尔塔薛西斯空闲无事，很想放松消遣一番，她提议玩掷骰子，赌注是 1000 达里克银币，让他赢到如数付出。接着她装出不甘遭到损失的样子，希望能有翻本的机会，同时还逼他换一种彩头，就是那宦官来当赌注，最后他只有同意。开始之前他们先说清楚，国王和太后各自提出最信任的五位宦官，不能算作下注的彩头，其他的人员输家可以让赢家任意挑选。条件讲好他们掷下骰子，她不仅手法高明加上运气很好，总算如愿赢得国王的赌注。这时，她提出的选择是马萨巴底，因为这个人不在国王身边五个重要宦官之列。

就在阿尔塔薛西斯怀疑太后会玩出哪些花招之前，她已经将马萨巴底交给刽子手，带着心满意足的神色让他们将他的皮活活剥去。于是他们将他的身体绑在倾斜的三根木桩上面，用力将三根木桩慢慢拉开，他的皮就随着划开的伤口被撕裂下来。

等到这件酷刑执行完毕，国王知道以后极其不满，对于太后的行为非常生气。她带着嘲笑的口吻说道："老实说，你这个人不仅感情丰富而且心地善良，竟然为一个年老又卑贱的宦官自寻烦恼。虽然我掷骰子一次损失 1000 达里克银币，还不是心平气和地认输。"国王为受到欺骗感到苦恼，最终也只有息事宁人。

史塔蒂拉为着其他的事情公开反对她的毒辣手段，现在对过分残酷的行为更加气愤，认为母后的所作所为完全违背法律的规范和人道的精神，说她为了思念居鲁士，心痛这个儿子遭到悲惨的下场，就将国王忠诚的朋友和宦官当成献祭的牺牲。①

……

（七）亚历山大东征和波斯帝国的灭亡

阿里安的《亚历山大远征记》中记载的希腊军队同波斯人的军队的几次战斗的情况：

1. 亚历山大远征的原因

在阿里安的《亚历山大远征记》第 2 卷中，亚历山大在给波斯帝国国王大流士三世的一封信中说：

虽然我国从来都未曾侵略过你们的祖先，但你们的祖先却侵略过马其顿和希腊其他地区②，对我危害极大。我已经正式被任命为全希腊总司令，并已率军进入亚洲，目的是攻打波斯，报仇雪耻。但坏事还是你们挑起来的。你曾帮助任萨斯③作恶，为害我父亲；欧卡斯曾率兵侵入属于我们主权范围的色雷斯；你还曾指使阴谋家刺杀我父亲，这件事你们竟然还在信中向全世界公开吹嘘；你还曾借助巴果斯之手，以不正当的手段篡夺王位。按照波斯法律，这是非法的，对波斯国民也是莫大的污辱。你还给希腊人写黑信，教唆他们向我宣战。你还向拉斯地蒙人以及其他某些希腊人送大批钱，除拉斯地蒙人外，其

---

① ［古希腊］普鲁塔克:《希腊罗马名人传》第 5 卷，席代岳译，北京时代华文书局，2020 年版，第 363—382 页。

② 按：这是指波斯帝国国王大流士一世于公元前 492—前 490 年间，首次侵入希腊。其后，薛西斯又于公元前 480 年再次入侵希腊。

③ 按：城邦名，曾经反对亚历山大的父亲腓力。

他城邦都未接受你的贿赂。最后你竟然派使者收买并腐蚀我的朋友，妄想破坏我在全希腊促成的和平局面。这时，我才忍无可忍，拿起武器来对付你。挑起争端的是你。现在，既然我已经在战场上先把你的众将领和督办征服，这回又把你自己和你的部队击溃，从而占领了这一带的土地，这是天意。既然我打胜了，我就应当对你那些未战死沙场而投奔到我这里来的所有官兵负责。确实，他们投奔到我这里完全是出于自愿，而且还自愿在我部队服役。因此，你应当尊我为亚洲霸主，前来拜谒。如果你担心来到之后我会对你无礼，那你就可以先派你的亲信前来接受适当的保证。等你前来拜谒时，提出请求，就可以领回你的母亲、妻子和孩子以及你希望得到的其他东西。只要我认为你提的要求合理，那都可以给你。将来，不论你派人来还是送信来，都要承认我是亚洲的最高霸主。不论你向我提出什么要求，都不能以平等地位相称，要承认我是你的一切的主宰。不然，我就会把你当作一个行为不正的人对待。如果你想要回你的国土，那你就应当据守阵地，为你的国土而战，不能逃走。因为，不论你逃到哪里，我总是要追的。[①]

2. 格拉尼卡斯河的战斗

（十三）这时，亚历山大率领全军向格拉尼卡斯河挺进，做好了战斗准备：已把骑兵部署在两翼，还把步兵方阵加强了；前面有赫格罗卡斯指挥的侦察队和一些搜索班、骑兵和五百轻装部队；后边跟着运输队。亚历山大率部推进至距离格拉尼卡斯河不远处，就接到飞马驰回的侦察兵的报告，说波斯部队已在河对岸摆好了阵势。于是亚历山大就把部队调动成战斗队形。这时帕曼纽走向前来对他说：

[①] ［古希腊］阿里安:《亚历山大远征记》，李活译，北京:商务印书馆，1979年版，第75—76页。

"陛下，我的意见是，我军马上就在河这边扎营。我相信，由于敌军步兵比我军少，必然不敢在我军附近露营。因此，我军等拂晓时再渡河必无困难。在敌军还未部署就绪时，我军就可渡河完毕。根据目前情况，我觉得，如果我军立即采取行动必然会冒极大危险。因为我军不能在这样宽广的正面一齐渡河。可以看得出来，河道有不少地方水很深；而且，您看得见，河岸也很高，有些地方简直像悬崖一般。如果我军以最易受攻击的疏开队形无秩序地在敌前出现，敌军骑兵必将以较好的密集队形向我冲击。出师首战失利，对目前来说，后果将很严重，对战争全局来说，将更为有害。"

可是，亚历山大却回答说："这我知道，帕曼纽。可是，在我们这样轻易地渡过了赫勒斯滂海峡之后，如果让这条小河沟子（他就是这样看不起这条格拉尼卡斯河）就在目前情况下挡住咱们的去路，我觉得这是可耻的。不论就马其顿人的威望，还是就我自己迅速对付危险的能力来讲，我认为都不妥。我相信，波斯人以为他们自己是和马其顿人一样的好战士，因而可能会鼓足勇气，但这不过是因为他们到现在为止还没有经受过使他们吃惊的事情罢了。"

（十四）亚历山大说完之后，立即派帕曼纽去指挥左翼，他自己则到右翼去了。他早已指派菲罗塔斯（帕曼纽之子）为右翼司令，部下有地方骑兵、弓箭手以及阿格瑞安部队和标枪手等。配属给菲罗塔斯的，还有阿明塔斯（阿拉巴亚斯之子）所部标枪手、培欧尼亚部队和苏格拉底中队；挨着他们部署的是尼卡诺（帕曼纽之子）所率地方部队。他们一旁还有坡狄卡斯（欧戎提斯之子）的方阵、科那斯（坡莱摩克拉提斯之子）、克拉特拉斯（亚历山大①之子）和阿明塔斯（安德罗米尼斯之子）所率各方阵以及菲利普（阿明塔斯之子）所部。在左翼，为首的是卡利斯（哈帕拉斯之子）指挥的塞萨利骑兵，接下去是菲利普（迈尼劳斯之子）指挥的联合骑兵队，然后是阿格索率领的

---

① 这个亚历山大是艾柔帕斯之子。——译者

色雷斯部队；他们右边是步兵，即克拉特拉斯、迈立杰和菲利普等人指挥的诸方阵，直到全军中央。

波斯方面约有骑兵二万以及稍小于此数的步兵和外籍雇佣兵。他们的部署是：骑兵沿河列队，形成一个拉长了的方阵；步兵在后。河岸以上的地很高，形成居高临下之势。在他们左翼的对岸，他们发现了亚历山大本人——由于他的盔甲光耀夺目，随从人员对他的奉承姿态，一眼就看出是他，于是他们就在河岸这一段集中了大批骑兵中队。

在一段时间内，两军隔河对峙，一动不动，鸦雀无声，都不敢猛然挑起大战。波斯方面是在等待，如果马其顿人企图强渡，在河面上一露头，就向他们冲杀。这时，亚历山大一跃马上，召唤随从跟上，要他们表现自己的忠勇，命令第一线由阿明塔斯（阿拉巴亚斯之子）指挥的侦察兵、培欧尼亚部队和一纵列步兵向前推进，直扑河中。在这些部队之前，还派了由托勒密（菲利普之子）指挥的苏格拉底中队——按当天的战勤次序，由这个骑兵中队担任前锋。然后他亲自率领右翼各部，吹起号角，向战神高呼响彻云霄的战斗口号，奋勇冲入河中，部队与水流方向呈斜角前进，使波斯人不能在拉长了的战线上一齐向他的部队冲击；而他的部队却可以用尽可能密集的队形攻击波斯人。

（十五）在阿明塔斯和苏格拉底率领的先锋部队把守河防的地方，波军从高高的对岸往下射排箭，有的在稍靠后一些的高地上往下投标枪，有些在较低的地方，有些甚至冲到水边来了。于是河岸上展开了一场骑兵大混战。希腊人拼命要登上彼岸，波斯人则千方百计阻拦。波军标枪如滂沱大雨，铺天盖地；马其顿人的长矛似万道金蛇，左刺右扎。但马其顿人终因寡不敌众，首战失利。这也是因为敌人阵地坚强，居高临下；马其顿部队则地势不利，位于低处。此外，波斯骑兵的精华就部署在强渡地点。而且，迈农指挥部队厮杀时还亲自带着他的儿子们首当其冲。首批和波军交锋的马其顿部队，在表现了他们那种非凡的忠勇之后，几乎全部牺牲。只有少数在亚历山大到来时撤到他跟前去了。这时亚历山大已率领右翼部队逼来，冲击波军。就在双方全部绞作一团，也就是波军首领所在之地，亚历山大身先士卒，头一个杀入敌阵。于是在他周围立即展开了猛烈的厮杀。这时，马其顿部队一队接一队陆续过河，现在过河已不困难。战斗虽然是在步兵战线上进行的，但却是一场骑兵大战。鞍上人斗人，脚绊拳击；鞍下马战马，冲撞奔腾，酣战如狂，难解难分。希腊人要一股劲把波斯人从河岸推开，赶到平地；波斯人则千方百计阻挡他们登陆，拼命把他们赶回河里。不过，亚历山大这时已率领卫队步步得手。这不只是因为他们英勇顽强、纪律严格，也是因为他们用的武器较好，是用坚固的山茱萸木制成的长矛，而波斯人使用的则是短标枪。

在混战中，亚历山大的长矛折断了。他招呼他的御侍武官阿瑞提斯另给他一杆。可是阿瑞提斯自己那杆也折断了，正在用剩下的那半截儿奋勇招架向他紧紧逼来的敌人。他把手里这半截武器举起来给亚历山大看，向他大声喊叫，要他另找一个侍从要武器。正在这时，亚历山大的一个扈从科林斯人德马拉塔斯把自己的长矛给了他。亚历山大接过长矛，一眼发现大流士的女婿米色瑞达提斯骑在马上带着呈楔形的一些骑兵冲了过来，已远远离开了他们的战线，他自己则冲在最前头。亚历山大直挺长矛一下子就扎到他脸上，把他甩在地上。这时罗萨西斯拍马朝亚历山大冲来，举起大刀劈在他头上，把他的盔砍掉一块，但这顶盔总算挡住了这一刀。亚历山大随即把他也甩在地上，用长矛刺透他的胸甲扎入心窝。这时，斯皮色瑞达提斯已经举起他的短弯刀向亚历山大劈来。说时迟那时快，克雷塔斯（德罗皮蒂斯之子）忽然乘机闪入，大刀起处，斯皮色瑞达提斯的肩膀早已削掉。这时骑兵不断从河岸飞驰而来，加入了亚历山大周围那一伙。

（十六）现在，波斯人四面八方都在受折磨了。人脸马面都吃上长矛。他们被追赶时，走在骑兵前面，轻装部队碍手碍脚，骑兵又跟轻装部队纠缠一起，搞得全军乱作一团。因此，他们开始撤退，最先撤走的是混战时亚历山大首当其冲的那个地方。当他们阵线中央开始后陷时，两翼的骑兵也被突破，于是急切的逃命开始了。只有一千多波斯骑兵被消灭，这是因为亚历山大对骑兵并未穷追猛打，而是转而进攻外籍雇佣部队。这群雇佣兵坚守阵地，好像生了根似的。不过，与其说他们真有防守决心，倒不如说他们被这个突如其来的大祸吓呆了。亚历山大率领方阵向他们冲击，还命令骑兵从四面八方扑去，很快就把他们包围起来，砍杀净尽，没有一个逃掉——也许有个别从死尸堆里溜走，生俘约两千。在波斯将领中，死掉的有尼发提斯、拍提尼斯、利地亚督办斯皮色瑞达提斯、卡坡多西亚部队指挥官米西罗布赞、大流士的女婿米色瑞达提斯、大流士的儿子阿布帕利斯、阿塔薛西斯的儿子大流士的小舅子发那西斯以及外籍雇佣军司令欧马瑞斯。阿西提斯从战场上逃到福瑞吉亚，据说在那里自杀了。因为波斯的失败似乎要归咎于他。

马其顿方面，在第一次冲锋中，地方部队有二十五名阵亡。亚历山大命令在地亚穆给他们铸铜像，这件事是叫莱西帕斯承办的（他曾和许多人竞相承铸亚历山大的铜像，最后由他承铸的）。此外还有骑兵六十人、步兵三十人阵亡。第二天，亚历山大把所有这些人，连同他们的武器和其他装备一起埋葬了。他下令国内对他们的父母子女一律豁免地方税、财产税和一切劳役。他对伤员也表示了极大的关怀，亲自看望每一个人，查看伤情，询问他们受到的照顾好不好，还鼓励每个人详细叙述甚至夸耀自己的功劳。他还埋葬了所有战死的波斯将领以及死在敌人行列里的那些希腊籍雇佣兵。那些被俘的希腊人，都戴上手铐送回马其顿去做苦工，因为他们违背了希腊的公众舆论，和东方的敌人一起打自己人。他还把三百套波斯盔甲送到雅典向雅典娜献礼，并附有如下献词："谨献上从亚洲波斯人手中俘获的这些战利品。腓力和全希腊人（拉斯地蒙人除外）①之子亚历山大敬献。"

（十七）后来亚历山大任命卡拉斯为原来由阿西提斯管辖的那个

---

① 即斯巴达。——译者

州的督办。命令当地居民交纳和过去交给大流士同样数量的捐税。从山区下来投诚的那些人，他又叫他们回家乡去。对泽雷亚城，他免予追究，因为他知道他们是被迫帮助波斯打仗的。他还派帕曼纽去接管达塞利昂，因为驻在那里的卫戍部队已撤走。帕曼纽遵命去办了。[①]

3. 以苏斯战役

（六）亚历山大还在马拉斯时，就有消息传来说大流士率领全军驻扎在索契。索契在亚述境内，从亚述关口行军两天就可到达。于是亚历山大就把他的将领们召集在一起，把大流士的情况告诉他们，并说他决定进军。大家都催促他立即率军出发。他对大家表示感谢，然后散会。第二天就率部出发，做出要进攻大流士和波斯部队的姿态。两天之后就过了关口，在米瑞安德拉斯附近扎营。当晚来了一场疾风暴雨，把亚历山大和他的部队困在营里。

这时，大流士正在和他的官兵嬉戏度日，因为他已经在亚述地区选了一块平地，一望无际，这对他的浩荡大军颇为适宜，对他骑兵的调度也极方便。原先从亚历山大那里逃到他这里来的阿明塔斯（安提欧卡斯之子）劝他不要离开这片平原。他说，波斯部队数量大、装备多，这地方颇有活动余地，因而有利。于是大流士就在原地按兵不动。但是，亚历山大因病已在塔萨斯待了不少时间；在索利又忙着祭祀、阅兵等事；又用了一些日子去袭击西里西亚山区土人。他这样一拖再拖就叫大流士沉不住气、难下决心。而且，大流士的主观愿望往往影响他的意图，他又常有追求比较舒快的想法。而成天跟着他屁股转的那些奸佞贼臣诱他做出这样的判断：亚历山大已经不想继续前进了。他们说，实际上亚历山大听到大流士大王御驾亲征的信息之后，已经迟疑、动摇等等。他们围着他巧言怂恿，竟然对他说，只用大王

[①] ［古希腊］阿里安：《亚历山大远征记》卷一。

的骑兵就可以把亚历山大全军置于死地。只有阿明塔斯坚持认为，亚历山大只要发现大流士在哪里，他准就追到哪里。他劝大流士还是留在原地。不过，听来顺耳的但又糟糕的主意，占了上风。更坏的是，竟然有一位害人精把大流士引入了这样的绝境：在那里，他的骑兵不能发挥作用，而且他数量上的优势和大批的标枪兵和弓箭手肯定也不会有用武之地。百万雄师无从发挥其赫赫神威，只能拱手把胜利奉送给亚历山大统率的部队。命运之神已经做出了决定：波斯应当把亚洲霸权输给马其顿，就像早先米地亚输给波斯，甚至更早时亚述输给米地亚一样。

（七）于是，大流士通过亚美尼亚关口，越过高地，向伊萨斯进军，未被发觉就溜到亚历山大背后去了。攻占伊萨斯时，他把留在那里的马其顿伤病员捉住，砍头断肢，屠宰净尽，惨不忍睹。第二天进抵品那拉斯河。亚历山大听说大流士已在他的背后，不大相信。于是他派了一些地方部队坐上一只三十桨大船驶回伊萨斯去把情况证实一下。坐那只船的人看见波斯人在那里扎营的情景，因为那里的海岸像个海湾，很容易看清。他们回来报告亚历山大，说大流士已经近在眼前了。

亚历山大随即把各军司令、中队长和联军指挥官都召集起来，要他们鼓起勇气，因为过去遇到的艰难险阻他们都胜利地克服了。而且，在即将到来的大战中，交战的一方是已经证明了的胜利者——他们自己，另一方则是一度当过他们手下败将的波斯人。尤其重要的是，老天这个更好的战略家，已经站在他们一边，因为它已经把这一败局放进大流士的脑袋里：他把自己的兵力禁闭在一个狭窄不利的地形中，却把后面的开阔地留给了马其顿部队，这片地方正好够他们的方阵调度之用。反之，波军人数虽多，却不见得有利，因为他们的士兵、他们的士气，都不是希腊人的对手。他接着说："我们马其顿人就要跟波斯人和米地亚人打仗了。他们长期以来沉浸在舒适享乐之中，我们却在长期的战斗和无数的艰难险阻中锻炼得更加坚强了。最重要的是，这一仗将是自由人和奴隶之间的大搏斗。战争只要是在希腊人内部进行的，我们就缺少这一条正义的道理。跟着大流士打仗的人是为拿钱而卖命，而拿到的钱也少得可怜；我们的部队却都是为希腊而战的志愿军。至于我们的外籍部队——有色雷斯人、培欧尼亚人、伊利瑞亚人、阿格瑞安人组成的部队，则又都是欧洲最勇猛善战的战士，而他们的对手却是亚洲最软弱无能的乌合之众。而且，在战略上，你们有亚历山大和大流士决一雌雄。"就这样，他把他们在即将到来的大战中那些有利条件都列举出来，但他也谈到他们面临的艰险也是巨大的。他们现在要制服的不再是大流士那些督办，不再是沿格拉尼卡斯河列阵的那些骑兵，也不再是那两万外籍部队；而是波斯、米地亚和他们的亚洲各附属国的精华，还有波斯大王御驾亲征。这是最后一场大战。这一仗打完之后，剩下的只是在全亚洲称霸，把大家做出的许多英雄业绩做一结束。此外，亚历山大还追述了大家为了共同事业已经取得的那些辉煌的胜利。对每件英勇崇高的个人功绩，他都一一列举，对人和事都讲得一清二楚。他还含蓄地提到他自己在历次战役中亲身经受的危险。据说他还间接地提到色诺芬和他那一万人，数量比他们现在少得多，威望比他们低得多，也没有骑兵，不论是包欧提亚的、伯罗奔尼撒的、马其顿的，还是色雷斯的或其他骑兵，一概都没有，远远不如他们现在强。而且，色诺芬既无弓箭手又无使用投石器的人，只有少数克里特人和罗德岛人有弓箭和投石器，但这些只不过是色诺芬在陷入困境时仓促搜罗的。尽管如此，这一万人还是就在巴比伦城门口把大王本人①赶跑了，而且还在他们向攸克塞因海进军途中，把企图阻拦他们的那些部队都打垮了。亚历山大把这些事都给他们讲了，还讲了一些别的，都是在面临危急关头，一个英明的统帅应当向勇敢的战士们讲述的鼓舞士气的话。讲完后，将领

① 指阿塔薛西斯二世。——译者

们把他围起来，紧紧地握住国王的手，向他高声欢呼，要他率领他们前进。

（八）不过，当时亚历山大叫他的部队先吃饭。同时派了一些骑兵和弓箭手去侦察他们背后通往关口的道路。夜幕降临时，他才率领全军去夺关。夜半时分，关口果然又夺回来了。后半夜，他叫部队在山岩上休息，四外先妥善安排了警戒哨。天刚亮，他就率部下山沿大路前进。在窄路上行进时，队伍成纵队；路渐宽时，就改为方阵前进。这样一营接一营地把部队调上来。右边伸到山边，左边已达海岸。骑兵原来一直跟在步兵后边。但一到开阔地，他立即把全军摆成战斗队形：首先在伸向山边的右翼前方部署了步兵精锐部队和近卫部队，由尼卡诺（帕曼纽之子）指挥；然后是科那斯营，再接下去是坡狄卡斯营。这些部队从右向左一直到阵线中央。在左翼，首先是阿明塔斯营，接下去是托勒密营和迈立杰营。克拉特拉斯为左翼步兵的指挥，帕曼纽为左翼总指挥。亚历山大命令，不准左翼在前进中渐渐离开海岸，以防波军从侧翼包抄。因为波军人多，很可能把战线向侧翼延伸，包抄希腊部队。

在大流士那方面，当他知道亚历山大正以战斗队形向他逼来时，他就先派骑兵约三万去品那拉斯河，配以轻装步兵二万，以便腾出手来调动其余部队。他从他那些重装部队中抽出三万名希腊籍雇佣兵部署在最前方，面对马其顿方阵；然后，在两翼各部署六万卡达克部队。他还在他左翼的山边，面对亚历山大右翼部署了两万兵力。这些部队有些实际上已伸到亚历山大部队的后方，因为他们进驻的山脊，绵延曲折，有些地方往里收，像个海湾；有些地方又往外鼓，因此他们在那些高地上的阵地实际上就在亚历山大右翼的后边。他们那些重装和轻装部队，大部分是按各单位所来自地区的不同分别部署的，而且纵深太大，起不了作用。这些部队都摆在希腊雇佣军和波斯军诸方阵之后。史家估计，大流士的作战兵力大约有六十万人。

亚历山大在进军中看到地形越来越开阔，就把他的骑兵和所谓

"战友"部队——塞萨利部队和马其顿部队都调来，部署在右翼，由自己指挥。所有的伯罗奔尼撒部队和其他部队都派往左翼，由帕曼纽指挥。

大流士那方面，当方阵部署完毕后，就用信号调回原来派到河边正面去的骑兵，以掩护他调度其他部队。他把大部分骑兵部署在靠近海边的右翼，面对帕曼纽，因为那边地形便于骑兵活动。还把另一部分骑兵派往左翼靠近山边的地方。但后来因为那边地形狭窄，骑兵施展不开，他又下令将其大部调回右翼。大流士本人掌握大军中央。波斯历代国王出战都在这个位置。关于波斯历来兵力部署的大致情况，色诺芬（格瑞拉斯之子）已有准确的描述。[1]

（九）这时，亚历山大观察到几乎所有的波斯骑兵都调到他的左翼，在海边休息。而他自己这一翼却只有伯罗奔尼撒和其他联军骑兵。于是他命令塞萨利骑兵全速行军到左翼，叫他们不要从阵前通过，免被敌军发觉，而要从他的方阵背后迅速通过。他下令右翼普罗托马卡斯率领的骑兵巡逻队向前推进。又下令安提欧卡斯率领的培欧尼亚部队、阿特拉斯率领的阿格瑞安部队以及一部分骑兵和弓箭手朝与战线呈锐角的方向飞奔后方那些小山。这样，他的右翼一线就分为二股，形成叉状，一股面对河对面的波军主力和大流士本人；另一股朝向占据了他的后方一些小山的敌军。在左翼，步兵中最前面的是西塔西斯率领的克里特部队和色雷斯部队。这样的骑兵在他们前边走。外籍雇佣兵则分配属到各个部队。但由于右翼一线似乎不太强固，波军可能会包抄他们的一大部分。因此，他又从中央抽调两个地方中队，一个是从安西马斯来，由皮罗狄斯（米尼西亚斯之子）率领的中队，另一个是由潘托达纳斯（克连德之子）率领的所谓留伽斯中队。并已传令上述各部队暗中调往右翼。亚历山大亲自率领弓箭手、阿格瑞安部队一部和一些希腊雇佣兵到他右翼的前方，并且把右翼延伸，

---

① 见［古希腊］色诺芬：《长征记》（一，8，21）。——译者

以包抄波军侧翼。既然占领了小山头的敌军还未下山，亚历山大就派了一些阿格瑞安部队和少数弓箭手进行袭击，很容易地就把他们赶到了大山顶。亚历山大懂得，他可以利用原来派去牵制那些敌人的部队增大方阵的纵深。为了把守那些小山，他估计派三百名骑兵就够了。

（十）亚历山大把部队这样调度妥当之后，就率领他们前进。在一段时间里，他们进进停停，看起来颇为悠闲。因为大流士尚未率领波军前进，仍然在河岸上保持着原来的阵势。河岸大多陡峭，有些易于突破的地方，他们都设了栅栏。就是在这个地方……亚历山大在阵前乘马飞驰，号召将士们要做忠诚的男子汉，高喊他们的姓名，准确地说出他们的级别和职务。他不但呼喊指挥官的姓名，而且连中队长、连长以及雇佣军中任何级别较高、功绩较大的人，他都能叫出姓名。官兵从四面八方扯开嗓子向他呼应，叫他别再耽误时间，快下令冲击敌人。他继续率领部队整齐前进。虽然大流士的人马已经历历在目，起初他慢慢前进，以便在速度加快前进时，方阵的任何部分都不致紊乱，整个方阵也不致分裂。但一进入射程以内，亚历山大立即率领随身部队从右翼的位置快速前进，猛扑河边，以其雷霆万钧之势恫吓波军，同时力图在尽快进入混战状态后减少波方排箭造成的损失。一切都像亚历山大预料的那样发生了。交战一开始，波军左翼就顶不住而后撤，因此亚历山大和紧随身后的部队打了一个胜仗。但大流士的希腊籍雇佣军赶到马其顿方阵出现空隙的地方——由于亚历山大火急冲向河边，方阵向右摆，因而出现缺口。这时亚历山大已开始与波军肉搏，并就地把他们打退，但马其顿阵线中央还未炽烈地投入战斗。而且由于河岸许多地方十分陡峭，因而未能保持阵线完整——我再说一遍，就是在这个地方，波方的希腊籍雇佣军看到马其顿的战线开了大口，就冲了过来。这地方战斗异常激烈。希腊籍雇佣军竭力要把马其顿部队推到河里，把波军正在退却中的一翼已失掉的胜利再夺回来。但马其顿部队看到亚历山大的胜利在握，决不甘心落后一步，更不能叫他们的威望和那"战无不胜"的美名受到任何损失。而且当中还夹杂着希腊人和马其顿人两个民族之间的争雄情绪。在这次决斗中，托勒密（塞留卡斯之子）牺牲了，他不愧是一个真正的男子汉，还有大约一百二十名马其顿卓越人物阵亡。

（十一）现在右翼各营，看见对面的波军已掉头后退，就朝斜前方大流士的雇佣军和本军阵线受到重大压力的中央前进。他们把敌军从河边赶走，然后包抄已被击破的波军左翼，又斜插过去攻打雇佣军，转眼间就把他们砍杀一片。不过，在塞萨利骑兵对面的波斯骑兵，在战斗中并不只是保住他们在河床上的阵地，而是勇猛地冲过河来，向塞萨利骑兵各中队冲击，于是这里就展开了一场骑兵殊死战。波军起初寸步不让，后来他们看见大流士跑了，他们的雇佣军也被切断，并被马其顿方阵像割草那样大批撂倒，这时他们就不干了。于是，大溃退才公开地、全面地开始。在溃退中，波军的马匹由于骑在他们身上的波斯兵装备太重而疲惫不堪。骑兵也是这样，惊恐万状的大批人马挤在狭路之中胡乱冲撞，被自己的人马踩死的和被敌军踩死的几乎一般多。在塞萨利骑兵穷追猛打之下，溃败的步兵和骑兵所受到的砍杀也不相上下。

大流士本人刚一看见他的左翼被亚历山大的猛扑吓破了胆，又看见他们和其他部队的联系已被切断，马上驱车（他当时正坐在车上）逃跑，走在溃兵的最前头。只要能找到平地，他就驱车拼命逃跑；遇上峡谷和崎岖的山路，他就弃车逃奔，把盾牌和大斗篷也都扔掉。还不止如此，他竟把弓都扔在车上不要了，一跃上马，逃之夭夭。幸而迅速降临的夜幕把他救了，没有当上亚历山大的俘虏。天黑以前，亚历山大确曾拼命追赶；但天一黑，由于不辨路途，只好收兵回营。不过，他还是把大流士的战车和车上的盾牌、斗篷，还有那张弓都带了回来。事实上，他开始时就追得晚了些，因为当方阵被敌人冲破时，他自己立刻撤回来救援，当时不能去追赶大流士，一直等看到河边波方雇佣军和骑兵都被打退时，他才开始追赶。

战死在格拉尼卡斯河畔的波方骑兵指挥官有阿萨米斯、罗米色瑞斯和阿提载义斯，此外还有埃及督办萨巴基斯和波斯皇亲布巴基斯。至于士兵，大约有十万人战死，其中包括一万多骑兵，所以当时跟随亚历山大征战的托勒密（拉加斯之子）曾这样叙述过：追赶大流士的马其顿部队在半路上遇到一条深沟，里边都是波军尸体，他们就是在死尸上踩过去的。他们后来又攻占了大流士的营地，在营地把大流士的母亲、妻子（同时也是他的妹妹）和婴儿都一起捉住。此外还捉住了他的两个女儿和她们的几个随从贵妇。其他波斯将领早已把女眷和行李送到大马士革去了。大流士事先也把大部分钱财和其他随驾物品送到那里——波斯大王甚至在战役进行中还随带大批各式物品以满足他的穷奢极侈。因此，他们在营地发现了超不过三千塔仑的现金。不过，他存在大马士革的那些财物不久之后也被帕曼纽夺占——帕曼纽是奉命特地去办这件事的。这场大战就这样结束了。时为尼科克拉提斯在雅典执政期间的十一月。①

（十二）第二天，亚历山大不顾自己大腿上的刀伤，亲自去探视伤员。他把战死者收集起来，由全军摆成雄壮威武的战斗队形，为死者举行了隆重的军事葬礼。他还表扬了所有他曾亲眼看到的和经过核实知道的在战役中英勇立功的人。对每个功臣，一个不漏地都按功劳大小发给适当的奖品，以资鼓励。他还任命皇家近卫队员巴拉克拉斯（尼卡诺之子）为西里西亚督办，挑选米尼斯（狄俄尼西亚斯之子）接替他的位置，还派坡利斯坡康（西米亚斯之子）接替战死的托勒密（塞留卡斯之子）当他那个营的营长。对索利市民，他还豁免了他们拖欠的五十塔仑罚款，并把他们的人质放回。

亚历山大对大流士的母亲、王后和她的孩子们也没有忽视。有些人写的亚历山大传记上说，他追赶大流士回来以后的那天晚上，进到大流士原来的大帐篷（当时已拨出供亚历山大使用）时，听到附近有女人悲痛而惶恐的声音。他就问旁边的人，这些女人是干什么的，为什么安置在离他这么近的地方。他们回答说："大王，那是大流士的母亲、妻子和孩子们。她们听说大流士的弓和那件皇帝斗篷都被您占

---

① 公元前 333 年 11 月。——译者

有，他的盾牌也已取回，就以为他死了，所以就哭起来。"于是亚历
山大就派他的一位伙友利昂那塔斯到她们那里，告诉她们大流士还活
着；还告诉她们大流士逃跑时把武器和斗篷留在战车里了，亚历山大
只得到这些东西。利昂那塔斯进了她们的帐篷，把亚历山大关于大流
士情况的话转告她们；还说亚历山大允许她们保留皇家的地位和一切
皇家特有的东西以及头衔。因为他和大流士打仗不是出于个人恩怨，
而是依法为亚洲的主权而战。这就是托勒密和阿瑞斯托布拉斯记述的
情况。不过，另外还有一段故事说亚历山大第二天只带他的侍从赫菲
斯提昂进了她们的帐篷。大流士的母亲看错了人（因为二人穿戴完全
一样），以为赫菲斯提昂是国王（因为他身材较高），于是就在他面前
匍匐施礼。赫菲斯提昂急忙往后退。这位太后的一个侍从指着亚历山
大说，那才是国王呢。于是大流士的母亲知道自己错认了，便慌慌张
张地也往后退。但亚历山大却说她没有搞错，因为赫菲斯提昂也是一
个亚历山大。[1] 我把这件事也记下来并不是认为它一定真实，但也不
能说它完全不可靠。假如真有其事，那我只能赞扬亚历山大对这些女
人的同情，对他的战友的信任和尊重。假如这只是历史家主观上认为
亚历山大可能这样说、这样做，因而就写了这么一段故事，那我仍然
只有赞扬亚历山大。[2]

4. 高加米拉战役

卷二：

（十四）亚历山大还在马拉萨斯时，大流士就曾派使者带着他的一
封信请求亚历山大把他的母亲、妻子和孩子们放回给他。大流士的信

---

[1] 估计亚历山大是他名字的语源，意指"驱人者"或"人类的保护者"，后者当然更切合于上下文的
意思。赫菲斯提昂是他的心腹之交。——英译者
[2] 《亚历山大远征记》卷二。

中说：腓力和阿尔塔薛西斯曾和平相处并曾结盟，但在阿尔塔薛西斯的儿子阿西斯继承王位后，是腓力首先对阿西斯国王采取了错误的步骤，事先阿西斯并未对他无礼。自从大流士继位为波斯国王之后，亚历山大也并未派使者到他那里去重修两国友谊和盟约，反而率领全军越界侵入亚洲，已给波斯臣民造成极大危害。因此，大流士不得已才率军前来保卫国土和祖传的主权。战事有如鬼使神差地发生了。现在，他作为一个国王，向另一个国王请求把他那被俘的母亲、妻子和孩子们放回，并愿意和亚历山大修好结盟。为了办理这些事情，他请求亚历山大派全权代表跟着波斯派去的使者曼尼斯卡斯和阿西米斯一起到他那里去，接受他提出的保证，同时也代表亚历山大向他做出保证。

亚历山大对这件事是这样处理的：派塞西帕斯跟大流士的使者回去，带一封信给大流士，但不和他讨论任何问题。

卷三：

（八）然后，亚历山大率领皇家中队、地方部队一中队以及从先头侦察部队中抽出来的培欧尼亚侦察兵迅速前进，命令其余部队以步行速度跟上。但当波斯骑兵看到亚历山大亲自带领部队迅速逼来时，立即逃跑。亚历山大在后面紧追。敌骑大部虽跑掉，但也有些马匹因过度疲劳，被希腊部队追上，杀了骑兵；连人带马活捉的也有一些。通过这些俘虏了解到大流士率领大部队离此不远。

大流士的部队之所以这样庞大，是因为有大批援军。有巴克特利亚边境上的一些印度部族，加上索格地亚那人和巴克特利亚人。以上这些部队都由巴克特利亚督办柏萨斯指挥。和这些人一起前来支援的，还有居住在亚洲西徐亚人当中的一个叫萨卡的部族。他们所以来支援，并不是因为他们附属于柏萨斯，而是因为他们和大流士结了盟。这批部队是马上弓箭手，指挥官叫马那西斯。还有阿拉科提亚督办巴散提斯率领的阿拉科提亚人和所谓的印度山地人、阿瑞亚督办萨提巴赞斯率领的阿瑞亚部队、帕西亚指挥的赫卡尼亚和塔普瑞亚部队。所有骑兵都由福拉塔弗尼斯指挥。还有阿特罗帕提斯率领的米地亚部队。跟米地亚部队在一起的，还有卡杜西亚、阿尔贝尼亚、萨色辛尼亚等部队。还有奥康多巴提斯、阿瑞欧巴赞斯和奥坦尼斯率领的由红海地区各部族组成的部队。攸克西亚和苏西亚部队承认欧克萨色瑞斯（阿包莱提斯之子）的领导。还有布帕瑞斯指挥的巴比伦部队。迁居的卡瑞亚人和西塔辛尼亚人组成的部队和巴比伦部队编在一起。亚美尼亚部队由欧戎提斯和米色劳提斯指挥。卡帕多西亚部队由阿瑞亚西斯指挥。下叙利亚部队和美索不达米亚叙利亚所有部队都由马扎亚斯指挥。据说大流士统率的部队总数是：骑兵四万、步兵一百万、车轮上安装大刀的战车二百辆，还有一些大象，来自印度河这边的印度部队有大象约十五头。

大流士带着这些部队在布摩达斯河边距离阿柏拉城约六百斯台地的高伽米拉扎营。这一带四望一片平地。原来有些地方高低不平，不适于骑兵活动，后来波斯部队把大部分都收拾得适于战车和骑兵驰骋。因为有些人对大流士说，伊萨斯战役之所以失败，归根结底就是因为战场太窄，极为不利。大流士觉得很对，欣然同意了。

（九）亚历山大从俘虏的波斯侦察兵嘴里了解到这些情况之后，就叫部队在原地停下来，在长途跋涉之后休息了四天。在营地四周挖了沟，设了栅障，以加强防守营地。因为他决定把辎重牲口和士兵中的非战斗人员留下，自己只率领作战部队开赴战场，除武器外，什么都不带。于是，他在夜间就把部队调度好，刚二更左右就出发，以便在拂晓时和敌人会战。大流士那方面，听到亚历山大已率部前来，就把自己的部队摆好了战斗阵势。这时亚历山大也把部队以战斗队形带上来。两军相距六十斯台地，但互相都看不见，因为双方阵前都有小山阻隔。

等到双方相距三十斯台地时，亚历山大正率部下山，这时就看见敌人了。于是，他下令方阵停止前进，把伙友、将军、骑兵司令、盟军和雇佣军指挥官等召集一起，讨论这样一个问题：应当像多数人催促的那样，立即从当地指挥方阵前进呢，还是像帕曼纽建议的那样，最好暂时就地扎营，把整个战场进行一场全面侦察，看是否有可疑之处或通不过的地方，有没有沟渠，地里有没有暗藏的木桩，等等；还要对敌军的部署做周密的侦察。帕曼纽的建议得到了赞同，于是他们就就地扎营，但宿营仍按战斗序列布置。

亚历山大带着轻装部队和地方骑兵侦察了整个未来的战场。回来后，他又召集了原来那些将领，对他们说，对这场战斗，用不着他再来动员鼓励。大家过去英勇地创造的许多光辉业绩已经是很好的鼓励。但他号召各位将领回去鼓励自己的部下。步兵上尉鼓励自己的连队，骑兵指挥官鼓励自己的中队，旅长鼓励自己那个旅，步兵指挥官鼓励各自的方阵。他指出，他们这次作战不同于过去，不是为了夺取下叙利亚或腓尼基，也不是为了占领埃及，而是要在当时当地解决整个亚洲的主权问题。因此，他用不着发表长篇演说去鼓励大家做出崇高的业绩，这种英勇气概应是大家固有的英雄本色。他宁愿对大家说，每个人在遇到危险时要想到纪律；进军中需要安静时要做到鸦雀无声；需要欢呼时要喊得响亮；必要的时候，要喊出惊天动地的杀声。每个都要机敏地服从命令，还要机敏地向部下传达。每个都要牢记，全军都要牢记：个人的疏忽会造成全军的危险，个人的努力也有助于全体的成功。

（十）亚历山大讲的这番话以及一些类似的话虽然简短，但对在座的人已是很大的勉励。将领们也纷纷表示要他放心，相信他们。于是他下令部队吃饭休息。据说这时帕曼纽走进亚历山大的帐篷，劝他趁黑夜攻打波军。因为夜间攻击会更加出其不意，易于引起敌人更大的惊惶，造成更大的混乱。亚历山大却回答说（因为当时有人在场听着），偷来的胜利是不光彩的。他不会借助于任何奸诈手段，而是要正大光明地去夺取胜利。他这种崇高的姿态似乎并不是只由于过分虚荣，而是出于对战胜危险的充分信心。我想，他这样考虑问题是有道理的。因为在过去历次夜战中，曾发生过不少事先没有预料到的情况。不论对事先已有很好准备的一方，还是对准备不好的一方来说都是这样。有事实证明，较强的一方也曾因此而失败，反而把胜利奉送给较弱的一方。这对双方来说，都是出乎意料的。亚历山大在战斗中照例是不怕冒险的，但他还是认为在夜间作战风险太大。更何况，即使就这样再一次打败大流士，但由于希腊人是在黑夜掩护下进行偷袭的，就会给大流士一个借口，使他不认输，不承认自己是率领着坏部队的一个坏统帅。而且，万一希腊自己这方面遭到意想不到的挫折，那时，敌方的周围都是友好地区，他们熟悉；而希腊部队则势必置身于陌生的异域，到处都是敌人，其中很大一部分又都是俘虏，这些人在黑夜中一定会大冲大杀。不但在打败仗时会招来这种后果，即便在打了胜仗，但还不是明显压倒一切的大胜利时，也可能会发生这种事情。由于这些道理，我赞成亚历山大决定不进行夜袭而在白天交锋。

（十一）大流士的部队最初摆好了战斗阵势之后，一整夜都保持不变。所以这样，一因他们的周围没有挖好防御沟的营地，二因他们害怕敌人随时都可能夜袭。在这样的关键时刻，这件事对波斯部队起了极其不利的作用。他们全副武装整整站了一夜，而且一直在担惊害怕，实在够受。在巨大危险到来之前，恐惧本来是难免的，但他们的恐惧并不是突发的事件引起的，而是老早就开始折磨他们，搞得他们丧魂落魄、毫无斗志。

据阿瑞斯托布拉斯记述，战役结束后曾搜获大流士部署部队作战的书面材料。根据这份材料知道他的部署是这样：巴克特利亚骑兵掌握左翼。跟他们在一起的有达海人和阿拉科提亚人组成的部队，接下去部署的是步兵骑兵混编部队。接着部署部队的是苏西亚部队，再往下是卡杜西亚部队。从左翼直到整个方阵中央。右翼部署的是下叙利亚和美索不达米亚部队，然后是塔普瑞亚和赫卡尼亚部队，再过去是阿尔贝尼亚和萨色辛尼亚等部队。从右翼直到整个方阵中央。在全军中央，大流士国王所在处，是国王的亲属组成的波斯部队（他们的长矛上安装着金苹果①），还有印度部队，所谓"移居的"卡瑞亚人组成的部队以及马地亚弓箭手。由伙克西亚人、巴比伦人、红海地区各部族以及西塔辛尼亚人组成的部队，以纵深队形摆在他们后边。在左翼之前，即面对亚历山大右翼的地方，部署的是西徐亚骑兵，一千来名巴克特利亚部队和一百辆刀轮战车。在大流士的皇家中队之前，还部署了象队和五十辆战车。在右翼前方部署的是亚美尼亚和卡帕多西亚骑兵以及五十辆刀轮战车。紧靠着大流士两侧的是希腊籍雇佣兵和波斯部队。他们对面就是马其顿方阵。这是大流士仅有的能够对付马其顿方阵的部队。

亚历山大全军做了如下部署：伙友骑兵掌握右翼，克雷塔斯（德罗皮第斯之子）指挥的皇家中队在他们前边，挨着他们的是格劳西亚斯的中队，再接下去就是阿瑞托斯、索坡利斯（赫摩多拉斯之子）、德米特利亚斯（阿塞米尼斯之子）、迈立杰等中队。菲罗塔斯（帕曼纽之子）为全部伙友骑兵总司令。在挨着骑兵的马其顿步兵方阵中，首先是近卫部队中最精锐的军团，然后才是其他近卫队。这些统归尼卡诺（帕曼纽之子）指挥。然后是科那斯（坡利摩克拉提斯之子）、坡狄卡斯（欧戎提斯之子）、迈立杰（纽普托利马斯之子）、坡利斯坡康（西米亚斯之子）、阿明塔斯（安德罗米尼斯之子）所率各旅，统归西米亚斯指挥，因为阿明塔斯已被派回马其顿召集部队去了。马其顿方阵左翼由克拉特拉斯（亚历山大之子）旅掌握，克拉特拉斯本人则指挥步兵左翼。跟在他们后边的是由埃瑞吉亚斯（拉瑞卡斯之子）指挥的联军骑兵。再过去，直到左翼，是菲利普（迈尼劳斯之子）指挥的塞萨利骑兵。整个左翼由帕曼纽（菲罗塔斯之子）任司令。在他周围是发萨利亚骑兵部队。这是塞萨利骑兵中最出色的、人数最多的一支部队。

（十二）这就是亚历山大在他的阵地上部署的各部队的顺序。但

① 这些"苹果"，可能指的是石榴或榅桲。不过，苹果是象征太阳的。——英译者

为了加强方阵的力量，他又部署了一条后备线。他下令第二线各指挥官，如果他们看见第一线被波斯的大部队包围，就要迂回过去进行迎击。如果方阵突然需要疏开或收缩，在右翼挨着皇家中队，并由阿塔拉斯率领的阿格瑞安部队的半数要和布瑞苏所率的马其顿弓箭手一起斜着向前插过去；克连德指挥的、被称为老卫队的雇佣兵就要去支援弓箭手。在阿格瑞安部队和弓箭手前面是阿瑞提斯和阿瑞斯托所率骑兵侦察队和培欧尼亚部队。在整个大部队之前是米尼达斯所率雇佣骑兵。在皇家中队和其他伙友部队前面部署的是阿格瑞安部队另一半和弓箭手以及面对波方刀轮战车的巴拉克拉斯率领的标枪手。米尼达斯所率部队奉命，如果敌人以骑兵包抄他们的侧翼，就要迂回打击其侧面。亚历山大的右翼就是这样部署的。在左翼也斜着部署了西塔西斯率领的色雷斯部队，接下去就是科拉纳斯率领的联军骑兵，再接下去的是阿伽僧（提瑞米斯之子）所率欧德利西亚骑兵。在这一片大部队之前，还部署了安德罗马卡斯（海罗之子）所部外籍骑兵部队。色雷斯步兵已被派去看守辎重牲口。在亚历山大全部兵力中，步兵约有四万和骑兵七千。

（十三）两军渐渐接近，大流士和他的直属部队已经历历在目。波斯"金苹果长矛手"、印度部队、阿尔贝尼亚部队、"移居的"卡瑞亚部队和马地亚弓箭手，这些部队都面对亚历山大和他的皇家中队摆好了阵势。但亚历山大却带着他的部队向右移动。对此，波斯部队也采取了对应的行动，使他们的左翼远远伸展到希腊部队右翼之外，形成包抄之势。和希腊部队平行前进的西徐亚骑兵已与部署在亚历山大主力前边的部队接触。但亚历山大仍沉着而坚定地继续朝右翼伸展，几乎走过了波军踏平了的那片战场。大流士看到这情况，深恐马其顿部队开到不平整的地方去，使他的战车失去作用，于是就下令他的左翼前沿部队包抄亚历山大率领的希军右翼，以阻止他们再向右延伸。针对大流士的这一招，亚历山大下令米尼达斯所率雇佣兵向他们冲击。于是大流士的西徐亚骑兵和跟他们编在一起的巴克特利亚骑兵就同时向他们扑来，以其数量上压倒的优势把他们赶了回去。这时亚历山大命令阿瑞斯托旅、培欧尼亚部队和雇佣部队去攻击西徐亚骑兵，于是波方迟疑起来。但其余的巴克特利亚部队，一经和培欧尼亚部队以及外籍部队交手，马上就使开始往后逃跑的友邻部队壮了胆，重又投入了战斗。于是一场近距离的骑兵会战展开了。亚历山大的人马大批倒地，这是因为波军占有数量上的压倒优势，也是因为西徐亚的骑手和马匹都有较好的护身甲。即使如此，马其顿部队还是坚决顶住了敌军的冲击，而且一队接着一队地英勇冲击敌阵，还是把敌军阵线突破了。

同时，波军出动刀轮战车，冲向亚历山大，企图把他的方阵冲破。但在这方面他们显然是失败了。这些战车刚一接近希腊战线，部署在最前列掩护伙友骑兵的阿格瑞安部队和由巴拉克拉斯率领的标枪手，首先以齐发的排箭进行截击，然后又一齐冲上去揪住他们的缰绳把车夫拖下来，围住拉车的牲口大砍大杀。个别战车确实突破了马其顿阵线，因为马其顿部队事先就曾受命当战车冲来时，他们就闪开一条路。结果冲进去的战车全无损失，它们冲击的对象也一样，未受损失。后来冲进来的这几辆战车也被亚历山大部队里的马夫和皇家近卫队收拾了。

（十四）这时大流士已把整个方阵都调上来。亚历山大派阿瑞提斯去攻击企图向希腊右翼迂回包抄的波斯骑兵。他本人率部短时间以纵队形式向前推进。在此之前，他曾派骑兵去截击向希腊右翼迂回的波军，当他得知这些骑兵已在波军方阵前沿稍有突破时，他立即转向突破口，命令伙友骑兵和面对突破口的方阵一部兵力组成楔形突击队，亲自率领队伍朝突破口快速冲去，高喊杀声，直扑大流士。转瞬之间就形成肉搏战。亚历山大亲率骑兵奋不顾身扑向波斯部队，乱推硬挤地冲杀，用长矛狠扎猛刺他们的脸。马其顿方阵严整坚实，长矛如林，也已紧紧逼来。不一会，本已提心吊胆的大流士，这时看到四面八方已陷入险境，于是他头一个拨转马头，溜之大吉。那些企图包抄希腊右翼的波斯部队，也在阿瑞提斯所率部队猛冲之下，吓得丧魂落魄。

确实，这个地方的波斯部队真正彻底败北了。马其顿部队尾随追击，不停手地砍杀。但西米亚斯的僚属和他的旅不能跟亚历山大会合参加追击。因为据报马其顿左翼遇到困难，他们只好把方阵停下来在原地战斗。就在这个地方，希腊战线被突破，一些印度部队和波斯骑兵从突破口冲入，一直冲到马其顿部队的辎重牲口那里。于是那里的战斗又激烈起来。波斯部队向前猛扑，而这些后勤部队大都没有武装，也无思想准备，万没想到会有人把双重方阵冲破，而且一直冲到他们这里。更糟的是，那些波斯俘虏一看见他们自己的部队冲了进来，也跟他们一起行动，冲击马其顿部队。不过，第一线方阵后边的预备队的指挥官知道了发生的情况之后，就按照原先的命令，立即机敏地向后转，在波军背后出现，大批砍杀围攻驮马队的敌兵。不过有些向后撤的敌人也就逃跑了。这时，波军右翼还不知大流士已逃跑，还在向亚历山大的左翼包抄，从侧面攻打帕曼纽所部。

（十五）这里的马其顿部队起初受到两面夹击时，帕曼纽就派了骑兵通讯员飞马向亚历山大汇报他的部队处境危殆，急需支援。亚历山大接信后，立即停止追击，带着伙友骑兵回马疾驰波斯右翼。首先冲击了溃逃中的敌人骑兵、帕西亚部队和一些印度部队，然后攻击波军最强大的主力。于是整个战役中最激烈的骑兵会战展开了。波斯部队一中队一中队地成纵队摆开，然后转过来跟亚历山大的部队面对面地冲击。双方都没有像一般骑兵会战那样投掷标枪和调动马匹，而是人人力图向前冲击，以冲破对方一切阻挠，仿佛只有这样才是一条生路。因此，双方都毫不留情，拼命砍杀。各人再不是为别人打胜仗，而是为了自己的性命拼死拼活。亚历山大的伙友大约有六十人战死，赫菲斯提昂本人、科那斯和米尼达斯都负了伤。

即使对付这一部分敌人，亚历山大也还是战胜了。于是那些企图突破亚历山大防线的波斯部队也无心恋战，只好落荒而逃。亚历山大现在已准备好和敌军右翼交锋，而过去从未落后于亚历山大一步的塞萨利骑兵，现在也英勇投入战斗。事实上，亚历山大一出现在敌军面前，他们的右翼就已经开始逃跑。于是亚历山大又回兵追击大流士，一直追到天黑为止。帕曼纽也率部追击他们刚才打败了的敌人。亚历山大渡过莱卡斯河即扎营，让他的人马稍事休息。这时帕曼纽却率部占领了波斯营地，俘获了运输队、大象和骆驼等。

亚历山大让他的骑兵休息到半夜，然后就向阿柏拉疾驰，打算在那里捉住大流士，并夺取他的财宝和皇室其他财物。他在第二天到达阿柏拉，作战以来，至此已追击了六百斯台地。但他在阿柏拉并未捉到大流士，因为他一直在逃，没有耽搁一点时间。不过财宝和其他东西都在那里掳掠到手，其中包括再次俘获的大流士的战车、弓箭等，此外还有他的长矛。

亚历山大的部队有一百多人战死，但马匹损失了一千多。因为在追击中有的马匹过度疲劳，还有的负了伤，其中包括伙友马匹的近半数。据估计波军战死的达到三十万，俘虏的数字比打死的还多。战斗中未打死的大象和未毁坏的战车都被俘获。

这次大战役就这样结束了。为时正值阿瑞斯托芬在雅典执政期间的十月间。阿瑞斯坦德的预言应验了：亚历山大这次的战役和胜利确实是在出现月食的那个月份里发生的。

5. 大流士三世之死，波斯帝国的灭亡

（十六）现在再说大流士。他从战场逃出后就越过亚美尼亚山地一直朝米地亚逃去……大流士之所以逃向米地亚，是因为他猜想亚历山大在战役结束后将取道苏撒和巴比伦前进。因为那个地区都有人烟，而且运输队在那条路上也好走。此外，巴比伦和苏撒两城是谁都想夺取的战争目标，亚历山大自然也不会例外。而通向米地亚的道路则与此相反，大部队走起来有诸多不便。

大流士并没猜错，亚历山大一离开阿拉伯就走上通往巴比伦的大道……

（十九）……因为听说大流士已经逃到米地亚，于是亚历山大又向米地亚进军。当时大流士决定，如果亚历山大留在苏撒和巴比伦暂不前进，那他也就在米地亚等一等，看看亚历山大有什么新动向；如果亚历山大继续向他追击，他就想到内地去，向帕西亚和赫尔卡尼亚撤退，甚至撤到遥远的巴克特里亚去，沿途坚壁清野，使亚历山大不可能再向前推进。他派人把仍然跟随他的妇女和行装什物、篷车等等送到叫作里海关口的地方，他本人则带了由残留部队中选出的一部分人在埃克巴塔那等待。亚历山大了解到这个情况后，也朝米地亚前进……第十二天到达米地亚。他了解到大流士的部队已不值一打……所以大流士又决定逃跑。因此，亚历山大就加快了进军的步伐。当到了距埃克巴塔那还有三天路程的地方，比斯塔尼斯（大流士的前任波斯王欧卡斯之子）来见亚历山大，说五天以前，大流士带来财宝已从米地亚逃跑了，随身带有七千塔仑、三千骑兵和大约六千步兵。

亚历山大到达埃克巴塔那后……

（二十）……开始了追赶大流士的大进军。由于行军速度太快，许多士兵因过度疲劳而掉队，许多马匹也累死，但亚历山大还是毫不动摇，继续前进。用了十一天时间到达拉伽。要像亚历山大这样快速进军，再有一天就可到达里海关口。但大流士已经设法过了关……

（二十一）这时，从大流士营地来了巴比伦皇族的巴基斯坦尼斯找亚历山大，跟他来的还有马扎亚斯的儿子安提贝斯。他们向亚历山大报告说，跟大流士一起逃跑的骑兵司令那巴赞斯、巴克特利亚督办柏萨斯、阿拉科提亚和德兰吉亚那督办巴散提斯等人已把大流士劫持起来……

亚历山大了解此情况后，就决定以全力追赶……柏萨斯和他的随从带着关在篷车里的大流士逃了一段路，那巴赞斯和巴散提斯就把大流士刺伤，丢下不管。他们自己带着六百骑兵逃脱。大流士不久因伤重而死。亚历山大未能见他一面。

（二十二）亚历山大命令把大流士的尸体送到波斯波利斯，埋葬在皇陵里，跟大流士以前的帝王埋在一起……

大流士就这样死了，时为阿瑞斯托芬在雅典执政期间的七月。在打仗上，大流士基本上是一个软弱无能的人；但在其他方面，还未发现他有什么暴虐行为，也许他还没有机会干这样的事，因为他刚刚即位就赶上马其顿和希腊向波斯宣战……①

大流士三世死了，波斯帝国实际上也就不再存在了，被马其顿亚历山大灭亡了。

---

① 《亚历山大远征记》卷二、卷三。

资料集后记

《古代印度文明文献萃编》的资料主要出自古代印度的宗教文献，如《吠陀经》和佛经，世俗的只有相传为憍底利耶的《政事论》、阿育王的石柱铭文和玄奘的《大唐西域记》。总的来说，反映古代印度文明史的资料是以宗教文献为主，世俗的文献为辅，而考古发掘的资料少之又少，只有哈拉巴文化时期发掘的文物，即考古遗迹和印章，而印章上面的文字至今尚未释读成功。

《古代波斯文明文献萃编》的文献资料主要有古代希腊希罗多德的《历史》、修昔底德的《伯罗奔尼撒战争史》、色诺芬的《长征记》和阿里安的《亚历山大远征记》，波斯帝国国王的若干铭文，特别是大流士的《贝希斯敦铭文》等，还有波斯帝国时期的两个商业高利贷家族（埃吉贝商家和穆拉树商家）的铭文等。这些铭文大多都是通过考古发掘得来的。

整体上来说，《古代印度文明文献萃编》的资料是以宗教文献为主，而《古代波斯文明文献萃编》的资料是以世俗文献为主，而很少有宗教文献。虽然古代波斯帝国也有宗教，即琐罗亚斯德教，但本书中没有用。所以，在本书中反映古代印度文明和古代波斯帝国文明的资料有很大的不同。

本书的资料基本上是选自崔连仲的《古印度吠陀时代和列国时代史料选辑》和《古印度帝国时代史料选辑》、马香雪转译的《摩奴法典》、邓殿臣翻译的《长老偈、长老尼偈》、郭良鋆和黄宝生翻译的《佛本生故事选》、李铁匠选择的《古代伊朗史料选辑》、《古代东方史料选辑》（俄文版，第二卷）、丹达马耶夫《巴比伦尼亚的奴隶制》和 M.W.Stolper, *Entreprenurs and Empire* 等书。